Processo
INTERNACIONAL
de Direitos Humanos

www.saraivaeducacao.com.br
Visite nossa página

ANDRÉ DE CARVALHO RAMOS

Professor de Direito Internacional Privado e de Direitos Humanos da Graduação e Pós-Graduação da Faculdade de Direito do Largo São Francisco da Universidade de São Paulo – USP. Doutor e Livre--Docente em Direito Internacional pela USP. *Visiting Fellow* do Lauterpacht Centre for International Law (Cambridge, Reino Unido). Procurador Regional da República. Procurador Regional Eleitoral do Estado de São Paulo (2012-2016). Secretário de Direitos Humanos e Defesa Coletiva da Procuradoria-Geral da República.

Processo INTERNACIONAL *de Direitos Humanos*

ANÁLISE DOS MECANISMOS DE APURAÇÃO DE VIOLAÇÕES DE DIREITOS HUMANOS E A IMPLEMENTAÇÃO DAS DECISÕES NO BRASIL

7ª edição
2022

DADOS INTERNACIONAIS DE CATALOGAÇÃO NA PUBLICAÇÃO (CI VAGNER RODOLFO DA SILVA - CRB-8/9410

Av. Paulista, 901, 4º andar
Bela Vista – São Paulo – SP – CEP 01310-100

SAC sac.sets@saraivaeducacao.com.br

R175p	Ramos, André de Carvalho
	Processo Internacional de Direitos Humanos análise dos mecanismos de apuração de violações de direitos humanos e a implementação das decisões no Brasil / André de Carvalho Ramos 7. ed. - São Paulo: SaraivaJur, 2022.
	512 p.
	ISBN: 978-65-5559-926-8 (impresso)
	1. Direito. 2. Direitos Humanos. 3. Direito Internacional. 4. Corte Internacional de Justiça. 5. Conselho de Direitos Humanos. 6. Tribunal Internaciona Penal. I. Titulo.
2022-1779	CDD 341.
	CDU 341.

Índices para catálogo sistemático:
1. Direitos Humanos 341.
2. Direitos Humanos 341.

Diretoria executiva	Flávia Alves Bravin
Diretoria editorial	Ana Paula Santos Matos
Gerência editorial e de projetos	Fernando Penteado
Gerência editorial	Thais Cassoli Reato Cézar
Novos projetos	Aline Darcy Flôr de Souza
	Dalila Costa de Oliveira
Edição	Jeferson Costa da Silva (coord.)
	Daniel Pavani Naveira
Produção editorial	Daniele Debora de Souza (coord.)
	Cintia Aparecida dos Santos
	Rosana Peroni Fazolari
Arte e digital	Mônica Landi (coord.)
	Camilla Felix Cianelli Chaves
	Claudirene de Moura Santos Silva
	Deborah Mattos
	Guilherme H. M. Salvador
	Tiago Dela Rosa
Projetos e serviços editoriais	Daniela Maria Chaves Carvalho
	Emily Larissa Ferreira da Silva
	Kelli Priscila Pinto
	Klariene Andrielly Giraldi
Diagramação	SBNigri
Revisão	Carmem Becker
Capa	Tiago Dela Rosa
Produção gráfica	Marli Rampim
	Sergio Luiz Pereira Lopes
Impressão e acabamento	Gráfica Paym

Data de fechamento da edição: 8-7-2022

Dúvidas? Acesse www.saraivaeducacao.com.br

Nenhuma parte desta publicação poderá ser reproduzida por qualquer meio ou forma sem a prévia autorização da Saraiva Educação. A violação dos direitos autorais é crime estabelecido na Lei n. 9.610/98 e punido pelo art. 184 do Código Penal.

| CL | 607892 | CAE | 805767 |

SUMÁRIO

Prefácio à 1ª Edição 17
Apresentação à 7ª Edição – Homenagem ao Professor Antônio Augusto Cançado Trindade 21

PARTE I AS VIOLAÇÕES DE DIREITOS HUMANOS PERANTE O DIREITO INTERNACIONAL

1 A internacionalização dos direitos humanos e sua grande contribuição: o processo internacional de direitos humanos 27
2 O universalismo em concreto: a interpretação internacional dos direitos humanos 33
3 A classificação do processo internacional de direitos humanos 34

PARTE II O MECANISMO UNILATERAL DE AFERIÇÃO DE VIOLAÇÕES DE DIREITOS HUMANOS

1 O mecanismo unilateral: o *judex in causa sua* 39
2 O mecanismo unilateral: seu vínculo com o bilateralismo e com a lógica da reciprocidade 41
3 A natureza objetiva dos tratados de direitos humanos e o fim da reciprocidade 43
4 A valoração diferenciada das normas internacionais: as normas imperativas em sentido amplo 46
5 A determinação das normas imperativas: o novo "consenso qualificado" 49
6 O Estado terceiro legitimado e as obrigações *erga omnes* 51
  6.1 O conceito de obrigação *erga omnes*: dimensão horizontal e vertical 51
  6.2 O Estado terceiro agindo no caso das obrigações *erga omnes* 56
7 O futuro: todas as normas de direitos humanos serão consideradas normas imperativas em sentido amplo? 59
8 Riscos da aplicação do mecanismo unilateral à proteção de direitos humanos 61
9 A nova concepção da *actio popularis* 64

PARTE III O MECANISMO COLETIVO DE APURAÇÃO DE VIOLAÇÃO DE DIREITOS HUMANOS

TÍTULO I A CONSTATAÇÃO INTERNACIONAL COLETIVA DA VIOLAÇÃO DE DIREITOS HUMANOS

1 Introdução 71

2 As modalidades do mecanismo coletivo de apuração de violação de direitos humanos: supervisão, controle estrito senso e tutela 71
3 As funções da apuração coletiva de violações de direitos humanos 73
4 A subsidiariedade dos mecanismos internacionais de apuração de violações de direitos humanos: a subsidiariedade própria ou procedimental e a subsidiariedade imprópria ou substantiva 74

TÍTULO II O MECANISMO DE APURAÇÃO DAS VIOLAÇÕES DE DIREITOS HUMANOS NA ORGANIZAÇÃO DAS NAÇÕES UNIDAS: O SISTEMA UNIVERSAL OU GLOBAL

1 Introdução 79
2 Os Comitês: denominação, composição, mandato e funções 80
3 Mecanismo convencional não contencioso 83
   3.1 O sistema dos relatórios e as observações gerais 83
   3.2 Procedimento Simplificado de Apresentação de Relatórios 88
   3.3 Críticas ao sistema de relatórios 88
   3.4 O procedimento de inquérito 90
      3.4.1 Aspectos gerais e a aceitação brasileira 90
      3.4.2 A prática do Comitê contra a tortura e o procedimento de inquérito 90
   3.5 A importância do mecanismo convencional não contencioso 94
4 Os mecanismos convencionais quase judiciais 95
   4.1 Introdução 95
   4.2 O direito de petição dos Estados: as demandas interestatais 96
   4.3 As petições de particulares contra o Estado: as demandas individuais 97
   4.4 A prática do Comitê de Direitos Humanos e o "Caso Lula" 99
5 O mecanismo convencional judicial 105
   5.1 A apuração de violações de direitos humanos na Corte Internacional de Justiça 105
   5.2 A prática da Corte Internacional de Justiça na proteção de direitos humanos: possível virada *pro persona* no século XXI? 109
6 Os mecanismos extraconvencionais de apuração de violações de direitos humanos 119
   6.1 Introdução: da *soft law* aos procedimentos especiais 119
   6.2 A extinção da Comissão de Direitos Humanos e o surgimento do Conselho de Direitos Humanos 124
   6.3 A composição do novo Conselho de Direitos Humanos 126

6.4 O histórico do desenvolvimento dos mecanismos extraconvencionais 127
6.5 Os procedimentos especiais públicos a partir do Procedimento 1235 129
6.6 O procedimento de queixas perante o Conselho de Direitos Humanos (antigo Procedimento "1503") 133
6.7 O desenvolvimento dos procedimentos extraconvencionais por meio das medidas urgentes 135
6.8 A politização nos procedimentos extraconvencionais 137
6.9 A eficácia dos procedimentos extraconvencionais 138
7 A revisão periódica universal: o mecanismo coletivo político 141
8 O procedimento extraconvencional perante o Conselho de Segurança 147
  8.1 A proteção de direitos humanos na ONU e o papel do Conselho de Segurança 147
  8.2 A violação de direitos humanos e a ação do Conselho de Segurança para proteger a paz internacional 149
  8.3 O Conselho de Segurança e os Tribunais Penais Internacionais 153
    8.3.1 O Caso Tadic e a reafirmação dos poderes e limites do Conselho de Segurança 153
    8.3.2 O Caso *Darfur* e a relação do Conselho de Segurança com o TPI 155
  8.4 A luta contra o terrorismo no Conselho de Segurança e a proteção internacional de direitos humanos 157
  8.5 A "lista suja" do Conselho de Segurança e os direitos humanos: o *Caso Sayadi e Vinck* 160
  8.6 O Brasil e o cumprimento das sanções a indivíduos impostas pelo Conselho de Segurança 166
  8.7 Críticas à atuação do Conselho de Segurança diante de violações de direitos humanos 169
  8.8 O controle da validade (*judicial review*) pela Corte Internacional de Justiça 170
  8.9 Perspectivas da ação do Conselho de Segurança na proteção de direitos humanos 173

TÍTULO III O MECANISMO COLETIVO EUROPEU DE APURAÇÃO DE VIOLAÇÃO DE DIREITOS HUMANOS

1 Introdução 177
2 O antigo procedimento europeu de apuração de violações de direitos humanos: uma lição para as Américas? 181
  2.1 A ascensão e queda da Comissão Europeia de Direitos Humanos: o lento procedimento bifásico e a entrada dos países ex-comunistas no Conselho da Europa 181
  2.2 A mudança de função do Comitê de Ministros do Conselho Europeu 185

2.3 Os números comparativos entre o antigo sistema e o novo 186
3 O novo procedimento europeu de apuração de violações de direitos humanos após os Protocolos n. 14 e 15 189
   3.1 As petições individuais e interestatais: a legitimidade ativa e passiva perante a Corte de Estrasburgo 189
   3.2 O trâmite da ação perante o mecanismo europeu após a entrada em vigor do Protocolo n. 14 191
   3.3 A prática da Corte Europeia e a margem de apreciação nacional 196
   3.4 O cumprimento da decisão da Corte EDH e a crise da "satisfação equitativa" 199
      3.4.1 A visão tradicional: sentença vinculante e a possibilidade da satisfação equitativa 199
      3.4.2 Um giro copernicano: a Doutrina Sejdovic e Görgülü e o possível fim da "satisfação equitativa" pura? 204
   3.5 O procedimento piloto e a busca de medidas estruturais: o combate às "demandas clones" 207
   3.6 A Corte Europeia de Direitos Humanos e a busca da reparação perdida 210
4 A jurisdição consultiva e o Protocolo n. 16 213
5 A difícil relação entre a Corte Europeia de Direitos Humanos e a União Europeia: os atos comunitários que violam direitos humanos 215
6 O Protocolo n. 15 e a reforma do sistema europeu: o universalismo em risco? 217
7 A estratégia de seleção dos "casos de impacto" 219
8. A sintetização das sentenças: as "fórmulas resumidas" 219

TÍTULO IV   O MECANISMO COLETIVO INTERAMERICANO DE APURAÇÃO DE VIOLAÇÃO DE DIREITOS HUMANOS

1 Introdução 221
2 O sistema da Organização dos Estados Americanos (OEA) 223
   2.1 Aspectos gerais 223
   2.2 O mecanismo coletivo político: a Carta Democrática Interamericana 229
   2.3 O mecanismo coletivo quase judicial: a Comissão Interamericana de Direitos Humanos e o Conselho Interamericano de Desenvolvimento Integral 234
3 O sistema da Convenção Americana de Direitos Humanos 238
   3.1 Explicando o paradoxo: o Ato Institucional n. 5 (AI-5) de 1968 e a Convenção Americana de Direitos Humanos de 1969 238

3.2 As linhas gerais da Convenção 242
4 O procedimento bifásico ainda em vigor: a imitação do antigo modelo europeu 244
5 O procedimento perante a Comissão Interamericana de Direitos Humanos 246
    5.1 O direito internacional de petição e as condições de admissibilidade: o princípio do *estoppel* 246
    5.2 A fase da conciliação ou solução amistosa 250
    5.3 A fase do Primeiro Informe 251
    5.4 A fase do Segundo Informe 254
    5.5 A força vinculante dos Informes da Comissão 255
    5.6 As medidas cautelares da Comissão 258
    5.7 A reforma do regulamento da Comissão 260
6 A Corte Interamericana de Direitos Humanos 262
    6.1 Aspectos gerais da Corte: uma Corte para 550 milhões de pessoas 262
    6.2 A jurisdição contenciosa em ação 265
        6.2.1 A reforma de 2009 e o novo papel das vítimas 265
        6.2.2 A fase postulatória nas demandas iniciadas a partir das petições individuais e a sentença de exceções preliminares 268
        6.2.3 A fase probatória e as alegações finais 271
        6.2.4 As alegações finais das partes e observações finais da Comissão 275
        6.2.5 Os *amici curiae* 275
        6.2.6 As medidas provisórias e seu duplo caráter: cautelar e tutelar 275
        6.2.7 Desistência, reconhecimento e solução amistosa 276
        6.2.8 A sentença da Corte: as obrigações de dar, fazer e não fazer e os casos brasileiros 277
        6.2.9 O recurso cabível 284
    6.3 A jurisdição consultiva 285
        6.3.1 As opiniões consultivas da Corte 285
        6.3.2 As opiniões consultivas e o Brasil 288
7 O futuro do mecanismo interamericano: entre um "Protocolo n. 11" interamericano e o "espírito de Brighton"? 298

TÍTULO V   MECANISMO AFRICANO DE APURAÇÃO DE VIOLAÇÃO DE DIREITOS HUMANOS E DOS POVOS

1 Origem histórica 301

2	A Comissão Africana de Direitos Humanos e dos Povos	303
3	A Corte Africana de Direitos Humanos e dos Povos	305
	3.1 A criação da Corte e a nova União Africana: nova roupa, velho personagem?	305
	3.2 A jurisdição contenciosa e o direito de ação condicionado do indivíduo	307
	3.3 A jurisdição consultiva	309
4	Perspectivas: uma Corte desconhecida e já em transformação	309
5	O mecanismo africano de revisão pelos pares	310

TÍTULO VI A APURAÇÃO DA RESPONSABILIDADE INDIVIDUAL PELAS VIOLAÇÕES DE DIREITOS HUMANOS

1	A relação entre a responsabilidade internacional do indivíduo e a responsabilidade internacional do Estado	311
2	Responsabilidade individual derivada do Direito Internacional	312
3	Fundamentos da punição penal para proteger os direitos humanos: efeito dissuasório e trato igualitário	315
4	O Direito Penal Internacional e o Direito Internacional Penal: os crimes de *jus cogens*	320
5	A implementação indireta do Direito Internacional Penal: o princípio da jurisdição universal	321
6	A implementação direta do Direito Internacional Penal: a era dos tribunais internacionais penais e o marco de Nuremberg	324
7	O Tribunal Internacional Penal	328
	7.1 A Conferência de Roma de 1998 e a entrada em vigor do Estatuto do TPI	328
	7.2 As características gerais do TPI: composição e órgãos	329
	7.3 Os limites à jurisdição do TPI	332
	7.4 O princípio da complementaridade	333
	7.5 Crimes internacionais e o dever de perseguir e punir	334
	7.5.1 Genocídio	334
	7.5.2 Crimes contra a humanidade	336
	7.5.3 Crimes de Guerra	338
	7.6 O trâmite	339
	7.7 Os casos em trâmite, tamanho e o custo da justiça internacional	340
	7.8 Penas e ordens de prisão processual	343
	7.9 A cooperação internacional vertical e o caso Bashir no STF	343
	7.10 A revisão proposta em 2010 e o crime de agressão	346
8	O Tribunal Penal Internacional é um tribunal de direitos humanos?	347

9	O TPI e o Brasil	348
9.1	As preocupações sobre a constitucionalidade do Estatuto de Roma e o art. 5º, § 4º, introduzido pela Emenda Constitucional n. 45/2004	348
9.2	A entrega de brasileiro nato e a pena de caráter perpétuo	350
9.3	A coisa julgada *pro reo* e as imunidades locais	354
10	A quarta geração de tribunais penais internacionais	356

TÍTULO VII OS MECANISMOS DE APURAÇÃO DA VIOLAÇÃO DE DIREITOS SOCIAIS, ECONÔMICOS E CULTURAIS

1	Introdução	361
2	Os principais diplomas normativos: o Pacto Internacional sobre Direitos Econômicos, Sociais e Culturais e o Protocolo de San Salvador	362
3	O desenvolvimento progressivo e a imediata responsabilidade internacional do Estado	365
4	As perspectivas	367
4.1	A indivisibilidade dos direitos humanos e os mecanismos de apuração de violação de direitos sociais	367
4.2	A interpretação ampliativa e o conteúdo social dos direitos civis e políticos: o caso do direito à vida	370
4.3	O giro copernicano da Corte Interamericana de Direitos Humanos: a proteção direta dos direitos sociais na Convenção Americana de Direitos Humanos	373

TÍTULO VIII OS MECANISMOS COLETIVOS E O INDIVÍDUO NO DIREITO INTERNACIONAL

1	A subjetividade jurídica controvertida e evolução rumo à aceitação da personalidade jurídica internacional do indivíduo	377
2	Os direitos previstos ao indivíduo no combate à violação de direitos humanos	380

PARTE IV A COEXISTÊNCIA ENTRE OS DIVERSOS MECANISMOS DE APURAÇÃO DE VIOLAÇÕES DE DIREITOS HUMANOS

1	Conflito entre decisões de mecanismos coletivos de apuração de violação de direitos humanos	383
1.1	A coordenação e a litispendência entre os procedimentos	383
1.2	O princípio da primazia da norma mais favorável na era da ponderação de direitos	385
2	O conflito entre a decisão unilateral e coletiva de violações de direitos humanos	387

2.1	Os mecanismos coletivos levam à exclusão dos mecanismos unilaterais?	387
2.2	Os mecanismos coletivos de apuração de violação de direitos humanos representam regimes autossuficientes?	388

PARTE V O IMPACTO NA VIDA COTIDIANA: IMPLEMENTANDO AS DECISÕES INTERNACIONAIS

TÍTULO I A FORÇA VINCULANTE DAS DELIBERAÇÕES DE ÓRGÃOS INTERNACIONAIS QUE CONSTATAM VIOLAÇÕES DE DIREITOS HUMANOS

1 Introdução 395
2 O plano da obrigatoriedade 396
   2.1 A classificação das deliberações internacionais 396
   2.2 A recomendação 396
      2.2.1 Os tipos de recomendação 396
      2.2.2 Os efeitos diretos e indiretos das recomendações. A possibilidade de formação de costume internacional. 397
   2.3 As decisões quase judiciais e judiciais 401
3 A executoriedade das decisões e a regra da quarta instância 404
4 O Brasil e os mecanismos coletivos: a impossibilidade da interpretação nacional dos tratados internacionais 407

TÍTULO II AS REGRAS DE EXECUÇÃO DE SENTENÇAS DA CORTE INTERAMERICANA NO ORDENAMENTO BRASILEIRO

1 O dever de cumprimento 413
2 A desnecessidade de homologação da sentença internacional perante o Superior Tribunal de Justiça 415
3 A natureza constitucional das sentenças da Corte Interamericana de Direitos Humanos 416
4 As duas regras sobre execução das sentenças da Corte 417
   4.1 A execução da indenização pecuniária 418
   4.2 A execução das demais medidas exigidas pela sentença judicial internacional 418
      4.2.1 As leis de implementação 418
      4.2.2 Os projetos de lei no Brasil 420
5 O caso Gomes Lund e a Arguição de Descumprimento de Preceito Fundamental 153 423
   5.1 A construção do problema: a ADPF 153 e o caso Gomes Lund 423

5.2 A regra da proibição de agir como "quarta instância" e o efeito da cláusula temporal no reconhecimento da jurisdição da Corte IDH 427
5.3 A sentença: o Brasil no banco dos réus 429
5.4 A superação da lei da anistia na contramão da ADPF 153: a obrigação de investigar, processar e punir os autores de violações de direitos humanos na época da ditadura 432
6 Como solucionar o conflito aparente entre a decisão do STF e a decisão da Corte de San José? 433
   6.1 A visão negacionista e a inconstitucionalidade da denúncia da Convenção Americana de Direitos Humanos 433
   6.2 A teoria do duplo controle: o controle de constitucionalidade e o controle de convencionalidade 435
7. A Unidade de Monitoramento e Fiscalização (UMF) do CNJ 438

TÍTULO III A IMPLEMENTAÇÃO DA DECISÃO INTERNACIONAL PELOS DIFERENTES ÓRGÃOS INTERNOS

1 Introdução 441
2 A implementação pelo Poder Executivo 443
3 A implementação pelo Poder Legislativo 444
4 A implementação pelo Poder Judiciário 447
5 O papel do Ministério Público e da Defensoria Pública 452

TÍTULO IV AS PERSPECTIVAS: AS ENCRUZILHADAS DO PROCESSO INTERNACIONAL DE DIREITOS HUMANOS

1 O papel de um Tribunal Internacional de Direitos Humanos: entre a prevenção e a reparação 453
2 A busca da interpretação (final?) dos direitos humanos 454
   2.1 O árbitro final: os choques judiciais 454
   2.2 Da primazia da norma mais favorável ao(s) controle(s) de convencionalidade 455
3 O terceiro ausente: o indivíduo autor de violações de direitos humanos nos processos internacionais não penais 459

Considerações finais 463

Referências 465

ANEXO 1 – Tratados de Direitos Humanos Promulgados no Brasil 487

ANEXO 2 – O Brasil no Banco dos Réus 493

Para Denise, Victor e Daniel, para sempre!

PREFÁCIO À 1ª EDIÇÃO

> A história da humanidade é marcada pela busca de novos horizontes. Alguns fatos e momentos foram marcantes nessa busca. Algumas das conquistas humanas visaram a extensão de territórios, obtida muitas vezes às custas de guerras e submissão de povos. Outras foram propiciadas pelo progresso do conhecimento e da ciência.
>
> Os seres humanos, procurando assegurar-se de condições básicas de sobrevivência e convivência social, definiram aos poucos, e de modo diverso, formas de organização que se tornaram cada vez mais complexas.
>
> A maior conquista, porém a mais difícil e definitivamente a mais relevante, é a que o ser humano fez – e faz – de si mesmo, ao longo do processo em que a humanidade se desenvolveu como espécie.
>
> (José Gregori, *Direitos Humanos no Cotidiano*, 2. ed., Ministério da Justiça, 2001, p. 20)

Nada mais verdadeiro do que o provérbio evangélico, de que pelos frutos conhecereis a árvore. Por outro lado, o ciclo da vida nos ensina que antes dos frutos, muitas etapas se desenrolam em cadência própria e intocável, ao sabor do tempo. Tanto que os romanos já diziam que *natura non procedit ad saltus*. Há, entretanto, árvores mais precoces e não hesitaria em colocar entre elas André de Carvalho Ramos.

Falar, vestibularmente, neste prefácio, do currículo do autor não tem intuito panegírico, mas sim de propor um caminho a tantos jovens que se inauguram nas lides profissionais e acadêmicas. Neste momento de expansão dos estudos pós-graduados no Brasil, é necessário extremo empenho para que sua generalização não se dê em detrimento da qualidade. E como *exempla manent*, vejamos o que amealhou o presente autor em lapso temporal curto.

Para recriar, ao menos parcialmente, a *sofia* grega não se contentou em bacharelar-se em Direito pela Velha e Sempre Nova Academia, tendo, igualmente, obtido o bacharelado em Administração Pública pela Fundação Getulio Vargas. Continuou sua preparação, coadjuvado por bolsas de estudo, que em si já são galardões: da Fundação Ryoichi Sasakawa e da Université Catholique de Louvain, em convênio com a Fundação Getulio Vargas.

Conseguindo dividir-se entre a profissionalização e as lides acadêmicas, antes dos trinta anos, ingressou na Procuradoria da República, tendo sido aprovado no seu concurso de ingresso (1995/1996) em primeiro lugar em cada uma das provas de conhecimento jurídico (prova preambular, prova escrita e prova oral) e em segundo lugar na classificação geral nacional, após o cômputo dos títulos, e doutorou-se em Direito, com nota dez (o que é incomum nas Arcadas) pela Faculdade de Direito da Universidade de São Paulo. Vem prosseguindo, com brilhantismo, tanto na Procuradoria, onde hoje é Procurador Regional dos Direitos do Cidadão, quanto na carreira docente universitária, com produção científica respeitável. Além de vários artigos, publicou, recentemente o livro *Direitos Humanos em Juízo – Comentários aos casos contenciosos e consultivos da Corte Interamericana de Direitos Humanos,* bem como é coautor das seguintes coletâneas: *Tribunal Penal Internacional* (organizado por Kai Ambos e Fauzi Hassan Choukr); *Ministério Público II – Democracia* (organizado por José Marcelo Menezes Vigliar e Ronaldo Porto Macedo Jr.); *Mercosul: Integração Regional e Globalização* (organizado por Paulo Borba Casella); *Guerra comercial ou integração econômica mundial* (organizado por Paulo Borba Casella e Araminta de Azevedo Mercadante); *A nova lei da arbitragem e Contratos Internacionais e o Direito Econômico do Mercosul* (organizados por Paulo Borba Casella).

O título e o subtítulo da presente obra, *Processo internacional de direitos humanos –* análise dos mecanismos de apuração de violações de direitos humanos e a implementação das decisões no Brasil, dão bem a medida de seu conteúdo. Após analisar os mecanismos unilaterais e os principais sistemas coletivos – o universal, o interamericano e o europeu – de apuração de violação de direitos humanos no direito internacional, dedica-se o autor à questão da implementação de eventuais decisões internacionais relativas à violação de direitos humanos. Assim, o autor traça um panorama compreensivo da questão, privilegiando o exame da problemática segundo o prisma do direito brasileiro. Esta última abordagem, é de especial importância, pois o Brasil, há pouco, reconheceu a competência da Corte Americana dos Direitos Humanos. Por outro lado, com a recente ratificação brasileira da Convenção que cria o Tribunal Internacional Penal, esse tribunal aproxima-se mais e mais de sua entrada em vigor. Assim, não poderia ser mais oportuno o lançamento do presente livro.

Do fenomenal progresso do direito internacional, nos últimos cinquenta anos, a maior evolução diz respeito ao papel da pessoa humana vis-à-vis a tal direito. Para o direito internacional clássico, o ser humano não era detentor de subjetividade: o estrangeiro residente estava protegido pelo instituto da proteção diplomática, embora limitado pelo *standard* mínimo; o nacional, contudo, estava tão à mercê de seu Estado, como o *filius familias* dependia, para a vida ou para a morte, do *pater familias* romano. Em curto espaço de tempo, o direito internacional contemporâneo passou a reconhecer a pessoa humana como sujeito de direito internacional; reconhecendo-lhe, em alguns casos, *jus standi* perante tribunais internacionais. Lembrando a lei do pêndulo – que vai de um extremo a outro, antes de se centralizar – por força do trabalho de entusiasmada militância, chegou-se a verificar, por vezes, desenvolvimentos ousados.

Passados tais agitados momentos de transição, certamente, resultará a perene posição do ser humano como *ratio essendi* última do direito internacional.

A rápida evolução dos direitos humanos em sua face substantiva torna imprescindível o estudo dos procedimentos para a sua implementação, ou seja, sua vertente processual. O autor, com sua formação de acadêmico e de magistrado do *parquet*, tem todos os títulos para fazê-lo. Por isso recomendo a leitura da presente obra a todos os interessados em direito internacional e em direitos fundamentais.

Outubro de 2001

JOÃO GRANDINO RODAS
Professor Titular de Direito Internacional da
Faculdade de Direito da USP.

APRESENTAÇÃO À 7ª EDIÇÃO - HOMENAGEM AO PROFESSOR ANTÔNIO AUGUSTO CANÇADO TRINDADE

A presente obra foi escrita com a esperança de contribuir para uma nova concepção do direito internacional dos direitos humanos, agregando ao estudo – indispensável – do texto das normas, a análise crítica do funcionamento dos mais diversos processos internacionais de direitos humanos, abrindo as portas para o estudo das deliberações internacionais no Brasil.

Este livro visa o estudo da *parte processual* do Direito Internacional dos Direitos Humanos (DIDH), que é representada pelos mecanismos unilaterais e coletivos de apuração de violações de direitos humanos.

Por isso, denominei tal faceta do DIDH de *processo internacional de direitos humanos*, que representa imenso conjunto de mecanismos dos mais diversos origem (unilaterais ou coletivos), natureza (política ou judiciária) e finalidade (emitindo recomendações ou deliberações vinculantes), entre outras classificações que serão vistas na obra.

O estudo do *processo internacional de direitos humanos* é essencial, pois ainda há dúvidas quanto ao (i) alcance, (ii) objeto e trâmite, (iii) força vinculante das deliberações, entre outros aspectos polêmicos que surgem aos que utilizam os mecanismos internacionais de apuração das violações de direitos humanos e buscam a proteção de direitos no Brasil.

A diversidade de mecanismos (unilaterais ou coletivos), com naturezas distintas (política ou judiciária) e a pluralidade de produtos (recomendações, decisões quase judiciais e decisões judiciais propriamente ditas) contribuíram para o surgimento de uma série de questões relativas a tais procedimentos.

Por exemplo, qual o alcance dos mecanismos unilaterais? Podem, para citar um país desenvolvido, os Estados Unidos sancionar o Brasil por violações internas de direitos humanos? Qual é a força vinculante de uma decisão do Comitê de Direitos da Pessoa com Deficiência? Qual é a diferença entre o Comitê de Direitos Humanos e o Conselho de Direitos Humanos? Como executar uma sentença internacional que tenha condenado o Brasil por violação de direitos humanos? O que fazer quando um acórdão transitado em julgado do Supremo Tribunal Federal for considerado ofensivo à interpretação internacionalista dos direitos humanos?

Para responder a tais questionamentos foi essencial a análise conjunta dos diversos mecanismos de apuração internacional das violações de direitos humanos, para que haja a comparação (entre o mecanismo unilateral e o coletivo, e entre os diversos mecanismos coletivos existentes hoje) e para que se possa, no final, concluir sobre o impacto no cotidiano do brasileiro.

O livro pretende *sistematizar* a matéria, evitando que o leitor se perca na pluralidade de mecanismos em funcionamento nos dias de hoje. Por isso, propõe uma inédita classificação dos processos internacionais de direitos humanos. A partir dessa classificação, o livro explicita as principais características e os meandros de cada espécie, abordando com minúcias cada tipo de processo internacional tanto no plano global quanto regional. Ao final, busca-se analisar o impacto das deliberações internacionais de direitos humanos no Brasil.

Para tanto, o livro foi dividido em introdução, cinco partes e conclusões finais.

Na **Parte I**, abordou-se o Direito Internacional dos Direitos Humanos, enfocando as razões da internacionalização da proteção de direitos humanos, o fim da jurisdição exclusiva do Estado no campo dos direitos humanos e a natureza objetiva das obrigações internacionais de direitos humanos.

Assim, na **Parte II** foram esmiuçadas as formas unilaterais de aferição da responsabilidade internacional do Estado por violação de direitos humanos.

Na **Parte III**, são estudados os mecanismos coletivos, dando ênfase ao sistema da Organização das Nações Unidas, europeu, africano e, é claro, ao sistema interamericano.

Na **Parte IV**, analisamos a coexistência (se possível) e os conflitos entre a forma unilateral e coletiva de análise internacional da violação de direitos humanos. Estudou-se a apuração da responsabilidade internacional penal do indivíduo, com ênfase nos tribunais internacionais penais e com a análise do uso do princípio da jurisdição universal por parte dos Estados. Também abordaremos a responsabilidade internacional pela implementação dos direitos sociais e seus últimos desenvolvimentos.

Na **Parte V** e última, estudamos as formas de implementação das deliberações internacionais de direitos humanos em especial no Brasil, com foco nas sentenças da Corte Interamericana de Direitos Humanos e a superação de conflitos com as decisões do Supremo Tribunal Federal, encerrando-se o trabalho com as conclusões finais.

Esta obra visa afastar fenômeno peculiar ainda corriqueiro no Brasil: o estudo e aplicação dos direitos humanos desconectados dos processos internacionais pelos quais esses mesmos direitos são interpretados internacionalmente. Há ainda uma forte vertente jurisprudencial no Brasil que apregoa o respeito aos direitos humanos internacionais, mas os interpreta *nacionalmente*. Assim, temos situações em que tribunais brasileiros afirmam cumprir a Convenção Americana de Direitos Humanos, por exemplo, mas a interpretam *nacionalmente*, criando a "Convenção Americana de Direitos Humanos *brasileira*" (exemplo da peculiar figura do "tratado internacional *nacional*") o que ameaça o universalismo dos direitos e compromete a internacionalização da matéria.

Por isso, a importância do estudo dos *processos internacionais* que é o *locus* de produção da (i) interpretação *internacionalista* com a (ii) consequente superação das interpretações localistas dos direitos humanos. Com os processos internacionais, concretiza-se o universalismo dos direitos humanos.

Claro que há dificuldades na implementação do universalismo em concreto. Como exemplo, este livro ressalta as dificuldades atuais do universalismo na Europa, naquilo que chamei de "espírito de Brighton", fazendo remissão à conferência do Conselho da Europa na qual os Estados *democráticos* europeus demonstraram insatisfação com as sucessivas condenações na Corte Europeia de Direitos Humanos.

Por isso, o último capítulo do livro é a respeito das "encruzilhadas do processo internacional dos direitos humanos", um dos diversos capítulos que, acredito, representam a minha marca sobre a matéria.

Nesse sentido, esta nova edição, como nem poderia deixar de ser, mantém os pilares que acompanham minha trajetória escrevendo sobre os direitos humanos: a (i) defesa da interpretação internacionalista e, com isso, o (ii) respeito à essência contramajoritária dos direitos humanos no plano internacional.

Outro objetivo perseguido nesta 7ª edição foi a atualização.

Foram revistos todos os processos internacionais de direitos humanos, com atualização da implementação das medidas vinculantes do Conselho de Segurança no Brasil (Lei n. 13.810/2019) bem como estudado o procedimento simplificado de apresentação de relatórios; o novo desenho do sistema europeu de direitos humanos após a entrada em vigor do Protocolo n. 15, com foco na estratégia de seleção dos "casos de impacto" e na sintetização das sentenças (as "fórmulas resumidas"); a expulsão da Rússia (2022) do Conselho da Europa; o sistema africano e sua Corte; o sistema interamericano de direitos humanos e seu impacto no Brasil; a responsabilidade internacional individual, com ênfase no Tribunal Internacional Penal e a Conferência de Revisão de Kampala; a análise da quarta geração dos tribunais internacionais penais; a implementação das decisões internacionais de direitos humanos no Brasil, com ênfase na análise das sentenças da Corte Interamericana de Direitos Humanos (até 2022, inclusive com menção aos casos em trâmite) e a construção da "teoria do duplo controle", para evitar conflito insanável entre o Supremo Tribunal Federal e a Corte Interamericana de Direitos Humanos. Abordei também a criação da UMF – Unidade de Monitoramento e Fiscalização do CNJ, como parte do esforço do Judiciário na proteção de direitos humanos.

Constam duas tabelas, no final do livro, contendo o conjunto de medidas provisórias e sentenças contra o Brasil na Corte Interamericana de Direitos Humanos.

Aproveitei, para essa tarefa, tanto a minha experiência docente (mais de vinte e sete anos no ensino jurídico) quanto a minha experiência profissional na área dos direitos humanos. Sou Procurador Regional da República (Ministério Público Federal), tendo sido Coordenador do Núcleo Criminal da Procuradoria Regional da República da 3ª Região e Procurador Regional dos Direitos do Cidadão no Estado de São Paulo. Exerci ainda a função de Procurador Regional Eleitoral do Estado de São Paulo (2012-2016), o maior colégio eleitoral do País e, nessa atuação, lutei pela realização de um Direito Eleitoral inclusivo.

Fui o primeiro Coordenador Nacional do Grupo Executivo Nacional da Função Eleitoral da Procuradoria-Geral Eleitoral (2013-2015).

Fui o primeiro Secretário de Direitos Humanos e Defesa Coletiva da Procuradoria-Geral da República (gestão 2017-2019). Quis, assim, unir teoria e prática na defesa dos direitos humanos.

Leciono Direito Internacional Privado e Direito Internacional dos Direitos Humanos na Graduação e na Pós-Graduação da *Faculdade de Direito da Universidade de São Paulo*, minha *alma mater* (USP – Largo São Francisco) e fui aprovado no meu *Concurso Público de Ingresso* por unanimidade, com todos os votos dos cinco componentes da Banca.

Registro, ainda, que parte importante da minha visão sobre o aprendizado do ensino jurídico foi construída pela experiência pessoal: fui aprovado nos árduos concursos públicos para os cargos de *Procurador da República* (1º lugar *nacional* em todas as provas – preambular, escrita e oral – e 2º lugar *nacional* após o cômputo dos títulos), *Juiz Federal substituto* (4ª Região, 1º lugar) e ainda *Procurador do Estado* (Paraná, 1º lugar).

Dedico esta edição ao Professor Antônio Augusto Cançado Trindade (1947-2022). Era Juiz da Corte Internacional de Justiça (no curso do seu segundo mandato) e ex-juiz e ex-Presidente da Corte Interamericana de Direitos Humanos. Um excepcional jurista, defensor de um Direito Internacional da humanidade. Líder inconteste do Direito Internacional dos Direitos Humanos no Brasil e um dos maiores no mundo. Acima de tudo, pessoa do bem, iluminada. Estive com ele pela última vez na Haia, em seu Gabinete na Corte, em julho de 2019, antes da tragédia da pandemia. Como sempre, com entusiasmo contagiante e uma simpatia ímpar. Fez o prefácio do meu *Responsabilidade Internacional por Violação de Direitos Humanos* (Renovar, 2004, esgotado).

Do seu prefácio, destaco: "Atrevo-me a alimentar a esperança de que, também em nosso país, o alcance da jurisprudência da Corte Interamericana venha também a ser realmente conhecido e apreciado, talvez dentro de alguns anos. O presente livro do Dr. André de Carvalho Ramos representa uma valiosa contribuição nesse sentido, assim como para a difusão entre os jovens estudiosos da ampla temática que aborda. É alentador que tenha o autor encontrado tempo, em meio a seus afazeres profissionais, para produzir esta obra de qualidade, reveladora de seu talento, e que dá razões para crer que esta temática continuará a ser tratada, em nosso país, com a seriedade que requer" (Antônio Augusto Cançado Trindade. "Prefácio" em CARVALHO RAMOS, André de. *Responsabiliade Internacional por Violação de Direitos Humanos*. São Paulo: Renovar, 2004).

É um desafio, como as palavras de Cançado Trindade no "Prefácio" mostram, contribuir para a difusão do Direito Internacional dos Direitos Humanos no Brasil, que necessita – sempre – ser ensinado e praticado no país. Seu exemplo será a bússola de gerações e suas obras, votos e ideias são eternas. Só posso externar, em nome de tantas e tantos: muito obrigado!

PARTE I AS VIOLAÇÕES DE DIREITOS HUMANOS
PERANTE O DIREITO INTERNACIONAL

1 A internacionalização dos direitos humanos e sua grande contribuição: o processo internacional de direitos humanos

O Direito Internacional dos Direitos Humanos consiste no conjunto de normas internacionais que estipula direitos essenciais do ser humano e se beneficia de garantias internacionais institucionalizadas[1]. No mesmo sentido, afirma SIMMA que esse ramo do Direito Internacional consiste em um *conjunto de normas jurídicas internacionais que cria e processa obrigações do Estado em respeitar e garantir certos direitos a todos os seres humanos sob sua jurisdição, sejam eles nacionais ou não*[2].

Seu marco histórico inicial é a Carta de São Francisco, tratado que criou a Organização das Nações Unidas em 1945. É claro que, antes de 1945, houve importantes antecedentes do atual Direito Internacional dos Direitos Humanos, como a proibição da escravidão; o regime de mandatos da Sociedade das Nações, que impôs obrigações de respeito aos direitos das populações de territórios sujeitos ao mandato; a proteção dos trabalhadores, com a criação da Organização Internacional do Trabalho em 1919; a proteção das minorias na Europa Oriental no pós Primeira Guerra Mundial, entre outros. Entretanto, eram institutos fragmentados, voltados a direitos específicos ou a situações localizadas.

Já o Direito Internacional dos Direitos Humanos possui características singulares: 1) trata de direitos de todos, não importando a nacionalidade, credo, opção política, entre outras singularidades; 2) os Estados assumem deveres em prol dos indivíduos, sem a lógica da reciprocidade dos tratados tradicionais; 3) os indivíduos têm acesso a instâncias internacionais de supervisão e controle

---

1 De acordo com DUNSHEE DE ABRANCHES, em obra pioneira, o Direito Internacional dos Direitos Humanos abrange "o conjunto de normas substantivas e adjetivas do Direito Internacional, que tem por finalidade assegurar ao indivíduo, de qualquer nacionalidade, inclusive apátrida, e independente da jurisdição em que se encontre, os meios de defesa contra os abusos e desvios de poder praticados por qualquer Estado e a correspondente reparação quando não for possível prevenir a lesão". Essa definição distingue o Direito Internacional dos Direitos Humanos da (i) intervenção humanitária e (ii) da proteção diplomática (ver mais sobre a proteção diplomática abaixo nesta obra), pela natureza e conteúdo dos direitos protegidos e, principalmente, pela universalidade de sua incidência, sem discriminação entre nacionais ou não de um Estado. Ver DUNSHEE DE ABRANCHES, C. A., *Proteção internacional dos Direitos Humanos*, Rio de Janeiro: Livraria Freitas Bastos, 1964, p. 149.

2 Segundo SIMMA, "Por 'Direito Internacional dos Direitos Humanos', então, eu entendo aqueles princípios, regras, processos e instituições de Direito Internacional que criam e impõem obrigações, para os Estados, de respeito e garantia de determinados direitos a todos os seres humanos sob suas jurisdições, sem relação com a nacionalidade, incluindo – de fato e acima de tudo – os direitos de seus próprios nacionais" (trad. do autor), *in* SIMMA, Bruno, "International Human Rights and General International Law: a comparative analysis", *in Collected Courses of the Academy of European Law*, v. IV, Book 2, Netherlands: Kluwer Law International, 1995, p. 166.

das obrigações dos Estados, sendo criado um conjunto de sofisticados *processos internacionais* de direitos humanos.

O passo decisivo para a internacionalização da temática dos direitos humanos foi a edição da Carta de São Francisco em 1945, que, além de mencionar expressamente o dever de promoção de direitos humanos por parte dos Estados signatários, estabeleceu ser tal promoção um dos pilares da Organização das Nações Unidas (ONU), então criada. No preâmbulo da Carta, reafirma-se a fé nos direitos fundamentais do homem, na dignidade e no valor da pessoa humana, na igualdade de direitos de homens e mulheres. Os artigos 55 e 56, por seu turno, explicitam o dever de todos os Estados de promover os direitos humanos. É a Carta de São Francisco, sem dúvida, o primeiro tratado de alcance universal que reconhece os direitos fundamentais dos seres humanos, impondo o dever dos Estados de assegurar a dignidade e o valor de todos. Pela primeira vez, o Estado era obrigado a garantir direitos básicos a todos sob sua jurisdição, quer nacional ou estrangeiro.

Para explicitar quais seriam esses "direitos humanos" previstos genericamente na Carta de São Francisco foi aprovada, sob a forma de Resolução da Assembleia Geral da ONU, em 10 de dezembro de 1948, a *Declaração Universal dos Direitos Humanos*[3]. Ocorre que, de acordo com a Carta da ONU, uma resolução da Assembleia Geral *sobre tal tema* não possui força vinculante[4], o que impulsionou os trabalhos de redação de novos tratados internacionais. Em 1966, aproveitando-se de certo degelo das relações internacionais entre os blocos capitalista e comunista, foram adotados dois Pactos Internacionais pela Assembleia Geral da ONU e postos à disposição dos Estados para ratificação. Foram o Pacto Internacional de Direitos Civis e Políticos[5] e o Pacto Internacional de Direitos Econômicos, Sociais e Culturais[6]. Esses textos convencionais e ainda a Declaração Universal dos Direitos Humanos (todos oriundos do trabalho da ONU) são considerados a *Carta Internacional dos Direitos Humanos*, uma vez que

---

[3] A Declaração Universal dos Direitos Humanos foi adotada pela Resolução 217 A (III) da Assembleia Geral, reunida em Paris, em 10 de dezembro de 1948. Houve oito abstenções, entre 58 Estados participantes, a saber: Bielorrússia, Checoslováquia, Polônia, União Soviética, Ucrânia, Iugoslávia, Arábia Saudita e África do Sul. Iêmen e Honduras não participaram da votação.

[4] Veremos mais abaixo a transformação de, ao menos, parte da Declaração Universal dos Direitos Humanos em verdadeiro costume internacional.

[5] Texto aprovado em 1966 e entrada em vigor em 23 de março de 1976. O Pacto Internacional sobre Direitos Civis e Políticos foi completado por dois protocolos facultativos. O primeiro instituiu o direito de petição individual e o segundo vedou a pena de morte.

[6] Texto aprovado em 1966 e entrada em vigor em 3 de janeiro de 1976. Em dezembro de 2008, foi aprovado pela Assembleia Geral da ONU e posto à disposição dos Estados o Protocolo Facultativo que trata da petição individual.

possuem (i) alcance universal e (ii) abrangem várias espécies de direitos. A partir da década de 1960, o desenvolvimento dito *legislativo* do Direito Internacional dos Direitos Humanos foi intenso. Digno de nota é que o Brasil ratificou e já incorporou internamente quase todos *os principais* tratados internacionais acima citados, tendo ainda dado seu apoio à edição da *Declaração Universal dos Direitos Humanos,* como se vê no Anexo do presente livro[7].

A estratégia internacional perseguida foi a de ampliar, sem qualquer preocupação com redundâncias (vários direitos são mencionados repetidamente nos diversos tratados), a proteção internacional ao ser humano. Cada texto novo relativo à proteção internacional dos direitos humanos aumentava a garantia do indivíduo. A tese da competência exclusiva dos Estados no domínio da proteção dos direitos humanos encontra-se ultrapassada, após anos de aquiescência pelos *próprios* Estados da normatização internacional sobre a matéria[8].

Nos anos 60 e 70 do século XX, a internacionalização dos direitos humanos ganha, além dos direitos previstos em tratados, os primeiros mecanismos internacionais de supervisão e controle das obrigações assumidas pelo Estado. O pioneirismo dessa supervisão internacional deve recair sobre a *Corte Europeia de Direitos Humanos,* criada pela Convenção Europeia de Direitos Humanos em 1950, mas cujo primeiro caso sentenciado é de 1960[9]. Após, os tratados do sistema global de direitos humanos (criando os Comitês – "órgãos dos tratados") e ainda a Corte Interamericana de Direitos Humanos (criada em 1969 pela Convenção Americana sobre Direitos Humanos). Completou-se o *ciclo da internacionalização* em sentido estrito dos direitos humanos, que une o rol de direitos à estruturação de processos internacionais de direitos humanos.

Após, a consagração do universalismo dos direitos humanos no mundo pós-Guerra Fria ocorreu na Conferência Mundial de Direitos Humanos de Viena, de 1993. Tal Conferência foi um marco na proteção de direitos humanos no mundo, uma vez que reuniu mais de 170 Estados, bem como foram credenciadas como observadoras oficiais mais de oitocentas organizações não governamentais e cerca de duas mil reuniram-se no "Fórum das ONG's". Ao longo de quinze dias, aproximadamente dez mil indivíduos, com experiência na proteção de direitos humanos ou representando seus Estados, dedicaram-se

---

7 Um dos melhores repertórios de tratados internacionais de direitos humanos do âmbito da ONU é a página da Internet do Alto Comissariado de Direitos Humanos: www.unhchr.ch.

8 De fato, argumenta Trindade que "Nenhum governo, em nossos dias, ousaria de boa-fé levantar a exceção de 'domínio reservado' do Estado à ação dos órgãos internacionais competentes em matéria de direitos humanos, por saber que tal objeção estaria fadada ao insucesso" (CANÇADO TRINDADE, Antônio Augusto. "Apresentação" *in* LINDGREN ALVES, J. A. *Os direitos humanos como tema global,* São Paulo: Perspectiva, 1994, p. XVI).

9 Em 04.04.1960, Caso de Gerard Lawless vs. Irlanda. Disponível em https://www.echr.coe. int/Documents/Archives_1960_First_case_ENG.pdf, acesso em 17.05.2022.

exclusivamente à discussão do tema[10]. O resultado foi a elaboração de uma Declaração e um programa de ação para a promoção e proteção de direitos humanos, que contou com o reconhecimento claro do *universalismo, da indivisibilidade e da interdependência dos direitos protegidos*[11].

Além das dezenas de convenções regionais e universais, sendo que algumas delas contam ainda com órgãos próprios de supervisão e controle (os chamados *treaties bodies* – *"órgãos dos tratados"*), reconhecem-se outras normas protetoras de direitos humanos oriundas do costume internacional e dos chamados princípios gerais de Direito. Muitos desses costumes originam-se das resoluções da Assembleia Geral e das deliberações do Conselho Econômico e Social, ambos órgãos principais da Organização das Nações Unidas (ONU). Conforme já mencionamos, a Declaração Universal dos Direitos Humanos foi originalmente adotada pela Resolução 217 A (III) da Assembleia Geral da ONU. De acordo com a própria Carta da ONU, resoluções com tal conteúdo não possuem força vinculante. Porém, após décadas de prática internacional, a Declaração é reconhecida como (i) *norma costumeira de proteção de direitos humanos* e ainda (ii) elemento de interpretação do conceito de "direitos humanos" previsto na Carta da ONU[12], conforme decidiu a Corte Internacional de Justiça[13].

Como abordei em obra própria[14], parte da doutrina sustenta que a Corte Internacional de Justiça (CIJ) ainda deve clarificar se *todos* ou somente *parcela* dos direitos humanos estabelecidos na Declaração Universal são vinculantes. Porém, não resta dúvida, em face dos precedentes da CIJ, que os direitos à vida, integridade física, liberdade e igualdade vinculam todos os Estados. Por outro lado, os direitos humanos compõem os *princípios gerais do Direito Internacional*, uma vez a mesma Corte Internacional de Justiça reconheceu, no Parecer Consultivo relativo à Convenção de Prevenção e Repressão ao Crime de Genocídio,

---

10 Ver mais sobre o processo de negociação que envolveu a Conferência de Viena em LINDGREN ALVES, José Augusto. *Relações internacionais e temas sociais* – A década das conferências. Brasília: IBRI, 2001.

11 A Declaração contém um preâmbulo de 17 parágrafos e uma parte principal de 39 artigos. O Programa de Ação contém 100 parágrafos com recomendações de condutas.

12 Ver abaixo nesta obra explicações adicionais sobre a natureza jurídica da Declaração Universal dos Direitos Humanos (Capítulo 5 – "Os mecanismos extraconvencionais de apuração de violações de direitos humanos").

13 No caso envolvendo o *Pessoal Diplomático e Consular norte-americano em Teerã*, decidiu a Corte que a detenção dos reféns americanos era "manifestly incompatible with the principles of the Charter of the United Nations, as well as with the fundamental principles enunciated in the Universal Declaration of Human Rights". Corte Internacional de Justiça, *United States Diplomatic and Consular Staff in Tehran, ICJ Reports* 1980, p. 42.

14 CARVALHO RAMOS, André de. *Teoria Geral dos Direitos Humanos na Ordem Internacional*, 7. ed., São Paulo: Saraiva, 2019.

que os princípios protetores de direitos humanos daquela Convenção devem ser considerados princípios gerais de Direito Internacional e vinculam mesmo Estados não contratantes[15].

Em 1996, também em uma opinião consultiva, a Corte Internacional de Justiça voltou a enfatizar que os princípios de direito humanitário são princípios elementares de humanidade, pelo que *todos os Estados devem cumprir essas normas fundamentais, tenham ou não ratificado todos os tratados que as estabelecem, porque constituem princípios invioláveis do Direito Internacional Consuetudinário*[16].

As normas internacionais oriundas de fontes não convencionais servem para preencher os vazios normativos gerados pela ausência de adesão por parte de vários Estados aos tratados, porém não geram a segurança jurídica oriunda de um texto convencional. Há ainda dúvidas sobre se todos os direitos humanos são normas consuetudinárias ou princípios gerais de Direito Internacional. Na realidade, os Estados e parte da doutrina só reconhecem uma *parcela dos direitos humanos como costume e princípios gerais de direito internacional*. O consenso internacional em torno do respeito ao direito à vida contra a privação arbitrária difere do consenso em torno dos direitos sociais, por exemplo. Assim, não há como negar as limitações do uso de fontes não convencionais para obrigar Estados a respeitar *todos* os direitos humanos, em especial os direitos sociais em um mundo ainda marcado pela fome e miséria de centenas de milhões de pessoas. Em especial, os tratados possuem a vantagem de contar com mecanismos neles previstos de aferição da responsabilidade do Estado pelo cumprimento das obrigações pactuadas (como um tribunal ou um comitê internacional, como veremos nesta obra).

De todo modo, a internacionalização dos direitos humanos é uma realidade incontornável. Graças a ela, temos *obrigações internacionais* vinculantes na seara ora dominada pelas Constituições e leis locais. O descumprimento de uma obrigação internacional pelo Estado torna-o responsável pela reparação dos danos porventura causados.

---

15 A Corte Internacional de Justiça no seu Parecer Consultivo sobre as reservas à Convenção de Prevenção e Repressão ao Crime de Genocídio, estabeleceu que: "the principles underlying the Convention are principles which are recognized by civilized nations as binding on States even without any conventional obligation". Ver Corte Internacional de Justiça, *Reservations to the convention on the prevention and punishment of the crime of genocide*. Parecer Consultivo de 28 de maio de 1951, *ICJ Report* 1951, p. 22.

16 Corte Internacional de Justiça, Advisory Opinion on Legality of the Use by a State of Nuclear Weapons, *in* Armed Conflict, *ICJ Report* 1996, em especial parágrafo 79. Ver mais em CARVALHO RAMOS, André de. *Teoria Geral dos Direitos Humanos na Ordem Internacional*, 7. ed., São Paulo: Saraiva, 2019.

Há uma reação jurídica do Direito Internacional às violações de suas normas, exigindo-se a preservação da ordem jurídica vigente[17]. A responsabilidade internacional do Estado consiste, então, em uma obrigação internacional de reparação dos danos causados pela violação prévia de norma internacional. Nesse sentido, REUTER ensina que a responsabilidade internacional é a obrigação de reparação de toda violação de direito cometida por um Estado em face de outro[18].

A responsabilização do infrator é característica de um sistema *jurídico* como pretende ser o sistema internacional de regras de conduta, tendo seu fundamento no princípio da igualdade soberana entre os Estados. Se um Estado pudesse descumprir um comando internacional sem ser responsabilizado, existiria uma superioridade inegável do infrator em relação aos demais. Assim, como todos os Estados pregam a igualdade e o respeito aos engajamentos internacionais, é natural que defendam, ao mesmo tempo, a responsabilização de um Estado que, porventura, venha a violar tais engajamentos[19].

No campo dos direitos humanos, a responsabilização do Estado é *essencial* para reafirmar a *juridicidade* deste conjunto de normas voltado para a proteção dos indivíduos e para a afirmação da dignidade humana. As obrigações internacionais nascidas com a adesão dos Estados aos instrumentos internacionais de proteção aos direitos humanos *só possuem conteúdo real quando o mecanismo de responsabilização por violações é eficaz*. Tal mecanismo deve ser o mais amplo possível para que se evite o caráter meramente programático das normas internacionais sobre direitos humanos.

Logo, são justamente os mecanismos internacionais de apuração das violações de direitos humanos que *conferem uma carga de ineditismo e relevância* aos diplomas normativos internacionais de direitos humanos. De fato, atualmente, o Direito interno já reproduz – em linhas gerais – o rol internacional de direitos humanos protegidos, devendo agora o estudo recair sobre as fórmulas internacionais de obrigar o Estado a proteger tais direitos. Sem tal vinculação entre os mecanismos de apuração de violação de obrigações internacionais e os direitos

---

17   CARVALHO RAMOS, André de. *Responsabilidade Internacional por Violação de Direitos Humanos*, Rio de Janeiro: Renovar, 2004.

18   CARVALHO RAMOS, André de. *Responsabilidade Internacional por Violação de Direitos Humanos*, Rio de Janeiro: Renovar, 2004. COMBACAU, Jean e SUR, Serge. *Droit International Public*, 2. ed., Paris: Montchrestien, 1995, p. 673. Para REUTER "A responsabilidade internacional aparece sob a forma simples da obrigação de reparar toda violação de direito cometida pelo Estado em face de outro". Ver REUTER, Paul. *Droit International Public*, Paris: PUF, 6. ed., 1983, p. 40.

19   CARVALHO RAMOS, André de. *Responsabilidade Internacional por Violação de Direitos Humanos*, Rio de Janeiro: Renovar, 2004.

humanos, estaremos a um passo de afirmar o caráter de *mero conselho ou exortação moral* da proteção internacional dos direitos humanos[20].

2 O universalismo em concreto: a interpretação internacional dos direitos humanos

Com a internacionalização dos direitos humanos, implantou-se formalmente o *universalismo dos direitos humanos*, inoculado pela adoção pelos Estados do *mesmo texto* de direitos humanos imposto nos tratados ratificados.

Porém, não basta a adoção da *mesma redação* de um determinado direito em dezenas de países que ratificaram um tratado para que o universalismo seja implementado. É necessário que tenhamos também uma *mesma interpretação* desse texto. Ou seja, é necessário que exista um mecanismo internacional que averigue como o Estado *interpreta* o texto adotado.

Por isso, o Direito Internacional dos Direitos Humanos é composto por duas partes indissociáveis: o rol de direitos de um lado e os processos internacionais que interpretam o conteúdo desses direitos e zelam para que os Estados cumpram suas obrigações.

Esse é o dilema típico do século XXI da atualidade brasileira, pois ao mesmo tempo em que há a plena adesão brasileira à internacionalização dos direitos humanos não temos o hábito de aplicar a interpretação *internacionalista* desses mesmos direitos.

Temos mantido, então, uma *interpretação nacional*, o que torna o regime jurídico dos direitos humanos internacionais *manco* e incoerente: *universal* no texto, *nacional* na aplicação e interpretação de suas normas na vida cotidiana.

Essa dicotomia (universalismo na ratificação *versus* localismo na aplicação) representa o velho "truque de ilusionista" do plano internacional: os Estados ratificam tratados, os descumprem cabalmente, mas *alegam* que os estão cumprindo, de acordo com a ótica nacional[21]. Aplicado o truque de ilusionista aos direitos humanos, veremos os Estados afirmarem que respeitam determinado direito, mesmo que sua interpretação seja *peculiar* e em cabal contradição com a interpretação dos órgãos internacionais de direitos humanos.

Nos dias de hoje, esse truque de ilusionista não engana. Não é mais suficiente assinalar, formalmente, os direitos previstos no Direito Internacional,

---

20 CARVALHO RAMOS, André de. *Responsabilidade Internacional por Violação de Direitos Humanos*, Rio de Janeiro: Renovar, 2004, p. 20. LLORET, Jaume Ferrer. "Responsabilidad International por violación grave y masiva de los derechos humanos: práctica española", *in* XLVII *Revista Española de Derecho Internacional* (1995), p. 72.

21 CARVALHO RAMOS, André de. Responsabilidade Internacional do Estado por Violação de Direitos Humanos. *Revista CEJ* (Brasília), Brasília, v. 29, 2005, p. 53-63, em especial p. 54.

registrar, com júbilo, seu estatuto normativo de cunho constitucional ou supralegal e, contraditoriamente, interpretar os direitos ao talante nacional.

Esse esquema tradicional de aplicação do Direito Internacional dos Direitos Humanos *não é mais adequado* para levarmos os direitos humanos a sério. É necessário que avancemos na *aceitação da interpretação* desses direitos pelo Direito Internacional, ou, como defendi em livro anterior (edição comercial de minha tese de livre-docência), que se inicie um diálogo e uma fertilização cruzada entre os tribunais internos e os tribunais internacionais[22].

No caso brasileiro, não é mais possível evitar a interpretação internacionalista, pois aderimos a vários mecanismos coletivos de apuração de violação de direitos humanos, como, por exemplo, o da Corte Interamericana de Direitos Humanos (Corte IDH). Não cabe mais, então, interpretar a Convenção Americana de Direitos Humanos *sob uma ótica nacional*, desprezando a interpretação da Corte IDH.

Por isso, é necessário que o estudo da proteção internacional dos direitos humanos aborde especificamente os *processos internacionais de direitos humanos*, para que possamos conhecer o modo pelo qual os órgãos internacionais de direitos humanos, ao *apurar as violações* pretensamente realizadas pelos Estados, *aplicam* as normas protetivas aos casos concretos, fornecendo uma interpretação *internacionalista* dos direitos.

3 A classificação do processo internacional de direitos humanos

O *processo internacional de direitos humanos* consiste no conjunto de mecanismos internacionais que analisa a situação de direitos humanos em um determinado Estado e, eventualmente, detecta a violação de direitos humanos bem como fixa reparações cabíveis ou impõe sanções. Esse conjunto pode ser classificado de acordo com a origem (unilateral ou coletivo); natureza (político ou judiciário); finalidades (emitindo recomendações ou deliberações vinculantes); sujeição passiva (Estado ou indivíduo) e, finalmente, âmbito geográfico de atuação (global ou regional).

Quanto à *origem*, existem dois modos reconhecidos pelos Estados de se constatar a violação de compromissos internacionais: o modo unilateral e o modo coletivo ou institucional.

---

22 Ver mais no capítulo sobre as encruzilhadas do processo internacional de direitos humanos ainda nesta obra. Também discuti a fertilização cruzada entre os tribunais internos, tribunais internacionais de direitos humanos e os tribunais de integração econômica em CARVALHO RAMOS, André de. *Direitos Humanos na Integração Econômica*, Rio de Janeiro: Renovar, 2008, em especial p. 454 e s.

O modo unilateral é aquele pelo qual o Estado dito ofendido afirma ter ocorrido violação de seu direito e exige reparação do Estado dito ofensor. Desse modo, o próprio Estado *analisa* o pretenso fato internacionalmente ilícito cometido e *requer* reparação ao Estado ofensor, podendo, se não atendido, *sancionar* unilateralmente esse Estado.

O Estado dito ofendido transforma-se em *juiz e parte*, o que acarreta perda de objetividade e de imparcialidade na aferição da conduta lesiva. Sem contar que o Estado violador também tem posição jurídica oposta e perfeitamente defensável com base no princípio da igualdade soberana entre os Estados.

Assim, o Estado pretensamente lesado exige reparação e ao não recebê-la, aplica sanções unilaterais ao Estado infrator, o qual, por seu turno, considera tais sanções injustificadas e contrárias ao direito internacional, justamente por não reconhecer como ilícita sua conduta prévia impugnada, acarretando o uso de sanções unilaterais agora por parte do Estado pretensamente infrator.

Nem é preciso dizer sobre os perigos que tais "escaladas de sanções" ocasionam para a paz mundial, ainda mais em um tema tão sensível como o dos direitos humanos.

Para evitar tais situações foram instituídos mecanismos coletivos (que são aqueles criados por tratados) nos quais órgãos compostos por pessoas independentes e imparciais analisam os fatos, ouvem os interessados e decidem sobre a responsabilidade internacional do pretenso infrator.

Os mecanismos coletivos ou institucionais de constatação da responsabilidade internacional do Estado são essenciais para o aprofundamento da defesa internacional dos direitos humanos, pois evitam a seletividade e a parcialidade típicas do mecanismo unilateral.

Outra classificação possível desses mecanismos é quanto à natureza: há o chamado *mecanismo político* e o *mecanismo judiciário*.

O mecanismo político é aquele que constata a existência de uma violação de direitos humanos a partir de uma apreciação *discricionária* de cunho político de um Estado ou de um conjunto de Estados. O mecanismo político pode ser unilateral ou mesmo coletivo, como se vê na apreciação de violação de direitos humanos no Conselho de Segurança, no Mecanismo de Revisão Periódica do Conselho de Direitos Humanos ou mesmo na Organização dos Estados Americanos (por exemplo, na crise de Honduras de 2009).

Por sua vez, o mecanismo judiciário é aquele que constata a existência de uma violação de direitos humanos a partir de um procedimento no qual há ampla defesa e contraditório, bem como julgadores imparciais. Pode ser realizado em órgãos internacionais quase judiciais (como os Comitês de vários tratados de direitos humanos – os "treaty bodies", como veremos) ou judiciais (os Tribunais Internacionais de Direitos Humanos, como as Cortes Europeia e Interamericana de Direitos Humanos).

Ainda, é possível classificar os mecanismos internacionais de acordo com finalidade, levando-nos a reconhecer a existência de *mecanismos de recomendação* e *mecanismos de decisão*.

Os mecanismos de recomendação são aqueles que têm, como resultado, a emissão de uma recomendação ao Estado infrator. Buscam o diálogo e defendem o apelo promocional para a modificação das políticas nacionais.

Já os mecanismos de decisão são aqueles que emitem decisões vinculantes, impondo ao Estado o dever de cumprimento. Esses mecanismos podem ser *políticos* ou *judiciários*. Nem sempre o mecanismo político será de mera recomendação: o Conselho de Segurança, por exemplo, é um mecanismo político que pode editar resoluções vinculantes na área dos direitos humanos (ver capítulo próprio). Por outro lado, nem sempre o mecanismo judiciário será um mecanismo de decisão: o "sistema dos relatórios" dos Comitês de tratados de direitos humanos (os *treaty-bodies*) acarreta tão somente recomendações aos Estados analisados.

De acordo com a sujeição passiva, classifico os processos internacionais de direitos humanos em processos internacionais *contra o Estado*, que fixam a responsabilidade de um determinado Estado infrator e em processos internacionais *contra o indivíduo*, que determinam a responsabilidade individual por violação de direitos humanos. Os processos internacionais contra o indivíduo existentes hoje restringem-se aos tribunais internacionais penais, que serão estudados em capítulo próprio.

Finalmente, é possível classificar os processos internacionais de direitos humanos de acordo com o *âmbito geográfico de atuação*. De um lado, há o *sistema global* (também chamado de *onusiano* ou *universal*), que abarca os mecanismos patrocinados pela Organização das Nações Unidas e que atingem todos os Estados-membros da ONU ou que ratificaram os tratados de direitos humanos celebrados sob os auspícios da ONU. Por outro lado, há os mecanismos *regionais*, que vinculam Estados em determinadas regiões do globo, como se vê nos *sistemas europeu, interamericano* e *africano* de direitos humanos.

Neste livro, analisaremos o mecanismo unilateral e os seguintes mecanismos coletivos: o sistema da ONU (Organização das Nações Unidas), o sistema europeu (fundado essencialmente na Convenção Europeia de Direitos Humanos), o sistema interamericano (fundado essencialmente na Convenção Americana de Direitos Humanos e na Carta da Organização dos Estados Americanos), bem como o jovem sistema africano (fundado na Carta Africana de Direitos do Homem e dos Povos, conhecida como Carta de Banjul). Abordaremos também os mecanismos políticos e também estudaremos, em cada um deles, a existência ou não de força vinculante de suas deliberações.

PARTE II O MECANISMO UNILATERAL DE AFERIÇÃO DE
VIOLAÇÕES DE DIREITOS HUMANOS

1 O mecanismo unilateral: o *judex in causa sua*

A aferição da violação de determinada norma internacional pode ser feita unilateralmente pelo Estado ofendido ou por meio de um mecanismo coletivo de solução de controvérsias, no qual um terceiro ente, imparcial, determina a existência de violação de obrigação internacional.

O mecanismo unilateral, por definição, não possui condições de admissibilidade e requisitos para julgamento, como ocorre nos mecanismos coletivos. Pelo contrário, o Estado é *livre* para fixar as formas pelas quais analisa a responsabilidade internacional de outro Estado por violações de direitos humanos, já que o ato é *unilateral* por definição.

Constatada a violação do Direito Internacional, o Estado dito ofendido exige reparação e, no caso de irresignação do pretenso Estado infrator, adota sanções de coerção.

As formas pelas quais os Estados aferem unilateralmente o respeito por parte de outros Estados das obrigações internacionais contraídas variam, mas a responsabilização unilateral de um Estado por violação de direitos humanos não difere de sua responsabilização unilateral por qualquer outro tipo de descumprimento de obrigação internacional.

Em geral, aproveita-se o trabalho de órgãos internos para avaliar a conduta de outros países e, após, exigir novas condutas de pretenso respeito a direitos humanos e, se não atendidos, impor sanções.

Um dos exemplos mais evidentes de apreciação unilateral de condutas de outros Estados na temática dos direitos humanos é a produção de relatórios do Departamento de Estado dos Estados Unidos, submetido anualmente ao Congresso daquele país, sobre o respeito aos direitos humanos por parte de outros Estados. Esse trabalho do Poder Executivo estadunidense é fruto de lei interna (o *Foreign Assistance Act*, de 1961), que estabelece ser o incentivo ao respeito de direitos humanos *meta da política externa* do país e condicionante do fornecimento de assistência financeira e militar[1].

Existe também a tendência de uso do Poder Judiciário local para aferir a existência de violações de direitos humanos em outro Estado. Como exemplo disso, cite-se o caso *Filártiga v. Peña-Irala*, no qual um tribunal federal norte-americano considerou-se competente para conhecer de ação de responsabilidade por torturas cometidas por agentes de Estado estrangeiro em violação ao

---

1 Ver a legislação norte-americana sobre a assistência militar e econômica vinculada ao respeito aos direitos humanos, *in* STEINER, Henry J. e ALSTON, Philip. *International Human Rights in context*, Oxford: Clarendon Press, 1996, p. 822-836; e também em relação ao tema, ver LILLICH, Richard B. "Damages for Gross Violations of International Human Rights Awarded by US Courts", 15 *Human Rights Quarterly* (1993), p. 209-299.

direito fundamental de integridade física. O tribunal dos Estados Unidos considerou, em que pese a nacionalidade *paraguaia* do autor e do réu, ter sido violada obrigação internacional cogente (veremos a seguir, o conceito de obrigação *erga omnes* e imperativa – *jus cogens*), podendo a jurisdição local ser utilizada para obter reparação para as vítimas[2].

Essa tendência encontra resistência nas Cortes norte-americanas, que não vislumbram *ainda* base legal (do Direito norte-americano) para eliminar a tradicional imunidade de jurisdição do Estado perante tribunais nacionais. Nos casos *Tel-Oren v. Lybian Arab Republic* e *Siderman de Blake v. Republic of Argentina* reconheceu-se a imunidade de jurisdição aos Estados líbio e argentino. Entretanto, assinalou-se que eventual mudança no *Foreign Sovereign Immunities Act* de 1976 pode levar ao processamento de Estados por violação de direitos humanos perante juízes norte-americanos[3].

O objetivo do uso do Poder Judiciário interno é *camuflar* o aspecto unilateral de averiguação de violação de direitos humanos, dotando-o da imparcialidade e neutralidade do juiz, geralmente consagradas nas Constituições. Caso o Estado pretensamente infrator insurja-se contra tal responsabilização unilateral, utiliza-se a "legitimidade" da decisão interna, baseada no devido processo legal local e emitida por magistrado.

As diferentes engrenagens de direito interno que formam o mecanismo unilateral são todas equivalentes para o Direito Internacional, não importando a possível imparcialidade do juiz local, pretensamente neutro em face das injunções de política externa de determinado Estado. É preciso ressaltar que o Poder Judiciário continua sendo um órgão do Estado aos olhos do Direito Internacional, não podendo ser alterada a natureza de ato unilateral (transformando-o em um ato neutro, acima das partes em litígio) pela intervenção de um órgão judicial interno.

Caso isso não seja aceito, observamos que, em um raciocínio do absurdo, nada impede que o Estado pretensamente infrator também processe, perante

---

2 Ver sobre o caso citado e outros, STEINER, Henry J. e ALSTON, Philip. *International Human Rights in context*, Oxford: Clarendon Press, 1996, p. 779-788.

3 No primeiro caso, o Juiz Bork salientou que uma conclusão diferente poderia ter sido tomada pela Corte, caso o *Alien Tort Statute* (diploma legal norte-americano utilizado pelos autores da ação contra o Estado líbio) fosse mais claro em seu desejo de possibilitar às cortes norte-americanas "policiarem" as condutas sobre direitos humanos de Estados estrangeiros (no original, *"federal courts police the behavior of foreign individuals and governments"*). Ver extratos destes dois casos e da posição do Juiz Bork, *in* STEINER, Henry J. e ALSTON, Philip. *International Human Rights in context*, Oxford: Clarendon Press, 1996, p. 789-790. Sobre o *Foreign Sovereign Immunities Act* e os direitos humanos, ver ainda o interessante estudo de Jennifer Gergen, *in* GERGEN, Jennifer A., "Human Rights and the Foreign Sovereign Immunities Act", 36 *Virginia Journal of International Law* (1996), p. 765-796.

seus tribunais locais, o outro Estado, reagindo, assim, à sua responsabilização internacional unilateral, terminando em uma situação de impasse.

Desse modo, quer o ato que responsabilize o pretenso Estado infrator tenha sua origem em lei interna (ato do Poder Legislativo), decisão administrativa (ato do Poder Executivo) ou mesmo sentença judicial (ato do Poder Judiciário), *continua tal ato sendo um ato unilateral* de um Estado perante o Direito Internacional e será aqui analisado como tal.

2 O mecanismo unilateral: seu vínculo com o bilateralismo e com a lógica da reciprocidade

O mecanismo unilateral de aferição da responsabilidade internacional do Estado originou-se de ter sido, tradicionalmente, a sociedade internacional uma *sociedade paritária e descentralizada*, na qual cada Estado aplicava os comandos normativos internacionais[4].

Logo, como consequência, cada Estado analisava o pretenso fato internacionalmente ilícito cometido e requeria reparação ao Estado ofensor, podendo, se não atendido, sancionar unilateralmente esse Estado.

O Estado dito vítima transformava-se em juiz e parte, o que acarretava perda de objetividade e de imparcialidade na aferição da conduta lesiva. Sem contar que o Estado violador também tinha posição jurídica oposta, defensável com base no princípio da igualdade soberana entre os Estados.

Assim, o Estado pretensamente lesado exigia reparação e ao não recebê-la, aplicava sanções unilaterais ao Estado infrator, o qual, por seu turno, considerava tais sanções injustificadas, justamente por não reconhecer como ilícita sua conduta prévia impugnada, acarretando o uso de sanções unilaterais agora por parte do Estado pretensamente infrator contra a conduta sancionatória do primeiro Estado.

Rapidamente, chega-se a uma situação de impasse, na qual cada Estado aplicava sanções unilaterais ao outro. A solução desse impasse está na aceitação de mecanismos coletivos de solução de controvérsia, que acarretam a aferição objetiva da responsabilidade internacional do Estado. Conforme veremos, os procedimentos coletivos *superam* a situação antagônica e de impasse entre os Estados, dando garantias a todos de uma avaliação *neutra e imparcial* das supostas violações de direitos humanos. É salutar o desenvolvimento e a sedimentação

---

4 Segundo CARRILLO SALCEDO, a sociedade internacional é "uma sociedade paritária e descentralizada, relativamente inorgânica, na qual o destinatário da norma confunde-se com o legislador e que na qual logicamente o acordo é a peça chave do processo de criação da norma". Ver *in* CARRILLO SALCEDO, J.A. *El derecho internacional en un mundo en cambio*. Madrid: Tecnos, 1985, p. 97-98.

dos diversos processos de responsabilidade internacional do Estado por violação de direitos humanos, objetivando-se, no futuro, a superação do poder unilateral de um Estado de aferir a existência ou não de violação de direitos humanos em outro Estado.

Outra característica importante do mecanismo unilateral de aferição da responsabilidade internacional do Estado é a sua utilização mais afeta às *relações bilaterais* entre Estados. De acordo com o bilateralismo típico das relações interestatais, o fato internacionalmente ilícito cometido por um Estado faz nascer novas relações jurídicas apenas com o Estado lesado.

Com efeito, o Direito Internacional geral, no tocante à responsabilidade internacional do Estado, caracteriza-se pelo bilateralismo. Isso significa que uma obrigação internacional existe enquanto relação bilateral entre Estados. Este *"bilateral-minded system"* (no termo de SIMMA[5]) é válido também para o regime das obrigações regulando as reparações devidas. Assim, a responsabilidade internacional do Estado exsurge de relações essencialmente bilaterais[6]. Como desdobramento desse raciocínio, pode o Estado vítima renunciar ao seu direito à reparação, sem que os Estados terceiros possam se opor. Por conseguinte, somente o Estado vítima pode legitimamente utilizar sanções com o fim de impor a volta à legalidade internacional.

O *princípio da reciprocidade* no tema da responsabilidade internacional do Estado, então, advém de tal bilateralismo. Cada Estado, na exata medida da violação de seu direito protegido, pode utilizar-se de mecanismos de apuração da responsabilidade internacional em face do Estado ofensor. *O bilateralismo gera uma abordagem contratualista*, quando aplicada à responsabilidade internacional do Estado, refletida no foco credor-devedor existente e na disponibilidade no tratamento do tema, com a possibilidade de renúncia ou consentimento do Estado vítima.

Porém, nem todas as normas de direito internacional dos dias de hoje seguem essa lógica da reciprocidade, como veremos a seguir.

---

5   Ver SIMMA, Bruno. "International Human Rights and General International Law: a comparative analysis", *in Collected Courses of the Academy of European Law*, v. IV, Book 2, Netherlands: Kluwer Law International, 1995, p. 168. Ver também do mesmo autor, "Bilateralism and community interest in the law of State Responsibility", *in* DINSTEIM, Yoram. *International Law at a time of perplexity*. Dordrecht: Kluwer Academic Publishers, 1989, p. 821-844.

6   O que foi reconhecido pela Corte Internacional de Justiça, que estabeleceu que "somente a parte para a qual é devido uma obrigação internacional pode reclamar o seu cumprimento em face de seu descumprimento". Corte Internacional de Justiça, Reparation for Injuries suffered in the service of the United Nations, Parecer Consultivo de 11 de abril de 1949, *ICJ Reports*, 1949, p. 181-182.

3 A natureza objetiva dos tratados de direitos humanos e o fim da reciprocidade

Os tratados de direitos humanos são diferentes dos tratados que normatizam vantagens mútuas aos Estados contratantes. O objetivo dos tratados de direitos humanos é *a proteção de direitos de seres humanos* diante o Estado de origem ou diante de outro Estado contratante, sem levar em consideração a nacionalidade do indivíduo-vítima.

Assim, um Estado, frente a um tratado multilateral de direitos humanos, assume várias obrigações com os indivíduos sob sua jurisdição, independentemente da nacionalidade, e não para com outro Estado contratante, criando o chamado *regime objetivo das normas de direitos humanos*.

A obrigação objetiva internacional consiste no encargo que não depende de uma contraprestação específica de outro Estado-parte, constituindo-se, por assim dizer, em *obrigação para com a sociedade internacional*, em vez de ser uma obrigação com as partes do tratado[7].

Esse *regime objetivo é o conjunto de normas protetoras de um interesse coletivo dos Estados*, em contraposição aos regimes de reciprocidade, nos quais impera o caráter *quid pro quo* nas relações entre os Estados. Logo, os tratados de direitos humanos estabelecem obrigações objetivas, entendendo estas como obrigações *cujo objeto e fim* são a proteção de direitos do indivíduo.

Por isso, os tratados de direitos humanos não são tratados multilaterais tradicionais, concluídos para a troca recíproca de benefícios entre os Estados contratantes. Seu objetivo é *a proteção dos direitos humanos*, independentemente da nacionalidade, gerando para isso uma *ordem internacional que visa beneficiar, acima de tudo, o indivíduo*.

Na superação do princípio da reciprocidade na elaboração de convenções de direitos humanos é necessário sempre recordar o papel do Direito Internacional Humanitário, que contribuiu para a instauração de um sistema no qual a obrigação internacional era exigida, não importando a conduta ilícita do outro Estado-parte do tratado. O conceito de obrigação objetiva tem como marco as quatro Convenções de Genebra de 12 de agosto de 1949, referentes ao Direito aplicável em conflitos armados (Direito Internacional Humanitário). As regras

---

7 Este conceito foi ventilado pela Comissão de Direito Internacional ao analisar o anteprojeto da futura Convenção de Viena sobre o Direito dos Tratados. Segundo o texto da Comissão, de autoria de Fitzmaurice, então, "a obrigação de uma parte qualquer não depende, nem juridicamente, nem na prática, de uma execução correspondente das outras partes. A obrigação tem um caráter absoluto e não um caráter de reciprocidade – ela constitui, por assim dizer, uma obrigação em face do mundo inteiro, ao invés de ser uma obrigação em face das partes do tratado" (trad. do Autor). *Annuaire de la Commission de Droit International*, 1957, v. II, parte I, p. 61.

de direito humanitário não nascem de um acordo movido à reciprocidade, que implica na obediência as regras convencionadas na medida em que o outro Estado respeita suas próprias obrigações, mas sim, de uma série de engajamentos objetivos, *marcados pela unilateralidade*, pelos quais cada Estado se obriga em face de todos, de modo pleno. Se o Estado X vulnera a vida dos prisioneiros de guerra, não pode o Estado Y assim proceder, agindo em reciprocidade.

Assim, quando o artigo 1º, comum às quatro Convenções de Genebra de 1949 estipula o dever do respeito aos direitos humanos protegidos nas mesmas em todas as circunstâncias, *não há qualquer menção à reciprocidade*. Por sua vez, a Convenção de Viena sobre Direito dos Tratados, em seu artigo 60, parágrafo 5º, expressamente estabelece que o não cumprimento de obrigações convencionais não pode gerar a suspensão ou extinção de um tratado de caráter humanitário, em clara derrogação ao regime comum da reciprocidade no Direito dos Tratados.

Com isso, a noção contratualista, comum ao Direito dos Tratados, *não se aplica* aos tratados institutivos de garantias de direitos humanos.

A Corte Internacional de Justiça (CIJ) apoia esse entendimento. Estabeleceu a Corte que, na Convenção para a Prevenção e Repressão ao Crime de Genocídio, os Estados contratantes *não têm interesses próprios*; eles somente – todos e cada um – possuem um interesse comum, de preservar o fim superior razão de ser da convenção: a proteção do ser humano face ao horror do genocídio[8]. Já no Parecer Consultivo sobre as consequências jurídicas para os Estados da presença contínua da África do Sul na Namíbia, a CIJ entendeu que os Estados não poderiam aplicar a cláusula de não adimplemento de tratados no que se relacionasse aos tratados de direitos humanos, cuja inexecução acarretaria por certo prejuízo ao povo namíbio[9].

O regime jurídico objetivo dos direitos humanos já foi reconhecido pelas instâncias internacionais especializadas de direitos humanos.

A Corte Europeia de Direitos Humanos decidiu, no caso Irlanda contra Reino Unido, que a Convenção Europeia de direitos humanos, diferentemente dos tratados internacionais tradicionais, *vai além da simples reciprocidade entre os*

---

8 De fato, para a Corte Internacional de Justiça "Nesse tipo de tratado, as partes contratantes não têm interesses próprios; elas meramente têm, um e todas, um interesse comum, a saber, o atingimento dos altos propósitos que são a razão de ser da convenção. Consequentemente, em uma convenção deste tipo não se pode falar em vantagens ou desvantagens de um Estado ou na manutenção de um equilíbrio contratual perfeito entre seus direitos e deveres" (trad. do Autor). Corte Internacional de Justiça, *Reservations to the convention on the prevention and punishment of the crime of genocide*. Parecer Consultivo de 28 de maio de 1951, *ICJ Report*, 1951, parágrafo 23, p. 15.

9 Ver Corte Internacional de Justiça, *Continued Presence of South Africa in Namibia*, Parecer Consultivo de 21 de junho de 1971, *ICJ Reports*, 1971, parágrafo 122.

contratantes, pois a citada Convenção não cria obrigações sinalagmáticas bilaterais, mas sim obrigações objetivas, que, nos termos do Preâmbulo da Convenção, são objeto de uma garantia coletiva[10].

Os tratados de direitos humanos não regulam interesses materiais dos Estados regidos pelo princípio da reciprocidade (*quid pro quo*). Pelo contrário, os Estados obrigam-se a respeitar os direitos humanos sem que haja qualquer *contraprestação a eles devida.*

Por isso, caracteriza um tratado de direitos humanos a *natureza objetiva de suas normas,* que devem ser interpretadas não em prol dos contratantes (Estados), mas sim, em prol dos indivíduos. Nesse sentido, a Corte Interamericana de Direitos Humanos sustentou "*...que os tratados modernos sobre direitos humanos, em geral, e, em particular, a Convenção Americana, não são tratados multilaterais do tipo tradicional, concluídos em função de um intercâmbio recíproco de direitos, para o benefício mútuo dos Estados contratantes. Seu objeto e fim são a proteção dos direitos fundamentais dos seres humanos, independentemente de sua nacionalidade, tanto em face de seu próprio Estado como em face dos outros Estados contratantes. Ao aprovar esses tratados sobre direitos humanos, os Estados submetem-se a uma ordem legal dentro da qual eles, para o bem comum, assumem várias obrigações, não em relação com outros Estados, senão com os indivíduos sob sua jurisdição*"[11].

Portanto, a natureza objetiva da proteção dos direitos humanos gera a *impossibilidade da utilização do princípio geral de Direito Internacional da reciprocidade.* A violação de um tratado multilateral de proteção aos direitos humanos em nada afeta a obrigação de outro Estado-parte, que continuará obrigado pelas normas do mesmo tratado.

A proteção aos direitos humanos consagrou o conceito do *respeito a certos direitos devido à natureza dos mesmos* e não devido à *lógica de oportunidade e reciprocidade.* O resultado é que não se pode falar de *vantagens ou desvantagens individuais – os chamados interesses materiais –* dos Estados no tocante à proteção dos direitos humanos.

Esse caráter objetivo das obrigações de respeito a direitos humanos assumidas pelo Estado põe *em evidência* que os mecanismos de apuração de violação de direitos humanos tutelam o *interesse do indivíduo e não um interesse material do Estado.*

Por isso, foi justamente o Direito Internacional dos Direitos Humanos que forneceu amparo à conquista pelo indivíduo da personalidade jurídica

---

[10] Ver *in* Corte Europeia de Direitos Humanos, *Caso Irlanda vs. Reino Unido,* sentença de 18 de janeiro de 1978, Série A, n. 25, parágrafo 239.

[11] Corte Interamericana de Direitos Humanos, Parecer Consultivo OC-02/82 de 24 de setembro de 1982, série A, n. 02, parágrafo 29.

internacional. Como veremos em capítulo próprio desta obra, o indivíduo possui hoje personalidade jurídica internacional reconhecida, pois exerce e contrai obrigações *diretamente do plano internacional*. Hoje é comum a aceitação da *legitimidade ativa* do indivíduo para acionar o Estado perante órgãos internacionais, sem contar a imposição de deveres internacionais ao indivíduo (*vide* o caso do Estatuto de Roma, que criou o Tribunal Penal Internacional) para a proteção de direitos humanos.

Essa natureza objetiva dos tratados de direitos humanos informará toda a nossa análise dos processos internacionais de direitos humanos, afetando o mecanismo dito unilateral e os mecanismos coletivos.

Para agravar a complexidade do estudo, a proteção de direitos humanos, de *inegável natureza objetiva como visto acima*, ganhou, ao longo dos anos, uma qualidade especial: a de compor as chamadas normas imperativas em sentido amplo na comunidade internacional.

Com isso, veremos abaixo o conceito de normas imperativas em sentido amplo (*obrigações erga omnes* e *jus cogens*) para, após, avaliar quem é o "Estado-vítima" que pode apreciar unilateralmente as violações de direitos humanos praticadas por outro Estado.

4 A valoração diferenciada das normas internacionais: as normas imperativas em sentido amplo

As normas imperativas em sentido amplo são aquelas que contêm valores essenciais da comunidade internacional e que, por conseguinte, se impõem a cada Estado isoladamente considerado. Logo, não é facultado ao Estado, enquanto autoridade internacional, o direito de violar normas imperativas. Sequer possui o direito de aquiescer com violações por parte de outrem dessas normas tidas como essenciais a todos os Estados.

Porém, há duas espécies de normas internacionais que representam valores essenciais da comunidade, ponto em comum das normas imperativas em sentido amplo: o *jus cogens* e as obrigações *erga omnes*.

Parte da doutrina e ainda alguns Estados defenderam a existência de uma terceira espécie, o chamado *crime internacional do Estado* ou fato ilícito qualificado. A origem dessa terceira espécie de norma imperativa em sentido lato está nos antigos estudos da Comissão de Direito Internacional da ONU sobre responsabilidade internacional, que estabeleceram dois tipos de regimes de responsabilidade internacional do Estado: o primeiro seria o regime do "delito internacional" e o segundo, o do "crime internacional do Estado". Essa distinção baseou-se em critérios axiológicos, com base na escolha de valores fundamentais para a comunidade internacional, que, se ofendidos de modo agudo, geram uma responsabilização mais *gravosa* ao Estado infrator (caso do regime do "crime internacional"). Na primeira edição deste livro, criticamos o uso desses termos, que possuíam *forte conotação de Direito Penal interno*, bem como poderiam ser confundidos com certos crimes praticados por indivíduos, que também recebem a denominação de crimes internacionais no bojo da responsabilidade penal internacional do *indivíduo*. A intenção na adoção do termo "crime internacional" era ressaltar a gravidade da violação da norma primária. A confusão (fruto do apego da Comissão de Direito Internacional à expressão "crime internacional") com o aspecto penal do termo deveria ter sido evitada, salientando-se que a caracterização de uma conduta estatal como crime internacional *independe* da persecução criminal do agente-indivíduo responsável pelo ato. Assim, adotamos, na primeira edição deste livro, como sinônimo de "crime internacional" o termo *"fato ilícito qualificado"*, e, como sinônimo de "delito internacional", o termo *"fato ilícito comum"*, de modo a melhor exprimir a ideia de um regime mais gravoso de responsabilidade internacional do Estado para determinadas obrigações internacionais. Contudo, na atual edição, em que pese nossa posição pessoal, reconhecemos que não houve maior desenvolvimento do tema, uma vez que o projeto de tratado de responsabilidade internacional, finalmente aprovado pela Comissão de Direito Internacional (sob a liderança do último relator, James Crawford[12]), cedeu às críticas de alguns Estados e eliminou o conceito de "crimes internacionais" do seu texto final[13].

Quanto às duas espécies consagradas de normas imperativas em sentido amplo, anoto que o *jus cogens* (também denominado norma imperativa em

---

12   CRAWFORD, James. *The international law Commission's Articles on State Responsibility*, Cambridge: Cambridge University Press, 2002. Mais detalhes sobre o projeto, abaixo.

13   Sobre o tema ver: MOHR, M. "The ILC's distinction between 'international crimes' and 'international delicts' and its implications", *in* SIMMA, Bruno e SPINEDI, M. (eds.), *United States Codification of State Responsibility*, New York: Oceana Publications, 1987, p. 115-141. GOUNELLE, M. "Quelques remarques sur la notion de 'crime international' et sur l'évolution de la responsabilité internationale de l'état", *in Le droit international: unité et diversité, Mélanges Paul Reuter*. Paris: Pédone, 1981, p. 315-326. CASSESE, A. "Remarks on the present legal regulation of crimes of State", *in Études en l'honneur de Roberto Ago*. v. III, Milano: Giuffrè, 1987, p. 49-64. RIGAUX, François. "Le crime d'État. Réflexions sur l'article 19 du projet d'articles sur la responsabilité des états", *in Le droit international a l'heure de sa codification, Études en honneur de Roberto Ago*. v. III, Milano: Giuffrè, 1987, p. 301-325. SAHOVIC, M. "Le concept du crime international de l'état et le developpement du droit international", *in Le droit international a l'heure de sa codification, Études en honneur de Roberto Ago*. v. III, Milano: Giuffrè, 1987, p. 363-369. GILBERT, G. "The criminal responsibility of States", 39 *The International and Comparative Law Quartely* (1990), p. 345-369. PALMISANO, G. "Les causes d'aggravation de la responsabilité des états et la distinction entre 'crimes' et 'delits' internationaux", 98 *Revue Générale de Droit International Public* (1994), p. 629-673. QUIGLEY, J. "The International Law Commission' Crime-Delict distinction: a toothless tiger?, 66 *Revue de droit international, de sciences diplomatiques et politiques* (1988), p. 117-161.

sentido estrito[14] ou norma cogente internacional) consiste no conjunto de normas que contém *valores* considerados *essenciais* para a comunidade internacional como um *todo*, sendo por isso dotado de *superioridade normativa* no choque com outras normas de Direito Internacional[15]. Assim, pertencer ao *jus cogens* não significa ser tal norma considerada como obrigatória, pois todas as normas internacionais o são: significa que, além de obrigatória, não podem os Estados comportar-se de modo a derrogá-la, a não ser que a derrogação seja oriunda de norma de igual quilate[16]. A vontade isolada de um Estado ou de um grupo de Estados, então, não pode ofender uma norma cogente internacional[17].

Já as obrigações *erga omnes* (ver abaixo), referem-se a obrigações internacionais cujo cumprimento interessa à comunidade internacional.

Essas espécies não são estanques: normas pertencentes ao *jus cogens* são consideradas obrigações *erga omnes*. Isso porque, da mesma maneira que as obrigações *erga omnes*, o direito cogente contempla os valores essenciais da comunidade internacional como um todo, obrigando toda a comunidade

---

14   Tal como consta do artigo 53 da Convenção de Viena sobre Direito dos Tratados (1969). Na versão autêntica desse tratado em inglês foi usado o termo "peremptory norm"; na versão autêntica em francês: "norme impérative".
15   Convenção de Viena sobre Direito dos Tratados. "Artigo 53 – Tratado em Conflito Com uma Norma Imperativa de Direito Internacional Geral *(Jus Cogens)*. É nulo o tratado que, no momento de sua conclusão, conflita com uma norma imperativa de direito internacional geral. Para os fins da presente Convenção, uma norma imperativa de direito internacional geral é uma norma aceita e reconhecida pela comunidade internacional dos Estados no seu conjunto, como norma da qual nenhuma derrogação é permitida e que só pode ser modificada por nova norma de direito internacional geral da mesma natureza."
16   RODAS, João Grandino. *"Jus Cogens* em Direito Internacional", *Revista da Faculdade de Direito da Universidade de São Paulo*, São Paulo, Universidade de São Paulo, v. LXIX, fasc. II, 1974, p. 124-135, em especial p. 127.
17   Sobre o *jus cogens*, ver, entre outros, BAPTISTA, Eduardo Correia. *Ius Cogens em Direito Internacional*. Lisboa: Lex, 1997; RODAS, João Grandino. *"Jus Cogens* em Direito Internacional", *Revista da Faculdade de Direito da Universidade de São Paulo*, São Paulo: Universidade de São Paulo, v. LXIX, fasc. II, 1974, p. 124-135. CASELLA, Paulo Borba. *Fundamentos do direito internacional pós-moderno*, São Paulo: Quartier Latin, 2008. GOMES ROBLEDO, Alonso. "Le *jus cogens* international: sa genèse, sa nature, ses fonctions", 172 *Recueil des Cours de l'Académie de Droit International de la Haye* (1981), p. 9-217. SAULLE, M. *"Jus Cogens* and human rights", in *Études en l'honneur de Roberto Ago*, v. II, Milano: Giuffrè, 1987, p. 385-396. CHARLESWORTH, H. e CHINKIN, C. "The Gender of *Jus Cogens"*, 15 *Human Rights Quarterly* (1993), p. 63-76. GROS ESPIEL, Hector. "Self-determination and *jus cogens"*, in CASSESE, A. (ed.), *UN Law and Fundamental Rights – two topics in International Law*. Alphen aan den Rijn: Sijthoff, 1979, p. 167-173. FROWEIN, J. *"Jus Cogens"*, in BERNHARDT, R. (ed.). *Encyclopedia of Public International Law*. v. 7, Amsterdam; New York: North Holland Publishing Co, 1984, p. 327-330. No Brasil, ver o atualizado estudo de FRIEDRICH, Tatyana Scheila. *As normas imperativas de Direito Internacional Público – Jus Cogens*, Belo Horizonte: Ed. Fórum, 2004.

internacional[18]. Entretanto, o fato de uma norma pertencer ao conjunto de normas de obrigações *erga omnes* não implica no caráter cogente da mesma[19].

O conceito de *jus cogens* implica o reconhecimento de uma qualidade do direito material (superioridade) e as obrigações *erga omnes* significam uma qualidade de *implementação* do direito material (todo Estado tem interesse no cumprimento dessa norma)[20].

A consequência maior dessa valoração das normas internacionais é a criação de um *interesse jurídico da comunidade internacional no respeito às normas imperativas em sentido amplo*. Assim, consagra-se a aceitação do interesse de *terceiros Estados* em ver observadas certas normas internacionais. O interesse de toda a comunidade se contrapõe ao *bilateralismo das obrigações internacionais* em geral, nas quais o *Estado-violador* responde somente em face *do Estado-vítima*.

5 A determinação das normas imperativas: o novo "consenso qualificado"

O conceito de normas imperativas exige a anuência e reconhecimento do seu caráter pela comunidade internacional como um todo. Somente assim um Estado aceita a imperatividade da norma, pois existem garantias de *consenso*

---

18   Nas palavras de Cançado Trindade: "By definition, all the norms of *jus cogens* generate necessarily obligations *erga omnes*. While *jus cogens* is a concept of material law, the obligations *erga omnes* refer to the structure of their performance on the part of all the entities and all the individuals bound by them. In their turn, not all the obligations *erga omnes* necessarily refer to norms of *jus cogens*". Ver em CANÇADO TRINDADE, Antônio Augusto. "International Law for Humankind: Towards a New Jus Gentium – General Course on Public International Law", 316 *Recueil des Cours de l'Académie de Droit International de La Haye*, (2005), em especial p. 354. Ver também ACOSTA ESTÉVEZ, José B. "Normas de *ius cogens*, efecto *erga omnes*, crimen internacional y la teoría de los círculos concéntricos", *Anuario de Derecho Internacional*, n. 11, 1995, p. 3-22. CEBADA ROMERO, Alicia. "Los conceptos de obligación *erga omnes*, *ius cogens* y violación grave a luz del nuevo proyecto de la CDI sobre responsabilidad de los Estados por hechos ilícitos", *Revista Electrónica de Estudios Internacionales*, n. 4/2002. Disponível em: <http://www.reei.org/reei4/Cebada.PDF>, Acesso em: 10 fev. 2011.

19   NGUYEN, Quoc Dinh; DAILLER, Patrick; PELLET, Alain. *Droit International Public*, 5. ed., Paris: LGDJ, 1994, p. 734. Ver *Yearbook of the International Law Commission* – 1976, "Report of the Commission to the General Assembly, v. II, State Responsibility", New York: United Nations, 1977, p. 120.

20   Nesse sentido ver passagem esclarecedora da Corte Interamericana de Direitos Humanos: "Por definición, todas las normas del *jus cogens* generan necesariamente obligaciones *erga omnes*. Mientras el *jus cogens* es un concepto de derecho material, las obligaciones *erga omnes* se refieren a la estructura de su desempeño por parte de todas las entidades y todos los individuos obligados. A su vez, no todas las obligaciones *erga omnes* se refieren necesariamente a normas del *jus cogens*". Corte Interamericana de Direitos Humanos, Parecer Consultivo n. 18 da Corte Interamericana de Direitos Humanos sobre a *Condição Jurídica e Direitos dos Migrantes Indocumentados* de 17-9-2003, parágrafo 80.

mínimo para sua caracterização, o que preservaria os interesses de cada Estado. Contudo, cabe a pergunta: o consenso em torno das normas imperativas *deve ser diferente* do consenso necessário para o nascimento das normas internacionais costumeiras? Não resta dúvida de que a imperatividade característica das normas analisadas origina-se dos valores essenciais à comunidade internacional nelas contidos. Assim, a essencialidade ficaria enfraquecida caso fosse exigida a unanimidade entre os Estados ou caso seja admitida a figura do *objetor*. A determinação de uma norma representativa de valores essenciais para a comunidade internacional *não depende da unanimidade* entre os Estados, inexistindo um poder de veto de um Estado isolado. Cite-se o uso ilegítimo da força, considerado inadmissível nos dias de hoje em face do disposto na Carta da ONU, entre outros diplomas normativos. Mesmo um Estado recém-independente não poderia se opor a esta regra imperativa, *tudo em nome da preservação da paz, valor essencial para o futuro de toda comunidade internacional na era atômica*. É *logicamente contraditória* a aceitação do consenso tradicionalmente observado na formação das normas consuetudinárias e a aceitação de uma hierarquia de normas internacionais baseada em valores. O novo consenso necessário, então, para a consagração de uma norma imperativa, *é um consenso qualificado*, nascido entre os representantes essenciais dos diversos grupos que compõem a comunidade internacional. Esses representantes, caso entrem em acordo, demonstram a existência de uma significativa maioria entre os Estados, capaz de forjar a *imperatividade* desejada. O novo consenso qualificado exige que, dentro da maioria dos Estados, encontrem-se representantes significativos dos diversos sistemas políticos e sociais existentes na comunidade internacional, a fim de que haja efetivamente uma maioria quantitativa e também qualitativa[21].

Os Estados considerados representantes essenciais da comunidade internacional *são aqueles que abarcam os países representativos das grandes correntes econômicas, políticas e geográficas do planeta*, de modo a não excluir nenhum tipo de cultura ou de sistema político-econômico vigente. Com a emergência desse novo tipo de consenso qualificado para a caracterização de norma imperativa, a oposição de um Estado isolado ao seu conteúdo é considerada violação de obrigação internacional, acarretando a responsabilidade internacional do citado Estado[22]. Logo, a norma é dita como *imperativa* a um Estado isolado.

---

21 Como salienta Hoogh, "A comunidade internacional dos Estados como um todo obviamente não significa que a unanimidade é exigida, porque normas imperativas podem vincular Estados contra sua vontade. É usualmente reconhecido que uma larga maioria de Estados pode aceitar uma regra como imperativa. Essa maioria deve conter Estados de todos os sistemas políticos e sociais" (trad. do Autor). Ver HOOGH, André de. *Obligations Erga Omnes and International Crimes*, The Hague/London/Boston: Kluwer Law International, 1996, p. 187-188.

22 Sustenta Hoogh que "O elemento essencial de uma norma imperativa é, portanto, que o consentimento individual de um Estado não é exigido, e, assim sendo, um Estado que

A operacionalidade do conceito de *"Estados representativos dos valores essenciais da comunidade"* resvala na aceitação de *desigualdades jurídicas* entre os países, já que admite a desconsideração da vontade de um país cujo *"representante"* tenha se aliado ao *consenso* sobre determinada norma imperativa. Com isso, a determinação das normas imperativas pelos chamados Estados que são representantes essenciais da comunidade internacional levaria à superação do direito de veto por parte de um único Estado. Há o risco de ser gerado um Direito Internacional formado por um *diretório* de Estados fortes e médios, negando-se o pluralismo inerente a uma sociedade de Estados[23].

Esse risco é necessário à comunidade internacional, justamente para que se evitem lesões a valores essenciais, em nome da soberania de cada Estado. Por outro lado, é possível aprimorarmos o modo de reconhecimento da qualidade de norma imperativa em sentido lato, envolvendo, por exemplo, a Organização das Nações Unidas. A comunidade internacional seria representada para definir quais as normas imperativas de direitos humanos pela Organização das Nações Unidas, em especial através da manifestação da Assembleia Geral, cuja representatividade é inequívoca (todo Estado é representado).

As deliberações desse órgão poderiam representar, caso contassem com o apoio significativo dos representantes essenciais dos Estados, uma manifestação da comunidade internacional *"como um todo"*[24].

6 O Estado terceiro legitimado e as obrigações *erga omnes*

6.1 O conceito de obrigação *erga omnes*: dimensão horizontal e vertical

Considera-se obrigação *erga omnes* a obrigação que protege valores de todos os Estados da comunidade internacional, fazendo nascer o direito de qualquer um de seus membros em ver respeitada tal obrigação. O conceito de obrigação internacional *erga omnes* é gerado a partir da valoração especial da obrigação

---

expressamente se opõe a tais normas, mesmo assim será obrigado a cumpri-las" (trad. do Autor). HOOGH, André de. "The Relationship between *Jus Cogens*, Obligations *Erga Omnes* and International Crimes: Peremptory Norms in Perspective", *in* (42) *Austrian Journal of Public and International Law* (1991), p. 187.

23 Como adverte Remiro-Brotóns, "...se chega ao reconhecimento de uma norma como imperativa por meio do consenso, com ar oligárquico, e a custa dos Estados médios e pequenos". REMIRO-BROTONS, Antonio. *Derecho Internacional Público. Principios Fundamentales*, Madrid: Tecnos, 1982, p. 66.

24 Nesse sentido, ver *in* TANZI, Attila. "Is damage a distinct condition for the existence of an internationally wrongful act?", *in* SIMMA, Bruno e SPINEDI, Marina (ed.). *United Nations Codifications of State Responsibility*, New York/London/Rome: Oceana Publications Inc., 1987, p. 32.

primária, tendo como consequência o direito por parte de todos os Estados da comunidade internacional de exigir seu respeito[25].

Para dar precisão ao termo "obrigação" exposto acima, observamos que, conforme LUMIA, a doutrina mais recente decompõe o direito subjetivo em dois conceitos: a esfera de liberdade de atuar (faculdade); e o poder de provocar a tutela estatal no caso daquela ser violada (pretensão). A obrigação é o correlato passivo da noção de direito subjetivo, sendo considerada um dever de realizar o comportamento que o titular de um direito subjetivo pode pretender exigir[26].

Assim, quando utilizamos a expressão "obrigação *erga omnes*" de direitos humanos, consagramos o direito subjetivo de toda comunidade internacional na proteção de tais direitos, conforme já visto na análise da internacionalização da temática dos "direitos humanos"[27].

Essas obrigações, além da dimensão *horizontal* (obrigações devidas à comunidade internacional como um todo), possuem uma dimensão vertical pela qual as obrigações *erga omnes* vinculam tanto os órgãos e agentes do Estado como os particulares nas relações interindividuais[28].

A Corte Internacional de Justiça consagrou tal termo ao utilizá-lo na sentença sobre o caso *Barcelona Traction*. Em passagem memorável dessa sentença a Corte considerou que *apenas as obrigações que protegessem valores essenciais para toda comunidade internacional* poderiam ser consideradas obrigações *erga omnes*[29].

---

25 De acordo com Meron, "...ser *erga omnes* é uma consequência, não a causa, da característica de direito fundamental". Ver MERON, Theodor. "On a hierarchy of international human rights", 80 *American Journal of International Law* (1986), p. 9.

26 Ver LUMIA, Giuseppe. *Principios de Teoría e Ideología del Derecho*, Madrid: Ed. Debate, 1993.

27 É claro que, em virtude de ser a proteção de direitos humanos uma garantia objetiva, sem relação de reciprocidade, podemos, por outro lado, utilizar a conceituação de "dever" às chamadas "obrigações *erga omnes*", pois, segundo novamente LUMIA, é o dever uma faculdade atribuída ao indivíduo para satisfação de interesses de outrem, implicando em obrigações para o titular, sendo a *sujeição* seu correlato passivo. Preferimos, entretanto, preservar a conceituação original estabelecida pela Corte Internacional de Justiça, justamente para enfatizar a relação "direito subjetivo-pretensão de ver cumprida a obrigação" que possibilita que todos os Estados possuam um *interesse de agir de Direito Internacional* contra um determinado Estado violador de direitos humanos. Ver sobre o tema HATTENHAUER, Hans. *Conceptos Fundamentales del Derecho Civil*, Barcelona: Ariel, 1987. GIORGIANNI, Michele. *La Obligación*, Barcelona: Bosch, 1958.

28 Diferenciação que consta do Voto Concordante do Juiz Cançado Trindade no Parecer Consultivo n. 18 da Corte Interamericana de Direitos Humanos sobre a *Condição Jurídica e Direitos dos Migrantes Indocumentados* de 17-9-2003.

29 A Corte Internacional de Justiça decidiu, no caso *Barcelona Traction*, que "uma distinção essencial deve ser traçada entre as obrigações de um Estado para com a comunidade como um todo e aquelas existentes para com outro Estado no campo da proteção diplomática. Pela sua própria natureza, as primeiras concernem a todos os Estados. Tendo em vista a

A Corte reconheceu, então, a existência de obrigações *erga omnes* no Direito Internacional[30]. Para a Corte, tendo em vista a importância de determinados direitos albergados em normas internacionais, todos os Estados da comunidade internacional têm interesse jurídico em sua proteção[31].

Portanto, a fundamentação do conceito de obrigação *erga omnes* não se baseia no interesse genérico de todos os Estados na preservação do Direito Internacional, nem na existência de um costume internacional geral que vincule todos os Estados. O termo *erga omnes* deve ser reservado ao uso dado pela Corte Internacional de Justiça no caso *Barcelona Traction*. Assim, somente algumas normas internacionais, diante de seu conteúdo relacionado aos valores essenciais da comunidade internacional como um todo, seriam *erga omnes*[32].

A consequência imediata da natureza *erga omnes* de uma obrigação é *dotar Estados terceiros de uma legitimidade ativa na busca da reparação da violação observada*[33].

Visto isso, torna-se essencial a definição do critério da aceitação dessa qualidade de obrigação internacional *erga omnes*.

No caso *Barcelona Traction*, a Corte Internacional de Justiça estabeleceu quais seriam exemplos de obrigações *erga omnes* de Direito Internacional

---

importância dos direitos envolvidos, todos os Estados devem ser considerados como tendo o interesse jurídico na sua proteção; são obrigações *erga omnes*". Corte Internacional de Justiça, *The Barcelona Traction, Light and Power Company Limited*, sentença de 5 de fevereiro de 1970, *ICJ Reports*, 1970, parágrafo 34, p. 32.

30 Estabeleceu a Corte que *"34. Tais obrigações derivam, por exemplo, no Direito Internacional Contemporâneo, da proibição dos atos de agressão, de genocídio, e também dos princípios e regras referentes aos direitos básicos da pessoa humana, incluindo-se proteção contra a escravidão e discriminação racial"*. Ver Corte Internacional de Justiça, *ICJ Reports*, 1970, parágrafo 34.

31 Para a Corte, "Tendo em vista a importância dos direitos envolvidos, todos os Estados devem ser considerados como tendo o interesse jurídico na sua proteção". Corte Internacional de Justiça, *The Barcelona Traction, Light and Power Company Limited*, sentença de 5 de fevereiro de 1970, *ICJ Reports*, 1970, parágrafo 34.

32 Para Roberto Ago, o conceito de *obrigação erga omnes* como foi desenvolvido pela Corte Internacional de Justiça no caso *Barcelona Traction*, pode acarretar enganos, pois todas as obrigações internacionais costumeiras são *erga omnes*, na medida em que são dirigidas contra cada Estado da comunidade internacional. Ver AGO, Roberto. "Obligations *erga omnes* and the international community", *in* WEILER, J., CASSESE, A. and SPINEDI, M. (eds.). *International Crimes of States – A Critical Analysis of the ILC's draft article 19 on State Responsibility*, Berlin: Walter de Gruyter, 1989, p. 237-239. No mesmo sentido, ANNACKER, Claudia. "The legal régime of erga omnes obligations in International Law", *in* 46 *Austrian Journal of Public and International Law* (1994), p. 135-136.

33 No entender de Gaja, então, "isso possibilita a todos os Estados reclamar o respeito da obrigação que se deveria respeitar". GAJA, G. "Obligations *erga omnes*, international crimes and *jus cogens*: a tentative analysis of three related concepts", *in* WEILER, J., CASSESE, A. and SPINEDI, M. (eds.). *International Crimes of States – A Critical Analysis of the ILC's draft article 19 on State Responsibility*, Berlin: Walter de Gruyter, 1989, p. 154.

contemporâneo vigentes à época. Para a Corte, essas obrigações nascem da ilegalidade, em face do Direito Internacional contemporâneo, dos atos de *agressão*, de *genocídio* e também das violações dos princípios e regras referentes aos *direitos básicos* da pessoa humana, tais como a *discriminação racial* e a *escravidão*.

A Corte, então, deu exemplos e indicou uma das fontes das obrigações *erga omnes:* os instrumentos internacionais de caráter universal ou quase universal de proteção de direitos humanos.

Desse modo, no caso *Barcelona Traction*, a Corte Internacional de Justiça determinou como sendo obrigações *erga omnes* as regras proibitivas de agressão, escravidão, genocídio e discriminação racial. Caberia, então, ao intérprete, buscar identificar os atributos comuns a essas obrigações que seriam, então, a chave para o ingresso no rol das obrigações *erga omnes*.

Um ponto de união entre as citadas obrigações é a sua *estrutura não bilateral*, oriunda de tratados multilaterais ou de regras costumeiras de Direito Internacional. Um segundo ponto em comum é a defesa de valores titularizados pelo ser humano. Mesmo a proibição da guerra de agressão pode ser vista como sendo parte da defesa dos direitos do ser humano, ao menos indiretamente.

Entretanto, a doutrina não é pacífica sobre isso. Para HOOGH, os exemplos de obrigação internacional *erga omnes* da Corte Internacional de Justiça não apontam critério único. Como exemplo, cita a inclusão da proibição da agressão que seria condizente com a defesa de Estados e não de direitos humanos[34]. *Discordamos* desse posicionamento, já que a proibição do uso da força para dirimir conflitos interestatais possui inegável conteúdo de defesa de direitos do indivíduo, em geral, a grande vítima da guerra entre Estados. Logo, a defesa de valores titularizados pela pessoa humana foi fundamento para a constatação daquelas obrigações *erga omnes* pela Corte Internacional de Justiça no caso *Barcelona Traction*.

A influência do conceito de obrigação *erga omnes* como desenvolvido pela Corte Internacional de Justiça no projeto de convenção sobre a responsabilidade internacional do Estado da Comissão de Direito Internacional é evidente[35]. Esse projeto representa o acúmulo de décadas de reflexão sobre o tema da responsabilidade internacional. Sua origem remonta à decisão da Assembleia Geral da ONU, que adotou, em 7 de dezembro de 1953, a resolução 799 (VIII), na qual

---

34 Para o autor, então, "devido às diferentes características dos exemplos dados pela corte, entretanto, não se pode determinar algum critério para fixar o caráter de erga omnes de uma obrigação". Ver HOOGH, André de. *Obligations Erga Omnes and International Crimes*, The Hague/ London/Boston: Kluwer Law International, 1996, p. 55.

35 Ver o projeto final, enviado à Assembleia Geral da Organização das Nações Unidas em: <http://untreaty.un.rg/ilc/texts/instruments/english/draft%20articles/9_6_2001.pdf>. Acesso em: 14 fev. 2011.

requereu à Comissão de Direito Internacional (CDI) o estabelecimento de estudos visando a codificação dos princípios de Direito Internacional que regem a responsabilidade do Estado. Em 2001, foi finalmente aprovado na CDI o projeto de tratado, relatado por JAMES CRAWFORD[36] e remetido à Assembleia Geral da ONU para aprovação final e submissão aos Estados para ratificação[37]. Até pela maturidade das discussões, o projeto em questão é entendido como espelho do costume internacional que rege a matéria, tendo sido utilizado pela própria Corte Internacional de Justiça[38]. De acordo com o artigo 48.1 "b" do projeto, um Estado terceiro pode exigir o cumprimento de determinada norma internacional caso seja uma obrigação para a comunidade internacional como um todo[39].

Outros tribunais internacionais também adotaram o conceito de *obrigações erga omnes*, como, por exemplo, o Tribunal Internacional Penal da ex-Iugoslávia (TPII). No caso *Prosecutor v. Kupreskic et al* o TPII decidiu que todos os Estados têm interesse jurídico de ver cumpridas as obrigações *erga omnes*[40].

Resta saber se um Estado terceiro pode acionar o Estado infrator com base na obrigação internacional *erga omnes* em face de *todo e qualquer direito* do ser humano. De fato, cabe notar que a decisão da Corte Internacional de Justiça no caso *Barcelona Traction* efetuou uma diferença entre *direitos humanos básicos ou fundamentais e direitos humanos em geral*, sendo que apenas os primeiros teriam o caráter *erga omnes*.

Essa diferenciação *perde* importância quando os direitos protegidos estão inclusos em tratados protetores de direitos humanos, que permitem petições interestatais referentes a supostas violações de qualquer direito protegido[41].

---

36 CRAWFORD, James. *The international law Commission's Articles on State Responsibility*, Cambridge: Cambridge University Press, 2002.

37 No Brasil, ver a análise desse projeto de tratado em CARVALHO RAMOS, André de. *Responsabilidade internacional por violação de direitos humanos*, Rio de Janeiro: Renovar, 2004.

38 Corte Internacional de Justiça, Caso *Gabcikovo-Nagymaros Project*, I.C.J. Reports, 1997 (Hungria *vs.* Eslováquia), parágrafo 47, entre outros.

39 No original "The obligation breached is owed to the international community as a whole".

40 No original: "519. As a consequence of their absolute character, these norms of international humanitarian law do not pose synallagmatic obligations, i.e. obligations of a State *vis-à-vis* another State. Rather – as was stated by the International Court of Justice in the *Barcelona Traction* case (which specifically referred to obligations concerning fundamental human rights) – they lay down obligations towards the international community as a whole, with the consequence that each and every member of the international community has a "legal interest" in their observance and consequently a legal entitlement to demand respect for such obligations. Ver International Criminal Tribunal for the former Yugoslavia (ICTY), Prosecutor v. Kupreskic et al. (Trial Judgement), 14 January 2000, parágrafo 519. Disponível em: <http://www.unhcr.org/refworld/topic,4565c22538,4565c25f449,40276c634,0.html>. Acesso em: 11 fev. 2011.

41 Como é o caso da Convenção Europeia de Direitos Humanos e da Convenção Americana de Direitos Humanos.

É na ausência de norma convencional que tal diferenciação no seio dos direitos humanos ganha força, e como se sabe, cada vez mais o Direito Internacional dos direitos humanos possui normas oriundas do costume internacional[42]. Para a Corte Internacional de Justiça, as obrigações *erga omnes* consuetudinárias são aquelas que advêm dos *"princípios e regras referentes aos direitos básicos da pessoa humana"*[43].

Ocorre que a *aceitação do princípio da indivisibilidade dos direitos humanos* esvazia tal dicotomia. Com efeito, a diferenciação entre direitos humanos fundamentais ou básicos e direitos humanos *tout court* perdeu importância, pois foi consagrado, na Conferência Mundial de Viena sobre Direitos Humanos, o caráter indivisível dos direitos humanos[44].

Por outro lado, como direitos básicos não constituem uma categoria imutável, é possível o *alargamento* do conceito de obrigação internacional *erga omnes* no campo dos direitos humanos. Esse alargamento é extremamente benéfico, já que formaliza definitivamente o interesse jurídico da comunidade internacional na proteção de *todos* os direitos humanos internacionalmente reconhecidos.

Assim, em virtude da indivisibilidade dos direitos humanos e da ampliação do conceito de "direitos humanos básicos" do Caso *Barcelona Traction*, chegamos à conclusão de MERON, para quem *"(...) quando um Estado descumpre uma obrigação 'erga omnes', são lesados todos os Estados, inclusive aqueles que não forem especificamente afetados. Como uma vítima da violação do ordenamento jurídico internacional, todo Estado é, portanto, competente para processar o Estado violador"*[45].

6.2 O Estado terceiro agindo no caso das obrigações *erga omnes*

Se a definição do conceito de obrigação *erga omnes* é clara, sua operacionalização é dificultosa.

Dois modos de operacionalização do conceito de obrigação *erga omnes* são possíveis. O primeiro é através do *mecanismo unilateral*, no qual cada país é autorizado – de modo unilateral – a julgar e a buscar a reparação à violação de direitos humanos realizada por outro Estado. O segundo modo é o *mecanismo*

---

42 CARVALHO RAMOS, André de. *Teoria Geral dos Direitos Humanos na Ordem Internacional*, 6. ed., São Paulo: Saraiva, 2016.
43 Ver Corte Internacional de Justiça, *ICJ Reports*, 1970, parágrafo 34.
44 CARVALHO RAMOS, André de. *Teoria Geral dos Direitos Humanos na Ordem Internacional*, 6. ed., São Paulo: Saraiva, 2016.
45 MERON, Theodor. *Human Rights and humanitarian norms as customary law*, Oxford: Oxford University Press, 1989, p. 191.

coletivo, pelo qual cada Estado da comunidade internacional pode processar o Estado violador perante um determinado procedimento coletivo de julgamento internacional do Estado por violação de direitos humanos.

O mecanismo unilateral resulta em ações isoladas de terceiros Estados agindo com verdadeiras "forças policiais" em um "faroeste internacional", desvinculadas de um procedimento imparcial e neutro de apuração de violação de direitos humanos. A crítica à defesa unilateral de direitos humanos e à intervenção dos Estados terceiros será vista com maior detalhe na análise da *actio popularis* gerada pelo conceito de normas imperativas do Direito Internacional dos Direitos Humanos.

Já quanto à possibilidade do Estado terceiro ser autorizado tão somente a acionar determinado mecanismo coletivo de direitos humanos, cabe um alerta. Não existe apenas um único mecanismo coletivo. Pelo contrário, existem vários mecanismos coletivos, que se diferenciam quer pela abrangência (vocação universal ou regional), quer pelo rol de direitos humanos analisado (direitos civis e políticos, direitos sociais, por exemplo).

Para atender a possibilidade de qualquer Estado terceiro acionar um mecanismo coletivo para proteger obrigações *erga omnes*, deveríamos, idealmente, ter uma *Corte Mundial* que pudesse apreciar casos de direitos humanos.

Entre todos os tribunais existentes hoje no mundo, aquele que mais se aproxima de uma "Corte Mundial" é a Corte Internacional de Justiça (CIJ), justamente por ser ela o órgão judicial da Organização das Nações Unidas[46].

Além disso, foi a própria CIJ quem consagrou a existência do conceito de "obrigações *erga omnes*". Assim, seria ela o palco ideal para aceitar ações de Estados terceiros contra os Estados violadores de normas imperativas em sentido amplo.

Ocorre que a própria CIJ se autolimitou, sustentando ao longo dos anos que o conceito de obrigações *erga omnes* não implica, automaticamente, na aceitação pela comunidade internacional de um foro internacional obrigatório com competência para processar Estados acusados de violarem direitos humanos, por provocação por Estados terceiros.

Pelo contrário, para a CIJ há ainda a vetusta necessidade de ambos – Estado acusador e Estado pretensamente infrator – terem reconhecido a jurisdição do órgão internacional encarregado de processar o caso. No caso de inexistir tal adesão, a proteção internacional de direitos humanos dependeria

---

46 Carta da ONU, artigo 92: "A Corte Internacional de Justiça será o principal órgão judiciário das Nações Unidas. Funcionará de acordo com o Estatuto anexo, que é baseado no Estatuto da Corte Permanente de Justiça Internacional e faz parte integrante da presente Carta".

exclusivamente dos mecanismos unilaterais. Para a CIJ, o conceito de obrigação internacional *erga omnes* não elimina a necessidade do reconhecimento, pelos Estados em litígio, da jurisdição do órgão internacional apto a processar o caso. Segundo a Corte, no caso de Timor Leste, "*(...) a alegação de Portugal que o direito dos povos à autodeterminação...tem caráter 'erga omnes'...é inatacável. O princípio da autodeterminação dos povos é um dos princípios essenciais do Direito Internacional contemporâneo. Entretanto, a Corte considera que o caráter 'erga omnes' de uma norma e a regra da aceitação da jurisdição são questões distintas. Qualquer que seja a natureza das obrigações invocadas, a Corte não pode julgar a legalidade de uma conduta do Estado quando seu julgamento implicar na avaliação da legalidade da conduta de outro Estado, que não é parte do caso*"[47].

CANÇADO TRINDADE é ácido ao comentar essa decisão da CIJ, pois nada poderia ser mais incompatível com o conceito de *obrigação erga omnes* que a tradicional necessidade de anuência para o reconhecimento da jurisdição internacional. De fato, a CIJ foi incoerente: dispensou a unanimidade e consequentemente a anuência de um Estado específico para consagrar as obrigações *erga omnes*, pois estas tratam de valores essenciais para a comunidade internacional; na hora de cobrar a efetividade e punir os Estados infratores, a Corte defende a necessidade de anuência do próprio infrator para firmar a sua jurisdição[48].

Em que pese esse recuo da Corte Internacional de Justiça, podemos ver que as obrigações *erga omnes* podem ser defendidas em outros mecanismos coletivos de direitos humanos. De fato, a teia intrincada de procedimentos de julgamento internacional do Estado (que será analisada a seguir) possibilita que eventuais imperfeições de um procedimento coletivo possam ser corrigidas por outro. Por exemplo, determinado país do continente americano, apesar de não ter reconhecido a jurisdição da Corte Interamericana de Direitos Humanos, pode ser responsabilizado internacionalmente perante a Comissão Interamericana de Direitos Humanos. Ou mesmo ser responsabilizado perante algum mecanismo extraconvencional do sistema da ONU.

Em um exemplo da promoção do respeito a obrigações *erga omnes* prevista em um texto convencional, em 2019, a Gâmbia processou Mianmar perante a CIJ, alegando que as atrocidades do Estado réu contra os Rohingyas violavam várias disposições da Convenção pela Prevenção e Repressão ao Crime de

---

47 Corte Internacional de Justiça, *Case concerning East Timor, ICJ Reports*, 1995, p. 102, tradução do Autor.

48 Nas palavras de Cançado Trindade: "In fact, nothing could be more incompatible with the very existence of the erga omnes obligations than the positivist-voluntarist conception of International Law and the emphasis on State consent as the basis of the exercise of international jurisdiction". CANÇADO TRINDADE, Antônio Augusto. "International Law for Humankind: Towards a New Jus Gentium – General Course on Public International Law", 316 *Recueil des Cours de l'Académie de Droit International de La Haye*, (2005), em especial p. 349.

Genocídio (1948). Ambos os Estados reconheceram a jurisdição da Corte e a Gâmbia fundou sua ação no art. IX da Convenção, que trata justamente da aplicação da Convenção[49].

Na análise de cada um dos principais mecanismos coletivos existentes hoje demonstraremos essa situação, o que contribui para o futuro *desuso dos mecanismos unilaterais* de aferição de violação de direitos humanos.

Como veremos, este livro defende a institucionalização dos procedimentos de aferição de violação de direitos humanos e a consagração de órgãos imparciais e independentes para julgamento da existência do fato internacionalmente ilícito e de suas consequências.

7 O futuro: todas as normas de direitos humanos serão consideradas normas imperativas em sentido amplo?

O conceito de *norma imperativa em sentido amplo* deve ser utilizado com cuidado pelos defensores da proteção internacional dos direitos humanos, pois implica na hierarquia de normas internacionais. Aceitando-se uma visão hierárquica, corre-se o risco de utilizá-la dentro do próprio sistema de normas de direitos humanos, o que levaria à aceitação de tratamentos diferenciados: para algumas normas de direitos humanos existiria a imperatividade; para outras, não.

Distinguir-se-iam os direitos humanos entre *direitos humanos fundamentais ou básicos e os demais*[50].

Esse risco não é de todo teórico. Há três elementos que comprovariam que *somente algumas das normas de direitos humanos seriam* normas imperativas em sentido amplo. O *primeiro* deles seria a aceitação de reservas nos tratados de direitos humanos; o *segundo* seria a possibilidade prevista em tratados internacionais de derrogações de alguns direitos humanos no caso de estados de emergência e o *terceiro* seria a conciliação entre o indivíduo-vítima e o Estado infrator prevista também nos tratados internacionais de direitos humanos.

Entretanto, esses elementos dessa hierarquização das normas de direitos humanos (normas sujeitas a reservas ou não, derrogáveis e não derrogáveis e passíveis ou não de conciliação), não autorizam o intérprete *a clamar pelo caráter de norma imperativa de alguns direitos humanos protegidos apenas*. De fato, a possibilidade de reservas nos tratados de direitos humanos é interpretada pelas

---

[49] Disponível em https://www.icj-cij.org/en/case/178. Caso em trâmite. Acesso em 17-5-2022

[50] No seu artigo clássico sobre o tema da hierarquia de normas de direitos humanos, MERON afirma que não é possível encontrar um consenso sobre o que seriam *direitos humanos fundamentais* e o que não seriam. Ver MERON, Theodor. "A Hierarchy of International Human Rights?, 80 *The American Journal of International Law* (1986), p. 6-7.

instâncias internacionais de maneira restritiva, de modo a *não comprometer* a integral defesa de direitos humanos protegidos[51].

Por outro lado, o espírito que rege a possibilidade de derrogação em situações anormais é a prevalência do Estado Democrático de Direito, que deve possuir *mecanismos transitórios* que assegurem sua existência, em casos de perigos extremos. Há, no caso, apenas um aparente conflito de valores, que é resolvido pela certeza de que, somente com a permanência do Estado de Direito (que pode ser ameaçada pelas situações anormais) é que *todos os direitos humanos* serão efetivamente protegidos[52].

Logo, a possibilidade de derrogação da garantia de certos direitos deve ser interpretada somente no sentido de permitir a existência destes mesmos direitos por meio da defesa do Estado de Direito, ameaçado pelas circunstâncias excepcionais mencionadas nos tratados internacionais de direitos humanos e em várias Constituições[53].

Já *a existência de procedimentos de conciliação* não redunda na transação em prejuízo do direito protegido, como veremos na análise dos mecanismos regionais e universal da proteção de direitos humanos. Pelo contrário, os órgãos internacionais *zelam pelo respeito* dos direitos humanos nos casos de conciliação bem-sucedida.

Por isso, no âmbito universal, *as duas últimas conferências mundiais de direitos humanos enfatizaram a interdependência e a indivisibilidade entre as duas principais categorias de direitos humanos protegidos internacionalmente* (os direitos civis e políticos e os direitos tidos como econômicos, sociais e culturais). A Conferência de Teerã de 1968 adotou a tese da impossibilidade da completa realização dos direitos civis e políticos sem o gozo dos direitos sociais, econômicos e culturais. Na Conferência de Viena declarou-se, no seu documento final, a *necessária indivisibilidade* de todo o conjunto de direitos humanos protegidos, para que não houvesse a desconsideração com os chamados direitos de conteúdo econômico, social e cultural[54].

---

51 Ver Corte Interamericana de Direitos Humanos, *Parecer Consultivo sobre as restrições à pena de morte (art. 4.2 e 4.4)*, Parecer n. 3/83 de 8 de setembro de 1983, Série A, n. 3, parágrafo 65, p. 38.

52 CARVALHO RAMOS, André de. "Defesa do Regime Democrático e a Dissolução de Partidos Políticos", *in* CLÈVE, Clèmerson Merlin; SARLET, Ingo Wolfgang; PAGLIARINI, Alexandre Coutinho (org.). *Direitos Humanos e Democracia*, Rio de Janeiro: Forense, 2007, p. 157-167.

53 Nesse sentido, ver PASTOR RIDRUEJO, José Antonio. "La Convención Europea de los Derechos del Hombre y el 'jus cogens' internacional", *in Estudios de Derecho Internacional. Homenaje al Profesor Miaja de la Muela*, Madrid: Tecnos, 1979, p. 590.

54 Ver na Proclamação de Teerã, item 13, que estabelece *"como os direitos humanos e as liberdades fundamentais são indivisíveis...".* Na Declaração e Programa de Ação de Viena, estipulou-se que "5. Todos os direitos humanos são universais, indivisíveis, interdependentes e inter-relacionados. A comunidade internacional deve tratar os direitos humanos de forma global, justa e equitativa, em pé de igualdade e com a mesma ênfase".

A indivisibilidade, então, *aponta para a necessidade de garantia uniforme de todos os direitos humanos protegidos*, o que por certo inclui a necessidade de instituir o mesmo valor às normas de direitos humanos. Esta valoração idêntica acarreta também a possibilidade de se exigir o mesmo respeito dos Estados em face de todos os direitos humanos protegidos.

Desse modo, a indivisibilidade dos direitos humanos protegidos deve ser compatibilizada com a possibilidade de derrogações e reservas vistas acima. Novamente, essas *derrogações* e *reservas devem sempre ser interpretadas de modo a possibilitar a defesa dos direitos humanos e nunca a preterição de alguns diante de outros*[55].

Consideramos, então, as normas de direitos humanos derrogáveis e sujeitas às reservas nos tratados internacionais também como *normas imperativas*.

Com a evolução da proteção internacional dos direitos humanos e com a aceitação de seu caráter indivisível, supera-se a posição que restringe a qualidade de normas imperativas em sentido amplo às normas de direitos humanos inderrogáveis, aceitando-se a imperatividade de todas as normas de direitos humanos[56].

Ora, *se* todas as normas de direitos humanos tendem a ser consideradas normas imperativas em sentido amplo, a consequência futura seria permitir a reação de todos os Estados da comunidade internacional em seu grau máximo, quando constatada a violação de direitos humanos em qualquer lugar do planeta.

Resta saber como essa reação seria vocalizada: se por um mecanismo unilateral ou por meio (como defendemos) dos diversos mecanismos coletivos.

8 Riscos da aplicação do mecanismo unilateral à proteção de direitos humanos

Aceito o interesse jurídico *de todo e qualquer Estado na proteção de direitos humanos por meio do conceito de norma imperativa em sentido amplo*, resta analisar o *modo* pelo qual o Estado terceiro deve exigir a garantia e o respeito desses direitos internacionalmente protegidos.

No caso das convenções internacionais de direitos humanos que estabeleçam mecanismos coletivos de responsabilidade internacional do Estado, cabe

---

55 Nesse sentido, ver SCIOTTI, Claudia. *La concurrence des traités relatifs aux droits de l'homme devant le juge national*, Bruxelles: Bruylant, 1997, p. 59.

56 Nesse diapasão, afirma CANÇADO TRINDADE que chegará o dia em que aceitar-se-á a não derrogabilidade de normas de direitos humanos justamente por serem as normas de direitos humanos *imperativas*. Ver CANÇADO TRINDADE, Antônio Augusto. "Co-existence and co-ordination of mechanisms of international protection of human rights", 202 *Recueil des Cours de l'Académie de Droit International de La Haye* (1987), p. 89-90.

ao Estado terceiro *apenas* acionar o Estado violador para que o último seja processado e obrigado a cumprir decisão internacional que fixará a reparação cabível. A análise dos principais mecanismos coletivos será feita adiante.

Todavia, no caso de inexistir procedimento coletivo aceito pelo Estado violador, a violação de direitos humanos será combatida através do mecanismo unilateral tradicional já visto, como se a norma internacional de direitos humanos fosse uma norma internacional qualquer, cuja violação *gerasse um dano material ao Estado terceiro, que reagiria a tal violação como se fosse uma violação de um tratado comercial*.

Contudo, se o unilateralismo já pode ser criticado quando aplicado a relações bilaterais[57], sua utilização em face das normas imperativas internacionais transforma-se em algo explosivo.

Com efeito, o unilateralismo é *tolerado* em face da necessidade de preservar direitos violados de Estados, na ausência de mecanismos coletivos pelos quais o Estado violador é obrigado a reparar o dano. Só que, no caso da proteção internacional de direitos humanos, fundada tanto em tratados quanto no costume internacional, o "Estado lesado" é, na realidade, toda a comunidade internacional.

Utilizando o mecanismo unilateral de constatação da responsabilidade internacional do Estado, pode um Estado violador sofrer sanções unilaterais de dezenas de Estados, todos alegando serem "vítimas" da violação constatada, mesmo que a citada violação tenha sido feita contra direitos humanos dos nacionais do próprio Estado violador. Como expõe VIRALLY, isso significaria uma verdadeira revolução no âmbito da responsabilização do Estado por violação de obrigação internacional[58]. Desse modo, aplicar o mecanismo unilateral de aferição da responsabilidade internacional do Estado *consiste em equiparar o efeito 'erga omnes' das normas imperativas* (no caso, as de proteção de direitos humanos) *como se fosse uma mera soma de relações bilaterais* entre todos os Estados da comunidade internacional e o Estado violador.

Essa equiparação nasce de uma incorreta percepção das normas imperativas, que protegem interesses de toda a comunidade. Essas normas não são uma soma

---

57 Pois, como já visto, o Estado-vítima é parte e juiz ao mesmo tempo, o que pode gerar um impasse diante de eventual recusa do Estado infrator em reconhecer sua responsabilidade internacional.

58 Para Michel Virally, "a penetração efetiva no Direito Internacional geral de obrigações 'erga omnes'... modificaria radicalmente essa situação por permitir aos Estados interpor ações contra outros Estados ter justificado um interesse... e com o único objetivo de sancionar uma violação do Direito Internacional. Isso seria uma profunda modificação da teoria da responsabilidade internacional". Ver *in* VIRALLY, M. "Panorama du Droit International Contemporain", 183 *Recueil des Cours de l'Académie de Droit International de La Haye*, (1983), p. 226 e s.

de obrigações bilaterais, não podendo a relação *Estado-comunidade*, nascida dentro deste novo contexto da responsabilidade internacional do Estado, ser reduzida meramente a uma somatória de relações bilaterais de responsabilidade[59].

A violação de norma internacional imperativa faz nascer relações novas entre este Estado violador e todos os outros Estados, não porque cada Estado foi violado em seu direito próprio, mas sim, porque *cada Estado* tem o interesse na defesa dessas normas imperativas *em nome da comunidade internacional*.

Esse é o correto alcance do conceito de norma imperativa. Logo, o Estado terceiro *não defende interesse próprio, mas de toda a comunidade internacional*.

O efeito mais devastador nesta ampliação da utilização destes mecanismos unilaterais de responsabilização do Estado é a sua *generalização e consequente banalização*. Isso pode gerar a utilização da responsabilização internacional do Estado por violação de direitos humanos como forma de indevida pressão – seletiva – de política e econômica de Estados mais poderosos, o que se choca com o princípio da não intervenção em assuntos domésticos, tão bem consubstanciado no artigo 2º, parágrafo 7º, da Carta das Nações Unidas[60].

Portanto, é importante assinalar que, se o Estado terceiro reage à violação destas normas imperativas, *o faz legitimado pela comunidade internacional e em nome desta*. Não com base em um juízo próprio e baseado em direito próprio, sob pena de se autorizar intervenções abusivas de certos Estados (mais poderosos) em outros (mais fracos). Deste modo, o Estado terceiro, ao agir, age enquanto representante de sua comunidade nacional e também age enquanto representante da comunidade internacional, integrante da mesma e formador de suas normas.

Todavia, na prática da vida internacional os Estados agem guiados por interesses próprios e se utilizam do seu papel de *autoridade internacional* para realizar seus objetivos, tudo em nome da *comunidade internacional*.

O mecanismo unilateral de apuração de violação de direitos humanos fez surgir em determinados autores *o temor de um neocolonialismo*. Alguns pregam

---

59 Em sentido contrário, ver COMBACAU e SUR. Apontam os autores que "Assim, em interpondo uma ação contra um Estado que viole uma tal obrigação, um outro Estado não exerce uma ação pela defesa da legalidade objetiva, como Estado terceiro à relação jurídica primária que relaciona a vítima do dano ao autor do ato ilícito, mas banalmente uma ação para o respeito do seu próprio direito subjetivo ao respeito de uma regra que criou uma relação jurídica entre ele mesmo e outro Estado". Ver COMBACAU, Jean e SUR, Serge. *Droit International*, 2. ed., Paris: Ed. Montchrestien, 1995, p. 534.

60 Nesse sentido, ver COHEN-JONATHAN, Gérard. "Responsabilité pour atteinte aux droits de l'homme", Société Française pour le Droit International (org.), Colloque du Mans, *La Responsabilité dans le Système International*. Paris: Éditions A. Pédone, 1991, p. 134.

até a defesa da soberania estatal contra ingerências externas[61], o que pode acarretar em indisfarçável retrocesso na proteção de direitos humanos, já que, quando o Estado viola os direitos humanos de seus próprios nacionais, a proteção internacional aos mesmos é essencial para a busca da reparação devida.

Com isso, urge a consagração de um novo conceito de *actio popularis*, na qual a violação de norma internacional de direitos humanos faz nascer para o Estado terceiro *apenas o direito de acionar o Estado infrator perante órgãos internacionais imparciais e neutros*.

9 A nova concepção da *actio popularis*

A existência de normas internacionais imperativas em sentido amplo implica na emergência do instituto da *actio popularis*. Por *actio popularis* ou *actio publica* entendo a possibilidade de qualquer Estado acionar determinado Estado infrator para a proteção de interesses considerados essenciais à comunidade internacional.

A Corte Internacional de Justiça reviu sua posição original, influenciada por certo pela Guerra Fria, de negar a existência de uma *actio popularis* no Direito Internacional. Inicialmente, o posicionamento da Corte nos *litígios envolvendo o Sudoeste Africano* (1966), decepcionou aqueles que pugnavam pelo reconhecimento de interesse jurídico comum a toda comunidade internacional na garantia de certos direitos e obrigações internacionais. Nesses litígios envolvendo o antigo Sudoeste Africano (atual Namíbia), a Libéria e a Etiópia alegaram que a política de *apartheid* promovida pela África do Sul no Sudoeste Africano constituía ofensa às obrigações nascidas do mandato. Para a Corte Internacional de Justiça, os argumentos da Etiópia e Libéria redundavam na consagração de uma *actio popularis*, por meio do reconhecimento do interesse jurídico de qualquer Estado da comunidade internacional em combater violações ao Direito Internacional. Entretanto, para a Corte, a *actio popularis* não era ainda aceita pelo Direito Internacional da época[62].

Foi no caso *Barcelona Traction*, já analisado, que a Corte Internacional de Justiça reconheceu a existência de obrigações *erga omnes*, que, se violadas, legitimariam todos os Estados da comunidade internacional a acionar o Estado infrator perante aquela Corte.

Também nas convenções internacionais relativas a direitos humanos foi reconhecida a *actio popularis*, pois, no caso de violação de direitos humanos, um

---

61 Nesse diapasão encontra-se KARTASHKIN, V. "Les pays socialistes et les droits de l'homme", *in Les dimensions internationales des droits de l'homme*, Paris: Unesco, 1978, p. 691.

62 Ver Corte Internacional de Justiça, *South-West Africa Cases*, sentença de 18 de julho de 1966, *ICJ Reports*, 1966, p. 47.

Estado contratante, sem qualquer relação com o indivíduo-vítima, encontra-se legitimado pela sua mera participação no tratado multilateral de proteção de direitos humanos a processar o Estado violador. Essa faculdade deveria gerar um policiamento de um Estado diante do outro para o correto cumprimento da obrigação internacional de respeito aos direitos fundamentais. Essa *actio popularis* de direitos humanos é também denominada de "demanda interestatal" e consta de vários procedimentos estabelecidos em convenções internacionais de direitos humanos, tais como a Convenção Europeia de Direitos Humanos e Convenção Americana de Direitos Humanos, entre outros.

Todavia, o conceito de *actio popularis* acarreta um novo risco: o de os Estados utilizarem esse seu novo direito de ação de maneira seletiva, acobertando opções políticas, que levam ao surgimento de diferenciações no tratamento entre Estados. O perigo do *double standard* é conhecido: aciona-se determinado Estado violador e perdoa-se outros[63].

Caso cada Estado possa processar um Estado pretensamente violador dentro do conceito de *actio popularis*, há sempre a possibilidade da omissão injustificada ou mesmo da ação seletiva (somente contra Estados de outro bloco ou opção ideológica).

Por isso, o fortalecimento do conceito da *actio popularis* é incerto, já que os Estados não se inclinam a abrir uma *Caixa de Pandora*, que possibilita a cada Estado se tornar o *Ministério Público* internacional, processando outros por violações de normas imperativas[64].

Entendemos que essa ameaça de seletividade ou omissão não pode acarretar o abandono do conceito de *actio popularis*, mas sim o seu fortalecimento através da apreciação de violações graves de direitos humanos por meio de procedimentos coletivos. Cabe, então, a institucionalização da *actio popularis em novos termos*, dentro de uma *ação de responsabilidade internacional* do Estado, com a fixação de um juiz e um acusador pré-definidos, sem que cada Estado seja o acusador-juiz e aplicador de sanções.

Em paralelo à faculdade concedida aos Estados, há ainda a possibilidade da ação de organismo internacional independente (a Comissão Interamericana de

---

63 A prática internacional de convenções internacionais de direitos humanos que admitem a *actio popularis* (a Convenção Americana de Direitos Humanos e a Convenção Europeia de Direitos Humanos, por exemplo) demonstra que os Estados são extremamente cautelosos na sua utilização, que tanto celeuma causou na doutrina, temendo o "efeito bumerangue". Isso indica que a eficaz proteção dos direitos humanos na esfera internacional não pode repousar sobre o ente que justamente será responsabilizado internacionalmente. Ver mais abaixo na análise das demandas interestatais no sistema europeu e no sistema interamericano.

64 SCHACHTER, Oscar. *International law in theory and practice*, Dordrecht: Martinus Nijhoff Publishers, 1991, p. 212.

Direitos Humanos, por exemplo), que pode processar o Estado por violações de direitos humanos. Ou mesmo, pode o organismo internacional de supervisão do tratado (os chamados *treaty bodies*) ser autorizado a processar petições individuais, como veremos (é o caso previsto pelo Protocolo Facultativo ao Pacto Internacional de Direitos Civis e Políticos).

Graças a esse duplo sistema (*actio popularis* dos Estados e ação de organismo internacional neutro e independente, como um Ministério Público internacional), obtém-se um remédio contra o perigo da seletividade e omissão. A evolução desse *sistema duplo* pode ser vista no sistema europeu no âmbito da Convenção Europeia de Direitos Humanos. Com a entrada em vigor do Protocolo n. 11, o indivíduo passou a ter legitimidade ativa plena perante a Corte Europeia de Direitos Humanos, sendo extinta a Comissão Europeia. Evitou-se, com isso, a seletividade no uso do direito de ação de responsabilização do Estado. Cada indivíduo pode processar o Estado violador perante um órgão internacional judicial.

A violação de norma imperativa de direitos humanos faz nascer o interesse jurídico capaz de justificar *uma ação judicial de responsabilidade internacional* por parte de qualquer Estado, órgão internacional ou mesmo o indivíduo.

Por outro lado, registre-se aqui a necessidade da completa aceitação pelos Estados desses mecanismos coletivos de apuração de violação de direitos humanos. Com efeito, o sistema coletivo deve ser totalmente implementado, pois há intensa conexão entre as diversas partes do mesmo para que se supere, de vez, o mecanismo unilateral de apuração da responsabilidade internacional do Estado.

Desse modo, não basta aceitar o conceito de *actio popularis* para evitar o abuso de direito por parte de Estados poderosos. É necessário que haja um *órgão independente ou mesmo o indivíduo* (vítima) apto a exercer em paralelo a ação judicial, como vimos acima. O exemplo da Convenção Europeia de Direitos Humanos e da Convenção Americana de Direitos Humanos é convidativo e mostra as vantagens deste *approach* imparcial para evitar o uso seletivo, e com isso indevido, da defesa de direitos humanos.

Aceito isto, constatamos que o mecanismo coletivo de apuração de direitos humanos *tende a asfixiar a utilização do mecanismo unilateral*. De fato, na medida em que Estados, alvos de uso seletivo da apuração unilateral de violação de direitos humanos, aderem a procedimentos coletivos imparciais e não seletivos de responsabilidade internacional do Estado por violação de direitos humanos, *ergue-se uma barreira às sanções unilaterais de Estados mais poderosos*.

Basta que se alegue que os casos de violações de direitos humanos apontados por tais Estados serão submetidos à análise destes mecanismos coletivos e que se explicite a disposição do Estado pretensamente violador em cumprir qualquer que seja a decisão deste órgão.

Essa barreira às ações unilaterais de Estados poderosos na "defesa" de direitos humanos em Estados pretensamente violadores foi consagrada pela Corte Internacional de Justiça (CIJ) no célebre caso das atividades militares e paramilitares na Nicarágua. Os Estados Unidos acusaram a Nicarágua de práticas ofensivas aos direitos humanos, com base em relatórios de observação do Congresso norte-americano da situação de direitos humanos em outros países. A CIJ observou, contudo, que a Nicarágua, por ser parte contratante em diversos tratados de direitos humanos, inclusive da Convenção Americana de Direitos Humanos, já estava sendo monitorada com base nos mecanismos coletivos previstos naquele tratado[65].

Portanto, na medida em que os Estados aceitam esses procedimentos, *isola--se também alguns Estados*, que utilizam mecanismos unilaterais de combate a violações de direitos humanos, ao mesmo tempo em que se recusam a aderir a procedimentos coletivos de apuração destas violações, como é o caso dos Estados Unidos[66].

Com efeito, REUTER, já na década de sessenta do século passado, alertava para os perigos de uma parcial institucionalização dos mecanismos de apuração de violação de normas internacionais, pois, para ele, as Grandes Potências poderiam incentivar os *outros* Estados a aderirem a este tipo de jurisdição internacional, ao mesmo tempo em que *recusavam tal adesão*[67].

Contudo, apesar de tal alerta, consideramos que tais grandes potências tendem a ficar *cada vez mais isoladas e sua margem de atuação unilateral cada vez mais reduzida*, já que os Estados pretensamente violadores *poderão sempre opor à alegação unilateral de violação de direitos humanos uma decisão internacional favorável*.

Assim, os procedimentos coletivos de julgamento do Estado *vêm para ficar* no Direito Internacional com as suas múltiplas vantagens.

Esses procedimentos reforçam o caráter jurídico das disposições costumeiras e convencionais internacionais protetivas de direitos humanos. Além disso, oferecem uma análise neutra e imparcial dos casos de violação de direitos humanos, possibilitando a certeza da existência de um devido processo legal na apuração dos fatos e aplicação do direito tanto para o Estado violador quanto para a vítima.

---

65   Corte Internacional de Justiça, *Military and Paramilitary Activities (Nicaragua/United States of America)*, Merits, sentença de 27 de junho de 1986, *ICJ Reports*, 1986. p. 134-135.

66   CONDORELLI, Luigi. "Des Lendemains qui Chantent Pour la Justice Internationale?", *in Le Droit International au Service de la Paix, de la Justice et du Développement. Mélanges Michel Virally*, Paris: Éditions A. Pédone, 1991, p. 207.

67   REUTER, Paul. "Principes de droit international public", *in* 103 *Recueil des Cours de l'Académie de Droit International de La Haye"* (1961), p. 584.

E, por fim, a análise técnica é garantia aos Estados de que se não haverá seletividade nem *double standards* típicos na apuração unilateral da responsabilidade internacional do Estado por violação de direitos humanos. Essa garantia reduz a tensão entre os Estados, o que contribui também para o fortalecimento dos direitos humanos na esfera internacional, já que esvazia o argumento daqueles que teimam em ventilar a tese de que a internacionalização dos direitos humanos agride a soberania estatal.

Analisamos, a seguir, os principais procedimentos coletivos existentes hoje, diante da sua importância e dos reflexos positivos na consagração da proteção internacional dos direitos humanos.

PARTE III — O MECANISMO COLETIVO DE APURAÇÃO DE VIOLAÇÃO DE DIREITOS HUMANOS

TÍTULO I | A CONSTATAÇÃO INTERNACIONAL COLETIVA DA VIOLAÇÃO DE DIREITOS HUMANOS

1 Introdução

Para ser considerado um verdadeiro mecanismo de julgamento internacional coletivo do Estado, é necessário que se identifique o fato ilícito, a relação causal entre a conduta imputável ao Estado e o resultado lesivo (elementos da responsabilidade internacional do Estado), bem como se determine o dever de reparação (consequência da responsabilidade internacional do Estado[1]).

Em todos os mecanismos a serem estudados neste livro há essa *atividade mínima de constatação de fatos, aplicação do direito e decisão*, desde os sistemas mais simples, como o sistema global de relatórios periódicos até os sistemas mais complexos, como o sistema judicial regional (interamericano, europeu ou africano), que contam com órgãos especializados em processar e em julgar Estados.

Eventuais *dúvidas* sobre a *força vinculante* desse ou daquele mecanismo, por seu turno, serão debatidas no momento apropriado sob o prisma da evolução do Direito Internacional dos Direitos Humanos nesse aspecto.

Os mecanismos internacionais coletivos ou institucionais de julgamento das violações de direitos são indispensáveis hoje, pois evitam a seletividade e a parcialidade típica do mecanismo unilateral. Logo, a violação de direitos humanos deve ser aferida por meio de procedimentos pelos quais seja assegurado o devido processo legal, tanto ao pretenso Estado violador quanto à pretensa vítima.

2 As modalidades do mecanismo coletivo de apuração de violação de direitos humanos: supervisão, controle estrito senso e tutela

O processo coletivo de apuração de violação das normas internacionais de direitos humanos é uma atividade de verificação ou exame de conduta estatal, que será mensurada segundo os parâmetros estabelecidos em normas jurídicas internacionais[2]. Ocorre que esse processo de verificação é realizado de modo distinto pelos mais diversos órgãos internacionais de direitos humanos.

---

1 CARVALHO RAMOS, André de. *Responsabilidade internacional por violação de direitos humanos*, Rio de Janeiro: Renovar, 2004.

2 Esse processo de averiguação da compatibilidade entre o conteúdo da obrigação internacional e a prática do Estado na proteção de direitos humanos é entendido como forma de

Diferenciamos esses processos de verificação em três modalidades, com base no tipo de atividade desempenhada pelo órgão internacional de direitos humanos[3].

A primeira modalidade é a da *supervisão*, pela qual o órgão internacional visa *induzir* os Estados a introduzir a garantia de determinado direito no ordenamento interno e a efetivar tal garantia. Assim, o procedimento de supervisão constitui uma forma de pressão sobre os Estados para a adoção ou modificação voluntária de comportamentos. Seu término consiste na constatação de ilicitude e na elaboração de uma recomendação não vinculante, formando um *direito de observação* da conduta estatal em face dos direitos humanos protegidos[4].

A segunda modalidade é o chamado *controle estrito senso*, que averigua possíveis violações e cobra dos Estados a reparação às vítimas de reparação. Cite-se, como exemplo, a atividade de processamento de petições individuais do Comitê de Direitos Humanos, órgão de controle estrito senso do cumprimento pelos Estados dos comandos do Pacto Internacional de Direitos Civis e Políticos. Como veremos, discute-se atualmente a força vinculante dessas deliberações, já que os tratados institutivos dessa forma de controle são em geral omissos. Defenderemos, porém, que há a formação de costume internacional de obediência a tais decisões.

A última modalidade é a *de tutela*, que consiste na existência de uma jurisdição internacional subsidiária e complementar, apta a atuar como verdadeiro juiz internacional imparcial a zelar pelo respeito aos direitos humanos. Neste caso, em face da clareza dos tratados institutivos (v.g., a Convenção Americana de Direitos Humanos e a Convenção Europeia de Direitos Humanos) as deliberações têm força vinculante, sendo tal controle verdadeira forma de restauração compulsória da legalidade internacional.

Os procedimentos de supervisão, controle e tutela interagem de modo a constituir, no seu conjunto, um incipiente sistema interligado de julgamento

---

controle internacional da atividade do Estado, como expõe Charpentier. Ver CHARPENTIER, Jean. "Le contrôle par les organisations internationales de l'exécution des obligations des États", 153 *Recueil des Cours de l'Academie de Droit International de La Haye* (1983), p. 161-162.

3   Essa classificação é endossada por Bobbio e no Brasil, por Lindgren Alves. Conferir BOBBIO, Norberto. "Presente y futuro de los derechos del hombre", in *El problema de la guerra y las vías de la paz*. Barcelona: Edisa, 1982. BOBBIO, Norberto. *A Era dos direitos*, Rio de Janeiro: Campus, 1992. LINDGREN ALVES, J.A. *Os direitos humanos como tema global*, São Paulo: Perspectiva, 1994.

4   Para VASAK, não é sempre necessário julgar e condenar um Estado violador para que se assegure os direitos humanos protegidos em textos internacionais. Pelo contrário, é possível utilizar até as petições individuais como fontes de informação para obter a cooperação e o diálogo com o Estado infrator. VASAK, Karel. *La Commission Interaméricaine des droits de l'homme*, Paris: Pédone, 1968, p. 241.

internacional do Estado. Como exemplo dessa interligação, cabe mencionar que os mecanismos existentes na ONU de mera supervisão por meio do fornecimento de informes dos Estados podem desembocar na edição de sanções aos Estados violadores de direitos humanos no seio do procedimento (a ser aqui estudado) perante o Conselho de Segurança da Organização das Nações Unidas.

3 As funções da apuração coletiva de violações de direitos humanos

Podemos citar três funções dos mecanismos internacionais de aferição do cumprimento das normas de direitos humanos[5].

A primeira função é a *função de verificação*, que abrange a análise da compatibilidade entre a conduta praticada e a prevista pela norma internacional.

Os principais instrumentos para o exercício dessa função referem-se à coleta de informações sobre a conduta estatal considerada violadora de direitos humanos. Pode ser utilizado um sistema de relatórios, investigações *in loco*, petições individuais ou interestatais ou mesmo a instrução probatória em um procedimento judicial propriamente dito.

A segunda função é a de *correção*, pela qual se busca estabelecer uma nova conduta estatal para eliminar os efeitos da conduta violadora de obrigação internacional. A correção visa normalmente à cessação da conduta ilícita e o retorno ao *status quo ante*. Na impossibilidade da restituição na íntegra, admitem-se fórmulas compensatórias através da indenização pecuniária.

A terceira e última função é a da *interpretação*, na qual os mecanismos judiciais e não judiciais de apuração internacional de violação de direitos humanos estabelecem o correto alcance e sentido da norma protetiva de direitos humanos. DIJK denomina tal função como *creative function*. No atual estágio de redação das normas internacionais, esta função é de crucial importância para superar a *vagueza e as imperfeições* existentes no texto normativo[6]. Por outro lado, critica-se a função criativa exercida pelo órgão internacional encarregado de gerir o mecanismo internacional de apuração de violação de direitos humanos, já que o mesmo não possui mandato expresso para criar normas de conduta e impô--las aos Estados. Contudo, a legitimidade do procedimento, através da

---

5 DJIK, Pieter van. "Normative force and effectiveness of International norms", 30 *German Yearbook of International Law* (1987), p. 9-51, em especial p. 20-21.

6 Como ensina DIJK, "A supervisão internacional não tem somente uma função de revisão e correção; seu monitoramento do comportamento do Estado tem um efeito preventivo e sua interpretação tem um efeito criador" (trad. do Autor). Ver *in* DJIK, Pieter van. "Normative force and effectiveness of International norms", 30 *German Yearbook of International Law* (1992), p. 28.

imparcialidade e da independência de seus membros, é capaz de obter o consenso em torno da decisão, levando à implementação[7].

Em síntese, os mecanismos internacionais de apuração de violação de direitos humanos têm sua importância não somente pelas suas funções de revisão e correção de condutas estatais lesivas a direitos protegidos, mas especialmente pelo efeito preventivo e pela força interpretativa que tais decisões internacionais geram na consolidação do conteúdo das normas primárias de proteção de direitos humanos.

4 A subsidiariedade dos mecanismos internacionais de apuração de violações de direitos humanos: a subsidiariedade própria ou procedimental e a subsidiariedade imprópria ou substantiva

A subsidiariedade dos mecanismos internacionais de apuração de violações de direitos humanos consiste no reconhecimento do dever primário do Estado em prevenir violações de direitos protegidos, ou, ao menos, reparar os danos causados às vítimas, *para somente após seu fracasso*, ser invocada a proteção internacional. Por isso, as vítimas de violações de direitos humanos devem, em geral, esgotar os meios ou recursos internos disponíveis para a concretização do direito protegido, para, após o insucesso da tentativa nacional, buscar remédio no plano internacional.

No Direito Internacional, a regra do esgotamento dos recursos internos desenvolveu-se no âmbito da proteção diplomática, servindo para exigir o necessário esgotamento, pelo estrangeiro lesado, dos recursos locais antes do exercício, pelo seu Estado de origem, da *proteção diplomática*[8]. Por sua vez, a proteção diplomática é um instituto de Direito Internacional no qual o Estado, cujo nacional sofreu danos por conduta imputada a outro Estado, considera tal dano como dano próprio e pleiteia reparação ao Estado responsável pelo ato lesivo[9].

---

[7] Ver DJIK, Pieter van. "Normative force and effectiveness of International norms", 30 *German Yearbook of International Law* (1992), p. 28.

[8] CARVALHO RAMOS, André de. *Responsabilidade Internacional por Violação de Direitos Humanos*, Rio de Janeiro: Renovar, 2004, p. 21.

[9] A suposta lesão a direito de estrangeiro é transformada, pelo *endosso* dado pelo Estado de sua nacionalidade, em um litígio internacional entre o suposto Estado violador e o Estado da nacionalidade do estrangeiro. Tal instituto costumeiro foi consolidado no século XIX, a partir do aumento dos investimentos dos países europeus e dos Estados Unidos no exterior, que levou a conflitos entre nacionais daqueles Estados e os novos países emergentes, em especial os da América Latina. Ver em CARVALHO RAMOS, André de. *Responsabilidade Internacional por Violação de Direitos Humanos*, Rio de Janeiro: Renovar, 2004, p. 44 e s.

No Direito Internacional dos Direitos Humanos, a subsidiariedade da jurisdição internacional – fruto da exigência do esgotamento dos recursos internos – é uma constante. Os mais variados sistemas de apuração de violação de direitos humanos que estudaremos aqui (no plano universal ou regional) exigem que as vítimas busquem esgotar os meios ou recursos internos disponíveis como *condição de admissibilidade* da análise do pleito da vítima, sem a qual a demanda internacional será extinta sem apreciação do mérito.

São vários os impactos da existência da regra da subsidiariedade da jurisdição internacional dos direitos humanos.

Em primeiro lugar, fixa a responsabilidade primária dos Estados na proteção dos direitos humanos, não onerando em demasia o sistema internacional dos direitos humanos.

Em segundo lugar, a regra do esgotamento dos recursos internos auxilia no *convencimento* dos líderes locais para a aceitação da jurisdição internacional de direitos humanos, pois o caráter subsidiário da jurisdição internacional e o seu papel preventivo (evitando a responsabilização internacional do Estado) da regra permitiram a adesão dos Estados aos tratados de direitos humanos, sem que o velho apelo à *soberania nacional* lograsse êxito[10].

Em terceiro lugar, o esgotamento dos recursos internos pode também ser interpretado de modo a exigir dos Estados o dever de prover recursos *internos* aptos a reparar os danos porventura causados aos indivíduos. Assim, além de condenar o Estado pela violação de determinado direito protegido, o órgão internacional ainda o condena pelo descumprimento do dever de prover recursos internos adequados, o que incrementa a proteção do indivíduo. O aspecto fundamental dessa regra é, diante do Direito Internacional dos Direitos Humanos, *positivo*.

Os Estados têm o dever de prover recursos internos aptos a reparar os danos porventura causados aos indivíduos.

O *direito a um recurso adequado e útil, constante dos tratados de direitos humanos, deve possibilitar uma tutela rápida e justa*. Como apontou a Corte Interamericana de Direitos Humanos no caso *Suárez Rosero*, a Convenção Americana de Direitos Humanos estabelece que toda pessoa tem o direito a um recurso útil e célere perante os juízes ou tribunais competentes. Esse dispositivo da Convenção, segundo a mesma Corte, tem relação íntima com a obrigação geral do Estado de respeitar os direitos humanos. Logo, além de violar outros direitos do Sr. Rosero (em especial o direito à liberdade), o Equador violou o seu direito ao

---

10 CARVALHO RAMOS, André de. *Responsabilidade Internacional por Violação de Direitos Humanos*, Rio de Janeiro: Renovar, 2004, p. 214.

recurso interno[11]. A reparação, então, por ser obtida de modo mais célere no âmbito interno, leva à priorização da jurisdição nacional, tornando a jurisdição internacional subsidiária. No caso de inadequação desses recursos, o Estado *responde duplamente:* pela violação inicial e também por não prover o indivíduo de recursos internos aptos a reparar o dano causado.

Contudo, há ainda uma quarta consequência inesperada: o esgotamento dos recursos internos aguça obviamente o conflito entre o Poder Judiciário nacional e a jurisdição internacional, já que, após o esgotamento dos recursos, resta uma decisão *nacional* (muitas vezes da Suprema Corte do país) que violou os direitos protegidos (por ter aplicado uma lei inadequada, por ter sido a Justiça morosa, injusta etc.).

Essa situação exigirá esforço para a implementação futura dos comandos internacionais, como veremos na Parte V desta obra.

Ao lado desse conceito clássico de subsidiariedade (denominada subsidiariedade própria ou procedimental) da jurisdição internacional de direitos humanos, desenvolve-se outro conceito, de *subsidiariedade imprópria ou substantiva*, pelo qual os órgãos internacionais de direitos humanos devem abster-se de decidir em determinada temática de direitos humanos, permitindo aos Estados uma variedade de opções e alternativas.

Com isso, esse tipo de subsidiariedade, importado do Direito Internacional da Integração Econômica, não aceita a atuação dos órgãos internacionais nos temas nos quais o Estado nacional deva agir por si só. A subsidiariedade imprópria foi incorporada ao preâmbulo da Convenção Europeia de Direitos Humanos por intermédio do Protocolo n. 15 da Convenção Europeia de Direitos Humanos (de 2013, já em vigor).

No âmbito do sistema interamericano de direitos humanos, a subsidiariedade imprópria é revelada pela regra da proibição da "quarta instância", pela qual a Comissão e a Corte Interamericanas de Direitos Humanos não podem substituir a decisão nacional, avaliando provas e interpretações de fato ou de direito, como se fossem tribunais de apelação aptos a corrigir erros domésticos, reparando injustiças das decisões nacionais.

Essa regra da quarta instância é criação da Comissão Interamericana de Direitos Humanos nos anos 80 do século XX, justamente no período de redemocratização dos Estados da OEA, no qual havia a expectativa de forte fluxo de petições à Comissão. Entre os casos pioneiros, destaca-se o Relatório n. 2988, Caso *Wright vs. Jamaica*, na qual a Comissão salientou que não era sua atribuição

---

11 Ver Corte Interamericana de Direitos Humanos, Caso *Suárez Rosero,* sentença de 12 de novembro de 1997, parágrafo 66, p. 24.

revisar as decisões dos Tribunais nacionais[12]. Em casos posteriores, a Comissão refinou sua posição, apontando que a premissa básica da regra era que não seria possível revisar as sentenças nacionais, cujos Tribunais tenham (i) atuado na sua esfera de competência e (ii) aplicado as devidas garantias judiciais, (iii) salvo se tenham cometido uma *violação* da Convenção Americana de Direitos Humanos[13]. Assim, a proibição de atuar como quarta instância pode ser superada, obviamente, se a decisão nacional *efetivamente* violou direitos humanos.

No caso *Cabrera García y Montiel Flores vs. México*, que tratava da responsabilidade internacional do México pela detenção arbitrária e tratamento cruel e degradante submetido a dois presos (que foram condenados, inclusive, com trânsito em julgado), a Corte IDH afastou a regra da proibição de agir como quarta instância apresentada pelo Estado Réu, justamente por considerar que a existência ou não de violação de direitos humanos é matéria de mérito e que a regra da quarta instância não dá "carta branca" ao Judiciário nacional para amesquinhar direitos[14].

Assim, a subsidiariedade imprópria é precária no sistema interamericano de direitos humanos, não sendo obstáculo à ação da Comissão ou ainda da Corte.

---

12 No original, "Que no es atribución de la Comisión Interamericana de Derechos Humanos actuar como órgano cuasi-judicial de cuarta instancia y revisar las decisiones de los tribunales nacionales de los Estados miembros de la OEA". Relatório n. 29/88, Caso n. 9.260, parágrafo 5º. *Wright vs. Jamaica*, de 14 de setembro de 1988. Disponível em: <http://www.cidh.org/annualrep/87.88sp/Jamaica9260.htm>.

13 No original: "(...) la premisa básica de esa fórmula es que la Comisión no puede revisar las sentencias dictadas por los tribunales nacionales que actúen en la esfera de su competencia y aplicando las debidas garantías judiciales, a menos que considere la posibilidad de que se haya cometido una violación de la Convención". Informe n. 39/96, Caso n. 11.673, *Marzioni vs. Argentina*, de 15 de outubro de 1996, em especial parágrafo 50. Disponível em: <https://www.cidh.oas.org/annualrep/96span/Argentina11673.htm>. Na doutrina, ver ALBANESE, Susana. "La Formula de La Cuarta Instancia", Jurisprudencia Argentina, v. 6041, 1997. Disponível em: <http://www.villaverde.com.ar/archivos/File/docencia/unlz-alimentos/Bibliografia/cuarta-instancia-Albanese.pdf>. Acesso em: 11 nov. 2015.

14 Corte Interamericana de Direitos Humanos, Caso Cabrera García y Montiel Flores *vs.* México. Excepción Preliminar, Fondo, Reparaciones y Costas. Sentença de 26 de novembro de 2010, Serie C, n. 220, em especial parágrafos 20 e 21.

TÍTULO II | O MECANISMO DE APURAÇÃO DAS VIOLAÇÕES DE DIREITOS HUMANOS NA ORGANIZAÇÃO DAS NAÇÕES UNIDAS: O SISTEMA UNIVERSAL OU GLOBAL

1 Introdução

A apuração das violações de direitos humanos no âmbito da Organização das Nações Unidas é complexa e dividida em duas áreas: a área convencional, originada por acordos internacionais, elaborados sob a égide da ONU, dos quais são signatários os Estados, e a área extraconvencional, originada de resoluções da Organização das Nações Unidas (ONU), editadas a partir de interpretação da Carta da Organização das Nações Unidas e seus dispositivos relativos à proteção dos direitos humanos[1].

Ambas (a convencional e a extraconvencional) formam o sistema *onusiano*, *universal* ou *global* de proteção de direitos humanos, assim denominado por ter sua origem direta ou indireta na Carta da Organização das Nações Unidas ou em convenções abertas a ratificação por parte de qualquer país do mundo, redigidas sob os auspícios da ONU. A origem direta é percebida no sistema extraconvencional, amparado por dispositivos genéricos da Carta da ONU ou por resoluções onusianas e, por fim, concretizado por órgãos da ONU. Já a origem indireta explica o sistema convencional, porque é constituído por tratados celebrados sob o patrocínio da ONU e recebe apoio administrativo da ONU para o seu funcionamento. Porém, o sistema convencional tem vida própria: (i) é composto por "órgãos do tratado" (*treaty body*) que obviamente não são órgãos da ONU e (ii) exige ratificação específica (não basta ser membro da ONU).

Porém, é utilizada a denominação "sistema onusiano" pois ambos – o convencional e o extraconvencional – existem a partir de impulso (direto ou indireto) da ONU.

O sistema convencional possui três grandes divisões: a *não contenciosa*, que é a mais antiga e elaborada a partir de técnicas de solução de controvérsias do Direito Internacional clássico, tais como os bons ofícios e a conciliação. Há ainda

---

1 Conferir em PASTOR RIDRUEJO, José Antonio. "Les procédures publiques spéciales de la Comission des Droits de l'Homme des Nations Unies", 228 *Recueil des Cours de l'Académie de Droit International de La Haye* (1991), p. 183-271. Ver também o interessante estudo de M. Nowak, *in* NOWAK, M., "Country-oriented human rights protection by the UN Commission on Human Rights and its Sub-Commission", XXII *Netherlands Yearbook of International Law* (1991), p. 39-90.

o sistema *quase judicial*, que possui duas espécies: a responsabilização iniciada por *petições de Estados* e ainda por *petições de particulares* contra Estados. Finalmente, há o *sistema judicial ou contencioso*, no qual a responsabilidade internacional do Estado por violação de direitos humanos é estabelecida através de um processo judicial, perante a Corte Internacional de Justiça.

O sistema extraconvencional é composto de procedimentos no âmbito de órgãos da Organização das Nações Unidas, embasados no dever geral de cooperação internacional dos Estados em matéria de direitos humanos, reconhecido na Carta da Organização das Nações Unidas[2]. Analisaremos o procedimento perante o Conselho de Segurança em separado, tendo em vista a importância do órgão no sistema da ONU.

2 Os Comitês: denominação, composição, mandato e funções

A partir da década de 60 do séc. XX, a Organização das Nações Unidas patrocinou a elaboração de *nove* tratados de direitos humanos (denominados de "nove grandes") com uma arquitetura similar, a qual conta com duas partes relevantes: a) um rol de direitos protegidos e b) a criação de um órgão – denominado "Comitê" com especialistas independentes e que devem zelar pelo cumprimento de cada um dos tratados.

Esses nove tratados internacionais são os seguintes: 1) Convenção sobre a Eliminação de todas as Formas de Discriminação Racial (1965; ratificação pelo Brasil em 27-3-1968 e promulgação pelo Decreto n. 65.810, de 8-12-1969); 2) Pacto Internacional de Direitos Civis e Políticos (1966; ratificação pelo Brasil em 24-1-1992 e promulgação pelo Decreto n. 592, de 6-7-1992); 3) Pacto Internacional de Direitos Econômicos, Sociais e Culturais Políticos (1966; ratificação do Brasil em 24-1-1992 e promulgação pelo Decreto n. 591, de 6-7-1992); 4) Convenção sobre a Eliminação de todas as Formas de Discriminação contra a Mulher (1979; ratificação pelo Brasil em 1º-2-1984; promulgação pelo Decreto n. 89.460, de 20-3-1984; e promulgação pelo Decreto n. 4.377, de 13-9-2002 após abandono de reservas pelo Brasil); 5) Convenção contra a Tortura e outros Tratamentos ou Penas Cruéis, Desumanas ou Degradantes (1984; ratificação pelo Brasil em 28-9-1989 e promulgação pelo Decreto n. 40, de 15-2-1991); 6) Convenção de Direitos da Criança (1989; ratificação pelo Brasil em 24-9-1990 e promulgação pelo Decreto n. 99.710, de 21-11-1990); 7) Convenção Internacional para a Proteção dos Direitos de todos os

---

2 Por isso a denominação "extraconvencional". Ver Preâmbulo da Carta da ONU e seu artigo 55, que trata do respeito a direitos humanos e o artigo 56, que estabelece que "Para a realização dos propósitos enumerados no art. 55, todos os Membros da Organização se comprometem a agir em cooperação com esta, em conjunto ou separadamente".

Trabalhadores Migrantes e suas Famílias (de 1990, ainda *não* ratificada pelo Brasil); 8) Convenção sobre os Direitos das Pessoas com Deficiência (2006; ratificação pelo Brasil em 1º-8-2008 e promulgação pelo Decreto n. 6.949, de 25-8-2009); 9) Convenção para a proteção de todas as pessoas contra desaparecimentos forçados (2006; ratificação pelo Brasil em 29-11-2010 e promulgação pelo Decreto n. 8.767, de 11-5-2016).

Cada Convenção mencionada acima estabeleceu seu próprio comitê.: 1) o Comitê de Direitos Humanos zela pelo cumprimento do Pacto Internacional de Direitos Civis e Políticos (1966) e seus dois protocolos facultativos; 2) o Comitê sobre os Direitos Econômicos, Sociais e Culturais zela pelo cumprimento do Pacto Internacional de Direitos Econômicos, Sociais e Culturais (1966 – esse comitê não consta do texto do Pacto, como veremos abaixo) e seu protocolo facultativo; 3) o Comitê pela Eliminação da Discriminação Racial zela pelo cumprimento da Convenção pela Eliminação de Toda Forma de Discriminação Racial (1965); 4) o Comitê pela Eliminação da Discriminação contra a Mulher zela pelo cumprimento da Convenção pela Eliminação de Toda Forma de Discriminação contra a mulher (1979) e seu protocolo facultativo (1999); 5) o Comitê contra a Tortura zela pelo cumprimento da Convenção contra a Tortura e toda forma de Tratamento cruel, desumano e degradante (1984); 6) o Comitê sobre os Direitos das Crianças zela pelo cumprimento da Convenção dos Direitos da Criança (1989) e seus protocolos optativos; 7) o Comitê sobre Trabalhadores Migrantes luta pela implementação da Convenção Internacional para a Proteção dos Direitos de todos os Trabalhadores Migrantes e suas Famílias (1990); 8) o Comitê sobre os Direitos das Pessoas com Deficiência monitora o cumprimento da Convenção sobre os Direitos das Pessoas com Deficiência (2006) e finalmente, 9) o Comitê sobre Desaparecimento Forçado zela pelo cumprimento da Convenção para a proteção de todas as pessoas contra desaparecimentos forçados (2006). A denominação de cada Comitê ("órgão do tratado"; *treaty body*), é, em geral, a mesma do tratado (Convenção contra a Tortura: Comitê contra a Tortura, por exemplo), com a exceção do Pacto Internacional de Direitos Civis e Políticos, que foi denominado "Comitê de Direitos Humanos".

São compostos por especialistas independentes, eleitos pelos Estados partes para mandatos de quatro anos, assumindo seu encargo com dever de imparcialidade e independência. Exige-se reconhecida expertise na área de direitos humanos, mas não é exigida a formação jurídica (em alguns comitês, a experiência jurídica é considerada como relevante na escolha pelos Estados), apesar do predomínio de juristas entre os especialistas escolhidos, em especial em face de determinadas funções do Comitê.

O número de membros e demais exigências variam de acordo com o Comitê, a saber:

1) Comitê para a Eliminação da Discriminação Racial: 18 especialistas (representatividade geográfica, de civilizações e dos sistemas jurídicos; apenas 1 nacional no máximo por Estado);

2) Comitê de Direitos Humanos: 18 especialistas (se exige elevada reputação moral e reconhecida competência em matéria de direitos humanos, "levando-se em consideração a utilidade da participação de algumas pessoas com experiência jurídica"[3]; representatividade geográfica, das diferentes formas de civilização e dos sistemas jurídicos; até 2 nacionais por Estado);

3) Comitê dos Direitos Econômicos, Sociais e Culturais: 18 especialistas (representatividade geográfica e dos sistemas jurídicos; no máximo 1 nacional por Estado);

4) Comitê sobre a Eliminação da Discriminação contra a Mulher: 23 especialistas (representatividade geográfica, das diferentes formas de civilização e dos sistemas jurídicos; no máximo 1 nacional por Estado);

5) Comitê contra a Tortura: 10 especialistas (elevada reputação moral e reconhecida competência em matéria de direitos humanos, representatividade geográfica e "utilidade da participação de algumas pessoas com experiência jurídica"[4]; no máximo 1 nacional por Estado);

6) Comitê para os Direitos da Criança: 18 especialistas (representatividade geográfica e dos sistemas jurídicos; no máximo 1 nacional por Estado);

7) Comitê para a Proteção dos Direitos dos Trabalhadores Migrantes e dos membros das suas famílias: 14 especialistas ("alta autoridade moral, imparcialidade e de reconhecida competência"[5] representatividade geográfica e dos sistemas jurídicos; representantes de Estados de origem e de recepção dos migrantes; no máximo 1 nacional por Estado);

8) Comitê sobre os Direitos das Pessoas com Deficiência: 18 especialistas (representatividade geográfica e dos sistemas jurídicos; no máximo 1 nacional por Estado; equilíbrio de gênero e participação de *especialistas com deficiências*); e

9) Comitê contra Desaparecimentos Forçados: 10 especialistas ("elevado caráter moral e de reconhecida competência em matéria de direitos humanos"[6]; representatividade geográfica; experiência jurídica relevante e equilíbrio de gênero; no máximo 1 nacional por Estado).

---

3   Art. 28.2 do Pacto Internacional sobre Direitos Civis e Políticos.

4   Art. 17 da Convenção Contra a Tortura e Outros Tratamentos ou Penas Cruéis, Desumanos ou Degradantes.

5   Art. 72 da Convenção Internacional sobre a Proteção dos Direitos de Todos os Trabalhadores Migrantes e dos Membros das suas Famílias.

6   Art. 26 da Convenção Internacional para a Proteção de Todas as Pessoas contra o Desaparecimento Forçado.

As funções dos órgãos dos tratados são, em síntese, as seguintes (que serão detalhadas abaixo): (i) analisar os relatórios periódicos dos Estados partes, elaborando recomendações; (ii) julgar as demandas individuais de vítimas de violações dos direitos protegidos, quando o Estado infrator aceitar especificamente tal atribuição do Comitê; (iii) conduzir investigações sobre a situação dos direitos protegidos em determinado Estado; (iv) adotar comentários gerais (também chamados de observações ou recomendações gerais), interpretando as disposições dos tratados e (v) estimular discussões relacionadas aos temas dos tratados.

3 Mecanismo convencional não contencioso

3.1 O sistema dos relatórios e as observações gerais

A apuração da violação de direitos humanos por meio de mecanismos não contenciosos é o mais antigo dos mecanismos no sistema convencional e por isso é a que mais se assemelha aos bons ofícios e a conciliação, existindo o apelo à cooperação espontânea (não coercitiva) entre os Estados.

O principal mecanismo não contencioso é o sistema de *relatórios periódicos*, pelo qual os Estados, ao ratificar tratados elaborados sob os auspícios da ONU, comprometem-se a enviar informes sobre os direitos protegidos, nos quais devem constar as ações que realizaram para respeitar e garantir os direitos mencionados nesses tratados. Realiza-se verdadeiro *monitoramento* internacional da situação dos direitos protegidos pelo tratado em cada Estado parte.

Os informes são examinados por especialistas independentes – membros de cada Comitê, sendo possível um diálogo entre eles e o Estado. O princípio informador do sistema de relatórios é o da *cooperação internacional e a busca de evolução* na proteção de direitos humanos, baseado no diálogo entre o Estado e o órgão internacional. Eventual medida adotada pelo Comitê no seu relatório final é tida como *recomendação* ao Estado avaliado.

Atualmente, a entrega de relatórios é obrigação internacional assumida em nove relevantes tratados internacionais de proteção dos direitos humanos (os chamados "nove grandes" ou "big nine") vistos acima, como forma de *supervisão* da obrigação internacional primária de respeito aos direitos humanos.

Os Comitês contam, para o desempenho de suas tarefas, com o apoio administrativo do Alto Comissariado das Nações Unidas para os Direitos Humanos, órgão da ONU com sede em Genebra (Suíça).

Por sua vez, a periodicidade da apresentação dos relatórios estatais varia. Na *Convenção sobre a Eliminação de todas as Formas de Discriminação Racial*, estabeleceu-se o prazo de um ano para apresentação inicial do relatório e, a partir de então, a cada dois anos, ou sempre que o Comitê solicitar[7].

Já o *Pacto Internacional sobre Direitos Civis e Políticos* também fixou o prazo inicial de um ano para apresentação do relatório e, a partir de então, sempre que o Comitê de Direitos Humanos solicitar[8]. A prática indica que os informes são solicitados, em média, a cada 4 anos. Observe-se que o Comitê de Direitos Humanos pode mudar a data de apresentação do relatório em função do procedimento de acompanhamento[9].

O *Pacto Internacional sobre Direitos Econômicos, Sociais e Culturais*, por sua vez, faculta ao Conselho Econômico e Social estabelecer um programa para apresentação de relatórios[10].

Na *Convenção sobre a Eliminação de todas as Formas de Discriminação contra a Mulher*, o informe inicial deve ser apresentado no prazo de um ano a partir da entrada em vigor da Convenção para o Estado interessado e, posteriormente, pelo menos a cada quatro anos e toda vez que o Comitê solicitar[11]. Por sua vez, a *Convenção contra a Tortura e outros Tratamentos ou Penas Cruéis, Desumanas ou Degradantes* fixou os prazos de um e quatro anos, respectivamente, para apresentação do relatório inicial e informes subsequentes[12]. O Comitê contra a Tortura aceita usualmente, em suas observações finais, que o informe subsequente do Estado- -parte seja apresentado em um prazo máximo de quatro anos. O Comitê contra a Tortura também pode alterar as datas dos relatórios periódicos seguintes.

Já a *Convenção sobre os Direitos da Criança* determina que o relatório deva ser apresentado ao Comitê em um prazo de dois anos a partir da entrada em vigor da Convenção para cada Estado, e a cada cinco anos a partir de então[13]. O Comitê pode determinar que os Estados-partes apresentem um relatório consolidado.

A *Convenção sobre os Direitos das Pessoas com Deficiência* previu que os Estados- -partes devem submeter ao Comitê o relatório dentro de dois anos após a

---

7 Artigo IX.
8 Artigo 40.
9 Article 40. 1,*b*, do Pacto e art. 66.2 das Regras de Procedimento do Comitê. Disponível em https://tbinternet.ohchr.org/_layouts/15/treatybodyexternal/Download.aspx?symbolno=CCPR%2fC%2f3%2fRev.12&Lang=en. Acesso em 23-5-2022.
10 Parte IV, Artigo 17.
11 Parte V, Artigo 18.
12 Artigo 19.
13 Artigo 44.

entrada em vigor da Convenção e, subsequentemente, a cada quatro anos, pelo menos, ou quando o Comitê solicitar[14].

No *Protocolo Facultativo à Convenção sobre os Direitos da Criança relativo ao Envolvimento de Crianças em Conflitos Armados* e no *Protocolo Facultativo à Convenção sobre os Direitos da Criança referente à Venda de Crianças, à Prostituição Infantil e à Pornografia Infantil*, previu-se que, no prazo de dois anos, cada Estado-parte deve submeter o relatório ao Comitê. Após a apresentação de um relatório abrangente, o Estado-parte deve incluir nos relatórios submetidos ao Comitê dos Direitos da Criança as informações adicionais, conforme determina o Artigo 44 da Convenção, ou seja, a cada cinco anos. Os Estados-partes que não são parte da Convenção devem submeter ao Comitê um relatório a cada cinco anos[15].

A *Convenção Internacional para a Proteção dos Direitos de todos os Trabalhadores Migrantes e dos membros de suas Famílias*, por sua vez, determinou que o informe inicial deve ser apresentado no prazo de um ano, a contar da data da entrada em vigor da Convenção para o Estado-parte e, subsequentemente, a cada cinco anos e sempre que o Comitê solicitar[16].

Já a *Convenção sobre os Direitos das Pessoas com Deficiência* prevê a apresentação de relatório dois anos após a entrada em vigor da Convenção para o Estado-parte, e, subsequentemente, a cada quatro anos, pelo menos, ou quando o Comitê solicitar.

Por fim, a *Convenção para a proteção de todas as pessoas contra desaparecimentos forçados* estipula o dever dos Estados em apresentar o relatório inicial no prazo de dois anos da entrada em vigor da Convenção para o Estado-parte e, após, quando o Comitê solicitar (art. 29.4).

Em que pese a periodicidade prevista nos tratados, a prática internacional tem se mostrado flexível, inclusive com a aceitação de "informes conjugados" (união de vários relatórios em um único) pelo Comitê pela Eliminação da Discriminação Racial, sem contar a delonga frequente por parte dos Estados.

Quanto à análise do relatório enviado, nomeia-se, em geral, um relator ("country rapporteur") e uma força tarefa entre os membros para estabelecer uma "lista de questões" que serão discutidas posteriormente na análise pública do relatório.

Antes dessa análise pública, os Comitês ainda buscam acesso a fontes adicionais de informação. Um primeiro tipo de fonte alternativa é a solicitação de informações de outros órgãos internacionais, tais como a Organização

---

14 Artigo 35.
15 Artigo 8º no Protocolo relativo ao envolvimento de crianças em conflitos armados e Artigo 12 no Protocolo referente à venda de crianças, à prostituição infantil e à pornografia infantil.
16 Artigo 73º.

Internacional do Trabalho, a Organização Mundial de Saúde e o Banco Mundial, entre outros. Um segundo tipo é obtido graças aos esforços de organizações não governamentais oriundas da sociedade civil. Essas organizações não governamentais são extremamente importantes, não só para ofertar informações (evitando o oficialismo e a parcialidade natural dos relatórios estatais), mas também para sugerir questões aos Estados. Por isso, as organizações não governamentais e os indivíduos podem tecer comentários sobre os relatórios dos Estados e apresentar o seu informe alternativo (também chamado de "relatório sombra" ou "shadow report"). Outras iniciativas são valorizadas, visando dar maior credibilidade aos informes estatais, como é o caso do Brasil e outros Estados, que incluem em suas delegações perante cada Comitê, representantes não somente do governo, mas também de organizações não governamentais ou de órgãos públicos independentes[17]. O Comitê apresenta a lista de questões e ainda os relatórios "sombra" aos Estados; apesar de não ser obrigatório, alguns Estados apresentam respostas escritas às questões apresentadas[18].

O ponto crítico do chamado "ciclo de apresentação do relatório" é o diálogo aberto, entre a Delegação do Estado e os especialistas do Comitê em uma audiência pública, quando da apreciação do relatório em sessão formal do Comitê. Em geral, essa audiência ("hearing") dura poucas horas, sendo iniciada por uma breve apresentação pelo Chefe da Delegação governamental, sendo seguida por rodadas de questões apresentadas pelos membros do Comitê respectivo. Após, os membros e os representantes do Estado travam um diálogo para a obtenção de um consenso sobre as medidas e ações a serem adotadas, denominado de "diálogo construtivo". A discussão entre os membros do Comitê e os representantes dos Estados, na fase de debates, enriquece o conteúdo das informações relativas ao respeito de direitos humanos e possibilita que os especialistas membros elaborem suas observações finais de maneira mais crítica.

Finalmente, superados os debates, são adotadas as chamadas observações finais ou conclusivas do Comitê ("concluding observations"), que contêm a análise crítica do informe estatal, seus pontos positivos e negativos, mencionando ainda as recomendações para resolver os problemas encontrados. O destino comum das observações finais dos Comitês é a Assembleia Geral da ONU, que recebe tais relatórios contidos no informe anual que cada Comitê apresenta sobre suas atividades à Assembleia. Os Comitês também procuram

---

17 Conferir em LE BOUTHILLIER, Yves e ROUGET, Didier. "La procédure de rapports périodiques en application des traités relatifs aux droits de la personne: l'après Conférence de Vienne", *in Annuaire Canadien de Droit International* (1994), p. 173-217.

18 LEVIN, Ayelet. "The reporting cycle to the United Nations Human Rights Treaty Bodies: creating a dialogue between the state and civil society – the Israeli case study", *in George Washington International Law Review*, v. 48, 2016, p. 315-376, em especial p. 322.

oferecer nos relatórios finais encaminhados à Assembleia Geral sugestões sobre a correta interpretação e observância dos tratados.

Além disso, quanto ao cumprimento das "observações finais", os Comitês exigem que os Estados, nos informes subsequentes, exponham como cumpriram ou justifiquem a delonga ou descumprimento do recomendado. Assim, o Estado fica na desconfortável posição de, periodicamente, se justificar pelo descumprimento das recomendações dos Comitês.

Os Comitês ainda adotaram a prática de iniciar um procedimento especial de exame para os casos de ausência de informe por parte do Estado, o que impede que a falta de informes oficiais seja um obstáculo para a emissão de um informe com recomendações por parte de determinado Comitê.

Em paralelo, os Comitês podem elaborar *comentários (também chamadas observações ou mesmo recomendações) gerais* sobre a interpretação dos direitos protegidos. Essas observações gerais são hoje *repertório precioso* sobre o alcance e sentido das normas de direitos humanos[19].

A atividade dos Comitês representa um avanço no grau de proteção internacional dos direitos humanos, pois impede a "interpretação nacionalista" dos tratados internacionais, verdadeiro veneno para o universalismo implícito no Direito Internacional dos Direitos Humanos[20].

Contudo, há diversos obstáculos que ainda limitam a ação desses órgãos, como, por exemplo: (i) delonga dos Estados em elaborar os relatórios; (ii) a falta de profissionalização dos membros dos Comitês, que não atuam com dedicação exclusiva e recebem remuneração somente por participação em sessão, dificultando a própria ação proativa do Comitê; (iii) pouco tempo disponível para análise; (iv) redundância nas informações dos Estados (direitos previstos em vários tratados); (v) falta de um sistema próprio de coleta de dados

---

[19] A Clínica de Direito Internacional dos Direitos Humanos da Faculdade de Direito da USP, em parceria com o Núcleo de Direitos Humanos da Defensoria do Estado de São Paulo e com a Escola da Defensoria Pública do Estado de São Paulo, traduziu e disponibilizou, gratuitamente, a tradução das observações gerais: Comitê contra a Tortura – https://www.defensoria.sp.def.br/documents/20122/e3b8ae5d-f1ac-1ddf-67f7-9a503aaa7912; Comitê sobre os Direitos dos Trabalhadores Migrantes: https://www.defensoria.sp.def.br/documents/20122/855704b6--eaa9-dc9a-004b-5d37c3b8e9ef; Comitê sobre a Eliminação da Discriminação contra a Mulher: https://www.defensoria.sp.def.br/documents/20122/b536382b-a0fd-465f-3e75-e92e454140b1; Comitê de Direitos Humanos e Comitê dos Direitos Econômicos, Sociais e Culturais: https://www.defensoria.sp.def.br/documents/20122/8d38e22a-bb6e-66d0-eb15--ea94756f7eea. Acesso em 24-5-2022.

[20] Essa situação já foi objeto de críticas de países como Estados Unidos e França, a propósito da Observação geral n. 24 do Comitê de Direitos Humanos (sobre reservas em tratados de direitos humanos) alegando ser monopólio dos Estados a interpretação das normas convencionais, de acordo com os artigos 31 e seguintes da Convenção de Viena sobre Direito dos Tratados.

("fact findings" – ver abaixo o caso do Comitê contra a Tortura) e falta de maior articulação entre os Comitês para a adoção de recomendações coerentes entre si (ver abaixo as "recomendações suicidas").

3.2 Procedimento Simplificado de Apresentação de Relatórios

Para aumentar a celeridade na apresentação e análise dos relatórios estatais, houve a adoção por parte de determinados Comitês de um procedimento simplificado de apresentação de relatórios, a depender da aceitação do Estado avaliado (é opcional). Inicialmente, o Comitê prepara uma lista de assuntos e questões (*list of issues and questions*) e a encaminha ao Estado. O relatório do Estado é feito a partir das respostas a tais questões. Racionaliza-se o processo, evitando que o Estado tenha que apresentar seu relatório e depois responder as questões do Comitê. Com tal sistema, o Estado foca nas suas obrigações consideradas essenciais por determinado Comitê. Atualmente (2022), oito comitês oferecem a opção de uso do procedimento simplificado de apresentação de relatórios, a saber: 1) Comitê de Direitos Humanos; 2) Comitê sobre Direitos Econômicos, Sociais e Culturais; 3) Comitê sobre a Eliminação da Discriminação contra a Mulher; 4) Comitê contra a Tortura; 5) Comitê sobre os Direitos da Criança; 6) Comitê sobre os Direitos dos Trabalhadores Migrantes; 7) Comitê sobre os Direitos das Pessoas com Deficiência e 8) Comitê pela Eliminação da Discriminação Racial (para Estados com relatórios em atraso).

Desde 2019, o Comitê de Direitos Humanos adotou como padrão o procedimento simplificado de apresentação de relatórios, podendo determinado Estado expressamente optar pelo sistema antigo[21]. Para os demais Comitês, os Estados devem optar expressamente pelo procedimento simplificado de apresentação de relatórios (para que este seja utilizado).

3.3 Críticas ao sistema de relatórios

A primeira crítica ao sistema de informes periódicos é a falta de fontes próprias de dados (dependem da qualidade – às vezes precária – dos "relatórios-sombra") e a pouca flexibilidade para combater situações de emergência de violações de direitos humanos. Para remediar isso, alguns Comitês têm decidido realizar visitas de investigação *in loco*, além de adotar procedimentos de ações preventivas, como o sistema de alerta rápido (*early warning*) e o procedimento de urgência, para as situações que requeiram atenção imediata. Em 2010, por exemplo, o Comitê para a Eliminação da Discriminação Racial enviou carta ao

---

21 Disponível em: <https://www.ohchr.org/en/treaty-bodies/ccpr/predictable-review-cycle>. Acesso em: 24 maio 2022.

governo brasileiro demonstrando preocupação com a situação de demarcação de terra indígena[22].

Outra fraqueza do sistema de informes é a *concentração das informações nas mãos do Estado*, em que pese a atual participação da sociedade civil e seus "relatórios sombra". Caberia a cada Comitê buscar aumentar as fontes alternativas de informação para contestar ou mesmo suprir o atraso no fornecimento de informes por parte do Estado.

Além disso, a diversidade dos Comitês produz práticas díspares e uma sobrecarga de trabalho nos Estados, sem contar com possíveis redundâncias nos relatórios enviados. Essas dificuldades acarretam um sensível aumento do número de Estados com relatórios pendentes de apresentação. Os Presidentes dos diversos Comitês, buscando uma maior efetividade ao sistema, reúnem-se anualmente para coordenar os esforços, evitando-se repetição de trabalhos e, principalmente, procurando a troca de informações para que os relatórios dos Estados sejam analisados com o maior número de informações possível.

Por fim, como os Comitês não são vinculados entre si, nada impede as *recomendações contraditórias ou suicidas*. Determinado Comitê recomenda ação que colide com outra ação proposta por Comitê distinto, sem maior preocupação com a coerência. A ausência de força vinculante das recomendações minimiza esse problema, porém essas contradições desprestigiam o próprio sistema de relatórios periódicos.

Há muito se discute a necessidade de uma reforma geral de todo o sistema de relatórios calcado nas Convenções engendradas no âmbito da ONU[23]. Para evitar redundância nas informações ou contradição nas recomendações, urge que os Comitês componham um sistema unificado, com obrigações recíprocas e tutela funcional do Alto Comissariado das Nações Unidas, obtendo-se sinergia e coerência nas suas atividades. Com essa vital alteração, os Comitês poderiam ter mais tempo e recursos para cobrar dos Estados a adoção das recomendações.

Restaria em aberto somente o que denominei, na primeira edição deste livro, de "calcanhar de Aquiles" do sistema de relatórios periódicos: a ausência de um sistema mais efetivo de responsabilização internacional do Estado, já que o sistema convencional não contencioso baseia-se no diálogo e na implementação voluntária dos direitos protegidos. A ausência de força vinculante das recomendações dos Comitês também explica a pouca repercussão que suas observações possuem no Brasil da atualidade.

---

22 Conferir em "Direitos Humanos: o Brasil na ONU – 2009/2010 – Anuário". Brasil: Conectas, 2010, p. 177.

23 Conferir DURAN, Carlos Villan. *Curso de Derecho Internacional de los Derechos Humanos*, Estrasburgo: Institut International des Droits de l'Homme, 1997, p. 28.

3.4 O procedimento de inquérito

3.4.1 Aspectos gerais e a aceitação brasileira

Para superar as críticas da falta de proatividade e de pouca confiabilidade das fontes de informações sobre fatos relevantes aos Comitês (quer pelo oficialismo das informações do Estado, quer pela falta de recursos materiais e humanos da sociedade civil para gerar relatórios sombra confiáveis), determinados tratados onusianos permitem que o próprio Comitê faça a sua coleta de informações *in loco*. Trata-se do chamado "procedimento de inquérito" ("inquiry procedure"), que é, atualmente, previsto para uso por seis Comitês no próprio tratado institutivo ou em protocolo posterior, a saber: 1) Comitê contra a Tortura (art. 20 da Convenção contra a Tortura); 2) Comitê pela Eliminação de Toda Forma de Discriminação contra a Mulher (art. 8º do Protocolo Facultativo); 3) Comitê dos Direitos das Pessoas com Deficiência (art. 6º do Protocolo Facultativo); 4) Comitê contra Desaparecimentos Forçados (art. 33 da Convenção); 5) Comitê dos Direitos Sociais, Econômicos e Culturais (art. 11 do Protocolo Facultativo) e 6) Comitê dos Direitos da Criança (art. 13 do Protocolo Facultativo relativo a um Procedimento de Comunicações).

O procedimento de inquérito é *confidencial* e exige o reconhecimento específico do Estado à competência do Comitê em realizá-lo. O Brasil aceitou procedimentos de inquérito dos seguintes Comitês: Comitê contra a Tortura; Comitê contra Desaparecimentos Forçados; Comitê dos Direitos das Pessoas com Deficiência e Comitê pela Eliminação de Toda Forma de Discriminação contra a Mulher.

A mecânica do procedimento é a seguinte: (i) o Comitê detecta violação sistemática do direito protegido; (ii) o Comitê indaga do Estado sobre a situação; (iii) a depender da resposta do Estado, o Comitê designa um relator e uma comissão entre seus membros para conduzir o inquérito e, eventualmente, visitar o território do Estado; (iv) a visita *in loco* depende da anuência específica do Estado; (v) os fatos observados e as conclusões da comissão de inquérito são examinados pelo Comitê, com comentários e *recomendações;* (vi) solicita-se ao Estado que responda aos comentários e informe sobre a adoção de medidas recomendadas.

O produto final, então, do procedimento de inquérito é a produção de *recomendação,* devendo o Estado informar o Comitê sobre a adoção de medidas em resposta ao inquérito.

3.4.2 A prática do Comitê contra a tortura e o procedimento de inquérito

O procedimento de inquérito da Convenção contra a Tortura foi estabelecido pelo seu artigo 20, que prevê investigação *ex officio* e confidencial sobre o respeito às obrigações da Convenção. A investigação é decidida, *ab initio*, pelo Comitê contra a Tortura, que, com base em informações recebidas, supõe a existência de prática sistemática de tortura no Estado-parte. Após um exame preliminar (confrontando-a com a proveniente de outras fontes), o Comitê convidará o Estado a fornecer informações sobre o indício de prática sistemática de tortura.

Superada essa fase, o Comitê indicará um Relator Especial entre seus membros e uma comissão *ad hoc* para a realização de uma investigação *confidencial*. A investigação só poderá ser efetuada no território do Estado requerido se houver o seu consentimento prévio.

Após a investigação, o Comitê elabora seu relatório final, *após ter sido dado o direito de defesa e contraditório ao Estado requerido*. Com base nesse relatório, o Estado deve informar ao Comitê sobre as medidas que adotará diante das conclusões da referida investigação, para combater a prática sistemática de tortura.

Por fim, a publicação do relatório constatando a prática sistemática de tortura é decisão que cabe ao Comitê. A publicação tem conteúdo nitidamente condenatório, pois representa uma desaprovação da conduta do Estado, conduta essa averiguada pelo próprio Comitê, que não fica, como é praxe no sistema de relatórios, inerte, à espera de informações.

Entretanto, duas fraquezas aparecem no procedimento de inquérito. Em primeiro lugar, o artigo 20, que fornece a competência ao Comitê contra a tortura, é de adesão facultativa, e, em segundo lugar, a investigação *sur place*, de extrema importância para a conclusão das investigações, depende do consentimento do Estado requerido[24]. O Brasil reconhece a competência do Comitê de acordo com o previsto no artigo 20. Em 2005, o Comitê visitou o Brasil para investigar o quadro sistemático de tortura especialmente no sistema prisional. O relatório do Comitê, contendo as recomendações, foi publicado em 2009. Entre várias recomendações, o Comitê enfatizou a necessidade de o Ministério Público investigar autonomamente os casos de tortura praticados por policiais, não dependendo, então, da investigação da própria polícia[25].

---

24 No caso do Egito, em 1996, a Comissão *ad hoc* não obteve tal consentimento. Entretanto, o Comitê concluiu, com base nas outras fontes de informação, que a tortura era prática comum das forças de segurança do Estado para obter informações e extrair confissões e também como forma de represálias aos detentos. Ao ser consultado sobre a publicação do relatório, o Governo egípcio alegou que tal publicação poderia ser utilizada por grupos terroristas. O Comitê, entretanto, decidiu pela publicação, recomendando que o Estado egípcio criasse um mecanismo de investigação independente e integrado por especialistas com livre acesso a qualquer centro de detenção. Ver *in* Comitê contra a Tortura, Doc. CAT/C/XVI/CRP. 1/ Anexo 6 de 8 de maio de 1996, publicação da Organização das Nações Unidas.

25 Relatório sobre o Brasil produzido pelo Comitê contra a Tortura sob o artigo 20 da Convenção e resposta do governo brasileiro, CAT/C/39/2, em especial parágrafo 196 (b). Disponível em: <http://daccess-dds-ny.un.org/doc/UNDOC/GEN/G09/411/40/PDF/G0941140.pdf?OpenElement>. Acesso em: 9 jun. 2013.

Por sua vez, foi aprovado em 2002 o Protocolo Facultativo à Convenção contra a Tortura e Outros Tratamentos ou Penas Cruéis, Desumanos ou Degradantes, que entrou em vigor em 2006[26]. O objetivo do Protocolo é estabelecer um sistema de visitas regulares efetuadas por órgãos nacionais e internacionais independentes a lugares onde pessoas são privadas de sua liberdade, com a intenção de prevenir a tortura e outros tratamentos ou penas cruéis, desumanos ou degradantes.

Para tanto, foi criado um Subcomitê de Prevenção da Tortura e outros Tratamentos ou Penas Cruéis, Desumanos ou Degradantes do Comitê contra a Tortura (SPT). É formado por 25 especialistas independentes, para um mandato de quatro anos (podem ser reeleitos uma vez), por meio de votação realizada pelos Estados-partes do Protocolo. Ao mesmo tempo, cada Estado-parte deverá designar ou manter em nível doméstico um ou mais órgãos de visita encarregados da prevenção da tortura e outros tratamentos ou penas cruéis, desumanos ou degradantes, que se constituem em verdadeiros mecanismos preventivos nacionais. Cada Estado-parte deve permitir visitas dos enviados do Subcomitê ou dos mecanismos preventivos nacionais a qualquer centro de detenção sob sua jurisdição (o Protocolo não faz menção a centro de detenção no território nacional, pois vários países já instalaram seus centros de detenção em território de outro Estado, justamente para burlar o cumprimento de tratados de direitos humanos).

A tarefa do Subcomitê é hercúlea: fortalecer a capacidade e o mandato dos mecanismos preventivos nacionais para a prevenção da tortura e outros tratamentos ou penas cruéis, desumanos ou degradantes. Para tanto, pode fazer recomendações e observações, transmitidas inicialmente de modo confidencial ao Estado. O Subcomitê de Prevenção deve publicar seus relatórios, em conjunto com qualquer comentário do Estado-parte interessado, quando solicitado pelo Estado-parte. Claro que nenhum dado pessoal deverá ser publicado sem o expresso consentimento da pessoa interessada.

Caso o Estado-parte se recuse a cooperar ou demore para tomar medidas à luz das recomendações do Subcomitê de Prevenção, o Comitê contra a Tortura pode, pela maioria de votos dos membros, fazer declaração sobre o problema ou publicar o relatório do Subcomitê de Prevenção.

Apesar da evolução, vê-se que o relatório do Subcomitê é ainda encarado como recomendação e a publicidade é o único remédio previsto no Protocolo.

O Subcomitê de Prevenção da Tortura (SPT) visitou o Brasil em 2011, em cumprimento do Protocolo Adicional à Convenção contra a Tortura. O SPT realizou diversas visitas a locais de detenção, bem como de reuniões com

---

[26] O Brasil ratificou o Protocolo e o promulgou internamente pelo Decreto n. 6.085, de 19 de abril de 2007.

autoridades e ainda representantes da sociedade civil. O relatório final, publicado em 2012, novamente reiterou a necessidade de investigações independentes da investigação policial, lamentando, ainda, que tais recomendações tenham já sido feitas anteriormente pelo relatório de 2009 (visto acima). O SPT cobrou também a implementação pelo Brasil do Mecanismo Preventivo Nacional (MPN), previsto para ocorrer, no máximo, um ano após a data de ratificação do Protocolo Facultativo. Também demonstrou preocupação com o projeto de lei em trâmite no Congresso, que estabelece o MPN com membros escolhidos com forte ingerência do Presidente da República, desvirtuando a proposta de independência e pluralismo do MPN[27].

Em 2 de agosto de 2013, foi aprovada a Lei n. 12.847, que instituiu o *Sistema Nacional de Prevenção e Combate à Tortura* – SNPCT, com o objetivo de fortalecer a prevenção e o combate à tortura e cumprir a obrigação internacional assumida pelo Brasil com a ratificação do Protocolo Adicional à Convenção contra a Tortura.

Esse sistema é composto (i) pelo Comitê Nacional de Prevenção e Combate à Tortura – CNPCT, (ii) pelo Mecanismo Nacional de Prevenção e Combate à Tortura – MNPCT, (iii) pelo Conselho Nacional de Política Criminal e Penitenciária – CNPCP e (iv) pelo órgão do Ministério da Justiça responsável pelo sistema penitenciário nacional, atualmente o Departamento Penitenciário Nacional – DEPEN.

O CNPCT é composto por vinte e três membros, escolhidos e designados pelo Presidente da República, sendo onze representantes de órgãos do Poder Executivo federal e doze de conselhos de classes profissionais e de organizações da sociedade civil, sendo presidido pelo Secretário de Direitos Humanos da Presidência da República (que possui *status* de Ministro de Estado). Sua missão é acompanhar, avaliar e propor aperfeiçoamentos às ações, aos programas, aos projetos e aos planos de prevenção e combate à tortura e a outros tratamentos ou penas cruéis, desumanos ou degradantes desenvolvidos em âmbito nacional.

Já o *Mecanismo Nacional de Prevenção e Combate à Tortura* – MNPCT, órgão integrante da estrutura da Secretaria de Direitos Humanos da Presidência da República, é composto por onze peritos escolhidos pelo CNPCT e tem como principal missão planejar, realizar e monitorar *visitas periódicas e regulares a pessoas privadas de liberdade em todas as unidades da Federação*, para verificar as condições a que se encontram submetidas.

Em outubro de 2015 (de 19 a 30 de outubro), o Subcomitê de Prevenção da Tortura (SPT) realizou sua segunda visita *in loco* ao Brasil. O Subcomitê

---

[27] Relatório sobre a visita ao Brasil do Subcomitê de Prevenção da Tortura e outros Tratamentos ou Penas Cruéis, Desumanas ou Degradantes. Disponível em: <http://www.onu.org.br/img/2012/07/relatorioSPT2012.pdf>. Acesso em: 9 jun. 2013.

publicou o relatório dessa visita em fevereiro de 2017. Apesar de constatar a permanência da situação detectada na primeira visita, a respeito da prática de tortura realizada por forças policiais, as recomendações foram genéricas e referentes à "investigação imediata e documentada", sem que fossem feitas sugestões diretas de criação de um corpo de investigadores independentes no caso de pretenso crime grave cometido pelas forças policiais[28].

Cabe notar que, de acordo com o art. 16 do Protocolo Facultativo à Convenção contra a Tortura, o Subcomitê de Prevenção deverá comunicar suas recomendações e observações *confidencialmente* para o Estado-Parte e, se for o caso, para o mecanismo preventivo nacional. A publicação do relatório só ocorrerá quando (i) solicitado pelo Estado-Parte, ou (ii) se o Estado-Parte tornar o relatório público (o que foi feito pelo governo federal em 2017), bem como (iii) reação à falta de cooperação do Estado (ver abaixo). Entretanto, nenhum dado pessoal deverá ser publicado sem o expresso consentimento da pessoa interessada.

Além disso, o Subcomitê de Prevenção deverá apresentar um relatório público anual sobre suas atividades ao Comitê contra a Tortura. Caso o Estado-Parte se recuse a cooperar com o Subcomitê de Prevenção ou a tomar as medidas para melhorar a situação à luz das recomendações do Subcomitê de Prevenção, o Comitê contra a Tortura poderá, a (i) pedido do Subcomitê de Prevenção, e (ii) depois que o Estado-Parte tenha a oportunidade de fazer suas observações, decidir, pela maioria de votos dos membros, fazer *declaração sobre o problema* ou *publicar o relatório* do Subcomitê de Prevenção.

3.5 A importância do mecanismo convencional não contencioso

O mecanismo convencional não contencioso retratado no sistema de relatórios periódicos é apenas um ligeiro esboço de mecanismo coletivo de apuração de violação de direitos humanos.

A obrigação internacional do Estado de produzir o relatório periódico existe, *mesmo quando não há descumprimento* de qualquer direito protegido. O objetivo maior, então, do sistema de informes periódicos é o de prevenir violações e mesmo forçar os Estados a dedicarem atenção às políticas internas de defesa dos direitos humanos.

Não há a finalidade de constatar uma violação e, posteriormente, fixar determinada reparação dos danos produzidos. Mesmo na hipótese da realização de um "procedimento de inquérito", não há propriamente um contencioso e

---

[28] SPT, Relatório de 16 de fevereiro de 2017 sobre a visita ao Brasil de 19 a 30 de outubro de 2015. Disponível em: <https://tbinternet.ohchr.org/_layouts/treatybodyexternal/Download.aspx?symbolno=CAT%2fOP%2fBRA%2f3&Lang=em>. Acesso em: 24 maio 2022.

se busca apurar, com maior fidedignidade, possíveis ofensas aos direitos protegidos naquelas Convenções.

Por outro lado, é necessário o estudo desse mecanismo em face de possíveis reflexos em outros mecanismos coletivos de apuração de violação de direitos humanos, já que o sistema de relatórios fornece informações importantes sobre a situação de direitos humanos em um Estado.

Com base nessa fonte de informações é possível que a Assembleia Geral da ONU também edite resolução, condenando o Estado por repetidas violações de direitos humanos. Ou ainda, pode a Assembleia Geral acionar o Conselho de Segurança, com base no capítulo VII da Carta da ONU, para que esse último órgão edite atos vinculantes para a preservação dos direitos humanos em nome da paz e segurança mundial[29].

Por outro lado, vários países aderiram aos tratados de direitos humanos e só aceitam o sistema não contencioso dos informes periódicos. Assim, esse sistema deve ser valorizado, pois serve de palco para a constatação de violações de direitos humanos, fornecendo informações para a responsabilização internacional do Estado por meio de outros mecanismos, que estudaremos a seguir.

4 Os mecanismos convencionais quase judiciais

4.1 Introdução

Os mecanismos quase judiciais no âmbito universal são verdadeiramente mecanismos coletivos de apuração da responsabilidade internacional do Estado, instituídos por convenções internacionais, agindo *ex post facto*, com a constatação de violação de direitos humanos protegidos e que acarretam a condenação do Estado na reparação dos danos produzidos.

Esses mecanismos são geridos pelos Comitês instituídos pelas várias Convenções Internacionais da Organização das Nações Unidas (*treaty bodies*, vistos acima), que produzem ao final uma deliberação internacional sobre a violação dos direitos humanos protegidos, com a fixação de determinada reparação.

Como os Comitês não são órgãos judiciais propriamente ditos e os textos das convenções não se referem às suas decisões como "sentenças", qualificam-se tais mecanismos como *quase judiciais*. Ainda, como seus poderes estão estabelecidos em Convenções abertas a ratificação de qualquer país do mundo, redigidas sob os auspícios da ONU, esses mecanismos compõem o sistema universal ou global.

---

29 Como veremos adiante, em capítulo próprio.

Por outro lado, os textos convencionais são *omissos* em face da força vinculante das deliberações destes Comitês. Essa questão será apreciada em capítulo próprio relativo à força vinculante de todas as deliberações internacionais de responsabilidade internacional do Estado.

Os mecanismos quase judiciais são agrupados em duas espécies: a responsabilização iniciada por petições de Estados e a iniciada por petições de particulares contra Estados.

4.2 O direito de petição dos Estados: as demandas interestatais

Esse procedimento torna possível a um Estado apresentar uma petição contra outro Estado, acusando-o de violação de direitos humanos protegidos em seu território, mesmo sem qualquer outro interesse. A petição é autorizada por dispositivo previsto nesses tratados de direitos humanos, em geral de adesão facultativa, fazendo nascer uma *actio popularis*[30].

Atualmente, nove principais convenções da ONU preveem tal procedimento, a saber: a Convenção Internacional sobre a Eliminação de todas as Formas de Discriminação Racial; o Pacto Internacional de Direitos Civis e Políticos; o Pacto Internacional de Direitos Sociais, Econômicos e Culturais; a Convenção contra a Tortura e outros Tratamentos ou Penas Cruéis, Desumanas ou Degradantes; a Convenção da ONU para a Proteção dos Direitos de todos os Trabalhadores Migrantes e suas Famílias; a Convenção da ONU para a Proteção de Todas as Pessoas contra os Desaparecimentos Forçados; Protocolo Facultativo à Convenção dos Direitos da Criança (Protocolo sobre procedimento de comunicação); Protocolo facultativo à Convenção sobre a Eliminação de Todas as Formas de Discriminação contra a Mulher; e Convenção da ONU sobre os Direitos das Pessoas com Deficiência. Cada Convenção atribui ao Comitê respectivo o dever de processar e julgar as petições estatais contra outros Estados.

No caso do artigo 11 e seguintes da Convenção para a Eliminação da Discriminação Racial, há um procedimento próprio no qual os Estados interessados dispõem de seis meses para buscar uma solução amigável do litígio internacional, nascido a partir da petição acusadora de um Estado. Após esse prazo, qualquer dos Estados (requerente ou requerido) pode submeter a pretensa violação de direitos humanos ao Comitê. Nesse momento, o Comitê deve se certificar que

---

30 Com exceção da Convenção para a eliminação da discriminação racial, na qual o direito de petição dos Estados não é sujeito à adesão facultativa, sendo obrigatória.

os recursos internos tenham sido utilizados e esgotados, conforme geralmente admitido pelo Direito Internacional[31].

O procedimento contraditório propriamente dito prossegue com a nomeação de uma Comissão especial visando à conciliação dos Estados. A Comissão apresenta seu relatório final, *com seus informes e recomendações sobre a solução do litígio*.

O relatório é enviado aos Estados requerente e requerido que possuem três meses para notificar o Comitê sobre a aceitação ou não das recomendações formuladas pela Comissão especial. Transcorrido esse prazo, o *Comitê transmite o informe da Comissão e as declarações dos Estados a todos os Estados partes da Convenção*.

O procedimento encerra-se, então, *sem que se possa impor uma solução concreta aos Estados*. Resta apenas o envio das conclusões finais da Comissão à Assembleia Geral. A Convenção contra a Tortura e o Pacto Internacional de Direitos Civis e Políticos contêm procedimentos similares.

Há, ainda, a possibilidade do uso da Corte Internacional de Justiça para solucionar controvérsias entre os Estados com base nos tratados de direitos humanos do sistema global, como veremos abaixo.

4.3 As petições de particulares contra o Estado: as demandas individuais

Os nove tratados de direitos humanos do sistema global vistos acima possuem previsão, fundada em protocolo ou em declaração facultativa, de processamento de petições individuais de vítimas de violação dos direitos protegidos aos respectivos Comitês de cada um dos tratados. Contudo, para um dos Comitês (Comitê dos Trabalhadores Migrantes), o sistema de petição individual ainda não entrou em vigor.

A base normativa para tal competência varia: há tratados que exigem dos Estados-partes uma declaração facultativa; outros tratados são omissos e tal competência está prevista em Protocolo Facultativo, que exige ratificação específica, como se vê abaixo:

(i) Declaração Facultativa (4 tratados): Convenção para a Eliminação de Toda Forma de Discriminação Racial (artigo 14, de adesão facultativa); Convenção contra a Tortura e outros Tratamentos ou Penas Cruéis, Desumanas ou Degradantes (artigo 22, de adesão facultativa); Convenção para a Proteção de Todas as Pessoas contra Desaparecimentos Forçados (artigo 31, adesão facultativa); Convenção para a Proteção dos Direitos de Todos os Trabalhadores

---

31 Cabe lembrar que no caso da Convenção Europeia de Direitos Humanos, tal cláusula de admissibilidade não é exigida para petições de Estados.

Migrantes e suas Famílias (artigo 77, de adesão facultativa e que exige, contudo, o mínimo de 10 Estados aderentes para o mecanismo entrar em vigor).

(ii) Protocolo Facultativo (5 tratados): o Pacto Internacional de Direitos Civis e Políticos (primeiro protocolo facultativo); a Convenção para a Eliminação de Todas as Formas de Discriminação contra a Mulher (protocolo opcional); a Convenção da ONU sobre os Direitos das Pessoas com Deficiência (protocolo facultativo); Pacto Internacional de Direitos Econômicos, Sociais e Culturais (protocolo facultativo); Convenção dos Direitos da Criança (protocolo facultativo sobre comunicações individuais).

O trâmite da petição de particular pode ser resumido da seguinte forma. *Em primeiro lugar*, o Estado-parte deve aceitar expressamente a atribuição do Comitê respectivo em receber as petições de particulares. *Em segundo lugar*, o procedimento é confidencial e obrigatório, sendo ainda informado pelos princípios da ampla defesa e contraditório. Sobre a questão de mérito, o *Comitê delibera e determina a existência ou não de violação de direito protegido pela Convenção*. Em caso positivo, deve ainda fixar as medidas de reparação que o Estado infrator deverá adotar.

Em 2002, o Brasil aderiu ao Protocolo Facultativo à Convenção para a Eliminação de Todas as Formas de Discriminação contra a Mulher, conferindo, então, poder ao seu Comitê para receber petições de vítimas de violações de direitos protegidos na Convenção[32]. Além disso, o Brasil também reconheceu a competência do Comitê para a Eliminação de Toda a Forma de Discriminação Racial para receber e analisar denúncias de vítimas de violação de direitos protegidos pela Convenção, por ato internacional depositado junto à Secretaria-Geral da ONU em 17 de junho de 2002[33]. Em 2006, no Dia Internacional de Apoio às Vítimas de Tortura (27 de junho), o Brasil depositou a declaração facultativa reconhecendo a competência do Comitê contra a Tortura para receber petições de vítimas de tortura, tratamento desumano, degradante ou cruel[34]. Em 2009, o Brasil também aceitou a competência do Comitê sobre os Direitos das Pessoas com Deficiência para apreciar as petições das vítimas de violações dos direitos das pessoas com deficiência[35].

Ainda em 2009, o Brasil deu um passo adiante, após o Congresso ter aprovado a adesão brasileira ao Primeiro Protocolo Facultativo ao Pacto Internacional

---

32 Decreto n. 4.316, de 30 de julho de 2002.

33 Apenas em 12 de junho de 2003 (quase um ano depois) houve a incorporação interna do referido tratado, por meio da edição de Decreto n. 4.738/2003.

34 A emissão dessa declaração facultativa foi aprovada pelo Congresso Nacional, por intermédio do Decreto Legislativo n. 57, de 2006.

35 Decreto n. 6.949, de 25 de agosto de 2009.

de Direitos Civis e Políticos[36], e o ratificou em 25 de setembro de 2009, permitindo a propositura de petições de vítimas de violações de direitos protegidos ao Comitê de Direitos Humanos (ainda não promulgado em maio de 2022).

Em 2017, o Brasil ratificou o Protocolo Facultativo da Convenção dos Direitos da Criança sobre o procedimento de comunicações, permitindo a petição individual das vítimas de violações da Convenção e dos Protocolos Facultativos ao Comitê para os Direitos da Criança[37].

No curso do procedimento de análise das petições das vítimas, tais órgãos devem interpretar as normas de direitos humanos pretensamente violadas pelo Estado.

Em 2011, o Comitê pela Eliminação de Toda Forma de Discriminação contra a Mulher (Comitê CEDAW, pela sigla do tratado em inglês), decidiu que o Brasil violou os direitos de Alyne da Silva Pimentel Teixeira, que faleceu pela ausência de tratamento adequado à mulher grávida (ela estava com 27 semanas de gestação). A petição contra o Brasil foi proposta por sua mãe, com apoio de organizações não governamentais. Foi o primeiro caso de morte materna nesse Comitê, no qual recomendou ao Brasil que, além de indenizar a família da vítima, também assegure o direito das mulheres à maternidade segura e acesso à assistência médica emergencial adequada. Chama a atenção o uso, pelo Comitê, do termo "recomendar", o que obviamente amesquinha essa deliberação internacional[38].

4.4 A prática do Comitê de Direitos Humanos e o "Caso Lula"

Até 2022, 117 Estados ratificaram o Primeiro Protocolo Facultativo do Pacto Internacional de Direitos Civis e Políticos, que confere ao Comitê de Direitos Humanos a atribuição de analisar petições individuais dirigidas contra Estados[39].

---

36 Decreto Legislativo n. 311, publicado no DSF de 17 de junho de 2009. Aprova o texto do Protocolo Facultativo ao Pacto Internacional sobre Direitos Civis e Políticos, adotado em Nova Iorque, em 16 de dezembro de 1966, e do Segundo Protocolo Facultativo ao Pacto Internacional sobre Direitos Civis e Políticos com vistas à Abolição da Pena de Morte, adotado e proclamado pela Resolução n. 44/128, de 15 de dezembro de 1989, com a reserva expressa no seu art. 2º.

37 O Protocolo Facultativo à Convenção sobre os Direitos da Criança relativo aos procedimentos de comunicação foi assinado pelo Brasil em 8 de fevereiro de 2012; aprovado pelo Congresso Nacional por meio do Decreto Legislativo n. 85, de 8 de junho de 2017, e ratificado em 29 de setembro de 2017 (ainda não foi promulgado)..

38 Caso Alyne da Silva Pimentel. Disponível em: <http://www.escr-net.org/sites/default/files/CEDAW-C-49-D-17-2008.pdf>. Acesso em: 9 maio 2022.

39 Número disponível em: <https://treaties.un.org/Pages/ViewDetails.aspx?src=TREATY&mtdsg_no=IV-5&chapter=4&clang=_en>. Acesso em: 25 maio 2022.

O Comitê de Direitos Humanos, nessa matéria, é, sem dúvida, o órgão da ONU que mais desenvolveu sua atribuição de analisar petições de vítimas de violações de direitos humanos (petições ou demandas individuais). O procedimento de aferição de violação de direitos dos peticionantes perante o Comitê é confidencial, escrito e informado pelos princípios do contraditório e da ampla defesa. Possui quatro fases: admissibilidade, instrução probatória, deliberação sobre o mérito, publicação e execução.

A primeira fase, de *admissibilidade*, exige a comprovação de certos requisitos de forma (forma escrita, não anônima, da própria vítima ou representante) e também requer que a comunicação não esteja sendo processada simultaneamente em outras instâncias internacionais. A regra do *non bis in idem* que acarreta a formação de litispendência internacional está prevista no Protocolo Facultativo, acarretando no arquivamento da petição do particular.

Por outro lado, no caso do procedimento simultâneo não mais existir (por arquivamento ou decisão de mérito na outra instância) não há óbice em que o caso seja novamente avaliado, agora em face do Pacto e pelo Comitê de Direitos Humanos.

Passada a fase da admissibilidade[40], inicia-se a *instrução probatória*. O Estado requerido dispõe de seis meses para responder as questões de mérito alegadas na petição do particular. O Estado pode também novamente atacar a admissibilidade do caso, que se for considerado inadmissível, enseja o encerramento do procedimento.

O Comitê adota uma *deliberação* sobre o mérito, que consiste na indicação de violação ou não de direitos humanos protegidos e na reparação a ser efetuada pelo Estado. O Comitê pode decidir ainda *publicar* o texto com suas decisões e opiniões no informe anual à Assembleia Geral da ONU.

A *execução* pode ser realizada através da indicação de um Relator Especial, apontado para acompanhar a execução dos ditames do comitê (art. 95.1 do Regimento Interno). O Comitê informará à Assembleia Geral da Organização das Nações Unidas sobre as atividades deste Relator.

Assim, o procedimento sofre de *desequilíbrio crônico em prol do Estado*. De fato, o Estado possui tempo e possibilidades diversas de extinguir o feito sem julgamento de mérito. Além disso, o procedimento se prolonga por um prazo médio de quatro anos, o que significa o aumento da impunidade dos Estados (ver o "Caso Lula" abaixo, que tramitou por quase 6 anos).

A prática do Comitê de Direitos Humanos, ao nomear Relator Especial para acompanhar a execução de suas deliberações, indica que o Comitê busca dar

---

[40] A decisão de inadmissibilidade só é passível de pedido de reconsideração ao próprio Comitê, de acordo com o artigo 92.2 do seu regimento interno.

efetividade a suas decisões, o que fortalece o nascimento de *norma costumeira obrigatória* de Direito Internacional, em que pese a atual polêmica sobre o tema.

De fato, o Comitê de Direitos Humanos solicita aos Estados violadores informações sobre o adimplemento das obrigações constantes das recomendações do Comitê. Tal controle é exercido nos relatórios periódicos que os Estados submetem ao crivo do Comitê, de acordo com o artigo 40 do Pacto internacional de Direitos Civis e Políticos.

Em 1990, o Comitê, em sua 39ª Sessão, ampliou este controle de execução ao estabelecer um procedimento próprio de verificação da implementação das conclusões aprovadas pelo Comitê em face de um Estado violador de direitos humanos[41]. Esse procedimento baseia-se na criação do cargo de *relator especial de acompanhamento de casos* após as conclusões do Comitê, tendo suas funções sido enumeradas no informe apresentado à Assembleia Geral, em sua 45ª Sessão. O relator especial de acompanhamento pode se dirigir aos Estados e solicitar informações sobre a execução das decisões do Comitê. As conclusões do relator são incluídas no Informe Anual do Comitê e também nos comunicados distribuídos à imprensa internacional, demonstrando a vontade do Comitê de exercer pressão política nos países que não cumprem satisfatoriamente com suas decisões na esfera da responsabilidade internacional do Estado por violação de direitos humanos[42]. Os Estados, segundo os relatórios, têm se mostrado receptivos, informando ao Relator Especial de suas realizações para *concretizar as deliberações do Comitê*[43].

Em julho de 2016 o ex-presidente Luiz Inácio Lula da Silva peticionou perante o Comitê de Direitos Humanos, alegando violação dos seguintes direitos do Pacto Internacional de Direitos Civis e Políticos no trâmite de ação penal federal em curso perante a 13ª Vara Federal em Curitiba: art. 9º.1 (proteção contra prisão ou detenção arbitrária); o art. 14.1 (direito a um julgamento independente e imparcial); o art. 14.2 (presunção de inocência) e o art. 17 (direito à privacidade, honra e reputação)[44]. Em abril de 2018, o peticionário requereu medida provisória (medida cautelar; *interim measure*) ao Comitê para

---

41 Conclusões aprovadas com base no artigo 5º, item 4, do Pacto Internacional de Direitos Civis e Políticos (*O Comitê dará conhecimento das suas constatações ao Estado-parte interessado e ao indivíduo*).

42 Ver Informe do Comitê de Direitos Humanos, 50ª Sessão, Doc. A/50/40, itens 554 e 555, publicação da Organização das Nações Unidas.

43 Ver SCHMIDT, Markus G. "Treaty-based human rights complaints procedures in the UN – remedy or mirage for victims of humans rights violations?", *in Human Rigths/Droits de l'homme*, Alto Comissariado de Direitos Humanos da Organização das Nações Unidas, n. 2, 1998, p. 16.

44 Ação Penal n. 5046512-94.2016.4.04.7000/PR. Informações constantes da peça de contestação da Defesa do ex-presidente Lula. Tribunal Superior Eleitoral, Registro de Candidatura (11532) n. 0600903-50.2018.6.00.0000, Rel. Min. Roberto Barroso, j. 31-8-2018.

que fosse assegurada a sua participação no pleito eleitoral presidencial em 2018, até que houvesse o trânsito em julgado desse processo criminal. Como o Comitê não é um órgão permanente, tais medidas são analisadas pelos Relatores especiais sobre novas comunicações e medidas provisórias. No caso, os Relatores Sarah H. Cleveland e Olivier de Frouville concluíram pela existência dano irreparável aos direitos políticos do peticionário Luiz Inácio Lula da Silva previstos no art. 25 do Pacto Internacional de Direitos Civis e Políticos (PIDCP).

Por conseguinte e de acordo com o art. 92 das regras de procedimento do Comitê de Direitos Humanos, os Relatores Especiais, em nome do citado Comitê, pediram ao Brasil que adotasse todas as medidas necessárias para que o peticionário Lula pudesse gozar e exercer seus direitos políticos mesmo preso, como candidato nas eleições presidenciais de 2018, o que incluía o acesso apropriado à mídia e aos membros do seu partido político; também pediram não fosse proibida a sua postulação como candidato a presidente nas eleições presidenciais enquanto sua condenação criminal não tenha transitado em julgado. A natureza de tal medida é cautelar, ou seja, visa somente assegurar o resultado útil da deliberação final do Comitê, não se constituindo em julgamento final sobre a existência ou não de violação do Estado aos direitos do peticionário.

Os Estados, ao ratificar o Primeiro Protocolo Facultativo, avançaram na proteção de direitos de seus jurisdicionados, permitindo que as pretensas vítimas possam contar com uma proteção adicional, não prevista no Pacto. Essa proteção adicional não pode gerar uma deliberação que tenha força de mera recomendação, como se fosse o resultado da avaliação dos relatórios estatais submetidos periodicamente ao Comitê por força do disposto no Pacto.

No que tange às medidas provisórias, o Comitê de Direitos Humanos, no *Comentário Geral n. 33* de 2009 dirimiu as dúvidas e deliberou que os Estados, em nome do princípio da boa-fé, têm que cumprir as deliberações provisórias do Comitê no exame das comunicações individuais.

O próprio conceito de "medida provisória" exige seu cumprimento imediato, uma vez que há risco de dano irreparável ao resultado útil da análise da comunicação pelo Comitê. No *Caso Piandiong et al. vs. Filipinas*, o Estado réu descumpriu, em 1999, a medida provisória que suspendia a execução de pena de morte ao peticionário até o final do trâmite do caso no Comitê de Direitos Humanos. Mesmo após a execução do peticionário, o Comitê continuou a analisar o caso e decidiu, em 2000, que o Estado descumpriu seu dever de cumprir tais medidas provisórias. Esse dever, para o Comitê, é oriundo *implicitamente* da própria adesão do Estado ao Primeiro Protocolo Facultativo, pois de nada serviria o direito de petição das vítimas se o Estado não adotasse as medidas necessárias para assegurar o resultado útil da futura decisão do Comitê.

Todavia, nesse "Caso Lula", somente o Min. Fachin no Tribunal Superior Eleitoral reconheceu o dever brasileiro de cumprir as medidas provisórias do

Comitê de Direitos Humanos. Para Fachin, negar a força vinculante das medidas provisórias significa negar o próprio sistema de comunicações individuais nos casos em que houvesse a necessidade de evitar danos irreparáveis.[45]

Já o voto do Min. Relator Barroso negou o registro de candidatura do ex--presidente (por enquadramento na Lei da Ficha Limpa – Lei Complementar n. 135/2010), salientando, no que tange à medida provisória do Comitê de Direitos Humanos que: (i) o Primeiro Protocolo Facultativo "não está em vigor na ordem interna brasileira", pela ausência de decreto de promulgação, o que impediria a incorporação do Protocolo ao ordenamento jurídico brasileiro; (ii) a deliberação do Comitê seria mera recomendação, por ser fruto de órgão administrativo e não jurisdicional; (iii) a medida provisória (cautelar) fora concedida sem a prévia oitiva do Estado brasileiro, em decisão desprovida de fundamentação; (iv) não foram esgotados os recursos internos e (v) do ponto de vista material, a Lei da Ficha Limpa, por ter sido declarada constitucional pelo Supremo Tribunal Federal e por ter se "incorporado à cultura brasileira, não pode ser considerada uma limitação infundada à elegibilidade", o que afastaria a violação ao art. 25 do Pacto Internacional de Direitos Civis e Políticos, que trata dos direitos políticos e admite restrições fundadas ao exercício dos direitos políticos por parte de um indivíduo[46].

Esses argumentos do voto vencedor (do Relator) mostra a resistência à interpretação internacionalista: não cabe ao Estado julgar a sua própria conduta e afirmar, para não cumprir decisão internacional, que considera sua conduta compatível com a proteção de direitos humanos. Quanto à ausência de incorporação do Primeiro Protocolo pela falta de edição do decreto de promulgação, sustentei, em obra própria, a desnecessidade da edição do decreto de promulgação para todo e qualquer tratado. A publicidade da ratificação e entrada em vigor internacional deve ser apenas atestada (efeito meramente declaratório) nos registros públicos dos atos do Ministério das Relações Exteriores (*Diário Oficial da União*). Esse aviso, de caráter declaratório, em nada afetaria o disposto no artigo 84, inciso VIII, e ainda asseguraria publicidade – desejável em nome da segurança jurídica – e sintonia entre a validade internacional e a validade interna dos tratados[47].

---

45 Tribunal Superior Eleitoral, Registro de Candidatura (11532) n. 0600903-50.2018.6.00.0000, Rel. Min. Roberto Barroso, por maioria, j. 31-8-2018, voto do Min. Edson Fachin, p. 19.

46 Trechos do voto do Relator. Tribunal Superior Eleitoral, Registro de Candidatura (11532) n. 0600903-50.2018.6.00.0000, Rel. Min. Roberto Barroso, por maioria, j. 31-8-2018.

47 CARVALHO RAMOS, André de. *Teoria geral dos direitos humanos na Ordem Internacional*. 7. ed., São Paulo: Saraiva, 2019.

A conduta dos Estados em negar a força vinculante das deliberações finais e também das medidas provisórias do Comitê de Direitos Humanos no bojo do sistema de petições individuais é mais uma amostra da resistência estatal à interpretação internacionalista dos tratados. Cria-se, assim, um "Pacto Internacional dos Direitos Civis e Políticos *nacional*", o que torna inútil, obviamente, a internacionalização da temática. Essa conduta dos Estados consiste em clara violação do tratado, ao qual eles voluntariamente aderiram.

Em março de 2022, por maioria (dois votos divergentes), o Comitê decidiu estar superada a tese da falta de esgotamento de recursos internos e afirmou ter existido: 1) violação do art. 9.1 (direito à liberdade); 2) violação do art. 14.1 (ausência da imparcialidade do juízo); 3) violação do art. 14.2 (presunção de inocência); 4) violação do art. 17 (direito à privacidade); 5) violação do art. 25 (direito de participação política) todos do Pacto Internacional de Direitos Civis e Políticos (PIDCP). O Comitê ainda atestou a violação do art. 1 do Protocolo[48], aparentemente pelo descumprimento da medida provisória pelo Brasil.

Em linhas gerais, houve um "diálogo entre as Cortes", tendo sido feitas referências à decisão do Supremo Tribunal Federal sobre a parcialidade do então juiz Moro[49] (o que impactou negativamente em todas as suas decisões, concretizando as violações acima expostas) e ainda à Corte Interamericana de Direitos Humanos (Corte IDH; Caso Escher vs. Brasil – 2009 –, que trata justamente de interceptações telefônicas ilegais). O Comitê decidiu não avaliar a (in)convencionalidade da "Lei da Ficha Limpa" em face do PIDCP.

Quanto às reparações, o Brasil deve: (i) assegurar que os processos criminais existentes contra o peticionário observem as garantias processuais penais (art. 14 do Pacto); e (ii) prevenir novas violações e (iii) publicar a decisão em português. Nada sobre a violação do projeto de vida (como se vê na jurisprudência da Corte IDH) ou a "perda de uma chance", bem como a compensação de eventuais danos materiais ou morais ocorridos e os modos de indenizar ou compensar o peticionário.

Tal deliberação final é tida como recomendação, mas há o acompanhamento do seu cumprimento pelo Comitê, como já visto. Defendo que tal recomendação

---

48 Cujo teor é "Os Estados Partes do Pacto que se tornem partes do presente Protocolo reconhecem que o Comitê tem competência para receber e examinar comunicações provenientes de indivíduos sujeitos à sua jurisdição que aleguem ser vítimas de uma violação, por esses Estados Partes, de qualquer dos direitos enunciados no Pacto. O Comitê não receberá nenhuma comunicação relativa a um Estado Parte no Pacto que não seja no presente Protocolo

49 STF, HC n. 164.493/PR, 2ª Turma, Rel. para o acórdão Min. Gilmar Mendes, j. 9-3-2021.

deve ser seguida voluntariamente e em boa-fé pelo Brasil, em linha com o seu comprometimento geral perante o Direito Internacional dos Direitos Humanos[50]. O Comitê estipulou prazo de 180 dias ao Brasil, que, após, deverá informar as medidas internas adotadas.

Aponto os seguintes impactos do "Caso Lula" no Comitê de Direitos Humanos: 1) O primeiro impacto diz respeito ao reconhecimento do efeito deletério da omissão na publicação do Decreto de Promulgação do Protocolo Facultativo ao PIDCP, o que – na visão majoritária do STF – impede o cumprimento de uma medida cautelar do Comitê de Direitos Humanos. Tal omissão é inconvencional e inconstitucional, sendo ainda mais grave por ser relacionada a um tratado de direitos humanos, cuja temática é vinculada à dignidade da pessoa humana, epicentro axiológico do nosso ordenamento. A propositura de uma ação direta de inconstitucionalidade por omissão pode ser uma alternativa de superação da situação, uma vez que se trata de omissão normativa (o decreto é parte do ciclo normativo de incorporação do tratado); 2) Um segundo impacto diz respeito à percepção de determinadas características desse específico processo internacional de direitos humanos, a saber: a) seu processamento foi demorado (quase seis anos); (b) a deliberação final é mais concisa que, por exemplo, uma da Comissão ou ainda uma sentença da Corte Interamericanas de Direitos Humanos; (c) houve pouco desenvolvimento das reparações; (d) há diferença na força da "medida provisória" (cumprimento obrigatório) e da deliberação final do Comitê (recomendação, mas com acompanhamento do seu cumprimento) e (e) houve "diálogo das Cortes", com robusta menção ao decidido pelo STF no julgamento da suspeição do juiz Moro.

Por fim, a existência de (mais) um precedente sobre a interpretação internacionalista dos direitos humanos permite fomentar o respeito ao controle de convencionalidade de matriz internacional e a promoção do universalismo em concreto no Brasil.

5 O mecanismo convencional judicial

5.1 A apuração de violações de direitos humanos na Corte Internacional de Justiça

No plano global, a Corte Internacional de Justiça (CIJ) é o órgão judicial da ONU, tendo reconhecida sua competência para todos os litígios que as partes

---

[50] CARVALHO RAMOS, André de. *Teoria geral dos direitos humanos na ordem internacional*. 7. ed., São Paulo: Saraiva, 2019, p. 169.

lhe submetam, em especial os temas previstos na Carta das Nações Unidas e nos tratados e convenções internacionais vigentes[51].

Sua história remonta ao Pacto da Sociedade ou Liga das Nações (1919[52]), cujo artigo 14 dispunha que seria preparado um "projeto de Tribunal permanente de justiça internacional", apto a julgar "todos os litígios de caráter internacional que as Partes lhe submetam" e ainda a emitir pareceres consultivos sobre toda pendência ou todo ponto que lhe submeta o Conselho ou a Assembleia da própria Sociedade das Nações. Em 1920, foi aprovado o Estatuto da Corte Permanente de Justiça Internacional (CPJI), tendo sido eleito Rui Barbosa para o mandato inicial (1921-1930). Rui Barbosa, porém, faleceu em 1923 antes de ter participado de qualquer sessão da Corte, sendo substituído por Epitácio Pessoa, eleito para completar o mandato. A CPJI foi precocemente sepultada em 1939, pela eclosão da 2ª Grande Guerra, tendo sido extinta *de jure* em 1946[53].

Foi sucedida pela Corte Internacional de Justiça (CIJ), herdeira dos bens materiais, acervo e, com aperfeiçoamentos redacionais, de seu Estatuto. A participação brasileira no corpo de juízes da CIJ é digna de nota, tendo sido eleitos, ao longo dos anos, José Philadelpho de Barros e Azevedo (1946-1951, falecido no curso do mandato), Levi Fernandes Carneiro (para completar o mandato, 1951-1955), José Sette Câmara (1979-1988) e Francisco Rezek (1997-2006). Finalmente, foi eleito no final de 2008 Antônio Augusto Cançado Trindade, quinto brasileiro a integrar o corpo de juízes da CIJ, ex-Presidente da Corte Interamericana de Direitos Humanos (reeleito para cumprir novo mandato de 9 anos a partir de fevereiro de 2018)[54].

Contudo, a Corte Internacional de Justiça tem um modesto papel na aferição da responsabilidade internacional do Estado por violação de direitos humanos. De fato, dois limitadores exsurgem da análise do Estatuto da Corte.

O primeiro diz respeito ao *jus standi* ou à legitimidade ativa e passiva nos processos submetidos à Corte. De acordo com o artigo 34.1 do Estatuto, a Corte,

---

51 Carta da ONU, Capítulo XIV, Corte Internacional de Justiça, Artigo 92: "A Corte Internacional de Justiça será o principal órgão judiciário das Nações Unidas. Funcionará de acordo com o Estatuto anexo, que é baseado no Estatuto da Corte Permanente de Justiça Internacional e faz parte integrante da presente Carta". Ver também o art. 36.1 do Estatuto da Corte Internacional de Justiça: "A competência da Corte se estende a todos os litígios que as partes a submetam e a todos os assuntos especialmente previstos na Carta das Nações Unidas ou nos tratados e convenções vigentes".

52 Promulgação no Brasil pelo Decreto n. 13.990, de 12 de janeiro de 1920.

53 A CPJI, apesar da morte prematura, foi profícua em seus 16 anos de trabalho *de facto*. Houve trinta e um casos contenciosos e vinte e sete pareceres consultivos. Vários de seus posicionamentos repercutem até os dias de hoje no Direito Internacional.

54 São 15 juízes. Em 29 de maio de 2022, faleceu Antônio Augusto Cançado Trindade.

em sua jurisdição contenciosa, só reconhece como partes os Estados[55], o que limita sobremaneira a proteção judicial de direitos humanos, pois o acesso do indivíduo a instâncias internacionais é considerado um requisito indispensável para a correta garantia destes direitos[56]. Nesse sentido, o foco da grande maioria dos casos contenciosos e dos pareceres consultivos relaciona-se com *temas de interesses dos Estados,* sem maior preocupação com direitos humanos[57].

A reforma do artigo 34.1 possibilitaria que particulares pudessem apresentar petições contra Estados por violações de direitos humanos. Ou mesmo que organismos internacionais pertencentes à ONU, tal qual o Alto Comissariado das Nações Unidas para os Direitos Humanos[58], pudessem apresentar petições contra Estados violadores de direitos humanos[59].

O segundo obstáculo à proteção judicial de direitos humanos perante a Corte Internacional de Justiça (CIJ) é o *caráter facultativo de sua jurisdição contenciosa.* A jurisdição da Corte depende da adesão (facultativa) dos Estados, conforme o artigo 36.2 do Estatuto[60]. Além disso, cada Estado pode condicionar sua declaração de aceitação ao princípio da reciprocidade.

Contudo, o cenário atual possibilita uma atuação da Corte em virtude do crescente número de acordos internacionais de *direitos humanos* que preveem que

---

55 Art. 34.1: *"Só os Estados poderão ser partes em questão perante a Corte",* no caso da jurisdição contenciosa, sem levar em consideração a jurisdição consultiva. Ver sobre o tema GARCIA, Márcio Pereira Pinto. "A Corte Internacional de Justiça", *in* ORDEM DOS ADVOGADOS DO BRASIL (ed.), *Advogado: Desafios e Perspectivas no Contexto das relações internacionais,* Brasília: Conselho Federal da OAB, 1997, p. 89-105.

56 Na prática da Convenção Europeia de Direitos Humanos, as petições de Estados são raras, fazendo com que o efetivo funcionamento da responsabilidade internacional do Estado por violação de direitos humanos dependa das petições de particulares. Já na prática da Corte Interamericana de Direitos Humanos, não há exemplos, até o momento (maio de 2022), de petições interestatais.

57 Ver SCHWEBEL, Stephen M. "Human Rights in the World Court", *in* PATHAK, R.S. e DHOKALIA, R.P. (eds.). *Essays in Memory of Judge Nagendra Singht,* Dordrecht: Martin Nijhoff Publishers, 1992, p. 269.

58 Criado pela Resolução 48/141 da Assembleia Geral da ONU.

59 LAUTERPARCHT, em célebre obra sobre o Direito Internacional dos Direitos Humanos, propôs, já nos anos cinquenta, a modificação do artigo 34 nos seguintes termos: "A Corte tem jurisdição: 1. Nas disputas entre Estados; 2. Nas disputas entre Estados e órgãos públicos e privados ou indivíduos nos casos em que os Estados tenham concordado, de modo prévio, ou por acordos especiais, a serem processados perante a Corte" (trad. do Autor). Ver LAUTERPACHT, Hersch. *International Law and Human Rights,* London: Stevens, 1950, p. 58.

60 Art. 36.2: "Os Estados, partes do presente Estatuto, poderão, em qualquer momento, declarar que reconhecem como obrigatória, *ipso facto* e sem acordo especial, em relação a qualquer outro Estado que aceite a mesma obrigação, a jurisdição da Corte em todas as controvérsias de ordem jurídica (...)".

a Corte Internacional de Justiça é competente para dirimir controvérsia entre os Estados contratantes. Graças a esses tratados[61], há o surgimento de uma modesta proteção judicial dos direitos humanos na CIJ. Modesta, pois tal proteção dependerá do impulso inicial de um Estado. Esse impulso inicial é verificado somente quando convém ao Estado, o que enfraquece a proteção aos indivíduos. Na prática de outras Cortes de direitos humanos, por exemplo, as ações iniciadas *por Estados contra outros Estados* são em número absolutamente inferior às ações iniciadas pelas vítimas ou iniciadas por órgão internacional independente.

Como cláusula-padrão dessas convenções, cite-se o artigo 30 da Convenção contra a tortura, que estabelece em seu parágrafo 1º que: "As controvérsias entre dois ou mais Estados-partes com relação à interpretação ou à aplicação da presente convenção que não puderem ser dirimidas por meio de negociação serão, a pedido de um deles, submetidas à arbitragem. Se, durante os seis meses seguintes à data do pedido de arbitragem, as partes não lograrem pôr-se de acordo quanto aos termos do compromisso de arbitragem, qualquer das Partes poderá submeter a controvérsia à Corte Internacional de Justiça, mediante solicitação feita em conformidade com o Estatuto da Corte".

Assim, a proteção judicial é somente invocável após o fracasso da conciliação e da arbitragem, o que indica o caráter *subsidiário* e de última *ratio* do recurso à Corte Internacional de Justiça.

Além disso, há pleno controle dos Estados sobre todo o procedimento perante a Corte Internacional de Justiça. Os direitos dos indivíduos são apenas mencionados como objeto da controvérsia. Esse controle pelos Estados pode gerar o abandono da causa, mesmo na ausência de reparação à violação de direitos humanos. Exemplo da preponderância dos interesses dos Estados foi visto no Caso *Breard* da Corte Internacional de Justiça. O caso foi proposto pelo Paraguai contra os Estados Unidos, que teriam desrespeitado a Convenção de Viena sobre Relações Consulares, uma vez que, em 1992, as autoridades policiais do Estado de Virgínia (ente federado dos Estados Unidos) prenderam o cidadão paraguaio Ángel Francisco Breard sem notificá-lo do direito à assistência consular. Ele foi preso, julgado e condenado à morte. Em 9 de abril de 1998, a Corte acatou o pedido de Medida Cautelar pleiteado pelo Paraguai e *ordenou a suspensão da execução da pena capital* pelos Estados Unidos. O Estado de Virgínia, entretanto, não acatou tal ordem e *executou* o Sr. Breard no dia 14 de abril de

---

61 Entre eles, a Convenção para a Prevenção e combate ao crime de genocídio (art. IX), a Convenção para a repressão ao tráfico de pessoas e exploração de prostituição (art. 22), convenção sobre refugiados (art. 38), Convenção sobre os direitos políticos da mulher (art. IX), Convenção sobre a escravidão (art. 8), Convenção internacional sobe a eliminação de todas as formas de discriminação racial (art. 22), Convenção sobre a eliminação de todas as formas de discriminação contra a mulher (art. 29), Convenção contra a tortura e outros tratamentos ou penas cruéis, degradantes e desumanos (art. 30).

1998. Após a execução, o caso foi arquivado a pedido do Paraguai, que, aparentemente, não desejou continuar processando os Estados Unidos[62].

Dois aspectos fundamentais do caso devem ser analisados. O primeiro diz respeito à responsabilidade internacional dos Estados Unidos *por ato de seu ente federado*, no caso o Estado da Virgínia. Essa responsabilidade foi imediatamente considerada no julgamento preliminar da Corte, quando apreciou o pedido de medida cautelar. Os Estados Unidos *não* alegaram, por seu turno, sua irresponsabilidade com base na sua repartição constitucional de competência. Defenderam-se, sim, alegando que o Sr. Breard *era culpado* e havia sido julgado de acordo com o devido processo legal estadunidense. Reconheceram, contudo, a violação da Convenção de Viena, mas indicaram ser uma declaração formal de *desculpas* a única forma de reparação. Mas, o ponto importante para este estudo é a *patente* responsabilidade internacional dos Estados Unidos por violação de direitos humanos (no caso, o direito à assistência consular em processo-crime) ocasionada por ato de ente federado. Porém, no dia 14 de abril de 1998, o Sr. Breard foi *executado, desrespeitando-se a ordem cautelar da Corte*. Tal violência e desrespeito por certo deveriam ensejar reações. Entretanto, o Estado paraguaio preferiu requerer o arquivamento do caso em novembro de 1998, no que foi atendido.

Ou seja, comprova-se o exposto acima: a apuração das violações de direitos humanos não pode prescindir da ação de organismos internacionais independentes e da vítima, uma vez que o Estado pode sacrificar os direitos dos indivíduos no altar de seus interesses geopolíticos. Como expõe com clareza SALVIOLI, *"A legitimação ativa do indivíduo perante as jurisdições internacionais, em particular perante os tribunais de direitos humanos, é um passo necessário para garantir a eficácia de qualquer sistema de proteção"*[63].

Se depender exclusivamente da iniciativa dos Estados (como ocorre atualmente na Corte Internacional de Justiça), mais insucessos virão.

5.2 A prática da Corte Internacional de Justiça na proteção de direitos humanos: possível virada *pro persona* no século XXI?

Se, por um lado, são necessárias modificações estatutárias que possibilitem uma atuação mais incisiva da Corte Internacional de Justiça na proteção de direitos humanos, por outro lado há uma série de casos contenciosos e consultivos da Corte Internacional de Justiça e da sua antecessora Corte Permanente de

---

62 Ver Corte Internacional de Justiça, *Case concerning the Vienna Convention on Consular Relations (Paraguay v. United States of America)*, General List n. 99, julgamento de 9 de abril de 1998.

63 Ver SALVIOLI, Fabián Omar. "Los desafíos del sistema interamericano de protección de los derechos humanos", in *Estudios Básicos de Derechos Humanos – V*, São José: IIDH, 1996, p. 255.

Justiça Internacional, *abordando temas essenciais para a proteção de violação de direitos humanos, que emergiram na análise de pontos controvertidos entre os Estados*.

Logo, ao menos *indiretamente*, a Corte Permanente de Justiça Internacional e sua sucessora, a Corte Internacional de Justiça, contribuíram para o desenvolvimento da responsabilidade internacional do Estado por violação de direitos humanos.

De fato, já no segundo ano de sua criação, a Corte Permanente de Justiça Internacional, ao elaborar parecer consultivo sobre as minorias alemãs na Polônia, considerou o tratamento dado a fazendeiros alemães em terras polonesas ofensivo ao Tratado de Minorias concluído pela Polônia, dando conteúdo ao direito à igualdade e repudiando tratamentos discriminatórios às minorias étnicas[64].

Continuando o desenvolvimento do Direito Internacional, a Corte Permanente de Justiça Internacional, no seu parecer consultivo sobre a jurisdição dos tribunais de Danzig, apreciou a questão de ser possível um tratado internacional conferir direitos *diretamente* aos indivíduos. Para LAUTERPARCHT[65], foi uma decisão histórica, pois a Corte, apesar de reconhecer que o tratado internacional em geral confere direitos e obrigações somente a seus contratantes, pode, em virtude da intenção das partes, conferir direitos aos indivíduos, sendo passível de execução nos tribunais internos[66].

Esse entendimento da Corte repercute até os dias de hoje, sendo a verdadeira essência do Direito Internacional dos Direitos Humanos, que confere, então, ao indivíduo a proteção do Direito Internacional, devendo eventual decisão internacional ser implementada pelos órgãos internos.

Já na prática da Corte Internacional de Justiça, podemos ver que, no tocante à jurisdição consultiva e contenciosa, há a menção indireta à responsabilidade do Estado por violação de direitos humanos em vários casos concretos.

Com efeito, no primeiro caso contencioso da Corte Internacional de Justiça (o caso do Estreito de Corfu), a Corte estabeleceu que a Albânia era obrigada pelo Direito Internacional a notificar os navios da existência de minas em águas territoriais albanesas, obrigação essa derivada de princípios gerais do Direito Internacional, em especial as considerações elementares de *humanidade*[67].

---

64 Ver Corte Permanente de Justiça Internacional, *German Settlers in Poland*, Parecer Consultivo de 10 de setembro de 1923, *PCIJ Series B*, n. 6, p. 20.

65 LAUTERPACHT, Hersch. *The development of International Law by the International Court*, London: Stevens, 1958, p. 174.

66 Ver Corte Permanente de Justiça Internacional, *Jurisdiction of the Court of Danzig*, Parecer Consultivo de 3 de março de 1928, *PCIJ Series B*, n. 15, p. 45.

67 Corte Internacional de Justiça, *Corfu Channel Case (Merits)*, sentença de 9 de abril de 1949, *ICJ Reports*, 1949, p. 23.

Em 1951, a Corte Internacional de Justiça emitiu um Parecer Consultivo[68], que é um marco no Direito Internacional dos Direitos Humanos: o relativo às reservas da Convenção sobre a Prevenção e Punição do Crime de Genocídio. No Parecer, a Corte estabeleceu que os princípios protetivos inseridos na Convenção *eram princípios já reconhecidos pela comunidade internacional, mesmo sem que houvesse uma obrigação oriunda de tratado internacional*[69].

Em 1966, apesar da rejeição das ações propostas pela Libéria e Etiópia no caso do Sudoeste Africano (já mencionada no capítulo referente à *actio popularis*) é digno de nota o voto dissidente do Juiz TANAKA naquela sentença. Demonstrou-se, no voto, a existência de obrigação internacional *erga omnes* da África do Sul em face da proibição da discriminação racial. Essa obrigação internacional, na convicção do Juiz TANAKA, foi sedimentada com base nos artigos 55 e 59 da Carta das Nações Unidas, bem como nas inúmeras resoluções da Assembleia Geral, que demonstram no mínimo a existência de um princípio geral aceito pelos Estados de vedação às discriminações raciais.

Esse voto *antecipou* a tendência internacional atual de considerar a proteção de direitos humanos uma norma jurídica vinculante oriunda das três fontes principais do Direito Internacional, a saber, os *tratados internacionais, o costume e o os princípios gerais de Direito*[70].

Retomando a análise da situação do Sudoeste Africano, a Corte Internacional de Justiça apreciou, em sede consultiva, a obrigação da África do Sul de respeitar os direitos humanos estabelecidos pela Carta da ONU. O Parecer Consultivo de 21 de junho de 1971 relativo às consequências jurídicas para os Estados da contínua presença da África do Sul na Namíbia – Sudoeste Africano estabeleceu que a África do Sul, como antiga mandatária, havia se comprometido a observar e respeitar, em um território com estatuto internacional, os direitos humanos sem distinção de raça. O estabelecimento do *apartheid* por

---

68 A Corte Internacional de Justiça pode emitir pareceres sobre uma questão jurídica (o que engloba, por certo, questões de direitos humanos), quando solicitada por qualquer organismo autorizado pela Carta das Nações Unidas, a saber, a Assembleia Geral, o Conselho de Segurança e outros órgãos autorizados pela Assembleia Geral, conforme consta do artigo 65.1 do Estatuto da Corte Internacional de Justiça.

69 Nos termos do Parecer, "os princípios subjacentes da Convenção são princípios que são reconhecidos pelas nações civilizadas como vinculantes mesmo sem qualquer obrigação convencional" (trad. do Autor). Ver Corte Internacional de Justiça, *Reservations to the convention on the prevention and punishment of the crime of genocide*. Parecer Consultivo de 28 de maio de 1951, *ICJ Report*, 1951, p. 22.

70 Ver Corte Internacional de Justiça, *South-West Africa Cases*, sentença de 18 de julho de 1966, *ICJ Reports*, 1966, p. 298-300.

aquele país constituiu uma violação de direitos humanos protegidos pelos princípios da Carta da ONU[71].

Sem considerar o caso *Barcelona Traction, Light and Power Company*[72] (já mencionado no capítulo relativo às obrigações *erga omnes*), deve ser citado o litígio envolvendo o pessoal diplomático e consular dos Estados Unidos em Teerã, no qual a Corte estabeleceu ser violação do Direito Internacional a privação da liberdade de seres humanos ocorrida no caso[73].

Em outro caso envolvendo a responsabilidade internacional do Estado por violação de direitos humanos, a Corte Internacional de Justiça, apesar do *obiter dictum* do caso *Barcelona Traction* relativo às obrigações *erga omnes*, não aceitou a tese norte-americana de defesa unilateral dos direitos humanos na Nicarágua, já que este país havia, voluntariamente, aceito, como membro da OEA (Organização dos Estados Americanos) o monitoramento internacional desta organização internacional sobre a situação interna de garantia de direitos humanos. Esta decisão da Corte, embora criticada por alguns[74], é passo importante rumo ao banimento das ações unilaterais na promoção de direitos humanos[75].

Em relação aos especialistas que atuam nos procedimentos extraconvencionais (ver, posteriormente, neste livro) de responsabilidade internacional do Estado por violação de direitos humanos, o Conselho Econômico e Social, atendendo a uma solicitação da Comissão de Direitos Humanos, requereu um Parecer Consultivo à Corte Internacional de Justiça relativa a aplicabilidade do

---

71 No parágrafo 131 do Parecer, a Corte estabeleceu que "Estabelecer, por outro lado, e implementar distinções, exclusões, restrições e limitações exclusivamente baseadas em critérios raciais, de cor, descendência ou origem nacional ou étnica, constituindo uma denegação de direitos humanos fundamentais, é uma flagrante violação dos objetivos e princípios da Carta" (nota do Autor – Carta da ONU). Ver Corte Internacional de Justiça, *Continued Presente of South Africa in Namibia*, Parecer Consultivo de 21 de junho de 1971, *ICJ Reports*, 1971, parágrafos 129-131.

72 Corte Internacional de Justiça, *The Barcelona Traction, Light and Power Company Limited*, sentença de 5 de fevereiro de 1970, *ICJ Reports*, 1970, p. 32.

73 Ver Corte Internacional de Justiça, *United States Diplomatic and Consular Staff in Tehran*, sentença de 24 de maio de 1980, *ICJ Reports*, 1980, p. 42.

74 Segundo Schwebel, a posição da Corte não foi consistente com seu posicionamento no caso Barcelona Traction, no qual foi reconhecido o caráter *erga omnes* das obrigações internacionais relativas aos direitos humanos fundamentais. Discordamos, pois, como veremos, o conceito de obrigação *erga omnes* não implica, necessariamente, a aceitação do uso unilateral de sanções e sua consequência negativa, que é a implantação da lei da selva no Direito Internacional. Ver SCHWEBEL, Stephen M. "Human Rights in the World Court", *in* PATHAK, R.S. e DHOKALIA, R.P. (eds.). *Essays in Memory of Judge Nagendra Singht*, Dordrecht: Martin Nijhoff Publishers, 1992, p. 288.

75 Corte Internacional de Justiça, *Military and Paramilitary Activities (Nicaragua/United States of America)*, Merits, sentença de 27 de junho de 1986, *ICJ Reports*, 1986, p. 134-135.

artigo VI, seção 22 da Convenção sobre prerrogativas e imunidade da Nações Unidas ao caso de Dumitru Mazilu, Relator Especial da Comissão.

Esse relator, quando da reunião de trabalho em Genebra sobre direitos humanos e juventude não se apresentou, tendo seu país, Romênia, alegado "razões de saúde" para tanto e se oposto à aplicação da Convenção de Prerrogativas e Imunidades das Nações Unidas. Esta solicitação foi a primeira que o Conselho Econômico e Social submeteu à Corte Internacional de Justiça, tendo sido o parecer consultivo favorável à extensão das prerrogativas da Convenção ao relator especial. Assim, a Corte Internacional de Justiça considerou *os especialistas de direitos humanos da ONU como beneficiados de prerrogativas e imunidades dadas aos membros da ONU*[76].

Em 1996, a Corte defendeu que a proteção conferida pelo Pacto Internacional de Direitos Civis e Políticos não cessa durante o tempo de guerra. Porém, as violações à vida e à integridade física durante um conflito armado devem ser apreciadas pelo *Direito Humanitário*, por ser o direito dos conflitos armados uma *lex specialis* às normas gerais de direitos humanos[77].

Em 2004, houve intensa discussão sobre os direitos humanos do povo palestino nos territórios ocupados por Israel, nos quais foi construída parte substancial de muro como se fosse território israelense. A Corte decidiu que houve violação da liberdade de circulação, do direito ao trabalho, saúde, educação e de um padrão adequado de vida, proclamados nos dois Pactos Internacionais de direitos humanos da ONU e na Convenção sobre os Direitos das Crianças. A Corte ainda fez referência ao *Direito Humanitário* e lembrou que as Convenções de Genebra devem ser cumpridas por Israel, e, em especial, deve ser observada a proibição ao Poder Ocupante de transferir sua população de

---

[76] Ver Corte Internacional de Justiça, *Mazilu Case (Applicability of Article VI, Section 22, of the Convention on the Privileges and immunities of United Nations)*, ICJ Reports 1989, p. 177.

[77] *In verbis*: "25. The Court observes that the protection of the International Covenant of Civil and Political Rights does not cease in times of war, except by operation of Article 4 of the Covenant whereby certain provisions may be derogated from in a time of national emergency. Respect for the right to life is not, however, such a provision. In principle, the right not arbitrarily to be deprived of one's life applies also in hostilities. The test of what is an arbitrary deprivation of life, however, then falls to be determined by the applicable lex specialis, namely, the law applicable in armed conflict which is designed to regulate the conduct of hostilities. Thus whether a particular loss of life, through the use of a certain weapon in warfare, is to be considered an arbitrary deprivation of life contrary to Article 6 of the Covenant, can only be decided by reference to the law applicable in armed conflict and not deduced from the terms of the Covenant itself." Corte Internacional de Justiça, *Legality of the Threat or Use of Nuclear Weapons*, 1996, I.C.J., parágrafo 25.

qualquer maneira para o território ocupado[78] (política de assentamentos de colônias israelenses)[79]. Na linha da competência da CIJ para julgar casos de infração a tratados de direitos humanos onusianos, a Bósnia processou a Sérvia, em 1993, pela violação da Convenção pela Prevenção e Repressão ao Crime de Genocídio (Convenção contra o Genocídio). Tal tratado prevê a jurisdição da CIJ para questões "relativas à interpretação, aplicação ou execução da presente Convenção" (Art. IX). No julgamento final, realizado em 2007, a CIJ concluiu que a Sérvia não havia cometido ou sido cúmplice de atos de genocídio no território bósnio[80]. Porém, condenou a Sérvia por não ter *prevenido* a realização de genocídio, em especial na localidade de Srebrenica (julho de 1995), na qual aproximadamente 8 mil bósnios muçulmanos foram massacrados por paramilitares sérvios, sob o comando de Ratko Mladić. Também a Sérvia foi condenada por não colaborar com o Tribunal Internacional Penal da ex-Iugoslávia ao não entregar Mladić (que foi finalmente entregue em 2011). Esse caso é importante para clarificar as obrigações de prevenir genocídio, bem como para densificar o dever de colaborar com tribunais penais internacionais aptos a julgar genocidas e, com isso, evitar a impunidade e prevenir novas violações.

Em 1999, a Croácia processou a Sérvia na CIJ também por violação à Convenção pela Prevenção e Repressão ao Crime de Genocídio (e foi subsequentemente processada – a Sérvia ingressou com reconvenção, alegando que a Croácia havia cometido genocídio). Nos termos da Convenção de 1948, o crime de genocídio contém dois elementos constitutivos. O primeiro é o elemento físico, que se constitui nos atos realizados (por exemplo, matar membros do grupo ou causar sérios danos físicos ou mentais aos membros do grupo). O

---

78 A Corte citou expressamente o artigo 49, § 6º, da Quarta Convenção de Genebra: "A Potência ocupante não poderá proceder à deportação ou à transferência de uma parte da sua própria população civil para o território por ela ocupado".

79 *In verbis*: "134. To sum up, the Court is of the opinion that the construction of the wall and its associated régime impede the liberty of movement of the inhabitants of the Occupied Palestinian Territory (with the exception of Israeli citizens and those assimilated thereto) as guaranteed under Article 12, paragraph 1, of the International Covenant on Civil and Political Rights. They alko impede the exercise by the persons concerned of the right to work, to health, to education and to an adequate standard of living as proclaimed in the International Covenant on Economic, Social and Cultural Rights and in the United Nations Convention on the Rights of the Child. Last by the construction of the wall and its associated régime, by contributing to the demographic changes referred to in paragraphs 122 and 133 above, contravene Article 49, paragraph 6, of the Fourth Geneva Convention and the Security Council resolutions cited in paragraph 120 above". Ver Corte Internacional de Justiça, *Legal Consequences of the Construction of a Wall in the Occupied Palestinian Territory*, Advisory Opinion, I. C. J. Reports, 2004, em especial parágrafo 134.

80 Corte Internacional de Justiça, *Bósnia vs. Sérvia e Montenegro*, ICJ Reports, 2007. Disponível em: <http://www.icj-cij.org/docket/files/91/13685.pdf>. Acesso em: 10 jun. 2013.

segundo é o elemento volitivo, que se constitui na intenção de destruir, no todo ou em parte, um grupo nacional, étnico, racial ou religioso. Para a CIJ, trata-se de dolo específico (*dolus specialis*), o que exige, para que o genocídio seja estabelecido, uma intenção adicional, além da exigida para cada um dos atos individualmente considerados envolvidos. Ou seja, o objetivo deve ser a destruição total ou parcial do grupo protegido. A prova de tal intenção especial pode ser obtida na condução da política do Estado (explícita ou implícita), bem como de um padrão de conduta. Na conclusão, a CIJ considerou provados atos referentes ao elemento objetivo, porém não se provou o elemento volitivo. Quanto à reconvenção da Sérvia, o mesmo ocorreu: houve a prova de atos imputados às forças croatas, mas sem a comprovação do elemento volitivo. Assim, em ambas as situações, a Corte considerou as ações improcedentes.

Outro caso de aplicação de tratado de direitos humanos do sistema global perante a CIJ foi proposto pela Geórgia contra a Rússia em 2008, sob a alegação de violação da Convenção pela Eliminação de Toda Forma de Discriminação Racial. O Estado autor sustentou que a Rússia praticou discriminação contra os georgianos, ao apoiar a secessão de partes do território georgiano, especificamente nas regiões de Abkhazia e Ossetia do Sul, desde a década de 90 do século passado até 2008. A Rússia apontou várias objeções preliminares (inclusive a de ausência de jurisdição da Corte por não se tratar de caso de discriminação racial). Em 2011, a Corte, por maioria, entendeu que a Geórgia não havia cumprido o disposto no artigo 22 da Convenção, que estabelece o dever dos Estados de negociar antes de propor a ação perante a Corte (ver acima a cláusula-padrão nos tratados onusianos). Essa visão formalista da Corte gerou críticas e votos dissidentes. Para o Juiz Cançado Trindade, um tratado de direitos humanos é um instrumento vivo e deve ser interpretado para atingir suas finalidades, em especial um tratado que visa proteger a igualdade e a não discriminação. Criticou, então, a posição da maioria dos juízes de valorizar excessivamente um requisito formal para a concretização de sua jurisdição[81].

Em 2017, a Ucrânia processou a Rússia por violação da Convenção pela Eliminação de Todas as Formas de Discriminação Racial e por ofensa à Convenção Internacional para Supressão do Financiamento do Terrorismo[82]. O caso relaciona-se com a guerra civil na Ucrânia, disputa pela Crimeia (maioria da população russa, mas com plebiscito pela anexação à Rússia contestado) e ainda com o abate do avião Airbus malaio (rota Amsterdam – Kuala Lumpur). No

---

81 Corte Internacional de Justiça, *Case concerning application of the international convention on the elimination of all forms of racial discrimination (Georgia vs. Federação Russa)*, Objeções preliminares, ICJ Report, 2011. Disponível em: <http://www.icj-cij.org/docket/files/140/16398.pdf>. Acesso em: 10 jun. 2013.

82 Elaborada sob os auspícios da ONU em 1999. Ratificada pelo Brasil em 2005 e incorporada internamente pelo Decreto n. 5.640/2005.

tocante à discriminação racial, a Corte entendeu terem sido cumpridos os passos prévios referentes à negociação entre as partes e, diferentemente do caso da Geórgia, reconheceu sua jurisdição. Para a Corte, ficaram provados os atos referentes à negociação (fracassada) entre Ucrânia e Rússia a respeito da situação da Crimeia. A Corte, então, editou medida provisória, à luz do art. 41 do seu Estatuto[83], ordenando à Rússia que, no território da Crimeia: (i) respeitasse as instituições representativas próprias da comunidade tártara da Crimeia; (ii) assegurasse a oferta de ensino no idioma ucraniano[84].

Em 2020, a República da Gâmbia processou Mianmar por violação da Convenção de Genocídio, em face de atos brutais (assassinatos em massa, estupros e outras formas de violência sexual desde outubro de 2016) contra a minoria étnica Rohingya, de religião islâmica. A Gâmbia é país de maioria islâmica e contou com o apoio da Organização de Cooperação Islâmica (com 57 membros). Trata-se de exemplo de promoção do respeito à obrigação *erga omnes*, apesar de não se ter exigido mudança na jurisprudência da Corte sobre jurisdição (ambos, Autor e Réu, reconhecem a jurisdição da CIJ). No voto concordante em separado do Juiz Cançado Trindade, ficou destacado que o combate ao genocídio é norma de *jus cogens*, que criou *obrigações erga omnes*. O caso ainda mostrou diálogo com outras fontes de apuração de violações de direitos humanos, tendo sido utilizadas as provas obtidas pela Mecanismo de Investigação Independente sobre Mianmar criado pelo Conselho de Direitos Humanos (sobre o papel do Conselho, ver posteriormente neste livro). Em janeiro de 2020, a CIJ determinou medidas provisórias ordenando ao Estado réu que (i) adotasse medidas que prevenissem a prática de atos de genocídio contra o povo Rohingya; (ii) assegurassem que as forças militares e de segurança não viessem a cometer tais atos; e (iii) adotassem medidas de preservação das provas dos atos já praticados[85].

Em 2022, novamente a Corte Internacional de Justiça foi provocada para zelar pelo respeito à Convenção pela Prevenção e Repressão ao Crime de Genocídio. A Ucrânia processou a Rússia após a invasão de fevereiro de 2022, alegando que a justificativa russa para a invasão ("operação militar especial", na visão

---

83 Artigo 41. A Corte terá a faculdade de indicar, se julgar que as circunstâncias o exigem, quaisquer medidas provisórias que devam ser tomadas para preservar os direitos de cada parte. Antes que a sentença seja proferida, as partes e o Conselho de Segurança deverão ser informados imediatamente das medidas sugeridas.

84 Corte Internacional de Justiça, Application of the International Convention for the Suppression of the Financing of Terrorism and of the International Convention on the Elimination of All Forms of Racial Discrimination (Ukraine v. Russian Federation), medida provisória de 19 de abril de 2017.

85 Corte Internacional de Justiça. Application of the Convention on the Prevention and Punishment of the Crime of Genocide (The Gambia v. Myanmar). Disponível em https://www.icj-cij.org/en/case/178. Acesso em 25-5-2022.

russa) foi para combater a prática de genocídio realizada por ucranianos na região de Luhgansk e Donetsk. Para a Ucrânia, essa falsa alegação de genocídio fundamentou grave violação de direitos dos ucranianos pela adoção de medidas militares unilaterais implementadas (ao invés, defendeu que a Rússia deveria ter acionado órgãos onusianos, para exigir o fim do suposto genocídio). A Corte afirmou que possuía jurisdição e foi além do pedido da Ucrânia (suspensão das operações baseadas na falsa alegação de prática de genocídio[86]), pois entendeu – no estágio do caso – que nada na Convenção autorizava a adoção de medidas militares unilaterais para combater o genocídio. Por isso, a CIJ adotou as seguintes medidas provisórias (cautelares): (i) ordenou que a Federação Russa suspendesse imediatamente *todas* as operações militares iniciadas em 24 de fevereiro de 2022 no território da Ucrânia (13 votos a 2); (ii) ordenou à Federação Russa que assegure que forças irregulares armadas (dirigidas ou apoiadas pelos russos) também realizem atividades militares (13 votos a 2) e finalmente ordenou às Partes que evitem ações que possam agravar a controvérsia (unanimidade).[87]

Após 2008, assistimos uma busca de consolidação de uma "virada *pro persona*" da jurisprudência da Corte Internacional de Justiça patrocinada em especial pela posse do Juiz Cançado Trindade. Suas posições refletem o reconhecimento da força expansiva dos direitos humanos, contaminando diferentes áreas do direito internacional.

Assim, não é mais possível tratar de uma demanda internacional, mesmo interestatal, olvidando que há indivíduos envolvidos, com direitos que possuem estatuto de *jus cogens*. Afinal, o indivíduo compõe o Estado (sua dimensão subjetiva) não podendo mais a CIJ ignorar o eventual impacto da demanda em relação a normas cogentes de proteção de direitos humanos.

Essa força expansiva dos direitos humanos ficou clara no voto concordante do Juiz da CIJ CANÇADO TRINDADE no Parecer Consultivo sobre a declaração de independência do Kosovo (2009). Essa declaração de independência não poderia ser tratada, na visão de Cançado Trindade, somente à luz dos preceitos tradicionais do Direito Internacional Geral, como, por exemplo, o respeito à integridade territorial do Estado e as poucas exceções à autodeterminação (ocupação colonial ou dominação estrangeira – o que não seria o caso do Kosovo). Mas a questão deveria também ser avaliada em face do direito à igualdade

---

[86] Petição inicial da Ucrânia disponível em <https://www.icj-cij.org/public/files/case-related/182/182-20220227-WRI-01-00-EN.pdf>. Acesso em: 25 maio 2022.
[87] Corte Internacional de Justiça. Allegations of genocide under the Convention on the Prevention and Punishment of the Crime of Genocide (Ukraine v. Russian Federation). Disponível em: <https://www.icj-cij.org/public/files/case-related/182/182-20220316-ORD-01-00-EN.pdf>. Acesso em: 25 maio 2022.

e proibição de discriminação étnica. O autor citado critica, então, o que chamou de "visão atomizada" de outros juízes da Corte[88].

Para CANÇADO TRINDADE, é necessário, então, incorporar o "status conscientiae", ou seja, a consciência da finalidade da norma internacional, que é o bem comum de toda humanidade, em toda a teoria das fontes do Direito Internacional[89]. Ou seja, trata-se de considerar a finalidade humana do Estado para superar o paradigma interestatal no direito internacional contemporâneo[90]. Essa finalidade dará coesão ao Direito Internacional e seus inúmeros ramos, banindo qualquer alegoria de fragmentação e reafirmando a expansão do Direito Internacional não só nas relações interestatais, mas também nas relações intraestatais, como é o caso da proteção de direitos humanos[91]. Advertiu o juiz da CIJ e ex--presidente da Corte Interamericana de Direitos Humanos que os Estados agora têm de tratar os indivíduos como sua finalidade última e não como meios[92].

---

88 *In verbis*: "216. By bearing in mind only the inter-State dimension, the Court's aforementioned obiter dictum has pursued also an unsatisfactory atomized outlook". Corte Internacional de Justiça, *Case concerning Pulp Mills on the River Uruguay (Argentina v. Uruguay)*, julgamento de 20 de abril de 2010. Voto separado do Juiz Cançado Trindade, em especial parágrafo 216.

89 *In verbis*: "In my conception, they orient the interpretation and application of the norms and rules of this legal order, be them customary or conventional, or set forth by resolutions of international organs. General principles of law may further be resorted to in the identification of *opinio juris* itself, taking this latter not strictly as a constitutive element of custom, but, more amply, as an indication of the *status conscientiae* of the members of the international community as a whole". Corte Internacional de Justiça, *Case concerning Pulp Mills on the River Uruguay (Argentina v. Uruguay)*, julgamento de 20 de abril de 2010. Voto separado do Juiz Cançado Trindade, em especial parágrafo 216.

90 *In verbis*: "then turn to the consideration of territorial integrity in the framework of the humane ends of the State, to the overcoming of the inter-State paradigm in contemporary international law, to the overriding importance of the fundamental principles of humanity, and of equality and non-discrimination, and to a comprehensive conception of the incidence of jus cogens". Corte Internacional de Justiça, Parecer Consultivo, *Accordance with International Law of the unilateral Declaration of independence in respect of Kosovo*, 22 de junho de 2010. Voto separado do Juiz Cançado Trindade, em especial parágrafo 3.

91 *In verbis*: "There is no 'fragmentation' here (a most unfortunate term, and surely one to be avoided and discarded), but rather a reassuring expansion of contemporary International Law, asserting its aptitude to regulate relations not only at inter-State, but also at intra-State, levels". Corte Internacional de Justiça, *Case concerning Pulp Mills on the River Uruguay (Argentina v. Uruguay)*, julgamento de 20 de abril de 2010. Voto separado do Juiz Cançado Trindade, em especial parágrafo 204.

92 *In verbis* "239. In conclusion, States exist for human beings and not vice-versa. Contemporary international law is no longer indifferent to the fate of the population, the most precious constitutive element of statehood. The advent of international organizations, transcending the old inter-State dimension, has helped to put an end to the reversal of the ends of the State. This distortion led States to regard themselves as final repositories of human freedom, and to treat individuals as means rather than as ends in themselves, with all the disastrous consequences

À guisa de conclusão, a experiência da Corte Internacional de Justiça no tocante à apuração de violações de direitos humanos não pode ser desprezada, tendo sido debatidas questões como a *actio popularis*, as obrigações *erga omnes*, o caráter vinculante de expressões genéricas de proteção de direitos humanos da Carta da ONU e outras, essenciais para o desenvolvimento do Direito Internacional dos Direitos Humanos.

A jurisprudência da CIJ é relevante, porém episódica e fragmentada na promoção de direitos humanos, ou muitas vezes dependente de algumas poucas vozes. Para que isso mude, uma grande revisão do seu Estatuto é necessária, de modo que sejam enfrentados os seguintes pontos de estrangulamento.

Em primeiro lugar, a legitimidade para acionar a Corte é demasiadamente restrita. Na parte contenciosa, os Estados, mesmo democráticos, podem querer sacrificar a luta pelos direitos humanos no altar de outras considerações políticas, como se vê em vários momentos na política de apoio a ditaduras por parte de Estados ocidentais democráticos. Na parte consultiva, urge ampliar o número de entes para que seja provocada a Corte com maior frequência.

Em segundo lugar, a determinação da jurisdição contenciosa não pode depender da vontade do Estado infrator, quando o objeto da demanda for a violação de obrigações *erga omnes* e *jus cogens*.

Em terceiro lugar, o procedimento tem que ser alterado para trazer ao litígio as contribuições das vítimas e das organizações não governamentais. Em especial, em uma era de colisões de direitos, a participação dos indivíduos interessados é essencial para a obtenção de uma argumentação jurídica que leve em consideração os mais diversos direitos envolvidos em um litígio.

Em último lugar, o modo de escolha dos juízes da CIJ (maioria absoluta dos membros do Conselho de Segurança e da Assembleia Geral) deve levar em consideração o histórico de atuação nas causas de defesa de direitos humanos.

6   Os mecanismos extraconvencionais de apuração de violações de direitos humanos

6.1   Introdução: da *soft law* aos procedimentos especiais

Os mecanismos extraconvencionais de apuração de violações de direitos humanos consistem em procedimentos fundados em dispositivos genéricos

---

which ensued therefrom. The expansion of international legal personality entailed the expansion of international accountability". Corte Internacional de Justiça, Parecer Consultivo, *Accordance with International Law of the unilateral Declaration of independence in respect of Kosovo*, 22 de junho de 2010. Voto separado do Juiz Cançado Trindade, em especial parágrafo 239.

referentes a "direitos humanos" da Carta da Organização das Nações Unidas (ONU). A inserção da temática de direitos humanos na Carta da ONU foi sugerida já na Conferência Intergovernamental entre países aliados na Mansão de *Dumbarton Oaks* (21 de agosto a 7 de outubro de 1944), nos arredores de Washington (D.C.), que discutiu o formato de uma nova organização internacional apta a assegurar a paz e a segurança internacionais. As diretrizes aprovadas (*Dumbarton Oaks Proposals*) continham menção ao Conselho Econômico e Social, incumbido de, entre outras tarefas, promover o respeito aos direitos humanos e liberdades fundamentais[93].

No mesmo sentido, em fevereiro de 1945, os países latino-americanos reuniram-se na Conferência Interamericana sobre Problemas da Guerra e da Paz, em Chapultepec (México), para manifestar seu desejo de incluir a temática dos direitos humanos no processo de criação da ONU[94].

As discussões sobre a nova organização continuaram na Conferência de São Francisco (abril a junho de 1945), contendo o texto aprovado sete passagens que usam expressamente o termo "direitos humanos" no corpo principal da Carta e em seu Preâmbulo.

A começar pelo preâmbulo, há a menção à *fé nos direitos humanos fundamentais, da dignidade e no valor do ser humano, na igualdade de direito dos homens e das mulheres.*

O artigo 1º, § 3º, estabelece, como um dos objetivos da Organização, a necessidade de se *"obter a cooperação internacional para (...) promover e estimular o respeito aos direitos humanos e às liberdades fundamentais para todos, sem distinção de raça, sexo, língua ou religião".* Por sua vez, cabe à Assembleia Geral iniciar estudos e fazer recomendações para *"favorecer o pleno gozo dos direitos humanos e das liberdades fundamentais, por parte de todos os povos, sem distinção de raça, sexo, língua ou religião"* (art. 13, § 1º, alínea "b").

No Capítulo IX, estipula o artigo 55, alínea "c", que a Organização deve favorecer *"o respeito universal e efetivo dos direitos humanos e das liberdades fundamentais para todos, sem distinção de raça, sexo, língua ou religião".* Já o artigo seguinte, o artigo 56, estabelece o compromisso de todos os Estados membros de agir em cooperação com a Organização para a consecução dos propósitos enumerados no artigo anterior.

---

93 ARAGÃO, Eugênio José Guilherme de. "A Declaração Universal dos Direitos Humanos: Mera declaração de propósitos ou norma vinculante de direito internacional?", in *Custos Legis – Revista Eletrônica da Procuradoria da República do Estado do Rio de Janeiro*, v. I, 2009. Disponível em: <http://www.prrj.mpf.mp.br/custoslegis/revista_2009/2009/aprovados/2009a_Dir_Pub_Aragao%2001.pdf>. Acesso em: 1º maio 2022.

94 LAFER, Celso. "Declaração Universal dos Direitos Humanos" *in* MAGNOLI, Demétrio. *A história da paz*, São Paulo: Contexto, 2008, p. 297-329, em especial p. 305.

A responsabilidade por essa proteção de direitos humanos estipulada no Capítulo IX está a cargo da Assembleia Geral, através de seu Conselho Econômico e Social, que, de acordo com o artigo 62, § 2º, deverá "promover o respeito e a observância dos direitos humanos e das liberdades fundamentais para todos".

Finalmente, o artigo 68 dispõe que o Conselho Econômico e Social criará comissões para a proteção dos "direitos humanos". Ficou aberto o caminho para a criação da Comissão de Direitos Humanos, que fez sua primeira reunião em 1947 e foi extinta em 2006 (substituída pelo Conselho de Direitos Humanos, como veremos).

As menções esparsas a direitos humanos na Carta de São Francisco revelam: 1) a ausência de consenso sobre o rol desses direitos; 2) a timidez redacional, pois são utilizadas expressões como "favorecer", "promover" o respeito aos direitos humanos, evitando-se, então, a utilização de expressões mais incisivas.

Para explicitar quais seriam esses direitos humanos previstos genericamente na Carta de São Francisco, foi aprovada, sob a forma de Resolução da Assembleia Geral da ONU, em 10 de dezembro de 1948, em Paris, a Declaração Universal dos Direitos Humanos (também chamada de Declaração de Paris). Para que se chegasse ao seu texto, a Assembleia Geral, por meio de sua Terceira Comissão, votou cada um de seus dispositivos, totalizando aproximadamente 1.400 sessões[95].

Recorda LAFER que a Declaração Universal dos Direitos Humanos deve sua existência a seis "padrinhos" da Comissão de Direitos Humanos (criada em 1947 e encarregada de elaborar o projeto), que são Eleanor Roosevelt (Presidente da Comissão de Direitos Humanos, EUA), René Cassin[96] (França), Charles Malik (Líbano), Peng-Chan Chung (China), John P. Humphrey (Canadá) e Hernán Santa Cruz (Chile). Esses "padrinhos" empenharam-se, utilizando seus atributos políticos e intelectuais, para compor um texto de conciliação em plena época de início da guerra fria.

Na sessão de aprovação de seu texto em 10 de dezembro de 1948, o delegado brasileiro que discursou foi Austregésilo de Athayde, que sustentou que a força da nova Declaração advinha da "diversidade de pensamento, de cultura e de concepção de vida de cada representante"[97].

Embora a Declaração Universal dos Direitos Humanos tenha sido aprovada por 48 votos a favor e sem voto em sentido contrário, houve oito

---

[95] LAFER, Celso. "Declaração Universal dos Direitos Humanos" in MAGNOLI, Demétrio. A história da paz, São Paulo: Contexto, 2008, p. 297-329, em especial p. 307.
[96] Prêmio Nobel da Paz (1968).
[97] Conferir em LAFER, Celso. "Declaração Universal dos Direitos Humanos", in MAGNOLI, Demétrio. A história da paz, São Paulo: Contexto, 2008, p. 297-329, em especial p. 308.

abstenções (Bielorrússia, Checoslováquia, Polônia, União Soviética, Ucrânia, Iugoslávia, Arábia Saudita e África do Sul). Honduras e Iêmen não participaram da votação.

Já no preâmbulo da Declaração é mencionada a necessidade de respeito aos "direitos do homem" e logo após a "fé nos direitos fundamentais do homem" e ainda o respeito "aos direitos e liberdades fundamentais do homem". Nos seus 30 artigos, são enumerados os chamados direitos políticos e liberdades civis (arts. I ao XXI), assim como direitos econômicos, sociais e culturais (arts. XXII-XXVII). Entre os direitos civis e políticos constam o direito à vida e à integridade física, o direito à igualdade, o direito de propriedade, o direito à liberdade de pensamento, consciência e religião, o direito à liberdade de opinião e de expressão e à liberdade de reunião. Entre os direitos sociais em sentido amplo constam o direito à segurança social, ao trabalho, o direito à livre escolha da profissão e o direito à educação.

Por fim, a Declaração Universal dos Direitos Humanos prevê, em seu artigo XXVIII, que todos têm direito a uma ordem social e *internacional* em que os direitos e liberdades possam ser plenamente realizados.

Na linguagem figurada de LAFER, a Declaração é um *templo*, em cujo pórtico foi situada a dignidade inerente a todos os seres humanos. O universalismo, então, firma lá sua bandeira. Sobre esse pórtico há quatro colunas, todas de igual importância. A primeira coluna representa os direitos e liberdades de ordem pessoal (artigos III-XI); a segunda engloba os direitos do indivíduo no seu relacionamento com os grupos a que pertence (artigos XII-XVII); a terceira coluna é a das liberdades pessoais e dos direitos políticos (artigos XVIII-XXII) e a última coluna é a dos direitos econômicos, sociais e culturais (artigos XXII-XXVII). O topo das colunas é fechado por um frontão que cimenta os laços do indivíduo com a sociedade, nos quais há menção à necessidade de uma ordem social e internacional no qual os direitos possam vicejar, sendo ainda dever de todos não praticar atos contrários à Declaração[98].

Em que pese a abrangência (rol amplo de direitos, direitos de todos sem qualquer diferenciação), consenso (aprovação sem vetos ou votos contrários) e ainda amplitude (menção à ordem internacional justa), a Declaração Universal foi aprovada sob a forma de resolução da Assembleia Geral da ONU, que, nessa matéria não possui força vinculante[99].

---

98 LAFER, Celso. "Declaração Universal dos Direitos Humanos" *in* MAGNOLI, Demétrio. *A história da paz*, São Paulo: Contexto, 2008, p. 297-329, em especial p. 316-317.

99 O artigo 10 da Carta de São Francisco dispõe que cabe à Assembleia Geral "discutir quaisquer questões ou assuntos que estiverem dentro das finalidades da presente Carta ou se relacionarem com as atribuições e funções de qualquer dos órgãos nela previstos", podendo ainda "fazer recomendações aos Membros das Nações Unidas ou ao Conselho de Segurança,

Nesse sentido, a Declaração Universal representa uma diretriz aos Estados e compõe aquilo que é denominado de "soft law" no Direito Internacional, o chamado *direito em formação*. Contudo, além de ser entendida em parte como espelho do costume internacional de proteção de direitos humanos, a Declaração é *interpretação autêntica* da expressão genérica "direitos humanos" da Carta de São Francisco[100].

Unindo, então, as disposições genéricas da Carta da ONU com o teor amplo da Declaração Universal dos Direitos Humanos, a então existente Comissão de Direitos Humanos (órgão do Conselho Econômico e Social) começou, a partir de 1967, a receber petições individuais relativas a violações de direitos humanos sob determinados requisitos. Iniciou-se um lento processo de desenvolvimento de proteção *extraconvencional* (no âmbito da ONU) das vítimas de violações de direitos humanos.

Essa proteção diferencia-se das demais justamente por ter sido *fundamentada na Carta da ONU e na Declaração Universal de Direitos de 1948*. Não há recurso a *acordos específicos*, pelo contrário, busca-se extrair a proteção aos direitos humanos da *interpretação ampla* dos objetivos de proteção aos direitos humanos da ONU e do dever de cooperação dos Estados para alcançar tais objetivos.

Portanto, a *mera participação* no seio da ONU é suficiente para que o Estado seja obrigado a *abdicar* do discurso de apego à soberania nacional e *reconhecer como válidos* atos internacionais de apreciação da situação interna de direitos humanos. Nesse contexto, desenvolveu-se a apuração de violação de direitos humanos baseada em procedimentos extraconvencionais[101].

Os procedimentos convencionais distinguem-se dos procedimentos extraconvencionais, já que os primeiros obrigam os Estados contratantes, enquanto

---

ou a este e àqueles, conjuntamente, com referência a qualquer daquelas questões ou assuntos". Não há a previsão de força vinculante de tais deliberações, como ocorre com o Conselho de Segurança, *ex vi* o artigo 25 da Carta. Conferir em ARAGÃO, Eugênio José Guilherme de. A Declaração Universal dos Direitos Humanos: mera declaração de propósitos ou norma vinculante de direito internacional. In: *Custos Legis – Revista Eletrônica da Procuradoria da República do Estado do Rio de Janeiro*, v. I, 2009. Disponível em: <http://www.prrj.mpf.mp.br/custoslegis/revista_2009/2009/aprovados/2009a_Dir_Pub_Aragao%2001.pdf>. Acesso em: 1º maio 2022.

100 Ver mais sobre a natureza jurídica da Declaração Universal dos Direitos Humanos e suas polêmicas em CARVALHO RAMOS, André de. *Teoria Geral dos Direitos Humanos na Ordem Internacional*. 7. ed., São Paulo: Saraiva, 2019.

101 Assim, aponta LINDGREN que "enquanto prosseguem as discussões doutrinárias sobre a correção jurídica da atribuição de *jus cogens* à Declaração Universal, os fatos evidenciam que as Nações Unidas a vêm aplicando na prática, e são relativamente raros, atualmente, os Governos que a contestam invocando o princípio da não ingerência". Ver LINDGREN ALVES, J. A. *Os direitos humanos como tema global*, São Paulo: Perspectiva, 1994, p. 6-7.

os procedimentos extraconvencionais buscam vincular os membros da Organização das Nações Unidas, sem o recurso a convenções específicas[102].

6.2 A extinção da Comissão de Direitos Humanos e o surgimento do Conselho de Direitos Humanos

O exame do sistema de proteção extraconvencional de direitos humanos na cátedra da ONU exige o prévio enquadramento de seu contexto organizacional. De início, como veremos abaixo, coube à Comissão de Direitos Humanos, órgão subsidiário do Conselho Econômico e Social, dar impulso à apuração de violações de direitos humanos com base nos dispositivos genéricos da Carta da ONU e na Declaração Universal dos Direitos Humanos.

A Comissão, criada em 1947, era formada por representantes de Estados, distribuídos de maneira a preservar a representatividade geográfica das diversas nações no mundo. No momento de sua extinção, em 2006, a Comissão possuía cinquenta e três membros, escolhidos pelos Estados e sujeitos à confirmação do Conselho Econômico e Social.

Seu mandato era estabelecido pelo Conselho Econômico e Social, abrangendo estudos, formulação de recomendações e fornecimento de informações em face da promoção e proteção de direitos humanos. Esses objetivos genéricos eram, então, concretizados pelos chamados "procedimentos especiais", públicos ou confidenciais, que almejavam a proteção de direitos humanos.

Grosso modo, esses procedimentos especiais tinham início com a nomeação de um órgão especial de averiguação de violações de direitos humanos, cuja abrangência poderia ser geográfica (por país) ou temática. A escolha do tema ou do país cabia à Comissão de Direitos Humanos, dando azo a negociações ocultas entre Estados e acordos entre ditaduras dos mais diversos aspectos ideológicos. Esses órgãos de averiguação também eram compostos de diversas maneiras. Unipessoais, coletivos, *ad hoc* ou preexistentes, agindo a título individual ou intergovernamental[103].

Comum a esses procedimentos *estava o objetivo maior de proteger os direitos humanos de violações maciças e sistemáticas*. Assim, violações a direitos de

---

102 O termo "extraconvencional", então, apesar de inexato (a Carta da Organização das Nações Unidas é uma convenção internacional) é utilizado justamente para enfatizar a diferença entre os procedimentos coletivos nascidos de convenções específicas de direitos humanos e os procedimentos agora em análise, que nascem baseados em dispositivos absolutamente genéricos da Carta da Organização das Nações Unidas.

103 Ver PASTOR RIDRUEJO, José Antonio. "Les procédures publiques spéciales de la Commission des Droits de l'Homme des Nations Unies", 228 *Recueil des Cours de l'Académie de Droit International de La Haye*, (1991), p. 229.

determinado indivíduo só seriam levados em consideração para caracterizar uma violação sistemática.

Inicialmente, a ação em prol de indivíduos específicos seria de competência exclusiva dos instrumentos convencionais. Como a ratificação dos citados instrumentos convencionais é lenta, a prática da Comissão a fez aceitar proteger direitos de indivíduos, o que abriu caminho para novas áreas de atuação desses procedimentos (como veremos abaixo).

Ocorre que os procedimentos eram instaurados a partir de uma decisão da Comissão, órgão intergovernamental, sujeito aos sabores dos acordos políticos entre Estados. A seletividade envenenou, então, o ambiente da Comissão e fez surgir propostas de mudança, visando, em última análise, o fim dos procedimentos extraconvencionais, especialmente os procedimentos ditos geográficos (que analisavam a situação de direitos humanos de um determinado país).

Mas não foram só os países considerados "alvos" da seletividade da Comissão que a atacaram. Vários países tidos como democráticos também se manifestaram diversas vezes contra a composição da Comissão, em especial depois da derrota da candidatura norte-americana à Comissão (2001) e a escolha da Líbia para presidi-la (em 2003). Para os Estados Unidos, a Comissão havia se transformado em "santuário" para contumazes violadores de direitos humanos, insistindo que somente democracias reais poderiam ter o privilégio de ter assento na Comissão[104].

Assim, somaram-se duas fortes críticas à Comissão: 1) sua politização e seletividade na forma de atuação e 2) seu inadequado processo de eleição de membros, que poderia deixar de lado uma democracia estabilizada em favor de uma ditadura sanguinária assumida.

Em 2006, a Comissão foi extinta e, em seu lugar, foi criado o Conselho de Direitos Humanos. BELLI relata que a sua última sessão, em 27 de março de 2006, foi melancólica. Nenhum balanço comemorativo de quase sessenta anos de atividade, que redundaram em luta contra o *apartheid*, contra os anos de chumbo das ditaduras latino-americanas, contra o colonialismo europeu: apenas duas horas de um ato protocolar que "selou uma era"[105].

O Conselho de Direitos Humanos surgiu em 2006 por ampla maioria, por meio da Resolução n. 60/251 da Assembleia Geral da ONU, adotada por 170 votos favoráveis, quatro contra (Estados Unidos, Israel, Ilhas Marshall, Palau)

---

[104] ALSTON descreve com detalhes esses ataques do Governo Bush e, em especial, de Condoleezza Rice. (ALSTON, Philip. "Reconceiving the UN Human Rights Regime: Challenges Confronting the New UN Human Rights Council" *Melbourne Journal of International Law*, v. 7, Issue 1 (2006), p. 185-224, em especial p. 191.

[105] BELLI, Benoni. *A politização dos direitos humanos*, São Paulo: Perspectiva, 2009, em especial p. 2.

e três abstenções (Irã, Belarus e Venezuela). O novo Conselho foi vinculado à Assembleia Geral da ONU e não mais ao Conselho Econômico e Social. Essa mudança foi uma tentativa explícita de uniformizar a apreciação de direitos humanos, uma vez que a Terceira Comissão da Assembleia Geral também se manifestava nessa matéria.

Embutido na criação do Conselho estava o desejo de revisar todos os procedimentos especiais. Logo após adotou-se um sucessor dos procedimentos especiais, que é o Mecanismo de Revisão Periódica Universal.

Ocorre que não houve força política dos Estados descontentes para extinguir, ao mesmo tempo, a Comissão e também os procedimentos especiais. Assim, nesse momento, a revisão periódica universal está em pleno funcionamento, mas os procedimentos especiais foram mantidos.

6.3 A composição do novo Conselho de Direitos Humanos

A forma de escolha dos membros era uma das grandes críticas à extinta Comissão. Por isso, mesmo antes da sua extinção, foi intensa a discussão sobre requisitos prévios para que um Estado pudesse ter assento na Comissão de Direitos Humanos. Os principais requisitos discutidos nas reuniões da Comissão eram: 1) ratificação dos principais tratados de direitos humanos; 2) cumprimento das obrigações de monitoramento internacional, em especial a entrega dos relatórios periódicos; 3) transparência e convite permanente aos relatores especiais da Comissão e 4) não ter sido condenado recentemente pela própria Comissão[106].

Ocorre que, ironicamente, os mais ácidos críticos da ausência de critérios (Estados Unidos e seus aliados) não cumpririam parte dos requisitos, justamente por não terem ratificado vários dos principais tratados de direitos humanos, sem contar ainda a reticência dos Estados Unidos em convidar os relatores especiais para investigar *in loco* violações de direitos em solo estadunidense. Não só os Estados Unidos estariam deslocados, mas também vários países europeus, Austrália, China, entre outros também restariam excluídos.

Na realidade, ficou perceptível que os críticos da participação de países "violadores de direitos humanos" no seio da extinta Comissão gostariam que o critério de admissão partisse de um "senso comum" e ainda do "compromisso notório" com os direitos humanos. Esse "senso comum", entretanto, é pobre e leva à conclusão que tais Estados "comprometidos" com os direitos humanos não necessitam do Direito Internacional dos Direitos Humanos, que seria adequado para os "outros".

---

106 ALSTON, Philip. "Reconceiving the UN Human Rights Regime: Challenges Confronting the New UN Human Rights Council". *Melbourne Journal of International Law*, v. 7, Issue 1 (2006), p. 185-224, em especial p. 194.

Todavia, não é possível esquecer que mesmo democracias consolidadas passam por *conjunturas de pânico* e podem sacrificar os direitos de minorias, como se viu na luta antiterror no pós-11 de setembro nos Estados Unidos e em outros países europeus, o que torna *indispensável* a adesão dessas democracias aos direitos humanos internacionais e seu consequente monitoramento.

De qualquer modo, sem requisitos formais mais explícitos, a admissão dos novos membros do Conselho de Direitos Humanos ficou regida pela Resolução n. 60/251, que em seus parágrafos 7, 8 e 9 determina que o Conselho conta com 47 membros, eleitos de modo direto e individualmente por voto secreto da Assembleia Geral, devendo ter representantes de várias regiões do globo (Grupo dos Estados africanos – 13; grupo dos Estados asiáticos – 13; Grupo da Europa do Leste – 6; Grupo da América Latina e Caribe – 8; Grupo da Europa Ocidental e outros Estados – 7).

É claro que a Resolução fez apelo para que fossem escolhidos membros comprometidos com a proteção de direitos humanos, ao mesmo tempo em que determinou que os Estados eleitos serão submetidos aos mecanismos da revisão universal periódica. Também foi fixada possível sanção aos eleitos, por meio da suspensão do mandato de membro pela prática de grave e sistemática violação de direitos humanos, por votação da Assembleia Geral com maioria de dois terços.

Essa suspensão foi posta em prática pela primeira vez em março de 2011 com a suspensão da Líbia por votação unânime da Assembleia Geral, em virtude da repressão sangrenta aos opositores da ditadura de Kadafi. A segunda vez que tal regra foi acionada ocorreu em 2022, com a suspensão da Rússia, então membro do Conselho de Direitos Humanos, como reação à invasão da Ucrânia.

Com exceção da disposição concreta da punição (suspensão) a membros que violem direitos humanos de maneira grave e sistemática, a seleção de membros do novo Conselho ficou à inteira disposição da vontade política da Assembleia Geral, que, aliás, deliberará em votação *secreta*.

6.4 O histórico do desenvolvimento dos mecanismos extraconvencionais

A primeira etapa desse mecanismo é marcada pela aprovação da Resolução n. 1235 do Conselho Econômico e Social de 1967. Por meio dessa resolução, o Conselho autorizou a Comissão de Direitos Humanos a debater em público as violações notórias e sistemáticas de direitos humanos e liberdades fundamentais em países em que existiam políticas oficiais de dominação colonial, discriminação racial e de *apartheid*.

Nasceu o chamado *"procedimento 1235"*, inicialmente limitado a Estados praticantes do colonialismo e do *apartheid*. Nesse procedimento, cabia à Comissão de Direitos Humanos a decisão de estabelecer ou não um órgão especial de investigação da pretensa situação de violação sistemática dos direitos humanos.

A segunda etapa foi marcada pela edição da Resolução n. 1503 de 1970 do Conselho Econômico e Social, que introduziu um *procedimento confidencial de recepção e processamento de comunicações individuais* submetidas a condições de admissibilidade. A diferença marcante (além da publicidade e outros quesitos procedimentais) entre o "procedimento 1235" e o "procedimento 1503" era que a iniciativa da abertura do primeiro advinha dos representantes da Comissão de Direitos Humanos; já no segundo caso eram petições individuais que levavam ao início do procedimento.

A terceira etapa da evolução dos mecanismos extraconvencionais foi a fase da ampliação do alcance do procedimento 1235, com a criação de Grupos *ad hoc* a partir de 1975, encarregados de investigar a situação de direitos humanos em determinados países. A Comissão, então, *passou a criar órgãos especiais de investigação de caráter geográfico* para estudar situações de violações graves e maciças de direitos humanos, sem que houvesse qualquer vínculo com o tema da colonização e do *apartheid*, como ocorria no início da criação do procedimento 1235.

A quarta etapa iniciou-se em 1980, quando a Comissão de Direitos Humanos incorporou outra novidade no procedimento 1235, que foi a *criação de órgãos especiais de investigação por temas específicos*. O primeiro foi o Grupo de Trabalho sobre desaparições forçadas ou involuntárias, em 1980, sendo que depois foram estabelecidos várias relatorias especiais ou grupos temáticos.

Os Grupos especiais geográficos ou temáticos eram compostos de diferentes maneiras: relatores especiais, grupos de trabalho, grupos de especialistas independentes e mesmo a própria figura do Secretário-Geral da ONU como relator privilegiado da situação de direitos humanos de determinado país.

Em outra etapa de evolução, esses mecanismos extraconvencionais desembocaram na possibilidade da Comissão de Direitos Humanos aceitar petições individuais e solicitar que o Estado efetuasse reparação a título humanitário.

Finalmente, a partir de 1991, desenvolveu-se um novo avanço nos mecanismos extraconvencionais que buscavam, agora, a responsabilidade internacional do Estado por violação de direitos de *indivíduos específicos*. É o caso do Grupo de Trabalho sobre a Prisão ou Detenção arbitrária, que chegou a adotar decisões que redundavam em figuras próximas à do *habeas corpus internacional*.

No início do século XXI, os procedimentos especiais eram alvo de intensa crítica, considerando que as escolhas de países e a aprovação de resoluções condenatórias por parte da Comissão de Direitos Humanos respondia a uma lógica arbitrária e mascarava interesses geopolíticos, associados à capacidade de articulação internacional, poder econômico, militar, controle de energia (lembrar das monarquias autocráticas petrolíferas apoiadas por democracias ocidentais...), entre outros fatores de poder[107].

Essas críticas levaram aos Estados, inclusive o Brasil, a defender o fim da Comissão e de seus procedimentos especiais. O desafio é justamente não destruir o sistema dos procedimentos para deixar em seu lugar um inócuo sistema interestatal de recomendações superficiais.

Antes de analisarmos a opção proposta, denominada Mecanismo de Revisão Periódica, estudaremos abaixo o trâmite dos procedimentos especiais, ainda mais que, nessa fase de transição, eles não foram ainda extintos.

6.5 Os procedimentos especiais públicos a partir do Procedimento 1235

O Conselho Econômico e Social (e seus órgãos), de acordo com a Carta da Organização das Nações Unidas, assessora a Assembleia Geral na busca da melhoria da situação de direitos humanos na comunidade internacional. Foi com a Resolução 1235 de 1967 do Conselho Econômico e Social que foi permitido à então existente Comissão de Diretos Humanos da ONU *o recebimento de comunicações individuais que caracterizassem violações sistemáticas e maciças de direitos humanos.*

O Procedimento 1235 nasceu vinculado a uma situação específica de violação de direitos humanos – *discriminação racial e apartheid* –, mas a partir de 1976, os Estados aceitaram a investigação por parte da Comissão de qualquer situação de ofensa maciça e sistemática de direitos humanos.

Essa situação refletiu-se em novos procedimentos de responsabilidade internacional do Estado regulados pelo Procedimento 1235 de 1967.

Tais procedimentos, denominados "especiais" ou "públicos" (em contrapartida com o procedimento confidencial da antiga Resolução n. 1503, que veremos abaixo), iniciam-se com a indicação de grupos especiais de investigação e relatores especiais para determinados temas ou áreas geográficas.

Esses órgãos de averiguação podem ser unipessoais ou coletivos, tendo se destacado nos últimos anos a figura dos relatores especiais. Os relatores especiais têm a incumbência de investigar situações de violação de direitos humanos, efetuar visitas *in loco* (com a anuência do Estado), bem como elaborar relatórios finais contendo recomendações de ações aos Estados.

Para tal indicação é irrelevante o consentimento do Estado interessado, mas a prática da Organização das Nações Unidas indica que o Estado é o

---

107 Conferir em BELLI, Benoni. *A politização dos direitos humanos*, São Paulo: Perspectiva, 2009, em especial p. 86-87.

principal interessado em cooperar no sentido de se evitar um texto mais incisivo da resolução que constituirá um Grupo de investigação[108].

Uma vez aprovado pela Comissão de Direitos Humanos (substituída hoje pelo Conselho de Direitos Humanos) o projeto de resolução (criando um novo órgão especial de investigação), indicam-se seus membros, que deverão reunir o máximo de informação possível da situação em análise. Com base nesses estudos, o Grupo propõe também *medidas imediatas para remediar violações de direitos humanos*.

Nesse ponto, o mecanismo do procedimento 1235 modifica-se para aceitar também, além das preocupações concernentes a *situação geral de direitos humanos*, preocupações com *indivíduos específicos*.

Tal preocupação, justificada *ab initio* graças ao amparo do Direito Humanitário, gerou o sistema de *ações urgentes* (que analisaremos abaixo), pelo qual o órgão de análise assinala medidas a serem cumpridas pelos Estados *para prevenir ou interromper imediatamente as violações de direitos humanos em prol de determinados indivíduos*. Ainda, cabe ao Grupo de investigação elaborar seu relatório final, com suas observações e conclusões, que será remetido à Assembleia Geral.

Esses relatórios dos órgãos de análise de violações de direitos humanos baseados em procedimentos extraconvencionais eram apreciados pela Comissão de Direitos Humanos, que aprovava resolução sobre as violações constatadas.

Tais relatórios condenatórios possuíam três partes: a *primeira* retratava a situação e fazia a valoração da mesma em face da proteção internacional dos direitos humanos; a *segunda* parte formulava as demandas de reparação; a *terceira* parte, por fim, deliberava sobre a continuidade ou não do mandato do órgão de análise, que pode ser temático ou geográfico.

A Comissão de Direitos Humanos encaminhava estes relatórios dos órgãos de análise das violações à Assembleia Geral da ONU, para que a mesma pudesse adotar uma resolução sobre o caso concreto. Nos procedimentos relativos ao Chile, a El Salvador, ao Afeganistão, ao Irã e também ao Kuwait, ocupado pelo Iraque, essa situação foi observada.

A *"dupla apreciação"* é resultante da valoração das ofensas aos direitos humanos no caso concreto e das considerações políticas, típicas de um órgão intergovernamental como era a Comissão de Direitos Humanos.

Atualmente, o Conselho de Direitos Humanos manteve o procedimento público nas mesmas linhas gerais traçadas pela extinta Comissão de Direitos Humanos, à espera de um consenso sobre eventual modificação do trâmite ou

---

108 Conferir LINDGREN ALVES, J.A. *Os direitos humanos como tema global*, São Paulo: Perspectiva, 1994.

mesmo sua extinção. Na prática, os mandatos ficam prorrogados até o esgotamento do seu objeto ou nova deliberação do Conselho[109]. Por outro lado, apesar de criticados, os procedimentos de averiguação de violações por países não foram extintos até o momento, desempenhando importante papel de

---

[109] Até maio de 2022, há 45 procedimentos especiais temáticos em curso: Relator especial sobre Execuções Sumárias, Arbitrárias ou Extrajudiciais; Relator especial sobre a Independência dos Juízes e Advogados; Relator especial sobre a Tortura e outros Tratamentos Cruéis, Desumanos ou Degradantes; Relator especial sobre Refugiados Internos; Relator especial sobre Liberdade de Crença e Religião; Grupo de Trabalho sobre o Uso de Mercenários como Meio de Impedir o Exercício do Direito sobre a Autodeterminação dos Povos; Relator especial para a Proteção e Promoção ao Direito à Liberdade de Opinião e Expressão; Prostituição e Pornografia Infantil; Relator especial sobre a Eliminação da Violência contra a Mulher; Relator especial sobre os efeitos do Lixo Tóxico e Produtos Perigosos para o Exercício dos Direitos Humanos; Relator especial sobre o Direito à Educação; Expert independente sobre Direitos Humanos e Extrema Pobreza; Relator especial sobre o Direito à Alimentação; Relator especial sobre o Direito à Moradia Adequada; Expert independente sobre os Efeitos do Ajuste Estrutural nas Políticas de Direitos Econômicos, Sociais e Culturais e Direito ao Desenvolvimento; Relator Especial sobre Defensores de Direitos Humanos; Relator especial sobre o Direito ao Mais Alto Padrão de Saúde Física e Mental; Grupo de Trabalho sobre Povos Afrodescendentes; Grupo de Trabalho sobre Prisão Arbitrária; Expert independente em Direitos Culturais; Grupo de Trabalho sobre Desaparecimentos Involuntários ou Forçados; Relator Especial sobre a situação dos Direitos Humanos e Liberdades Fundamentais de povos indígenas; Relator Especial sobre Direitos Humanos de Migrantes; Expert independente sobre questões de Minorias; Relator Especial para Formas Contemporâneas de Racismo, Discriminação Racial, Xenofobia e outras Formas de Intolerância relacionadas; Relator Especial para Formas Contemporâneas de Escravidão, incluindo suas Causas e Consequências; Expert independente sobre Direitos Humanos e Solidariedade Internacional; Relator Especial sobre a Promoção e a Proteção de Direitos Humanos e Liberdades Fundamentais em tempos de terrorismo; Relator Especial sobre o Tráfico de Pessoas, Especialmente Mulheres e Crianças; Representante Especial da Secretaria Geral nas questões de Direitos Humanos e Corporações Transnacionais e outras Empresas; Relator Especial sobre o Direito à Água Potável e ao Saneamento. Grupo de Trabalho sobre a discriminação formal e real contra a mulher; *Expert* independente sobre a promoção de uma ordem internacional justa e democrática; Relator especial sobre a promoção da verdade, justiça, reparação e garantias de não repetição; Grupo de Trabalho sobre corporação e outras empresas comerciais; *Expert* independente sobre a questão das obrigações de direitos humanos relativas ao gozo de um meio ambiente seguro, limpo, saudável e sustentável; *Expert* independente sobre o gozo de todos os direitos humanos pelas pessoas idosas (2013); Relator Especial para os direitos das pessoas com deficiência. Relator Especial para o impacto negativo das ações unilaterais coercitivas sobre as obrigações de direitos humanos; Relator especial sobre as obrigações de direitos humanos para as pessoas com albinismo; Relator Especial para o direito à privacidade; Relator Especial para o direito ao desenvolvimento; expert interdependente em proteção contra violência e discriminação baseada em orientação sexual ou identidade de gênero; Relator Especial sobre a eliminação da discriminação contra pessoas afetadas por lepra e seus familiares. Relator especial para a promoção e proteção dos direitos humanos no contexto da mudança climática. Disponível em: <https://spinternet.ohchr.org/ViewAllCountryMandates.aspx?Type=TM>. Acesso em: 19 maio 2022.

de violações de direitos humanos[110]. Os números de 2021 (últimos disponíveis e atualizados) são os seguintes: os procedimentos especiais emitiram 1002 comunicações, solicitando atenção dos Estados a casos de violação de direitos humanos abarcando 2.256 pessoas em 149 Estados diferentes. Houve um total de 651 respostas (584 respostas de mérito) recebidas em 2021, o que inclui respostas a comunicações enviadas anteriormente. Algumas comunicações receberam mais de uma resposta[111].

O Brasil recebe constantemente a visita de Relatores Especiais, tendo sido feito um convite permanente a todos esses especialistas de direitos humanos (em 2001), os quais podem, então, *em tese*, fazer inspeções *in loco* sem que tenham de receber uma aprovação prévia do Estado brasileiro[112]. Contudo, a prática do Conselho de Direitos Humanos revela que este órgão *solicita* – apesar do convite permanente – a anuência do Brasil antes de enviar seus relatores especiais. A anuência do Estado facilita, obviamente, o acesso dos especialistas internacionais às autoridades públicas. Assim, na atualidade (2022), há vários pedidos, que já foram aceitos pelas autoridades brasileiras ou estão em trâmite[113].

De 1992 a 2022, o Brasil recebeu a visita de 29 relatores especiais, especialistas ou grupos de trabalhos no âmbito dos procedimentos especiais do Conselho de Direitos Humanos que já apresentaram seus respectivos relatórios[114].

Em 2011, o Conselho de Direitos Humanos aprovou uma revisão geral tanto do mecanismo de revisão universal quanto dos procedimentos especiais (públicos e confidencial – procedimento de queixa), buscando aperfeiçoar o funcionamento e o acompanhamento da implementação das recomendações exaradas por tais mecanismos (Resolução n. 16/21)[115].

---

110 Até maio de 2022, há 13 procedimentos por países (geográficos): Afeganistão, Belarus, Camboja, Myanmar, Irã, República Popular Democrática de Coreia, Somália, Sudão, Territórios Palestinos ocupados desde 1967, Síria, Mali, República Centro-Africana. Disponível em: <https://spinternet.ohchr.org/ViewAllCountryMandates.aspx>. Acesso em: 19 maio 2022.

111 Dados disponíveis em: https://www.ohchr.org/en/special-procedures-human-rights--council/annual-reports-special-procedures. Acesso em 25 maio 2022.

112 Até maio de 2022, 128 países fizeram esse convite permanente. Dados disponíveis em: <https://spinternet.ohchr.org/_Layouts/SpecialProceduresInternet/StandingInvitations.aspx>. Acesso em: 1º jun. 2022.

113 Ver os pedidos apresentados em: <https://spinternet.ohchr.org/_Layouts/SpecialProceduresInternet/ViewCountryVisits.aspx?Lang=em>. Acesso em: 25 maio 2022.

114 Ver abaixo a enumeração de cada relatoria que visitou o Brasil.

115 Disponível em: <http://daccess-dds-ny.un.org/doc/RESOLUTION/GEN/G11/126/78/PDF/G1112678.pdf?OpenElement>. Acesso em: 9 fev. 2022.

6.6 O procedimento de queixas perante o Conselho de Direitos Humanos (antigo Procedimento "1503")

O Conselho Econômico e Social estabeleceu, através de sua Resolução n. 1503[116], um mecanismo processual, *permanente e confidencial*, de tramitação de petições individuais contra Estados por violações de direitos humanos recebidas pela ONU. Por analisar petições individuais foi denominado de *procedimento 1503*, ou *procedimento de queixas* ou, ainda, *procedimento confidencial*. Em 2000, essa resolução foi modificada pela Resolução n. 2000/3, do mesmo órgão.

O objetivo desse procedimento era identificar as comunicações que indiquem a existência de um quadro persistente de violações manifestas de direitos humanos e das liberdades fundamentais. A violação manifesta consiste em uma situação que afete um grande número de pessoas por um período dilatado de tempo.

Assim sendo, o procedimento 1503 não se preocupava com a situação individual para dar uma possível satisfação às vítimas, dentro da sistemática tradicional da responsabilidade internacional do Estado por violações de direitos humanos. Ao contrário, as petições individuais eram utilizadas somente para caracterizar uma situação de violação flagrante e maciça de direitos humanos em um país ou região. Contudo, o procedimento era finalizado com recomendações de ações aos Estados, o que beneficiava as vítimas.

Por sua vez, essas situações eram analisadas sob o ângulo da promoção de direitos humanos, amparada no dever de cooperação dos Estados com a ONU (art. 56 da Carta da ONU) nessa matéria[117]. Além disso, o procedimento 1503 era considerado lento, o que era contraditório com a própria existência de um quadro grave de violações sistemáticas de direitos humanos.

Com a criação do Conselho em 2006 houve poucas alterações. De início foi criado o Comitê Assessor, formado por dezoito especialistas independentes, eleitos pelo próprio Conselho a partir de candidaturas propostas pelos Estados da ONU, sendo extinta a Subcomissão de Proteção e Promoção de Direitos Humanos (antiga Subcomissão de Prevenção de Discriminação e Proteção de Minorias).

Em 2007, o Conselho de Direitos Humanos atualizou o trâmite do "Procedimento 1503" por meio da Resolução n. 5/1 (a mesma que trata do mecanismo de revisão universal, que será visto abaixo).

---

116 Resolução 1503 (XLVIII) de 27 de maio de 1970, relativa ao procedimento para exame de comunicações relativas às violações de direitos humanos e liberdades fundamentais.

117 Em 1974, a Comissão de Direitos Humanos procedeu à análise de comunicações individuais contendo sérias alegações de violações maciças de direitos humanos no Brasil, durante o período de 1968-1972. O Brasil contestou tais alegações em 1976, tendo a Comissão encerrado o exame do procedimento ainda naquele ano, decidindo pelo arquivamento (*no further action*). Ver comentário sobre esse procedimento CANÇADO TRINDADE, Antônio Augusto. *A proteção internacional dos direitos humanos e o Brasil*. Brasília, Ed. Fundação Universidade de Brasília, 1998, p. 78 e s.

A expressão "procedimento 1503", apesar de mantida para fins doutrinários (homenageando a origem desse procedimento), foi substituída por procedimento de queixa. Foram estabelecidos dois grupos de trabalho: o Grupo de Trabalho sobre Comunicações e o Grupo de Trabalho sobre Situações. O Grupo sobre Comunicações é composto por cinco membros independentes, indicados para um mandato de três anos pelo próprio Conselho de Direitos Humanos. Cabe a esse Grupo fazer a triagem das queixas, para descartar as anônimas e manifestamente ilegítimas. As comunicações aceitas após esse exame preliminar são enviadas ao Estado para manifestação. Para acelerar o trâmite, o Grupo se reúne duas vezes por ano em sessões curtas para analisar a admissibilidade[118] e as respostas dos Estados. Também lhe incumbe verificar se a queixa comunicada revela um quadro sistemático de graves violações de direitos humanos. As comunicações admitidas após a resposta inicial do Estado são encaminhadas ao Grupo de Trabalho sobre Situações. Esse Grupo analisa em conjunto as comunicações e respostas dos Estados, bem como eventuais recomendações do Grupo de Comunicações. Após, apresenta um relatório final ao Conselho, com recomendações de ações a serem tomadas.

Antes de 2006, ainda durante a existência da Comissão de Direitos Humanos, cabia à Comissão adotar recomendações sobre as medidas que devam ser adotadas pelo Estado. O plenário da Comissão (53 Estados), então, decidia sobre a situação apresentada, podendo pedir ao Secretário-Geral da ONU que exercesse seus bons ofícios ou ainda realizasse estudo sobre a matéria, informando o Conselho Econômico e Social. Finalmente, poderia designar um Comitê especial de investigação, com a concordância do Estado requerido. Todo o procedimento desenvolvia-se na estrita confidencialidade, podendo o Conselho Econômico e Social levantar o sigilo de ofício, em virtude de uma recomendação da Comissão[119]. Apesar do caráter confidencial do procedimento, a Comissão anunciava em sessão pública a lista de países que têm sido objeto de estudos e observações. Como o rol de opções era extremamente reduzido, a Comissão de Direitos Humanos acabava optando por suspender o exame da questão no procedimento confidencial para dar início ao estudo no procedimento público regido pela Resolução 1235[120]. Esse era o máximo de informação disponível pelo procedimento, o que o esvaziava, já que o Estado poderia cooperar muito pouco, sem temer a exposição pública

---

118 Basicamente, deve haver compatibilidade entre o alegado e a Carta da ONU. Não serão admitidas ainda comunicações quando os recursos internos não tenham sido esgotados (salvo inutilidade do recurso).

119 Foi o que aconteceu na Argentina (1985), Filipinas (1986) e Haiti (1987).

120 Segundo Duran, *"Essa opção tem sido aplicada em várias ocasiões em face de Governos que haviam recusado cooperar com a Comissão no âmbito do procedimento confidencial"* (DURAN, Carlos Villan. *Curso de Derecho Internacional de los Derechos Humanos*, Estrasburgo: Institut International des Droits de l'Homme, 1997, p. 176).

deste comportamento. Isso explica a desproporção de casos analisados segundo os procedimentos 1235 e 1503, com grande vantagem para o primeiro. A publicidade era ainda arma na busca da responsabilização internacional do Estado por violação de direitos humanos[121].

Paradoxalmente, a crescente opção pelo procedimento ostensivo e público em detrimento do procedimento confidencial do "1503", acabou aumentando a sensação de arbitrariedade e condenações seletivas entre os Estados, o que redundou na extinção da Comissão de Direitos Humanos em 2006[122].

Com a extinção da Comissão, a conclusão do procedimento de queixa atualizado em 2007 foi mantida em seus aspectos principais. Caso o Estado não cumpra as recomendações do Conselho, este pode eliminar a confidencialidade do procedimento, tratando-o em sessão pública.

6.7 O desenvolvimento dos procedimentos extraconvencionais por meio das medidas urgentes

Com base na evolução do mecanismo do procedimento 1235, foi estabelecido em 1980 o Grupo de Trabalho sobre Desaparições Forçadas ou Involuntárias. Esse Grupo buscava estudar e divulgar os casos de desaparecimento político forçado, que ficaram célebres no continente sul-americano nos anos setenta.

Os membros da Comissão de Direitos Humanos aceitaram a criação do citado Grupo. Provavelmente, a visão de alguns era de que o Grupo elaboraria uma análise geral, *sem individualizar Estados nem a responsabilidade internacional dos mesmos*, tendo como resultado dos trabalhos somente um estudo "a mais" da situação dramática do desaparecimento forçado.

Todavia, de modo inovador, foi iniciada a análise de casos individuais, com base nas denúncias recebidas pela Organização das Nações Unidas. Desse modo, *os procedimentos temáticos passaram a gozar de uma dupla competência: a promoção de direitos humanos em termos gerais e também a proteção dos direitos humanos da área tema em prol de indivíduos determinados*.

A legitimação da ação protetiva era o Direito Humanitário, cujas normas costumeiras exigem um tratamento digno às pessoas. Isso significa que, *no processamento de um caso individual*, o grupo temático, por exemplo, não julgava nem condenava um Estado pelo desaparecimento, mas *solicitava* a descoberta de seu paradeiro e a sua libertação.

---

121 DURAN, Carlos Villan. *Curso de Derecho Internacional de los Derechos Humanos*, Estrasburgo: Institut International des Droits de l'Homme, 1997, p. 240.
122 BELLI, Benoni. *A politização dos direitos humanos,* São Paulo: Perspectiva, 2009, em especial p. 83.

Até hoje (ainda não foram extintos pelo novo Conselho de Direitos Humanos), procedimentos temáticos como o dos desaparecimentos forçados, execuções sumárias, detenção arbitrária e tortura, *recebem continuamente denúncias individuais* e as transmitem aos governos *a fim de instruir o caso*. O procedimento é regido pelos princípios do *contraditório e da ampla defesa*, sendo confidencial até a elaboração do resultado final, informado no Relatório de Atividades ao Conselho de Direitos Humanos.

Esses procedimentos, ao indicar regras de conduta aos Estados, estão afirmando o caráter de *jus cogens* do Direito Internacional dos Direitos Humanos, utilizando todo o arsenal de normas protetivas e de responsabilidade internacional do Estado por violação de direitos humanos como costume internacional, que deve ser por todos obedecido.

O caso do procedimento temático relativo às execuções sumárias é *emblemático*. O Relator Especial sobre Execuções Sumárias foi estabelecido de acordo com a Resolução do Conselho Econômico e Social n. 1982/35. Seus objetivos são, segundo a resolução, os seguintes: adotar medidas preventivas para evitar mortes em circunstâncias ilegais ou suspeitas de ilegalidade; evitar execuções iminentes de penas de morte deliberadas sem o respeito ao devido processo legal do Pacto Internacional de Diretos Civis e Políticos; fomentar formação de funcionários encarregados da aplicação da lei; investigar execuções; incentivar a responsabilização dos responsáveis e buscar a reparação das vítimas.

Dentro do procedimento, está prevista a edição de *"medidas urgentes"* cujo caráter cautelar é evidente. O Relator solicita, conforme o caso, a suspensão da execução de penas de morte judicialmente impostas e esclarecimentos sobre as salvaguardas existentes; a proteção policial para pessoas ameaçadas; proteção para parentes e testemunhas de execuções extrajudiciais; informações sobre investigações e medidas tomadas para apuração de responsabilidades e punição dos culpados. No caso do relator especial sobre execuções sumárias, tais medidas são plenamente justificadas, pois a lentidão do procedimento internacional torna totalmente *sem efeito (por motivos óbvios)* a decisão final favorável ao indivíduo requerente.

O Grupo de Trabalho sobre Detenção Arbitrária demonstra também a contribuição dos procedimentos extraconvencionais para o desenvolvimento da responsabilidade internacional do Estado por violação de direitos humanos. Formado a partir da resolução do Conselho Econômico e Social de 5 de março de 1991, o grupo conta com cinco especialistas, possuindo as seguintes atribuições: elaborar informe anual ao Conselho de Direitos Humanos; investigar casos de detenção arbitrária imposta contrariando a Declaração Universal de Direitos do Homem e outros instrumentos internacionais; receber informações de vítima e representantes; empreender ações urgentes em caso de detenção que ameace a vida do detento e adotar opiniões relativas a casos individuais[123]; adotar deliberações gerais e empreender visitas *in loco* (com o consentimento do Estado) para avaliar a execução de suas decisões.

Os objetivos do Grupo são claros e demonstram uma outra face dos mecanismos extraconvencionais: diagnosticar ofensa ao direito à liberdade e exigir a *restitutio in integrum* imediata, por meio da soltura do detido, embasada em um apelo humanitário.

Este tipo de ação por parte dos grupos temáticos e geográficos da Organização das Nações Unidas é criticado, pois existiria uma ação *ultra vires* da Organização das Nações Unidas e de seus órgãos[124]. Consideramos, entretanto, que as ações desses grupos retratadas acima podem ser consideradas como um *natural desdobramento* da missão protetiva de direitos humanos das Nações Unidas, em plena consonância com os ditames da Carta de São Francisco.

6.8 A politização nos procedimentos extraconvencionais

A principal crítica aos mecanismos extraconvencionais é a seletividade. Por que este país e não outro? A seletividade pode camuflar verdadeiras opções políticas e um *double standard* na responsabilidade internacional do Estado por violação de direitos humanos.

De fato, para o embaixador brasileiro LINDGREN ALVES são critérios geopolíticos que terminam por ditar a escolha do país a sofrer a investigação em um procedimento público na Organização das Nações Unidas[125]. Logo, os procedimentos geográficos são polêmicos e podem representar a *seletividade* e o *double standard* originários do caráter intergovernamental do mecanismo[126].

---

123 DURAN, Carlos Villan. *Curso de Derecho Internacional de los Derechos Humanos*, Estrasburgo: Institut International des Droits de l'Homme, 1997, p. 236.

124 Ver BOVEN, Theo van. "Facing urgent human rights cases: legal and diplomatic action", *in* LAWSON, Rick e BLOIS, Matthijs de (eds.). *The Dynamics of the Protection of Human Rights in Europe – Essays in Honour of Henry G. Schermers*, v. III, London/Boston/Dordrecht: Martinus Nijhoff Publishers, 1994, p. 71.

125 Para LINDGREN ALVES, o que é levado em consideração para o estabelecimento de procedimentos públicos através de relatores especiais é "sobretudo a capacidade de influência do governo iniciador da ideia junto aos demais membros da Comissão, assim como o peso específico ou a fragilidade política, muitas vezes apenas circunstancial, do país questionado". Ver LINDGREN ALVES, José Augusto. "O sistema de proteção das Nações Unidas aos direitos humanos e as dificuldades brasileiras", *in* CANÇADO TRINDADE, Antônio Augusto (org.). *A incorporação das normas internacionais de proteção dos direitos humanos no Direito Brasileiro*, Brasília/São José: IIDH, 1996, p. 242.

126 Para LINDGREN, "A instituição dos Relatores Especiais para situações é mecanismo de controle polêmico. Por seu caráter inevitavelmente seletivo, que se presta à manipulação política, o mecanismo tem sua eficiência e validade muitas vezes questionadas tanto pelos

Para combater tais críticas, a Conferência Mundial de Viena expressamente enfatizou a necessidade da *não seletividade, objetividade e imparcialidade nos procedimentos de supervisão e controle de direitos humanos*.

Isso pode parecer *óbvio*, mas o principal órgão da ONU em face da matéria, o Conselho de Direitos Humanos, é ainda um órgão de representantes de Estados, instruídos de acordo com os interesses políticos de seus respectivos governos[127].

Assim, o futuro desses procedimentos está na superação das escolhas políticas, o que só seria possível com a obtenção de imparcialidade e neutralidade tanto na instauração do grupo de investigação quanto na prolação das decisões internacionais.

6.9 A eficácia dos procedimentos extraconvencionais

Com base nos mecanismos extraconvencionais, a Comissão de Direitos Humanos iniciou procedimentos temáticos e geográficos em relação aos mais diversos temas e países.

Com efeito, em 1997, a Comissão possuía vinte e dois mandatos relativos a temas como desaparecimentos forçados, execuções sumárias, tortura, intolerância religiosa, detenção arbitrária, mercenários, tráfico de crianças, proteção de crianças em conflitos armados, direito ao desenvolvimento, liberdade de opinião e expressão, racismo, independência de juízes e advogados, violência contra mulher, entorpecentes, direitos humanos de migrantes[128]. Em 2010, eram 31 em curso, processados por um órgão especial de investigação, que pode ser tanto coletivo (grupos de trabalhos) como individual (relator especial). Em 2022, são 45 procedimentos temáticos e 13 procedimentos geográficos, como visto acima.

O crescimento do número de procedimentos leva à discussão da eficácia geral dos mecanismos extraconvencionais. Com efeito, tendo em vista que os procedimentos extraconvencionais baseiam-se no genérico *dever de cooperação* dos Estados para com a própria ONU, a vinculação dos Estados a estas decisões é ainda eivada de incertezas[129].

Estado-alvos e seus aliados quanto por alguns ativistas autenticamente devotados à dos direitos humanos". Ver LINDGREN ALVES, J.A. *Os direitos humanos como tema global*, São Paulo: Perspectiva, 1994, p. 16.

127   Ver SCHMIDT, Markus G. "What happened to the 'Spirit of Vienna'?", 64 *Nordic Journal of International Law* (1995), p. 591-617.

128   Ver DURAN, Carlos Villan. *Curso de Derecho Internacional de los Derechos Humanos*, Estrasburgo: Institut International des Droits de l'Homme, 1997, p. 241.

129   BOVEN, por exemplo, afirma que as deliberações produzidas no seio dos procedimentos extraconvencionais não têm força jurídica vinculante. Para o autor, "opiniões e decisões

A variedade dos procedimentos, por sua vez, indica que o procedimento extraconvencional baseado em análise de casos de violações sistemáticas, com recomendações ao Estado e consequente publicação do relatório no informe anual à Assembleia Geral da Organização das Nações Unidas, *já* foi superado por novas fórmulas de maior efetividade.

Essas fórmulas são sintetizadas nos esforços do Grupo de Trabalho sobre Detenção Arbitrária e se *aproximam de um processo de responsabilidade internacional do Estado*. Podemos observar todas as fases de um procedimento coletivo, a saber: a fase postulatória, com o início do procedimento (petições de particulares), a fase de medidas urgentes, a fase da instrução probatória, e principalmente a fase decisória, com a ordem de soltura sendo enviada ao Estado.

Então, o número de Estados que vem aceitando ações destes mecanismos extraconvencionais tem fortalecido o instituto da responsabilidade costumeira internacional do Estado por violação de direitos humanos.

O ponto negativo é a politização das decisões nesses mecanismos extraconvencionais, em virtude do caráter intergovernamental da Assembleia Geral, do Conselho Econômico e Social e, sem dúvida, da hoje extinta Comissão de Direitos Humanos, o que reforça a necessidade da institucionalização de mecanismos judiciais internacionais no âmbito universal[130].

Contudo, esse ponto negativo não pode obscurecer a importância da existência desses mecanismos extraconvencionais de apuração de violação de direitos humanos. De fato, esses mecanismos suprem, no estágio atual do Direito Internacional, a ausência de sistemas convencionais, aceitos por todos os Estados, aos quais o indivíduo teria acesso.

Logo, a fixação de medidas urgentes para evitar perecimento de direito, constatando a violação e recomendando a reparação em alguns procedimentos especiais, representa um sistema similar ao sistema convencional de responsabilidade internacional do Estado, na ausência de convenções mais rígidas e específicas[131].

---

de órgãos convencionais têm autoridade legal. Decisões e pronunciamentos de órgãos extra-convencionais têm peso político". Ver *in* Boven, Theo van. "General Course on human Rights", *Collected Courses of the Academy of European Law,* v. IV, Book 2, Netherlands: Kluwer Law International, 1995, p. 66.

130 Ver PASTOR RIDRUEJO, José Antonio. "Les procédures publiques spéciales de la Comission des droits de l'homme des Nations Unies "*in* 228 *Recueil des Cours de l'Académie de Droit International de La Haye* (1991), p. 201.

131 Além disso, como assinala Lindgren, os mecanismos extraconvencionais são "mais ágeis do que os comitês, e funcionando de forma semipermanente, tais mecanismos são atualmente os que mais incisivamente fiscalizam as situações nacionais e, consequentemente, mais têm exigido ações e respostas do Brasil". LINDGREN ALVES, J.A. *Os direitos humanos como tema global,* São Paulo: Perspectiva, 1994, p. 62.

O Direito costumeiro que é forjado nessa atividade também *não pode ser negligenciado*, na medida em que os Estados acatam as medidas urgentes, baseadas nos procedimentos extraconvencionais e adotam sua deliberação final[132].

A antiga Comissão de Direitos Humanos solicitava aos Estados que *adotassem* as medidas urgentes e finais requeridas pelo Grupo de Detenção Arbitrária, com base em princípios gerais humanitários, tendo a praxe sido mantida pelo Conselho de Direitos Humanos. Tudo isso é solicitado, *na medida de seu cumprimento*, fortalece, por via costumeira, a teoria geral da responsabilidade internacional do Estado por violação de direitos humanos[133].

A prática dos mecanismos extraconvencionais no seio da ONU acarreta, por outro lado, *a busca por efetividade de suas decisões por meio da provocação do Conselho de Segurança*. Essa provocação tem contribuído para decisões do Conselho de Segurança (tomadas com base em seu poder vinculante estabelecido na Carta) em prol da proteção de direitos humanos[134].

A esse respeito, cite-se o caso da ex-Iugoslávia, no qual a antiga Comissão de Direitos Humanos solicitou ao Relator especial do caso que reunisse o maior número de evidências sobre a violação de direitos humanos na região. O Conselho de Segurança manifestou-se com a edição da Resolução 808, que estabeleceu o Tribunal Penal Internacional de Haia para os crimes contra o Direito Humanitário cometidos na ex-Iugoslávia, *mostrando um importante efeito do procedimento extraconvencional*.

No que tange ao Brasil, houve já a visita de 27 relatores especiais, grupos de trabalho e especialistas independentes com *relatórios já apresentados*[135]. Há treze pedidos de visitas já aceitos ou em trâmite[136].

---

132 O depoimento de LINDGREN é notável em prol dessa aceitação costumeira dos Estados aos mecanismos extraconvencionais da ONU. Salienta o embaixador brasileiro que: "Vencidas as resistências iniciais a seu estabelecimento e funcionamento, os Relatores Especiais e Grupos de Trabalho temáticos constituem hoje instrumentos regulares do trabalho de proteção dos direitos humanos das Nações Unidas, não se registrando mais, salvo raras exceções, gestos de rejeição ou recusas expressas para o fornecimento dos esclarecimentos por solicitados com base no princípio da intervenção". Ver LINDGREN ALVES, J.A. *Os direitos humanos como tema global*, São Paulo: Perspectiva, 1994, p. 20.

133 Ver adiante a análise sobre a força vinculante destas decisões.

134 Ver adiante o capítulo sobre o Conselho de Segurança e a responsabilidade internacional do Estado por violação de direitos humanos.

135 São esses: 1) Relator Especial sobre Povos Afrodescendentes; 2) Relator Especial sobre Formas Contemporâneas de Racismo, Discriminação Racial, Xenofobia e outras Formas de Intolerância relacionadas; 3) Relator Especial sobre obrigações de direitos humanos relativas ao gozo de um meio ambiente seguro, limpo, saudável e sustentável; 4) Relator Especial sobre Tortura e outros Tratamentos Cruéis, Desumanos ou Degradantes; 5) Relator Especial

Esses números permitem que seja debatida a temática da efetividade das recomendações inseridas nos relatórios já apresentados após quase trinta anos de visitas (o primeiro relatório é de 1992)ao Brasil.

7 A revisão periódica universal: o mecanismo coletivo político

O Mecanismo de Revisão Periódica Universal (RPU) é fundado no *peer review* – monitoramento pelos pares – pelo qual um Estado tem a sua situação de direitos humanos submetida à avaliação dos demais membros do Conselho de Direitos Humanos (e também a qualquer outro Estado interessado), relatada por três outros Estados (*troika*), e que, futuramente, pode vir a substituir os procedimentos especiais vistos acima.

Dentro da classificação proposta, é uma espécie de mecanismo coletivo – pois não cabe a um Estado isolado avaliar a situação de direitos humanos de outro – mas não é marcado pela independência e imparcialidade, pois é essencialmente *político*.

Para seus defensores, a RPU permite que *todos* os Estados sejam avaliados, evitando-se a seletividade e os *parâmetros dúbios* da escolha de um relator para um determinado país (por que determinadas ditaduras são excluídas dos procedimentos extraconvencionais?). Por outro lado, a RPU é efetuada pelos

---

sobre execuções Sumárias, Arbitrárias ou Extrajudiciais; 6) Relator Especial sobre direito à Moradia Adequada como componente do direito a um padrão de vida adequado e ao direito a não discriminação nesse contexto; 7) Relator Especial sobre Independência dos Juízes e Advogados; 8) Relator Especial sobre Defensores de Direitos Humanos; 9) Relator Especial sobre povos indígenas; 10) Relator Especial sobre Direito à Alimentação; 11) Grupo de Trabalho sobre Prisão Arbitrária; 12) Especialista independente sobre Direitos Culturais; 13) Relator Especial sobre Venda de Crianças, exploração sexual infantil, incluindo prostituição, pornografia e abuso de crianças (duas visitas); 14) Relator Especial sobre direito ao desenvolvimento; 15) Relator Especial sobre efeitos do Lixo Tóxico e Produtos Perigosos para o Exercício dos Direitos Humanos; 16) Especialista independente sobre Direitos Humanos e Solidariedade Internacional; 17) Relator Especial sobre questões de Minorias; 18) Grupo de trabalho sobre Direitos Humanos e Corporações Transnacionais e outras Empresas; 19) Relator Especial sobre escravidão contemporânea, incluindo suas causas e consequências; 20) Relator Especial sobre violência contra a mulher, incluindo suas causas e consequências; 21) Relator Especial sobre Direito à Água Potável e ao Saneamento. 22) Relator Especial sobre Tortura (2015); 23) Relator Especial sobre Povos Indígenas (2016); 24) Grupo de Trabalho sobre Povos Afrodescendentes; 25) Relator Especial sobre a eliminação da discriminação contra pessoas afetadas por lepra e seus familiares e 26) Especialista independente sobre pessoas com albinismo. Dados disponíveis em: <https://spinternet.ohchr.org/ViewCountryVisits. aspx?visitType=all&Lang=em>. Acesso em: 25 maio 2022.

136   Dados disponíveis em: <https://spinternet.ohchr.org/_Layouts/SpecialProceduresInternet/ ViewCountryVisits.aspx?Lang=em>. Acesso em: 25 maio 2022.

próprios pares e não por julgadores independentes, o que pode tornar suas conclusões irrelevantes.

BELLI informa que a criação da RPU atendeu os desejos brasileiros, uma vez que justamente o Brasil havia sugerido a criação de um "relatório global de direitos humanos" no seio da ainda existente Comissão de Direitos Humanos[137].

O trâmite é simples e previsto no anexo da Resolução n. 5/1 do Conselho de Direitos Humanos, de 18 de junho de 2007. De início, cabe ao Estado examinado apresentar *relatório nacional* sobre a situação geral de direitos humanos em seu território. Após, apresenta-se uma compilação de todas as informações referentes a direitos humanos no Estado examinado constante dos procedimentos extraconvencionais. Por fim, as organizações não governamentais e a instituição nacional de direitos humanos podem também apresentar informes e outros documentos relevantes, que serão resumidos por equipe do Alto Comissariado da ONU para os Direitos Humanos (em no máximo 10 laudas – artigo 15, "c", do anexo da Resolução n. 5/1).

O Estado a ser examinado é questionado em relação à promoção de direitos humanos constante da Carta da ONU, Declaração Universal dos Direitos Humanos e ainda nos tratados internacionais de direitos humanos eventualmente ratificados.

Esse exame tem como peça-chave o *diálogo interativo* entre o Estado sob revisão e outros Estados-Membros da ONU (membros ou não do Conselho). Para tanto é formado um Grupo de Trabalho capitaneado pelo Presidente do Conselho e composto pelos seus 47 Estados-membros. Todos os documentos acima expostos sobre a situação de direitos humanos devem ser apreciados em reunião desse Grupo de Trabalho, prevista para durar três horas (previsão do artigo 22 do anexo da Resolução n. 5/1).

Esse diálogo permite ao Estado examinado responder às dúvidas e ainda opinar sobre os comentários e sugestões dos demais Estados. Não há, então, condenação ou conclusões vinculantes. Busca-se a cooperação e adesão voluntária do Estado examinado.

Para sistematizar o exame, são nomeados pelo Conselho três Estados (escolhidos entre os diversos grupos regionais, por sorteio), conhecido como "troika", que atuam como verdadeiros relatores da revisão periódica do Estado examinado.

---

137 Relata BELLI que essa proposta foi apresentada pela primeira vez – de maneira oficial – pelo então Secretário Nacional de Direitos Humanos, José Gregori, em 1998, durante a intervenção brasileira na reunião da Comissão de Direitos Humanos (BELLI, Benoni. *A politização dos direitos humanos*, São Paulo: Perspectiva, 2009, em especial p. 197-198).

Cabe à "troika" resumir as discussões, elaborando o chamado *Relatório de Resultado ou Relatório Final* ("outcome report"), fazendo constar um sumário dos passos tomados no exame, observações e sugestões dos Estados, bem como as respostas e eventuais "compromissos voluntários" do Estado examinado.

Esse relatório será apreciado pelo colegiado do Conselho de Direitos Humanos. O artigo 27 do Anexo da Resolução n. 5/1 deixa claro que a RPU é um "mecanismo cooperativo". Assim, o conteúdo do resultado do exame deverá conter uma avaliação objetiva e transparente da situação de direitos humanos do país, que inclua os avanços e desafios ainda existentes, bem como os compromissos voluntariamente aceitos pelo Estado examinado. Espera-se que todos os Estados da ONU (193 membros, até maio de 2022), passem pela RPU em um período de quatro a quatro anos e meio, que é denominado, então, "ciclo". Em geral, há três sessões de duas semanas por ano de análise da situação dos Estados, ou 14 sessões ao longo de um ciclo inteiro. Atualmente, o 3º ciclo encerrou-se (2017-2022) e o Conselho de Direitos Humanos iniciou o 4º ciclo (2022-2027). O Brasil deve ser avaliado ainda em 2022[138].

O resultado desse mecanismo coletivo político depende do grau de *especificidade* dos compromissos aceitos pelo Estado examinado, como veremos posteriormente.

Como o Brasil foi pioneiro na proposição de um novo mecanismo de exame da situação de direitos humanos na ONU e, na condição de membro da primeira composição do recém-criado Conselho, acatou ser submetido a exame já na primeira sessão do Conselho (no denominado 1º Ciclo da RPU).

A "troika" indicada foi composta por Gabão, Arábia Saudita e Suíça, que editou um Relatório de Resultado sobre o Brasil em maio de 2008[139]. Os comentários e sugestões dos Estados avaliadores e dos demais Estados intervenientes no seio do Conselho de Direitos Humanos sobre a *primeira revisão* em relação ao *Brasil* revelaram (i) superficialidade e (ii) constatações genéricas de que há "falhas", mas a situação está "melhor" agora que no passado.

Tudo para redundar, nas conclusões, em apelos banais por aperfeiçoamentos e melhorias, bem como compromissos genéricos voluntários do Brasil (em especial criar novos instrumentos para fiscalizar internamente a situação de direitos humanos...). Em síntese, em 2008, o Brasil recebeu 15 recomendações exaradas pela "troika" de Estados avaliadores e pelos demais Estados participantes. Houve recomendações extremamente genéricas, como a da Bélgica (que recomendou que o Brasil continuasse os esforços para reduzir a pobreza...).

---

138 Disponível em: <https://www.ohchr.org/en/hr-bodies/upr/cycles-upr>. Acesso em: 25 maio 2022.

139 Disponível em: <http://lib.ohchr.org/HRBodies/UPR/Documents/Session1/BR/A_HRC_8_27_Brazil_E.pdf>. Acesso em: 10 fev. 2022.

Contudo, o Brasil comprometeu-se voluntariamente com a criação de um sistema nacional de indicadores sobre a situação de direitos humanos e ainda com a elaboração de um relatório anual sobre os direitos humanos no país[140].

Ou seja, uma coleção de truísmos e generalidades, com as quais o Estado brasileiro concorda e que pode ser aplicada a quase todos os Estados emergentes ou em vias de desenvolvimento.

Nenhuma palavra sobre as especificidades brasileiras, em especial quanto a um sistema eleitoral que prevê regras que impedem o *"one person one vote"* no Congresso Nacional, o que levanta discussões sobre eventual crise política permanente no Brasil. Também nenhuma palavra sobre a inação do Estado brasileiro, sobre o desperdício de recursos, ou pior, sobre a participação de agentes políticos ímprobos na manutenção de uma sociedade com um dos piores indicadores de distribuição de renda no mundo[141].

Em 2012, o Brasil novamente se submeteu à RPU, em seu 2º ciclo de revisão, que agora obedeceu a Resolução n. 16/21, de 2011, do Conselho de Direitos Humanos (que aperfeiçoa o sistema, como visto acima). A "troika" indicada foi composta por Equador, Polônia e China. Houve um aumento sensível do interesse por parte dos demais Estados e o Brasil recebeu 170 recomendações, das quais acatou integralmente 159, rejeitou uma e acatou parcialmente 10[142]. Essas

---

[140] As recomendações dirigidas ao Brasil durante o 1º Ciclo da RPU são as seguintes: 1. reduzir a pobreza e a desigualdade social (Bélgica); 2. resolver a questão do abuso de poder e uso excessivo da força (Gana); 3. investir com mais rigor na avaliação dos resultados de atividades planejadas em muitas dessas áreas (Reino Unido); 4. garantir segurança aos defensores de direitos (Bélgica); 5. atacar as violações de direitos humanos dos povos indígenas, a falta de segurança pública, e as condições de detenção precárias (República da Coreia); 6. melhorar as condições de prisão e implementar as recomendações feitas pelo Comitê contra a Tortura e pelo Comitê de Direitos Humanos (Alemanha); 7. melhorias dos sistemas prisionais a fim de os transformar em centros de reabilitação (Uruguai); 8. ampliar o acesso à justiça bem como melhorar o sistema judicial (México); 9. implementar o mais cedo possível a iniciativa de tratar sérios abusos de direitos humanos nos termos de Lei Federal, se ainda não o tiver feito (Holanda); 10. aprovar lei sobre o acesso à informação pública aos cidadãos (Peru); 11. reforma agrária (Gana); 12. reforma agrária (Nigéria); 13. incrementar a experiência de biocombustíveis com material não comestível e preservar o direito à alimentação (Argélia); 14. criação de uma instituição nacional condizente com os Princípios de Paris (México); 15. integrar a perspectiva de gênero no processo de acompanhamento da RPU (Eslovênia). Disponível em: <http://www.sedh.gov.br/cooperacao/revisao-periodica-universal/Relatorio%20NacionalRPUBrasilportVERSaOFINAL.pdf>. Acesso em: 23 abr. 2022.

[141] *Vide* o relatório do Grupo de Trabalho sobre o Brasil na Revisão Periódica Universal no documento do Conselho de Direitos Humanos A/HRC/8/27 de 22 de maio de 2008. Disponível em: <http://www2.ohchr.org/english/bodies/hrcouncil/8session/reports.htm>. Acesso em: 20 abr. 2022.

[142] Ver todas as recomendações, por país proponente, em: <http://www.upr-info.org/sites/default/files/document/brazil/session_13_-_may_2012/recommendationstobrazil2012.pdf>. Acesso em: 23 abr. 2022.

159 recomendações acatadas dividem-se nas seguintes temáticas: recomendações gerais sobre direitos humanos; desenvolvimento e inclusão social; instituição nacional de direitos humanos; instrumentos internacionais de direitos humanos; defensores de direitos humanos; segurança pública, justiça e sistema penitenciário; promoção da igualdade; direito dos povos indígenas; migrantes, refugiados e tráfico de pessoas; crianças e adolescentes, obras de envergadura e grandes eventos; direito à memória e à verdade; e educação, saúde, segurança alimentar e meio ambiente. As 10 recomendações parcialmente acatadas foram sobre: recomendações gerais sobre direitos humanos[143]; instrumentos internacionais de direitos humanos[144]; defensores de direitos humanos[145], segurança pública; justiça e sistema penitenciário[146]; promoção da igualdade[147]; e educação, saúde, segurança alimentar e meio ambiente[148]; e rejeitou uma recomendação sobre segurança pública, justiça e sistema penitenciário (da Dinamarca, ver a seguir). Qualitativamente, houve também melhora visível das recomendações, menos genéricas e mais específicas. Prova disso é a recomendação rejeitada, a

---

[143] Recomendação apoiada parcialmente pelo Brasil: 119.127, que tratou da proteção da família. O Brasil alegou que suas políticas públicas abarcam também outras formas de arranjos familiares, incluindo a família monoparental. Disponível em: <http://acnudh.org/2012/09/brasil-2012/>. Acesso em: 29 ago. 2014.

[144] Recomendações apoiadas parcialmente pelo Brasil: 119.3 e 119.9, que trataram da ratificação dos tratados de direitos humanos. O Brasil esclareceu que a ratificação com reserva do Segundo Protocolo Facultativo ao Pacto Internacional de Direitos Civis e Políticos e ainda a não ratificação do Protocolo ao Pacto Internacional de Direitos Sociais, Econômicos e Culturais são fruto da necessidade de obtenção de consenso interno sobre essas temáticas. Quanto à Recomendação n. 119.10, referente à Convenção OIT n. 189, o Brasil alegou que havia estudos sobre o tema em âmbito ministerial. Quanto à Convenção OIT n. 87, o Brasil pontuou que a liberdade de sindicalização deveria observar o princípio da unicidade sindical previsto na CF/88. Disponível em: <http://acnudh.org/2012/09/brasil-2012/>. Acesso em: 29 abr. 2022.

[145] No caso da Recomendação n. 119.79 (Holanda), sobre a criação de um ente federal para investigar e processar casos de violação de direitos humanos, o Brasil apontou a existência do Gabinete do Procurador-Geral da República e o poder de suscitar Incidente de Deslocamento de Competência. Disponível em: <http://acnudh.org/2012/09/brasil-2012/>. Acesso em: 29 abr. 2022.

[146] O Brasil fez uma série de apontamentos sobre seus esforços em diminuir os casos de tortura e ainda regrar a atuação da polícia. Disponível em: <http://acnudh.org/2012/09/brasil-2012/>. Acesso em: 29 abr. 2022.

[147] Em relação à igualdade de orientação sexual, o Brasil assinalou a posição do STF, favorável às uniões homoafetivas. Disponível em: <http://acnudh.org/2012/09/brasil-2012/>. Acesso em: 29 abr. 2022.

[148] Quanto ao aborto e política de saúde pública, o Brasil assinalou que possui políticas de saúde pública para os casos de aborto lícito. Já a recomendação 119.156 da Namíbia pregava a continuidade do ensino religioso em escolas públicas, e o Brasil, diplomaticamente, aceitou parcialmente, destacando que é um Estado laico, que o ensino religioso é facultativo em escolas públicas e não deve ser voltado ao proselitismo religioso. Disponível em: <http://acnudh.org/2012/09/brasil-2012/>. Acesso em: 29 abr. 2022.

da Dinamarca, que concretamente recomendou a fusão da polícia civil com a polícia militar como proposta para aumentar a eficiência do (custoso) sistema público de investigação e segurança policial. Porém, novamente, lamenta-se justamente o recuo brasileiro diante de recomendações mais diretas, que, obviamente, podem ser cobradas facilmente no 3º ciclo de revisão.

Houve avanço nesse 2º ciclo, em especial quanto a maior participação dos demais Estados, que apresentaram recomendações mais específicas, além do progresso que foi a imposição do dever do Estado avaliado de relatar a implementação dos compromissos voluntários assumidos no ciclo anterior. Por outro lado, observo a continuidade das recomendações "quase elogios": aproximadamente 1/3 delas sugeriram que o Brasil "continuasse seus esforços" e ainda duas delas enalteceram as práticas brasileiras e exortaram o país a ser um exemplo para outros...[149]

Assim, o Estado avaliado consegue, com facilidade, apontar o cumprimento das recomendações, que são propositalmente feitas de modo genérico e programático. Basta apontar a edição de uma lei ou mesmo um investimento para que recomendações do tipo "fazer esforços", "promover", "adotar medidas" sejam consideradas cumpridas. Por outro lado, quando um Estado faz uma recomendação direta, cujo cumprimento é de fácil aferição (tudo ou nada), basta que o Estado avaliado a recuse. Por exemplo, como visto acima, a Dinamarca fez *recomendação do tipo direto* ao Brasil em 2012 (união das polícias civil e militar, gerando a desmilitarização do policiamento ostensivo), que recusou[150].

Em 2017, o Brasil se submeteu ao 3º ciclo de revisão. A "troika" indicada foi composta por Botsuana, El Salvador e Quirguistão. Houve intensa participação dos Estados examinadores, com a apresentação de 246 recomendações. Várias delas continuam a ser programáticas e genéricas (por exemplo, adotar medidas para reformar o sistema prisional à luz dos direitos humanos – feita pela Itália, Namíbia, Argélia, Áustria, Santa Sé, Irlanda) e há inclusive recomendação com potencial discriminatório, como a feita pela Santa Sé, que sugeriu que o Brasil continuasse a proteger a "família natural e o casamento, formado pelo marido e esposa"[151].

---

149 Essas informações constam da própria manifestação brasileira de resposta às recomendações recebidas. Ver o conteúdo das recomendações e da resposta brasileira em: <http://www.ohchr.org/EN/HRBodies/UPR/Pages/BRSession13.aspx>. Acesso em: 9 abr. 2022.
150 Disponível em: <https://documents-dds-ny.un.org/doc/UNDOC/GEN/G17/046/89/PDF/G1704689.pdf?OpenElement>. Acesso em: 13 abr. 2022.
151 Disponível em: <http://acnudh.org/wp-content/uploads/2017/05/A_HRC_WG.6_27_L.9_Brazil.pdf>. Em português: <https://nacoesunidas.org/wp-content/uploads/2017/08/RPU-Brasil.docx.docx.pdf>. Acesso em: 1º jun. 2022.

Foram quatro recomendações rejeitadas pelo Brasil (na época, governo Temer): a formulada pela Santa Sé (vista acima), Venezuela (duas, referentes ao *impeachment* da Presidente Dilma Rousseff e ao congelamento de gastos por 20 anos da EC n. 95/16) e ainda a do Reino Unido (referente à adoção de critério transparente e meritocrático para seleção de candidatos nacionais para órgãos da ONU).

O resultado desse mecanismo, caso continuem a existir essas recomendações genéricas, sem maior atenção a dados objetivos e mensuráveis, tende a se restringir a fornecer um espaço político de visibilidade sobre a situação de direitos humanos em um determinado país, sem maiores consequências ao Estado avaliado.

Isso prova, novamente, que os Estados não são os melhores críticos de seus pares.

8 O procedimento extraconvencional perante o Conselho de Segurança

8.1 A proteção de direitos humanos na ONU e o papel do Conselho de Segurança

Em 1944, na célebre reunião de Dumbarton Oaks, foi concebido o sistema de segurança coletiva a ser utilizado no pós 2ª Guerra Mundial, visando o fim da *ameaça e do uso da força*[152] nas soluções de controvérsias entre Estados. Tal conceito não era novo e já havia sido ensaiado na antiga Liga das Nações: a paz internacional seria garantida por um colegiado de Estados, que reuniria, no mínimo, os países militarmente dominantes, os quais, em nome da comunidade dos Estados, interviriam para assegurar o respeito à paz mundial[153].

Esse sistema foi consagrado na Carta de São Francisco em 1945 e possuía como pressupostos o abandono do recurso à força pelos Estados (excetuando-se a legítima defesa) e a existência de uma autoridade internacional (a então recém-criada Organização das Nações Unidas), por intermédio de um órgão (o Conselho de Segurança), atuando como coordenador de um esforço militar internacional conjunto[154]. O sistema contava com a capacidade do Conselho de Segurança em *diferenciar* atos legais e ilegais do uso da força armada, de

---

[152] Sobre guerra e o uso da força, ver HUCK, Hermes Marcelo. *Da guerra justa à guerra econômica*, São Paulo: Saraiva, 1997.

[153] Ver o histórico da formação da ONU em ACCIOLY, Hildebrando; SILVA, Geraldo E. do Nascimento e CASELLA, Paulo Borba. *Manual de Direito Internacional Público*, 20. ed., São Paulo: Saraiva, 2012.

[154] No Brasil, ver a obra de referência sobre Conselho de Segurança de SALIBA, Aziz Tuffi. *Conselho de Segurança da ONU – Sanções e Limites Jurídicos*, Curitiba: Juruá, 2008.

averiguar se o ato ameaçaria a paz e segurança mundiais e de *agir* diante da constatação da situação[155]. Para tanto, compunham o Conselho de Segurança, de modo permanente, as cinco potências vencedoras da 2ª Guerra Mundial (Estados Unidos, a então existente União Soviética, Reino Unido, França e China). Completava o sistema a exigência de ausência de oposição dos citados membros permanentes para que uma decisão de fundo do Conselho de Segurança fosse tomada. Tal exigência era de cunho prático: o chamado *poder de veto* daria efetividade às decisões do Conselho de Segurança, pois assegurava que nenhuma potência militar de respeito viesse a se opor às decisões do órgão.

Com o início da Guerra Fria, o sistema de segurança coletiva provou ser *ineficaz*. Sucessivas crises internacionais demonstraram a fragilidade do sistema e a incapacidade crônica dos Estados com assento permanente (os cinco já citados) ou temporário (dez) de representarem a comunidade internacional como um todo[156]. Pelo contrário, a divisão entre os Estados, marcados por diferenças nas mais diversas áreas, gerou uma *paralisia na ação da ONU* como autoridade internacional interessada na manutenção da paz e sancionadora do uso ilícito da força.

As deficiências desse sistema evidenciaram-se e, em particular, as do Conselho de Segurança. Como visto, esse órgão possui sua capacidade de ação baseada no consenso entre as cinco grandes potências militares mundiais. Tal consenso durante a Guerra Fria foi uma fantasia e o uso do poder de veto, recorrente. Além disso, faltava à ONU a possibilidade de contar com meios de ser efetivamente uma polícia internacional, já que os exércitos colocados a sua disposição continuavam sendo controlados pelos Estados.

Por outro lado, o sistema de segurança coletiva estabeleceu um conceito restrito de paz por ausência de guerra[157]. Não se procurava a paz por existência de justiça, capaz de evitar que conflitos internos existentes em várias sociedades desiguais degenerassem para conflitos sangrentos.

A resposta dos Estados a essas deficiências foi o recurso às sanções unilaterais[158].

---

[155] Ver, entre outros, PELLET, Alain e COT, J.P. *La Charte des Nations Unies,* Paris: Economica, 1985. SIMMA, Bruno (ed.), *The Charter of the United Nations, a commentary,* Oxford: Oxford University Press, 1994. RIGHTER, Rosemary. *The United Nations and World Order. Utopia Lost,* New York: Twentieth Century Fund Press, 1995. WHITE, N. D. *The United Nations and the maintenance of international peace and security,* Manchester: University Press, 1990.

[156] Ver GUILLAUME, Gilbert. *Les grandes crises internationales et le droit,* Paris, Éditions du Seuil, 1994.

[157] Conferir *in* CASSESE, Antonio. *International law in a divided world,* Cambridge: Clarendon Press, 1979.

[158] Ver mais sobre as sanções unilaterais na proteção de direitos humanos em CARVALHO RAMOS, André de. *Responsabilidade Internacional por violação de direitos humanos,* Rio de Janeiro: Renovar, 2004.

Com o fim da Guerra Fria e com a consequente eliminação do uso maciço do direito de veto no Conselho de Segurança da ONU, observou-se a revitalização desse órgão, em especial com a adoção de uma série de resoluções nas mais variadas crises internacionais[159]. Discutiu-se, então, possível extrapolação no exercício de suas competências, com a transgressão de supostos limites existentes na Carta da ONU para sua atuação[160].

8.2 A violação de direitos humanos e a ação do Conselho de Segurança para proteger a paz internacional

A ação do Conselho de Segurança inclui-se no campo das sanções coletivas autorizadas como reação à violação de prévia obrigação internacional por parte de um Estado. Utilizamos aqui a definição do projeto finalizado sobre responsabilidade internacional do Estado da Comissão de Direito Internacional, pelo qual o termo "contramedidas" é utilizado para as reações descentralizadas de Estados e o termo "sanção" no sentido estrito deve ser reservado para as reações centralizadas no seio de organizações internacionais[161].

A missão precípua do Conselho de Segurança é assegurar a paz e a segurança mundiais, editando resoluções vinculantes a todos os Estados membros da ONU. Resta saber se o Conselho de Segurança pode agir, com força vinculante, em casos de violações graves e sistemáticas de direitos humanos ocorridas no seio de um *único* Estado.

O cerne da questão está em poder o Conselho de Segurança determinar quais *violações de direitos humanos* constituem uma ameaça à paz mundial. Para uma visão tradicional, como a de Kelsen, "é completamente da alçada discricionária do Conselho de Segurança decidir o que constitui uma 'ameaça à paz'"[162]. Como consequência dessa *margem de apreciação discricionária* do Conselho de Segurança da ONU (CS) surge a possibilidade da análise, perante o

---

159 Ver, entre outros: BAILEY, Sidney. "The Security Council", *in* ALSTON, Philip (ed.). *The United States and human rights,* New York: Oxford University Press, 1992, p. 304-336. GOWLLAND-DEBBAS, Vera. "Security Council enforcement action and issues of state responsibility", *in* 43 *International and Comparative Law Quarterly* (1994), p. 55-98.

160 Ver sobre o tema GAJA, G. "Refléxions sur le rôle du Conseil de Sécurité dans le nouvel ordre mondial", *in* 97 *Revue Générale de Droit International Public* (1993), p. 297-320. GILL, T. D. "Limitations on UN enforcement powers", in XXVI *Netherlands Yearbook of International Law* (1995), p. 33-138.

161 Ver mais sobre o tema em CARVALHO RAMOS, André de. *Responsabilidade Internacional por Violação de Direitos Humanos,* Rio de Janeiro: Renovar, 2004. CAVARÉ, Louis. "Les sanctions dans la cadre de l'ONU", 110 *Recueil des Cours de l'Académie de Droit International de L'Haye* (1963), p. 191-291.

162 Ver KELSEN, Hans. *The law of the United Nations,* Londres: Stevens, 1950, p. 727, tradução livre.

próprio órgão, de um quadro interno de violações de direitos humanos, sendo vinculante a decisão final do procedimento do CS.

Apoiando essa nova competência do Conselho de Segurança, parte da doutrina aceita a existência de *atribuição implícita* do Conselho nesse campo, de acordo com a Carta da Organização das Nações Unidas. Com efeito, RAM-CHARAM cita o artigo 24.2, pelo qual o Conselho deve agir de acordo com os princípios da Carta sendo que, entre esses princípios, consta a promoção do respeito aos direitos humanos. Logo, conclui o citado autor, a atuação do Conselho de Segurança diante de violações graves de direitos humanos é perfeitamente possível e em sintonia com os dispositivos fundadores da Organização das Nações Unidas[163].

Entretanto, a Carta da ONU não atribui diretamente ao Conselho de Segurança um papel ativo na proteção de direitos humanos. A promoção e proteção de direitos humanos é incumbência do Conselho Econômico e Social, da Assembleia Geral e do já extinto Conselho de Tutela, como explicitamente mencionado nos artigos 13(1)b, 62(2) e 76(c), entre outros.

Nesse ponto, a prática inicial do Conselho de Segurança não aceitava a inclusão da defesa de direitos humanos em sua pauta de ação[164]. De fato, já no ano de 1963, a então existente União Soviética pleiteou providências do Conselho de Segurança para reprimir a política iraquiana de genocídio contra os curdos. O Conselho considerou a questão como sendo de âmbito interno do Estado iraquiano, assumindo seu papel de defensor apenas da paz e segurança internacionais, de acordo com o Capítulo VII da Carta da ONU[165].

As políticas de *apartheid*, no entanto, geraram ações do Conselho de Segurança na defesa de direitos humanos. O caso da Rodésia do Sul é considerado um marco, pois o Conselho não fez menção, como justificativa de sua ação em 1968 (determinando um embargo econômico generalizado ao regime racista da minoria branca daquele país) às ameaças à paz e segurança internacionais, mas sim, à existência de um regime odioso de discriminação racial[166]. Porém,

---

163 Ver RAMCHARAM, B.G., "The Security Council and humanitarian emergencies", 9 *Netherlands Quartely of Human Rights* (1991), p. 19-35.

164 BAEHR, Peter R. "The Security Council and Human Rights", *in* LAWSON, Rick e BLOIS, Matthijs de (eds.). *The Dynamics of the Protection of Human Rights in Europe – Essays in Honour of Henry G. Schermers*, v. III, London/Boston/Dordrecht: Martinus Nijhoff Publishers, 1994, p. 15-33. ALSTON, Philip. "The Security Council and human rights: lessons to be learned from the Iraq-Kuwait crisis and its aftermath", 12 *Australian Yearbook of International Law* (1992), p. 107-176.

165 Ver BOVEN, T.C. van, "The Security Council: the new frontier", 48 *International Court of Justice Review* (1992), p. 14.

166 Ver BAEHR, Peter R. "The Security Council and Human Rights", *in* LAWSON, Rick e BLOIS, Matthijs de (eds.). *The Dynamics of the Protection of Human Rights in Europe – Essays in*

no curso da Guerra Fria, as resoluções do Conselho de Segurança contra os regimes de *apartheid* da Rodésia do Sul e da África do Sul são consideradas exceções (relativas apenas ao direito à autodeterminação dos povos) à prática de considerar a defesa de direitos humanos *fora de sua esfera de competência*.

Após o fim da Guerra Fria, inicia-se uma nova fase para a Organização das Nações Unidas. A ação do Conselho de Segurança para a promoção de todos os direitos humanos protegidos internacionalmente é novamente discutida na doutrina e na prática daquele órgão.

Desde então, o Conselho de Segurança editou várias resoluções em face de situações de violações de direitos humanos, *considerando-as como ameaças à paz*, de acordo com o artigo 39 da Carta. Segundo esse artigo, o Conselho de Segurança "determinará a existência de qualquer ameaça à paz, ruptura da paz ou ato de agressão, e fará recomendações ou decidirá que medidas deverão ser tomadas de acordo com os arts. 41 e 42, a fim de manter ou restabelecer a paz e a segurança internacionais". Essas resoluções, ao determinar a existência de ameaça à paz, adotaram, de regra, medidas fundadas no citado artigo 41, mas poderiam ter inclusive imposto medidas armadas, de acordo com o artigo 42 da mesma Carta[167].

A análise das resoluções do Conselho de Segurança em face de violações de direitos humanos demonstra uma preocupação constante de associar as ações do Conselho com a defesa da "paz e segurança internacionais". Essa preocupação relaciona-se com o medo de acusações de abuso de poder na nova ação do Conselho de Segurança.

Exemplo disso é a Resolução n. 688 do Conselho de Segurança relativa ao tratamento dado pelo Iraque à minoria curda. No preâmbulo da resolução, esclareceu o Conselho de Segurança que sua preocupação com a repressão estatal aos membros da citada minoria era justificada pela *ameaça à paz mundial* gerada pelo fluxo de refugiados[168]. Já as situações de violações de direitos humanos na ex-Iugoslávia, Somália, Libéria, Geórgia, Angola e Ruanda podem ser vistas como situações de guerra civil, com graves consequências para a paz.

Honour of Henry G. Schermers, v. III, London/Boston/Dordrecht: Martinus Nijhoff Publishers, 1994, p. 19.

167 O artigo 41 possibilita a adoção pelo Conselho de Segurança das medidas, sem recurso à força armada, necessárias para o reestabelecimento da normalidade internacional. Já o artigo 42 determina que no caso de o Conselho de Segurança considerar que as medidas previstas no Artigo 41 tenham sido (ou seriam) inadequadas, poderá levar e efeito, por meio de forças aéreas, navais ou terrestres, a ação que julgar necessária para manter ou restabelecer a paz e a segurança internacionais. Esta ação poderá compreender demonstrações, bloqueios e outras operações, por parte das forças aéreas, navais ou terrestres dos Membros das Nações Unidas.

168 Ver o Preâmbulo da Resolução 688 do Conselho de Segurança.

Deste modo, até o momento, ocorreram repetidas ações do Conselho de Segurança no âmbito da responsabilidade internacional do Estado por violação de direitos humanos. Como exemplo, citem-se as diversas resoluções em relação ao Haiti, assolado por instabilidade política e desrespeito ao regime democrático. Essas resoluções foram justificadas na defesa do direito à autodeterminação do povo haitiano[169]. Ou ainda as várias resoluções do Conselho de Segurança, contendo medidas coercitivas de vários tipos, diante de violações de direitos humanos em diversos países. Entre elas, podemos citar as tomadas contra os seguintes países: Iraque, República Federal da Iugoslávia (Sérvia e Montenegro), Somália, Líbia e Libéria[170].

O Conselho *constata* a violação, *declara* o Estado infrator responsável por ela, *determinando* as consequências do ilícito. Estas medidas adotadas pelo Conselho de Segurança caracterizam-se pela *diversidade*: declaração de nulidade de ato estatal, imposição de embargo de armas, embargo de espaço aéreo, embargo comercial, autorização do uso da força e mesmo a criação de um tribunal internacional penal como consequência de violações maciças de direitos humanos.

Em 1992, o novo entendimento da atribuição do Conselho de Segurança na proteção de direitos humanos foi consagrado na Declaração da Presidência do Conselho de Segurança de 31 de janeiro, na qual foi admitido que a paz e a segurança internacionais podem ser *ameaçadas por outros eventos*, além do uso ou ameaça da força. Citou-se, entre outros, a possibilidade de eventos relacionados com a *proteção de direitos humanos* afetarem a paz e segurança internacionais, o que exigiria, então, a ação do Conselho de Segurança no uso de sua competência prevista no Capítulo VII da Carta da ONU. Nos termos da declaração do Conselho, "(...) A ausência de guerra e conflitos militares entre Estados não assegura por si só a paz e segurança internacionais. As fontes não militares de instabilidade nos campos econômico, social, humanitário e ambiental têm se transformado em ameaças para a paz e segurança. Os membros das Nações Unidas como um todo, trabalhando por meio dos órgãos apropriados, necessitam priorizar do modo mais elevado a busca pela solução nessas matérias"[171].

---

169 Resoluções (em sequência): 841, 873, 875, 917, 940.

170 Iraque: Resoluções 661 e 670, ambas de 1990; República Federal da Iugoslávia: 713 (1991), 757 (1992), 787 (1992), 820 (1993); Somália; 733 (1992); Líbia: 748 (1992); Libéria: 788 (1992); Haiti: 841 (1993).

171 Tradução livre. Ver "Statement by the Presidence of the Security Council made on behalf of the members of the Security Council", 3046th Meeting, de 31 de janeiro de 1992, publicação da Organização das Nações Unidas. Conferir também BAEHR, Peter R. "The Security Council and Human Rights", *in* LAWSON, Rick e BLOIS, Matthijs de (eds.). *The Dynamics of the Protection of Human Rights in Europe – Essays in Honour of Henry G. Schermers*, v. III, London/Boston/Dordrecht: Martinus Nijhoff Publishers, 1994, p. 20.

Apesar dessa declaração episódica, é forçoso admitir que não houve continuidade nem desenvolvimento uniforme de uma política estável de defesa de direitos humanos por meio da ação vinculante do Conselho de Segurança, que se mostra reticente em utilizar seu poder vinculante de modo *constante* diante de violações de direitos humanos.

Para HOOGH, a indefinição do Conselho de Segurança é gritante, tornando nebulosa sua nova atuação na proteção de direitos humanos[172]. A prática do Conselho de Segurança é ambígua, revelando apenas o uso esporádico de sua competência na adoção de resoluções vinculantes diante de violações graves de direitos humanos.

Entre as diversas medidas adotadas pelo Conselho de Segurança como resposta a graves e sistemáticas violações de direitos, analisaremos duas que foram – e são ainda – questionadas: a criação de tribunais internacionais penais *ad hoc* e a criação de *listas sujas* de pessoas e entes de apoio ao terrorismo internacional.

Cabe lembrar que esses Tribunais foram criados sob a égide dos artigos 39 e 41 já citados da Carta da ONU e demonstram, de maneira cabal, a invocação da proteção da paz internacional como fórmula para justificar a promoção de direitos humanos, por intermédio da repressão aos autores de graves violações de direitos humanos.

Ironicamente, o primeiro Tribunal criado (o Tribunal Penal Internacional para os crimes cometidos na ex-Iugoslávia) foi obrigado pelo réu, em um dos seus casos mais graves, a avaliar a *legitimidade de sua criação pelo Conselho de Segurança*, lançando luzes sobre os limites às resoluções vinculantes do CS.

Já as listas sujas de pessoas e entes apoiadores do terrorismo representam uma reação do Conselho de Segurança no bojo do cenário pós-11 de setembro de 2001, como veremos a seguir.

8.3 O Conselho de Segurança e os Tribunais Penais Internacionais

8.3.1 O Caso Tadic e a reafirmação dos poderes e limites do Conselho de Segurança

Nos anos 90 do século passado, o Conselho de Segurança da ONU determinou a criação de dois tribunais internacionais penais *ad hoc* e temporários.

De início, foi criado, em 8 de maio de 1993, pela Resolução n. 827, o Tribunal Penal Internacional para os crimes contra o Direito Humanitário

---

[172] HOOGH, André de. *Obligations Erga Omnes and International Crimes*, The Hague/London/Boston: Kluwer Law International, 1996, p. 122.

cometidos na ex-Iugoslávia, com o objetivo de processar os responsáveis pelas sérias violações ao direito internacional humanitário cometidas no território da antiga Iugoslávia desde 1991[173]. O Estatuto do Tribunal Internacional Penal para a ex-Iugoslávia (TPII, com sede em Haia) fixou sua competência para julgar quatro categorias de crimes, a saber: graves violações às Convenções de Genebra de 1949; violações às leis e costumes da guerra; crimes contra a humanidade e genocídio[174].

Em 1994, o Conselho de Segurança (CS) determinou a criação de um segundo tribunal internacional penal *ad hoc*, com o objetivo de julgar as graves violações de direitos humanos, em especial genocídio, ocorridas em Ruanda e países vizinhos durante o ano de 1994 (Tribunal Penal Internacional para os crimes ocorridos em Ruanda – TPIR[175]). Os dois tribunais tinham estruturas vinculadas, pois o Procurador do TPII também atua como órgão acusatório no TPIR; os juízes que compunham a Câmara de Apelação do TPII eram também do órgão de apelação do TPIR, que possui sede em Arusha (Tanzânia).

A competência do Conselho de Segurança para criar órgãos judiciais internacionais voltados para a punição de perpetradores de violações graves e sérias de direitos humanos foi questionada. De fato, já no primeiro caso submetido ao TPII (caso *Tadic*), a defesa pugnou pela nulidade de todo o processo, em virtude do ilegal estabelecimento do Tribunal, fruto da atuação *ultra vires* do CS em ofensa à Carta da ONU[176].

Inicialmente, houve a recusa da primeira instância do TPII em analisar o pleito, uma vez que a criação do próprio Tribunal seria uma *questão política*, insuscetível de apreciação jurídica. Porém, a Câmara de Apelação do TPII conheceu do pedido, reafirmando o direito da defesa, inerente ao *due process of law*, de questionar a jurisdição do órgão julgador. Além disso, para a Câmara de Apelação era da alçada *implícita* do próprio Tribunal a análise da legitimidade

---

173 Conselho de Segurança das Nações Unidas, Resolução n. 827 (1993), de 25 de maio de 1993. Alterada pelas resoluções do Conselho de Segurança n. 1166, de 13 de maio de 1998, e n. 1329, de 30 de novembro de 2000.

174 Ver mais sobre esses dois tribunais no capítulo referente à responsabilidade internacional penal do indivíduo.

175 Formalmente, trata-se de Tribunal Penal Internacional para julgar as pessoas responsáveis por genocídio e outras violações graves ao direito internacional humanitário, cometidas no território do Ruanda, bem como os nacionais do Ruanda responsáveis por genocídio e outras violações, cometidas no território de Estados vizinhos, entre 1º de janeiro de 1994 e 31 de dezembro de 1994. Ver Conselho de Segurança das Nações Unidas, Resolução n. 955 (1994), de 8 de novembro de 1994, alterada pela Resolução do Conselho de Segurança n. 1.329, de 30 de novembro de 2000. Ver mais sobre o TPII e sobre o Tribunal de Ruanda posteriormente.

176 Toda a jurisprudência do Tribunal pode ser encontrada no sítio www.un.rg/icty. Ver *Prosecutor v. Tadic.*, n. IT-94-1-T.

da ação do Conselho de Segurança, pois não poderia o Tribunal respeitar os direitos dos acusados se sua jurisdição fosse, *ab initio*, ilegítima. Essa conclusão da Câmara de Apelação é derivação do princípio da *kompetenz-kompetenz*, tradicional no Direito Internacional, que, *grosso modo*, dispõe que compete ao próprio Tribunal internacional definir sua jurisdição.

No mérito, o TPII, porém, negou que o Conselho de Segurança houvesse agido contra a Carta da ONU ao constituir um órgão judiciário baseado no Capítulo VII da Carta das Nações Unidas. De início, o Tribunal reconheceu que há *limites* à ação do CS, uma vez que o Conselho de Segurança é um órgão de uma organização internacional, estabelecida por um tratado que deve ser *obedecido*. Analisando a Carta da ONU, o TPII afirmou que o CS está sujeito a limitações, quer *externas* (limites à ação da ONU como um todo) quer internas (limites *específicos* ao CS e limites *derivados* da divisão de poderes e incumbências com outros órgãos das Nações Unidas).

Assim, para o TPII, a Carta das Nações Unidas não criou o Conselho de Segurança para ser um *princeps legibus solutus* (acima da lei). De fato, o TPII realçou que o artigo 24.1 da Carta prevê que os Membros das Nações Unidas atribuem ao Conselho de Segurança a responsabilidade primária de manutenção da paz e da segurança internacionais, mas, logo em seguida, os artigos 24.2 e 24.3 impõem limites ao próprio CS, como o cumprimento dos Propósitos e Princípios das Nações Unidas e ainda a submissão de relatórios anuais e, quando necessário, relatórios especiais à Assembleia Geral.

Analisando o caso concreto, o TPII ressaltou a importância do artigo 41 da Carta, que permite que o Conselho de Segurança adote medidas sem envolver o emprego da força. Esse artigo, ao estabelecer um rol meramente *exemplificativo* de medidas, permite que o CS venha inclusive a criar órgãos judiciais internacionais para a manutenção da paz internacional. Para a Câmara de Apelação do TPII no caso *Tadic*, no contexto do conflito sangrento da época na ex-Iugoslávia, criar um Tribunal Internacional foi medida *adequada* para combater a impunidade e assegurar a reconciliação, garantindo a paz permanente e duradoura na região. Logo, o CS agiu nos estreitos limites de sua competência.

8.3.2 O Caso *Darfur* e a relação do Conselho de Segurança com o TPI

De acordo com o artigo 13, "b", do Estatuto de Roma do Tribunal Penal Internacional (TPI), o Conselho de Segurança, agindo de acordo com os termos do Capítulo VII da Carta das Nações Unidas, pode noticiar ao Procurador do Tribunal qualquer situação em que haja indícios de ter ocorrido a prática dos crimes sujeitos à jurisdição do Tribunal. Assim, há verdadeira jurisdição universal incondicionada do TPI, sem qualquer relação com a vinculação ao local dos fatos ou nacionalidade dos autores a Estados que ratificaram o Estatuto (requisitos tradicionais para a concretização da jurisdição do Tribunal, como veremos em capítulo próprio deste livro).

Basta que exista a vontade política do Conselho de Segurança em remeter o caso ao TPI.

Muitos foram os que consideraram que tal dispositivo nunca seria invocado, uma vez que as contingências políticas e o poder de veto no Conselho de Segurança fatalmente engessariam o órgão. Além disso, muitos duvidavam que os Estados Unidos deixariam de exercer seu poder de veto em qualquer caso (mesmo os mais dramáticos) envolvendo o TPI, pois são adversários notórios da formação daquela Corte Internacional Penal permanente[177].

Eis que o agravamento da guerra civil em Darfur, Sudão, fez calar os céticos e gerou a primeira resolução do Conselho de Segurança, autorizando o TPI, por intermédio do seu Procurador, a iniciar a persecução dos crimes de guerra e crimes contra a humanidade praticados na região, mesmo contra a vontade do Sudão (o Sudão não ratificou o Estatuto de Roma).

A guerra civil em Darfur, que opõe milícias rebeldes a milícias apoiadas pelo governo central (a principal, a milícia Janjaweed, é acusada de uma série de atrocidades), foi investigada por uma Comissão especial nomeada em 2004 pelo Conselho de Segurança[178]. Anteriormente, houve outras resoluções do Conselho de Segurança que qualificaram a guerra civil sudanesa como uma ameaça à paz internacional. As Resoluções n. 1547 e 1556, ambas de 2004, invocaram os poderes do Conselho de Segurança sob os auspícios do Capítulo VII da Carta das Nações Unidas e exigiram que o governo investigasse e punisse os perpetradores de graves violações de Direito Humanitário e Direitos Humanos.

Em 31 de março de 2005, o Conselho de Segurança aprovou a Resolução n. 1593 e, pela primeira vez, acionou o TPI por violações graves de direitos humanos e Direito Humanitário. Houve oito votos a favor e abstenções de Brasil, Estados Unidos, Argélia e China. A abstenção brasileira pode ser explicada pelo desejo de manter relações amistosas com o bloco árabe-muçulmano. Porém, a dimensão do conflito retratada pela Comissão de Investigação do próprio CS impeliu, mesmo que tardiamente, a adjudicação do caso ao TPI: desde 2003, o conflito resultou na morte de mais de 200 mil pessoas e há dois milhões de refugiados em razão das ações da milícia Janjaweed contra os rebeldes em Darfur.

---

[177] Entre eles, ver GUTIÉRREZ ESPADA, C. "La Corte Penal Internacional y las Naciones Unidas. La discutida posición del Consejo de Seguridad", *in Anuario de Derecho Internacional*, v. XVIII, 2002, p. 3-63. Ver também BROOMHALL, B. *International Justice and the International Criminal Court: between sovereignty and the rule of law*, Oxford: Oxford University Press, 2003, p. 163-184.

[178] Resolução 1565 (2004).

Os considerandos da Resolução n. 1593, bem como o relatório da Comissão de Investigação, revelam os motivos e justificativas jurídicas para a ação do Conselho de Segurança. Em primeiro lugar, os crimes de Darfur afetaram a paz e a segurança internacionais, uma vez que geraram intenso fluxo de refugiados nos países vizinhos, afetando toda a região. Além disso, há imensa dificuldade de realização de investigação e persecução dos autores dos crimes no próprio Sudão, dada a provável parcialidade do corpo judicial estatal.

Por outro lado, a outra opção disponível seria a autorização, pelo CS, de uma intervenção humanitária armada, ao melhor estilo da intervenção na Somália nos anos 90, para salvaguardar os princípios básicos do Direito Humanitário e do Direito Internacional dos Direitos Humanos. Contudo, tal opção não foi apoiada pela maioria dos membros do Conselho.

Comparando o art. 13, "b", do Estatuto de Roma e a Carta das Nações Unidas, vê-se que sua prática (adjudicação de um caso ao TPI) exige a seguinte construção: 1) que o CS identifique um quadro que ameace ou já tenha rompido a paz e segurança internacionais (em nome da responsabilidade primária do CS de manter a paz internacional, *ex vi* o artigo 24.1 da Carta da ONU); 2) o próprio artigo 13, "b", exige uma "situação", ou seja, exige que o CS identifique um quadro generalizado de violações que supere meras violações individuais de direitos humanos e 3) que o CS cumpra o princípio da complementaridade e aponte, justificadamente, a falta de vontade ou capacidade do Estado (no caso, Sudão) de investigar e punir os responsáveis pelos crimes em questão.

Em fevereiro de 2011, o Conselho de Segurança remeteu seu segundo caso ao TPI: a situação de prática de crimes contra a humanidade e crimes de guerra pelas forças de Kadafi na revolta líbia contra sua longeva ditadura, que eclodiu no início de 2011[179].

8.4 A luta contra o terrorismo no Conselho de Segurança e a proteção internacional de direitos humanos

O processo de incorporação da luta conta o terrorismo[180] internacional na agenda do Conselho de Segurança não é recente. De fato, desde o final da década de 80 do século passado, o Conselho de Segurança (CS) possui posição firme vinculando os atos terroristas a ameaças à paz e segurança internacionais.

---

179 Conselho de Segurança, Resolução 1970 (2011), de 26 de fevereiro de 2011.

180 De acordo com a Lei n. 13.260/2016, o terrorismo consiste na prática por um ou mais indivíduos de atos odiosos, por razões de xenofobia, discriminação ou preconceito de raça, cor, etnia e religião, (i) quando cometidos com a finalidade de provocar terror social ou generalizado, (ii) expondo a perigo pessoa, patrimônio, a paz pública ou a incolumidade pública.

Os eventos marcantes para essa tomada de posição foram os atentados à bomba que derrubaram, na região de Lockerbie (Escócia), o avião da *Pan Am* (Voo 103) em 1988 e, em 1989, o avião da UTA (Union de Transports Aeriens, voo 772) em Níger[181].

Em 1999, o CS consagrou esse vínculo entre paz e combate ao terrorismo internacional em sua Resolução n. 1269[182], que tratou do tema em termos gerais (e não somente em relação a determinado ataque) e conclamou os Estados a agirem em conjunto sob sua supervisão para combater esses indivíduos e suas organizações. Os principais pontos para a atuação interestatal (mantidos até hoje) consistem em atividades de prevenção e supressão dos atos de terrorismo, por meio de sustação de seu financiamento, restrição de movimento dos suspeitos (inclusive atingindo a eventual concessão de refúgio político) e acesso a material sensível.

Após o ataque às Torres Gêmeas em 11 de setembro de 2001 (quase três mil pessoas mortas de 70 nacionalidades distintas, com imensos danos materiais, sem contar os feridos e aqueles com abalos psíquicos permanentes), o Conselho de Segurança aprofundou seu envolvimento no combate ao terrorismo, com várias medidas contra Al-Qaeda e congêneres[183].

O marco nessa nova fase de combate ao terrorismo é a Resolução CS n. 1373 de 28 de setembro de 2001, adotada de acordo com o Capítulo VII da Carta da ONU, ou seja, como uma medida vinculante para preservar a paz internacional. Essa resolução estabeleceu várias obrigações de fazer e não fazer aos Estados da ONU, que afetavam direitos individuais, como a liberdade de ir e vir, direito à intimidade, direito de propriedade, devido processo legal, entre outros. Entre as medidas exigidas pelo CS estão o rastreamento de contas, bloqueio de ativos, controle de fronteiras e fluxo de pessoas, troca de informações e cooperação entre os setores policiais e de inteligência, edição de leis penais, tudo para prevenir e punir atos de terrorismo. Foi criado o Comitê contra o Terrorismo (*Counter-Terrorism Committee*), composto por todos os 15 membros do CS e encarregado de fiscalizar a implementação das medidas contra o terrorismo[184].

---

181 Por meio das Resoluções 731, 748 e 883, o CS exigiu total cooperação da Líbia para a responsabilização dos indivíduos responsáveis pelos ataques.

182 Conselho de Segurança, Resolução 1269, de 19 de outubro de 1999, SC/RES/1269. O mesmo ocorreu na Resolução 1390 de 28 de janeiro de 2002.

183 Ver, por exemplo: Conselho de Segurança, Resolução 1390, de 28 de janeiro de 2002, S/RES/1390, que criou um Comitê para avaliar a imposição de sanções a integrantes da Al-Qaeda e do governo talibã.

184 Utiliza-se a tradução "Comitê contra o Terrorismo" constante do Decreto n. 9.457/2018, que dispõe sobre a execução, no território brasileiro, da Resolução n. 2.396, de 21 de dezembro de 2017, do Conselho de Segurança das Nações Unidas, que trata das ameaças à paz e à

Consta do preâmbulo da Resolução CS n. 1373 (de 2001) que os Estados devem agir sob o signo do respeito aos direitos humanos[185], o que é uma obviedade, pois não pode o Conselho de Segurança, órgão da ONU, atuar desrespeitando os objetivos da própria organização (*vide* o artigo 24 da Carta da ONU). Além disso, as violações de direitos humanos na luta antiterrorista são contraproducentes, pois alimentam o ódio, atingem invariavelmente inocentes e fornecem combustível para o discurso de que os terroristas e seus oponentes são todos iguais.

O Comitê contra o Terrorismo (CTC) é composto por uma Diretoria Executiva (CTED), que implementa as decisões adotadas e orienta especialistas dos 193 Estados membros das Nações Unidas. Há, atualmente (2022), mais de 20 resoluções do Conselho de Segurança sobre o CTC e o CTED, tendo sido o mandato do CTED renovado até 2025 pela resolução 2.617 (2021) do Conselho de Segurança, Essa resolução destaca a importância do CTED para implementar as ações contra o terrorismo nas Nações Unidas.

Contudo, nessa terceira década do século XXI, há vários indicadores de desrespeito, pelo Comitê Contra o terrorismo, de vários direitos humanos protegidos. O Relator Especial sobre a Promoção e a Proteção de Direitos Humanos e Liberdades Fundamentais em tempos de terrorismo, Martin Scheinin, fez pujante relato em 2010 sobre os desafios normativos e de implementação de medidas antiterror e o respeito a direitos humanos, abordando especialmente a (in)compatibilidade entre a legislação e atividades antiterroristas dos Estados e a proteção internacional de direitos humanos, direito internacional humanitário e direito internacional dos refugiados[186].

O próprio Comitê contra o Terrorismo, em 2010, fez uma lista de desafios aos direitos humanos, indicando as seguintes preocupações geradas pela luta antiterror, a saber: 1) os esforços dos Estados em lutar contra o terrorismo fez

---

segurança internacionais representadas pelos combatentes terroristas estrangeiros. Ver mais em ROSAND, Erik. "Security Council Resolution 1373, the Counter-Terrorism Committee, and the Fight Against Terrorism", 97 *American Journal of International Law* (2003), p. 333 e seguintes. Ver também FLYNN, E.J. "The Security Council's Counter-Terrorism Committee and Human Rights", *in Human Rights Law Review*, 2007, n. 02, p. 371-384.

185 Resolução CS 1373 de 28 de setembro de 2001. *In verbis:* "Take appropriate measures in conformity with the relevant provisions of national and international law, including international standards of human rights, before granting refugee status, for the purpose of ensuring that the asylum seeker has not planned, facilitated or participated in the commission of terrorist acts".

186 SCHEININ, Martin. "Informe del Relator Especial sobre la promoción y protección de los derechos humanos y las libertades fundamentales en la lucha contra el terrorismo – Diez esferas de mejores prácticas en la lucha contra el terrorismo", Alto Comissariado da ONU para os Direitos Humanos, 2010, Disponível em: <http://www2.ohchr.org/english/bodies/hrcouncil/docs/16session/A.HRC.16.51_sp. pdf>. Acesso em: 11 abr. 2022.

nascer tipos penais abertos e ampla discricionariedade do sistema de justiça; 2) os procedimentos estatais de congelamento de haveres e ativos de suspeitos de terrorismo nem sempre obedecem ao devido processo legal (ampla defesa e contraditório); 3) a captura dos suspeitos também tem que estar de acordo com as garantias processuais[187].

Resta analisar a reação a tais abusos, como veremos abaixo.

8.5 A "lista suja" do Conselho de Segurança e os direitos humanos: o *Caso Sayadi e Vinck*

A eventual colisão entre as resoluções vinculantes do CS e as normas internacionais de direitos humanos ficou evidente com a criação do Comitê do Conselho de Segurança para Sanções pela Resolução n. 1267 de 1999 (referente a sanções ao governo talibã no Afeganistão, também chamado de "Comitê de Sanções" ou "Comitê 1267")[188].

Esse comitê está amparado no artigo 41 do Capítulo VII da Carta da ONU, que dispõe que o Conselho de Segurança pode adotar toda e qualquer medida para a manutenção da paz e da segurança internacionais, distintas do recurso autorizado da força. Assim, o Comitê gere a imposição de sanções que não envolvam o uso da força armada, como embargos dos mais diversos tipos, restrições financeiras e diplomáticas, congelamentos de haveres etc.

Há dois alvos de sanções determinadas pelo CS: o primeiro alvo é Estado ou região e atinge indiscriminadamente todos naquela situação, como, por exemplo, a proibição de importar determinados bens ou víveres. Essas sanções têm o defeito de prejudicar os vulneráveis e não pressionam as elites dirigentes do Estado alvo, que contam com uma série de válvulas de escape (compras no mercado paralelo, contrabando puro e simples etc.).

Um segundo alvo da sanção é uma pessoa ou ente específico, como, por exemplo, o congelamento dos haveres em nome de Osama Bin Laden e empresas associadas[189]. A força vinculante de tais medidas é plena, devendo todo Estado da ONU cumprir tais sanções, mesmo se, para tanto, tiver que desrespeitar outras normas internacionais. O artigo 103 da Carta da ONU elimina

---

[187] Ver Counter-Terrorism Committee Executive Directorate (CTED), "Thematic discussion of the Counter-Terrorism Committee on the human rights aspects of counter-terrorism in the context of resolution 1373 (2001)". Disponível em: <http://www.un.rg/en/sc/ctc/docs/2010/2010_10_07_thematic-humanrights.pdf>. Acesso em: 11 abr. 2022

[188] Conselho de Segurança, Resolução 1267 de 15 de outubro de 1999. Ver mais em: <http://www.un.rg/sc/committees>. Ver mais sobre o Comitê 1267 em: <https://www.un.org/sc/suborg/en/sanctions/1267>. Acesso em: 11 abr. 2022.

[189] Conselho de Segurança, Resolução 1333 de 19 de dezembro de 2000.

qualquer dúvida dos Estados: no conflito entre um dever perante a ONU e outra norma, o dever onusiano prevalecerá[190].

Ocorre que as medidas vinculantes do Conselho de Segurança foram inicialmente planejadas para surtirem efeito nas relações interestatais. Os Estados alvos têm uma opção: cumprir o desejado pelo CS ou sofrer as sanções impostas.

Porém, o CS nada quer dos indivíduos, impondo a sanção apenas para prevenir ameaças à paz.

Essas sanções a indivíduos consistem, em geral, em congelamento de haveres, apropriação e destinação de bens particulares para outrem (*vide* o Fundo de Reparação no Iraque, que recebe bens e ativos financeiros confiscados de agentes do antigo regime[191]), proibição de trabalho em certas atividades sensíveis e proibição de viajar para fora do país. Obviamente, há vários direitos envolvidos, em especial a liberdade de locomoção, o direito de propriedade, direito ao trabalho, e, fruto da restrição à locomoção, eventual lesão ao direito à saúde e à vida.

Há atualmente diversos Comitês de Sanções estabelecidos pelo Conselho de Segurança, tais como: 1) Comitê de Sanções sobre o Estado Islâmico e Al-Qaeda; 2) Comitê de Sanções sobre o Iraque; 3) Comitê de Sanções sobre a República Democrática do Congo; 4) Comitê de Sanções sobre o Sudão; 5) Comitê de Sanções referente à Res. CS 1.636 (Líbano); 6) Comitê de Sanções sobre a Coreia do Norte (Res. CS 1.718); 7) Comitê de Sanções sobre a Líbia; 8) Comitê de Sanções referente à Res. CS 1.988 (sanções ao Talibã, Al-Qaeda, Estado Islâmico – originalmente impostas pela Res. CS 1.267 de 1999); 9) Comitê de Sanções sobre Guiné Bissau; Comitê de Sanções sobre a República Centro-Africana; 10) Comitê de Sanções sobre o Iêmen; 11) Comitê de Sanções sobre o Sudão do Sul; 12) Comitê de Sanções sobre o Mali; 13) Comitê de Sanções sobre o Irã.

Há uma diversidade de objetivos declarados pelo Conselho de Segurança: apoio à transição democrática, desestímulo a rupturas ilegítimas no governo, combate ao terrorismo, evitar proliferação nuclear e proteção de direitos humanos[192].

---

190 Artigo 103 – No caso de conflito entre as obrigações dos Membros das Nações Unidas, em virtude da presente Carta e as obrigações resultantes de qualquer outro acordo internacional, prevalecerão as obrigações assumidas em virtude da presente Carta.

191 Em 2003, os Estados Unidos e aliados invadiram o Iraque sem autorização do Conselho de Segurança. Após o fato consumado, o Conselho de Segurança revogou antigas resoluções e editou a Resolução 1483 de 22 de maio, declarando que a situação no Iraque era ainda de "ameaça a paz" e determinando uma série de sanções a indivíduos e entes do antigo regime, em especial o confisco de bens e transferência para um Fundo de Desenvolvimento do Iraque ("Development Fund for Iraq"). Um Comitê específico foi criado para gerir a "lista suja", similar ao "Comitê 1267".

192 Objetivos declarados em <https://www.un.org/securitycouncil/sanctions/information>. Acesso em: 25 maio 2022.

A mecânica da imposição da sanção é simples: um Estado solicita a inclusão de determinado nome no Comitê de Sanções específico, o qual, por sua vez, decide por consenso. Os motivos para inclusão podem ser mantidos confidenciais, por motivo de segurança, mesmo para os interessados. Em face da possibilidade de arbítrio, houve, em 2005, o apelo da Assembleia Geral da ONU para que o Conselho de Segurança levasse em consideração os direitos dos indivíduos submetidos ao regime de sanções[193].

As decisões do CS são vinculantes aos Estados[194] e não aos indivíduos. Assim, as sanções atingem os indivíduos graças a atos internos dos Estados. Esses atos são os que, em última análise, concretizam a compressão de diversos direitos humanos, por exemplo, pelo congelamento dos haveres ou transferência deles a um terceiro, ou ainda quando estabelecem o banimento de viagem internacional a um indivíduo. Por isso, não foi surpresa o surgimento de vários casos nos sistemas internacionais de proteção de direitos humanos contra *Estados* por cumprimento da determinação do *Conselho de Segurança*[195].

O caso símbolo da emergência da revisão *pro homine* das sanções a indivíduos ordenadas pelo CS foi o chamado *Caso Sayadi e Vinck contra a Bélgica* no Comitê de Direitos Humanos do Pacto Internacional de Direitos Civis e Políticos[196].

Esse caso refere-se a um casal belga, Nabil Sayadi e Patricia Vinck, casados e com 4 filhos, que eram membros da organização não governamental *Fondation Secours Mondial*, filial europeia da *Global Relief Foundation*, uma organização islâmica filantrópica atuante nos Estados Unidos e suspeita de envolvimento no financiamento da Al-Qaeda. Essa ONG foi incluída na "lista suja" do Comitê 1267 em outubro de 2002, e, a pedido da própria Bélgica, o casal foi também incluído nessa lista em novembro de 2002, após o início de um procedimento de investigação criminal belga contra eles meses antes. Seus ativos financeiros

---

193 Resolução adotada em 16 de setembro de 2005. Disponível em: <https://www.un.org/en/development/desa/population/migration/generalassembly/docs/globalcompact/A_RES_60_1.pdf>. Acesso em: 25 maio 2022.

194 Veremos, abaixo, como o Brasil as cumpre.

195 Perante a Corte Europeia de Direitos Humanos, ver 1) *Behrami and Behrami v. France*, Ap. Nos. 71412/01 e 2) *Saramati v. France, Germany and Norway*, Ap. 78166/01, ambos de 2007. Há ainda um caso célebre perante o Tribunal de Justiça da União Europeia (TJUE), que, como analisei em livro anterior, também atua em casos de direitos humanos. Conferir então o Caso T-315/01, Kadi *v.* Council and Commission, [2005] ECR 11-3649; Casos C-402/05 P & C-415/05 P, Kadi e Al Barakaat International Foundation *v.* Council and Commission, julgamento de 03 de setembro de 2008. Sobre o papel do TJUE na proteção de direitos humanos, ver CARVALHO RAMOS, André de. *Direitos Humanos na Integração Econômica*. Rio de Janeiro: Renovar, 2008.

196 Comitê de Direitos Humanos, Communication n. 1472/2006, Nabil Sayadi e Patricia Vinck contra Bélgica, decisão de 22 de outubro de 2008.

foram congelados e eles foram proibidos de viajar para o exterior. A investigação criminal foi arquivada, três anos depois, em 2005. Ainda em 2005, os peticionantes obtiveram uma ordem judicial cível belga obrigando o Estado a iniciar o procedimento de exclusão da "lista suja". Tal processo foi instaurado a pedido da Bélgica, mas o Comitê 1267 indeferiu o pleito.

Em 14 de março de 2006, o casal peticionou contra a Bélgica no Comitê de Direitos Humanos por violação de vários direitos protegidos, em especial o direito ao devido processo legal, a um recurso efetivo, à intimidade e à liberdade de locomoção, uma vez que o Estado europeu havia ratificado o Protocolo Facultativo ao Pacto Internacional de Direitos Civis e Políticos.

Já na admissibilidade, houve várias discussões no Comitê, com votos de especialistas respeitáveis como Nigel Rodley pelo não conhecimento da petição, devido à ausência de qualquer ato imputado ao Estado belga. Para esses membros do Comitê, a Bélgica atuou no limite de suas forças para retirar o nome do casal da "lista suja". Não poderia, então, o Comitê julgar atos imputados ao *Conselho de Segurança*, por mais estarrecedores e abusivos que esses atos fossem ("descartando séculos de tradições constitucionais dos Estados"[197]).

Porém, a maioria dos votos dos membros do Comitê admitiu a petição, alegando que foi a Bélgica quem inseriu o nome dos peticionantes na "lista suja" e, ademais, era a Bélgica que havia determinado o congelamento de haveres. Também não foi aceita a argumentação do Estado belga de que a ratificação belga da Carta da ONU era anterior à ratificação do mesmo Estado do Pacto Internacional de Direitos Civis e Políticos. Assim, quando ratificou o Pacto, a Bélgica não teria mais jurisdição sobre temas relacionados com medidas vinculantes do Conselho de Segurança. Mas, para a maioria de votos do Comitê essas alegações eram infundadas, pois a Bélgica tinha que analisar a compatibilidade das medidas nacionais de implementação das resoluções vinculantes do CS com o Pacto Internacional de Direitos Civis e Políticos.

---

[197] O voto conjunto pelo indeferimento da admissibilidade da petição de Sir Nigel Rodley, Ivan Shearer e Ms. Iulia Antoanella Motoc tem a seguinte passagem esclarecedora sobre a atual "lista suja" do Conselho de Segurança: "Although it failed to make the argument explicitly, it is evident that the State party has done what it could to secure the authors' de-listing. We acknowledge, of course, that the authors may have been unjustly harmed by operation of the extravagant powers the Security Council has arrogated to itself, including the obstacles it has created to the correction of error. It is more than a little disturbing that the executive branches of 15 Member States appear to claim a power, with none of the consultation or checks and balances that would be applicable at the national level, to simply discard centuries of States' constitutional traditions of providing bulwarks against exorbitant and oppressive executive action. However, the Security Council cannot be impleaded under the Covenant, much less the Optional Protocol". Ver Communication n. 1472/2006, Nabil Sayadi and Patricia Vinck contra Bélgica, decisão de 22 de outubro de 2008.

No mérito, o Comitê declarou violados vários direitos do casal, como a liberdade de locomoção (estavam "banidos" e proibidos de viajar para fora da Bélgica) e direito a recurso efetivo e privacidade (o nome dos dois constava de site da ONU de indivíduos "listados" suspeitos de apoio a atividades terroristas).

Houve também votos dissidentes no mérito, que adotaram a linha defensiva belga, imputando a violação dos direitos do casal a decisão do Conselho de Segurança, que teria liberdade para atuar na defesa da paz mundial, não podendo a Bélgica insurgir-se em nome do artigo 103 da Carta da ONU (já mencionado nesta obra)[198].

Porém, ficou clara a situação *kafkiana* na qual o casal estava: suas contas estavam bloqueadas e ainda os bancos cobravam taxa de manutenção! Proposta de trabalho no exterior teve que ser recusada, pois o casal estava proibido de viajar. Mesmo o desbloqueio de parte de seus bens para mera subsistência foi dificultado por falta de informação precisa. Tudo isso na Bélgica *democrática*, sujeita à jurisdição da Corte Europeia de Direitos Humanos e, pior, por decisão de um órgão (Conselho de Segurança) de uma Organização Internacional vinculada umbilicalmente à proteção de direitos humanos (ONU).

Por sua vez, o artigo 103 da Carta da ONU em hipótese alguma é obstáculo ao cumprimento dos tratados internacionais de direitos humanos. Pelo contrário, o objetivo central da ONU é a proteção desses direitos, como já vimos, que compõem o *jus cogens*. Ocorre que, em conjunturas de pânico, mesmo órgãos da ONU podem atuar em desrespeito a tais direitos, o que incrementa a importância dos órgãos internacionais de direitos humanos aptos a alertar os Estados da necessidade de respeitar os direitos protegidos, impedindo que resoluções vinculantes do CS ultrapassem o que a própria Carta estabeleceu como limite (vide artigo 24): a proteção de direitos essenciais dos indivíduos.

No fundo, o que se discute é saber se o Conselho de Segurança (e, indiretamente, os Poderes Executivos dos seus 15 membros) tem poderes absolutos ou não.

Ofenderia a própria essência da Carta da ONU considerar que o CS pode, a seu talante e usando a máxima "os fins justificam os meios", ficar imune a qualquer verificação de sua conduta.

Voltando ao *Caso Sayadi e Vinck*, a decisão do Comitê de Direitos Humanos vinculou somente a Bélgica e não o Comitê de Sanções do Conselho de Segurança.

---

[198] Houve críticas da doutrina aos votos majoritários, que não teriam se aprofundado na temática do confronto entre o artigo 103 e o Pacto Internacional de Direitos Civis e Políticos. Ver MILANOVID, Marko. "The Human Rights Committee's Views in Sayadi v. Belgium: A Missed Opportunity", *in Goettingen Journal of International Law*, n. 1, 3, 2009, p. 519-538.

Porém, não foi por coincidência que, em 20 de julho de 2009, o casal foi finalmente retirado da "lista suja" por nova decisão do Comitê de Sanções[199].

Ainda em 2009, o Conselho de Segurança criou o Escritório do Ouvidor (*Office of the Ombudsperson*) para receber os reclamos individuais, mas ainda sem poder de decisão (ver abaixo).

Em 2010, o Conselho de Segurança adotou uma Declaração na qual reconheceu que o terrorismo não será derrotado pelas forças de repressão, mas sim pelo incremento da proteção de direitos humanos, com boa governança, tolerância, democracia e Estado de Direito em todo o globo e, em especial, em áreas de conflito prolongado[200].

Assim, houve importante evolução. Em primeiro lugar, há a publicação na internet de um "sumário da narrativa para a inclusão na lista", que já informa ao público a síntese do motivo das sanções impostas.

Em segundo lugar, houve aperfeiçoamento no sistema de exclusão. Em síntese, para a exclusão ("de-listing") do nome desse indivíduo há três opções: (i) pedido do Estado de inclusão; (ii) pedido do Estado da nacionalidade ou residência do indivíduo. Nesse caso, o indivíduo pode provocar o seu Estado, o qual pode designar um "ponto focal" (previsto na Res. CS 1.730/2006) para receber e fazer tramitar tais pedidos; (iii) pedido do próprio indivíduo interessado ao Gabinete do Ouvidor (*Ombudsperson*) em alguns Comitês de Sanções.

No primeiro caso, a exclusão é a regra: somente se houver consenso em sentido contrário haverá a manutenção do nome na lista. Já no segundo caso, é necessária uma petição do Estado de sua nacionalidade ou residência (e a deliberação é confidencial e em consenso do Comitê. Ou seja, qualquer membro do Comitê (que são membros do Conselho de Segurança) pode vetar uma exclusão. Em grande parte dos casos, o Estado de inclusão pertence ao Conselho de Segurança e, consequentemente, ao próprio Comitê de Sanções. Por exemplo, os Estados Unidos incluíram a maior parte dos nomes referentes à Al-Qaeda ou ao Iraque[201]. Consequentemente, a exclusão depende da anuência das

---

199 Informação de MILANOVID, Marko. "The Human Rights Committee's Views in Sayadi v. Belgium: A Missed Opportunity", *in Goettingen Journal of International Law*, n. 1, 3, 2009, p. 519-538, em especial p. 538.

200 Statement by the President of the Security Council, de 27 de setembro de 2010 (S/PRST/2010/19). Disponível em: <http://daccess-dds-ny.un.rg/doc/UNDOC/GEN/N10/551/58/PDF/N1055158.pdf?OpenElement>. Acesso em: 11 fev. 2011.

201 No que tange ao Iraque, a lista em 2010 continha 89 nomes de indivíduos e 208 entidades e é administrada por um Comitê de Sanções que age a partir da Resolução 1.483 do CS. Ver mais em: <http://www.un.rg/ga/search/view_doc.asp?symbol=S/2011/40>. Acesso em: 25 maio 2021. Ver também o *site* do citado Comitê em <http://www.un.rg/sc/committees/1518/index.shtml>.

autoridades norte-americanas, já que os EUA podem bloquear qualquer decisão pelo seu assento no Comitê.

Na terceira hipótese, o pedido do indivíduo é dirigido ao Gabinete do Ouvidor (*Ombudsperson*), o qual foi estabelecido pela Resolução CS 1.904 (2009) com renovações de mandato por sucessivas resoluções (o mandato atual expira em 17 de junho de 2024). Os indivíduos, grupos, empresas ou entidades que desejem ser removidos da lista de sanções referentes ao Estado Islâmico (Da'esh) e da lista de sanções da Al-Qaida podem apresentar seu pedido de exclusão ao Ouvidor, que deve obter as informações sobre o pedido de exclusão da lista e elaborar um relatório ao Comitê de Sanções, contendo sua recomendação (a favor ou contra). Caso o Ouvidor recomende a exclusão, o Comitê só pode manter a inclusão por consenso (até hoje, o Comitê acompanha o parecer do Ouvidor)[202-203].

8.6 O Brasil e o cumprimento das sanções a indivíduos impostas pelo Conselho de Segurança

Em geral, o cumprimento, no Brasil, das medidas vinculantes determinadas pelo Conselho de Segurança é realizado por intermédio da edição de *decreto presidencial*[204]. Não há necessidade de aprovação congressual, pois se tratam de atos de órgão interno de organização internacional cujo tratado instituto já foi incorporado regularmente ao ordenamento jurídico brasileiro[205].

Houve, no passado, a utilização de decreto presidencial para determinar o cumprimento administrativo de medidas internacionais incorporadas, mesmo que tivessem impacto negativo sobre direitos individuais submetidos à proteção judicial. No caso da Resolução n. 1333 (2000), o CS decidiu que todos os Estados teriam que congelar os fundos financeiros de Osama Bin Laden e seu grupo. Para cumprir tal medida no Brasil, foi editado o Decreto n. 3.755 de 2001, pelo qual foi também determinado o bloqueio de "todos os fundos e demais recursos financeiros em nome de Osama Bin Laden e de pessoas e empresas a ele associados, incluindo fundos produzidos ou gerados por bens de sua propriedade,

---

202 De acordo com a Res. CS 2.610 (2021). Disponível em: <https://documents-dds-ny.un.org/doc/UNDOC/GEN/N21/407/97/PDF/N2140797.pdf?OpenElement>. Acesso em: 25 maio 2022.

203 Ver Resolução do Conselho de Segurança n. 2.083, de 17 de dezembro de 2012.

204 Cite-se, por exemplo, o Decreto n. 9.456/2018, que incorpora internamente a Resolução n. 2.396 (2017) do CS. Essa resolução trata das ameaças à paz e à segurança internacionais representadas pelos combatentes terroristas estrangeiros.

205 O Brasil ratificou a Carta das Nações Unidas (Carta de São Francisco) em 21 de setembro de 1945. Foi incorporada internamente pelo Decreto n. 19.841, de 22 de outubro de 1945, nos últimos atos da ditadura do Estado Novo varguista.

ou que estejam sob seu controle direto ou indireto, assim como sob o controle de pessoas e empresas a ele associadas" (art. 4º do Decreto).

Como fundamentação, o citado decreto fez referência tão somente ao artigo 84, IV, da Constituição Federal ("Art. 84. Compete privativamente ao Presidente da República (...) IV – 'sancionar, promulgar e fazer publicar as leis, bem como expedir decretos e regulamentos para sua fiel execução'").

Veja que o exemplo é de interesse. A quebra do sigilo bancário ocorreu *sem* ordem judicial, por autorização do *Poder Executivo*, o que contraria precedentes judiciais brasileiros[206].

O congelamento de haveres também foi decidido *sem* ordem judicial e sem que se espere o desencadeamento de processo penal interno, que, aliás, nem seria da alçada do Poder Executivo, mas sim do Ministério Público.

Para evitar eventual desrespeito a direitos individuais e permitir o devido processo legal em casos de medidas internacionais do CS que impactem diretamente em direitos individuais, foi editada a Lei n. 13.810/2019, que dispõe sobre "o cumprimento de sanções impostas por resoluções do Conselho de Segurança das Nações Unidas, incluída a indisponibilidade de ativos de pessoas naturais e jurídicas e de entidades, e a designação nacional de pessoas investigadas ou acusadas de terrorismo, de seu financiamento ou de atos a ele correlacionados" (revogou a Lei n. 13.170/2015).

De acordo com a citada lei, as resoluções sancionatórias do Conselho de Segurança das Nações Unidas e as designações de seus comitês de sanções são dotadas de *executoriedade imediata* devendo ser publicadas em língua portuguesa no *Diário Oficial da União* pelo Ministério das Relações Exteriores.

Além disso, a lei estabelece a *proibição geral* a todos os brasileiros, residentes ou não, ou a pessoas naturais, pessoas jurídicas ou entidades em território brasileiro, de descumprir, por *ação ou omissão*, sanções impostas por resoluções do Conselho de Segurança das Nações Unidas ou por designações de seus comitês de sanções, inclusive para disponibilizar ativos, direta ou indiretamente, em favor dos sancionados.

Há também o dever de cumprimento imediato das sanções imposto especificamente aos entes listados no art. 9º da Lei n. 9.613/98 (Lei de Lavagem de Ativos), tais como bancos, bolsas de valores, administradoras de títulos ou valores mobiliários etc.

Cabe ao Ministério da Justiça e Segurança Pública, por intermédio do Departamento de Recuperação de Ativos e Cooperação Jurídica Internacional (DRCI – vide Decreto n. 9.825/2019, o qual regulamentou a Lei n. 13.810)

---

[206] Ver a discussão sobre os limites do direito à privacidade e o sigilo bancário em CARVALHO RAMOS, André de. *Curso de direitos humanos*. 6. ed., São Paulo: Saraiva, 2019.

comunicar as sanções ao Conselho de Controle de Atividades Financeiras (COAF), a agências reguladoras, às corregedorias de justiça dos Estados (registro de imóveis), ao sistema de controle de entrada e saída do território nacional, no caso das sanções a viagens (*travel ban*)., entre outros órgãos de registro e controle do Brasil.

No caso de inadimplemento do dever de implementar as medidas sancionatórias, cabe a União provocar o Judiciário para que as imponha. A ação judicial foi denominada pela Lei n. 13.810/2019 "auxílio direto judicial" e é proposta pela Advocacia-Geral da União perante a Justiça Federal, devendo o juiz determinar, no prazo de 24 (vinte e quatro) horas, contado da data do recebimento dos autos, e sem a prévia oitiva do requerido, as medidas pertinentes para cumprimento da sanção.

A defesa do interessado foi limitada (juízo de delibação) pela lei às seguintes hipóteses: homonimia; erro na identificação do requerido ou dos ativos; exclusão da lista de sanções ou fim do prazo de vigência da sanção. A justiça ou injustica da medida, eventual ação arbitrária ou discriminatória do Comitê de Sanções não podem ser debatidas pelo Judiciário nacional.

Os recursos declarados indisponíveis poderão ser parcialmente liberados para o pagamento de despesas ordinárias e extraordinárias (como, por exmplo, despesas de subsistência, honorários de advogados etc.).

A lei estabelece que a pessoa ou entidade sancionada pode solicitar, fundamentadamente, sua exclusão das listas de sanções. Tal solicitação será encaminhada ao Ministério da Justiça e Segurança Pública. A lei prevê que o Ministério da Justiça e Segurança Pública analisará a solicitação (não esclarece qual o alcance da análise) e deverá encaminhá-la ao Ministério das Relações Exteriores, que a transmitirá ao Conselho de Segurança das Nações Unidas ou ao comitê de sanções pertinente para sua deliberação.

Como a decisão cabe ao Comitê respectivo, entendo que a análise *positiva* sobre o cabimento do pleito tem como consequência o necessário engajamento brasileiro na ONU. Caberá, então, ao Brasil também pugnar pela revogação das sanções, na defesa dos direitos comprimidos do sancionado.

Caso haja análise equivocada por parte do Ministério da Justiça das razões do sancionado, entendo que é cabível a provocação (pelo sancionado) do Judiciário para rever tal análise (em face do direito de acesso à justiça, visando a revisão de atos administrativos indevidos) e, consequentemente, exigir a atuação brasileira na ONU. Se o Judiciário não socorrer o jurisdicionado, este pode peticionar à Comissão Interamericana de Direitos Humanos que acionará a Corte de San José (ver o trâmite em capítulo próprio deste livro)ou ao Comitê de Direitos Humanos. Nenhuma disposição da Carta da ONU obriga o Brasil a se resignar a comandos do CS considerados violadores de direitos humanos protegidos internacionalmente.

8.7 Críticas à atuação do Conselho de Segurança diante de violações de direitos humanos

O alargamento da competência do Conselho de Segurança para abarcar a proteção de direitos humanos por meio de uma interpretação extensiva dos conceitos "agressão", "violação da paz" e "ameaça da paz" dividiu a doutrina.

Para vários doutrinadores, a extensão da competência do Conselho de Segurança não é aceitável. Na visão de GAJA, o Capítulo VII restringe a competência do Conselho de Segurança à adoção de medidas vinculantes em matérias específicas, no caso paz e segurança mundiais. Caso houvesse o desejo dos Estados de permitir o uso de tais medidas para a proteção de direitos humanos haveria a necessidade de expressa menção nesse capítulo. Sem a alteração da Carta da ONU, a ação do Conselho de Segurança no campo dos direitos humanos desrespeita o mandato conferido pelos Estados[207]. CASSESE, por seu turno, defende que até mesmo o crime de genocídio (que desperta a repulsa de toda a opinião pública mundial, sem dúvida) só poderia ser reprimido pelo Conselho de Segurança, caso houvesse constatação de que constituísse, no caso concreto, uma ameaça à paz, ruptura da paz ou agressão[208].

Contudo, GOWLLAND-DEBBAS sustenta que as competências do Conselho de Segurança para a manutenção da paz *são de natureza política* e, assim sendo, seria possível vislumbrar uma *nova concepção* desta atribuição apta a abarcar os dramáticos casos de violação de direitos[209].

Por ter essa natureza política, as decisões do Conselho de Segurança poderiam perfeitamente abarcar casos de violações de direitos humanos sem que haja descumprimento da Carta da ONU, já que a questão seria política e não jurídica, de exclusiva discricionariedade do Conselho de Segurança, como já afirmou o Juiz Weeramantry, da Corte Internacional de Justiça[210].

---

207 Para GAJA, "O capítulo VII não foi redigido para dar ao Conselho de Segurança uma competência em qualquer matéria. Não nos parece possível que o conceito de ameaça à paz possa ser dissociado da existência do risco de um conflito armado internacional" (tradução livre). GAJA, G. "Réflexions sur le rôle du Conseil de Sécurité dans le nouvel ordre mondial", 97 *Revue Générale de Droit International Public* (1993), p. 301.

208 Ver *in* CASSESE, Antonio. "La communauté internationale et le genocide", *in Le Droit International au Service de la paix, de la justice et du développement. Mélanges Michel Virally*. Paris: Éditions A. Pédone, 1991, p. 185.

209 Ver *in* GOWLLAND-DEBBAS, Vera. *Collective Responses to illegal acts in international law, United Nations action in the question of Southern Rhodesia*, Dordrecht: Martinus Nijhoff, 1990, p. 451-452.

210 Para o Juiz Weeramantry, "a determinação, de acordo com o artigo 39, da existência de uma ameaça à paz, violação da paz ou ato de agressão é matéria sob a inteira discricionariedade do Conselho. Parece-me que o Conselho e ninguém mais é o juiz da existência de um estado fático, que aciona a mecânica do Capítulo VII" (trad. do Autor). Corte Internacional

Todavia, cabe anotar aqui a posição do juiz SHAHABUDDEEN da Corte Internacional de Justiça, no Caso *Lockerbie* (medidas cautelares), em voto separado, que resumiu o protesto líbio, perguntando se haveria algum limite, então, para os poderes discricionários do Conselho de Segurança[211]. *Ad terrorem*, as novas interpretações ampliativas poderiam ser *sempre* introduzidas pelo Conselho, de modo a tornar absolutamente inútil o conceito de *paz e segurança internacionais*.

Aliás, avançando no raciocínio definido acima, o Conselho não estaria, obviamente, *restrito nem pelo Direito Internacional*, já que sua interpretação do que seria a "real" Carta da Organização das Nações Unidas e o "real" Direito Internacional seriam *inquestionáveis*, tudo em nome do caráter político das decisões do Conselho de Segurança[212]. Caso a segunda posição doutrinária prevaleça, então, nada pode impedir o Conselho de Segurança de considerar *qualquer fato* como uma ameaça à paz e à segurança mundial, transformando-se na Guarda Pretoriana contemporânea.

Resta, para aqueles contrários ao aumento *sponte sua* das atribuições do Conselho (sem recurso à emenda da Carta da ONU), a impugnação dessa ampliação de competência por meio da provocação da Corte Internacional de Justiça.

8.8 O controle da validade (*judicial review*) pela Corte Internacional de Justiça

Em primeiro lugar, urge diferenciar os papéis de dois órgãos fundamentais da ONU, que são a Corte Internacional de Justiça e o Conselho de Segurança, no tocante ao tema em estudo. Ao primeiro incumbe a aplicação do Direito Internacional no seio da *solução pacífica de controvérsias (jurisdição contenciosa)* e no âmbito de sua *jurisdição consultiva*. Ao segundo incumbe assegurar a paz e segurança internacional, o que implica, também, na aplicação do Direito Internacional aos casos nos quais há ameaça ou lesão à paz.

---

de Justiça, *Application of the Convention on the Prevention and Punishment of the Crime of Genocide (Bosnia e Herzegovina v. Yugoslavia – Serbia and Montenegro)*, Medidas cautelares, ICJ Report, 1993, p. 176. Sobre os casos da Corte Internacional de Justiça, ver a imprescindível obra coordenada por CALDEIRA BRANT, Leonardo Nemer. *A Corte Internacional de Justiça e a Construção do Direito Internacional*, 1. ed., Belo Horizonte: CEDIN, 2005.

211 Finalizou o juiz SHAHABUDDEEN, indagado: "Há algum limite para os poderes de livre apreciação do Conselho" (trad. do Autor). Corte Internacional de Justiça, *Questions of interpretation and application of the 1971 Montreal Convention arising from the aerial incident at Lockerbie*, Medidas Cautelares, ICJ Reports, 1992, p. 34 e s.

212 Para Gowlland-Debbas, essa é a situação quando o Conselho age com base em suas atribuições descritas nos artigos 39 e seguintes da Carta da ONU. Ver GOWLLAND-DEBBAS, Vera. *Collective Responses to illegal acts in international law, United Nations action in the question of Southern Rhodesia*, Dordrecht: Martinus Nijhoff, 1990, p. 452.

Na medida em que tanto o Conselho quanto a Corte Internacional de Justiça têm o papel de aplicar o Direito Internacional, verifica-se a peculiar possibilidade de decisão do Conselho de Segurança (vinculante a todos os Estados) sobre determinado caso conflitar com decisão ou opinião consultiva da Corte Internacional de Justiça.

Tal duplicidade de avaliação ocorreu no caso *Bósnia* e no caso *Lockerbie*. Logo, surge, por via indireta, um verdadeiro sistema de controle da validade internacional das resoluções do Conselho de Segurança[213].

A Corte Internacional de Justiça já defendeu, consistentemente, a sua posição de considerar adjudicáveis judicialmente todas as questões de Direito Internacional, inclusive as sujeitas a deliberações do Conselho de Segurança. Com efeito, no caso das atividades paramilitares na Nicarágua, a Corte foi clara: enquanto na Carta da ONU há restrição expressa (art. 12) à Assembleia Geral de deliberar sobre matéria já submetida ao Conselho de Segurança, nada há de semelhante em relação à Corte Internacional de Justiça[214].

No caso *Bósnia e Herzegovina vs. Iugoslávia* (Sérvia e Montenegro), a Bósnia--Herzegovina solicitou que a Resolução 713 (1991) do Conselho de Segurança, estabelecendo um embargo de armas para a região, fosse interpretada de modo a não impedir a proteção dos direitos humanos do povo bósnio por meio do recurso à legítima defesa individual ou coletiva da Bósnia-Herzegovina contra a Iugoslávia[215].

A CIJ entendeu que o pleito do requerente não visava a uma ordem judicial que estabelecesse uma conduta a ser seguida pelo réu, mas sim uma declaração que clarificasse a situação legal do litígio em face da comunidade internacional, em especial em relação ao envio de armas para a Bósnia-Herzegovina. Essa declaração não poderia ser emitida já que a Corte fixou sua jurisdição exclusivamente neste caso em relação à Convenção de Prevenção e Punição ao Crime de Genocídio[216]. A Corte, então, preferiu alegar ausência de jurisdição e não analisou o conteúdo de Resolução do Conselho de Segurança questionada em

---

213 AKANDE, Dapo. "The International Court of Justice and the Security Council: is there room for judicial control of decisions of the political organs of the United Nations?", 46 *International and Comparative Law Quarterly* (1997), p. 341.

214 Corte Internacional de Justiça, *Military and Paramilitary in and against Nicaragua* (Jurisdiction and admissibility), *ICJ Reports*, 1984, parágrafo 95, p. 434-435.

215 Corte Internacional de Justiça, *Application of the Convention on the Prevention and Punishment of the Crime of Genocide (Bosnia e Herzegovina v. Yugoslavia – Serbia and Montenegro)*, Medidas cautelares, *ICJ Reports* (1993), p. 46.

216 Corte Internacional de Justiça, *Application of the Convention on the Prevention and Punishment of the Crime of Genocide (Bosnia e Herzegovina v. Yugoslavia – Serbia and Montenegro)*, Medidas cautelares, *ICJ Reports* (1993), parágrafo 41, p. 63.

face da proteção de direitos humanos[217]. O Juiz *ad hoc* Lauterpacht (Bósnia-Herzegovina) em voto em separado, afirmou que a Corte, poderia, ao menos, declarar o *conflito* entre a resolução citada do Conselho de Segurança e o *jus cogens*, para que o próprio Conselho reconsiderasse sua deliberação[218].

No caso *Lockerbie*, a Corte Internacional de Justiça em sua decisão sobre medidas cautelares, assinalou também que há a possibilidade de análise da legalidade das decisões do Conselho de Segurança[219]. Para a Líbia, os Estados Unidos e o Reino Unido (foram propostas duas ações, uma contra os EUA e outra contra o Reino Unido). A Corte não apreciou a legalidade de decisão do Conselho de Segurança apenas por entender que a questão seria de mérito, não devendo ser apreciada já no âmbito da medida cautelar pleiteada. Ou seja, a restrição para apreciar a legalidade de Resolução do Conselho de Segurança é de cunho somente procedimental, devendo a mesma, *a contrario sensu*, ser avaliada na fase de mérito.

O voto concorrente de FRANCISCO REZEK é *revelador*: para o ex-juiz brasileiro da CIJ, a Corte é a *intérprete definitiva* da Carta da ONU e deve zelar por sua integridade, mesmo que, para isso tenha que enfrentar órgãos políticos da organização[220].

---

217 A Corte Internacional, com base no pedido da Bósnia e Herzegovina de proteção aos direitos do povo daquele Estado à vida, liberdade, segurança e integridade física e mental, bem como outros direitos fundamentais da pessoa humana especificados na Declaração Universal de Direitos do Homem, decidiu que tal pedido fugiu ao âmbito da jurisdição da Corte no presente caso, já que a base para a jurisdição da Corte é a Convenção para a Prevenção e Punição ao Crime de Genocídio. Ver Corte Internacional de Justiça, *Application of the Convention on the Prevention and Punishment of the Crime of Genocide (Bosnia e Herzegovina v. Yugoslavia – Serbia and Montenegro)*, Medidas cautelares, *ICJ Reports* (1993), parágrafo 38, p. 61.

218 Corte Internacional de Justiça, *Application of the Convention on the Prevention and Punishment of the Crime of Genocide (Bosnia e Herzegovina v. Yugoslavia – Serbia and Montenegro)*, Voto em separado Juiz Lauterpacht, *ICJ Reports* (1993), parágrafo 106, p. 160.

219 Ver Corte Internacional de Justiça, *Questions of interpretation and application of the 1971 Montreal Convention arising from the aerial incident at Lockerbie*, Provisional Mesures, *ICJ Reports* 1992, p. 15.

220 Nas palavras de REZEK: "Furthermore, the Court is the definitive interpreter of the Charter of the United Nations. It is the Court's responsibility to determine the meaning of each of its provisions and of the text as a whole, and this responsibility becomes particularly serious when the Court finds itself faced with a challenge to decisions taken by one of the Organization's two principal political organs. Ensuring the primacy of the Charter in its true and full meaning is one of the most eminent of the tasks which fall to the Court, and the Court, as of right and out of duty, acts to that end whenever the occasion arises, even if this may in theory result in criticism of another organ of the United Nations, or rather in disavowal of that organ's analysis of the Charter", Disponível em: <http://www.icj-cij.org/docket/files/89/7261.pdf>. Acesso em: 10 fev. 2022.

Para Rezek, então, seria surpreendente que fossem defendidos poderes absolutos ao Conselho de Segurança[221].

Contudo, não houve deliberação da CIJ no mérito do caso, uma vez que Líbia, Estados Unidos e Reino Unido entraram em acordo[222]. Os casos (Líbia vs. Estados Unidos e Líbia vs. Reino Unido) foram *arquivados* a pedido das partes em setembro de 2003[223].

8.9 Perspectivas da ação do Conselho de Segurança na proteção de direitos humanos

Há pontos positivos e negativos da ação do Conselho de Segurança na proteção de direitos humanos.

Como ponto positivo, há o desejo de impedir que situações graves e sistemáticas de violações de direitos humanos persistam. Em uma sociedade ainda paritária e descentralizada como a sociedade internacional, a focalização de vontade coletiva do Conselho de Segurança é fonte rara de mobilização dos Estados, o que pode ser extremamente útil para impedir continuidade de violações dramáticas de direitos humanos[224].

Por outro lado, há vários aspectos negativos. Para cada exemplo de mobilização dos Estados no âmbito do Conselho de Segurança em prol dos direitos humanos, surgem outros exemplos de *imobilismo e indiferença*, motivados pelos interesses geopolíticos dos cinco detentores do poder de veto.

O tradicional suporte norte-americano às políticas de ocupação de Israel em terras palestinas e às ditaduras no mundo petrolífero, a ocupação chinesa do Tibet, a repressão russa na Chechênia, a invasão da Ucrânia (2022) pela

---

221 *In verbis*: "It would be surprising indeed if the Security Council of the United Nations were to enjoy absolute and unchallengeable power in respect of the rule of law, a privilege not enjoyed, in domestic law, by the political organs of most of the founding Members and other Members of the Organization, starting with the respondent State" Disponível em: <http://www.icj-cij.org/docket/files/89/7261.pdf>. Acesso em: 10 fev. 2022.

222 Os dois agentes líbios acusados do atentado ao voo 103 da *Pan Am* foram julgados de acordo com a lei escocesa e por tribunal escocês estabelecido, excepcionalmente, em Camp Zeist (Holanda). O réu Al-Megrabi foi considerado culpado (pena de prisão perpétua, com recomendação de cumprimento de no mínimo 20 anos, antes de qualquer benefício) e o réu Fhimah foi absolvido. Ver mais em KNOWLES, Julian B. "The Lockerbie judgments: a short analysis", *in* 36 *Case Western Reserve Journal of International Law* (2004), n. 2-3, p. 473-485.

223 Disponível em: <http://www.icj-cij.org>. Acesso em: 10 dez. 2022.

224 BAEHR, Peter R. "The Security Council and Human Rights", *in* LAWSON, Rick e BLOIS, Matthijs de (eds.). *The Dynamics of the Protection of Human Rights in Europe – Essays in Honour of Henry G. Schermers*, v. III, London/Boston/Dordrecht: Martinus Nijhoff Publishers, 1994, p. 15-33. ALSTON, Philip. "The Security Council and human rights: lessons to be learned from the Iraq-Kuwait crisis and its aftermath", 12 *Australian Yearbook of International Law* (1992), p. 107-176.

Rússia, enfim, há um número impressionante de situações de violações graves e sistemáticas de direitos humanos sem que haja qualquer reação do Conselho de Segurança. Logo, a proteção de direitos humanos por meio da ação do Conselho de Segurança pode tornar inviável a tutela destes direitos quando o Estado infrator for um dos membros permanentes do Conselho – detentor, assim, do poder de veto – ou for um de seus aliados.

Também cabe apontar, como grave ponto negativo, a lição de SALIBA[225], em essencial obra sobre o Conselho de Segurança da ONU: a ausência de remédio jurídico adequado para o Estado, indivíduo ou pessoa jurídica que tenha seus direitos violados por resolução vinculante do Conselho de Segurança. A Corte Internacional de Justiça, como dispõe seu Estatuto, só admite Estados como partes em sua jurisdição contenciosa.

Além disso, a seletividade e o *double standard* podem ser introduzidos através de resoluções do Conselho, o que por certo enfraquece a proteção internacional dos direitos humanos. De fato, a ambiguidade do Conselho de Segurança impressiona e pode reduzir o tema da proteção de direitos humanos a mais um instrumento da geopolítica internacional, o que desprestigia e desvaloriza o contemporâneo Direito Internacional dos Direitos Humanos.

Além da ambiguidade e postura vacilante do Conselho de Segurança, há que se analisar o risco de interpretações ampliativas da Carta da ONU para aumentar os poderes do Conselho de Segurança, justamente em um momento no qual os atuais membros com poder de veto são, no mínimo, reticentes quanto ao aumento do número de membros permanentes que retrate melhor o atual cenário internacional (incluindo Japão, Brasil, Alemanha e Índia, por exemplo).

Por seu turno, na Conferência Mundial de Viena de Direitos Humanos de 1993, muitas propostas foram apresentadas em relação à atribuição do Conselho de Segurança em matéria de direitos humanos. Algumas delas visavam ao estabelecimento de canais diretos de comunicação entre os procedimentos de supervisão e controle da observância dos direitos humanos e o Conselho de Segurança, reconhecendo a competência específica do Conselho nesta matéria.

Para SABÓIA, diplomata brasileiro com ativa participação nessa Conferência, essas propostas não lograram aprovação, tendo sido vistas como ofensivas às atribuições da Assembleia Geral da ONU nesse domínio[226]. Perdeu-se uma oportunidade de clarificar o novo papel do Conselho de Segurança na seara da proteção de direitos humanos. Seria salutar, pois, uma mudança das atribuições do Conselho de Segurança para que fosse explicitado o seu papel nos casos de

---

225 SALIBA, Aziz Tuffi. *Conselho de Segurança da ONU – Sanções e Limites Jurídicos,* Curitiba: Juruá, 2008, p. 174.

226 SABOIA, Gilberto V., "Um improvável consenso: A conferência Mundial de Direitos Humanos e o Brasil", 2 *Política Externa* (1994), p. 15.

violações graves de direitos humanos, ao mesmo tempo em que se deve repensar a sua composição. Isso porque, em face de novas incumbências, é razoável pleitear uma maior representatividade da comunidade internacional entre os membros permanentes do Conselho de Segurança.

Ademais, a incoerência e a seletividade de ações do Conselho de Segurança, omitindo-se, por exemplo, nos casos envolvendo os Estados com poder de veto ou seus aliados (*vide* os exemplos acima), não podem continuar, sob pena de erodir a força moral da defesa dos direitos humanos em todo o globo. Logo, é necessária a reflexão para que se elimine, também, o poder de veto, reestruturando-se, por completo, o próprio sistema onusiano (o que foge ao escopo desta obra).

Após o fracasso das negociações sobre a reforma da Carta da ONU nos últimos anos (tendo naufragado também a ampliação do número de membros permanentes)[227], a situação atual persiste: há os naturais riscos de abuso de um Conselho de Segurança, com membros permanentes encastelados e ainda herdeiros do cenário do pós-2ª Guerra. Tais membros podem desejar, em determinado caso, ampliar seus poderes para proteger direitos humanos ou outro interesse qualquer, com base na interpretação ampliativa do termo "paz" internacional.

Por isso, enquanto a reforma do sistema onusiano não é realizada, cabe no mínimo o controle de validade internacional das deliberações do Conselho de Segurança, o que pode ser alcançado por meio do recurso à Corte Internacional de Justiça. Como exposto no caso *Lockerbie*, em relação à validade da Resolução n. 748, a Corte deu indícios de que pode decidir a favor de um controle judicial moderado das resoluções do Conselho de Segurança[228].

Nesse *judicial review,* a CIJ poderia utilizar os limites previstos pelo Direito Internacional e a Carta das Nações Unidas para a ação do Conselho de Segurança.

Tais limites podem ser resumidos a duas restrições principais à ação do CS na proteção de direitos humanos: 1) atuar de acordo com os objetivos da ONU estabelecidos no artigo 1º; e 2) não violar normas imperativas de Direito Internacional que, de acordo com o artigo 53 da Convenção de Viena sobre Direito dos Tratados, contêm valores fundamentais para a comunidade internacional como um todo, e, consequentemente, não podem ser violados por outras normas internacionais, incluindo, então, as resoluções do CS.

---

[227] Ver a cronologia da pretendida reforma da Carta da ONU no *site* da própria Organização em: <http://www.un.org/reform/>.

[228] Corte Internacional de Justiça, *Questions of Interpretation and Application of the 1971 Montreal Convention arising from the Aerial Incident at Lockerbie,* Provisional Mesures, *ICJ Reports*, 1992. O Juiz Shahabuddeen, em voto em separado, afirmou que poderia a CIJ utilizar a técnica da presunção relativa, ou seja, a Resolução do CS seria considerada válida, até prova em contrário por parte do interessado. *In verbis*: *"the validity of the resolution, though contested by Lybia, has, at this stage, to be presumed"*, p. 28.

TÍTULO III | O MECANISMO COLETIVO EUROPEU DE APURAÇÃO DE VIOLAÇÃO DE DIREITOS HUMANOS

1 Introdução

O Conselho da Europa, organização internacional intergovernamental, foi criado em 5 de maio de 1949, pela assinatura, em Londres, de seu tratado institutivo por dez Estados europeus ocidentais (Bélgica, Dinamarca, França, Holanda, Irlanda, Itália, Luxemburgo, Noruega, Suécia e Reino Unido). Possui como objetivo principal a garantia dos direitos humanos, o regime democrático e o Estado de Direito[1]. Sua sede foi estabelecida, simbolicamente, em *Estrasburgo (França)*[2], cidade marcada pela disputa franco-alemã nos séculos anteriores, representando, na visão dos fundadores dessa nova organização internacional, um marco no estabelecimento de uma Europa Ocidental unida e democrática.

Para entender a criação do Conselho da Europa é necessário relembrar o contexto histórico de sua criação, que se situa após o fim da 2ª Guerra Mundial e no início da Guerra Fria. Nesses primeiros anos pós-1945, os Estados europeus ocidentais buscaram *reconstruir* seu papel no mundo já evidentemente bipolar (EUA e a antiga URSS, os grandes vencedores da 2ª Grande Guerra).

Para tanto, optaram pela busca de sinergia e cooperação, uma vez que nenhum país europeu ocidental isolado poderia fazer frente ao poderio dessas duas superpotências já citadas. Essa busca de sinergia e cooperação fez nascer várias organizações internacionais no seio da Europa Ocidental. Em 1948, foi assinado o Tratado de Bruxelas pela França, Holanda, Luxemburgo, Bélgica e Reino Unido, para fins de segurança e defesa militar recíproca (acordo de defesa mútua). Esse tratado vai dar origem em 1954 à União da Europa Ocidental (UEO), que incorporou ainda a Alemanha (10 anos depois da derrota nazista) e a Itália[3]. Em 1951, é assinado o Tratado de Paris, que criou a Comunidade Europeia do Carvão e do Aço (CECA), dando início ao processo de integração europeu, visando o fortalecimento das economias europeias ocidentais. E, nesse

---

1 Dispõe o artigo 3º do seu Estatuto que todo membro do Conselho da Europa reconhece o princípio da predominância do direito e o princípio segundo o qual toda a pessoa sob a sua jurisdição deve gozar dos direitos humanos e das liberdades fundamentais.
2 Atual sede também da Corte Europeia de Direitos Humanos.
3 Em virtude da ampliação das atribuições da União Europeia (UE) e ainda da identidade entre os membros da UE e da UEO, essa última foi dissolvida, após a entrada em vigor do Tratado de Lisboa (da União Europeia) em 2009. A extinção da UEO ocorreu em 2011.

contexto, explica-se o surgimento do Conselho da Europa, em 1949, que fecha o ciclo da "defesa dos valores da Europa Ocidental" ao pregar democracia e direitos humanos, em contraponto ao comunismo real dos países vizinhos europeus da esfera de influência soviética.

Assim, do ponto de vista *militar* (UEO), *econômico* (CECA e outras duas comunidades europeias logo após em 1957) e *político* (Conselho da Europa), os países capitalistas europeus ocidentais reagiram ao mundo bipolar que os ameaçava duplamente: quer pelo desaparecimento (já que tinham em suas vizinhanças as tropas do Exército Vermelho e a luta pelo comunismo) quer pela subordinação (aos interesses da potência capitalista hegemônica, os Estados Unidos).

Para marcar a *diferença* com o mundo soviético e reforçar as forças políticas liberais *internas* (que disputavam eleições com vários partidos socialistas ou comunistas que tinham, à época, votações expressivas), os Estados fundadores do Conselho da Europa aceitaram a internacionalização da temática dos direitos humanos, firmando, em 4 de novembro de 1950 na cidade de Roma (Itália), a Convenção Europeia de Direitos e Liberdades Fundamentais.

Não foi fácil o consenso: foram necessários 15 meses de discussão na Assembleia Parlamentar do Conselho, até que o texto final pudesse ser assinado em 1950.

A Convenção Europeia entrou em vigor em 1953 e é o primeiro tratado multilateral concluído com base nos trabalhos do Conselho da Europa, tendo sido já aditada por 16 protocolos adicionais (os Protocolos n. 15 e 16 foram aprovados em 2013. O Protocolo 15 entrou em vigor em 2021 e o Protocolo 16 entrou em vigor em 1º de agosto de 2018). O Protocolo n. 1 (P-1, no jargão da Corte) trata da proteção aos direitos à propriedade, à educação e a eleições livres (entrou em vigor em 1954). O Protocolo n. 2 regrou a jurisdição consultiva da Corte Europeia de Direitos Humanos (entrou em vigor em 1970), no que foi substituído pelo regramento do Protocolo n. 11. O Protocolo n. 3 alterou vários artigos da Convenção e também foi superado pelo Protocolo n. 11. O Protocolo n. 4 proibiu a prisão por dívida e a expulsão coletiva de estrangeiros (entrou em vigor em 1968). O Protocolo n. 5 alterou artigos da Convenção e foi superado pelo Protocolo n. 11. O Protocolo n. 6 proibiu a pena de morte, salvo em tempo de guerra ou na iminência dela, tendo sido revogado expressamente pelo Protocolo n. 13, que baniu a pena de morte *tout court*. Por sua vez, o Protocolo n. 7 dispõe sobre garantias processuais diversas (entrou em vigor em 1988). O Protocolo n. 8 alterou vários artigos da Convenção, sendo superado pelo Protocolo n. 11. O Protocolo n. 9 alterou vários artigos da Convenção, dando o direito de ação perante a Corte ao indivíduo, mas foi superado e revogado pelo Protocolo n. 11. A mesma revogação ocorreu com o Protocolo n. 10, que nem sequer entrou em vigor. Finalmente, o Protocolo n. 11, que extinguiu a Comissão fundindo-a com a Corte (entrou em vigor em 1998). O Protocolo n. 12, que entrou em vigor em 2005, combate discriminações de todo tipo (em vigor desde 2005). O Protocolo n. 13, como vimos, cria um espaço europeu livre da pena de morte (em vigor desde 2003[4]) e o Protocolo n. 14 dá mais um passo rumo a uma nova Corte, capaz de fazer frente ao crescente número de demandas individuais e focada na implementação de suas decisões[5]. O Protocolo n. 15 trata da margem da apreciação e do princípio da subsidiariedade. Já o Protocolo n. 16 permite que os Tribunais superiores dos Estados peçam *opinião consultiva* à Corte EDH sobre a interpretação ou aplicação dos direitos da Convenção.

Atualmente, 46 Estados europeus são partes da Convenção e seus protocolos, estendendo o conteúdo dos direitos previstos nesse tratado a mais de 690 milhões de pessoas. Essa Convenção é aberta à ratificação por todo Estado europeu (mesmo que possua apenas parte do seu território na Europa, como a Turquia). Após a invasão da Ucrânia em 24 de fevereiro de 2022, a Rússia (que ingressou nessa organização internacional em 1996) foi expulsa em 16 de março de 2022 do Conselho da Europa (na linguagem diplomática da ocasião: "deixou de ser membro"), que invocou o art. 8º do Estatuto do Conselho, o qual permite a suspensão e subsequente expulsão de Estado que viole os objetivos de respeito ao Estado de Direito e aos direitos humanos. Consequentemente, foi editada Resolução da Corte Europeia de Direitos Humanos em 22 de março de 2022, pela qual a Corte continuará analisando petições contra a Rússia em relação a supostas violações da Convenção ocorridas até 16 de setembro de 2022. O Comitê de Ministros (CM) continuará a supervisionar a execução das sentenças e dos acordos celebrados. Bielorrússia possuía um estatuto de convidado apenas, o qual foi suspenso pelo Conselho da Europa, em face de sua posição de não condenação à Rússia na guerra contra a Ucrânia.

Ao longo dos anos, o número de membros cresceu exponencialmente, em especial após o fim da Guerra Fria e a dissolução da União Soviética até chegar nesse recorde de 47 membros do Conselho da Europa e, a partir da expulsão da Rússia, 46. De toda a Europa, faltam a Rússia (144 milhões de habitantes), Bielorrússia (10 milhões de pessoas) e Cazaquistão (19 mihões de habitantes; possui parte do seu território na Europa) os quais não são membros na organização. O Kosovo, em especial após à expulsão da Rússia deve ser o próximo país a ingressar no Conselho, apesar da oposição provável da Sérvia (aprovação de ingresso depende de votação de 2/3 dos Estados-membros). O Estado do Vaticano também não faz parte do Conselho da Europa e não é parte da Convenção Europeia de Direitos Humanos.

---

4 Seu artigo 1º é claro: "É abolida a pena de morte. Ninguém será condenado a tal pena, nem executado". Não cabe derrogação nem reservas.

5 O Protocolo n. 14 foi redigido em 2004 e demorou anos para entrar, finalmente, em vigor em 2010. A oposição russa era grande e por isso foi redigido o "Protocolo n. 14 *bis*" em 2009 (versão provisória e compacta do Protocolo n. 14), para valer até a entrada em vigor do Protocolo n. 14. Logo após, a Rússia ratificou o Protocolo n. 14, o que fez o Protocolo 14 *bis* caducar.

Todos os membros do Conselho da Europa já ratificaram a Convenção Europeia de Direitos Humanos e reconheceram a jurisdição da Corte Europeia de Direitos Humanos (Corte EDH), sendo exigido dos novos postulantes que também o façam.

Apesar de conter um expressivo rol de direitos humanos, notadamente civis e políticos, deve-se reconhecer que a originalidade da Convenção Europeia de Direitos Humanos residiu justamente no mecanismo coletivo de proteção aos direitos humanos, que se baseava na existência de um órgão de investigação e conciliação (Comissão Europeia de Direitos Humanos, existente até novembro de 1998), além de um órgão político de aferimento da responsabilização (Conselho de Ministros do Conselho da Europa) e de um órgão judicial de responsabilização dos Estados (a Corte Europeia de Direitos Humanos)[6].

Essa originalidade explica-se pelo desejo dos Estados europeus ocidentais de realçar a diferença com o bloco soviético: não apenas criaram um tratado de direitos humanos, mas se submeteram ao crivo de órgãos internacionais independentes (a Comissão e a Corte europeias).

Claro que, como veremos, foi percebido – já nos trabalhos preparatórios – o potencial de conflito que a criação de um tribunal internacional de direitos humanos poderia gerar em relação à Constituição e aos Tribunais Supremos de cada Estado, tendo sido gestadas várias "travas de segurança" para preservar a soberania dos Estados. Porém, cabe reconhecer o ineditismo e a vontade política dos Estados fundadores do Conselho da Europa em demonstrar o apego aos direitos humanos e à democracia.

O procedimento de julgamento internacional do Estado da Convenção Europeia de Direitos Humanos é complexo, tendo sofrido importante modificação em novembro de 1998, com a entrada em vigor do Protocolo n. 11, que *extinguiu* a Comissão Europeia de Direitos Humanos, fazendo sua fusão (os comissários viram juízes) com a antiga Corte Europeia de Direitos Humanos

---

6 Sobre o tema, ver COHEN-JONATHAN, G. *La Convention Européenne des droits de l'homme*, Paris: Economica, 1989. NORGAARD, Carl Aage. "The Protection of Human Rights in Europe", *in Collected Courses of the Academy of European Law*, v. II, Book 2, Netherlands: Kluwer Law International, 1993, p. 21-97. NORGAARD, Carl Aage. "European Commission of Human Rights", *in* BENHARDT, Rudolf (org.). *Encyclopedia of Public International Law* – v. 8, Amsterdam/ New York: North Holland Publishing Co, 1985, p. 178-184. FROWEIN, Jochen A., "European Convention of Human Rights", *in* BENHARDT, Rudolf (org.). *Encyclopedia of Public International Law* – v. 8, Amsterdam/New York: North Holland Publishing Co, 1985, p. 185-192. GANSHOF VAN DER MEERSCH, W.J., "European Court of Human Rights", *in* BERNHARDT, Rudolf (org.). *Encyclopedia of Public International Law* – v. 8, Amsterdam/New York: North Holland Publishing Co, 1985, p. 193-207. MATSCHER, Franz. "Quarante ans d'activités de la Cour européenne des droits de l'homme" – *in* 270 *Recueil des Cours de l'Académie de Droit International de La Haye*, (1997), p. 237-398. No Brasil, ver PIOVESAN, Flávia. *Direitos Humanos e Justiça Internacional*. 2. ed. ampliada, São Paulo: Saraiva, 2011.

(não permanente), e criando a *nova Corte Europeia de Direitos Humanos* (Corte EDH), de caráter permanente, *com 39 juízes escolhidos em abril de 1998*, contando hoje com *46* juízes (um por membro do Conselho da Europa).

Anteriormente, as vítimas ou mesmo os Estados-partes apresentavam suas petições à Comissão, alegando violações de direitos humanos por parte de um Estado dito infrator. Após a análise do caso e fracassando a tentativa de conciliação, a Comissão poderia apresentar o caso perante a Corte Europeia de Direitos Humanos. Perante a Corte, o Estado infrator era processado e poderia ser obrigado a reparar o dano causado. Havia ainda a possibilidade da adjudicação do caso ao Comitê de Ministros e, com o Protocolo n. 9 (aditivo à Convenção Europeia de Direitos Humanos) poderia o indivíduo processar diretamente o Estado perante a Corte, após o esgotamento de instância perante a Comissão. Com o Protocolo n. 11, o indivíduo vítima de violações de direitos humanos deve apresentar sua ação diretamente à Corte Europeia de Direitos Humanos[7].

Todavia, como a proposta do livro é analisar os procedimentos coletivos de julgamento internacional do Estado por violação de direitos humanos, foi mantida uma breve análise do antigo procedimento perante a Comissão Europeia, de modo a fornecer elementos de comparação com o procedimento interamericano, esse sim, de claro interesse ao Brasil.

2 O antigo procedimento europeu de apuração de violações de direitos humanos: uma lição para as Américas?

2.1 A ascensão e queda da Comissão Europeia de Direitos Humanos: o lento procedimento bifásico e a entrada dos países ex-comunistas no Conselho da Europa

A Comissão Europeia de Direitos humanos foi criada pela redação original da Convenção Europeia de Direitos Humanos e possuía o número de membros igual ao número de Estados contratantes da Convenção. Órgão imparcial e independente dos governos dos Estados, seus comissários eram eleitos para um

---

[7] O Protocolo n. 11 possuía dispositivos de transição, como nem poderia deixar de ser. Segundo esses dispositivos, todos os casos pendentes diante da antiga Corte na data em vigor do Protocolo (1º de novembro de 1998) foram enviados à nova Corte. Todos os casos pendentes na Comissão e ainda não declarados admissíveis foram apresentados diretamente à nova Corte. E finalmente, a Comissão manteve suas atividades durante um ano para tratar dos casos já declarados admissíveis. Em relação ao tema, ver o estudo de Drzemczewski sobre as mudanças oriundas da entrada em vigor do Protocolo n. 11 em DRZEMCZEWSKI, Andrew. "A Major Overhaul of the European Human Rigths Convention Control Mechanism: Protocol n. 11", *in Collected Courses of the Academy of European Law*, v. VI, Book 2, Netherlands: Kluwer Law International, 1997, p. 121-244.

período de seis anos pelo Comitê de Ministros, com base em uma lista estabelecida pela Assembleia do próprio Conselho da Europa.

Como requisitos para o exercício da função de comissário de direitos humanos, estipulava o antigo art. 39, parágrafo 3º, da Convenção Europeia de Direitos Humanos em combinação com o art. 2º do Protocolo n. 8 que os comissários deveriam possuir as mesmas qualificações morais e de competência técnica de um juiz da Corte Europeia de Direitos Humanos.

A independência de cada comissário era assegurada pelas garantias idênticas às de um juiz da Corte e ainda reforçada pela independência coletiva da própria Comissão, já que a mesma estabelecia seu regulamento interno e elegia seu presidente e seus vice-presidentes.

A Comissão era um órgão não permanente, tendo em princípio oito sessões anuais de duas semanas, mas poderia existir, a seu critério, sessões suplementares. A decisão era coletiva e por maioria e suas deliberações eram tomadas em sigilo, para garantir a independência e imparcialidade.

A natureza jurídica da Comissão foi considerada pela doutrina como sendo "quase judicial". Muitos chegaram a compará-la com o papel exercido em vários países europeus pelo *Ministério Público*, já que a Comissão era a encarregada da investigação e era titular da ação de responsabilidade internacional do Estado perante a antiga Corte Europeia de Direitos Humanos[8].

Eram duas espécies de demandas que poderiam ser analisadas pela antiga Comissão. A demanda interestatal era prevista pelo antigo artigo 24 e consistia em petição de um Estado acusando outro de violar os direitos protegidos em seu próprio território, consagrando, pela primeira vez no Direito Internacional, uma *actio popularis* de direitos humanos. Já o antigo artigo 25 da Convenção Europeia de Direitos Humanos estabeleceu o direito de petição individual, pelo qual o indivíduo possuía o direito de acionar diretamente um organismo internacional, no caso a Comissão Europeia. Em relação à legitimidade ativa do peticionante, a prática europeia aceitava que todas as pessoas, não importando a nacionalidade, podiam recorrer à Comissão, desde que estivessem nos limites da jurisdição do Estado contratante. A única condição exigida do requerente individual, então, era que houvesse sido vítima de uma violação de direitos humanos. Inicialmente, a Comissão averiguava sua competência material, temporal, pessoal e territorial para com a demanda. Após ter sido admitida, a petição individual ou estatal era submetida pela Comissão a um *procedimento de conciliação*, de acordo com o artigo 28 da Convenção Europeia de Direitos

---

[8] A própria Comissão já se autodefiniu como um órgão internacional dotado de jurisdição internacional, que objetivava a correta proteção dos direitos humanos. Corte Europeia de Direitos Humanos, *Affaire linguistiques belges,* julgamento de 9 de fevereiro de 1967, Série A, n. 6, p. 11.

Humanos. A função de conciliação da Comissão iniciava-se com o estabelecimento dos fatos, através de um procedimento informado pelos princípios do contraditório e da ampla defesa. A partir da constatação desses fatos, o Estado tido como ofensor e o requerente eram convidados a encontrar uma posição em comum, a fim de solucionar o litígio.

A Comissão estabelecia um limite para essa composição, que era o respeito aos direitos fundamentais, que não são passíveis de transação. Tal limite deveria ser observado pela Comissão no momento da homologação do acordo[9]. Após a homologação, com o relatório final da Comissão, o caso não poderia mais ser discutido perante os órgãos da Convenção Europeia de Direitos Humanos.

Na época, era evidente a importância da conciliação como fórmula de solução de litígios perante a Convenção Europeia de Direitos Humanos. Segundo NORGAARD e KRUGER, as estatísticas mostram que *cerca de doze por cento* do total de petições perante a Comissão Europeia eram solucionados mediante o procedimento de conciliação[10]. Afinal, o procedimento era vantajoso para o Estado na medida em que esse não reconhecia sua responsabilidade internacional, mas ao mesmo tempo, favorecia o indivíduo quando as medidas reparatórias eram efetuadas, sob o controle de órgão internacional.

Após o procedimento de admissibilidade e a tentativa de conciliação, caberia à Comissão elaborar um relatório final sobre os fatos apresentados e sobre a responsabilidade internacional do Estado requerido, com base no artigo 31 da Convenção Europeia de Direitos Humanos. O relatório "31" era considerado peça conclusiva de um verdadeiro julgamento de órgão internacional, após a fase postulatória, instrutória e conciliatória. Como peça conclusiva, representava uma *decisão* da Comissão sobre o caso concreto.

A partir da elaboração do relatório, a Comissão deveria transmiti-lo ao Comitê de Ministros e ao Estado interessado, que não podia publicá-lo. O requerente, por seu turno, não tinha acesso ao relatório 31, mas somente às suas conclusões. Tal situação de sigilo do relatório ante o próprio requerente só foi superada pela edição do Protocolo facultativo n. 9 à Convenção Europeia de Direitos Humanos que obrigou a Comissão a enviar o teor completo do relatório ao requerente, sendo que este, tal qual o Estado requerido, não poderia divulgá-lo.

A falta de força vinculante do Relatório "31" acarretava a necessidade de provocação da Corte Europeia ou ainda a adjudicação do caso ao Comitê de

---

9 Ver SUDRE, Fréderic. *Droit International et européen des droits de l'homme*, 2. ed., Paris: Presses Universitaires de France, 1995, p. 301.

10 NORGAARD, Carl A. e KRUGER, Hans C. "Article 28", *in* PETTITI, L.E., DECAUX, E., IMBERT, Pierre-Henri (orgs.). *La convention européenne des droits de l'homme*, Paris: Economica, 1995, p. 679.

Ministros, que desempenhava um papel anômalo de julgamento de violações de direitos humanos (ver abaixo).

Logo, o procedimento completo de responsabilidade internacional do Estado no sistema europeu era *moroso*, o que por certo motivou a elaboração do Protocolo n. 11, com a consequente extinção da Comissão (fundindo-a com a então Corte Europeia).

Além disso, a multiplicação de casos submetidos à Comissão e à Corte tornou também *insustentável* a manutenção de um procedimento *bifásico*: uma primeira fase perante a Comissão e uma segunda fase perante a Corte (ou perante o Comitê de Ministros, como veremos). Obviamente, a supressão do exame dos mesmos casos por dois órgãos distintos foi necessária para dar agilidade ao procedimento.

Porém, do meu ponto de vista, a derrocada final da Comissão e do procedimento bifásico europeu ocorreu com a queda do Muro de Berlim e com o ingresso de novos membros da Europa do Leste (inclusive a própria Rússia em 1996 – expulsa em 2022) no Conselho da Europa. Desde 1990 até hoje, 23 membros ingressaram no Conselho da Europa, quase todos do antigo bloco comunista[11]. Não foi coincidência que, novembro de 1990, foi aberto à assinatura dos Estados o Protocolo n. 9, dando o direito de ação ao indivíduo após o trâmite perante a Comissão, com legitimidade concorrente da Comissão. E, depois, 11 de maio de 1994, foi aberto à assinatura dos Estados o Protocolo n. 11, que extinguiu a Comissão *tout court*, fundindo-a com a Corte e dando o direito de ação aos indivíduos vítimas de violações de direitos humanos.

O filtro da Comissão e o papel anômalo do Comitê de Ministros protegiam obviamente os Estados europeus ocidentais. Com o ingresso dos membros ex--socialistas, não havia desejo algum de protegê-los.

Pelo contrário, havia o desejo dos Estados capitalistas de estimular os indivíduos a questionarem o "entulho autoritário" do antigo bloco comunista perante a Corte de Estrasburgo. Por isso, rapidamente foram engendradas modificações na Convenção para facilitar o acesso do indivíduo ao sistema europeu de direitos humanos.

Assim, mudou-se o contexto e os líderes ocidentais perceberam a obsolescência da Comissão no seio do novo papel que se esperava da Convenção

---

11 Com a exceção de Mônaco, microestado cliente da França e Andorra, microestado encravado na Espanha. Ingressaram no Conselho da Europa os seguintes membros após o fim do comunismo real: Polônia (1991); Bulgária (1992); Estônia (1993); Lituânia (1993); Eslovênia (1993); República Checa (1993); Eslováquia (1993); Romênia (1993); Andorra (1994); Letônia (1995); Albânia (1995); Moldávia (1995); Macedônia (1995); Ucrânia (1995); Rússia (1996); Croácia (1996); Geórgia (1999); Armênia (2001); Azerbaijão (2001); Bósnia-Herzegovina (2002); Sérvia (2003); Mônaco (2004); Montenegro (2007).

Europeia de Direitos Humanos, não mais como filtro protetor de Estados Democráticos, mas como motor da transformação das sociedades outrora socialistas em sociedades capitalistas liberais.

Cabe lembrar que o plano não se desenvolveu da maneira que os Estados ocidentais europeus desejavam.

Os indivíduos sob a jurisdição dos próprios Estados democráticos europeus, como Itália, França, Espanha e outros, perceberam o amplo espaço de questionamento que lhes fora dado perante a nova Corte EDH.

A Itália, por exemplo, democrática e ocidental, é um dos líderes negativos do sistema, com expressivos números de ações individuais ano após ano. Assim, não só os indivíduos sob a jurisdição dos novos membros foram beneficiados, mas todos os jurisdicionados europeus (690 milhões nos dias de hoje).

A Comissão Europeia, tão importante no passado do sistema europeu, foi considerada obsoleta e sacrificada no altar da agilidade e da rapidez na apreciação dos casos de violação de direitos humanos, garantindo-se, por seu turno, credibilidade ao renovado sistema europeu de direitos humanos, pois como se sabe, tutela tardia e demorada é tutela injusta[12].

2.2 A mudança de função do Comitê de Ministros do Conselho Europeu

O Comitê de Ministros é um órgão principal do Conselho da Europa, previsto pelo Estatuto de 5 de maio de 1949. Cada membro do Conselho da Europa possui um representante no Comitê, sendo, segundo o artigo 14 do Estatuto, preferencialmente o Ministro das Relações Exteriores de cada país. De acordo com o texto original da Convenção Europeia de Direitos Humanos, esse órgão possuía competência decisória residual automática no mecanismo europeu de proteção aos direitos humanos. Caso a Corte não fosse acionada pela Comissão ou por um Estado, automaticamente o Comitê era chamado a decidir sobre o caso concreto.

Os Estados, por outro lado, tinham, *in abstracto*, melhores condições de vitória no Comitê de Ministros, já que o Estado requerido *participava da votação do mérito* e a maioria exigida para a constatação da ofensa aos direitos humanos é qualificada de dois terços.

---

12 De acordo com o Comunicado conjunto, "Esta reforma tem como origem as dificuldades crescentes encontradas pelas instituições atuais para fazer frente à multiplicação dos casos e à necessidade consequente de racionalizar o mecanismo de implementação da Convenção. A supressão do exame dos casos por dois órgãos distintos, exame que exigia enorme tempo, é o elemento principal da reforma". Ver Communiqué conjoint du greffier de la Cour européenne des Droits de l'Homme et du Secrétaire de la Commission Européenne des Droits de l'Homme, de 7 de maio de 1998.

Então, interessava avaliar os motivos para a não interposição da ação perante a Corte. Infelizmente, essa decisão não era motivada, sendo tradicionalmente caracterizada como ato *discricionário* da Comissão. A doutrina europeia deduziu, após a análise da prática dos casos submetidos ao Comitê de Ministros, a disposição da Comissão em enviar *casos delicados* ao Comitê de Ministros quando havia grande controvérsia política, o que decerto não contribuía para o fortalecimento da responsabilidade internacional do Estado, que necessariamente causa embaraços a Estados condenados a reparar violações de direitos humanos.

O Comitê de Ministros decidia sobre o mérito do caso, estabelecendo, ainda, um prazo no qual o Estado requerido deveria tomar as medidas reparatórias necessárias. Caso tais medidas não fossem tomadas pelo Estado, deveria o Comitê reanalisar a questão, estabelecendo novas obrigações ao Estado inadimplente. No limite, poderia ser estabelecida a suspensão ou mesmo expulsão do Estado infrator do Conselho da Europa, que eram – e ainda são – duas sanções possíveis, previstas pelo descumprimento das decisões do sistema europeu de proteção de direitos humanos (art. 8º do Estatuto).

Por outro lado, ainda em relação à decisão sobre o mérito do caso concreto, por ser o Comitê de Ministros um órgão político por natureza, formado pelos representantes de governos dos Estados contratantes, fica claro que a independência e o rigor jurídico *não* eram parâmetros para a tomada de decisão. *Por isso, a atividade do Comitê de Ministros era marcada por "não decisões".* Isso ocorria devido à exigência da regra de dois terços como *quorum* da tomada de decisão[13], maioria qualificada difícil de ser alcançada.

Tais situações de não decisão representavam *verdadeira denegação de justiça* e eram aptas a desacreditar tal opção política de aferição da responsabilidade internacional do Estado, sendo verdadeiro exemplo negativo para outras regiões do globo. Por isso, veio em boa hora a *supressão da função contenciosa* do Comitê de Ministros pelo Protocolo n. 11.

Desde então, o Comitê de Ministros guarda *somente* seu papel de supervisor da execução fiel pelos Estados das decisões da Corte.

2.3 Os números comparativos entre o antigo sistema e o novo

Como vimos, no sistema original da Convenção, as vítimas ou mesmo os Estados-partes apresentavam suas petições à Comissão, contendo alegações de violações de direitos humanos cometidas por parte de um Estado. Após a

---

13 Citem-se os seguintes casos perante o Comitê que não obtiveram a maioria necessária, apesar do relatório denunciando violação da Convenção por parte da Comissão: *Huber vs. Áustria* (Resolução DH(75)2 do Comitê de Ministros), *Asiáticos da África Ocidental vs. Reino Unido* (Resolução DH(77)2 do Comitê de Ministros), *Dores e Silveira vs. Portugal* (Resolução DH(85)7 do Comitê de Ministros), *Warwick vs. Reino Unido* (Resolução DH(89)5 do Comitê de Ministros).

análise do caso e fracassando a tentativa de conciliação, a Comissão poderia arquivá-lo (por inexistir violação de direito protegido), propor uma ação perante a Corte Europeia de Direitos Humanos ou ainda adjudicar o caso ao Comitê de Ministros.

Na fase propriamente judicial, o Estado infrator era processado e poderia ser obrigado a reparar o dano causado (veremos como isso ocorre hoje no atual sistema). Por outro lado, havia ainda a possibilidade da adjudicação do caso ao Comitê de Ministros do Conselho da Europa, uma clara alternativa política, que amesquinhava a proteção jurisdicional dos direitos humanos. Após a entrada em vigor do Protocolo n. 9 (aditivo à Convenção Europeia de Direitos Humanos), a vítima ganhou finalmente o direito de processar diretamente o Estado perante a Corte, após o ainda necessário trâmite perante a Comissão. Depois da entrada em vigor do Protocolo n. 11, o indivíduo vítima de violações de direitos humanos ou outro Estado (*actio popularis*) devem apresentar sua ação diretamente à Corte Europeia *Permanente* de Direitos Humanos. No final de 2004, foi elaborado o Protocolo n. 14, que busca otimizar a eficiência da Corte de Estrasburgo e ainda adaptar à Convenção ao futuro ingresso da União Europeia por meio de novos filtros de acesso.

O antigo sistema europeu de proteção de direitos humanos possuía um trâmite lento: as vítimas peticionavam à Comissão Europeia, que, após a análise da admissibilidade e fracassada a conciliação, poderia – caso constatasse violação de direitos humanos – processar o Estado perante a Corte Europeia de Direitos Humanos ou ainda adjudicar o caso ao Comitê de Ministros.

Esse procedimento bifásico (Comissão e Corte) era lento e por isso desestimulante. Desde 14 de novembro de 1960 (primeiro julgamento da Corte, Caso *Lawless vs. Irlanda*) até 1998 (data da extinção da Comissão), a Comissão havia recebido aproximadamente 45 mil petições, mas a Corte havia julgado somente 837 casos, mostrando o grande filtro que era o procedimento bifásico.

De 1998 em diante, os julgamentos da Corte cresceram exponencialmente: em 18 de setembro de 2008 (menos de 10 anos depois da extinção da Comissão) a Corte comemorou seu julgamento de n. 10.000[14].

No final do ano de 2010, os problemas do sistema europeu eram outros: havia quase 140 mil casos pendentes, e, somente em 2010, mais 61 mil petições de vítimas[15] foram protocoladas na Corte. A taxa de congestionamento (diferença entre entradas e saídas) foi alta, com acréscimo de 20 mil casos no já

---

14 Dados disponíveis em: <http://www.echr.coe.int/NR/rdonlyres/8699082A-A7B9-47E2-893F-5685A72B78FB/0/Statistics_2010.pdf>. Acesso em: 14 fev. 2022.

15 Entretanto, aproximadamente 46 mil desses casos foram considerados inadmissíveis e aproximadamente 15 mil foram adjudicados para julgamento de mérito. Ver mais em: <http://www.echr.coe.int/NR/rdonlyres/8699082A-A7B9-47E2-893F-5685A72B78FB/0/Statistics_2010.pdf>. Acesso em: 14 fev. 2022.

abarrotado contingente de casos pendentes (cerca de 119 mil em 2009 para quase 140 mil no final de 2010)[16].

Em 2021, a Corte recebeu quase 45 mil petições. Em vários casos, diversas petições foram analisadas em um único julgamento: foram 1.105 julgamentos referentes a 3.131 petições. Ao todo, houve o exame de aproximadamente 36 mil petições dividido da seguinte maneira (i) 3.131 foram analisadas em julgamentos e (ii) 32.961 petições foram declaradas inadmissíveis (decisão de extição sem julgamento de mérito tanto por juiz singular quanto por Comitê).

Em 2022, os dados publicados pela Corte Europeia de Direitos Humanos mostram que até 30 de abril deste ano o número total de petições pendentes chegou a 72.750[17].

Somente 7 países concentram a impressionante marca de aproximadamente 65% dos casos em 2021: 1º) Rússia (21,00%); 2º) Ucrânia (17,9%); 3º) Romênia (8,6%); 4º) Turquia (7,0%); 5º) Itália (3,6%); 6º) Croácia (3,4%); 7º) Bulgária (3,4%).

Até 30 de abril de 2022, 15.650 petições já foram apresentadas[18].

De acordo com o Relatório Anual emitido pela Corte Europeia, em 2021 o número de petições recebidas foi 44.250 contra 41.700 (em 2020), apresentando um aumento de 6% em relação ao ano anterior. Durante todo o ano de 2021, foram emitidas 36 mil decisões, contra 39 mil em 2020, um decréscimo de 8%[19].

Os custos desse sistema também são elevados: para 2022, a Corte EDH conta com um orçamento de aproximadamente 74.5 milhões de euros[20].

De um lado, o sistema europeu ganhou relevância e cada vez mais os indivíduos o procuram, gerando conflitos entre jurisdições justapostas (os conflitos entre os Tribunais Supremos de cada Estado e a Corte Europeia são cada vez mais evidentes) e reclamos por implementação efetiva das decisões da Corte de Estrasburgo.

---

[16] Dados disponíveis em: <http://www.coe.md/index.php?option=com_content&view=article&id=180%3Aechr-reform&catid=40%3Apress-releases-&Itemid=55%E2%8C%A9=en>. Acesso em: 14 fev. 2022.

[17] Disponível em: <https://www.echr.coe.int/Documents/Stats_month_2022_ENG.PDF>. Acesso em: 16 maio 2022.

[18] Contabilizadas somente as demandas alocadas para uma formação judicial. Disponível em: <https://www.echr.coe.int/Documents/Stats_month_2022_ENG.PDF>. Acesso em: 28 maio 2022.

[19] Dados de 2021. Disponível em: <https://www.echr.coe.int/Documents/Annual_report_2021_ENG.pdf>. Acesso em: 16 maio 2022.

[20] Disponível em: <https://www.echr.coe.int/Documents/Budget_ENG.pdf>. Acesso em: 16 maio 2022.

Por outro lado, o congestionamento de casos preocupa, pois uma Corte com 46 juízes analisa atualmente violações de direitos humanos em um agregado de mais de 690 milhões de pessoas, o que pode sugerir necessidade de profunda reflexão sobre o que se espera de um "Tribunal Internacional de Direitos Humanos".

Analisaremos, agora, o atual mecanismo europeu de julgamento do Estado por violação de direitos humanos, devidamente atualizado pela entrada em vigor do Protocolo n. 14, em 1º de junho de 2010 e do Protocolo n. 15.

3 O novo procedimento europeu de apuração de violações de direitos humanos após os Protocolos n. 14 e 15

3.1 As petições individuais e interestatais: a legitimidade ativa e passiva perante a Corte de Estrasburgo

O procedimento a ser desenvolvido perante a nova Corte Europeia de Direitos Humanos (Corte EDH ou Corte de Estrasburgo, sua sede) é verdadeiro *procedimento judicial*, informado pelos princípios do contraditório e da ampla defesa.

A nova Corte Europeia, de acordo com o artigo 38 da Convenção, é composta de um número de juízes igual ao número de membros do Conselho da Europa, atualmente 46, eleitos para mandato de nove anos, proibida a recondução[21]. Os idiomas de trabalho da Corte são o inglês e o francês, mas as petições iniciais das ações podem ser redigidas em qualquer idioma oficial de um país membro do Conselho da Europa (há 41 idiomas). De acordo com o Protocolo n. 11, o reconhecimento da jurisdição da nova Corte é obrigatório (no passado, era cláusula facultativa da Convenção Europeia de Direitos Humanos).

Os indivíduos, grupos de indivíduos ou organizações não governamentais sob a jurisdição dos Estados-membros são legitimados a propor ações de apuração da responsabilidade internacional por violação de direitos humanos *de sua pretensa titularidade*. Demais pessoas jurídicas não possuem legitimidade ativa[22]. Assim, não há – como no sistema interamericano de direitos

---

21 São membros do Conselho da Europa em 2022: Albânia, Alemanha, Andorra, Armênia, Áustria, Azerbaijão, Bélgica, Bósnia-Herzegovina, Bulgária, Chipre, Croácia, Dinamarca, Eslováquia, Eslovênia, Espanha, Estônia, Finlândia, França, Geórgia, Grécia, Hungria, Irlanda, Islândia, Itália, Letônia, Macedônia, Liechtenstein, Lituânia, Luxemburgo, Malta, Moldova, Mônaco, Montenegro, Noruega, Países Baixos, Polônia, Portugal, República Checa, Romênia, Reino Unido, São Marinho, Sérvia, Suécia, Suíça, Turquia, Ucrânia (46 países ao todo).

22 No caso (raro) de demanda interestatal (ver abaixo), a Eslovênia processou a Croácia por violação de direitos de um Banco estatal esloveno pelas autoridades judiciais croatas. A Corte EDH não conheceu o caso, pois reiterou que não possui jurisdição para situações nas quais

humanos – a possibilidade de uma organização não governamental (ONG) processar um Estado por *violação de direitos humanos de terceiros*: só tem legitimidade ativa para propor ações que tutelem seus próprios direitos. Esse ato restringe a ação de ONGs que usam a via internacional como instrumento de litígio estratégico de direitos humanos, escolhendo determinada violação para fomentar precedente internacional sobre o tema.

Não é necessária a nacionalidade do Estado-réu ou sequer que a estadia no território seja regular. Mesmo estrangeiros em situação irregular podem processar um Estado-réu perante a Corte EDH e sair vitoriosos.

Também não é necessário que a jurisdição do Estado-réu sobre determinado território seja formalizada ou mesmo legítima perante o Direito Internacional: a Turquia, por exemplo, responde pelas violações de direitos humanos que ocorram na *parte norte de Chipre*, controlada *de facto* pelos militares turcos, que formalmente negam ambições de anexação.

Além disso, cada Estado contratante também poderá propor, contra outro Estado, uma ação perante a Corte de Estrasburgo, alegando violação de direitos protegidos na Convenção Europeia de Direitos Humanos.

A legitimidade passiva é sempre do Estado. A Corte, então, não é uma Corte que julga indivíduos por violação de direitos humanos, mesmo se os atos envolvidos sejam atos de particulares. Como já analisei em livro específico, o Estado responde no plano internacional por violação de direitos humanos ocasionada por atos de particulares, em virtude de sua *omissão* na (i) prevenção, (ii) reparação dos danos ou ainda na (iii) repressão aos violadores[23].

Em geral, a natureza jurídica dessa ação é essencialmente *declaratória*, buscando-se a declaração da violação de direitos humanos, para que, após, o Estado escolha os mecanismos internos mais adequados para a reparação devida. Como veremos, caso o Estado não repare o dano, é possível a condenação do Estado infrator ao pagamento de uma soma pecuniária (satisfação equitativa).

Entre os agentes capazes de acionar a Corte, vê-se que os indivíduos ou organizações não governamentais agem em nome próprio na defesa de interesse próprio; os Estados agem em nome próprio na defesa de interesse alheio, que vem a ser a proteção de direitos humanos de todos sob a jurisdição dos Estados contratantes.

(mesmo em demanda interestatal) a vítima seja uma pessoa jurídica (salvo a exceção da organização não governamental). Para a Corte, o Banco estatal não poderia ser considerado "organização não governamental". Corte EDH, Eslovênia vs. Croácia, julgamento de 18 nov. 2021.

23   CARVALHO RAMOS, André de. *Responsabilidade Internacional por Violação de Direitos Humanos*, Rio de Janeiro: Renovar, 2004.

A proteção de direitos humanos é uma *obrigação objetiva*, o que possibilitava tanto a um órgão internacional (como a extinta Comissão) quanto a Estados terceiros pleitearem a reparação de violação de direitos humanos de qualquer indivíduo, diante do mecanismo da Convenção Europeia de Direitos Humanos.

É possível também a defesa por um Estado de direitos de seu próprio nacional contra um outro Estado. Pode um Estado contratante, do qual é nacional a vítima, apresentar a demanda perante a Corte. Essa hipótese, apesar de ser semelhante ao instituto da proteção diplomática e raramente utilizada na jurisprudência da Corte[24], é fundada, ao contrário da citada proteção diplomática, não em um direito próprio do Estado, mas sim no fato de ser a defesa de direitos humanos uma obrigação objetiva. A fundamentação não mudaria em nada, caso o indivíduo fosse de outra nacionalidade qualquer.

De qualquer modo, as demandas de um Estado contra outro são raríssimas e, de 1959 a 2022, somaram somente 31 casos, sendo que alguns deles são típicos de uso do sistema para inserir disputas geopolíticas na agenda de direitos humanos, como se vê nas três demandas promovidas pela Geórgia contra a Rússia (uso do sistema para servir de instrumento em um contencioso territorial entre os citados países)[25]. Em 2014 e 2015, a Rússia é demandada mais uma vez, agora pela Ucrânia (caso da Crimeia). Em 2021, e 2022, há três casos da Armênia contra o Azeibaijão (há contencioso territorial entre esses países também) e, finalmente, em 2022, logo após a invasão russa, a Ucrânia processou a Rússia. Retirando esses casos de contenciosos implícitos de Direito Internacional Público, há nitidamente poucos casos de verdadeiras *ações para proteger determinadas vítimas de violações de direitos humanos*. Novamente, os Estados temem o efeito "bumerangue" e a ameaça a interesses estratégicos pelo inevitável abalo nas relações entre o Estado-Autor e o Estado-Réu.

3.2 O trâmite da ação perante o mecanismo europeu após a entrada em vigor do Protocolo n. 14

Como mencionado acima, os indivíduos sob a jurisdição dos 46 Estados europeus possuem um *direito de ação internacional* perante a Corte EDH.

Os juízes deverão gozar da mais alta reputação moral e reunir as condições requeridas para o exercício de altas funções judiciais ou ser juristas de reconhecida competência. A escolha dos juízes, para mandato de 9 anos (sem renovação) é

---

24 Exemplo disso foi o caso Soering em 1989, no qual a extradição de um cidadão alemão pelo Reino Unido para os Estados Unidos foi questionada pela Alemanha.

25 Disponível em: <https://www.echr.coe.int/Pages/home.aspx?p=caselaw/interstate&c=#:~:text=Most%20applications%20before%20the%20Court,called%20an%20inter%2DState%20application.>. Acesso em: 19 maio 2022.

feita a partir da indicação de lista tríplice pelos Estados e escolha pela Assembleia Parlamentar do Conselho da Europa de um entre os três indicados.

Para que uma demanda individual seja apreciada *judicialmente*, há uma fase administrativa prevista no regulamento da Corte EDH em seu art. 47 (também chamada de "fase da regra 47"[26]), que contém as informações e documentos que o peticionário deve apresentar. Em 2014, por exemplo, 23% das petições (aproximadamente 12 mil entre as quase 53 mil recebidas) foram rejeitadas por não terem sido adequadamente propostas. Entre os motivos da rejeição, encontram-se a falta de juntada de documento mostrando o cumprimento da obrigação de esgotamento dos recursos internos ou de algum outro requisito de admissibilidade[27].

Para o exame judicial dos processos internacionais que lhe sejam submetidos, a Corte EDH divide-se hoje (2022), após a entrada em vigor do Protocolo n. 14 (em 2010) em cinco Seções, cuja composição deve refletir os diversos sistemas jurídicos existentes nos Estados contratantes. Cada Seção (*Chamber* – *Câmara*) é composta por juízes (6 a 8), contando ainda com um Presidente e um Vice-Presidente de Seção (*Section* – divisão administrativa, que corresponde, na faceta judicial, à Câmara). Há ainda o Tribunal Pleno (*Grand Chamber*) com dezessete juízes. As Seções do tribunal constituem os *comitês* (*Committee*) de três juízes por período determinado.

Todos os processos interpostos por particulares[28] são distribuídos entre as cinco Seções, que, por sua vez, distribui a um de seus juízes, que atuará como juiz singular relator ("rapporteur"), para análise de sua admissibilidade. Sua decisão é definitiva sobre a inadmissibilidade ou arquivamento de qualquer petição.

Os motivos da inadmissibilidade são os seguintes: 1) ausência de esgotamento dos recursos internos[29]; 2) perda do prazo de quatro meses a contar da data da decisão interna definitiva para peticionar à Corte EDH (eram 6 meses – modificação do Protocolo 15); 3) anonimato da petição; 4) coisa julgada, caso a petição seja essencial, idêntica a uma petição anteriormente examinada pela Corte ou já submetida a outra instância internacional de direitos humanos sem qualquer fato novo; 5) teor incompatível com o disposto na Convenção ou manifestamente mal fundada ou com caráter abusivo; e, finalmente, 6) não

---

26 Conferir o inteiro teor do regulamento da Corte EDH. Disponível em: <https://www.echr.coe.int/Documents/Rules_Court_ENG.pdf>. Acesso em: 25 set. 2018.

27 Dados disponíveis em: <https://www.echr.coe.int/Documents/Report_Rule_47_ENG.pdf>. Acesso em: 25 maio 2022.

28 As demandas interestatais – raríssimas – serão distribuídas para as Câmaras.

29 Sobre o tema do esgotamento dos recursos internos na temática dos direitos humanos, ver CARVALHO RAMOS, André de. *Responsabilidade Internacional por Violação de Direitos Humanos*, Rio de Janeiro: Renovar, 2004.

ocorrência de qualquer *prejuízo significativo* ou matéria de grave indagação, *salvo* se o respeito pelos direitos exigir uma apreciação da petição.

Há aqui duas inovações do Protocolo n. 14 para dar maior eficiência ao mecanismo europeu. A primeira inovação é a introdução da figura do juiz singular, com poder de indeferir demandas, *sem recurso disponível para a vítima*. Não lhe cabe, então, condenar o Estado infrator, mas simplesmente *indeferir* as demandas individuais que claramente são inadmissíveis (por não atender a critério de admissibilidade) ou, no mérito, manifestamente infundadas. Trata-se de um filtro de *indeferimento sumário*.

A segunda inovação são os novos fundamentos do indeferimento sumário, que pode ser adotado se a demanda for manifestamente infundada ou ainda não ter sido provado "prejuízo" ou "desvantagem" insignificante, sem que haja necessidade de discussão maior dos direitos previstos na Convenção (*de minimis non curat praetor*). Esses dois fundamentos novos para o indeferimento das petições permitem concentração de esforços em casos nos quais há efetivamente violação grave de direitos. Por outro lado, o requisito do "prejuízo significativo" tem seus riscos, pois, apesar de possuir uma exceção (se o respeito aos direitos humanos exigir uma apreciação do caso), a prática da Corte EDH deve evitar sugerir uma "monetarização" dos casos de violação de direitos humanos (se o prejuízo for pequeno, o caso não será admitido).

Já o arquivamento é feito, em qualquer momento do processo, quando for possível concluir que: a) o requerente não pretende mais manter tal petição; b) o litígio foi resolvido; c) por qualquer outro motivo constatado pelo Tribunal, não se justifica prosseguir a apreciação da petição. Segundo CABRAL BARRETO, tal fato ocorre quando o Estado requerido já aceitou reparar os danos ou outra situação na qual se constata ausência de interesse de agir do indivíduo[30].

O juiz singular só *não* pode analisar uma demanda individual contra um Estado que o tenha indicado. Contudo, um juiz indicado por um Estado que seja réu no processo internacional deve atuar na Seção ou no Tribunal Pleno que eventualmente julgar o litígio. Em caso de ausência desse juiz ou se ele não estiver em condições de intervir, uma pessoa escolhida pelo Presidente do Tribunal de uma lista apresentada previamente pelo Estado-réu atuará na qualidade de juiz *ad hoc*. Essa previsão é resquício do instituto do "juiz *ad hoc*" das Cortes Internacionais, que seria um juiz indicado pela parte que não possuísse juiz de sua nacionalidade no Tribunal. Assim, não há proibição do juiz de julgar demandas individuais contra o Estado de sua nacionalidade, pois ele exerce a função a título individual, com independência funcional e imparcialidade. Por um lado, essa

---

30 Ver BARRETO, Irineu Cabral, "Article 48", *in* PETTITI, L.E., DECAUX, E., IMBERT, Pierre-Henri (orgs.). *La Convention Européenne des droits de l'homme, commentaire article par article*, Paris: Economica, 1995, p. 796.

ausência de impedimento e ainda a previsão do "juiz *ad hoc*" reforçam a natureza objetiva da proteção de direitos humanos (tanto a vítima quanto o Estado em teoria visam à promoção dos direitos envolvidos). Por outro, podem redundar em prejuízo ao universalismo, uma vez que esse juiz pode trazer ao processo internacional sua visão *nacional* sobre o tema. Com isso, entendo que a participação do "juiz *ad hoc*" é herança já ultrapassada pela consolidação dos mecanismos internacionais de apuração de violação de direitos humanos. Por isso, em boa hora, a Corte Interamericana de Direitos Humanos (Corte IDH) *reinterpretou* a Convenção Americana de Direitos Humanos e proibiu a figura do "juiz *ad hoc*" nos casos promovidos pela Comissão a partir de 2010[31].

Se o juiz singular não declarar a inadmissibilidade, deve transmiti-la para um Comitê ou à Seção para posterior apreciação. A escolha depende do tema em questão. Em geral, no caso das demandas nas quais há já posição pacificada (*demanda repetitiva*), o caso é adjudicado ao Comitê, que tem poder de sentenciar quanto ao mérito sem maiores delongas. O Comitê, composto por três juízes, pode, por voto *unânime*: a) declarar a inadmissibilidade da petição (contrariando, assim, a posição do juiz singular); ou b) declarar a admissibilidade da mesma e ao mesmo tempo proferir uma sentença de mérito sumária quando a interpretação ou a aplicação da Convenção já estiver pacificada na Corte EDH. Essas decisões são definitivas, não cabendo recurso.

Caso não haja unanimidade, o caso é analisado por uma Seção (agregado de sete juízes)[32].

Esse sistema de julgamento sumário de casos repetidos pelos Comitês, sem direito a recurso, foi inovação do Protocolo n. 14 para que seja valorizada a jurisprudência dominante da Corte e punido o Estado faltoso[33].

---

31 Roberto Caldas, juiz brasileiro "ad hoc" no Caso Gomes Lund e outros contra Brasil da Corte Interamericana de Direitos Humanos (Corte IDH, sentença de 24 de novembro de 2010), foi nosso último "ad hoc", porque a demanda fora proposta em 2009, antes desse novo posicionamento da Corte IDH.

32 Regras de funcionamento da Corte EDH..

33 *Vide* o novo artigo 28: "Competência dos comitês. Um comitê que conheça de uma petição individual formulada nos termos do artigo 34º pode, por voto unânime: a) Declarar a inadmissibilidade ou mandar arquivar a mesma sempre que essa decisão puder ser tomada sem posterior apreciação; ou b) Declarar a admissibilidade da mesma e proferir ao mesmo tempo uma sentença quanto ao fundo sempre que a questão subjacente ao assunto e relativa à interpretação ou à aplicação da Convenção ou dos respectivos Protocolos for já objeto de jurisprudência bem firmada do Tribunal. 2. As decisões e sentenças previstas pelo n. 1 são definitivas. 3. Se o juiz eleito pela Alta Parte Contratante, parte no litígio, não for membro do comité, o comité pode, em qualquer momento do processo, convidar o juiz em causa a ter assento no lugar de um dos membros do comité, tendo em consideração todos os factores relevantes, incluindo a questão de saber se essa Parte contestou a aplicação do processo previsto no n. 1". Utilizei a versão oficial em português de Portugal da Convenção, disponível em: <http://www.echr.coe.int/Documents/Convention_POR.pdf>. Acesso em: 1º jun. 2022.

Assim, o juiz singular e o Comitê constituem-se em órgãos de filtragem (substituindo, com vantagens, a antiga Comissão) para amenizar a preocupação com uma explosão de causas que paralisasse a Corte. Em 2018, o Presidente da Corte EDH, Guido Raimondi, apontou a drástica redução do número de casos *pendentes*: de quase 150 mil petições em 2011 para 56 mil em 2018[34].

Por isso, a partir de 2017, os peticionários deixaram de receber uma carta padrão de rejeição sumária da demanda, para receber uma carta assinada pelo juiz singular, acompanhada por explicação específica sobre o motivo do indeferimento. A carta "padrão" só será utilizada em casos nos quais a petição contiver reclamações evidentemente infundadas ou vexatórias[35].

Para a vítima, há a dúvida sobre uma filtragem excessiva, uma vez que o juiz singular decide de modo definitivo e sem recurso. Já o Comitê – de três juízes – decidirá por unanimidade para rejeitar sumariamente a demanda, o que dá maior segurança às vítimas.

O caso pode ser remetido a uma Seção (*Chamber*) diretamente pelo juiz singular, em especial quando o tema não está pacificado. Caso a Seção entenda que o caso em tela é controvertido, pode adjudicar seu julgamento ao Tribunal Pleno (*Grand Chamber*). Por outro lado, qualquer parte pode recorrer da decisão da Seção ao Tribunal Pleno.

O processo só é distribuído aos juízes com as observações do Estado requerido, sendo que tanto o requerente quanto o requerido têm acesso a estas manifestações escritas. Eventuais réplicas são opostas oralmente pelas partes na audiência oral. A Corte pode tomar ainda qualquer outra medida para instruir o processo, de acordo com o Regimento interno da Corte, sendo admitida toda espécie de prova.

Pode ainda a Corte convidar ou autorizar terceiro interessado a apresentar como *amicus curiae*, observações escritas sobre o caso concreto. Com o Protocolo n. 14 foi permitido ao Comissário de Direitos Humanos do Conselho da Europa (instituição independente, criada pelo Conselho em 1997, para estimular os Estados a zelar pela promoção de direitos humanos), *motu proprio,* apresentar sua opinião como terceiro interessado em qualquer processo perante a Corte EDH.

Também foi incentivada a conciliação. A solução amistosa é, novamente, reflexo da consagração das obrigações objetivas na área dos direitos humanos. Em tese, o Estado não tem uma posição contrária aos direitos humanos, sendo

---

[34] A petição ("application") consiste na peça registrada. Já o caso ("case") consiste na análise de uma única petição ou de várias em conjunto. Assim, um único julgamento pode referir-se a diversas petições. Sobre a declaração do Pres. Raimondi conferir em: <https://www.echr.coe.int/Documents/Speech_20180126_Raimondi_JY_ENG.pdf>. Acesso em: 30 abr. 2022.

[35] Disponível em: <https://hudoc.echr.coe.int/eng-press#{%22itemid%22: [%22003-5735020-7285664%22]}>. Acesso em: 30 abr. 2022.

sua missão primária a defesa dos direitos protegidos na Convenção. A Corte EDH deve zelar para que a resolução amigável do caso observe o respeito pelos direitos reconhecidos pela Convenção e pelos seus Protocolos.

É possível a adoção de medidas cautelares ("medidas provisórias"; *interim measures*) para preservar o resultado útil do processo. O artigo 39 das Regras de funcionamento da Corte EDH (versão de 2022[36]) permite que, em casos de urgência e perecimento de direito, o Presidente da Corte EDH adote as medidas que julgar adequadas. Essas medidas têm sido adotadas na iminência de atos nacionais irreversíveis, como, por exemplo, a deportação ou extradição de um indivíduo. Caso a medida seja indeferida, não há recurso disponível ao indivíduo.

Após julgamento pela Seção, cabe recurso das partes ao Tribunal Pleno[37] (duplo grau de jurisdição) no prazo de três meses. A admissibilidade do recurso é feita por um painel de cinco juízes do próprio Tribunal Pleno.

Ainda, cabe recurso de interpretação (prazo de 1 ano) e também eventual recurso de revisão, desde que haja *fato novo, apto a modificar a decisão* e que ele seja interposto até 6 meses da ciência do fato novo. Esses recursos serão julgados pelo próprio órgão prolator[38].

3.3 A prática da Corte Europeia e a margem de apreciação nacional

A proteção internacional dos direitos humanos é *subsidiária*, agindo na falha do Estado.

Em regimes *democráticos*, essa falha do Estado tem o agravante de não ter sido reparada pelos mecanismos nacionais engendrados pelas *maiorias*, que escolhem periodicamente – de modo direto ou indireto – seus representantes dos Poderes do Estado, o que abrange inclusive a cúpula do Poder Judiciário local[39].

---

[36] Disponível em: <https://www.echr.coe.int/documents/rules_court_eng.pdf>. Acesso em: 29 maio 2022.

[37] Como já visto, o Tribunal Pleno ou Grande Câmara é composto por 17 juízes. Há membros *ex officio* – o Presidente da Corte, os Vice-presidentes da Corte e os Presidentes de Seção, e membros indicados por um sistema de sorteio entre os demais juízes da Corte. Há diferenças na composição da Grande Câmara dependendo se o caso foi encaminhado a partir da decisão de adjudicação de uma Câmara ou se foi por recurso das partes. Ver mais em QUERALT JIMÉNEZ, Argelia. *El Tribunal de Estrasburgo: una jurisdicción internacional para la protección de los derechos fundamentales*, Barcelona: Tirant lo Blanch, 2003, p. 288-289.

[38] Artigos 79-81 das Regras de funcionamento da Corte.

[39] Por exemplo, todos os membros do Supremo Tribunal Federal no Brasil foram indicados pelo *Presidente da República* (que é eleito, em dois turnos se necessário, por *maioria* absoluta dos votos válidos) e aprovados por *maioria* absoluta dos membros do Senado Federal.

Por isso, a principal característica da interpretação *internacional* dos direitos humanos é ser *contramajoritária*, porque as violações que chegaram ao crivo internacional não foram reparadas mesmo após o esgotamento dos recursos internos (a visão majoritária)[40].

Essa interpretação contramajoritária concretiza o ideal universalista do Direito Internacional dos Direitos Humanos. Do *abstrato* das Declarações de direitos e tratados internacionais ao *concreto* da interpretação e aplicação dessas normas no cotidiano dos povos. Só com essa interpretação internacional o universalismo sai do papel e ganha a realidade.

Caso eliminássemos a interpretação *internacional* ingressaríamos no bizarro mundo dos "tratados internacionais nacionais" e das "declarações universais de direitos humanos locais". Não teríamos somente uma Convenção Europeia, mas 46 Convenções, pois cada Estado europeu membro do Conselho da Europa interpretaria "intimidade", "tortura", "devido processo legal" etc. Destruiríamos, indiretamente, o próprio ideal universalista, de igualdade entre todos os seres humanos, ingressando no terreno pantanoso do *relativismo* (cada Estado, em virtude de sua cultura e história, tem um parâmetro próprio de direitos) e exclusiva proteção *local* dos direitos humanos do período anterior à 2ª Grande Guerra e à barbárie nazista.

Esse uso da interpretação nacional dos direitos humanos internacionais consagra o que denomino "internacionalização ambígua ou imperfeita dos direitos humanos": os Estados ratificam os tratados de direitos humanos, mas continuam a interpretá-los localmente. Verdadeira pseudointernacionalização, pois a interpretação final continua sendo *nacional*.

Mesmo em Estados democráticos, então, é possível constatar casos e mais casos de condutas, apoiadas pelas maiorias, que violam direitos essenciais. Por exemplo, a Itália, país democrático, é um dos Estados recordistas de condenações na Corte EDH[41]. A Inglaterra, berço da *Bill of Rights*, foi condenada em casos nos quais havia forte consenso *nacional* sobre a posição do Estado, como no caso de castigos corporais (Caso Tyrer[42]) ou a repressão ao IRA (Caso Mcann[43]).

---

40 Ver mais sobre a interpretação internacionalista e contramajoritária dos direitos humanos (marcos centrais da abordagem que defendo sobre o Direito Internacional dos Direitos Humanos) em CARVALHO RAMOS, André de. *Teoria Geral dos Direitos Humanos na Ordem Internacional*. 7. ed., São Paulo: Saraiva, 2019.

41 De 1959 a 2021, mais de um terço dos julgamentos da Corte foram referentes a 3 Estados: Turquia, Itália e Rússia. Dado disponível em: <https://www.echr.coe.int/Documents/Facts_Figures_2021_ENG.pdf>. Acesso em: 1º jun. 2022.

42 Corte Europeia de Direitos Humanos, Tyrer *v.* the United Kingdom, julgamento de 25 de abril de 1978.

43 Corte Europeia de Direitos Humanos, McCann and Others *v.* the United Kingdom, julgamento em 27 de setembro de 1995.

Ironicamente, apesar de expressivos precedentes *contramajoritários* da Corte EDH, foi na jurisprudência dessa Corte que se desenvolveu uma espécie de *relativismo* na temática dos direitos humanos: a teoria da *margem de apreciação nacional*.

Conforme expus em obra própria[44], a teoria da margem de apreciação nacional consiste na abstenção de análise, pela Corte EDH, de casos polêmicos de direitos humanos, permitindo que cada Estado do Conselho da Europa possa exercer uma "margem de apreciação" sobre os contornos dos direitos protegidos.

Essa teoria, engendrada na antiga Comissão Europeia de Direitos Humanos e confirmada depois pela Corte EDH, é consequência do espírito que gerou o Conselho da Europa. Esse espírito consiste na crença que os direitos humanos e a democracia são parte integrante do patrimônio jurídico dos Estados europeus ocidentais. Assim, a confiança nesses países possibilitava que a Corte EDH deixasse de apreciar determinados casos, porque tais democracias não deixariam de proteger os direitos humanos.

Ocorre que, aplicada essa teoria a casos envolvendo os direitos das minorias (transexuais, homossexuais, liberdade de expressão em temas religiosos, xenofobia, violação dos direitos dos suspeitos de terrorismo etc.) teremos uma verdadeira *denegação de justiça internacional,* uma vez que as suscetibilidades e tradições nacionais majoritárias não sofreriam crivo[45]. Pior, como se sabe hoje, após a tragédia do 11 de setembro, mesmo democracias consolidadas como a dos Estados Unidos passam por *conjunturas de pânico* e desrespeito a direitos dos vulneráveis.

Apesar desse impacto negativo, a margem de apreciação nacional é, naturalmente, extremamente útil aos Estados, que elogiam essa criação (não havia previsão para a margem de apreciação no texto da Convenção) de autocontenção da Corte EDH[46].

---

44 CARVALHO RAMOS, André de. *Teoria Geral dos Direitos na Ordem Internacional*, 7. ed., São Paulo: Saraiva, 2019.

45 CARVALHO RAMOS, André de. *Teoria Geral dos Direitos na Ordem Internacional*, 7. ed., São Paulo: Saraiva, 2019.

46 Entre outras, cite-se a manifestação do representante da Itália, nada sutil, a favor da "margem de apreciação", em 2010, na Conferência de Interlaken (Suíça) sobre o futuro da Convenção Europeia de Direitos Humanos: "En premier lieu, je voudrais réaffirmer le rôle subsidiaire de la Cour eu égard aux juridictions nationales. La Cour ne peut pas revêtir un rôle de quatrième degré de juridiction, surtout quand il s'agit de se prononcer en matière de satisfaction équitable. En revanche, il revient à la Cour d'élaborer les grandes lignes relatives à la protection et à l'évolution des droits et des libertés fondamentales. Dans ce contexte, il faut rappeler le principe forgé par la jurisprudence européenne, du respect de la 'marge d'appréciation nationale': les questions qui touchent de près les sentiments et les traditions

Com isso, a ameaça da interpretação *nacional* dos direitos humanos internacionais não está superada, mesmo após décadas da edição da Carta da ONU e depois de centenas de textos internacionais protetivos. O universalismo é ameaçado inclusive em Estados democráticos e grandes incentivadores do Direito Internacional de Direitos Humanos.

O motivo é ser a interpretação *internacional* dos direitos humanos em Estados democráticos, em si, um tema explosivo. Não só porque o objeto (direitos humanos) representa o coração do ordenamento jurídico local (muitas vezes compõem as suas cláusulas pétreas, como é o caso do Brasil – art. 60, § 4º, IV, da Constituição), mas porque a interpretação *nacional* é gerada no seio da *separação de poderes*, por meio do acesso ao Poder Judiciário nacional composto por juízes independentes e protegidos com garantias.

Porém, para as minorias vulneráveis, o universalismo será mais uma palavra ao vento caso não seja possível o acesso às instâncias internacionais, para que possam inclusive questionar as interpretações nacionais *majoritárias* dos Tribunais domésticos que tenham violado direitos humanos.

Como veremos em capítulo próprio, a reforma do sistema europeu de direitos humanos, por intermédio do novo Protocolo n. 15 (2013; entrou em vigor em 2021), revelou o desejo dos Estados europeus de reforçar a margem de apreciação nacional, tendo sido inserido, no preâmbulo do novo Protocolo, vigoroso apelo ao uso dessa teoria nos julgamentos da Corte.

3.4 O cumprimento da decisão da Corte EDH e a crise da "satisfação equitativa"

3.4.1 A visão tradicional: sentença vinculante e a possibilidade da satisfação equitativa

Elaborado a partir de sessões da Assembleia do Conselho da Europa de 1949, o *projeto* da Convenção Europeia de Direitos Humanos estipulava que a decisão definitiva da Corte poderia prescrever as seguintes condutas ao Estado requerido, a saber: a) anulação, suspensão ou emenda de decisão atacada; b) reparação de danos; c) requerer punição administrativa, civil e mesmo penal contra as pessoas responsáveis pela violação de direitos humanos.

Entretanto, no decorrer das discussões, foi aceita a tese de que a deliberação da Corte *não* poderia anular ou modificar decisões internas de órgãos estatais.

---

nationales doivent être réglementées au niveau national". *In* "High Level Conference on the Future of the European Court of Human Rights Interlaken, 2010". Disponível em: <http://www.coe.int/t/dc/files/Source/2010_interlaken_actes.pdf>. Acesso em: 1º mar. 2022.

De acordo com a redação finalmente aprovada da Convenção Europeia de Direitos Humanos, a Corte adota uma sentença declaratória, que constata a violação da Convenção pelo Estado requerido. Tal sentença é vinculante, à luz do disposto no art. 46 da Convenção. A reparação dos danos causados pela violação de direitos humanos é deixada para o direito interno do próprio Estado, sob a supervisão do Comitê de Ministros[47].

Contudo, caso o Estado não possa, em virtude de obstáculos internos, reparar os danos causados, a Corte EDH fixará uma reparação razoável, também chamada de *satisfação equitativa* à vítima (artigo 50, na redação original, hoje artigo 41 da Convenção Europeia de Direitos Humanos[48]).

Fixou-se, graças a esse artigo 50 (hoje artigo 41, redação inalterada), conteúdo essencialmente declaratório da sentença da Corte Europea de Direitos Humanos, sendo que o Estado somente é condenado ao pagamento de uma satisfação equitativa à vítima, *caso o direito interno não seja capaz de reparar* o dano de modo adequado.

Em relação ao artigo 50 (atual 41) da Convenção Europeia de Direitos Humanos, salienta RUIZ MIGUEL que *"a Convenção admite como lícita a possibilidade de que o Direito Interno não permita reparar, de forma perfeita, as consequências da violação declarada"*[49]. Assim, a condenação oriunda do seio da Convenção Europeia de Direitos Humanos seria transformada em uma compensação de natureza *exclusivamente pecuniária*, segundo a jurisprudência tradicional da Corte Europeia de Direitos Humanos.

Nessa linha, a Corte estabeleceu em diversas oportunidades ser incompetente para ordenar ao Estado requerido que anule sanções ou decisões, ou mesmo que dê início a um procedimento penal contra os responsáveis pela violação de direitos humanos[50].

Portanto, as sentenças da Corte são, em parte, *meramente* declaratórias. Quando condenatórias, só a indenização pecuniária é oferecida no bojo da

---

47 Artigo 46 (versão oficial em português de Portugal). "1. As Altas Partes Contratantes obrigam-se a respeitar as sentenças definitivas do Tribunal nos litígios em que forem partes. 2. A sentença definitiva do Tribunal será transmitida ao Comitê de Ministros, o qual velará pela sua execução.(...)".

48 Art. 41. "Reparação razoável. Se o Tribunal declarar que houve violação da Convenção ou dos seus protocolos e se o direito interno da Alta Parte Contratante não permitir senão imperfeitamente obviar às consequências de tal violação, o Tribunal atribuirá à parte lesada uma reparação razoável, se necessário".

49 Ver RUIZ MIGUEL, Carlos. *La ejecución de las sentencias del Tribunal Europeo de Derechos Humanos*. Madrid: Tecnos, 1997, p. 63.

50 Ver Corte Europeia de Direitos Humanos, *Caso Irlanda vs. Reino Unido*, sentença de 18 de janeiro de 1978, Série A, n. 25, parágrafo 187.

satisfação equitativa. Condena-se o Estado a uma obrigação de dar soma em dinheiro somente. Para todo o resto, a Corte EDH avaliava que o cumprimento da sentença é tarefa do Estado, sob o controle político do Conselho da Europa, que é o órgão em cujo seio foi concebida a Convenção.

Desse modo, a escolha dos meios para fazer cumprir a Convenção caberia somente ao Estado, sendo aceita pela Corte uma *única* exceção, que é a concessão de uma indenização pecuniária, após a constatação da impossibilidade estatal de reparar o dano de outro modo.

O pedido de indenização deveria ser apresentado pelo requerente nos seus memoriais. Há casos onde a Corte reserva a definição sobre a indenização baseada no artigo 50 (hoje artigo 41) da Convenção para após a publicação da sentença sobre o mérito.

Somente após ter o Estado demonstrado estar impossibilitado de restaurar o *status quo ante* ou de oferecer uma justa indenização, é que a Corte decidiria, sob provocação da vítima[51]. A Corte, quando posterga a decisão para um momento após a sentença, pode homologar um acordo amigável sobre o montante.

Caso o Estado, no próprio processo perante a Corte, se manifeste sobre a impossibilidade da *restitutio in integrum* ou de um equivalente segundo o seu direito interno, a Corte, então, já fixará na própria sentença original o montante a ser pago pelo requerido.

Quanto ao montante da indenização em pecúnia fixada pela Corte, não há regra fixa, sendo variável segundo o caso concreto. Muitas vezes a Corte decidiu pela tese de que a própria constatação da violação contida na sentença declaratória internacional é reparação suficiente de dano moral. Quanto ao lapso temporal para o cumprimento da decisão que fixou a reparação em pecúnia, a Corte tem fixado prazos. No caso *Helmers,* a Corte Europeia de Direitos Humanos fixou um prazo de três meses para o pagamento pela Suécia da soma acordada na sentença judicial internacional[52].

Por outro lado, de regra, a prova do dano incumbe ao requerente. Tal regra sofre exceção, adotando-se a presunção do dano, quando a prova do prejuízo no caso concreto é sobremaneira dificultosa para a vítima. Ainda, em vários casos, a Corte considerou insuficiente o nexo de causalidade entre o dano alegado e a violação de direitos humanos constatada. A jurisprudência é variada, mas ultimamente caminha-se para a aceitação do dano indireto e da teoria dos

---

51 A indenização não é examinada de ofício, somente a pedido.
52 Ver Corte Europeia de Direitos Humanos, *Caso Helmers,* julgamento de 29 de outubro de 1991, Série A, n. 212-A.

lucros cessantes, quando uma perda de possíveis ganhos resultou de uma detenção, viciada esta por uma violação do direito de produzir provas⁵³.

A origem dessa autolimitação dos poderes condenatórios da Corte está no Direito Internacional clássico do início do século XX, no qual os tribunais arbitrais estipulavam reparação em pecúnia, quando o Estado, por razões de Direito interno, demonstrava estar impossibilitado de executar outras obrigações de fazer ou não fazer.

No caso europeu, é indisfarçável o vínculo entre a regra da satisfação equitativa e o espírito por detrás da criação do Conselho da Europa e da Convenção Europeia de Direitos Humanos. A confiança nos Estados europeus ocidentais era muito grande e a criação da Corte era prova de que eles não temiam um monitoramento internacional.

Se, na pior das hipóteses, fosse um Estado europeu ocidental condenado, a Corte Europeia deveria deixar aos cuidados do próprio Estado-réu a tomada de medidas para sanear a situação. Se a situação não fosse passível de solução (por óbices internos), uma satisfação equitativa seria adotada, *sem* maiores reprimendas ou controvérsias de conflito entre jurisdições.

Ou seja, a Corte foi criada para comprovar a adesão desses Estados aos direitos humanos (ao contrário dos seus inimigos comunistas), mas não para criar *embaraços* a esses mesmos países.

Adesão aos direitos humanos, *ma non troppo*.

Assim, propositalmente os Estados ao redigirem a Convenção Europeia de Direitos Humanos introduziram uma verdadeira "trava de segurança" nas suas relações com a Corte de Estrasburgo. As sentenças seriam vinculantes, mas, se o Estado, por óbice interno não pudesse cumprir seus comandos, a Corte EDH seria obrigada a estabelecer apenas um montante em dinheiro para as vítimas (satisfação equitativa). O fundamento de tal postura é uma interpretação ampliativa do princípio da subsidiariedade da jurisdição internacional (visto acima): caberia ao Estado também escolher os meios para implementar a decisão internacional, que seria meramente declaratória⁵⁴.

Em alguns casos, as vítimas pediam, em nome da "satisfação equitativa" que a Corte impusesse altas sanções pecuniárias, para *estimular* a restauração do direito violado. Esse pedido era negado, sob a alegação de que cabia ao Comitê de Ministros verificar se o Estado cumpriu *in totum* a sentença, não

---

53 Cite-se a sentença do caso Kostovski em seu parágrafo 48, *in* Corte Europeia de Direitos Humanos, *Caso Kostovski*, julgamento de 20 de novembro de 1989, Série A, n. 166.

54 A própria Corte EDH aceitou esse fundamento no *Caso Z and Others vs. United Kingdom*, App. 29392/95, em especial parágrafo 103, julgamento de 10 de maio de 2001.

sendo caso de se utilizar de modo ampliativo o conceito de "satisfação equitativa" para criar *astreintes*[55].

Só que a situação era quase kafkiana, pois o dispositivo da sentença da Corte EDH fixava uma "satisfação equitativa". Assim, era fácil para o Comitê de Ministros atestar, após, que determinado Estado havia cumprido a sentença (ou seja, seu dispositivo), pois obviamente havia pago a quantia ínfima em geral imposta[56].

Por isso, alerto aos leitores que parte da doutrina não europeia, ao consultar os dados sobre a obediência às sentenças da Corte Europeia, pode ser iludida e considerar que a restauração do direito violado (gerando alterações complexas no ordenamento interno) era uma constante.

Foi criado um comprometimento dúbio dos Estados europeus com os direitos humanos, pois a sentença da Corte é vinculante (artigo 46), porém pode ser substituída por uma "satisfação equitativa" (artigo 41) bastando o Estado comunicar que, em face do seu próprio Direito, não é possível a cessação do ilícito ou restituição na íntegra à situação anterior à violação.

Muito cômodo para os Estados europeus. Não precisariam sequer alterar seu próprio ordenamento ou enfrentar a difícil questão de superar coisa julgada interna ou um posicionamento de seu Tribunal Constitucional.

Porém, aquele que peticiona ao sistema europeu de direitos humanos afirmando que sua sentença de prisão *perpétua* é viciada, mesmo após ter sido confirmada no Tribunal Superior local, quer sua liberdade, diminuição da pena ou novo julgamento e não uma satisfação equitativa de quantia módica ou outra satisfação qualquer (Caso *Remli* contra França[57]). Ou ainda uma mãe que

---

[55] Corte Europeia de Direitos Humanos, *Caso Pauwels versus Bélgica*, julgamento de 26 de maio de 1988. *In verbis*: "49. Enfin, le requérant invite la Cour à condamner l'État défendeur à une amende de 10.000 FB pour chaque jour de retard dans l'exécution de l'arrêt de Strasbourg. Ni l'agent du Gouvernement ni le délégué de la Commission ne s'expriment à ce propos. 50. Les États contractants se sont engagés à se conformer aux arrêts de la Cour dans les litiges auxquels ils se trouvent parties (article 53) (art. 53), et il incombe au Comité des Ministres du Conseil de l'Europe d'en surveiller l'exécution (art. 54). La Cour ne peut donc que rejeter la demande".

[56] Conferir em ZANGHI, Claudio. "Evolución e innovación en los efectos de las sentencias del Tribunal Europeo de los Derechos Humanos", *in* ROCA, Javier García e FERNÁNDEZ SÁNCHEZ, Pablo A. (orgs.). *Integración europea a través de derechos fundamentales: de un sistema binario a otro integrado*, Madrid: Centro de Estudios Políticos y Constitucionales, 2009, p. 199-228, em especial p. 216.

[57] *In verbis*: "The applicant further sought a retrial by an assize court affording all the guarantees of impartiality or, failing that, a reduction of his life sentence to fifteen years' imprisonment. 54. Like the Government and the Delegate of the Commission, the Court points out that Article 50 (art. 50) does not give it jurisdiction to make such an order against a Contracting State (see, for example, the Saïdi v. France judgment of 20 September 1993,

acionou a Corte EDH em face da perda da guarda e posterior adoção de sua filha por estranhos quer reencontrá-la e pôr fim à adoção ilegítima: mera satisfação equitativa após o reconhecimento de várias violações pelo Estado-réu é resposta quase cruel para tal caso (*Caso E.P contra Itália*)[58].

Além disso, a interpretação restritiva do artigo 41 (satisfação equitativa) permite o surgimento de dúvidas sobre a própria força vinculante das sentenças da Corte EDH, pois o réu (o Estado) poderia pagar uma quantia mínima em dinheiro e manter o *status quo* da violação permanentemente.

Essa situação, entretanto, passou por grande transformação no século XXI, como veremos abaixo.

3.4.2 Um giro copernicano: a Doutrina Sejdovic e Görgülü e o possível fim da "satisfação equitativa" pura?

Pelo que foi acima exposto, percebe-se que a fórmula da "satisfação equitativa" pura gerou, ao longo dos anos, frutos envenenados, a saber: 1) aumento dos casos perante a Corte, já que o Estado-réu não alterava o seu ordenamento jurídico, gerando novas violações; 2) erosão da credibilidade da própria Corte em casos nos quais a única reparação possível era a cessação do ilícito e restauração do direito violado, como os casos de prisão injusta. Em nome da subsidiariedade da jurisdição internacional, acolheu-se uma interpretação restritiva da regra da satisfação equitativa que amesquinhou a Corte EDH, pois o papel de um tribunal internacional de direitos humanos – como qualquer tribunal – é buscar a implementação de seus comandos.

Series A no. 261-C, p. 57, para. 47)". A satisfação equitativa foi a publicação da própria sentença da Corte EDH (a vítima pediu 1 milhão de francos...). Corte Europeia de Direitos Humanos, *Caso Remli versus França*, julgamento de 30 de março de 1996. No mesmo sentido, Corte Europeia de Direitos Humanos, *Caso Saïdi v. França*, julgamento em 20 de setembro de 1993 e *Belilos v. Suíça*, julgamento de 29 de abril de 1988. Nesse último caso, o demandante queria a anulação de processo e de multa imposta na Suíça. Porém, a Corte se autolimitou – novamente – e decidiu que "76. The Court notes that the Convention does not give it jurisdiction to direct the Swiss State – even supposing that the latter could itself comply with such a direction – to cancel the applicant's conviction and sentence (...)".

[58] No original: "76. The applicant also asked for a *meeting between her daughter* and herself to be arranged as rapidly as possible, for her to be given the opportunity to re-establish a relationship with her daughter and *for the adoption order to be annulled. 77. The Court recalls that the Convention does not give it any power to require the Italian State to commit itself to taking the measures requested.* Article 46 § 1 of the Convention leaves the State the choice as to what measures – general and/or, if applicable, individual – to adopt within its national system in order to fulfil its legal obligation to put an end to the breach and remedy its consequences". Corte Europeia de Direitos Humanos, *Caso E.P contra Itália*, julgamento de 16 de novembro de 1999. (grifos do Autor).

Em síntese, a postura da Corte EDH transferiu a importante temática da reparação das violações de direitos humanos da arena judicial para a seara política, a cargo do próprio Estado infrator e sob a supervisão do Comitê de Ministros (ou seja, dos demais Estados, seus pares...).

Por outro lado, o novo contexto do pós-guerra fria na Europa estimulou uma revisão da interpretação da regra da "satisfação equitativa".

Após a queda do muro de Berlim, e o ingresso, subsequente, de vários países do ex-bloco soviético, não fazia mais sentido a regra pura da "satisfação equitativa", que foi feita para proteger os Estados europeus *ocidentais* e não os novos membros.

Pelo contrário, como vimos, as reformas no sistema europeu visaram dar acesso direto às vítimas à nova Corte, justamente com o objetivo de fortalecer a proteção de direitos humanos (e o sistema liberal...) nos antigos países do bloco comunista, agora partes da Convenção. A regra da satisfação equitativa, se aplicada como no passado, conspiraria contra esse desejo de usar a Convenção Europeia para transformar de vez os antigos países comunistas.

Ao mesmo tempo, o direito de ação das vítimas – também consequência desse novo contexto, como vimos – fortaleceu a Corte, agora sem as amarras do filtro da Comissão. Essa Corte fortalecida também buscou se desvencilhar de uma autolimitação, pois foi sua jurisprudência que permitiu que os Estados meramente pagassem uma quantia mínima para cumprir suas obrigações geradas pela Convenção.

Não foi coincidência que, logo nos 10 primeiros anos de funcionamento da nova Corte agora com dezenas de Estados-partes, novos precedentes surgiram para impor o cumprimento da restituição na íntegra, mesmo após a imposição de uma "satisfação equitativa".

Não houve, assim, mudança do texto do artigo 41, mas sim uma nova interpretação.

Essa interpretação envolve tanto o artigo 41, que trata da satisfação equitativa, quanto o artigo 46, que dispõe sobre o dever dos Estados em cumprir as sentenças da Corte.

Nessa nova linha, mesmo que a Corte determine uma satisfação equitativa, o Estado deve tomar as demais providências, em nome da força vinculante da decisão internacional, para cessar o ilícito e restaurar a situação existente antes da violação.

Não foi preciso alterar a Convenção, porque era necessário somente que a própria Corte incluísse no dispositivo da sua sentença internacional as *obrigações de fazer ou não fazer* necessárias para a correta restauração dos direitos protegidos.

Essa mudança na fórmula pela Corte EDH redigia o dispositivo da sentença foi estimulada pelo Comitê de Ministros, mostrando que os novos líderes do Conselho da Europa expandido não mais defendiam a "satisfação equitativa" pura. A Resolução n. 3 de 2004 do Comitê convidou a Corte EDH a esclarecer quais medidas (obrigações de fazer e não fazer) o Estado-réu deveria tomar. ZANGHI considera essa resolução determinante para a mudança da orientação da Corte[59].

Um caso de grande repercussão e que marcou um novo posicionamento da Corte, fixando *medidas individuais* de reparação na íntegra à vítima (e não somente uma satisfação equitativa) foi o caso *Görgülü* contra a Alemanha[60]. Nesse caso, o Sr. *Kazim Görgülü* questionou a adoção do seu filho (fruto de relacionamento não matrimonial) sem a sua anuência. A mãe havia omitido seu nome do certificado de nascimento e anuído imediatamente após o nascimento do bebê com a adoção. Logo após ter tido ciência do nascimento, o Sr. Görgülü iniciou procedimento para obter para si a guarda e pátrio poder sobre seu filho. As tentativas foram infrutíferas, tendo as Cortes alemãs decidido a favor dos pais adotivos, em nome da convivência familiar já estabelecida (mesmo considerando que o Sr. Kazim Görgülü, *de origem turca*, tinha iniciado o procedimento poucos meses depois do nascimento). Ao detectar a violação ao direito à vida familiar (artigo 8º), a Corte EDH deu início a uma nova posição, ao estabelecer, além da satisfação equitativa e apelos banais sobre o dever de cumprimento geral de suas sentenças, que a Alemanha deveria, ao menos, "possibilitar o acesso do peticionante ao seu filho"[61].

Com essa providência simples (indicar as medidas necessárias), o Comitê de Ministros poderia cobrar – mesmo em um diálogo intergovernamental moroso e recheado de apelos diplomáticos cordiais – a Alemanha. Nem é necessário dizer que o *Caso Görgülü* provocou fortes debates no Tribunal Constitucional da

---

59 ZANGHI, Claudio. "Evolución e innovación en los efectos de las sentencias del Tribunal Europeo de los Derechos Humanos", *in* ROCA, Javier García e FERNÁNDEZ SÁNCHEZ, Pablo A. (orgs.). *Integración europea a través de derechos fundamentales: de un sistema binario a otro integrado*, Madrid: Centro de Estudios Políticos y Constitucionales, 2009, p. 199-228, em especial p. 218.

60 Antes do *Caso Görgülü* houve alguns precedentes de fixação de obrigações específicas ao Estado infrator, entre eles: *Papamichalopoulos and Others v. Grécia*, App. 14556/89, *Brumarescu v. Romênia*, App. 28342/95, *Assanidze v. Georgia*, App. 71503/01. Ver mais em NIFOSI-SUTTON, "The Power of the European Court of Human Rights to Order Specific Non-Monetary Relief: a Critical Appraisal from a Right to Health Perspective", in *Harvard Human Rights Journal*, v. 23, 2010, p. 51-73.

61 *In verbis*: "the case at hand this means making it possible for the applicant to at least have access to his child". Corte Europeia de Direitos Humanos, Caso Görgülü contra Alemanha, julgamento de 26 de maio de 2004, parágrafo 64.

Alemanha sobre a jurisdição de Estrasburgo, ofensa à Lei Fundamental de Bonn e eventual amesquinhamento da "soberania" alemã[62].

O caso símbolo dessa nova tendência é o Caso *Sejdovic* contra Itália, julgado em 1º de março de 2006[63]. Tratava-se de violação do devido processo legal penal do Sr. Sejdovic, que fora condenado *in absentia* na Itália sem que fosse cientificado de modo seguro sobre o processo penal e sem ter tido oportunidade de questionar sua condenação após sua detenção. Nesse caso, a Corte foi indagada pela Itália, em sede de recurso para o Tribunal Pleno, sobre como cumprir a sentença da Seção (que declarou violado o artigo 6º da Convenção). A Corte, inicialmente, realçou seu papel de meramente declarar o direito violado, mas, após, foi incisiva e determinou que, no caso em questão, um indivíduo fora condenado sem o devido processo legal; consequentemente, a reparação devida seria um novo julgamento[64].

Ou seja, não "lavou as mãos" nem transferiu a interpretação para o Estado ou para o Comitê de Ministros (cuja natureza é política), mas sim atuou como verdadeiro Tribunal. Notável giro copernicano.

Veremos abaixo a busca por uma maior participação da Corte na fixação das reparações devidas às vítimas de violação de direitos humanos, bem como as discussões sobre a consequente violação da soberania nacional pela Corte de Estrasburgo, com forte repercussão em vários Estados europeus em pleno século XXI.

3.5 O procedimento piloto e a busca de medidas estruturais: o combate às "demandas clones"

Além de rever sua posição tradicional sobre o conteúdo meramente declaratório de suas sentenças, a Corte EDH avançou na busca por alterações estruturais dos ordenamentos internos.

Ficou evidente que, com o acesso direto da vítima, a Corte EDH entraria em colapso se não enfrentasse as "demandas repetitivas" ou "demandas clones", geradas pelo hábito dos Estados de pagar a satisfação equitativa e postergar

---

62 Ver indispensável análise do Caso Görgülü em ABADE, Denise Neves. *Direitos Fundamentais na Cooperação Jurídica Internacional em Matéria Penal*, São Paulo: Saraiva, 2013.

63 Corte Europeia de Direitos Humanos, *Caso Sejdovic contra Itália*, Tribunal Pleno, julgamento de 1º de março de 2006.

64 *In verbis*: "126. The Court accordingly considers that, where, as in the instant case, an individual has been convicted following proceedings that have entailed breaches of the requirements of Article 6 of the Convention, a retrial or the reopening of the case, if requested, represents in principle an appropriate way of redressing the violation". Corte Europeia de Direitos Humanos, *Caso Sejdovic contra Itália*, Tribunal Pleno, julgamento de 1º de março de 2006, em especial parágrafo 126.

– para um futuro incerto e de data indefinida – as medidas de alteração das *causas* da violação dos direitos protegidos.

Duas providências foram adotadas: a primeira, já estudada, foi o poder do Comitê de três juízes da Corte EDH de declarar – imediatamente – à unanimidade uma demanda procedente, em virtude de estar o tema pacificado. O Estado, então, seria condenado repetidamente perante Estrasburgo.

A segunda providência foi a instituição do chamado "procedimento de julgamento piloto" ("procédure de l'arrêt pilote" ou ainda "pilot-judgment procedure").

Esse procedimento consiste na identificação, em um caso individual, de causas estruturais de violações de direitos humanos, levando a Corte EDH a indicar ao Estado-réu medidas gerais para solucionar as causas de todos os casos, prevenindo o surgimento de novos.

Assim, a essência do "procedimento de julgamento piloto" é similar ao da tutela coletiva de direitos no Brasil: há causas comuns, devendo o Estado-réu agir sob pena de ser seguidamente condenado em Estrasburgo. Para a Corte EDH, a indicação de medidas gerais aptas a solucionar causas idênticas já propostas ou em vias de ocorrer é uma resposta ágil e eficiente para evitar seu provável colapso por excesso de demandas.

WILDHABER resume oito ações a serem tomadas pela Corte em um procedimento piloto padrão, a saber: 1) a Corte EDH identifica uma causa que revela um problema comum a um grupo de indivíduos; 2) a Corte reconhece que esse problema comum já ocasionou outras ações perante a Corte ou que ainda pode gerar; 3) a Corte escolhe medidas gerais que devem ser adotadas pelo Estado; 4) a Corte determina que tais medidas devem ser aplicadas inclusive para os casos já propostos; 5) a Corte EDH reúne todos os casos pendentes da mesma matéria; 6) a Corte EDH utiliza a parte dispositiva da sentença para obrigar o Estado a adotar também medidas gerais; 7) a Corte adia qualquer decisão sobre a satisfação equitativa (para evitar que o Estado considere o caso "encerrado" pelo pagamento de uma pequena soma em dinheiro) e 8) a Corte mantém um diálogo com o Estado e com o Comitê de Ministros e outros órgãos (Comissário de Direitos Humanos do Conselho da Europa etc.) sobre o andamento do caso[65].

O primeiro julgamento piloto ocorreu nos chamados Casos do Rio Bug (ou Buh, um dos maiores rios da Polônia, na fronteira leste), cuja origem remonta às novas fronteiras do Estado polonês após a 2ª Guerra Mundial. Em que pese

---

[65] WILDHABER Luzius. "Pilot Judgments in Cases of Structural or Systemic Problems on the National Level", *in* WOLFRUM, Rudiger e DEUTSCH, Ulrike (eds.). *The European Court of Human Rights Overwhelmed by Applications: Problems and Possible Solutions,* Berlin: Springer Verlag 2009, p. 69-75, em especial p. 71.

a Polônia ter sido agraciada com parcelas do território alemão na fronteira oeste, houve perda de território na fronteira leste para a então existente União Soviética (hoje Ucrânia, Bielorrússia e Lituânia). Os habitantes dessas áreas cedidas foram forçados a abandonar suas terras entre 1944 e 1953. A maior parte da população deslocada foi compensada de alguma forma pelo recebimento de terras anexadas pertencentes a alemães (essa população alemã foi deslocada também por seu turno...), mas um grupo de 80 mil pessoas não recebeu nenhuma compensação. Seus descendentes, então, processaram a Polônia perante a Corte EDH. O primeiro caso foi o caso *Broniowski contra a Polônia*, julgado em 2004 (sua avó havia perdido terras sem compensação).

Já inspirado no novo contexto do Conselho da Europa e buscando soluções para o aumento esmagador do número de casos individuais, o Tribunal Pleno reconheceu que esse caso individual era resultado de falhas do ordenamento interno polonês, que afetava um grande número de jurisdicionados. A Corte, então, identificou mais de 160 ações individuais em trâmite perante Estrasburgo e mais de 80 mil pessoas afetadas pela falta de compensação. Assim, a Corte decidiu que o Estado deveria não só remediar a situação do Sr. Jerzy Broniowski, mas de todos afetados pelo problema[66].

A inovação do procedimento piloto é que a Corte introduziu na parte dispositiva da sentença o dever do Estado de adotar medidas gerais, o que antes era mencionado no máximo na fundamentação da decisão e deixado a critério do Estado e do Comitê de Ministros. Em 2005, houve uma solução amigável entre o Sr. Jerzy Broniowski e a Polônia. Em 2007, a Corte arquivou mais casos, após medidas tomadas pela Polônia. Finalmente, em 2008, a Corte arquivou os últimos casos das indenizações (violação ao direito de propriedade) do Rio Bug.

Há grande esperança, assim, nesse formato de tutela coletiva de direitos do "julgamento piloto". A Corte EDH deve dar claras indicações ao Estado sobre a reparação ao caso individual e similares, levando à eliminação das origens sistêmicas de casos perante Estrasburgo. Com isso, a Corte ocupa um pouco do papel do Comitê de Ministros no tema da implementação doméstica de seus

---

66 *In verbis*: "Although it is in principle not for the Court to determine what remedial measures may be appropriate to satisfy the respondent State's obligations under Article 46 of the Convention, in view of the systemic situation which it has identified, the Court would observe that general measures at national level are undoubtedly called for in execution of the present judgment, measures which must take into account the many people affected. Above all, the measures adopted must be such as to remedy the systemic defect underlying the Court's finding of a violation so as not to overburden the Convention system with large numbers of applications deriving from the same cause. *Such measures should therefore include a scheme which offers to those affected redress for the Convention violation identified in the instant judgment in relation to the present applicant*" (grifos do Autor). Corte Europeia de Direitos Humanos, *Caso Broniowski contra Polônia*, julgamento de 22 de junho de 2004, parágrafo 193.

comandos, o que fortalece seu papel de tribunal internacional[67]. Outro ponto interessante na temática do julgamento piloto é a possibilidade de sobrestamento ("freezing") dos demais casos perante a Corte EDH, à espera das medidas a serem tomadas pelo Estado-réu[68].

3.6 A Corte Europeia de Direitos Humanos e a busca da reparação perdida

A jurisprudência da Corte Europeia de Direitos Humanos nunca foi um terreno fértil para o estudo da diversidade de obrigações de reparação às vítimas de violações de direitos humanos. Pelo contrário, como vimos acima, a Corte declarava a violação de determinado direito, mas deixava a cargo do Estado infrator, sob a supervisão do Comitê de Ministros do Conselho da Europa, a escolha dos meios para reparar o dano causado. No máximo, a Corte EDH fixava uma satisfação equitativa.

Essa postura gerou efeitos devastadores, tanto do ponto de vista quantitativo (a ausência de medidas reparatórias específicas não estimulava os Estados a reformarem suas posturas, gerando novas demandas "clones") quanto do qualitativo (erosão da credibilidade da Corte, pois suas sentenças viravam "palavras ao vento").

Por isso, os precedentes acima mencionados (indicação de medidas individuais de fazer ou não fazer pela Corte EDH e procedimento piloto de medidas estruturais também da Corte) influenciaram um aperfeiçoamento da ação do Comitê de Ministros. Em 2007, o Comitê editou o 1º relatório sobre o estágio da implementação dos julgados da Corte EDH, passando, com mais transparência, a editar um relatório anual sobre a temática.

Em síntese, o Comitê supervisiona atualmente a implementação de três tipos de medidas para o cumprimento de um julgamento da Corte EDH: 1) o pagamento da satisfação equitativa; 2) eventualmente o cumprimento de medidas individuais; 3) a implementação de medidas estruturais (gerais).

O procedimento perante o Comitê é o seguinte: assim que o julgamento na Corte EDH transita em julgado, o Estado deve encaminhar um "plano de ação" ao Comitê, com as medidas já adotadas ou em planejamento. Durante o

---

67 BUYSE, Antoine. "Lost and Regained? Restitution as a Remedy for Human Rights Violations in the Context of International Law", *in Zeitschrift fur ausländisches öffentliches Recht und Völkerrecht* v. 1 (2008) p. 129-153.

68 Ver as informações oficiais sobre o procedimento do julgamento piloto em: <http://www.echr.coe.int/NR/rdonlyres/DF4E8456-77B3-4E67-8944-B908143A7E2C/0/Information_Note_on_the_PJP_for_Website.pdf>. Acesso em: 1º mar. 2011.

processo de supervisão, o Comitê admite a participação dos demandantes, organizações não governamentais, entre outros.

Há duas vias ("twin-track") no próprio Comitê: o procedimento reforçado (*enhanced procedure*) para os casos nos quais há medidas individuais, estruturais ou procedimento piloto, bem como nas demandas interestatais; e um procedimento padrão (*standard procedure*) para os demais, em geral naqueles em que há mera menção à satisfação equitativa (a grande maioria dos casos pesquisados).

Para superar o gargalo da falta de especificação pela Corte EDH das medidas a serem adotadas pelo Estado infrator, o Protocolo n. 14 alterou o artigo 46 da Convenção, permitindo ao Comitê acionar a Corte para que esta forneça uma melhor interpretação sobre a execução. Pode também acionar a Corte se considerar que o Estado não cumpriu a sentença, para que a Corte se pronuncie sobre a violação do próprio artigo 46.1 (que trata do dever dos Estados de cumprirem a sentença definitiva da Corte)[69].

Essas possibilidades de acionamento da Corte só podem ser tomadas por maioria de 2/3 dos Estados do Conselho da Europa. Apesar do quórum elevado, é um passo rumo à plena judicialização da execução. Em 2017, o Comitê de Ministros adjudicou o primeiro caso de descumprimento perante a Corte EDH (referente ao caso Ilgar Mammadov v. *Azerbaijão*), mostrando que esse dispositivo ainda é de uso meramente simbólico[70]. Em 2021, há 229 casos em supervisão reforçada (*enhanced supervision*) há mais de *cinco anos*[71].

Por fim, constato a existência de um cenário de transição.

A Corte EDH ainda hesita em adotar uma nova interpretação do artigo 46 e impor medidas individuais em *todos* os casos de graves violações de direitos

---

[69] Artigo 46 (com as alterações do Protocolo n. 14). 1. As Altas Partes Contratantes obrigam-se a respeitar as sentenças definitivas do Tribunal nos litígios em que forem partes. 2. A sentença definitiva do Tribunal será transmitida ao Comitê de Ministros, o qual velará pela sua execução. 3. Sempre que o Comitê de Ministros considerar que a supervisão da execução de uma sentença definitiva está a ser entravada por uma dificuldade de interpretação dessa sentença, poderá dar conhecimento ao Tribunal a fim de que este se pronuncie sobre essa questão de interpretação. A decisão de submeter a questão à apreciação do tribunal será tomada por maioria de dois terços dos seus membros titulares. 4. Sempre que o Comitê de Ministros considerar que uma Alta Parte Contratante se recusa a respeitar uma sentença definitiva num litígio em que esta seja parte, poderá, após notificação dessa Parte e por decisão tomada por maioria de dois terços dos seus membros titulares, submeter à apreciação do Tribunal a questão sobre o cumprimento, por essa Parte, da sua obrigação em conformidade com o n. 1.

[70] Informações disponíveis em: <https://search.coe.int/directorate_of_communications/Pages/result_details.aspx?ObjectId=090000168076d57f>. Acesso em: 19 maio 2022.

[71] Dado disponível em <https://rm.coe.int/2021-cm-annual-report-en/1680a60140>. Acesso em: 29 maio 2022.

humanos. Por sua vez, o Comitê de Ministros mantém um número impressionante de descumprimento de julgamentos em aberto por vários anos[72].

Consequentemente, os Estados infratores continuam sem precisar se preocupar com medidas mais invasivas fixadas pela Corte, que continua determinando somente a satisfação equitativa, como se vê no caso da proibição do voto do preso no Reino Unido[73] ou no caso da proibição da "Parada Gay" em Moscou[74].

Mesmo assim, grupos locais manifestam-se contra a "ingerência" da Corte. No Reino Unido, inclusive, o caso do voto do preso fez surgir discussões sobre a eventual *denúncia britânica* da Convenção Europeia de Direitos Humanos[75]. Em caso sobre a deportação de líder religioso (Caso Abu Qatada), novamente surgiram na mídia do Reino Unido discussões sobre a legitimidade da interpretação da Corte de Estrasburgo, e alguns políticos britânicos pugnam pela denúncia ou retirada provisória do país do sistema europeu de direitos humanos[76]. Assim, repete-se o cenário da *internacionalização ambígua ou imperfeita* visto acima neste livro: os Estados ratificam os tratados de direitos humanos, mas desejam interpretá-los *nacionalmente*, criando o "tratado internacional nacional".

Tais reações podem intimidar politicamente a Corte EDH e levá-la a recuar do seu intento de fazer mais pelas vítimas do que somente fixar uma satisfação equitativa modesta.

No caso *Burmych e outros*[77], a Corte EDH avançou na mecânica do procedimento piloto e determinou a eliminação de 12 mil casos pendentes,

---

72 No relatório de 2017, de um total de 7.584 casos em aberto, são líderes no procedimento de acompanhamento os seguintes países: Rússia (18%); Ucrânia (16%); Turquia (11%); Moldávia (7%); Bulgária (6%); Itália (6%); e Romênia (5%). Disponível em: <https://rm.coe.int/5-main-states-with-cases-under-enhanced-supervision-eng/16807b8a62>. Acesso em: 15 abr. 2022.

73 Ver, entre outros, o *Caso Hirst vs. Reino Unido*, julgamento de 6 de outubro de 2005. Houve outros desdobramentos desses casos. Ver a síntese do chamado "Caso do Direito de Voto dos Presos no Reino Unido". Disponível em: <www.parliament.uk/briefing-papers/SN01764.pdf>. Acesso em: 16 jun. 2013. Sobre os direitos políticos do preso, ver CARVALHO RAMOS, André de. *Curso de Direitos Humanos*. 9. ed. São Paulo: Saraiva, 2022.

74 Corte Europeia de Direitos Humanos, *Caso Alekseyev vs. Rússia*, julgamento em 21 de outubro de 2010.

75 Disponível em: <www.parliament.uk/briefing-papers/SN01764.pdf>. Acesso em: 16 abr. 2022.

76 Corte Europeia de Direitos Humanos, *Caso Othman (Abu Qatada) vs. Reino Unido*, julgamento de 17 de janeiro de 2012. Sobre as discussões no Reino Unido sobre a retirada do Reino Unido do sistema europeu de direitos humanos, ver a matéria no *The Guardian*, intitulada "UK pullout from European rights convention would be 'total disaster'", de 4 de junho de 2013. Disponível em: <http://www.guardian.co.uk/law/2013/jun/04/uk-european-human-rights-convention>. Acesso em: 16 abr. 2022.

77 Corte Europeia de Direitos Humanos, *Caso Burmych e outros vs. Ucrânia*, julgamento de 12 de outubro de 2017.

adjudicando-os ao Comitê de Ministros no procedimento de execução da sentença piloto. Tratou-se de *inexecução em mas*sa pelo Estado infrator (Ucrânia) de decisões finais domésticas contra o Poder Público, o que foi considerado pela Corte EDH um "problema sistêmico" no caso Ivanov em 2009[78]. Contudo, no caso *Burmych*, a Corte reconheceu que, passados oito anos, a inexecução dos julgamentos continuavam a ocorrer na Ucrânia. Desde 1999, a Corte recebeu aproximadamente 29 mil petições similares às do caso *Ivanov*, inserido em 2009 no seio do procedimento piloto. De 2012 a 2017, a Corte ainda adotou 6 mil decisões *pós-Ivanov* sem que o Estado infrator fosse instado a cumprir as decisões pelo Comitê de Ministros.

Por isso, a Corte adotou nova postura no contexto dessas violações sistêmicas, considerando que sua missão é orientar o Estado a adotar medidas para cumprir a sentença vinculante da própria Corte (art. 46 da Convenção), cabendo, contudo, ao Comitê de Ministros a tarefa de exigir a execução das sentenças. Na visão da Corte, cabe ao Comitê de Ministros assumir claramente seu papel de supervisor do cumprimento da sentença, não sendo mais útil a análise dos casos presentes e futuros, que devem ser encaminhados diretamente ao próprio Comitê de Ministros[79].

Essa posição da Corte transfere ao Comitê de Ministros o dever exclusivo de exigir maior comprometimento dos Estados infratores, impondo, ao final, a sanção maior, que é a exclusão do Conselho da Europa (art. 8º do tratado institutivo[80]). Contudo, o Comitê de Ministros é um órgão político e a posição da Corte nega às futuras vítimas em casos similares o acesso à jurisdição internacional independente e imparcial. O caso foi decidido por maioria (10 votos a 7), sendo que os juízes vencidos lamentaram a opção da Corte em privilegiar a diminuição do número de casos sem que fosse assegurada a proteção efetiva das vítimas.

4   A jurisdição consultiva e o Protocolo n. 16

A jurisdição consultiva é comum nos tribunais internacionais e serve para que determinada Corte responda a perguntas sobre o real alcance e sentido da

---

[78]   Corte Europeia de Direitos Humanos, *Caso Yuriy Nikolayevich Ivanov vs. Ucrânia*, julgamento de 15 de outubro de 2009.

[79]   Corte Europeia de Direitos Humanos, *Caso Burmych e outros vs. Ucrânia*, julgamento de 12 de outubro de 2017, em especial parágrafo 221.

[80]   *In verbis*: "Article 8. Any member of the Council of Europe which has seriously violated Article 3 may be suspended from its rights of representation and requested by the Committee of Ministers to withdraw under Article 7. If such member does not comply with this request, the Committee may decide that it has ceased to be a member of the Council as from such date as the Committee may determine".

norma internacional. A resposta contida no Parecer Consultivo (também chamado de Opinião Consultiva) não vincula, mas, ao esclarecer o conteúdo do Direito Internacional, impede-se qualquer alegação de boa-fé na realização de condutas contrárias ao Parecer.

O poder de emitir opiniões consultivas foi concedido à Corte EDH pelo Protocolo n. 2, mas com restrições: (i) só o Comitê de Ministros do Conselho da Europa poderia solicitar opinião consultiva e (ii) a pergunta a ser submetida à Corte EDH na jurisdição consultiva *não* poderia incidir sobre questões relativas ao conteúdo ou à extensão dos direitos e liberdades da Convenção e dos protocolos nem sobre outras questões que poderiam ser submetidas ao Tribunal ou ao Comitê de Ministros (artigo 47.2 da Convenção).

Diante de tais restrições, a Corte EDH só emitiu dois pareceres (2008 e 2010[81]), tendo indeferido a emissão em um caso (2004[82]).

Em 2012, na reunião do Conselho da Europa de Brighton (Reino Unido – ver a seguir), foi discutida a ampliação da jurisdição consultiva da Corte EDH como uma solução para dois problemas: (i) o aumento dos atritos da Corte EDH com os tribunais superiores nacionais (ver o *Caso Görgülü* acima) e (ii) o aumento expressivo do congestionamento de casos contenciosos.

Foi, então, aprovado o Protocolo n. 16, que altera a jurisdição consultiva, possibilitando aos tribunais superiores de um Estado que solicitem opinião consultiva sobre a interpretação e aplicação dos direitos previstos na Convenção. Assim, após o Protocolo n. 16, há duas espécies de pedidos de opinião consultiva no sistema europeu de direitos humanos: (i) a solicitada pelo Comitê de

---

81 Ambos referentes à eleição de juízes. No primeiro Parecer (2008), o Comitê de Ministros perguntou se a Assembleia do Conselho da Europa poderia recusar uma lista de nomes de juízes enviada por um Estado que obedeceu aos critérios mínimos da Convenção, mas não havia incluído mulheres (desobedecendo a resoluções da Assembleia). A Corte deliberou que, se o Estado comprovasse ter cumprido o modo de preenchimento da lista (convocatória pública) imposto pela própria Assembleia, esta não poderia recusar a lista por ausência de indicado do sexo feminino. A consulta teve como pano de fundo a recusa da lista de Malta por motivo de gênero. No segundo Parecer (2010) foi indagado se um país poderia retirar a lista de nomes indicados para o posto de juiz depois do envio e se poderia um país indicar um nome para substituir vacância na lista enviada. A Corte decidiu que o Estado era livre para substituir toda a lista até o fim do prazo de indicação. E, depois de findo o prazo, o Estado poderia no máximo substituir nomes que eventualmente não fossem mais disponíveis (renúncia ou outro motivo). O pano de fundo de tal opinião consultiva foi a situação da Ucrânia, que havia retirado sua lista anteriormente enviada.

82 Tratou-se de pedido de opinião consultiva que indagava sobre a eventual coexistência entre a Convenção de Direitos Humanos da Comunidade de Estados Independentes e a Convenção Europeia de Direitos Humanos. Como se vê, era caso de opinião sobre matéria que pode ser apreciada pela Corte na função contenciosa. Assim sendo, a Corte EDH decidiu não emitir o parecer consultivo.

Ministros (com as limitações vistas acima) e (ii) a solicitada por Tribunal superior de um Estado.

Nessa segunda hipótese, o rito é simples: 1) cada Estado define quais são os tribunais internos que podem solicitar a opinião consultiva; 2) o pedido somente poderá ser feito no âmbito de um caso concreto a ser decidido pelo tribunal nacional; 3) o pedido será inicialmente analisado por um painel de 5 juízes do Tribunal Pleno: caso seja considerado admissível, o Tribunal Pleno (*Grand Chamber*, com 17 juízes) o apreciará; 4) a opinião não é vinculante.

O mecanismo para a entrada em vigor do Protocolo n. 16 é o do "opt-in": basta que 10 Estados do Conselho da Europa o ratifiquem, dispensando-se a unanimidade (usual). Em agosto de 2018, este número foi atingido e o Protocolo entrou em vigor. Em abril de 2019, foi emitido o primeiro parecer, a pedido da Corte de Cassação francesa, por meio do qual foram esclarecidas dúvidas referentes à maternidade por substituição (tema no qual a França já havia sido condenada anteriormente pela Corte EDH). Desde então, a Corte EDH tem sido provocada pelos tribunais internos em temas variados, já tendo emitido pareceres consultivos nas seguintes matérias: (i) mecanismo de reclamações contra a polícia (Suprema Corte da Eslováquia, 2020); crime contra a ordem constitucional (Corte constitucional da Armênia; 2020); *impeachment* (Suprema Corte administrativa da Lituânia, 2022); imprescritibilidade do crime de tortura (Corte de Cassação da Armênia, 2022)[83].

Só o tempo dirá se o Protocolo n. 16 atingirá seus propósitos de (i) diminuir os atritos com os Tribunais nacionais, que saberão, antes de decidir, a interpretação internacionalista de determinado direito e, consequentemente, (ii) reduzir o número de casos contenciosos na Corte EDH, pois se espera que o Tribunal nacional *não decida* contrariando uma opinião consultiva.

5 A difícil relação entre a Corte Europeia de Direitos Humanos e a União Europeia: os atos comunitários que violam direitos humanos

Conforme expus detalhadamente em livro anterior[84], há uma *intersecção* entre o âmbito de atuação do Conselho da Europa e da União Europeia. De fato, todos os atuais 27 membros da União Europeia (após a saída do Reino Unido no chamado "Brexit") são também membros do Conselho da Europa. Além disso, o Direito da União Europeia faz expressa menção à proteção de

---

83 Até maio de 2022. Dados disponíveis em: <https://www.echr.coe.int/Pages/home.aspx?p=caselaw/advisoryopinions&c>. Acesso em: 29 maio 2022.

84 CARVALHO RAMOS, André de. *Direitos Humanos na Integração Econômica*, Rio de Janeiro: Renovar, 2008.

direitos humanos como se vê pela inclusão, no preâmbulo do atual Tratado da União Europeia, do seguinte parágrafo: *"Inspirando-se no patrimônio cultural, religioso e humanista da Europa, de que emanaram os valores universais que são os direitos invioláveis e inalienáveis da pessoa humana, bem como a liberdade, a democracia, a igualdade e o Estado de direito"*. Esse trecho demonstra a preocupação dos Estados contratantes em manter clara a mensagem de que a proteção de direitos humanos é mola-mestra no desenvolvimento do ordenamento da integração europeia.

Além disso, a nova redação do artigo 6º do Tratado da União Europeia (fruto do Tratado de Lisboa – 2007, que entrou em vigor em 2009) consagra a garantia dos direitos fundamentais e dispõe que os direitos previstos na Convenção Europeia para a Proteção dos Direitos do Homem e das Liberdades Fundamentais (CEDH) são parte integrante do ordenamento da União Europeia.

De maneira inovadora, esse artigo determina que a União proporá a sua adesão formal à Convenção Europeia dos Direitos Humanos[85].

O Protocolo 14 (2004) já havia previsto tal adesão e fez inserir no artigo 59 da Convenção um novo parágrafo 2º estabelecendo que a *União Europeia pode aderir à Convenção Europeia de Direitos Humanos*.

Essa adesão colocará um ponto final em uma batalha histórica, na qual particulares processaram perante a Corte EDH vários Estados da União Europeia por violação de direitos humanos ocasionada por ato do Direito da Integração Europeia, em claro desprestígio do Tribunal de Justiça da própria União Europeia. A delicadeza da questão é evidente: o Direito da Integração é interpretado, em última análise, pelo Tribunal de Justiça da União Europeia, sediado em Luxemburgo. O conflito judicial entre o Tribunal de Luxemburgo e a Corte de Estrasburgo era de difícil solução. Em determinados momentos, houve autocontenção[86] do sistema de Estrasburgo, mas, no caso *Matthews*, a Corte EDH afirmou que respeitava os processos de integração e transferência de soberania, mas *não podia aceitar* que um Estado utilizasse sua liberdade de pactuar tal transferência (ou compartilhamento) de soberania como *escudo* para descumprir a Convenção Europeia de Direitos Humanos.

---

85 *In verbis*: "Art. 6.2. A União adere à Convenção Europeia para a Protecção dos Direitos do Homem e das Liberdades Fundamentais. Essa adesão não altera as competências da União, tal como definidas nos Tratados. 3. Do direito da União fazem parte, enquanto princípios gerais, os direitos fundamentais tal como os garante a Convenção Europeia para a Protecção dos Direitos do Homem e das Liberdades Fundamentais e tal como resultam das tradições constitucionais comuns aos Estados-Membros".

86 Ver a doutrina da "proteção equivalente" em CARVALHO RAMOS, André de. *Direitos Humanos na Integração Econômica*, Rio de Janeiro: Renovar, 2008, p. 387 e s.

Ou seja, cabe ao Estado não contrair outros compromissos internacionais que venham a acarretar o descumprimento da Convenção Europeia de Direitos Humanos[87].

Com o Tratado de Lisboa e com a futura adesão da União Europeia ao sistema de Estrasburgo, teremos um "primus inter pares" no que tange aos direitos humanos internacionais no solo europeu: a Corte Europeia de Direitos Humanos.

6 O Protocolo n. 15 e a reforma do sistema europeu: o universalismo em risco?

Em 2012, o Conselho da Europa emitiu a Declaração de Brighton, na qual foram abordados oito tópicos voltados especialmente à preservação da autonomia dos Estados na interpretação dos direitos humanos diante da Corte EDH, ao mesmo tempo que não aprofundou nenhum dever dos Estados (só menções genéricas e superficiais ao comprometimento deles).

No tópico "A" (implementação da convenção no plano nacional), o item 9, "c", menciona que os Estados devem encorajar os tribunais nacionais a "levarem em consideração" a jurisprudência da Corte EDH, sem maior menção à força vinculante de suas deliberações.

No tópico "B" (interação entre a Corte EDH e as autoridades nacionais), o item 11 é expresso em afirmar que a Corte EDH, ao rever as decisões locais, deve levar em consideração a margem de apreciação nacional. Aliás, em uma curta Declaração como esta, há sete passagens enfatizando a importância da "margem de apreciação nacional". Inclusive consta expressamente o desejo dos Estados de incluir, por meio de um novo Protocolo, a temática da subsidiariedade e da margem de apreciação de forma *expressa* no Preâmbulo da Convenção Europeia de Direitos Humanos.

No tópico "F" (execução dos julgamentos da Corte EDH), a Declaração enfatiza o direito dos Estados de escolher os meios para implementar as sentenças da Corte, em nome do princípio da *subsidiariedade*, o que intimida e conspira contra as medidas específicas da Corte (vistas acima). Quanto à execução, a Declaração apenas convida o Comitê de Ministros a adotar medidas mais efetivas contra os Estados que não cumprem as decisões da Corte (mas não diz quais medidas).

---

[87] Corte Europeia de Direitos Humanos, *Caso Matthews v. United Kingdom*, julgamento de 18 de fevereiro de 1999, Reports of Judgments and Decisions 1999-I. A primeira obra no Brasil que trata da Doutrina Matthews e o "primus inter pares" é, salvo engano: CARVALHO RAMOS, André de. *Direitos Humanos na Integração Econômica*. Rio de Janeiro: Renovar, 2008, p. 411 e s.

Em síntese, a Declaração de Brighton de 2012 mostra uma das encruzilhadas do processo de direitos humanos: qual é o papel de um tribunal internacional em face de decisões nacionais de Estados Democráticos?

A reticência de vários Estados democráticos europeus de fortalecer a internacionalização dos direitos humanos é amostra evidente disso, que será depois estudada neste livro no capítulo sobre a reformulação do sistema interamericano de direitos humanos.

Em junho de 2013, foi editado o Protocolo n. 15 de alteração da Convenção Europeia de Direitos Humanos e posto à disposição dos Estados-partes para ratificação. Entrou em vigor em 1º de agosto de 2021.

O Protocolo é conciso, com nove artigos, e foi implementado parte do exposto na "Declaração de Brighton" do Conselho da Europa, de 2012, com a adição, no Preâmbulo da Convenção, de expressa menção ao *princípio da subsidiariedade* da jurisdição internacional, sendo os Estados os responsáveis primários pela proteção de direitos humanos, gozando de *margem de apreciação nacional*[88]. Nessa linha, o princípio da subsidiariedade consiste no reconhecimento da preponderância da interpretação nacional dos direitos humanos; somente no caso de evidente violação de direitos humanos, poderia a Corte EDH atuar.

Atualmente, os críticos da Corte EDH com maior repercussão na doutrina são de origem britânica (pela facilidade de acesso às publicações jurídicas em inglês, de alcance global), que se escandalizam com as derrotas britânicas em casos rumorosos perante a Corte EDH.

Lord Hoffmann, em palestra publicada em 2009, chegou ao ponto de defender que os direitos humanos são universais somente em "abstrato", pois, concretamente, cada Estado deveria poder interpretá-los a seu talante. Novamente, convém concluir que o sistema europeu de direitos humanos passa por fase de aumento de agudo relativismo como reação aos casos de interpretação internacionalista da Corte EDH[89]. Também pequenas alterações no trâmite (o prazo para propositura de ações depois do esgotamento prévio dos recursos internos caiu de seis para quatro meses), bem como facilitou-se o reconhecimento do princípio da insignificância para rejeição de demandas propostas.

Assim, em vez de suprimir a margem de apreciação nacional (que põe em risco o universalismo), o sistema europeu a reforçou.

---

88 O texto adicionado ao Preâmbulo é este: "Affirming that the High Contracting Parties, in accordance with the principle of subsidiarity, have the primary responsibility to secure the rights and freedoms defined in this Convention and the Protocols thereto, and that in doing so they enjoy a margin of appreciation, subject to the supervisory jurisdiction of the European Court of Human Rights established by this Convention".

89 Ver HOFFMANN, Leonard. "The Universality of Human Rights" in 125 *Law Quarterly Review* (2009), p. 416-432.

De resto, o Protocolo não atacou pontos importantes da crise do sistema europeu de direitos humanos, do meu ponto de vista: 1) o crescente congestionamento de casos, que gera a incapacidade da Corte de responder em tempo hábil às vítimas; 2) a resistência dos Estados em cumprir os julgamentos que não sejam voltados a pagamentos de somas irrisórias (a chamada satisfação equitativa); e 3) o fortalecimento dos reclamos de "subsidiariedade e margem de apreciação nacional" contra as deliberações internacionalistas contramajoritárias da Corte EDH, especialmente em países democráticos influentes da região, como Reino Unido, Alemanha e Itália.

7 A estratégia de seleção dos "casos de impacto"

A Corte Europeia de Direitos Humanos (Corte EDH) adotou a estratégia de processamento de casos considerados de impacto. Tal estratégia consiste na (i) identificação de petições bem fundamentadas (ii) que abordam questões de relevância para o Estado réu ou (iii) para o sistema da Convenção em geral e (iv) que, consequementente, justificam um processamento célere.

Trata-se da introdução de política de casos prioritários, que conta com *parametrização*, para evitar seletividade e arbítrio da Corte. (Por que um caso seria "de impacto" e outro não?)

A política de prioridade parametriza os casos em categorias escalonadas de de I (mais urgentes) a VII (menos importantes). Os casos das Categorias I-III são alocados a julgamentos ou decisões da Grande Câmara ou Câmaras. Já os casos das categorias V-VII (casos repetitivos e claramente inadmissíveis) são, por sua vez, processados de modo sucinto e célere, por meio de mecanismos de filtragem e novos métodos de trabalho.

Já a categoria IV é tida como de relevância intermediária, constituída de algumas petições as quais envolvem questões de relevância para o Estado réu ou para o sistema da Convenção como um todo, justificando um processamento mais rápido dos casos.

Para inserir um caso em uma categoria, a Corte EDH utiliza os seguintes critérios: (i) O julgamento internacional pode acarretar mudança ou esclarecimento da lei ou prática internacional ou doméstica?; (ii) A petição aborda relevantes questões morais ou sociais?; (iii) A petição trata de questão inovadora ou de outra forma significativa para a temática dos direitos humanos?.

8. A sintetização das sentenças: as "fórmulas resumidas"

Desde setembro de 2021, os julgamentos exarados pelos Comitês de três juízes são redigidos de forma concisa e focalizada. É experimento (por período de dois anos) que visa reduzir o acervo (e a delonga) no processamento de casos na Corte EDH. São julgamentos e decisões redigidas com a chamada "fórmula resumida" ("summary-formula judgments and decisions"), a qual padroniza as decisões entre as cinco Seções, gerando consistência e coerência decisória.

A proposta incide sobre petições cujos julgamentos e decisões aplicam a jurisprudência já existente da Corte EDH. O texto do *decisum* é limitado a duas mil palavras, objetivando o aumento da produtividade na redação dos julgamentos e decisões dos Comitês.

TÍTULO IV | O MECANISMO COLETIVO INTERAMERICANO DE APURAÇÃO DE VIOLAÇÃO DE DIREITOS HUMANOS

1 Introdução

A proteção de direitos humanos nas Américas é formada essencialmente por quatro diplomas normativos de suma importância[1]: a Declaração Americana dos Direitos e Deveres do Homem, a Carta da Organização dos Estados Americanos, a Convenção Americana sobre Direitos Humanos (também denominada "Convenção Americana de Direitos Humanos") e finalmente o Protocolo de San Salvador, relativo aos direitos sociais e econômicos.

Esses diplomas forjaram dois sistemas de proteção, que interagem de modo expresso. O primeiro sistema é *o da Organização dos Estados Americanos* (OEA), que utiliza os preceitos primários da Carta de criação da própria OEA e a Declaração Americana dos Direitos e Deveres do Homem. O segundo é o *sistema da Convenção Americana de Direitos Humanos*, criado no bojo da própria OEA.

A interação entre os sistemas é vista já no mais antigo deles, que é o sistema da Carta da OEA, organização intergovernamental criada em 1948. Dispõe a Carta da OEA, em seu artigo 106[2], que a Comissão Interamericana de Direitos Humanos (um de seus órgãos principais) tem como principal função promover o respeito e a defesa dos direitos humanos e servir como órgão consultivo da Organização em tal matéria, dispondo ainda que uma "convenção interamericana sobre direitos humanos estabelecerá a estrutura, a competência e as normas de funcionamento da referida Comissão, bem como as dos outros órgãos encarregados de tal matéria". Em seguida, o artigo 145 da mesma Carta estabelece que, "enquanto não entrar em vigor a convenção interamericana sobre direitos humanos a que se refere o Capítulo XV, a atual Comissão Interamericana de Direitos Humanos velará pela observância de tais direitos".

Já o sistema da Convenção Americana de Direitos Humanos tem vários pontos de contato com o sistema da Carta da OEA. Em primeiro lugar, trata-se de um sistema engendrado no seio da própria OEA e que conta inclusive com a participação ativa de um órgão principal da OEA, que é a Comissão Interamericana de Direitos Humanos. Em segundo lugar, o financiamento do sistema

---

[1] Há outros tratados que também compõem a proteção de direitos humanos nas Américas, a saber: o Protocolo à Convenção Americana sobre Direitos Humanos Referente à Abolição da Pena de Morte, a Convenção Interamericana para Prevenir e Punir a Tortura, a Convenção Interamericana sobre o Desaparecimento Forçado de Pessoas, e a Convenção Interamericana para Prevenir, Punir e Erradicar a Violência contra a Mulher.

[2] Com a redação dada pelo Protocolo de Buenos Aires de 1967.

da Convenção é feito pela OEA e os membros do segundo sistema são, sem exceção, membros do primeiro. Em terceiro lugar, as regras do primeiro sistema são subsidiariamente aplicáveis ao segundo, de acordo com o disposto no artigo 29, "b", da Convenção Americana de Direitos Humanos, que dispõe que as obrigações baseadas na Convenção não podem servir de justificativa para a não aplicação de outras normas de proteção de direitos humanos constantes em outros diplomas normativos.

Na realidade, temos dois círculos concêntricos: um círculo amplo composto pelo sistema da Carta da OEA, com 35 Estados dessa Organização; um círculo menor, composto por 23 Estados, que ratificaram a Convenção Americana de Direitos Humanos (CADH).

Os dois sistemas comungam, na essência, da mesma origem, a OEA. A diferença está no compromisso mais denso firmado pelos integrantes do segundo sistema, que conta inclusive com um tribunal especializado em direitos humanos, a Corte Interamericana de Direitos Humanos, como veremos.

Porém, mesmo que um país pertença ao círculo mais estrito da Convenção, pode ser avaliado perante o círculo mais amplo, o da Carta da OEA. É o que ocorreu com Honduras, durante a crise do golpe militar de 2009, como veremos.

Ao todo, houve 25 Estados da OEA (entre 35) que ratificaram a Convenção, mas dois deles (Trinidad e Tobago, em 1998, e Venezuela) já a denunciaram. Em 2022, são 12 Estados que ainda não são partes da CADH: Antígua e Barbuda, Bahamas, Belize, Canadá, Cuba, Estados Unidos, Guiana, São Cristóvão e Névis (Saint Kitts and Nevis), Santa Lúcia, São Vicente e Granadinas, Trinidad e Tobago (foi parte de 1991 a 1998), Venezuela (foi parte de 1977 a 2012[3]).

Todavia, a partir de 2019, houve peculiar alteração da situação da Venezuela como "parte" da Convenção Americana sobre Direitos Humanos. O Conselho Permanente da Organização dos Estados Americanos (OEA) *não* reconheceu, em janeiro de 2019, o novo mandato de Nicolas Maduro como Presidente eleito da Venezuela (por 19 votos; maioria absoluta – até então ele era o presidente reconhecido). Por outro lado, *não* houve maioria para dar o passo seguinte e reconhecer o Sr. Guaidó Marquez como legítimo presidente da Venezuela (somente 16 países votaram a favor, não alcançando maioria entre os 35 Estados membros). Já na Organização das Nações Unidas (ONU) *não* houve mudança, sendo até o momento (2022) representada a Venezuela pelo Governo Maduro[4].

---

3   A Venezuela apresentou sua denúncia da Convenção Americana sobre Direitos Humanos (CADH) ao Secretário Geral da OEA em 10 de setembro de 2012. A denúncia produz efeito a partir de 10 de setembro de 2013, de acordo com o art. 78.1 da CADH.

4   A nova ratificação feita por Guaidós Márques está disponível em <http://www.oas.org/es/sla/ddi/docs/B-32_venezuela_RA_7-31-2019.pdf>. A resolução da OEA (2019) não reconhecendo o novo mandato de Maduro está disponível em: <https://www.oas.org/en/media_center/press_release.asp?sCodigo=E-001/19>.

Apesar disso, a OEA introduziu em seu site na internet um "instrumento de ratificação" assinado por Juan Gerardo Guaidó Márquez (de 1º-7-2019), em nome da Venezuela, ratificando novamente a CADH com "efeito retroativo", como se a denúncia de 2012 (com efeito a partir de 2013) nunca tivesse sido feita.

A Comissão IDH ainda não encaminhou nenhum caso à Corte contra a Venezuela para fatos ocorridos no âmbito de validade temporal da *nova* ratificação. Nos casos encaminhados após 2019 (sobre fatos anteriores a 2013), a Corte IDH ignora a nova "ratificação" e anota sua jurisdição para fatos anteriores à entrada em vigor da denúncia em 2013 (mencionada expressamente)[5].

No seu relatório anual de 2021, a Corte IDH reconhece a Venezuela como Estado que *não* é parte da Convenção Americana sobre Direitos Humanos[6].

2 O sistema da Organização dos Estados Americanos (OEA)

2.1 Aspectos gerais

Após a independência das antigas colônias espanholas, o sonho do Libertador Simon Bolívar era mimetizar a experiência norte-americana e criar uma grande federação de países recém-independentes na América Latina, em especial no norte da América do Sul (a República da Grande Colômbia).

Após o fracasso do sonho bolivariano, surge o *pan-americanismo*, movimento incentivado pelos Estados Unidos no final do século XIX e que visava à cooperação entre os Estados americanos, na linha da Doutrina Monroe[7]. Para dar forma a essa cooperação, foram organizadas conferências pan-americanas, que somaram nove grandes encontros do século XIX até a criação da Organização dos Estados Americanos em 1948. A primeira foi realizada em Washington, entre outubro de 1889 e abril de 1890. A institucionalização era rarefeita, tendo sido criado um *Escritório Comercial das Repúblicas Americanas* com sede em Washington para mero apoio administrativo. Na Segunda Conferência realizada no México (1901), o Escritório passa a se denominar *Escritório Internacional das Repúblicas Americanas*, nome mantido na Terceira Conferência (Rio de Janeiro, 1906) e alterado para *União Pan-americana* na Quarta Conferência (Buenos Aires, 1910). Após a 1ª Guerra Mundial, houve ainda as Conferências de

---

5   Por exemplo, no caso Guerrero, Molina e outros vs. Venezuela, sentença de 3-6-2021, parágrafo 13.

6   Informe disponível em: <https://www.corteidh.or.cr/docs/informe2021/portugues.pdf>. Acesso em: 29 maio 2022.

7   Sobre a Doutrina Monroe, ver ACCIOLY, Hildebrando, NASCIMENTO E SILVA, Geraldo E. e CASELLA, Paulo Borba. *Manual de Direito Internacional Público*, 18. ed., São Paulo: Saraiva, 2010, p. 347.

Santiago (1923), Havana (1928), Montevidéu (1933) e Lima (1938). Essas conferências foram marcadas pelo desejo americano de estimular a abertura de mercados e forjar uma cooperação técnica. A grande contribuição técnica desse ciclo de conferências foi o avanço da codificação interamericana de direito internacional privado, consagrado com o Código Bustamante (Convenção Interamericana de Direito Internacional Privado, ratificada pelo Brasil e em vigor até hoje[8]) elaborado na Sexta Conferência de Havana de 1928.

No plano político, as Conferências serviram para aproximação entre os Estados americanos, o que facilitou a criação, em 1948, justamente na *Nona Conferência Pan-americana*, da Organização dos Estados Americanos *(OEA)*[9].

O contexto da criação da OEA foi o da *guerra fria*. Um ano antes, na Conferência Pan-americana do Rio de Janeiro em 1947, foi aprovado o Tratado Interamericano de Assistência Recíproca (TIAR ou Pacto do Rio), que criou um sistema regional de segurança coletiva (a agressão a um dos membros seria considerada uma agressão a todos) sob forte estímulo dos Estados Unidos, ansiosos por assegurar uma defesa hemisférica comum sob sua supervisão.

Nesse contexto, a *União Pan-americana* transforma-se em *Organização dos Estados Americanos* (OEA) pela Carta de Bogotá. Os trabalhos da *Nona Conferência* ocorreram entre março e maio de 1948, convivendo com época conturbada na Colômbia, com o assassinato do líder liberal colombiano Jorge Gaitán e conflitos sociais conhecidos como "Bogotazo". Esse clima de distúrbio social e guerra fria fez nascer um tratado extenso com 112 artigos, assinado pelos 21 Estados fundadores da OEA, conhecido também como Carta de Bogotá[10].

---

8 Com apenas 16 Estados-partes. Promulgada internamente pelo Decreto n. 18.871, de 1929. Sobre o direito internacional privado, ver CARVALHO RAMOS, André de. *Curso de direito internacional privado*. 2. ed., São Paulo: Saraiva, 2021.

9 A numeração das Conferências Pan-americanas exclui a Conferência Interamericana de Consolidação da Paz de 1936 (Buenos Aires, que contou com o Presidente Roosevelt dos EUA) e a Conferência Interamericana sobre Problemas da Guerra e da Paz, já comentada acima, ocorrida entre fevereiro e março de 1945 em Chapultepec (México), bem como a Conferência Interamericana para manutenção da paz e segurança realizada no Rio de Janeiro em 1947 (que gerou o Tratado Interamericano de Assistência Recíproca – TIAR, o Tratado do Rio). Ainda ocorreu a X Conferência Pan-americana de 1954 em Caracas. Após, os encontros e conferências entre os Estados americanos foram transferidos para o âmbito da OEA.

10 São fundadores: Argentina, Bolívia, Brasil, Chile, Colômbia, Costa Rica, Equador, El Salvador, Estados Unidos da América, Guatemala, Haiti, Honduras, México, Nicarágua, Panamá, Paraguai, Peru, República Dominicana, Uruguai, Venezuela. Cuba é também membro fundador, porém, na VIII Reunião de Consulta de Ministros das Relações Exteriores em 1962, por pressão dos EUA, o governo comunista de Cuba foi suspenso de seus direitos de participar da OEA. Em 2009 essa resolução de suspensão foi revogada. Depois de 1948 ingressaram na OEA: Antígua e Barbuda (1967), Barbados (1967), Trinidad e Tobago (1967), Jamaica (1969), Grenada (1975), Suriname (1977), Dominica (1979), Santa Lucia (1979), São Vicente

De acordo com a Carta de 1948, a OEA é uma organização intergovernamental, aberta a todos os Estados americanos, que acabaram – todos – ingressando na organização ao longo dos anos.

Seus objetivos são amplos: garantia da paz e segurança internacionais, cooperação e ação solidária, promoção da democracia representativa, promoção dos direitos humanos e erradicação da pobreza, desenvolvimento econômico e social e prevenção de conflitos e busca de solução pacífica de controvérsias.

No que tange aos direitos humanos, a Carta está repleta de menções genéricas de respeito aos direitos humanos, que consta já do Preâmbulo[11] e, entre outros, dos artigos 3º, alínea "l"[12], 17[13], 33[14], 45[15].

O preâmbulo, aliás, claramente estabelece que "... o verdadeiro sentido da solidariedade americana e da boa vizinhança não pode ser outro senão o de consolidar neste continente, dentro do quadro das instituições democráticas, um regime de liberdade individual e de justiça social, fundado no respeito dos *direitos essenciais* do homem". Os Estados americanos proclamaram ainda o respeito "*os direitos fundamentais da pessoa humana, sem fazer distinção de raça, nacionalidade, credo ou sexo*. Já o artigo 17 da Carta estipula que o desenvolvimento deve ser feito respeitando-se "*os direitos da pessoa humana e os princípios da moral universal*"[16]. Finalmente, a Carta estabelece direitos sociais, tais como

---

e Granadinas (1981), Bahamas (1982), Saint Kitts e Nevis (1984), Canadá (1990), Belize (1991) e Guiana (1991). Conferir em HERZ, Mônica. "Carta da OEA (1948)", *in* MAGNOLI, Demétrio. *A história da paz*, São Paulo: Contexto, 2008, p. 331-353.

11 *In verbis*: "Certos de que o verdadeiro sentido da solidariedade americana e da boa vizinhança não pode ser outro senão o de consolidar neste Continente, dentro do quadro das instituições democráticas, um regime de liberdade individual e de justiça social, fundado no respeito dos direitos essenciais do Homem".

12 *In verbis*: "Artigo 3º – Os Estados americanos reafirmam os seguintes princípios: (...) – l) Os Estados americanos proclamam os direitos fundamentais da pessoa humana, sem fazer distinção de raça, nacionalidade, credo ou sexo".

13 *In verbis*: "Artigo 17 – Cada Estado tem o direito de desenvolver, livre e espontaneamente, a sua vida cultural, política e econômica. No seu livre desenvolvimento, o Estado respeitará os direitos da pessoa humana e os princípios da moral universal".

14 *In verbis*: "Artigo 33 – O desenvolvimento é responsabilidade primordial de cada país e deve constituir um processo integral e continuado para a criação de uma ordem econômica e social justa que permita a plena realização da pessoa humana e para isso contribua".

15 *In verbis*: "Artigo 45 – Os Estados membros, convencidos de que o Homem somente pode alcançar a plena realização de suas aspirações dentro de uma ordem social justa, acompanhada de desenvolvimento econômico e de verdadeira paz, convêm em envidar os seus maiores esforços na aplicação dos seguintes princípios e mecanismos", seguindo-se a enumeração de vários direitos em diversas alíneas. Os artigos 46, 47, 48, 49 e 50 tratam também de direitos humanos, como os direitos à educação, trabalhistas e referentes à previdência social.

16 Art. 17, *in fine*.

o direito ao bem-estar material[17], o direito ao trabalho[18], direito à livre-associação, direito à greve e à negociação coletiva[19], direito à previdência social e à assistência jurídica para fazer valer seus direitos[20]. Já o artigo 47 estabelece o direito à educação, considerado como *"fundamento da democracia, da justiça social e do progresso"*[21].

Chama a atenção de todos que esses objetivos são próximos aos objetivos da Organização das Nações Unidas, tendo a OEA se autodefinido como "organização regional" (artigo 1º da Carta da OEA) regrada pelo Capítulo VIII da Carta da ONU ("acordos regionais").

Apesar desses objetivos ambiciosos, a Carta foi redigida sob o marco da *não intervenção* nos assuntos domésticos (artigo 1º[22]) e respeito da *soberania* dos Estados (que consta do preâmbulo[23] e do artigo 1º).

Por isso, a fórmula para densificar o conceito de "direitos humanos" previsto como um dos objetivos da Organização foi de adotar, na própria Conferência de Bogotá em 1948, uma "Declaração" não vinculante[24] e não um tratado internacional (que só seria adotado em 1969). Essa Declaração, denominada Declaração Americana de Direitos e Deveres do Homem, aprovada em maio de 1948 junto com a Carta da OEA, antecedeu a própria Declaração Universal dos Direitos Humanos (aprovada em dezembro de 1948). Na Declaração Americana, há uma série de direitos civis e políticos, econômicos, sociais e culturais nos artigos I a XXVII; os deveres são estabelecidos nos artigos XXIX a XXXVIII,

---

17 Art. 45, alínea "a".
18 Art. 45, alínea "b".
19 Art. 45, alínea "c".
20 Art. 45, alíneas "h" e "i".
21 Art. 47, *in fine*.
22 *In verbis*: "Artigo 1º – Os Estados americanos consagram nesta Carta a organização internacional que vêm desenvolvendo para conseguir uma ordem de paz e de justiça, para promover sua solidariedade, intensificar sua colaboração e defender sua *soberania*, sua integridade territorial e sua independência. Dentro das Nações Unidas, a Organização dos Estados Americanos constitui um organismo regional. A Organização dos Estados Americanos não tem mais faculdades que aquelas expressamente conferidas por esta Carta, nenhuma de cujas disposições a autoriza a intervir em *assuntos da jurisdição interna* dos Estados membros" (grifos do Autor).
23 *In verbis*: "Conscientes de que esta missão já inspirou numerosos convênios e acordos cuja virtude essencial se origina do seu desejo de conviver em paz e de promover, mediante sua mútua compreensão e seu respeito pela *soberania* de cada um, o melhoramento de todos na independência, na igualdade e no direito;".
24 Ver abaixo a interpretação da Corte Interamericana que deu *força vinculante indireta* à Declaração Americana.

demonstrando aqui uma visão segregada (entre direitos e deveres) hoje superada pelo reconhecimento da dimensão objetiva dos direitos humanos[25].

Para HERZ, a tradição não intervencionista e legalista é bastante enraizada na cultura do Direito Internacional latino-americano, pois serviria de barreira ao peso assimétrico dos Estados Unidos[26].

Além disso, a OEA ainda enfrentou as contradições da guerra fria, na qual o Estado Democrático e de maior peso na região – os Estados Unidos – conspiraram notoriamente a favor de ditaduras submissas aos seus interesses na América Latina. Os apoios ao golpe militar na Guatemala (cujo Presidente Jacobo Arbenz havia promovido uma reforma agrária) em 1954, no Brasil em 1964, no Chile em 1973, entre outros, sem contar o apoio a ditaduras sanguinárias, como a de Trujillo na República Dominicana (território que foi base para os americanos na 2ª Grande Guerra) ou a de Somoza na Nicarágua, dificultaram a adoção de uma posição firme da OEA contra violações brutais de direitos humanos no continente.

Apesar desses entraves, a promoção dos direitos humanos foi lentamente posta em prática no seio da OEA.

O primeiro passo concreto foi dado com a criação da Comissão Interamericana de Direitos Humanos (Comissão IDH – também se utiliza a sigla CIDH) na V Reunião de Consulta dos Ministros das Relações Exteriores da OEA (Santiago, 1959), sem apoio na redação original da Carta. Pela proposta aprovada, a Comissão funcionaria provisoriamente até a adoção de uma Convenção Interamericana de Direitos Humanos. O Comitê Interamericano de Juristas foi encarregado de elaborar o projeto dessa convenção de direitos humanos. Nos seus primeiros anos, a Comissão restringiu-se a "promover" os direitos humanos consagrados pela Declaração Americana no continente. O Estatuto da Comissão, aprovado pela OEA em 1960, não estabeleceu outros poderes ou funções para assegurar o respeito aos direitos humanos. A II Conferência Interamericana Extraordinária de 1965 aprovou modificações no Estatuto da Comissão, ampliando suas funções. A Comissão transformou-se em verdadeiro órgão internacional de supervisão do cumprimento, pelos Estados da OEA, de seus compromissos (elencados na Carta da OEA e na Declaração Americana) de respeito aos direitos humanos. Para tanto, a Comissão foi autorizada a receber e examinar petições individuais sobre pretensas violações de direitos humanos, bem como a inquirir os Estados sobre os fatos apurados e recomendar condutas.

---

25 Sobre a dimensão objetiva, ver CARVALHO RAMOS, André de. *Teoria Geral dos Direitos Humanos na Ordem Internacional*, 7. ed., São Paulo: Saraiva, 2019.

26 HERZ, Mônica. "Carta da OEA (1948)", *in* MAGNOLI, Demétrio. *A história da paz*, São Paulo: Contexto, 2008, p. 331-353, em especial p. 340.

Esse desenvolvimento institucional da Comissão foi consagrado na elaboração do Protocolo de Buenos Aires em 1967 (entrou em vigor em 1970), que emendou a Carta da OEA. Pelo Protocolo, a Comissão passou a ser órgão principal e autônomo (pois seus comissários – também chamados de comissionados – têm independência funcional) da própria Organização dos Estados Americanos, superando a debilidade inicial de ter sido criada por mera resolução adotada em reunião de Ministros. Assim, a Comissão incorporou-se à estrutura permanente da OEA, tendo os Estados a obrigação de responder aos seus pedidos de informação, bem como cumprir, em boa-fé, suas recomendações, pois estas eram fundadas na própria Carta da OEA, agora reformada.

Fez ainda o Protocolo menção à elaboração de um tratado internacional de direitos humanos (redigido em 1969, a Convenção Americana de Direitos Humanos). O Protocolo de Cartagena das Índias (1985), por sua vez, introduziu artigos que expressamente mencionam que o desenvolvimento é responsabilidade primordial de cada país e deve constituir um processo integral e continuado para a criação de uma ordem econômica e social justa que permita a plena realização da pessoa humana e para isso contribua (artigo 32 do Protocolo, hoje artigo 33 da Carta).

Foi a partir de 1991, que a promoção de direitos humanos foi alavancada por um *fato inédito* na história da organização: pela primeira vez, todos os Estados membros efetivos (o governo de Cuba estava suspenso) eram *democracias*.

Nesse ambiente, foi editado o Protocolo de Washington (1992), que introduziu a cláusula democrática na Organização (artigo 9º), pela qual um membro da OEA pode ser suspenso como sanção à ruptura do regime democrático (ver abaixo o caso de Honduras). Finalmente, o Protocolo de Manágua (1993) criou o "Conselho Interamericano de Desenvolvimento Integral"[27], voltado para promover a cooperação entre os Estados americanos, com o propósito de obter seu desenvolvimento integral e, em particular, de contribuir para a eliminação da pobreza crítica, segundo as normas da Carta, no que se refere aos campos econômico, social, educacional, cultural, e científico e tecnológico (artigo 94).

Tendo em vista a Carta da OEA e a Declaração Americana de Direitos e Deveres do Homem é justo concluir que a proteção de direitos humanos esteve sempre no centro das preocupações *formais* dessa organização.

A evolução na implementação desses objetivos postos no papel foi lenta, com grande benevolência para várias ditaduras ao longo das décadas. Porém, após mais de 60 anos de existência, já existem mecanismos concretos de proteção de direitos humanos na OEA.

---

27 Formado pela fusão do Conselho Econômico e Social Interamericano com o Conselho Interamericano para a Educação, Ciência e Cultura.

Esses mecanismos são operacionalizados por quatro órgãos dessa organização, a saber: a Comissão Interamericana de Direitos Humanos, o Conselho Interamericano de Desenvolvimento Integral, bem como a Assembleia Geral da OEA e o Conselho Permanente da OEA, este considerado como braço perene daquela Assembleia[28], bem como a Reunião de Consulta dos Ministros das Relações Exteriores, como se depreende dos artigos 53, 90, 93, 100 e 111 da Carta da OEA.

Ainda, podemos classificar os mecanismos já em ação na OEA para a proteção de direitos humanos em dois tipos: o mecanismo coletivo político (capitaneado pela Assembleia Geral, pelo Conselho Permanente e pela Reunião de Consulta dos Ministros das Relações Exteriores) e o mecanismo coletivo quase judicial (capitaneado pela Comissão Interamericana e o Conselho Interamericano de Desenvolvimento Integral).

2.2 O mecanismo coletivo político: a Carta Democrática Interamericana

A Assembleia Geral da OEA é o órgão político final no procedimento de responsabilização internacional do Estado diante de descumprimentos do rol de direitos fundamentais constantes da Declaração Americana de Direitos e Deveres do Homem e da Carta da OEA.

Nesse sentido, estabelece o artigo 54, alínea *a*, que compete à Assembleia Geral *"decidir a ação e as políticas gerais da Organização"*, o que abrange avaliar a situação de respeito aos direitos humanos nos Estados membros.

Esse órgão, constituído de representantes de todos os Estados signatários, tem cunho eminentemente político e analisa todas as informações referentes a uma determinada situação de violação de direitos humanos (encaminhadas pelos Estados ou pela Comissão Interamericana de Direitos Humanos) e recomenda a adoção de medidas pelos Estados. No caso do não cumprimento da recomendação da Assembleia Geral, o Estado fere a Carta da OEA, possibilitando a edição de sanções coletivas adiante expostas.

Embora o artigo 53 não mencione *expressamente o poder de ordenar sanções,* incumbiria à Assembleia da OEA, enquanto órgão central da organização, *propor as sanções coletivas pelo descumprimento dos preceitos da OEA,* o que no caso, seria o desrespeito aos direitos humanos. Esse *poder implícito e não explícito* dificulta ainda mais a tarefa da Assembleia Geral, que, cabe sempre lembrar, é um órgão intergovernamental, possuindo um representante por Estado membro da OEA,

---

28 O Conselho Permanente atua como Comissão Preparatória da reunião da Assembleia Geral (art. 90, alínea *c* da Carta). É órgão de consulta (art. 82) e atua exercendo bons ofícios na solução de controvérsias entre os Estados da OEA.

todos aptos a votar em suas deliberações, o que inclui os próprios Estados violadores de direitos humanos.

Entretanto, a OEA tem demonstrado, em determinadas situações críticas de desrespeito aos direitos humanos, ter vontade política suficiente para adotar as necessárias sanções a Estados infratores, como foi no caso do Haiti e, mais recentemente, de Honduras.

O Haiti foi objeto de intenso monitoramento pela Comissão Interamericana de Direitos Humanos a partir do golpe militar contra o Presidente eleito Jean Bertrand Aristide em 29 de setembro de 1991, incluindo até o envio de Delegação Especial da Comissão ao país, mesmo após o golpe.

Com base nos informes da Comissão Interamericana de Direitos Humanos, a OEA, através do Conselho Permanente, editou a Resolução n. 1/91, pela qual condenou a ruptura do regime democrático no Haiti. Nessa Resolução foi adotada a suspensão de todas as relações econômicas, financeiras e comerciais dos países membros da Organização com o Haiti, bem como a suspensão de toda ajuda ou fornecimento de material militar.

A Resolução ainda requisitava a outros organismos regionais e internacionais (tal qual o Banco Interamericano de Desenvolvimento) que suspendessem também seus programas em relação ao Haiti.

Após essa resolução seguiu-se a Resolução n. 2/91, de 8 de outubro de 1991, que solicitava o congelamento de haveres do Governo do Haiti nos países membros da OEA. A Resolução n. 2/92 da OEA endureceu ainda mais a posição da organização, ao estipular medidas de monitoramento do embargo comercial, com pedido aos Estados para que negassem acesso a portos de cargueiros e aviões que não respeitassem as medidas da OEA. Além disso, solicitou-se o cancelamento de vistos dos membros golpistas do governo de fato do Haiti, bem como o congelamento de seus haveres nos países da região. Também foi solicitado que os representantes dos países da OEA em organismos financeiros multilaterais e nas Nações Unidas agissem de acordo com as medidas sancionatórias da Resolução.

O golpe haitiano foi o impulso final para a redação do Protocolo de Washington de 14 de dezembro de 1992, que reformou a Carta da OEA.

Graças a esse Protocolo, deu-se nova redação do artigo 9º da Carta, permitindo suspender qualquer Estado-membro cujo governo tenha sido destituído pela força, por maioria de dois terços. Dispõe esse artigo que um membro da Organização, cujo governo democraticamente constituído seja deposto pela força, poderá ser suspenso do exercício do direito de participação nas sessões da Assembleia Geral, da Reunião de Consulta, dos Conselhos da Organização e das Conferências Especializadas, bem como das comissões, grupos de trabalho e demais órgãos que tenham sido criados. A faculdade de suspensão somente será exercida quando tenham sido infrutíferas as gestões diplomáticas que a

Organização houver empreendido a fim de propiciar o restabelecimento da democracia representativa no Estado-membro afetado. O membro que tiver sido objeto de suspensão deverá continuar observando o cumprimento de suas obrigações com a Organização. A Assembleia Geral encerrará a suspensão mediante decisão adotada com a aprovação dos Estados-membros.

O caso do Haiti demonstra ser possível, mesmo diante da omissão de disposições claras na Carta da OEA, o posicionamento firme da Organização contrário a violações de direitos humanos. É construído um elo de ligação, então, entre os órgãos de proteção de direitos humanos no sistema interamericano (Comissão) com o Conselho Permanente da OEA. Na medida em que há o descumprimento das decisões vinculantes oriundas deste sistema, deve a OEA zelar para que o Estado infrator repare o dano aos direitos humanos, cumprindo com as referidas decisões.

Em 2001, foi dado mais um passo rumo ao fortalecimento do mecanismo coletivo político de proteção de direitos humanos na OEA, com a aprovação da Carta Democrática Interamericana.

Suas raízes remontam a 1991, quando os Estados da OEA, em sessão da Assembleia Geral em Santiago (Chile), adotaram o "Compromisso de Santiago com a Democracia e Renovação do Sistema Interamericano" e editaram a Resolução sobre Democracia Representativa, mais conhecida como "Resolução 1080" da OEA.

Essa resolução determinou a convocação imediata do Conselho Permanente no caso de ruptura democrática em qualquer um dos Estados membros. Além disso, a Resolução encarregou o Conselho Permanente de elaborar um conjunto de propostas visando reforçar a preservação da democracia nas Américas[29]. Durante a década de 90, essa Resolução foi invocada ao menos em quatro ocasiões: Haiti (1991), Peru (1992), Guatemala (1993) e Paraguai em 1996.

Em 2001 foi aprovada, na Cúpula das Américas de Quebec (Canadá), a Carta Democrática Interamericana (CDI). Após discussões sobre se a CDI deveria ser aprovada por intermédio de um Protocolo Modificador da Carta da OEA, os Estados – com apoio do Brasil – optaram pela sua aprovação sob a forma de mera resolução da Assembleia Geral da OEA. Assim, em 11 de setembro de 2001, a Assembleia Geral da OEA aprovou, por unanimidade, a CDI em sua reunião em Lima (Peru). Apesar de não ser um tratado, a CDI, sob a forma de resolução da Assembleia Geral, é tida como interpretação autêntica das normas da Carta da OEA (esta sim um tratado) que tratam do regime democrático.

---

[29] AG/RES. 1080 (XXI-O/91). Resolução disponível em: <http://www.oas.org/xxxiiga/portugues/documentos/democracia_repres.pdf>. Acesso em: 5 mar. 2011.

A Carta Democrática inicia sustentando que a Carta da Organização dos Estados Americanos reconhece que a democracia representativa é indispensável para a estabilidade, a paz e o desenvolvimento da região, e que um dos propósitos da OEA é promover e consolidar a democracia representativa, respeitado o princípio da não intervenção. Logo, qualquer alteração ou ruptura inconstitucional da ordem democrática em um Estado-membro constitui um obstáculo insuperável à participação do Governo do referido Estado nos diálogos americanos.

A partir dessa diretriz, a CDI dispõe, em 28 artigos, os deveres do Estado na promoção do regime democrático. Na realidade, a OEA assume que a missão da Organização não se limita à defesa da democracia nos casos de ruptura, mas também abrange a consolidação, prevenção e antecipação das causas dos problemas que afetam o sistema democrático de governo de um determinado Estado.

Sua divisão em seis partes esclarece seu alcance amplo: a CDI cuida da democracia e o sistema interamericano, definindo que os povos da América têm direito à democracia e seus governos têm a obrigação de promovê-la e defendê-la, sendo a democracia essencial para o desenvolvimento social, político e econômico dos povos das Américas (parte I). Além disso, a CDI faz o vínculo entre a democracia e os direitos humanos, pois são elementos essenciais da democracia representativa, entre outros, o respeito aos direitos humanos e às liberdades fundamentais, o acesso ao poder e seu exercício com sujeição ao Estado de Direito, a celebração de eleições periódicas, livres, justas e baseadas no sufrágio universal e secreto como expressão da soberania do povo, o regime pluralista de partidos e organizações políticas, e a separação e independência dos poderes públicos. Ademais, a Carta menciona que são também componentes fundamentais do exercício da democracia a transparência das atividades governamentais, a probidade, a responsabilidade dos governos na gestão pública, o respeito dos direitos sociais e a liberdade de expressão e de imprensa (parte II).

Após, a Carta expõe o vínculo entre democracia, desenvolvimento integral e combate à pobreza, reconhecendo que a pobreza, o analfabetismo e os baixos níveis de desenvolvimento humano são fatores que incidem negativamente na consolidação da democracia. Logo, os Estados-membros da OEA se comprometem a adotar e executar todas as ações necessárias para a criação de emprego produtivo, a redução da pobreza e a erradicação da pobreza extrema, levando em conta as diferentes realidades e condições econômicas dos países do Hemisfério. A Carta defende que a promoção e observância dos direitos econômicos, sociais e culturais são inerentes ao desenvolvimento integral, ao crescimento econômico com equidade e à consolidação da democracia dos Estados do Hemisfério. O vínculo com o meio ambiente é explicitado, pois, para a Carta, o exercício da democracia facilita a preservação e o manejo adequado do meio ambiente.

Assim, ficou disposto que é essencial que os Estados implementem políticas e estratégias de proteção do meio ambiente, respeitando os diversos tratados e convenções, para alcançar um desenvolvimento sustentável em benefício das futuras gerações. Esse compromisso comum frente aos problemas do desenvolvimento e da pobreza também ressalta a importância de manter os equilíbrios macroeconômicos e o imperativo de fortalecer a coesão social e a democracia (parte III).

Em seguida, a CDI trata do fortalecimento e preservação da institucionalidade democrática, repetindo a fórmula do Protocolo de Washington (1992), pela qual qualquer Estado membro ou o Secretário-Geral poderá solicitar a convocação imediata do Conselho Permanente para realizar uma avaliação coletiva da situação de ruptura democrática em um Estado-membro. O Conselho Permanente, segundo a situação, poderá determinar a realização das gestões diplomáticas necessárias, incluindo os bons ofícios, para promover a normalização da institucionalidade democrática. Se as gestões diplomáticas se revelarem infrutíferas ou a urgência da situação aconselhar, o Conselho Permanente convocará imediatamente um período extraordinário de sessões da Assembleia Geral para que esta adote as decisões que julgar apropriadas, incluindo gestões diplomáticas, em conformidade com a Carta da Organização, o Direito Internacional e as disposições desta Carta Democrática. No processo, serão realizadas as gestões diplomáticas necessárias, incluindo os bons ofícios, para promover a normalização da institucionalidade democrática.

Quando a Assembleia Geral, convocada para um período extraordinário de sessões, constatar que ocorreu a ruptura da ordem democrática num Estado-membro e que as gestões diplomáticas tenham sido infrutíferas, em conformidade com a Carta da OEA tomará a decisão de suspender o referido Estado-membro do exercício de seu direito de participação na OEA mediante o voto afirmativo de dois terços dos Estados-membros, entrando em vigor imediatamente.

Todavia, o Estado-membro que tiver sido objeto de suspensão deverá continuar observando o cumprimento de suas obrigações como membro da Organização, em particular em matéria de direitos humanos. Adotada a decisão de suspender um governo, a Organização manterá suas gestões diplomáticas para o restabelecimento da democracia no Estado-membro afetado. Uma vez superada a decisão que motivou a suspensão, qualquer Estado-membro ou o Secretário-Geral poderá propor à Assembleia Geral o levantamento da suspensão. Esta decisão será adotada pelo voto de dois terços dos Estados-membros, de acordo com a Carta da OEA (parte IV da CDI).

A Carta Democrática ainda rege as missões de observação eleitoral (parte V) e também a promoção da cultura democrática (parte VI).

Assim, salta aos olhos que a CDI contempla um rol abrangente de disposições de fortalecimento *integral* da democracia nas Américas, fugindo ao lugar comum da mera existência de eleições periódicas.

Faltaram, contudo, mecanismos de acompanhamento do cumprimento, pelos Estados, dessas regras. Somente a ruptura do regime democrático possui uma sanção clara, que é a suspensão da participação na OEA.

As demais disposições são carentes de supervisão e, principalmente, cobrança dos Estados faltosos.

A natureza quase que inteiramente política da Carta, então, nos leva à análise do próximo mecanismo de proteção de direitos humanos ainda dentro do sistema da Carta da OEA, que é o mecanismo quase judicial da Comissão Interamericana de Direitos Humanos.

Recentemente, houve um sério teste para a Carta Democrática com o golpe militar em Honduras em junho de 2009.

Apesar das reticências americanas iniciais, o mecanismo funcionou e Honduras foi suspensa da OEA até 2011, após as novas eleições.

2.3 O mecanismo coletivo quase judicial: a Comissão Interamericana de Direitos Humanos e o Conselho Interamericano de Desenvolvimento Integral

No sistema da OEA, a Comissão Interamericana de Direitos Humanos foi inserida como órgão principal em 1967 (Protocolo de Buenos Aires) com a clara missão de zelar, pelo prisma jurídico, pela promoção de direitos humanos.

A Comissão é composta por sete membros (Comissários ou Comissionados), que deverão ser pessoas de alta autoridade moral e de reconhecido saber em matéria de direitos humanos. Os membros da Comissão serão eleitos por quatro anos e só poderão ser reeleitos uma vez, sendo que o mandato é incompatível com o exercício de atividades que possam afetar sua independência e sua imparcialidade, ou a dignidade ou o prestígio do seu cargo na Comissão.

Os membros da Comissão serão eleitos a título pessoal, pela Assembleia Geral da OEA, de uma lista de candidatos propostos pelos Governos dos Estados membros. Cada Governo pode propor até três candidatos (ou seja, pode propor apenas um nome), nacionais do Estado que os proponha ou de qualquer outro Estado membro. Quando for proposta uma lista tríplice de candidatos, pelo menos um deles deverá ser nacional de Estado diferente do proponente.

Apesar de teoricamente atuarem desvinculados do Estado da nacionalidade, o Regulamento da Comissão (2009, artigo 17) prevê que os membros da Comissão não poderão participar na discussão, investigação, deliberação ou decisão de assunto submetido à consideração da Comissão, se forem cidadãos do Estado objeto da consideração geral ou específica da Comissão, ou se estiverem credenciados ou cumprindo missão especial como diplomatas perante esse Estado. Essa medida preserva a imagem da Comissão e evita especulações sobre os motivos do voto do Comissário (também chamado de "Comissionado") em caso envolvendo o seu próprio país.

Em resumo, a Comissão é um órgão principal da OEA, porém autônomo, pois seus membros atuam com independência e imparcialidade, não representando o Estado de origem.

Há uma complementaridade entre o mecanismo político (operacionalizado pela Assembleia Geral, Secretaria-Geral e Conselho Permanente) e o mecanismo quase judicial, pois esse último forneceria o marco jurídico que atestaria o eventual descumprimento das normas de direitos humanos pelos Estados.

Por disposição expressa da Carta da OEA[30], partes expressivas das atribuições da Comissão só se desenvolverão sob a égide da Carta da OEA caso o Estado alvo ainda não tiver ratificado a Convenção Americana de Direitos Humanos.

Como já visto, somente 23 dos 35 Estados da OEA são partes da Convenção Americana de Direitos Humanos (Trinidad e Tobago e ainda Venezuela ratificaram a Convenção, mas depois a denunciaram – *vide* a situação peculiar da Venezuela acima). Há, então, uma relação de subsidiariedade: caso o Estado tenha ratificado a Convenção Americana, a Comissão atuará sob a égide de tal diploma; se pertencer ao grupo de 12 Estados que ainda não a ratificou, a Comissão atuará de acordo com a Carta da OEA e a Declaração Americana de Direitos e Deveres do Homem.

Em síntese, a OEA, com base nos preceitos de sua Carta, não esperou pelo surgimento e fortalecimento do sistema próprio interamericano de proteção aos direitos humanos. Para tanto, a Comissão Interamericana de Direitos Humanos foi criada em 1959 e, em seu estatuto, consta a atribuição de promover os direitos humanos proclamados na Declaração Americana dos Direitos e Deveres do Homem de 1948[31]. Com o Protocolo de Buenos Aires, de 1967, os

---

30 Dispõe o artigo 145 da Carta que "enquanto não entrar em vigor a convenção interamericana sobre direitos humanos a que se refere o Capítulo XV, a atual Comissão Interamericana de Direitos Humanos velará pela observância de tais direitos". O artigo 1º do Estatuto da Comissão segue a mesma linha dispondo que: "Artigo 1º – 1. A Comissão Interamericana de Direitos Humanos é um órgão da Organização dos Estados Americanos criado para promover a observância e a defesa dos direitos humanos e para servir como órgão consultivo da Organização nesta matéria. 2. Para os fins deste Estatuto, entende-se por direitos humanos: a. os direitos definidos na Convenção Americana sobre Direitos Humanos com relação aos Estados Partes da mesma; b. os direitos consagrados na Declaração Americana de Direitos e Deveres do Homem, com relação aos demais Estados membros".

31 Artigo 1º do Estatuto da Comissão, aprovado pela Resolução 447/79 da Assembleia Geral da OEA. Tal estatuto foi modificado pela Resolução 508 de 1980.

direitos constantes da Declaração foram considerados os direitos fundamentais que a Carta da OEA havia mencionado em seu artigo 3º, "l".

A Comissão é o órgão ao qual incumbe a promoção e a averiguação do respeito e a garantia destes direitos fundamentais. Pode elaborar estudos e ofertar capacitação técnica aos Estados. Pode também criar *relatorias* (similares às relatorias do mecanismo extraconvencional onusiano), dirigidas pelos Comissários, cujos relatórios serão submetidos à Assembleia Geral da OEA[32]. Além disso, pode efetuar visitas *in loco*, a convite do Estado interessado.

Cite-se como exemplo, a visita da Comissão ao Brasil em 1995. Com efeito, a Comissão realizou, pela primeira vez em sua história, missão geral de observação *in loco* da situação de respeito aos direitos humanos no território brasileiro em 1995. Durante a permanência da missão no Brasil (de 27 de novembro a 9 de dezembro), os integrantes da Comissão reuniram-se com membros do governo, da sociedade civil organizada, ouvindo depoimentos e coletando dados. A partir desse trabalho de campo, a Comissão elabora um relatório (dito geográfico, por abranger a análise da situação geral dos direitos humanos em um território, no caso, o brasileiro), emitindo suas recomendações para a promoção dos direitos humanos. Em 2018, houve a segunda visita da Comissão ao Brasil[33].

Além disso, o estatuto da Comissão possibilita que ela receba petições individuais contendo alegadas violações a direitos humanos protegidos pela Carta da OEA e pela Declaração Americana, de maneira similar ao sistema de petição individual sob a égide da Convenção Americana de Direitos Humanos (que iremos ver abaixo)[34]. O objetivo desse sistema é a elaboração de recomendação ao Estado para a observância e garantia de direitos humanos protegidos pela Carta da OEA e pela Declaração Americana de Direitos e Deveres do Homem.

Além desses dispositivos da Carta, os Estados membros da OEA estão vinculados ao cumprimento dos direitos mencionados na Declaração Americana dos Direitos e Deveres do Homem, que é considerada *interpretação autêntica dos dispositivos genéricos de proteção de direitos humanos* da Carta da OEA[35].

---

32 Consta do Relatório Anual de 2012 da OEA que a Comissão possui as seguintes relatorias (oito): Relatoria Especial sobre Liberdade de Expressão; Relatoria sobre os direitos dos povos indígenas; Relatoria sobre os direitos da mulher; Relatoria sobre os direitos das crianças; Relatoria sobre os direitos das pessoas detidas; Relatoria sobre os direitos dos afrodescendentes e discriminação racial; Relatoria sobre os direitos dos trabalhos migrantes e de suas famílias; e Relatoria sobre os defensores de direitos humanos.

33 Relatório final publicado em 2021 e disponível em: <https://www.oas.org/pt/cidh/relatorios/pdfs/Brasil2021-pt.pdf>. Acesso em: 25 maio 2022.

34 Conforme o artigo 51 do Regulamento da Comissão de 2009.

35 Nesse sentido, afirmou a Corte Interamericana de Direitos Humanos que a Declaração Americana *contém e define* os direitos humanos aos quais a Carta da OEA faz referência genérica. Para a Corte, "Para os Estados membros da Organização, a Declaração é o texto que determina

Iniciado o procedimento de apuração de violação de direitos humanos, estabelece-se o contraditório e a ampla defesa do Estado. O esgotamento dos recursos internos é considerado condição processual desse procedimento e a Comissão tem o poder de solicitar que os Estados informem sobre todas as medidas que adotaram quanto ao caso concreto[36]. Assim, busca-se, antes de mais nada, a conciliação e incita-se o Estado violador a realizar medidas de reparação do fato internacionalmente ilícito.

Em relação ao Brasil, citem-se os casos *1683* e *1684*, que reuniram várias entidades peticionantes contra o Estado brasileiro, acusado de repetidas violações de direitos humanos durante o ápice dos anos de chumbo da ditadura militar (1969-1970). A Comissão Interamericana de Direitos Humanos iniciou o exame do caso em 1971, tendo o governo brasileiro apresentado defesa em 28 de dezembro de 1971. Após três anos de apreciação, a Corte Interamericana de Direitos Humanos considerou existente veemente presunção de graves violações de direitos humanos, recomendando medidas de determinação dos fatos, recusadas pelo governo brasileiro de então.

Apesar de ter sido infrutífero o relatório da Comissão (vide seus efeitos logo abaixo), aponta CANÇADO TRINDADE o alcance desses casos, pois o Brasil, apesar de, na época, *não haver ratificado* ainda a Convenção Americana de Direitos Humanos, foi responsabilizado com base nos dispositivos genéricos da Carta da OEA, na Declaração Americana de 1948 e ainda no Estatuto e Regulamento da Comissão[37].

Ainda em relação à responsabilização do Brasil na fase anterior à ratificação da Convenção Americana de Direitos Humanos, cite-se o caso dos *índios Yanomami* (caso *7615*), no qual os requerentes perante a Comissão Interamericana de Direitos Humanos noticiaram a invasão de áreas demarcadas da comunidade indígena Yanomami nos Estados do Amazonas e no antigo Território de Roraima, com graves consequências para a saúde e integridade física dos membros daquela comunidade. Após informações do governo brasileiro, a Comissão elaborou a Resolução n. 12/85, de 5 de março de 1985, concluindo que se verificaram, no

---

quais são os direitos humanos aos quais se refere a Carta". Ver *in* Corte Interamericana de Direitos Humanos, Parecer Consultivo sobre interpretação da Declaração Americana dos Direitos e Deveres do Homem (art. 64 da Convenção), Parecer n. 10/89, de 14 de julho de 1989, Série A, n. 10, parágrafo 45, p. 25. Sobre os casos da Corte Interamericana de Direitos Humanos, ver CARVALHO RAMOS, André de. *Direitos Humanos em Juízo. Comentários aos casos contenciosos e consultivos da Corte Interamericana de Direitos Humanos*, São Paulo: Max Limonad, 2001.

36 Ver art. 18, alínea "d", do Estatuto da Comissão, de 1979.

37 Ver CANÇADO TRINDADE, Antônio Augusto. *A proteção internacional dos direitos humanos e o Brasil*. Brasília: Ed. Fundação Universidade de Brasília, 1998, p. 85. Sobre os casos citados, ver Organização dos Estados Americanos, *Informe Anual de la Comisión Interamericana de Derechos Humanos – 1973*.

caso, *violações aos direitos reconhecidos* dos índios Yanomami, a saber: direito à vida, direito à liberdade e à segurança, direito de residência e trânsito e direito à preservação da saúde e bem-estar. Recomendou, então, a Comissão que o Estado brasileiro continuasse seu programa de delimitação das terras indígenas, bem como desse amparo material (através de programas de saúde e educação, entre outros) à comunidade indígena. O governo brasileiro não refutou as recomendações, tendo o caso não mais figurado nos Relatórios Anuais da Comissão[38].

Desse modo, o procedimento termina com a *elaboração de recomendações aos governos dos Estados para o respeito dos direitos humanos*. Contudo, a reação dos governos diante de uma condenação pela Comissão Interamericana na sua ação fundada na Carta da OEA foi muitas vezes hostil. Como exemplo máximo, cite-se a reação do governo militar argentino após a elaboração de Relatório da Comissão, retratando as violações de direitos humanos cometidas naquele país, em 1980, quando foi feita a ameaça da saída da Argentina *tout simplement* da Organização, caso a Assembleia Geral da entidade não repudiasse o citado relatório[39].

Caso o Estado não cumpra com tais recomendações, *a Comissão decide pelo encaminhamento à Assembleia Geral* para que esta adote, como órgão político encarregado do respeito às disposições da Carta da OEA, medidas para fomentar o respeito aos direitos humanos[40].

Como vimos acima, a Assembleia só sancionou os casos de ruptura do regime democrático (vide a situação de Honduras em 2009), faltando ainda impor sanções pelos descumprimentos de outros direitos previstos na Carta da OEA e na Declaração Americana de Direitos e Deveres do Homem.

3 O sistema da Convenção Americana de Direitos Humanos

3.1 Explicando o paradoxo: o Ato Institucional n. 5 (AI-5) de 1968 e a Convenção Americana de Direitos Humanos de 1969

Após a Declaração Americana de Direitos e Deveres do Homem e das disposições genéricas da Carta da OEA, o próximo passo natural da proteção

---

38 Ver Organização dos Estados Americanos, *Informe Anual de la Comisión Interamericana de Derechos Humanos – 1984-1985*, p. 24-28. Ver comentário sobre esse caso *in* CANÇADO TRINDADE, Antônio Augusto. *A proteção internacional dos direitos humanos e o Brasil*, Brasília: Ed. Fundação Universidade de Brasília, 1998, p. 87.

39 Para Sepúlveda, o fato de não ter sido rejeitado o relatório foi uma conquista da proteção de direitos humanos. (SEPÚLVEDA, Cesar. "The Inter-American Commission on Human Rights of the Organization of American States", 28 *German Yearbook of International Law* (1985), p. 73).

40 Art. 18, alínea *f*, do Estatuto da Comissão.

interamericana de direitos humanos era a elaboração de um *tratado interamericano de direitos humanos*. Porém, em face da situação política da região (ditaduras apoiadas pelos Estados Unidos), foram necessários mais de vinte anos para que fosse finalmente redigida a Convenção Americana sobre Direitos Humanos (1969).

Inicialmente, o Protocolo de Buenos Aires (1967), em seu artigo 106[41], previu a existência de uma "convenção interamericana sobre direitos humanos", que estabeleceria a estrutura, a competência e as normas de funcionamento da Comissão Interamericana de Direitos Humanos, bem como as dos outros órgãos encarregados de tal matéria.

Em 1967, o anteprojeto da Convenção foi elaborado pela Comissão Interamericana de Direitos Humanos. Foi realizada, em 1969, a Conferência Interamericana Especializada sobre Direitos Humanos (em San José da Costa Rica, de 7 a 22 de novembro de 1969), sendo adotado o texto da Convenção Americana de Direitos Humanos em 22 de novembro de 1969, que recebeu, assim, a alcunha de "Pacto de San José da Costa Rica"[42].

Chama a atenção o contexto histórico da época de elaboração da Convenção, no qual a OEA era ainda infestada por ditaduras dos mais diversos quilates e apoiadas pelos Estados Unidos (sem contar Cuba, cujo governo havia sido suspenso da OEA em 1962).

No caso brasileiro, a repressão política e a violência do regime vicejavam. Em 1968, a ditadura havia editado o Ato Institucional n. 5, de 13 de dezembro de 1968, pelo qual a repressão se autoconcedeu poderes absolutos e fechou o Congresso Nacional. Esse ato formalizou o arbítrio, o abuso e a violação de direitos.

Paradoxalmente, essa mesma Ditadura Militar, sob o comando do General Presidente *Emílio Garrastazu Médici* (que havia tomado posse em outubro de 1969, sucedendo uma Junta Militar), enviou representantes à Conferência de San José da Costa Rica, que foram recebidos normalmente pela OEA e participaram das discussões e votações. Médici, ao longo de seu mandato, tornou-se símbolo de violações maciças de direitos humanos do regime militar, tendo ocorrido em seu governo a prática de desaparecimento forçado e crimes contra a humanidade. Apesar de ter participado ativamente das negociações, o Brasil não assinou sequer a Convenção.

Esse aparente paradoxo pode ser explicado pela tentativa das ditaduras da época (e, consequentemente da OEA, organização intergovernamental) de

---

[41] Art. 106, *fine*. "(...) Uma convenção interamericana sobre direitos humanos estabelecerá a estrutura, a competência e as normas de funcionamento da referida Comissão, bem como as dos outros órgãos encarregados de tal matéria" (Com a redação dada pelo Protocolo de Buenos Aires de 1967).

[42] Conferir em CANÇADO TRINDADE, Antônio Augusto. *Tratado de Direito Internacional dos Direitos Humanos*, Porto Alegre: Sérgio Antonio Fabris, 2003, p. 45.

transmitir uma aparência de normalidade e semelhança com outros Estados da sociedade internacional, obtendo, com isso, legitimação e apoio para sua perpetuação. Para tanto, nada melhor que mimetizar o discurso de respeito a direitos humanos e democracia, mesmo sem qualquer intenção de pô-lo em prática.

Assim, se na Europa Ocidental a Convenção Europeia de Direitos Humanos nasceu do esforço de Estados Democráticos em demonstrar sua diferença com Ditaduras, a Convenção Americana nasceu do esforço de Ditaduras em demonstrar sua semelhança com Estados Democráticos.

Esse contexto explica as dificuldades iniciais para implementar a Convenção, uma vez que sua redação era mais fruto da retórica do que da real adesão ao universalismo, indivisibilidade e interdependência dos direitos humanos.

Adotada em 22 de novembro de 1969, a Convenção Americana sobre Direitos Humanos (Pacto de San José da Costa Rica), só entrou em vigor internacionalmente em 18 de julho de 1978, após a ratificação do Peru (11ª ratificação[43]).

O Brasil foi extremamente lento para ratificar a Convenção, mesmo após a redemocratização. A mensagem presidencial solicitando a aprovação do Congresso Nacional (artigo 49, I) foi encaminhada pelo Presidente José Sarney em 1985. Somente em 26 de maio de 1992 o Congresso Nacional brasileiro aprovou o Decreto Legislativo n. 27, que aprovou o texto, abrindo as portas para sua ratificação internacional. O Brasil depositou a carta de adesão à Convenção Americana de Direitos Humanos (Pacto de San José da Costa Rica) em 25 de setembro de 1992, data de sua entrada em vigor internacional para o Brasil. Depois, foi editado o Decreto de Promulgação em 6 de novembro de 1992.

No momento da celebração, o Brasil fez a seguinte declaração interpretativa: "O Governo do Brasil entende que os arts. 43 e 48, alínea *d*, não incluem o direito automático de visitas e inspeções *in loco* da Comissão Interamericana de Direitos Humanos, as quais dependerão da anuência expressa do Estado". Essa declaração resume a preocupação com o monitoramento internacional, o que impediu ainda o reconhecimento da jurisdição da Corte Interamericana de Direitos Humanos. Esse reconhecimento da jurisdição não é obrigatório. O Estado pode ratificar a Convenção e não reconhecer a jurisdição da Corte, de acordo com o art. 62.1 do Pacto de San José[44].

A aceitação completa da supervisão internacional dos direitos humanos no plano regional só foi feita em 1998, no segundo Governo Fernando Henrique,

---

43   Número mínimo de Estados previsto no artigo 74.2 da Convenção.

44   "Artigo 62 – 1. Todo Estado-parte pode, no momento do depósito do seu instrumento de ratificação desta Convenção ou de adesão a ela, *ou em qualquer momento posterior*, declarar que reconhece como obrigatória, de pleno direito e sem convenção especial, a competência da Corte em todos os casos relativos à interpretação ou aplicação desta Convenção."

com o reconhecimento da jurisdição da Corte Interamericana. O pedido de aprovação do reconhecimento da jurisdição obrigatória da Corte Interamericana de Direitos Humanos foi encaminhado ao Congresso pelo Poder Executivo por meio da Mensagem Presidencial n. 1.070, de 8 de setembro de 1998, pela qual foi solicitada a aprovação *"para fazer a declaração de reconhecimento da competência obrigatória da Corte Interamericana de Direitos Humanos em todos os casos relativos à interpretação ou aplicação da Convenção Americana de Direitos Humanos para fatos ocorridos a partir do reconhecimento de acordo com o previsto no parágrafo primeiro do artigo 62 daquele instrumento internacional"*[45].

O Decreto Legislativo n. 89/98 aprovando tal reconhecimento foi editado em 3 de dezembro de 1998. Por meio de nota transmitida ao Secretário-Geral da OEA no dia 10 de dezembro de 1998, o Brasil reconheceu a jurisdição da Corte, com a cláusula temporal acima mencionada (para "fatos ocorridos após o reconhecimento"). Curiosamente, o Poder Executivo editou o Decreto n. 4.463, de 8 de novembro de 2002, promulgando o reconhecimento da jurisdição da Corte Interamericana no território nacional (quase quatro anos após o reconhecimento internacional), o que marcou a revisão de posicionamento anterior que era favorável à *desnecessidade* de um Decreto de promulgação.

A lentidão brasileira é explicada pelo processo brasileiro de transição política. Em 1985, data do envio da mensagem presidencial ao Congresso pedindo a aprovação do Pacto de San José, tínhamos ainda "Senadores biônicos[46]" e uma legislação eleitoral editada na ditadura.

Depois, a demora no reconhecimento da jurisdição da Corte é fruto da dificuldade do Estado em se desvencilhar do "ilusionismo", que consiste em ratificar tratados *internacionais,* mas continuar interpretando-os *nacionalmente.*

Em 1998, pressionado por diversos casos de gritante violação de direitos humanos já na era da democracia (Eldorado dos Carajás[47], Carandiru[48],

---

45 Essa cláusula temporal ("fatos ocorridos após o reconhecimento") tinha a indisfarçável finalidade de evitar que a Corte apreciasse os casos envolvendo militares e seus cúmplices civis durante a repressão política na ditadura militar. No caso *Gomes Lund* contra Brasil, a Corte preferiu enfatizar a natureza permanente de algumas violações de direitos humanos, contornando a citada barreira temporal.

46 Senadores eleitos de modo indireto, em Colégio Eleitoral para compensar vitória anterior da oposição nas eleições diretas para o Senado.

47 Em 17 de abril de 1996, dezenove pessoas foram mortas, no município de Eldorado dos Carajás, no sul do Pará, em virtude da ação da polícia do Estado do Pará.

48 Em 1992, a Polícia Militar de São Paulo invadiu o Presídio do Carandiru durante uma rebelião e matou 111 presos. Em meu primeiro livro sobre a jurisprudência da Corte Interamericana, comparei o massacre do Carandiru ao caso da Penitenciária de "El Frontón", cujas paredes foram dinamitadas pela Marinha peruana, com a morte de centenas de presos. Ver CARVALHO RAMOS, André de. *Direitos Humanos em Juízo,* São Paulo: Max Limonad, 2001.

Corumbiara[49], Candelária[50]), o Brasil demonstrou não querer mais ser um país ilusionista na seara dos direitos humanos, o que nos diferencia e nos fortalece interna e internacionalmente.

3.2 As linhas gerais da Convenção

A Convenção contém 82 artigos, divididos em três partes e em 11 capítulos. A Parte I diz respeito às categorias de direitos e deveres. O Capítulo I enumera os deveres dos Estados (artigos 1º e 2º). O artigo 1.1 da Convenção Americana de Direitos Humanos é fundamental, pois estabelece que fica encarregado o Estado-membro de *zelar pelo respeito* dos direitos humanos reconhecidos e de *garantir* o exercício dos mesmos por parte de toda pessoa que é sujeita à sua jurisdição. Surgem, então, as obrigações de *respeito* e *garantia* dos direitos humanos. O artigo 2º é complementar e exige que os Estados adotem, de acordo com as suas normas constitucionais e com as disposições da Convenção, as medidas legislativas ou de outra natureza que forem necessárias para tornar efetivos todos os direitos protegidos.

A obrigação de respeito aos direitos humanos fornece o primeiro elemento para a futura responsabilização internacional do Estado violador. De fato, existe uma obrigação de não fazer, que se *traduz na limitação do poder público face aos direitos do indivíduo*. Como já assinalou a Corte Interamericana, o exercício da função pública tem limites que derivam dos direitos humanos, atributos inerentes à dignidade humana e, em consequência, superiores ao poder do Estado[51].

Já a obrigação de garantia concretiza uma obrigação de fazer, que consiste na organização, pelo Estado, de estruturas capazes de prevenir, investigar e mesmo punir toda violação, pública ou privada, dos direitos humanos. Toda vez que o Estado falha com este comando, pode ser processado perante o sistema da Convenção.

O Capítulo II trata dos chamados direitos civis e políticos, regrados pelos artigos 3º a 25. Em linhas gerais, a Convenção Americana apresenta um rol de

---

49 O chamado massacre de Corumbiara foi fruto de confronto entre policiais e trabalhadores sem-terra ocorrido em 9 de agosto de 1995 no município de Corumbiara, em Rondônia, gerando a morte de 12 pessoas, entre elas uma criança de nove anos e dois policiais.

50 A chacina da Candelária ocorreu na madrugada do dia 23 de julho de 1993, nas proximidades da Igreja da Candelária no Centro da cidade do Rio de Janeiro. Foram assassinados seis menores e dois maiores (moradores de rua) por grupo de extermínio composto por policiais militares.

51 Ver Corte Interamericana de Direitos Humanos, Caso *Velásquez Rodríguez*, sentença de 29 de julho de 1988, Série C, n. 4, parágrafo 165, p. 68.

direitos civis e políticos, incluindo o direito à vida, o direito à liberdade, o direito à integridade pessoal, direito ao reconhecimento da personalidade jurídica, direito ao nome, direito a um julgamento justo, o direito à proteção judicial, o direito à privacidade, o direito à liberdade de consciência, religião, de pensamento e expressão, direito de reunião, liberdade de associação, direito à nacionalidade, direito à propriedade privada, direito de circulação e de residência, dentre outros direitos.

O Capítulo III refere-se aos direitos econômicos, sociais e culturais em apenas um único artigo, o artigo 26, que os menciona brevemente mas sem enumerá-los explicitamente. Determinou-se tão somente aos Estados que busquem alcançar, de modo progressivo e na medida de seus recursos, a plena implementação dos direitos sociais em sentido amplo. Por isso, em 1988, a Organização dos Estados Americanos elaborou um Protocolo Adicional à Convenção Americana de Direitos Humanos, concernente aos direitos sociais, econômicos e culturais (o chamado Protocolo de San Salvador), que entrou em vigor em novembro de 1999, quando do depósito do 11º instrumento de ratificação.

O Capítulo IV faz menção à suspensão de garantias, interpretação e aplicação da Convenção (artigos 27 a 31), temática extremamente importante em um tratado que possui um intérprete independente dos Estados-partes, que é a Corte Interamericana de Direitos Humanos.

O Capítulo V discorre brevemente sobre os deveres dos indivíduos, dispondo em um único artigo (artigo 32) que há uma correlação entre deveres e direitos e que os direitos de cada pessoa são limitados pelos direitos dos demais, pela segurança de todos e pelas justas exigências do bem comum, em uma sociedade democrática. Esse artigo será essencial no desenvolvimento da jurisprudência da Corte de San José em um mundo marcado pela expansão e colisão de direitos[52].

A Parte II da Convenção trata dos mecanismos de apuração de violação de direitos humanos. Foram regrados com as mesmas seções (Organização, Funções, Competência e Processo) o funcionamento da Comissão (Capítulo VII, artigos 34 a 51) e o funcionamento da Corte (Capítulo VIII, artigos 52 a 69).

Transparece a intenção dos redatores de valorizar tanto o trabalho da Comissão quanto o da Corte, dotando-os do mesmo número de artigos (17 para cada órgão), subdivididos com as mesmas seções temáticas. Houve inclusive a introdução de "dispositivos comuns" aos dois órgãos (artigos 70 a 73), igualando o regime jurídico protetivo dos comissários (ou comissionados) e juízes. Ambos, juízes e comissários, gozam, desde o momento da eleição e enquanto durar o

---

[52] Sobre a expansão e colisão dos direitos humanos no plano internacional, ver CARVALHO RAMOS, André de. *Teoria Geral dos Direitos Humanos na Ordem Internacional*, 6. ed., São Paulo: Saraiva, 2016.

seu mandato, das imunidades reconhecidas aos agentes diplomáticos pelo Direito Internacional. Durante o exercício dos seus cargos gozam, além disso, dos privilégios diplomáticos necessários para o desempenho de suas funções. Além disso, possuem independência funcional, não se podendo punir, em tempo algum (mesmo após o fim do mandato, quando seriam vulneráveis), os juízes da Corte nem os membros da Comissão, por votos e opiniões emitidos no exercício de suas funções.

Por outro lado, na medida da consolidação da importância da Corte (20 dos 23 Estados atualmente – 2022 – contratantes reconheceram sua jurisdição obrigatória – ver abaixo), houve nítida ascensão da importância da vítima, com o deslocamento da Comissão para um papel promocional e fiscalizador.

Finalmente, a Parte III contempla disposições gerais e transitórias (artigos 74 a 82), referentes à assinatura, ratificação, reserva, emenda, protocolo e denúncia. As reservas (ato unilateral pelo qual o Estado, no momento da celebração, manifesta sua vontade de modificar ou excluir determinada cláusula de um tratado) são cabíveis, desde que respeitadas as regras gerais da Convenção de Viena sobre Direito dos Tratados (1969), o que sugere que as reservas não podem deturpar o objeto e a finalidade da Convenção. Já quanto à denúncia, os Estados-partes poderão denunciar esta Convenção depois de expirado o prazo de cinco anos, a partir da data em vigor da mesma e mediante aviso prévio de um ano, notificando o Secretário-Geral da Organização, o qual deve informar as outras partes. Porém, essa denúncia não terá o efeito de desvincular o Estado denunciante de suas obrigações, até a data na qual a denúncia venha a produzir efeito. Até hoje, Trinidad e Tobago denunciou a Convenção (em maio de 1998, surtindo efeito somente em maio de 1999), por não aceitar o posicionamento da Comissão e da Corte sobre o processo de imposição da pena de morte nesse país. Em 2012, foi a vez de a Venezuela, inconformada com as sucessivas condenações na Corte Interamericana de Direitos Humanos, denunciar a Convenção (em 10 de setembro de 2012 – ver a situação peculiar da Venezuela acima). De acordo com o artigo 78 da Convenção, a denúncia não exime a Venezuela de cumprir as condenações anteriores e ainda deve observar a Convenção até 1 ano após o depósito do ato.

Vistas as linhas gerais da Convenção, analisaremos a seguir o processo perante a Comissão e Corte para dar concretude a tais dispositivos.

4 O procedimento bifásico ainda em vigor: a imitação do antigo modelo europeu

A redação da Convenção Americana de Direitos Humanos foi obviamente influenciada por dois diplomas normativos internacionais que a antecederam: o Pacto Internacional sobre Direitos Civis e Políticos (PIDCP, 1966) e a Convenção Europeia de Direitos Humanos (CEDH, 1950).

Do PIDCP, reteve-se a divisão entre direitos civis e políticos e direitos sociais em sentido amplo. A opção do Pacto de San José foi claramente a favor da proteção aos direitos civis e políticos.

Da CEDH, reteve-se o procedimento bifásico de proteção aos direitos humanos, fundado em uma etapa perante a Comissão Interamericana de Direitos Humanos e uma etapa perante a Corte Interamericana de Direitos Humanos (Corte IDH ou Corte de San José, sede da Corte). Contudo, a influência da CEDH foi imperfeita, pois não há órgão no sistema interamericano que desempenhe o papel original de supervisão e julgamento anômalo das violações que realizava o Comitê de Ministros do Conselho da Europa.

Assim, o procedimento interamericano é bifásico, tal qual seu congênere europeu antes do Protocolo n. 11. Há uma etapa, *indispensável,* perante a Comissão e uma eventual segunda etapa perante a Corte IDH.

A Comissão Interamericana de Direitos Humanos tem, então, *duplo tratamento normativo*: o primeiro deles, já analisado, perante a Carta da OEA e o segundo, perante a Convenção Americana de Direitos Humanos. Todavia, o órgão é o mesmo, variando apenas as atribuições *quando age como órgão da OEA ou quando age como órgão da Convenção Americana de Direitos Humanos.*

Em relação à Convenção Americana de Direitos Humanos, a Comissão pode receber petições individuais e interestatais contendo alegações de violações de direitos humanos. O procedimento individual é considerado de adesão obrigatória e o interestatal é facultativo. Essa regra *inverte* o disposto na Convenção Europeia de Direitos Humanos antes do Protocolo n. 11, quando o sistema de petição individual era facultativo e o sistema de petição interestatal era obrigatório. Além disso, ao contrário da Convenção Europeia de Direitos Humanos, a Convenção Americana de Direitos Humanos dispõe que *qualquer pessoa* – não só a vítima – pode peticionar à Comissão, alegando violação de direitos humanos de terceiros. Além disso, a própria Comissão IDH pode instaurar, de ofício, demanda individual contra determinado Estado.

No exercício de sua jurisdição contenciosa, a Corte Interamericana só pode ser acionada (*jus standi*) pelos Estados contratantes e pela Comissão Interamericana de Direitos Humanos, que exerce função similar à do Ministério Público brasileiro. Contudo, no curso de uma ação já proposta, pode a vítima ou seus representantes requerer diretamente à Corte IDH medidas (como veremos abaixo), inclusive provisórias.

A vítima (ou seus representantes) possui somente o direito de petição à *Comissão Interamericana de Direitos Humanos*. A Comissão analisa tanto a admissibilidade da demanda (há requisitos de admissibilidade, entre eles, o esgotamento prévio dos recursos internos) quanto seu mérito. Caso a Comissão arquive o caso (demanda inadmissível, ou quanto ao mérito, infundada), não há recurso disponível à vítima. Outra hipótese de ser o caso apreciado pela Corte ocorre se algum Estado, no exercício de uma verdadeira *actio popularis*, ingressar com a ação contra o Estado violador. Mesmo nesse caso, o procedimento perante a Comissão é obrigatório.

Em 2007, a Comissão julgou inadmissível a petição proposta pela Nicarágua contra Costa Rica.

Em 2010, mostrando uma nova posição dos Estados, a Comissão aceitou a petição do Equador contra a Colômbia, pela morte de um nacional equatoriano (Senhor Franklin Guillermo Aisalla Molina) durante o ataque colombiano ao acampamento da guerrilha colombiana em território equatoriano em 2008. O caso foi arquivado em 2013, a pedido do Estado equatoriano, em virtude de um acordo firmado entre as partes. Segundo o Equador (peticionante), dito acordo tinha por objeto o desenvolvimento social e econômico da região fronteira, assim como reparação e investimento[53].

Até o momento, a Comissão permanece com o importante papel de dar início – ou não – à ação de responsabilidade internacional do Estado por violação de direitos humanos.

Caso decida não iniciar a ação, é a Comissão, em *termos práticos*[54], o intérprete definitivo da Convenção Americana.

5   O procedimento perante a Comissão Interamericana de Direitos Humanos

5.1   O direito internacional de petição e as condições de admissibilidade: o princípio do *estoppel*

A Comissão é provocada por meio de uma petição escrita, que pode ser de autoria da própria vítima, de representantes das vítimas ou até mesmo de terceiros, incluindo as organizações não governamentais (demandas individuais), ou ainda oriunda de outro Estado (demandas interestatais)[55].

---

53   Comissão Interamericana de Direitos Humanos. Informe n. 96/13. Decisão de Arquivo. Caso Interestatal 12.779. Equador – Colômbia. 4 de novembro de 2013.

54   Novamente, porque os outros colegitimados, os Estados, até hoje, *nunca* ingressaram com qualquer ação, no máximo houve petições à Comissão (ver acima).

55   SEPULVEDA, Cesar. "The Inter-American Commission on Human Rights of the Organization of American States", 28 *German Yearbook of International Law* (1985), p. 65-87. FARER, Tom. J., "Inter-american Commission on Human Rights", *in* BERNHARDT, Rudolf (org.). *Encyclopedia of Public International Law* – v. 8, Amsterdam/New York: North Holland Publishing Co, 1985, p. 321-324.

Também é possível que a Comissão inicie, *motu proprio*, um caso contra determinado Estado[56]. Não há estatísticas sobre o número de petições iniciadas de ofício, uma vez que, em geral, essa possibilidade não é exercida de fato pela Comissão. Como exemplo antigo, há Medida Cautelar outorgada de ofício, ou seja, sem petição das vítimas. Tratou-se da MC 187-10 (Pessoas Privadas de Liberdade na Terceira Delegacia da Enseada, Buenos Aires, Argentina), a qual foi outorgada após uma visita da Comissão ao local, em virtude das condições precárias em que se encontravam detidas 20 pessoas.

Em sua representação, o representante deve apontar os *fatos* que comprovem a violação de direitos humanos denunciada, assinalando, se possível, o nome da vítima e de qualquer autoridade que tenha tido conhecimento da situação.

As condições de admissibilidade da petição encontram-se descritas na Convenção Americana de Direitos Humanos, a saber: o esgotamento dos recursos locais, ausência do decurso do prazo de seis meses para a representação, ausência de litispendência internacional e ausência de coisa julgada internacional.

O esgotamento dos recursos internos no sistema interamericano tem sido interpretado restritivamente, *privilegiando sempre o acesso do indivíduo às instâncias internacionais*. Essa regra exige que o peticionante prove que tenha esgotado os mecanismos internos de reparação, quer administrativos, quer judiciais, *antes que sua controvérsia possa ser apreciada perante o Direito Internacional*[57].

A regra do esgotamento dos recursos internos obteve grande aceitação no Direito Internacional graças ao seu papel de *redutor de tensões* entre os Estados. Com efeito, é respeitada a soberania estatal ao se enfatizar o *caráter subsidiário da jurisdição internacional*, que só é acionada após o esgotamento dos recursos internos[58].

Diante do Direito Internacional dos Direitos Humanos, o aspecto fundamental da regra do esgotamento dos recursos internos é de exigir uma conduta ativa do Estado. De fato, os Estados têm o dever de prover recursos internos

---

[56] Art. 24 do Regulamento da Comissão (2013) – Tramitação *motu proprio*. "A Comissão poderá, *motu proprio*, iniciar a tramitação de uma petição que reúna, a seu juízo, os requisitos para tal fim."

[57] Esta apreciação internacional é feita, em geral, através do instituto da proteção diplomática. A regra do esgotamento dos recursos internos, consagrada no direito da responsabilidade internacional do Estado por danos estrangeiros e no seu instrumento, a proteção diplomática, possui antecedentes na Idade Média europeia, no exercício das represálias privadas. CANÇADO TRINDADE, Antônio Augusto. *O esgotamento dos recursos internos*, 2. ed., Brasília: Ed. UnB, 1997, p. 119. Conferir também em CARVALHO RAMOS, André de. *Responsabilidade Internacional por Violação de Direitos Humanos*, Rio de Janeiro: Renovar, 2004.

[58] Nesse sentido, ver WITENBERG, J.C., "La recevabilité des réclamations devant les juridictions internationales", *in* 41 *Recueil des Cours de l'Académie de Droit International de la Haye* (1932), p. 5-136.

aptos a reparar os danos porventura causados aos indivíduos. No caso de inadequação desses recursos, o Estado responde duplamente: *pela violação inicial e também por não prover o indivíduo de recursos internos aptos a reparar o dano causado.*

A Convenção ainda estipula expressamente casos de dispensa da necessidade de prévio esgotamento dos recursos internos, a saber: 1) não existir o devido processo legal para a proteção do direito violado; 2) não se houver permitido à vítima o acesso aos recursos da jurisdição interna, ou houver sido ele impedido de esgotá-los; e 3) houver demora injustificada na decisão sobre os mencionados recursos (artigo 46.2). A jurisprudência da Corte ainda agrega mais três hipóteses de dispensa do esgotamento dos recursos internos; 4) o recurso disponível for inidôneo; 5) o recurso for inútil (por exemplo, já há decisão da Suprema Corte local em sentido diverso) ou 6) faltam defensores ou há barreiras de acesso à justiça.

Durante a década de 70, a análise da Comissão sobre essa condição de admissibilidade foi escassa, já que as petições eram oriundas justamente de países dominados por ditaduras, caracterizadas pela falta de acesso aos recursos locais. Após a redemocratização e com o retorno ao Estado de Direito nestes países, o tema do esgotamento dos recursos internos volta à tona, com notável interpretação restritiva.

Nesse sentido, a Corte IDH consagrou o entendimento de que a *exceção de admissibilidade por ausência de esgotamento dos recursos internos tem que ser utilizada pelo Estado no procedimento perante à Comissão Interamericana de Direitos Humanos.* Assim, se o Estado nada alega durante o procedimento perante a Comissão, subentende-se que houve desistência tácita dessa objeção.

Após, não pode o Estado inovar e alegar a falta de esgotamento, pois seria violação do princípio do *estoppel,* ou seja, da proibição de se comportar de modo contrário a sua conduta anterior *(non concedit venire contra factum proprium).*

Nesse sentido, decidiu a Corte ser *extemporânea* a alegação de falta de esgotamento dos recursos internos pelo Peru na fase judicial da ação de responsabilidade internacional do Estado, já que a falta de pronunciamento do Estado na fase do procedimento perante a Comissão acarreta *preclusão* dessa faculdade processual[59].

Quanto ao decurso do prazo de seis meses, contados a partir da data da decisão interna definitiva sobre os fatos, para a apresentação do caso perante a Comissão, observo que essa exceção está condicionada ao esgotamento dos recursos internos. Logo, cabe a arguição do decurso de prazo ao Estado

---

[59] Ver Corte Interamericana de Direitos Humanos, *Caso Castillo Páez – Exceções preliminares,* Sentença de 30 de janeiro de 1996, parágrafos 41 ao 46.

interessado na subsidiariedade da jurisdição internacional (obtida através do prévio esgotamento dos recursos internos)[60].

Em relação à exceção de litispendência, observo que essa exceção refere-se à limitação do uso simultâneo dos vários sistemas coletivos de proteção internacional de direitos humanos. De fato, os indivíduos submetidos à jurisdição dos países americanos têm a possibilidade de apresentar petições contra os Estados perante o sistema universal da ONU ou perante o sistema regional interamericano[61]. Entretanto, não podem utilizar ambos os sistemas simultaneamente, de acordo com vedação expressa do artigo 46, "c", da Convenção Americana de Direitos Humanos, o que se justifica em prol da *segurança jurídica e da coerência* entre as decisões dos diversos órgãos internacionais de proteção de direitos humanos.

A jurisprudência sobre essa exceção é escassa no sistema interamericano, devendo ser ressaltado que o Regulamento da Comissão, em seu artigo 33, estabelece que é ainda possível conhecer um caso, *quando o procedimento instaurado perante outro órgão internacional for apenas de exame de situação geral de direitos humanos no Estado infrator*, o que pode ocorrer perante os Procedimentos 1235 ou 1503 da ONU[62]. Além disso, no caso de desistência da petição protocolada alhures, pode a Comissão apreciar o caso novamente.

No tocante à exceção de coisa julgada, cumpre assinalar, como na exceção de litispendência, a preocupação de se evitar a *insegurança jurídica* oriunda de nova apreciação perante o Direito Internacional de fatos idênticos.

Assim, se os fatos narrados já tiverem sido apreciados por outra instância internacional, falece atribuição à Comissão Interamericana de Direitos Humanos para apreciá-lo. Por outro lado, diferentemente da exceção de litispendência, a exceção de coisa julgada é peremptória, não admitindo mais a revisão do caso perante a Comissão Interamericana de Direitos Humanos.

Cabe aqui uma observação. Em suas várias ações judiciais internacionais interpostas na Corte Interamericana de Direitos Humanos, a Comissão lutou para que não fossem reapreciadas as condições de admissibilidade da petição individual. Para a Comissão, a Corte não poderia analisar suas decisões de admissibilidade, pois não existiria hierarquia entre esses dois órgãos.

---

60 Para a Corte, "Com efeito, como esse prazo depende do esgotamento dos recursos, é o Governo quem deve arguir o vencimento do prazo perante a Comissão". Ver Corte Interamericana de Direitos Humanos, Caso *Neira Alegría e Outros, Exceções Preliminares,* sentença de 11 de dezembro de 1991, Série C, n. 13, parágrafo 30.

61 Por exemplo, perante o Comitê de Direitos Humanos criado pelo Pacto Internacional de Direitos Civis e Políticos.

62 Regulamento de 2009.

A Corte IDH repeliu esse argumento, reconhecendo, no máximo, a impossibilidade de rever o esgotamento de recursos internos não alegado pelo Estado na fase da Comissão. Na visão da Corte, o seu papel de órgão judicial do sistema da Convenção Americana de Direitos Humanos exige eventual análise da legitimidade de todas as etapas do procedimento, inclusive as que são realizadas perante a Comissão[63].

Apesar de coerente, essa visão da Corte aprofunda a desigualdade entre Estado e vítima. A vítima não tem direito a recurso contra a decisão de inadmissibilidade ou arquivamento sumário pela Comissão. Já o Estado, mesmo perdendo na admissibilidade perante a Comissão, pode ainda rever essa decisão no julgamento de seu caso perante a Corte IDH.

5.2 A fase da conciliação ou solução amistosa

Passada a *fase da admissibilidade* da petição perante a Comissão Interamericana de Direitos Humanos, ingressa-se na *fase conciliatória*. A Convenção Americana de Direitos Humanos, em seu artigo 48, "f", destaca o *papel da conciliação* como fórmula de solução de litígios, exigindo que a Comissão Interamericana de Direitos Humanos tente estabelecer uma solução amistosa do litígio, após superada a fase de admissibilidade da petição, sempre respeitando os direitos reconhecidos na Convenção.

Caso tenha sido obtida a solução amigável, a Comissão elabora seu relatório, contendo os fatos e o acordo alcançado, sendo o mesmo remetido ao peticionário, aos Estados e também ao Secretário-Geral da OEA.

Há vários exemplos bem-sucedidos de conciliação perante a Comissão Interamericana de Direitos Humanos, envolvendo diversos países. O primeiro caso brasileiro foi o *Caso dos Meninos Emasculados do Maranhão* em 2005[64]. Os fatos são estarrecedores: durante mais de dez anos (entre 1991 e 2003), houve uma série de crimes no Estado do Maranhão cujas vítimas eram meninos entre 8 e 15 anos de idade. Foram apurados 28 assassinatos de meninos, com a maioria sendo encontrada com os órgãos genitais extirpados. As falhas gritantes do sistema de justiça do Maranhão levaram à violação dos deveres de prevenção e repressão impostos ao Estado brasileiro (que responde, é claro, pelos atos de seus entes federados[65]). Os familiares, representados pelas organizações não

---

63 Todas as petições devem ser apreciadas pela Comissão, antes que o caso possa ser submetido à Corte.

64 Comissão Interamericana de Direitos Humanos, Casos n. 12.426 e 12.427, ambos de 2001.

65 Sobre a responsabilidade do Brasil por atos de entes federados, ver CARVALHO RAMOS, André de. *Responsabilidade Internacional por Violação de Direitos Humanos*, Rio de Janeiro: Renovar, 2004.

governamentais Justiça Global e Centro de Defesa dos Direitos da Criança e do Adolescente Padre Marcos Passerini, celebraram acordo com o Brasil, sob a supervisão da Comissão IDH. Foi a primeira vez que o Estado brasileiro celebrou um acordo na Comissão IDH após a admissibilidade e antes da deliberação final (com a edição do Primeiro Informe, como veremos). Também marcou o caso a participação do Estado do Maranhão nas negociações do acordo, devidamente autorizado por Decreto Presidencial (Decreto n. 5.619/2005).

No acordo foram beneficiados todos os familiares das 28 vítimas e não somente os familiares dos peticionantes. Cabe destacar que o Brasil reconheceu sua responsabilidade internacional por violação de direitos humanos, comprometendo-se a investigar, perseguir em juízo e punir criminalmente os autores desses crimes bárbaros, além de reparar materialmente as famílias, realizar reparação simbólica (placa em homenagem a todas as vítimas identificadas) e adotar políticas públicas de não repetição de violações[66].

Enquanto mecanismo de obtenção da superação de controvérsia internacional, a solução amistosa deve ser utilizada com cautela nos casos de responsabilidade internacional do Estado por violação de direitos humanos protegidos, para evitar, dada a assimetria dos envolvidos (vítimas e Estados), o sacrifício dos interesses protegidos[67]. Por isso, o acordo é fiscalizado pela Comissão Interamericana de Direitos Humanos, que deverá zelar se o compromisso é satisfatório e adequado para resolver o litígio e se o mesmo foi fundado no respeito aos direitos humanos previstos na Convenção Americana de Direitos Humanos[68].

5.3 A fase do Primeiro Informe

Esgotada a fase da conciliação, a Comissão delibera, editando o chamado *primeiro informe ou relatório* (também chamado Informe Preliminar ou ainda o "Relatório 50", devido ao artigo 50 da Convenção que o prevê), que constata ou não uma violação da Convenção Americana de Direitos Humanos[69].

---

66 A Comissão aprovou o Acordo entre as partes pelo Informe n. 43/06, de 15 de março de 2006.

67 Aponta Karel Vasak que, na matéria de direitos humanos, a noção clássica de litígio é inadequada, já que os interesses em jogo não pertencem a um Estado em especial, sendo valores comuns ao conjunto de Estados contratantes dos instrumentos internacionais de direitos humanos. Ver VASAK, Karel. "Le droit international des droits de l'homme", *140 Recueil des Cours de l'Académie de Droit International de La Haye* (1974), p. 383.

68 Corte Interamericana de Direitos Humanos, *Caso Velásquez Rodríguez – Exceções Preliminares*, sentença de 26 de junho de 1987, parágrafos 44 e 45.

69 Segundo Salvioni, a Comissão Interamericana de Direitos Humanos tem o poder de "avaliar, no âmbito de sua competência, se uma disposição interna de um Estado-parte na Convenção Americana de Direitos Humanos contraria as obrigações assumidas por esse Estado

Caso a Comissão delibere pela ausência de violação de direitos humanos protegidos, o requerente *não tem recurso disponível*, mesmo quando a decisão favorável ao Estado não tenha sido unânime. Desse modo, a Comissão, ao exercer esta faculdade de não acionar a Corte Interamericana de Direitos Humanos (Corte IDH), é transformada em *dominus litis absoluto* da ação de responsabilidade internacional do Estado no sistema interamericano, já que o outro colegitimado (o Estado) *não possui interesse algum* em provocar a Corte, após a decisão favorável no âmbito da Comissão. Os demais colegitimados, os Estados-partes da Convenção, nunca processaram outro Estado perante a Corte IDH, demonstrando que a provocação da Corte IDH resta, na prática, nas mãos da Comissão.

Como todas as petições contra os Estados têm que ser processadas perante a Comissão, a posição jurídica da Comissão favorável aos Estados requeridos sobre determinada conduta, por consequência, tem o caráter definitivo, *colocando-a no papel de intérprete final* da Convenção Americana de Direitos Humanos nestes casos.

Essa situação claramente *não ocorre no sistema europeu*, no qual foi conferida ao indivíduo a capacidade postulatória perante a nova Corte Europeia Permanente de Direitos Humanos.

Esse papel de *intérprete final da Convenção Americana de Direitos Humanos* exercido pela Comissão já foi criticado *duramente* pela Corte Interamericana de Direitos Humanos, que se autointitula a única intérprete definitiva da Convenção Americana. No entendimento de determinada composição de juízes da Corte, a Comissão deveria, *apesar de decidir favoravelmente ao Estado*, acioná-lo perante a Corte Interamericana de Direitos Humanos, para que esta pudesse emitir sua sentença[70].

Entretanto, a posição da Comissão de só acionar o Estado quando estiver convencida da existência de violação da Convenção Americana de Direitos

---

ao ratificar o Pacto de San José de Costa Rica (embora não em abstrato, mas sim em relação a um prejuízo concreto que deve ser alegado pelo representante)" (trad. do Autor). Ver *in* SALVIOLI, Fabián Omar. "Los desafíos del sistema interamericano de protección de los derechos humanos", *in Estudios Básicos de Derechos Humanos – V*, São José: IIDH, 1996, p. 239.

70 Segundo a Corte, "dado que os indivíduos não estão legitimados a interpor uma demanda perante a Corte e que um governo que tenha ganho uma causa perante a Comissão não tem estímulo para fazê-lo, a determinação desta última de submeter um caso similar à Corte representa a única via para que operem plenamente todos os meios de proteção estabelecidos pela Convenção". Ver Corte Interamericana de Direitos Humanos, *Parecer Consultivo sobre a filiação obrigatória de jornalistas (artigos 13 e 29 da Convenção Americana de Direitos Humanos)*, Parecer n. 5/85, de 13 de novembro de 1985, Série A, n. 5, parágrafo 26, p. 15. Neste caso, de modo inusitado, a Costa Rica, Estado-sede da Corte, apesar do ganho de causa na Comissão Interamericana de Direitos Humanos, solicitou Parecer Consultivo sobre o mesmo fato, o que possibilitou esta manifestação da Corte.

Humanos é *perfeitamente compatível* com seu *status* de órgão internacional *autônomo*, incumbido da promoção e proteção de direitos humanos, sendo composto por membros que agem a título pessoal e com imparcialidade. Como consequência desse *status*, a Comissão possui independência e neutralidade para apontar violações *ou* para isentar os Estados das mesmas. Graças a essa postura, a Comissão preserva o *respeito das partes* (indivíduos e Estados).

Agora, exigir que o Estado seja processado através de *uma ação com fundamentação adversa* (a Comissão aciona o Estado, ressalvando seu entendimento de inexistência de violação de direitos humanos) é *amesquinhar* a Comissão, transformando-a em um *mero eixo de transmissão* de representações de violações de direitos humanos à Corte, o que contraria, por seu turno, o relevante papel conferido à Comissão pela Convenção Americana de Direitos Humanos.

Por outro lado, o risco de desproteger a vítima é muito grande, porque não há recurso contra o indeferimento de sua petição pela Comissão. Ou recurso contra a morosidade excessiva da Comissão, que pode simplesmente inviabilizar determinado caso somente pela delonga em decidir o mérito.

O histórico da Comissão nos casos brasileiros, aliás, aponta para uma demora excessiva, como se viu no caso *Gomes Lund contra o Brasil*: a petição das vítimas é de 1995 e o Primeiro Informe ("Relatório 50") foi produzido somente em... 2008! Treze anos para se convencer da existência de violações de direitos humanos ocorrida durante a Guerrilha do Araguaia nos anos de chumbo da ditadura brasileira!

Logo, a saída que considero mais razoável é a alteração da Convenção Americana de Direitos Humanos, *para permitir o acesso dos indivíduos à Corte Interamericana de Direitos Humanos*, como recurso ao entendimento da Comissão a favor do Estado infrator.

Por outro lado, no caso de constatação de violação de direitos humanos, cabe ao Estado tido como violador cumprir as recomendações desse primeiro relatório, que é confidencial.

Se em até três meses após a remessa ao Estado do primeiro relatório da Comissão, o caso não tiver sido solucionado (reparação dos danos pelo Estado), pode ser submetido à Corte, (i) se o Estado infrator houver reconhecido sua jurisdição obrigatória e (ii) se a Comissão entender conveniente para a proteção dos direitos humanos no caso concreto[71]. A prática interamericana contempla

---

[71] Esse prazo de três meses para o cumprimento das deliberações do primeiro relatório da Comissão tem sido interpretado como sendo o prazo máximo passível de ser fixado pela própria Comissão. De fato, no caso Loayza Tamayo (Informe 20/94) a Comissão exigiu a libertação *imediata* da peruana Maria Elena Loayza Tamayo. Já no caso Paniagua Morales e outros (Informe 23/94), outorgou-se o prazo de dois meses para que a Guatemala cumprisse com as deliberações da Comissão.

a prorrogação do prazo de 3 meses, bastando a anuência da Comissão e do Estado. O Estado é beneficiado pela prorrogação do prazo, pois teria mais tempo para evitar uma ação da Comissão perante a Corte de San José. Não pode, depois, justamente alegar perante a Corte IDH a decadência do direito da Comissão em propor a ação. Seria mais um exemplo do princípio do *estoppel* ou a proibição de *venire contra factum proprium*[72].

Teoricamente, é possível que a Comissão Interamericana de Direitos Humanos não processe um Estado, mesmo que este tenha reconhecido a jurisdição da Corte e não tenha cumprido as deliberações do Primeiro Informe. Não há recurso previsto ao indivíduo. Contudo, a própria Comissão alterou seu Regulamento, em 2001, para estimular a propositura de suas ações judiciais perante a Corte. Com efeito, até tal reforma, a Comissão *deveria decidir*, por maioria, se ingressava com a ação contra determinado Estado, mesmo se o Estado houvesse reconhecido a jurisdição da Corte e a Comissão já atestado a existência de violação de direitos humanos. Agora, após a reforma, no caso de ter sido constatada violação de direitos humanos sem que o Estado tenha reparado o dano, a Comissão *deve automaticamente* propor a ação contra o Estado, no caso de ter sido reconhecida a jurisdição da Corte, *salvo* se houver decisão em sentido contrário da maioria absoluta dos comissários. Ou seja, é necessário que haja a mobilização da maioria absoluta dos comissários *contra* a propositura da ação, o que é, por certo, dificultoso.

A prática indica que a Comissão não processa o Estado que ignora seu Primeiro Informe somente se o Estado não tiver reconhecido ainda a jurisdição da Corte (ou os fatos e repercussões dos fatos forem anteriores ao reconhecimento). Com isso, no caso do descumprimento do Primeiro Informe e da não interposição de ação perante a Corte, deve a Comissão Interamericana de Direitos Humanos elaborar um *segundo informe*.

5.4 A fase do Segundo Informe

Essa fase só se inaugura na *ausência* de ação judicial perante a Corte Interamericana de Direitos Humanos.

Esse segundo informe é público (diferentemente do Primeiro Informe, que é confidencial, restrito às partes) e também *possui recomendações ao Estado violador, com prazo para que as medidas requeridas sejam efetuadas*. Após o decurso desse prazo, a Comissão agrega a informação sobre o cumprimento das medidas requeridas, publicando o Segundo Informe.

---

[72] Corte Interamericana de Direitos Humanos, *Caso Caballero Delgado e Santana – Exceções Preliminares*, sentença de 21 de janeiro de 1994, Série C, n. 17, parágrafo 54.

Resta saber o que fazer caso o Estado descumpra também o *disposto no Segundo Informe* da Comissão Interamericana de Direitos Humanos, como segue.

5.5 A força vinculante dos Informes da Comissão

Em primeiro lugar, é necessário inquirir sobre a natureza dos Informes da Comissão: seriam meras "recomendações" sem força vinculante, ou, ao contrário, seriam deliberações internacionais vinculantes, devendo os Estados obedecê-las de boa-fé?

Nos primeiros casos propostos pela Comissão, o caráter de mera "recomendação não vinculante" dos Informes da Comissão foi reconhecido pela Corte Interamericana de Direitos Humanos.

Com efeito, no caso *Caballero Delgado*, a Corte sustentou que o Estado não estava obrigado a cumprir com as determinações dos Informes da Comissão, que seriam meras "recomendações"[73]. Para a Corte, o artigo 51.2 da Convenção, relativo ao Segundo Informe, dispõe que a Comissão fará as *recomendações* pertinentes e fixará um prazo dentro do qual o Estado deve tomar as medidas que lhe competir para remediar a situação examinada.

O uso, pela Convenção Americana de Direitos Humanos, do termo "recomendações", indicaria a ausência de força vinculante dos Informes. Seriam apenas "reprovações morais". Ou seja, para a Corte IDH, o *sentido usual* no Direito Internacional do termo "recomendação" (empregado pelo artigo 51 da Convenção, para se referir ao conteúdo do Segundo Informe da Comissão) é o de *"deliberação não obrigatória"*, o que, por tal definição, o torna insuscetível de gerar responsabilidade do Estado pelo seu não cumprimento. Em virtude desse posicionamento da Corte (ultrapassado pela jurisprudência posterior, como segue) já se afirmou que uma deliberação condenatória da Comissão Interamericana de Direitos Humanos em caso envolvendo o Brasil equivaleria a uma *censura moral* ao Estado brasileiro[74].

Ocorre que essa posição da Corte está ultrapassada.

---

[73] Corte Interamericana de Direitos Humanos, *Caso Caballero Delgado e Santana – Mérito*, sentença de 8 de dezembro de 1995, Série C, n. 22, parágrafo 67.

[74] Sustentou HÉLIO BICUDO, em livro publicado em 1997, que "Ainda recentemente, em 1996, a Comissão Interamericana de Direitos Humanos apontou a impunidade de policiais militares que participaram da chamada chacina do 42º Distrito, relatório a respeito, elaborado pela Comissão Interamericana de Direitos Humanos, depois de sua visita em 1995 ao Brasil, já está em mãos do Itamaraty, em caráter sigiloso, para a manifestação a respeito do nosso Governo. Caso não se dê resposta ou não seja ela satisfatória, será dada publicidade ao relatório, com suas recomendações a respeito, o que irá equivaler a uma censura moral de qualificações internacionais". Ver BICUDO, Hélio. *Direitos Humanos e sua proteção*. São Paulo: FTD, 1997, p. 40.

No caso *Loayza Tamayo* e nos posteriores, a Corte sustentou que o princípio da boa-fé, consagrado também na Convenção de Viena sobre Direito dos Tratados, obriga os Estados contratantes da Convenção Americana de Direitos Humanos a realizar seus melhores esforços para cumprir as deliberações da Comissão, que é também órgão principal da OEA, organização que tem como uma de suas funções justamente *promover a observância e a defesa dos direitos humanos* no continente americano.

A Corte, contudo, diferenciou os dois Informes da Comissão. O Primeiro Informe (ou Informe Preliminar) é enviado ao Estado, que possui o prazo de até três meses para cumprir as recomendações nele contidas.

Esse Informe não é vinculante, pois não é definitivo.

De fato, a Corte constatou que, caso o Estado descumpra esse Primeiro Informe, a Comissão, obrigatoriamente, deve optar entre acionar o Estado perante a Corte ou em editar um Segundo Informe, que pode ou não publicar.

No caso da Comissão ter preferido acionar o Estado perante a Corte, é a sentença dessa última que será vinculante, podendo até contrariar o entendimento da Comissão. Entretanto, se o caso não for submetido à Corte (em virtude, em geral, do não reconhecimento, pelo Estado, da jurisdição da Corte), edita-se o Segundo Informe. Pelo princípio da boa-fé, os Estados, segundo a Corte, devem cumprir com as condutas determinadas por esse Segundo Informe, já que os mesmos, ao aderir à Convenção, aceitaram a competência da própria Comissão em processar petições individuais.

Cabe aqui uma observação. Com esse novo entendimento, a Corte *estimula* os Estados a aceitarem sua jurisdição, pois a condenação na Comissão é certa (por coerência, o Segundo Informe reproduz na essência o Primeiro), mas, se o caso for submetido à Corte, é possível obter uma sentença favorável em uma ação de responsabilidade internacional do Estado por violação de direitos humanos processada perante a própria Corte Interamericana de Direitos Humanos.

No caso brasileiro, houve alguns Informes que foram cumpridos, mesmo sem que a Comissão tivesse acionado a Corte IDH. Por exemplo, no *Caso Maria da Penha*, a Comissão Interamericana de Direitos Humanos considerou que o Brasil havia cometido grave violação de direitos humanos da vítima fruto, basicamente, da delonga do Tribunal de Justiça do Ceará em aplicar a lei penal em prazo razoável[75]. Além desse caso, emblemático por ter influenciado a elaboração da Lei n. 11.340/06 ("Lei Maria da Penha"), citem-se as recomendações constantes do Informe da Comissão Interamericana de Direitos Humanos

---

75 *Vide* Relatório 54/01, referente ao Caso 12.051, de 4 de abril de 2001.

e aceitos pelo Brasil nos *Casos José Pereira*[76] e no *Caso da Morte do Jovem Indígena Macuxi no Município de Normandia, no Estado de Roraima*[77].

O último balanço sobre cumprimento das deliberações da Comissão inseridas em informes contra o Brasil consta do Informe Anual do órgão de 2021, contendo o estágio de cumprimento dos últimos 21 anos. Dessas, apenas uma foi considerada totalmente cumprida pelo Brasil. Trata-se do caso "meninos emasculados do Maranhão", resolvido por meio de solução amistosa (caso 12.426 e 12.427 – Informe n. 43/06, Raniê Silva Cruz, Eduardo Rocha da Silva e Raimundo Nonato Conceição Filho)[78].

Reconhecida a força vinculante ao menos do Segundo Informe, resta saber qual é o recurso da Comissão no caso de descumprimento do mesmo. A alternativa existente hoje é o apelo à Assembleia Geral da OEA, já que a Comissão é também órgão da OEA, devendo os Estados respeitar suas deliberações.

Assim, como a Comissão Interamericana de Direitos Humanos encaminha também um relatório anual à Assembleia Geral da OEA, de acordo com o artigo 41, alínea "g", da Convenção Americana de Direitos Humanos, deve fazer constar as deliberações não cumpridas pelos Estados para que a OEA adote medidas para convencer o Estado a restaurar os direitos protegidos.

O sistema interamericano sente a falta de um órgão com função similar ao Comitê de Ministros da Convenção Europeia de Direitos Humanos[79]. No sistema europeu, o Comitê delibera e sua decisão tem que ser respeitada pelo Estado violador, sob pena máxima (nunca aplicada) de expulsão do Conselho da

---

[76] Tal acordo gerou a edição da Lei n. 10.706/2003, que assegurou o pagamento de R$ 52.000,00 de indenização ao trabalhador José Pereira, pela redução à condição análoga de escravo. Ver ainda o parecer da Advogada da União Denise Caldas Figueira sobre o tema em: <http://www.planalto.gov.br/ccivil_03/revista/Rev_77//pareceres/Denise.pdf>. Acesso em: 6 dez. 2006.

[77] Nesse último caso, trago passagem de parecer jurídico de Rogério Favreto (atualmente Desembargador Federal do Tribunal Regional Federal da 4ª Região), sobre o cumprimento da recomendação da Comissão no caso da morte do jovem indígena Macuxi – Ovelário Tames: "Logo, mesmo não se enquadrando como título executivo judicial, as recomendações da Comissão Interamericana de Direitos Humanos assumem força normativa interna pela condição de Estado-parte signatário do ato internacional, merecendo atendimento voluntário, a fim de evitar remessa a Corte Interamericana de Direitos Humanos, o que geraria elevado desgaste moral e político ao Estado Brasileiro". FAVRETO, Rogério. Nota Saj n. 1715/05 – RF, Subchefia de Assuntos Jurídicos da Casa Civil, parecer de 28 de junho de 2005.

[78] Informe Anual de 2021 disponível em: <http://www.oas.org/es/cidh/docs/anual/2017/indice.asp>. Acesso em: 2 abr. 2022.

[79] Segundo o ex-juiz da Corte americana, Hector Gros Espiell, o procedimento interamericano neste ponto é "complicado e contraditório". Ver *in* GROS ESPIELL, Hector. "La Convention américaine et la convention européenne des droits de l'homme – analyse comparative", 218 *Recueil des Cours de l'Académie de Droit International de La Haye* (1989), p. 333.

Europa, organização internacional patrocinadora da Convenção Europeia de Direitos Humanos.

Até os dias de hoje, contudo, a única sanção clara à disposição da OEA é a suspensão da participação do Estado pela *ruptura do regime democrático*. Para as demais violações, a Assembleia usualmente apenas registra o envio do relatório da Comissão, insta os Estados a bem cumprir as deliberações da Comissão e o arquiva.

5.6 As medidas cautelares da Comissão

O Regulamento da Comissão de 2013 dispõe, de modo minudente, sobre a adoção de *medidas cautelares* pela Comissão, para prevenir danos irreparáveis ou perecimento de direito. Estipula o Regulamento que, em situações de gravidade e urgência a Comissão poderá, por iniciativa própria ou a pedido da parte, adotar *medidas cautelares* em face dos Estados para prevenir danos irreparáveis às pessoas ou ao objeto do processo relativo a uma petição ou caso pendente ou, ainda, independentemente de qualquer petição ou caso pendente (artigo 25 do Regulamento da Comissão).

Antes de editar as medidas cautelares, a Comissão solicitará ao respectivo Estado informações relevantes, a menos que a urgência da situação justifique a adoção imediata das medidas. Em qualquer momento, o Estado poderá apresentar um pedido devidamente fundamentado a fim de que a Comissão revogue as medidas cautelares.

Obviamente, a adoção de tais medidas não constitui prejulgamento sobre a violação dos direitos protegidos pela Convenção Americana e outros instrumentos aplicáveis. Por não ter base convencional, as medidas cautelares da Comissão não possuem força vinculante, o que a obriga – caso o Estado não as cumpra – a acionar a Corte IDH solicitando medida provisória (esta sim, por estar prevista na Convenção Americana de Direitos Humanos, possui força vinculante).

A prática da Comissão em relação ao Brasil lança dúvidas sobre a eficiência dessas medidas. Por exemplo, no *Caso das Crianças e Adolescentes Privados de Liberdade no Complexo do Tatuapé da FEBEM versus Brasil*, a Comissão declarou a petição admissível em 9-10-2002, mais de dois anos depois da interposição pelas vítimas (em 5-9-2000). Em 27-4-2004 houve solicitação de medidas cautelares, que só foram determinadas pela Comissão ao Estado brasileiro quase oito meses depois (em 21-12-2004). Em 23-7-2005, a Comissão reiterou ao Estado brasileiro o dever de proteger as crianças e adolescentes detidos, sem sucesso.

Somente depois da falta de êxito em convencer o Estado brasileiro a cumprir as medidas adotadas, a Comissão solicitou *medidas provisórias* à Corte IDH em

8-11-2005[80]. As medidas provisórias da Corte têm função similar à das *medidas cautelares* da Comissão, só que as primeiras têm base convencional e força vinculante, características ausentes das medidas adotadas pela Comissão. Para CANÇADO TRINDADE, a Comissão quis, sem razão, esgotar suas próprias medidas cautelares, mas "antes que esta submetesse o pedido daqueles beneficiários de medidas provisórias à Corte, ocorreram não menos de quatro mortes de beneficiários das medidas de proteção no Complexo do Tatuapé da FEBEM, que poderiam talvez ter sido evitadas, se o chamado 'sistema interamericano' fosse mais eficaz"[81].

Em 2011, a Comissão adotou mais uma medida cautelar contra o Brasil, em benefício das comunidades indígenas na bacia do Rio Xingu, determinando a suspensão do licenciamento e a construção da Usina Hidrelétrica de Belo Monte, no Pará, e, ainda, a consulta prévia às comunidades envolvidas. Depois de forte reação contrária do Governo brasileiro (que pontuou, entre outros argumentos, a *ausência de força vinculante das medidas cautelares* da Comissão IDH[82]), a Comissão – em vez de requerer medida provisória diretamente à Corte IDH, preferiu recuar e substituiu a medida de abril por outra, mais amena, de julho daquele ano, pela qual a Comissão meramente determinou ao Estado que adotasse medidas de proteção à vida, à saúde e à integridade pessoal dos membros das comunidades indígenas na região, bem como assegurasse a rápida regularização de suas terras. Quanto à consulta prévia e consentimento informado, a Comissão decidiu que esse tema se confundia com o mérito e não determinou nenhuma outra medida.

Em dezembro de 2015, a Comissão IDH decidiu continuar o trâmite da petição contra o Brasil, abrindo-se o prazo para que o Estado formalmente responda às alegações de violações de direitos (especialmente dos povos indígenas) quatro anos após a petição ter sido protocolada. Essa duração excessiva do trâmite gera maiores encargos aos peticionantes, que ficam anos a fio esperando uma decisão da Comissão. Por sua vez, a liberdade da Comissão em ditar – sem cumprimento de prazos estritos – o andamento célere ou moroso às petições merece reflexão, pois pode sugerir uma "pauta política" (e invisível

---

80 A cronologia conta de voto concordante em separado do Juiz Cançado Trindade. Corte Interamericana de Direitos Humanos, Medidas Provisórias, *Caso das Crianças e Adolescentes Privados de Liberdade no Complexo do Tatuapé da FEBEM versus Brasil*, 25 de novembro de 2008.

81 Passagem do voto concordante em separado do Juiz Cançado Trindade, Corte Interamericana de Direitos Humanos, Medidas Provisórias, *Caso das Crianças e Adolescentes Privados de Liberdade no Complexo do Tatuapé da FEBEM versus Brasil*, 25 de novembro de 2008.

82 Reação inclusive inserida em nota divulgada à imprensa (Nota à imprensa n. 142. Brasília, 5 de abril de 2011). Disponível em: <http://www.itamaraty.gov.br/sala-de-imprensa/notas--a-imprensa/solicitacao-da-comissao-interamericana-de-direitos-humanos-cidh-da-oea>. Acesso em: 16 abr. 2022.

aos peticionantes) dos membros da Comissão, que, como já visto, são escolhidos pelos Estados da OEA.

De acordo com o Regulamento da Comissão, esta acionará a Corte e solicitará medidas provisórias quando (1) o Estado não tiver cumprido as medidas cautelares anteriores, (2) as medidas cautelares não tiverem sido eficazes, (3) já existir uma medida cautelar conectada com o caso submetido à jurisdição da Corte e, finalmente, (4) a Comissão entender ser pertinente para dar maior efeito às medidas cautelares já exaradas, fundamentando seus motivos (cláusula geral, que permite flexibilidade à Comissão).

Caso a Corte indefira o pedido de medidas provisórias, a Comissão só considerará um novo pedido de medidas cautelares se surgirem fatos novos que o justifiquem. Em todo caso, a Comissão poderá considerar o uso de outros mecanismos de monitoramento da situação.

A Comissão IDH já adotou 50 medidas cautelares contra o Brasil, especialmente sobre: (i) adolescentes em conflito com a lei privados de liberdade, (ii) pessoas privadas de liberdade, (iii) proteção de testemunhas, (iv) proteção de defensores de direitos humanos e (v) comunidades indígenas[83].

5.7 A reforma do regulamento da Comissão

Em junho de 2011, imediatamente após a crise entre o Brasil e a Comissão Interamericana de Direitos Humanos gerada pela adoção da medida cautelar de suspensão da construção da Usina de Belo Monte (ver acima), a OEA institui o *Grupo de Trabalho Especial para Reflexão sobre o Trabalho da Comissão Interamericana de Direitos Humanos com vistas a Fortalecer o Sistema Interamericano de Direitos Humanos (GT)*. Apesar do objetivo nobre de "fortalecer o sistema interamericano", o foco foi no trabalho da Comissão IDH, deixando de lado a conduta pouco cooperativa dos Estados e outros temas. Ao final dos trabalhos, em dezembro de 2011, esse Grupo elaborou um *Informe Final*, contendo recomendações, que foi entregue por seu presidente ao Conselho Permanente da OEA em janeiro de 2012 e adotado pela Assembleia Geral da OEA em junho do mesmo ano. Esse documento, não vinculante, possui 53 recomendações à Comissão IDH, 14 aos Estados e uma ao Secretário Geral da OEA[84]. A sociedade civil organizada reagiu e também adotou observações críticas a esse "processo de reflexão",

---

[83] Conferir em: <http://www.oas.org/es/cidh/decisiones/cautelares.asp>. Acesso em: 18 ago. 2022.

[84] Disponível em: <http://www.oas.org/es/cidh/mandato/fortalecimiento.asp>. Acesso em: 17 maio 2022.

ressaltando a suspeita de uso da temática da reforma do sistema para enfraquecer a Comissão[85].

Influenciada por esse processo, que, apesar de ser formalmente um conjunto de "recomendações", refletia a ânsia de Estados (em especial contra as medidas cautelares), a Comissão aprovou, em 18 de março de 2013, mudanças de vários artigos do seu Regulamento[86].

O artigo 25 do Regulamento da Comissão IDH, que trata das medidas cautelares, foi o mais intensamente alterado, passando a contar agora com 13 itens, com subdivisões. Chegou-se a mencionar (artigo 25.5) a necessidade de a Comissão ouvir o Estado antes da adoção da medida, salvo se a iminência do dano não permitir. O Regulamento passou a definir o que se entende por "gravidade", "urgência" e "dano irreparável" envolvendo uma situação de violação de direitos humanos para concessão de medida cautelar.

A análise das petições, segundo a nova redação do artigo 29, será feita pela ordem de protocolo na Comissão IDH. Ficou estabelecida a preferência de determinados casos, por exemplo, quando a vítima for criança, pessoa idosa, sofra de enfermidade terminal, for passível de pena de morte ou quando o objeto da petição tiver conexão com uma medida cautelar (da Comissão) ou provisória (da Corte) vigente. Também terão preferência os casos em que as vítimas estiverem detidas, quando o Estado manifestar intenção de aceitar uma solução amistosa, quando a decisão puder remediar *situações estruturais graves* que tenham grande impacto no gozo dos direitos humanos ou quando a decisão puder impulsionar *mudanças legislativas ou de práticas estatais* e evitar, com isso, novas petições sobre o mesmo assunto (elogiável preparação para o enfrentamento das demandas-clone, que congestionam o sistema europeu de direitos humanos).

Também foi alterado o artigo 42, ampliando as hipóteses de arquivamento de petições. A Comissão IDH determina o *arquivamento* nos casos em que verificar a *injustificada inatividade processual* dos peticionários, constituindo sério indício de *desinteresse* na tramitação da petição.

Alterou-se o artigo 46, referente à possibilidade de a Comissão suspender o prazo previsto no art. 51.1 da Convenção Americana para enviar um caso à Corte IDH (três meses). Foi previsto que, nos casos em que o Estado pedir a suspensão do prazo para propositura da ação perante a Corte IDH, a Comissão deve levar em conta a favor do Estado a existência de leis internas que estabeleçam um mecanismo de cumprimento da recomendação. Ainda, a nova redação

---

[85] Disponível em: <http://cejil.org/comunicados/observaciones-al-proceso-de-reflexion-sobre-el-fortalecimiento-del-sistema-interamerican>. Acesso em: 16 abr. 2022.

[86] A saber, artigos 25, 28, 29, 30, 36, 37, 42, 44, 46, 59, 72, 76 e 79. Disponível em: <http://www.oas.org/es/cidh/decisiones/pdf/Resolucion1-2013esp.pdf>. Acesso em: 16 abr. 2022.

estabelece os critérios para fixação dos novos prazos, que são a *complexidade* do assunto e das *medidas necessárias* para cumprir as recomendações feitas.

Outra alteração relevante é referente ao artigo 76, cuja nova redação estipula critérios para que a Comissão solicite *medidas provisórias* à Corte IDH, como visto acima.

6 A Corte Interamericana de Direitos Humanos

6.1 Aspectos gerais da Corte: uma Corte para 550 milhões de pessoas

O segundo órgão da Convenção Americana de Direitos Humanos, a Corte Interamericana de Direitos Humanos (Corte IDH), é uma instituição judicial autônoma, não sendo órgão da OEA, mas sim da Convenção Americana de Direitos Humanos.

Sua criação decorre diretamente do artigo 33 da Convenção Americana, que dispõe que "são competentes para conhecer dos assuntos relacionados com o cumprimento dos compromissos assumidos pelos Estados-partes nesta Convenção: (...) a Corte Interamericana de Direitos Humanos".

Porém, sua concretização demorou. A Convenção só entrou em vigor após a 11ª ratificação, que ocorreu em 1978. Em seguida, em 1º de julho de 1978, a Assembleia Geral da OEA aceitou a oferta de Costa Rica para que a sede da Corte fosse estabelecida na capital daquele país (San José da Costa Rica).

Após, ainda foi necessário que os Estados organizassem a eleição de juízes, o que ocorreu em 22 de maio de 1979 durante o VII Período Extraordinário de Sessões da Assembleia Geral da OEA. A primeira sessão da Corte ocorreu entre 29 a 30 de junho de 1979 ainda na sede da OEA, em Washington. Logo depois, a cerimônia de instalação da Corte realizou-se em San José em 3 de setembro de 1979. Em 10 de setembro de 1981, a Costa Rica celebrou um Acordo de Sede com a Corte, que estabelece o regime de imunidades e prerrogativas da Corte, de seus juízes e pessoal necessário para o desenvolvimento das suas atividades judicantes. Em novembro de 1993, o governo da Costa Rica repassou à Corte IDH uma casa, que é sede da Corte até hoje.

A Corte IDH é composta por sete juízes, cuja escolha é feita pelos Estados-partes da Convenção, em sessão da Assembleia Geral da OEA, de uma lista de candidatos propostos pelos mesmos Estados. Cada Estado-parte pode propor até três candidatos (assim, pode propor apenas um nome), desde que sejam eles nacionais do Estado que os propõe ou mesmo de qualquer outro Estado-membro da OEA. Caso o Estado proponha três nomes, pelo menos um dos candidatos deve ser nacional de um Estado diferente do proponente. Os juízes da Corte serão eleitos para um mandato de seis anos e só poderão ser reeleitos uma vez. Em

2013, iniciou seu primeiro mandato o jurista brasileiro Roberto Figueiredo Caldas, segundo brasileiro escolhido como juiz permanente (o primeiro foi Cançado Trindade). Em 2018, no último ano de seu mandato, Roberto Caldas renunciou ao seu mandato. Ainda em 2018, Brasil não apresentou candidato para ocupar uma das três vagas abertas na Corte. Em 2020, o Presidente Jair Bolsonaro indicou o jurista Rodrigo de Bittencourt Mudrovitsh (Despacho do Presidente da República de 7-12-2020), que foi eleito para o mandato de 2022-2028.

Além dos sete juízes, determinado caso pode ter um "juiz *ad hoc*", caso o Estado-réu não possua um juiz de sua nacionalidade em exercício na Corte. Esse instituto é tradicional no Direito Internacional Geral, nas demandas clássicas entre Estados, e serve para diminuir os receios estatais sobre o reconhecimento da jurisdição de um Tribunal estatal.

Ocorre que a indicação de "juiz *ad hoc*" insinua um conflito de interesses e a defesa dos interesses do Estado pelo "ad hoc", o que não deveria existir no caso de obrigações objetivas como são as obrigações de promoção e defesa de direitos humanos. As obrigações objetivas são justamente aquelas nas quais os Estados assumem deveres em prol de interesses superiores da comunidade internacional. Não há "direito do Estado" a ser preservado, então, pois ao Estado também interessa a proteção de direitos humanos. Como veremos, a Corte IDH felizmente restringiu em 2009 – por meio de Opinião Consultiva n. 20 – a interpretação do artigo 55 da Convenção, que trata do juiz *ad hoc*, eliminando tal figura nas demandas iniciadas pela Comissão a pedido de vítimas (ou seja, todas até o momento) e mantendo-o somente para as demandas originadas de comunicações interestatais.

Também em 2009, na mesma Opinião Consultiva n. 20, a Corte restringiu a possibilidade do juiz que porventura possuir a mesma nacionalidade do Estado-réu atuar no caso. Somente o fará nas demandas interestatais (inexistentes, até o momento). Nas demandas iniciadas pela Comissão a pedido das vítimas, o juiz da nacionalidade do Estado-réu deve se abster de participar do julgamento, tal como ocorre com o Comissário da nacionalidade do Estado em exame, que não pode participar das deliberações da Comissão.

O funcionamento da Corte ocorre em sessões ordinárias e extraordinárias, uma vez que, diferentemente da atual Corte Europeia, a Corte IDH não é um tribunal permanente. Seus juízes não têm dedicação exclusiva à Corte, podendo inclusive continuar suas atividades regulares como a advocacia nacional ou docência (com a exceção de atividade incompatível com a defesa dos direitos humanos). Os períodos extraordinários de sessões deverão ser convocados pelo seu presidente ou por solicitação da maioria dos juízes[87].

---

[87] O uso da *videoconferência* forçado pela pandemia do Covid-19 incrementou o trabalho da Corte IDH, pois gerou economia (dispensa de passagens, diárias, etc.) e permitia que o juiz da

O quórum para as deliberações da Corte IDH é de cinco juízes, sendo que as decisões da Corte serão tomadas pela maioria dos juízes presentes. Em caso de empate, o presidente terá o voto de qualidade. Os idiomas oficiais da Corte são os da OEA, ou seja, o espanhol, o inglês, o português e o francês. Os idiomas de trabalho são escolhidos anualmente pela Corte. No trâmite de casos contenciosos, pode ser adotado o idioma do Estado-réu.

Já quanto ao trabalho efetivo, a Corte IDH demorou para ser acionada. No final da década de 70 e início da década de 80 do século XX, vários países viviam ainda sob regimes ditatoriais em plena decadência, com as crises do petróleo e da dívida externa esmagando a economia da região. A Comissão Interamericana de Direitos Humanos não parecia apta a desencadear ações contra Estados perante a Corte IDH. Preferiu acionar a Corte por intermédio de pedidos de Opiniões Consultivas (não vinculantes), tendo solicitado sete até 1986 (data da primeira ação da Comissão na jurisdição contenciosa)[88].

O primeiro "caso" contencioso em 1981 da Corte foi quase um ato de desespero: a Costa Rica (país sede da Corte) ingressou com uma demanda contra...a Costa Rica (Caso *Viviana Gallardo*). Obviamente, a Corte não conheceu o pleito, mas fez interessante contribuição para o sistema interamericano ao decidir que a Costa Rica havia atropelado o procedimento bifásico da Convenção e assim o procedimento perante a Comissão *era obrigatório*, não podendo o Estado dispensá-lo[89].

Assim, foi necessário esperar que a Comissão (a única legitimada em termos práticos – os Estados nunca exerceram sua colegitimidade) saísse de sua letargia, o que ocorreu somente com os chamados *Casos Hondurenhos* (são três casos, todos

---

Corte evitasse deslocamentos que interrompiam sua atividade regular. Em 2021, foram realizados 7 Períodos Ordinários de Sessões, que alcançaram 30 semanas de reuniões colegiadas durante o ano (*recorde* em toda a história de funcionamento da Corte IDH). Destacam-se 14 audiências públicas sobre casos contenciosos, 14 audiências sobre Supervisão de Cumprimento de Sentenças e 3 audiências públicas sobre Medidas Provisórias. Foram exaradas 24 Sentenças de Mérito e 3 sentenças de interpretação, bem como 2 Pareceres Consultivos e 47 resoluções de Supervisão de Cumprimento de Sentença e 22 resoluções de Medidas Provisórias. Dados disponíveis no Informe Anual da Corte IDH: <https://www.corteidh.or.cr/docs/informe2021/portugues.pdf>. Acesso em: 30 maio 2022.

88 São as Opiniões Consultivas de n. 1, de 1982, 2, de 1982, 3, de 1983, 4, de 1984, 5, de 1985, 6 e 7, de 1986.

89 Ver comentário específico sobre esse caso em CARVALHO RAMOS, André de. *Direitos Humanos em Juízo. Comentários aos Casos Contenciosos e Consultivos da Corte Interamericana de Direitos Humanos*, São Paulo: Max Limonad, 2001. Por motivo talvez freudiano, no seu *site* da internet, a Corte inseriu esse caso no "link" das "Opiniões Consultivas", considerando-o como um anômalo pedido de opinião.

contra Honduras: *Velásquez Rodríguez*[90]; *Faíren Garbi* e *Solis Corrales*[91]; *Godinez Cruz*[92], essencialmente sobre desaparecimentos forçados), propostos em 24 de abril de 1986 e com sentenças de exceções preliminares em 26 de junho de 1987. As sentenças de mérito nesses três casos só foram adotadas em 1989.

Assim, da primeira sessão (1979) até a primeira sentença da Corte IDH (1987) foram necessários 8 anos. Dez anos para as primeiras sentenças de mérito (1979-1989). Até o final de 2021, foram submetidos à Corte IDH 377 casos, tendo sido julgados 312 casos, emitidas 28 Opiniões Consultivas, outorgadas mais de 249 resoluções de medidas provisórias[93].

6.2 A jurisdição contenciosa em ação

6.2.1 **A reforma de 2009 e o novo papel das vítimas**

A Corte Interamericana de Direitos Humanos (Corte IDH) é um órgão judicial internacional, que, de acordo com o artigo 33 da Convenção Americana, é competente para conhecer casos *contenciosos* quando o Estado demandado tenha formulado declaração unilateral de reconhecimento de sua jurisdição.

O artigo 62 da Convenção Americana de Direitos Humanos estabelece que um Estado-parte da Convenção Americana de Direitos Humanos *deve* aceitar expressamente a jurisdição obrigatória da Corte, através de declarações *específicas*. A jurisdição da Corte para julgar pretensas violações em face do Pacto de San José foi admitida, até o momento por 20 Estados, inclusive o Brasil[94], entre os 23 contratantes do Pacto. Do México até a Argentina, a Corte IDH exerce jurisdição sobre 550 milhões de pessoas

---

90 Corte Interamericana de Direitos Humanos, *Caso Velásquez Rodríguez – Exceções Preliminares*, sentença de 26 de junho de 1987, Série C, n. 1.

91 Corte Interamericana de Direitos Humanos, *Caso Fairen Garbi e Solis Corrales – Exceções Preliminares*, sentença de 26 de junho de 1987, Série C, n. 2.

92 Ver Corte Interamericana de Direitos Humanos, *Caso Godinez Cruz – Exceções Preliminares*, sentença de 26 de junho de 1987, Série C, n. 3.

93 Disponível em: <https://www.corteidh.or.cr/informes_anuales.cfm>. Acesso em: 1º jun. 2022.

94 São os seguintes vinte Estados partes da Convenção Americana de Direitos Humanos que reconhecem a jurisdição contenciosa obrigatória da Corte IDH: Argentina, Barbados, Bolívia, Brasil, Chile, Colômbia, Costa Rica, Equador, El Salvador, Guatemala, Haiti, Honduras, México, Nicarágua, Panamá, Paraguai, Peru, República Dominicana, Suriname, Uruguai. Não reconhecem a jurisdição contenciosa obrigatória da Corte os seguintes Estados partes da Convenção Americana de Direitos Humanos: 1) Dominica, 2) Grenada e 3) Jamaica.

Por outro lado, o artigo 61(1) da Convenção Americana de Direitos Humanos estabelece que *somente Estados-partes e a Comissão podem processar Estados perante a Corte Interamericana*. Assim, os indivíduos dependem da Comissão ou de outro Estado (*actio popularis*) para que seus reclamos cheguem à Corte IDH.

Já a legitimidade passiva é sempre do Estado: a Corte IDH não é um Tribunal que julga pessoas, o que será debatido mais abaixo.

Agora, cabe analisar o processo internacional perante a Corte IDH.

A Comissão, após o não acatamento das conclusões do seu Primeiro Informe pelo Estado (previsto no artigo 50 e também chamado de "Relatório do artigo 50"), pode acioná-lo perante a Corte Interamericana de Direitos Humanos, *caso o Estado tenha reconhecido a jurisdição contenciosa da Corte*. Como já abordado, o artigo 51 da Convenção estabelece o prazo de até três meses contados da remessa do Primeiro Informe ou Relatório ao Estado interessado sobre o caso para que a Comissão acione a Corte. Tal prazo não é fatal, podendo ser prorrogado, desde que com fundamento nas circunstâncias do caso concreto e de modo razoável[95].

Os outros Estados contratantes, que tenham também reconhecido a jurisdição da Corte, podem processar outro Estado, já que a garantia de direitos humanos é uma *obrigação objetiva*, de interesse de todos contratantes da Convenção Americana de Direitos Humanos. Ou mesmo o *próprio Estado* interessado pode propor a ação para substituir eventual relatório desfavorável da Comissão por uma sentença que o isente das violações apontadas[96].

Todos os casos contenciosos até o momento (maio de 2022) foram propostos pela *Comissão Interamericana de Direitos Humanos (Comissão IDH)*. Os Estados temem, obviamente, o *efeito bumerangue* e abalos em suas relações diplomáticas (e interesses econômicos) caso processem um outro Estado por violação de direitos humanos.

Essa restrição ao direito de ação internacional da vítima (já conquistado perante a Corte EDH, como vimos) é criticada pela doutrina especializada. CANÇADO TRINDADE é um dos maiores defensores da reforma da Convenção Americana, no sentido de dotar a vítima do direito de ação. Entende o citado

---

[95] Corte Interamericana de Direitos Humanos, *Caso Neira Alegría e outros – Exceções Preliminares*, sentença de 11 de dezembro de 1991. Série C, n. 13, parágrafo 32. Ver meus comentários ao caso em CARVALHO RAMOS, André de. *Direitos Humanos em Juízo. Comentários aos casos contenciosos e consultivos da Corte Interamericana de Direitos Humanos*. São Paulo: Max Limonad, 2001.

[96] O Estado da Costa Rica optou por uma solução alternativa, solicitando um Parecer Consultivo da Corte sobre um caso, no qual já havia obtido deliberação favorável na Comissão. Ver *in* Corte Interamericana de Direitos Humanos, *Parecer Consultivo sobre a filiação obrigatória de jornalistas (artigos 13 e 29 da Convenção Americana de Direitos Humanos)*, Parecer n. 5/85 de 13 de novembro de 1985, Série A, n. 5.

professor, que a Comissão é *parte apenas processual* no feito perante a Corte. A verdadeira parte material é aquela que é titular do direito pretensamente violado. Assim, inexplicável, para o citado autor, que a atual situação perdure[97].

Enquanto a reforma da *Convenção Americana de Direitos Humanos* não se concretiza, a própria Corte Interamericana de Direitos Humanos adiantou-se.

Em 2001, o regulamento da Corte IDH permitiu a participação da vítima e de seus representantes em *todas* as fases do processo judicial, com direito a se manifestar em igualdade de condições com a Comissão Interamericana de Direitos Humanos e o Estado-réu, tal qual um *assistente litisconsorcial* do Autor.

Em 2009, a Corte deu mais um passo rumo a um processo mais equilibrado entre os direitos das vítimas e dos Estados: na Opinião Consultiva n. 20, a Corte reinterpretou o artigo 55[98] da Convenção (que trata dos *juízes ad hoc*) e decidiu não mais aceitar a indicação de juiz *ad hoc* por parte do Estado-réu (que não possua nenhum juiz de sua nacionalidade na composição da Corte) nos casos iniciados na Comissão por petição de vítimas de violação de direitos; na nova interpretação do artigo 55, o juiz *ad hoc* somente será chamado nas demandas interestatais (aliás, até hoje inexistentes). Na mesma Opinião Consultiva a Corte *decidiu* não mais permitir que o juiz da nacionalidade do Estado-réu atue no processo iniciado pela Comissão a partir de petições individuais, para fortalecer a imagem de imparcialidade.

Ainda em 2009, o novo Regulamento da Corte absorveu tais mudanças e deu mais um passo rumo ao futuro *afastamento* da Comissão como Parte Autora: a ação é iniciada pelo envio de Informe da Comissão ("Primeiro Informe" ou "Relatório 50"), que não mais faz uma petição inicial própria.

Antes dessa Reforma de 2009, a Comissão elaborava a petição inicial e (após 2001) as vítimas eram agregadas ao processo internacional como assistentes do Autor (a Comissão).

---

97 Conferir em CANÇADO TRINDADE, Antônio Augusto. *O Direito Internacional em um mundo em transformação*. Rio de Janeiro: Renovar, 2002, em especial p. 686.
98 Artigo 55 – 1. O juiz, que for nacional de algum dos Estados-partes em caso submetido à Corte, conservará o seu direito de conhecer mesmo. 2. Se um dos juízes chamados a conhecer do caso for de nacionalidade de um dos Estados-partes, outro Estado-parte no caso poderá designar uma pessoa de sua escolha para integrar a Corte, na qualidade de juiz *ad hoc*. 3. Se, dentre os juízes chamados a conhecer do caso, nenhum for da nacionalidade dos Estados-partes, cada um destes poderá designar um juiz *ad hoc*. 4. O juiz *ad hoc* deve reunir os requisitos indicados no artigo 52. 5. Se vários Estados-partes na Convenção tiverem o mesmo interesse no caso, serão considerados como uma só parte, para os fins das disposições anteriores. Em caso de dúvida, a Corte decidirá.

Agora, a partir da entrada em vigor do novo Regulamento e para as demandas apresentadas a partir de 1º de janeiro de 2010, as vítimas ou seus representantes são intimados a apresentar a petição inicial do processo internacional. Ademais, todas as etapas processuais incluindo a petição inicial são focadas nas vítimas, no Estado-réu e, secundariamente, na Comissão caso ela mesmo deseje.

Inclusive pode a vítima *requerer diretamente* à Corte medida provisória (ver abaixo análise das medidas provisórias da Corte) no curso do processo. Assim, há direitos processuais da vítima, desde que, é claro, a Comissão tenha provocado inicialmente a Corte. No caso de a Comissão ainda não ter provocado a Corte (ver o capítulo sobre o primeiro informe acima), somente a própria Comissão pode requerer medida provisória.

Simbolicamente, a Corte tenta caracterizar a Comissão não como uma "Autora", mas sim como órgão do sistema interamericano, verdadeiro "custos legis" (fiscal da lei).

Simultaneamente, o regulamento faz menção ao "Defensor Interamericano" para representar legalmente às vítimas sem recursos (o que antes era feito pela Comissão).

Esses passos são importantes rumo à igualdade entre a vítima e o Estado, mas *não* dispensam a necessidade de profunda reforma do sistema da Convenção Americana, com a eliminação do monopólio *de facto* da Comissão na proposição das ações de responsabilidade internacional por violação de direitos humanos perante a Corte de San José.

6.2.2 A fase postulatória nas demandas iniciadas a partir das petições individuais e a sentença de exceções preliminares

Atualmente, todas as demandas já são regradas pelo novo Regulamento da Corte (que é aplicado para as demandas a partir de 1º de janeiro de 2010). Analisaremos, aqui, as demandas iniciadas a partir de *petições individuais*, também chamadas de *demandas individuais*.

O início do caso é feito mediante apresentação do caso pela Comissão IDH. O Regulamento, entretanto, exige determinado conteúdo da apresentação do caso pela Comissão, para que este possa ser examinado.

A Comissão, no momento da apresentação do caso à Presidência da Corte, deverá incluir na documentação enviada: (i) uma cópia do Primeiro Informe ("Relatório do artigo 50"); (ii) cópia da totalidade do expediente ante a Comissão, incluindo toda comunicação posterior ao Primeiro Informe; (iii) as provas que oferece, incluindo o áudio ou a transcrição, com indicação dos fatos e argumentos sobre os quais versam (devem ser destacadas as provas que se receberam em um procedimento contraditório); (iv) designação dos peritos, indicando o objeto de suas declarações e acompanhando seu currículo, quando impacte de maneira relevante a ordem pública interamericana dos direitos humanos; (v) os motivos que levaram a Comissão a apresentar o caso ante a Corte e suas observações à resposta do Estado demandado às recomendações do Informe e as suas pretensões, incluídas as que concernem a reparações; (vi) os nomes dos Delegados da Comissão; (vii) os nomes, endereço, telefone, correio eletrônico e fac-símile dos representantes das supostas vítimas devidamente credenciados, se for o caso.

Antes da reforma de 2009, a Comissão elaborava a petição inicial e juntava, em anexo, o Primeiro Informe (artigo 34 do antigo Regulamento da Corte IDH[99]). Agora, deve enviar o Primeiro Informe e demais indicações e documentos acima expostos.

Cabe aqui um alerta: por mais que a Corte tenha desejado transformar as vítimas em "Autores" e a Comissão em "custos legis", a *iniciativa de provocação da Corte* é da Comissão até que a Convenção seja alterada. Assim, os fatos expostos pela Comissão *determinam* os limites *objetivo* e *subjetivo* do objeto do processo. Em geral, não podem ser agregados novos fatos ou novas vítimas. A exceção à essa restrição são os novos fatos, que se qualificam como *supervenientes* ou mesmo *antecedentes* mas trazidos por provas novas, desde que vinculados aos fatos já apresentados pela Comissão[100]. Assim, estamos em uma fase de transição, pois não cabe aos novos "Autores" (as vítimas ou seus representantes) nem sequer fixar o objeto do processo, mas sim à Comissão.

Uma vez dado início ao caso, a Secretaria da Corte realiza uma *análise preliminar formal* para verificar se foram cumpridos os requisitos acima expostos. Caso positivo, a Secretaria notificará a apresentação do caso ao Estado demandado, à suposta vítima, a seus representantes ou o Defensor Interamericano, se não possuir assistência jurídica. O caso é designado, a partir de uma ordem cronológica, a um Juiz ou Juíza da Corte, para atuar como Relator ou Relatora (com apoio da Secretaria permanente da Corte).

---

[99] *In verbis*: "Artigo 34. Escrito da demanda. O escrito da demanda indicará: 1. os pedidos (incluídos os referentes a reparações e custas); as partes no caso; a exposição dos fatos; as resoluções de abertura do procedimento e de admissibilidade da denúncia pela Comissão; as provas oferecidas, com a indicação dos fatos sobre os quais as mesmas versarão; a individualização das testemunhas e peritos e o objeto de suas declarações; os fundamentos do direito e as conclusões pertinentes. Além disso, a Comissão deverá indicar, se possível, o nome e o endereço das supostas vítimas ou de seus representantes devidamente credenciados. (...) Junto com a demanda, caso seja apresentada pela Comissão, acompanhará o relatório a que se refere o artigo 50 da Convenção".

[100] Ver, entre outros, Corte Interamericana de Direitos Humanos, *Caso Amrhein e outros vs. Costa Rica*, sentença de 25 de abril de 2018, parágrafo 148.

Notificada a apresentação do caso à suposta vítima ou aos seus representantes, estes disporão de um prazo improrrogável de dois meses, contado a partir do recebimento desse escrito e de seus anexos, para apresentar autonomamente à Corte seu "Escrito de petições, argumentos e provas" ("EPAP" ou no jargão – em espanhol – da Corte, "ESAP"[101], que equivale à "petição inicial").

O conteúdo do EPAP (ESAP em espanhol) é o seguinte: (i) descrição dos fatos dentro dos limites fáticos estipulados pela Comissão (ver acima); (ii) as provas apresentadas (o que mostra a independência das vítimas diante da Comissão), ordenadas, com indicação dos fatos e argumentos sobre os quais versam; e (iii) as pretensões, incluindo as referentes às reparações e custas (novamente, demonstrando a autonomia das vítimas diante do que foi requerido pela Comissão).

Após, o Estado-réu é notificado para oferecer sua *contestação* ("Escrito de Contestação") tanto pelo exposto pela Comissão quanto pela petição das vítimas no prazo idêntico de dois meses (contados a partir do recebimento pelo Estado do ESAP). O Estado demandado pode não impugnar os fatos e as pretensões, acatando sua responsabilidade internacional. Nesse caso, a Corte estará apta a sentenciar *tout court*. Caso queira contestar, deve já indicar as provas (inclusive as periciais), bem como os fundamentos de direito, as observações às reparações e às custas solicitadas, bem como as conclusões pertinentes.

Na própria *contestação*, o Estado deve, caso queira, apresentar suas *exceções preliminares*. São exceções preliminares toda a matéria que impeça que a Corte se pronuncie sobre o mérito da causa. Os Estados alegam, em geral, a ausência de um requisito de admissibilidade já ventilado perante a Comissão, como o prévio esgotamento de recursos internos ou ainda caducidade do prazo de três meses para propor a demanda (*Caso Cayara*, por exemplo[102]). Há casos, contudo, que os Estados alegam como exceção preliminar matéria de mérito, como, por exemplo, a suficiência das reparações acordadas pelo Direito Interno, o que leva a Corte a continuar com a análise do caso (*Caso Gomes Lund contra Brasil*[103]).

Ao opor exceções preliminares, deverão ser expostos os fatos, os fundamentos de direito, as conclusões e os documentos que as embasem, bem como

---

[101] ESAP é a sigla para "Escrito de solicitudes, argumentos y pruebas" ou, em português, "escrito de petições, argumentos e provas". Ver o ESAP apresentado pela Comissão Pastoral da Terra (CPT) e o Centro pela Justiça e o Direito Internacional (CEJIL), na qualidade de representantes das vítimas do caso *Trabalhadores da Fazenda Brasil Verde vs. Brasil*, em: <http://www.corteidh.or.cr/docs/casos/trab_hacienda_brasil_verde_br/esap.pdf>. Acesso em: 2 abr. 2022.

[102] Corte Interamericana de Direitos Humanos, *Caso Cayara – Exceções Preliminares*, sentença de 3 de fevereiro de 1993, Série C, n. 14. A Corte deu razão ao Peru e extinguiu o caso por perda do prazo para a propositura da ação internacional.

[103] Corte Interamericana de Direitos Humanos, *Caso Gomes Lund e outros contra Brasil*, julgamento de 24 de novembro de 2010.

o oferecimento de provas. A apresentação de exceções preliminares não suspenderá o procedimento em relação ao mérito, nem aos prazos e aos termos respectivos. A Comissão, as supostas vítimas ou seus representantes poderão apresentar suas observações às exceções preliminares no prazo de 30 dias, contado a partir do recebimento das mesmas. Quando considerar indispensável, a Corte poderá convocar uma audiência especial para as exceções preliminares, depois da qual, decidirá.

Ao fim desse contraditório, a Corte decidirá sobre as exceções preliminares, podendo arquivar o caso ou ordenar o seu prosseguimento. Porém, há vários casos nos quais a Corte prefere adotar uma *única sentença*, contendo as exceções preliminares, o mérito e, inclusive, as determinações de reparações e as custas. Assim, as exceções preliminares ficam acostadas ao feito, que segue normalmente com a produção probatória, para serem decididas ao final *em conjunto* com o mérito.

Essa opção acelera o processo internacional, em especial pelo habitual uso, pelos Estados, de argumentos já superados nas exceções preliminares.

Ainda no seu "Escrito de Contestação", o Estado réu deve, além de (i) propor exceções preliminares e (ii) assinalar se aceita os fatos e as pretensões, ainda: (iii) listar as provas oferecidas, com indicação dos fatos e argumentos sobre os quais elas versam; (iv) expor os fundamentos de direito, observações sobre as reparações e custas e suas conclusões; (v) nominar os peritos (com currículo) quando se afete de maneira relevante a ordem pública interamericana, indicando o conteúdo de suas declarações.

Pode existir já após a contestação, um acordo de solução amistosa, sob a supervisão da Corte IDH. O escrito de contestação é cientificado à Comissão e às vítimas ou seus representantes.

Em reação ao "Escrito de Contestação", a Comissão e as vítimas podem: (a) apresentar suas observações às exceções preliminares, em um prazo de 30 dias contados a partir de sua ciência; (b) apresentar suas observações sobre o reconhecimento da responsabilidade internacional pelo Estado (em prazo determinado pela Corte).

6.2.3 A fase probatória e as alegações finais

O Regulamento da Corte de 2009 possui sensíveis diferenças com o anterior, no tocante à produção probatória. O novo Regulamento é nitidamente informado pelo *princípio acusatório*, dando relevo à atividade das partes materiais (vítimas ou representantes e Estados). O procedimento é essencialmente *oral*, com determinação de audiências para a coleta dos depoimentos das vítimas, testemunhas e peritos. Em geral, a audiência é pública e transmitida pela internet, exceto quando o Tribunal considerar necessário o sigilo (total ou parcial).

Há a possibilidade da prestação de declarações ante um agente dotado de fé pública (*affidavit* – por exemplo, um notário no Brasil). Nesse caso, as vítimas ou seus representantes e o Estado demandado poderão formular perguntas por escrito aos declarantes oferecidos pela parte adversa, que tenham sido convocados a prestar declaração pela via do *affidavit*. Também a Corte poderá receber declarações testemunhais, periciais ou de vítimas fazendo uso de meios eletrônicos audiovisuais ("teleconferência", artigo 51.11 do novo Regulamento).

Inicialmente, as partes e a Comissão devem confirmar os declarantes e esclarecer quais prestações suas declarações na audiência ou ainda por *affidavit*. Quem requerer a produção de determinada prova arcará com os gastos que esta ocasione. Há a possibilidade de impugnações das testemunhas e recusas dos peritos, por parcialidade. Cabe lembrar que quem ofereceu um declarante está encarregado de assegurar seu comparecimento ante a Corte IDH ou da remessa da sua declaração prestada (*affidavit*).

Dado início à audiência, a Comissão recebe a palavra e expõe os fundamentos da apresentação do caso à Corte. Após, começa a oitiva pela Corte dos declarantes (vítimas, testemunhas e peritos) anteriormente indicados e aceitos (após as impugnações e recusas) pela Corte, os quais são interrogados pelas partes e, caso queiram, pelos Juízes. A Comissão poderá interrogar em determinadas circunstâncias, quando se afete de maneira relevante a ordem pública interamericana.

Antes de prestar qualquer declaração, a testemunha prestará juramento ou fará uma declaração na qual afirmará que "dirá a verdade, toda a verdade e nada mais que a verdade" (artigo 51.3 do novo Regulamento). O perito também prestará juramento ou fará uma declaração na qual afirmará que exercerá suas funções com toda *honra* e com toda *consciência*. Quanto às vítimas, há apenas a verificação da identidade, sem qualquer juramento. As supostas vítimas e as testemunhas que ainda não tenham deposto não poderão estar presentes enquanto se realiza a declaração de outra suposta vítima, testemunha ou perito em audiência ante a Corte.

Iniciará o interrogatório do declarante (testemunha, perito ou vítima) a parte (vítima ou seu representante ou o Estado demandado) que o tenha proposto. Após, a outra parte tem a oportunidade de fazer suas perguntas ao declarante e, em seguida, qualquer um dos juízes pode formular as perguntas pertinentes. A Presidência da Corte IDH modera o interrogatório e pode decidir sobre a pertinência das perguntas formuladas e dispensar de respondê-las a pessoa a quem se dirijam, não sendo admitidas, obviamente, as perguntas que induzam as respostas.

Depois, a Presidência concederá a palavra às supostas vítimas ou aos seus representantes e ao Estado demandado para que exponham suas alegações orais. A Presidência outorgará posteriormente às supostas vítimas ou a seus representantes e ao Estado, respectivamente, a possibilidade de uma réplica e uma tréplica. Concluídas essas alegações, a Comissão apresenta suas observações finais e, ao final, podem existir as últimas perguntas dos Juízes às vítimas, ao Estado e à Comissão IDH.

Em geral, as audiências duram em média um dia e meio e são transmitidas on-line pela internet e redes sociais (salvo no caso de sigilo).

Cabe lembrar que as testemunhas estão sujeitas ao dever de lealdade, podendo a Corte levar ao conhecimento do Estado que exerce jurisdição sobre a testemunha os casos em que as pessoas convocadas a comparecer ou declarar não comparecerem ou se recusem a depor sem motivo legítimo ou que, segundo a própria Corte, tenham violado o juramento ou declaração solene, para os fins previstos na legislação nacional correspondente[104].

Por outro lado, os Estados não poderão processar as testemunhas e os peritos, nem submetê-los a represálias ou a seus familiares, por motivo de suas declarações ou laudos apresentados à Corte. Já houve no passado esse tipo de situação, com pressões estatais sobre as testemunhas. No caso *Velásquez Rodríguez,* as testemunhas foram importantes para informar as circunstâncias do desaparecimento forçado de Manfredo Velásquez. Vergonhosamente, o Estado-réu (Honduras) insinuou que testemunhar em processos contra o Estado poderia constituir em deslealdade contra seu país.

Nenhum fundamento sustenta o argumento. Nas essenciais palavras da Corte IDH "(...) *Não é admissível que se insinue que as pessoas que, por qualquer título, acudem ao sistema interamericano de proteção aos direitos humanos estejam incorrendo em deslealdade contra seu país, nem que possa extrair-se desse fato qualquer sanção ou consequência negativa. Os direitos humanos representam valores superiores que 'não nascem do fato de ser nacional de determinado Estado, mas sim tem fundamento nos atributos da pessoa humana' (Declaração Americana dos Direitos e Deveres do Homem, Considerando e Convenção Americana, Preâmbulo)*"[105].

Esse ponto é importante, porque ainda há mistificação indevida sobre o papel de uma Corte Internacional e sua relação com a soberania de um Estado. Mesmo que um Estado seja condenado perante a Corte IDH, essa condenação

---

[104] No caso brasileiro, estipula o art. 342 do Código Penal a seguinte tipificação do crime de falso testemunho: "Fazer afirmação falsa, ou negar ou calar a verdade como testemunha, perito, contador, tradutor ou intérprete em processo judicial, ou administrativo, inquérito policial, ou em juízo arbitral". O processo perante a Corte IDH seria subsumido na expressão "processo judicial".

[105] Corte Interamericana de Direitos Humanos, *Caso Velásquez Rodríguez – Mérito*, sentença de 29 de julho de 1988, Série C n. 4, parágrafo 144. Conferir em CARVALHO RAMOS, André de. *Direitos Humanos em Juízo*, São Paulo: Max Limonad, 2001.

se faz *a favor* dos indivíduos e *em prol* da defesa de direitos humanos, objetivo que *em teoria* o Estado comunga.

Quanto a outros elementos de prova, a Corte poderá admitir uma prova se aquele que a apresenta justificar adequadamente que, por força maior ou impedimento grave, não apresentou ou ofereceu essa prova nos momentos processuais estabelecidos anteriormente. Além disso, a Corte IDH poderá admitir uma prova que se refira a um fato ocorrido posterior.

Cabe também à Corte determinar *ex officio* a produção de todo tipo de prova que entender útil e necessária, podendo inclusive encarregar um ou vários de seus membros da realização de qualquer medida de instrução, incluindo audiências, seja na sede da Corte ou fora desta.

Por outro lado, as provas produzidas pela Comissão em seu procedimento próprio só serão incorporadas ao processo perante a Corte IDH se foram produzidas em procedimento que foi fruto do contraditório[106].

Sobre a apreciação das provas, cabe uma observação. Vários Estados ao longo dos anos defenderam a tese tradicional do ônus da prova resumida no brocardo "quem alega prova". Ora, no processo internacional essa regra desequilibra as posições, pois o Estado demandado possui muito mais recursos que as vítimas (e, outrora, a Comissão), sem contar seu controle sobre pessoas e bens em seu território.

Assim, em um processo perante a Corte IDH é pacífico na jurisprudência que o Estado *não* pode ficar inerte, esperando que o Autor prove todo o alegado. Deve contribuir para ilidir a imputação apresentada. No caso *Velásquez Rodríguez*, a Corte esclareceu que "*Os Estados não comparecem perante a Corte como sujeitos de ação penal. O Direito internacional dos direitos humanos não tem por objeto impor penas às pessoas culpadas pelas violações, senão amparar as vítimas e dispor a reparação dos danos que lhes tenham sido causados pelos Estados responsáveis por tais ações. Diferentemente do Direito Penal interno, nos processos sobre violações de direitos humanos, a defesa do Estado não pode descansar sobre a impossibilidade do demandante de alegar provas que, em muitos casos, não podem ser obtidas sem a cooperação do Estado. É o Estado quem tem o controle dos meios para clarificar fatos ocorridos dentro do seu território. A Comissão, ainda que disponha de poderes para realizar investigações, na prática depende, para poder efetuá-las dentro da jurisdição do Estado, da cooperação e dos meios que lhe proporcione o Estado*"[107].

---

[106] Com isso, observo que, na inexistência de aceitação do Estado ou solução amistosa, o procedimento perante a Comissão é quase exclusivamente voltado para convencê-la da existência de uma violação, tal qual o Inquérito Policial e o Inquérito Civil Público no Brasil, voltados para o convencimento do *parquet* como titular exclusivo da Ação Penal Pública e colegitimado na propositura da Ação Civil Pública.

[107] Corte Interamericana de Direitos Humanos, *Caso Velásquez Rodríguez – Mérito*, sentença de 29 de julho de 1988, Série C, n. 4. Ver mais em CARVALHO RAMOS, André de. *Direitos Humanos em Juízo*, São Paulo: Max Limonad, 2001.

6.2.4 As alegações finais das partes e observações finais da Comissão

Finalmente, há a apresentação de alegações finais escritas pelas vítimas ou seus representantes, o Estado demandado. Também a Comissão poderá, se entender conveniente, apresentar *observações finais*.

Com isso, observo que, perante a Corte Interamericana de Direitos Humanos, as vítimas ou seus representantes e o Estado-réu têm a possibilidade de produzir provas e de exercitar todas as faculdades processuais do *due process of law*.

6.2.5 Os *amici curiae*

No Direito Internacional, o *amicus curiae* (na tradução literal, amigo do Tribunal) consiste em um ente que não é parte na disputa e que oferece a determinada Corte Internacional uma perspectiva própria, argumentos ou determinado saber especializado, que poderão ser úteis na tomada de decisão[108]. Tal qual sua congênere europeia (ver acima), a Corte IDH admite a intervenção de *amicus curiae* (amigo da Corte).

A petição escrita do *amicus curiae* na jurisdição contenciosa poderá ser apresentada em qualquer momento do processo até a data limite de 15 dias posteriores à celebração da audiência pública. Nos casos em que não se realize audiência pública, deverá ser remetido dentro dos 15 dias posteriores à resolução correspondente na qual se outorga prazo para o envio de alegações finais. Após consulta à Presidência, o escrito de *amicus curiae*, junto com seus anexos, será posto imediatamente em conhecimento das partes para sua informação.

6.2.6 As medidas provisórias e seu duplo caráter: cautelar e tutelar

Dispõe o artigo 63.2 da Convenção que a Corte, nos casos sob sua apreciação, poderá tomar as *medidas provisórias* que considerar pertinentes para, em casos de extrema gravidade e urgência, evitar danos irreparáveis às pessoas. A melhor terminologia seria, naturalmente, *medidas cautelares*, cuja necessidade é evidente pois em nada serviria o processo internacional se a Corte IDH não pudesse proteger, *in limine*, as pessoas de danos irreparáveis.

---

[108] Definição adaptada do Caso *Aguas Argentinas S.A. and Others v. Petition for Transparency and Participation as amicus curiae*. International Centre of Settlement of Investment Disputes – ICSID *Case n. ARB/03/19*, de 19 de maio de 2005, extraído de BARTHOLOMEUSZ Lance, "The *amicus curiae* before International Courts and Tribunals", *in Non-State Actors and International Law*, n. 5, 2005, p. 209-286, em especial p. 211.

A Corte, nos casos sob sua análise, pode agir *ex officio* ou ainda por provocação das vítimas ou representantes. Como já explicitado acima, a vítima agora possui um direito processual de requerer diretamente à Corte as medidas provisórias cabíveis *quando* o caso já tiver sido apresentado à Corte.

Tratando-se de casos ainda não submetidos à sua consideração, a Corte só poderá atuar por requerimento da Comissão.

O Estado deve cumprir as medidas provisórias e informar periodicamente a Corte IDH. A Corte incluirá em seu relatório anual à Assembleia Geral uma relação das medidas provisórias que tenha ordenado durante o período do relatório e, quando tais medidas não tenham sido devidamente executadas, formulará as recomendações que considere pertinentes.

No Caso Urso Branco, houve medida provisória de caráter *tutelar*. A Comissão Interamericana de Direitos Humanos submeteu o pedido de medidas provisórias à Corte, em favor dos internos da Casa de Detenção José Mario Alves ("Penitenciária Urso Branco"), localizada em Porto Velho, Rondônia, para evitar que continuassem ocorrendo violações ou ameaças de violações do direito à vida. Solicitou medidas urgentes do Estado para controlar a situação existente à época e para melhorar as precárias condições de vida dos detentos. A Corte IDH determinou ao Estado a tomada de medidas para controle da grave situação existente na penitenciária. No seu voto concordante, o Juiz CANÇADO TRINDADE assinalou a alteração de objeto das medidas provisórias: para além da salvaguarda da eficácia da função jurisdicional e o resultado útil do processo internacional, salvaguardam os próprios direitos essenciais do indivíduo, ou seja, têm um caráter tutelar, além de cautelar[109].

Inclui, como anexo no final deste livro, o quadro resumo das medidas provisórias emitidas pela Corte IDH contra o Brasil.

6.2.7 Desistência, reconhecimento e solução amistosa

O processo pode ser abreviado em três situações; 1) solução amistosa; 2) desistência e 3) reconhecimento do pedido.

A solução conciliatória consiste no acordo das partes submetido à homologação da Corte, que agora desempenha o papel de fiscal do respeito aos direitos protegidos na Convenção. Como exemplo de conciliação bem-sucedida perante à Corte Interamericana de Direitos Humanos, cite-se o *caso Maqueda*, no qual a Comissão e o Governo argentino acordaram pela libertação de Guillermo Maqueda. A Corte analisou o dito acordo, homologando-o, pois considerou

---

[109] Corte Interamericana de Direitos Humanos, Medidas Provisórias a respeito do Brasil – Assunto da Penitenciária Urso Branco, resolução de 25 de novembro de 2009.

que este não violara a letra e o espírito da Convenção Americana[110]. Após o novo regulamento de 2009 da Corte (em vigor desde 2010), as partes do acordo serão as vítimas ou seus representantes e o Estado.

Quanto à desistência, o antigo Regulamento possibilitava que o Autor (a Comissão via de regra) desistisse sem outra manifestação caso o Estado demandado ainda não tivesse sido cientificado da demanda. Entretanto, após a citação, a Corte IDH decidiria, ouvida a opinião das demais partes do caso, bem como dos representantes das vítimas ou de seus familiares, cabendo-lhe decidir se aceitava ou não a extinção do processo.

O novo Regulamento modificou esse panorama, aumentando os poderes de fiscalização da Corte. Estabelece o artigo 61 do novo Regulamento que, quando quem fez a apresentação do caso notificar a Corte de sua desistência, esta decidirá, ouvida a opinião de todos os intervenientes no processo, sobre sua procedência e seus efeitos jurídicos.

Por sua vez, se o Estado demandado comunicar à Corte sua aceitação dos fatos ou seu acatamento total ou parcial das pretensões que constam da petição inicial das vítimas ou seus representantes, a Corte, ouvidas as vítimas e a Comissão, decidirá sobre a procedência e seus efeitos jurídicos.

Assim, nessas três situações (desistência, reconhecimento e solução amistosa) não há automatismo na eventual extinção do processo. A natureza das obrigações em jogo exige que a Corte zele pela indisponibilidade dos direitos humanos, mesmo na existência de um acordo. Por isso, mesmo em presença desse tipo especial de vontade das partes (desistindo, reconhecendo ou mesmo entrando em acordo), a Corte IDH poderá decidir pelo prosseguimento do exame do caso.

6.2.8 A sentença da Corte: as obrigações de dar, fazer e não fazer e os casos brasileiros

A Corte IDH pode decidir pela procedência ou improcedência, parcial ou total, da ação de responsabilização internacional do Estado por violação de direitos humanos.

Cabe lembrar que a Corte delibera em caráter reservado e, aprovada a sentença, inicia-se o rito da notificação da Comissão, das vítimas ou representantes, do Estado demandado, mantendo-se a sentença confidencial até que todos tenham sido notificados.

---

110 Ver Corte Interamericana de Direitos Humanos, Caso *Maqueda,* resolução de 17 de janeiro de 1995, Série C, n. 18, parágrafo 27, p. 12.

Para que se profira a sentença, há, inicialmente, a apresentação pelo Juiz ou Juíza relator de cada caso a elaboração de um "projeto de sentença" ao Plenário. Esse projeto é discutido e aprovado até que se obtenha os pontos resolutivos da sentença, objeto de votação final, com a possibilidade de votos em separado dissidentes e concordantes.

Apesar do nome idêntico ("Relator"), não há a figura do "relator" tal qual é desempenhada nos Tribunais brasileiros. Não há a publicação do "voto do Relator" (como existe no Direito brasileiro) e se busca, por meio do diálogo, o consenso majoritário. Após a adoção da sentença que retrata a visão da maioria, cabe aos minoritários – que queiram – declarar o voto dissidente, para expor seus motivos de discordância. Também os que acataram visão majoritária, mas querem acrescentar ou esclarecer posição pessoal, elaboram o voto concordante em separado.

O objeto de uma sentença da Corte é o mais amplo possível no âmbito de uma ação de responsabilidade internacional do Estado: é assegurado à vítima o gozo do direito ou liberdade violados e ainda são reparadas as consequências da medida ou situação que haja configurado violação desses direitos[111].

De acordo com o artigo 52 da Convenção Americana de Direitos Humanos, a Corte americana pode *determinar toda conduta de reparação e garantia do direito violado*, inclusive a mensuração pecuniária da indenização.

Além disso, de acordo com o artigo 63, a Corte, quando decidir pela responsabilidade internacional do Estado, *determinará que se assegure ao prejudicado o gozo do seu direito ou liberdade violados*. Deve determinar também que sejam reparadas as consequências da medida ou situação que haja configurado a violação desses direitos, bem como o pagamento de indenização justa à parte lesada.

Há uma grande diferença entre efeito de uma sentença de procedência em uma ação de responsabilidade internacional do Estado por violação de direitos humanos no sistema europeu e no sistema interamericano. No *sistema da Convenção Europeia de Direitos Humanos*, o Estado é livre para escolher os meios para reparar a violação declarada pela Corte EDH, sendo possível a fixação de uma satisfação equitativa pecuniária pela Corte europeia, *quando o Direito interno não possibilita o retorno ao* status quo ante *de maneira integral*. Assim, admite-se que uma decisão internacional, no caso da Corte Europeia de Direitos Humanos, não possa ser cumprida em sua integridade pelo Estado *e isso não acarretará nova responsabilização internacional, mas apenas a outorga de uma indenização pecuniária à vítima.*

---

111 Conferir o art. 63 da Convenção Americana de Direitos Humanos.

Já no sistema judicial interamericano há o dever do Estado de *cumprir integralmente a sentença da Corte*, que abrange não só a declaração da violação, mas especialmente as obrigações de reparação, conforme dispõe expressamente o artigo 68.1 da seguinte maneira: "Os Estados-partes na Convenção comprometem-se a cumprir a decisão da Corte em todo caso em que forem partes".

Essa diferença não significa que o sistema interamericano foi concebido para ser *diferente* e *superior* ao modelo europeu. Na realidade, a ausência da satisfação equitativa foi mais um exemplo de que os planos das ditaduras que vicejavam, à época, na OEA não levavam em consideração o *efetivo* funcionamento da Corte IDH. Por isso, nenhuma importância foi dada ao artigo 68.1 que pregava o dever dos Estados em cumprir as sentenças da Corte IDH. Para o ambiente da OEA do final dos anos 60 do século passado, pensar em uma Corte em plena ação, determinando sentenças vinculantes de conteúdo amplíssimo (abarcando medidas específicas ou até estruturais – políticas públicas) e que pudessem se chocar com acórdãos de Supremas Cortes locais era algo tão distante quanto a restauração da democracia na *era dos generais* e dos anos de chumbo.

Só que, felizmente, as ditaduras caíram e a Corte IDH está em pleno funcionamento no século XXI. Assim, a ausência de um dispositivo de "satisfação equitativa" gerou a exigência de *cabal* cumprimento *das necessárias obrigações de fazer e não fazer exigidas para que a vítima possa fazer valer o seu direito violado*. Para tanto, não pode alegar impedimento de Direito interno, como podem alegar seus pares europeus.

Colabora para isso também o artigo 2º da Convenção Americana de Direitos Humanos, *que firma o dever genérico dos Estados de introduzir toda e qualquer medida interna necessária para o cumprimento da Convenção*. Assim, as sentenças americanas devem ser totalmente cumpridas, existindo a obrigação internacional derivada de cumprir de boa-fé tais decisões[112].

As sentenças da Corte Interamericana possuem o efeito de *coisa julgada inter partes*, vinculando as partes em litígio. Entretanto, cabe considerar o efeito de *coisa interpretada* de um julgado da Corte, pelo qual os órgãos internos dos demais Estados *devem se orientar pela interpretação* da Corte Interamericana de Direitos Humanos, sob pena de concretizar a responsabilidade internacional do Estado que representam. Ignorar o efeito de *coisa interpretada* e enfatizar a vinculação das partes somente em um litígio perante a Corte é atitude, no mínimo, irrealista dos órgãos que representam o Estado e que, por isso mesmo, deveriam se preocupar em evitar sua responsabilização internacional.

---

112 Ver Corte Interamericana de Direitos Humanos, *Parecer Consultivo n. 5/85*, 13 de novembro de 1985. San José: Secretaría de la Corte, 1985, parágrafo 22.

Assim, a Corte Interamericana de Direitos Humanos aplica o Direito Internacional e decide sobre a responsabilidade internacional do Estado, sem necessariamente determinar (o que é despiciendo) à autoridade nacional ou ao órgão interno ao qual foi imputada o fato internacionalmente ilícito. Com isso, é tarefa interna fixar o meio de execução, que em geral depende do tipo de órgão imputado (por exemplo, se judicial ou não) e de seu *status* normativo.

Importante ressaltar também que essa aparente liberdade dos Estados em definir os meios internos de execução de sentença internacional foi reduzida pela Convenção Americana de Direitos Humanos, no artigo 68.2, o qual dispõe que, no tocante a parte da sentença relativa à indenização compensatória, esta seria executada de acordo com o *processo interno de execução de sentença contra o Estado*.

A Corte Interamericana de Direitos Humanos, por seu turno, em sua primeira sentença condenatória, decidiu que a forma e o valor da indenização a ser concedida seriam fixadas de comum acordo entre as partes, a saber, a Comissão e o Estado hondurenho em um prazo de seis meses. No caso da falta de acordo após o fim do prazo, a Corte estabeleceria a indenização[113].

O sistema adotado pela Corte nestes casos abre oportunidade para a conciliação, agora no tocante à indenização a ser fixada. Entretanto, cabe à Corte decidir, em *ultima ratio*, tanto quando homologa o acordo obtido ou quando fixa ela mesma a indenização, no caso em que o acordo não tenha sido obtido.

Em outros casos, a Corte tem fixado o valor da indenização na própria sentença que reconheceu a responsabilidade internacional do Estado por violação de direito protegido. No caso *Gangaram Panday*, a Corte condenou o Suriname a pagar a soma de dez mil dólares ou seu equivalente em florins holandeses aos herdeiros da vítima, como forma de indenização pecuniária aos danos causados[114].

No caso *Velásquez Rodríguez*, a Corte Interamericana de Direitos Humanos decidiu detalhadamente sobre os parâmetros para a fixação dos valores devidos. Entre esses parâmetros, citem-se o uso da legislação hondurenha mais favorável no caso de morte acidental, o pagamento do lucro cessante de acordo com a remuneração da vítima até a sua provável morte natural, o pagamento do dano

---

113   No caso *Godinez Cruz*, a Corte Interamericana de Direitos Humanos decidiu fixar a indenização após manifestação das partes. Ver *in* Corte Interamericana de Direitos Humanos, *Caso Godinez Cruz*, sentença de 20 de janeiro de 1989, Série C, n. 5, parágrafo 201, p. 82. Já nos casos *Neira Alegría* e *El Amparo*, a Corte facultou às partes um prazo para acordo no tocante à indenização. Ver *in* Corte Interamericana de Direitos Humanos, Caso *Neira Alegría y otros*, sentença de 19 de janeiro de 1995, Série C, n. 20, e também Corte Interamericana de Direitos Humanos, Caso *El Amparo*, sentença de 19 de janeiro de 1995, Série C, n. 19.

114   Corte Interamericana de Direitos Humanos, *Caso Gangaram Panday*, sentença de 21 de janeiro de 1994, Série C, n. 16, item 4 do dispositivo da sentença, p. 33.

moral e de forma indireta a possibilidade de ressarcimento de gastos efetuados na busca do paradeiro da vítima e gastos com o processo[115].

Em relação aos casos contenciosos *julgados* envolvendo o Brasil, já houve sentença de mérito (até 2022) nos seguintes casos (ver o conteúdo de cada caso no Anexo): 1) o caso *Damião Ximenes Lopes*[116] (procedência); 2) o caso *Gilson Nogueira de Carvalho*[117] (improcedência[118]); 3) os casos *Garibaldi* e 4) *Escher e outros*[119] (procedência em ambos); 5) o caso *Gomes Lund e outros* (procedência)[120]; 6) o caso dos *Trabalhadores da Fazenda Brasil Verde* (procedência)[121]; 7) o caso da *Favela Nova Brasília* (procedência)[122]; 8) o caso do *Povo indígena Xucuru* (procedência)[123] 9) o caso *Herzog e outros* (procedência)[124]; 10) *Empregados da Fábrica de Fogos de Santo Antônio de Jesus e outros* (procedência); 11) *Barbosa de Souza e outros* (procedência).

Ainda, há – em maio de 2022 – os seguintes casos em andamento contra o Brasil: 12) caso *Sales Pimenta*; 13) caso *Tavares Pereira;* 14) Caso *José Airton Honorato e outros* ("Caso da Castelinho"); 15) Caso *Neusa dos Santos Nascimento e Gisele Ana Ferreira*; 16) Caso *Manuel da Silva e outros;* 17) Caso *Comunidades Quilombolas de Alcântara* e 18) *Caso da Chacina de Acari* (Caso das Mães de Acari). No caso de não cumprimento *sponte propria* das decisões da Corte Interamericana de Direitos Humanos, o artigo 65 da Convenção Americana de Direitos

---

115 Ver *in* Corte Interamericana de Direitos Humanos, Caso *Velásquez Rodríguez – Reparações*, sentença de 27 de julho de 1988, Série C, n. 7, parágrafos 40 a 59.

116 Corte Interamericana de Direitos Humanos, *Caso Damião Ximenes Lopez vs. Brasil*, sentença de 4 de julho de 2006.

117 Corte Interamericana de Direitos Humanos, *Caso Nogueira de Carvalho e Outro versus Brasil*, sentença de 28 de Novembro de 2006.

118 CARVALHO RAMOS, A. de. Análise Crítica dos casos brasileiros Damião Ximenes Lopes e Gilson Nogueira de Carvalho na Corte Interamericana de Direitos Humanos. In: BRAND, Leonardo Nemer Caldeia (org.). *II Anuário Brasileiro de Direito Internacional*, 2007, p. 10-31.

119 Corte Interamericana de Direitos Humanos, *Caso Escher e outros vs. Brasil*, sentença de 6 de julho de 2009 e *Caso Garibaldi vs. Brasil*, sentença de 23 de setembro de 2009.

120 Corte Interamericana de Direitos Humanos, *Caso Gomes Lund e outros versus Brasil*, sentença de 24 de novembro de 2010. Analisaremos em capítulo próprio o cumprimento das sentenças da Corte IDH no Brasil.

121 Corte Interamericana de Direitos Humanos, *Caso dos Trabalhadores da Fazenda Brasil Verde vs. Brasil*, sentença de 20 de outubro de 2016.

122 Corte Interamericana de Direitos Humanos, *Caso Favela Nova Brasília vs. Brasil*, sentença de 16 de fevereiro de 2017.

123 Corte Interamericana de Direitos Humanos, *Caso do Povo indígena Xucuru vs. Brasil*, sentença de 5 de fevereiro de 2018.

124 Corte Interamericana de Direitos Humanos, *Caso Herzog e outros vs. Brasil*, sentença de 15 de março de 2018.

Humanos possibilita à Corte Interamericana de Direitos Humanos a inclusão dos casos em que o Estado não tenha dado cumprimento a suas sentenças no seu relatório anual à Assembleia Geral da OEA.

O mecanismo político de coerção dos Estados para o cumprimento de sentença da Corte tem se mostrado insuficiente. De fato, no caso do inadimplemento parcial por parte de Honduras dos casos *Velásquez Rodríguez* e *Godinez Cruz*, a Corte Interamericana de Direitos Humanos incluiu no seu informe anual da Assembleia Geral tal inadimplemento. Entretanto, a Assembleia Geral, em sua resolução de aprovação do informe do ano de 1990, nada mencionou sobre o inadimplemento de Honduras.

Esse fato levou a doutrina a duvidar que a Assembleia Geral, por sua natureza intergovernamental, seja um órgão eficaz para sancionar os Estados faltosos. Para RESCIA, por exemplo, ficou *"manifesto que não é a Assembleia Geral o foro para informar sobre o descumprimento das sentenças da Corte..."*[125].

Nesses dois casos, a dificuldade encontrada foi a de averiguar o cumprimento do dever de investigação e punição dos responsáveis pelas desaparições constatadas. Entretanto, após o pagamento da indenização compensatória também fixada, *a Corte Interamericana de Direitos Humanos preferiu arquivar o caso, sem que fosse comprovada a execução destas obrigações de fazer por parte do Estado hondurenho*[126]. Tal dificuldade não pode servir como escusa para que a Corte não estipule tais obrigações de fazer, já que, como se sabe, *a reparação pecuniária não é a única nem a melhor forma de reparação no âmbito da responsabilidade internacional do Estado*.

A implementação das decisões da Corte e da Comissão exigem uma *participação mais ativa* da Assembleia Geral e do Conselho Permanente da OEA. Com efeito, a Assembleia Geral tem se restringido a *aprovar* os informes da Comissão Interamericana de Direitos Humanos *sem adotar medidas específicas* para que o Estado violador cumpra com as decisões da Comissão, o que pode consistir no pagamento de uma indenização pecuniária ou mesmo na exigência de reforma de normas legais internas.

---

125 Ver RESCIA, Victor Manuel Rodrigues. *La ejecución de sentencias de la Corte interamericana de derechos humanos*. San José: Editorial Investigaciones Jurídicas, 1997, p. 53. Já para Fix-Zamudio, a Assembleia Geral, no máximo, é um mecanismo de pressão moral ao Estado faltoso. Segundo o último autor, o informe anual da Corte Interamericana de Direitos Humanos à Assembleia Geral da OEA é *"un medio de presión moral para lograr el cumplimiento del fallo"*. Ver FIX-ZAMUDIO, Hector. "El derecho internacional de los derechos humanos en las Constituciones Latinoamericanas y en la Corte Interamericana de Derechos Humanos", 25 *Boletín Mexicano de Derecho Comparado* (1992), p. 749-784, em especial p. 779.

126 Decisão de 10 de setembro de 1996.

A Assembleia Geral, por ser destinatária final dos informes da Corte e da Comissão, deve retomar suas funções de *promoção* de direitos humanos e de *condenação* aos Estados violadores de direitos protegidos. Entretanto, esta última atuação não é vista. Pelo contrário, recentemente, SALVIOLI retratou as atividades da Assembleia Geral como sendo de *"cerceamento e entorpecimento"* da ação dos órgãos americanos de proteção de direitos humanos[127].

No âmbito da OEA, a obrigação de garantia de direitos humanos é inserida na Carta da OEA, mas não há nenhum procedimento expresso de edição de sanção por violação destes direitos protegidos. De fato, a Carta de Bogotá, após o Protocolo de Washington, só possui a previsão de suspensão dos direitos de participação do Estado na ocorrência de ruptura do regime democrático. Nada impede, por outro lado, a elaboração de uma Resolução da Assembleia Geral para recomendar ações de garantia de direitos humanos, mas como recorda URIOSTE BRAGA, não é comum a adoção de algum tipo de resolução contrária aos interesses de determinado Estado[128].

São necessárias reformas para aumentar a efetividade das decisões da Comissão e da Corte. No caso das decisões da Comissão, urge o reconhecimento da Corte por parte de todos os Estados que já aderiram à Convenção Americana de Direitos Humanos, para que não seja mais necessário o Segundo Informe. Finalmente, deveria haver menção expressa ao poder-dever da Assembleia Geral de estipular sanções aos Estados que descumprissem deliberação tanto da Comissão quanto da Corte Interamericana de Direitos Humanos.

Enquanto essas reformas não ocorrem, a Corte IDH adotou mecanismo de supervisão do cumprimento de suas deliberações (*follow-up*).

Essa supervisão é cerrada: o Estado-réu é obrigado a apresentar relatórios estatais, com a Corte abrindo oportunidade para as observações a esses relatórios por parte das vítimas ou de seus representantes. A Comissão também pode apresentar observações ao relatório do Estado e às observações das vítimas ou de seus representantes. A Corte pode inclusive obter informações de outras fontes, ou até mesmo determinar a realização de perícias e relatórios que considere oportunos. Quando considere pertinente, a Corte poderá convocar o

---

127 SALVIOLI retrata a inação da Assembleia Geral, enquanto órgão principal da OEA, em face violações de direitos humanos. Ver SALVIOLI, Fabián Omar. "Los desafíos del sistema interamericano de protección de los derechos humanos", *in Estudios Básicos de Derechos Humanos* – V, São José: IIDH, 1996, p. 260.

128 Segundo BRAGA, "não está na tradição da Assembleia Geral adotar algum tipo de resolução expressa contra algum Estado". Ver BRAGA, Fernando Urioste. *Natureza jurídica de la protección internacional de los Derechos Humanos,* Montevideo: Fundación de Cultura Universitaria, 1992, p. 60.

Estado e os representantes das vítimas a uma audiência para supervisar o cumprimento de suas decisões, ouvindo-se a Comissão.

Nessa linha, no caso das sentenças contra o Brasil, a Corte obriga o Estado a continuamente informar sobre o cumprimento das diversas obrigações impostas nas sentenças[129].

Em relação aos casos brasileiros, somente em um a Corte considerou que o Brasil cumpriu a sentença. No Caso *Escher* e outros, a Corte arquivou a etapa de supervisão de sentença *mesmo* sem que tenha existido persecução criminal (obrigação fixada na sentença de mérito) contra os responsáveis pela violação do direito à intimidade das vítimas (houve interceptação telefônica autorizada por juíza a pedido da Polícia Militar, sem investigação criminal ou oitiva do Ministério Público). O Brasil apresentou à Corte IDH a posição do Ministério Público do Paraná pela qual o crime em questão já estaria prescrito. Apesar da jurisprudência da Corte sobre a impossibilidade de prescrição dos casos de grave violação de direitos humanos, esta entendeu que a sentença de mérito não havia expressamente afastado a possível alegação de prescrição no Caso *Escher*, e, então, aceitou a posição brasileira e arquivou o caso[130].

Todas as demais sentenças de procedência contra o Brasil encontram-se ainda submetidas ao mecanismo de supervisão de sentença da Corte, sendo a mais antiga a sentença do caso *Ximenez Lopes* (de 2005, tornada pública em 2006)[131].

6.2.9 O recurso cabível

De acordo com o artigo 67 da Convenção, a sentença da Corte IDH é *definitiva e inapelável*. Em caso de divergência sobre o sentido ou alcance da sentença, cabe à parte (vítima ou Estado) ou ainda à Comissão interpor recurso ou pedido de interpretação, cujo prazo para apresentação é de *noventa dias* a partir da data da notificação da sentença.

Pode ser proposto tal recurso em relação às sentenças de exceções preliminares, mérito ou reparações e custas e se apresentará na Secretaria da Corte,

---

[129] Por exemplo, ver a Resolução da Corte Interamericana de Direitos Humanos de 20 de fevereiro de 2012, *Caso Garibaldi vs. Brasil*, Supervisão de Cumprimento de Sentença. Disponível em: <http://www.corteidh.or.cr/docs/supervisiones/garibaldi_20_02_12_por.pdf>. Acesso em: 16 jun. 2021.

[130] Ver Resolução da Corte interamericana de Direitos Humanos de 19 de junho de 2012, *Caso Escher e outros vs. Brasil*, Supervisão de Cumprimento de Sentença. Disponível em: <http://www.corteidh.or.cr/docs/supervisiones/escher_19_06_12_por.pdf>. Acesso em: 2 maio 2022.

[131] Conferir as resoluções proferidas pela Corte no procedimento de supervisão de cumprimento dos pontos resolutivos das sentenças em: <http://www.corteidh.or.cr/cf/jurisprudencia2/casos_en_etapa_de_supervision.cfm>. Acesso em: 2 abr. 2022.

cabendo nela indicar com precisão as questões relativas ao sentido ou ao alcance da sentença cuja interpretação é solicitada.

Após a interposição, a Corte deve se reunir com a mesma composição com a qual emitiu a sentença de que se trate, salvo força maior (falecimento, renúncia, impedimento, escusa ou inabilitação), que permitirá a substituição do Juiz faltante.

Além disso, a Corte poderá, por iniciativa própria ou a pedido de uma das partes, apresentado no mês seguinte à notificação, retificar erros notórios, de edição ou de cálculo. Se for efetuada alguma retificação, a Corte notificará à Comissão, às vítimas ou a seus representantes e ao Estado.

6.3 A jurisdição consultiva

6.3.1 As opiniões consultivas da Corte

A jurisdição consultiva é considerada missão fundamental das Cortes Internacionais, ao lado da jurisdição contenciosa. É com base nela que as Cortes podem interpretar normas jurídicas internacionais, fixando o seu alcance e conteúdo, mesmo na ausência de casos contenciosos. É inegável que a jurisdição consultiva supre o incipiente reconhecimento da jurisdição obrigatória de Cortes Internacionais pelos Estados, servindo as opiniões consultivas para a fixação do conteúdo e alcance do Direito Internacional atual[132].

Embora não se possa supor a força vinculante de tais opiniões[133], é certo que os mesmos declaram o Direito Internacional e com isso, possibilitam maior certeza jurídica aos sujeitos de Direito Internacional.

O Brasil, atualmente, sofre influência direta da jurisdição consultiva da Corte Interamericana de Direitos Humanos. O artigo 64 da Convenção Americana de Direitos Humanos dispõe que *Estados* da Organização poderão consultar a Corte sobre a interpretação não somente da Convenção, mas de todos os tratados de proteção de direitos humanos nos Estados americanos. Além disso, os *órgãos* da OEA poderão, dentro de suas esferas de competência, solicitar parecer consultivo da Corte. A Corte decidiu que a Comissão Interamericana

---

[132] Esse tema foi desenvolvido em obra anterior do Autor. Ver CARVALHO RAMOS, André de. *Direitos Humanos em Juízo*, São Paulo: Max Limonad, 2001, p. 351 e s.

[133] Essa ausência de força vinculante já foi reconhecida pela Corte. Nos seus termos: "[os] pareceres não têm o mesmo efeito vinculante que se reconhece para suas sentenças em matéria contenciosa". Ver Corte Interamericana de Direitos Humanos, *Parecer relativo aos outros tratados objeto da competência consultiva da Corte (Art. 64 da Convenção Americana de Direitos Humanos)*, Parecer Consultivo n. 1/82, de 24 de setembro de 1982, Série A, n. 1, parágrafo 51, p. 25.

de Direitos Humanos possui *pertinência universal*, ao contrário de outros órgãos da OEA, ao requerer pareceres consultivos, em virtude de sua atribuição plena na defesa dos direitos humanos no continente americano[134].

Finalmente, pode a Corte emitir parecer consultivo a pedido de um *Estado* em relação a compatibilidade entre suas leis internas e a Convenção americana.

Até maio de 2022, a Corte americana expediu vinte e oito pareceres consultivos, todos requeridos pela Comissão Interamericana de Direitos Humanos ou por Estados-partes da Convenção que já reconheceram a jurisdição obrigatória da Corte de San José. Os outros Estados da OEA não têm utilizado a faculdade de solicitar parecer consultivo, a eles conferida pelo artigo 64 da Convenção Americana de Direitos Humanos.

A única atividade observada de alguns desses Estados diante da competência consultiva da Corte tem sido de enviar observações em relação à interpretação da norma jurídica em debate.

Por outro lado, cumpre analisar a possibilidade de utilização da competência consultiva para apreciar *situações jurídicas já existentes e que poderiam elas se constituir em objeto de futuros processos contenciosos*. Nesse caso, a opinião jurídica *abstrata* da Corte estaria sendo solicitada e seria aplicada em face de normas jurídicas essenciais para a resolução de casos concretos ainda não submetidos à jurisdição contenciosa da Corte Interamericana de Direitos Humanos.

Essa *sobreposição de jurisdições* foi arguida pela Guatemala em consulta requerida à Corte Interamericana de Direitos Humanos. A Guatemala foi levada a crer nessa sobreposição pelo fato de terem sido mencionados, na petição inicial da Comissão, os casos de aplicação da pena de morte em seu país. Até aquele momento, a Guatemala havia apenas aderido à Convenção e não havia reconhecido a jurisdição obrigatória da Corte.

A Corte repeliu o pleito da Guatemala. De fato, a Corte distinguiu a jurisdição consultiva e suas características da competência contenciosa. Na jurisdição consultiva não há partes, no seu sentido material, pois não há Estados requeridos e nem uma sanção judicial é prevista. Todavia, diante de possível aplicação futura da *interpretação escolhida* pela Corte a casos concretos[135], o remédio adequado encontra-se na previsão do Regulamento da Corte de que os Estados da OEA têm oportunidade de se manifestar sobre todo processo consultivo[136].

---

134 Corte Interamericana de Direitos Humanos, *Parecer Consultivo sobre o efeito das reservas sobre a entrada em vigor da Convenção Americana de Direitos Humanos (Artigos 74 e 75)*, Parecer 2/82, de 24 de setembro de 1982, Série A, n. 2, parágrafo 16.

135 Ver Corte Interamericana de Direitos Humanos, *Parecer Consultivo relativo às restrições sobre a pena de morte (art. 4(2) e 4(4))*, Parecer Consultivo n. 03/83 de 8 de setembro de 1983, Série A, n. 3, parágrafo 24.

136 Artigo 62 do Regulamento da Corte.

Essa solução coaduna-se com a postura da Corte Internacional de Justiça, que também no exercício de sua jurisdição consultiva, depara-se com as alegações de Estados de utilização indevida do sistema – como forma indireta de jurisdição contenciosa sem consentimento do Estado interessado – mas que não obstante tais alegações, têm emitido seus pareceres consultivos[137].

Por outro lado, é inadmissível o uso do mecanismo consultivo quando houver possibilidade de prejuízo para pretensas vítimas de violações de direitos humanos. Esses prejuízos podem existir caso o processo consultivo tenha o propósito deliberado de alterar o trâmite de caso já pendente perante outro órgão (como a Comissão Interamericana de Direitos Humanos), levando a *questio juris* do caso pendente à Corte.

Assim, por meio de um pedido de "consulta" contendo questões de casos já pendentes na Comissão, o Estado desvirtuaria o sistema interamericano de proteção aos direitos humanos, já que, mesmo que a consulta fosse dada em seu detrimento, o Estado em questão não estaria obrigado a cumpri-la em vista da ausência de força vinculante do parecer consultivo. De qualquer modo o Estado ganharia, quer através de um parecer benéfico, com o consequente impacto nos casos em processamento perante a Comissão, quer com o parecer contrário, não vinculante[138].

Para evitar tal distorção, a Corte Interamericana de Direitos Humanos, no Parecer Consultivo n. 12/91, decidiu recusar a emissão de Parecer Consultivo,

---

137 A Corte Internacional de Justiça, neste ponto, diverge da anterior Corte Permanente de Justiça Internacional, que, na famosa questão da Carelia Oriental, absteve-se de emitir Parecer Consultivo por considerar que o mesmo significaria uma decisão sobre uma disputa entre Rússia e Finlândia. Já a Corte Internacional de Justiça, no caso da interpretação dos tratados de paz, desconsiderou os protestos da Romênia, Bulgária e Hungria e pronunciou-se através de Parecer Consultivo. Conferir sobre o tema, Corte Permanente de Justiça Internacional, *Parecer Consultivo sobre a Carelia Oriental*, PCIJ, Série B, n. 5, 1923, p. 27. Corte Internacional de Justiça, *Parecer Consultivo sobre a interpretação dos tratados de paz*, ICJ Reports (1950), p. 71-72. Além disso, conferir o voto concorrente do Juiz CANÇADO TRINDADE no Parecer 15/97 da Corte Interamericana de Direitos Humanos, no qual o ilustre professor brasileiro faz uma apaixonada defesa da interpretação ampla da competência consultiva daquela Corte. Ver Corte Interamericana de Direitos Humanos, *Parecer sobre os relatórios da Comissão Interamericana de Direitos Humanos (art. 51)*, Parecer n. 15/97, de 14 de novembro de 1997, Série A, n. 15, voto concorrente do Juiz ANTÔNIO AUGUSTO CANÇADO TRINDADE.

138 Firmou a Corte que "Nesse sentido, foi posta a preocupação no caso de que, em detrimento do cabal funcionamento dos mecanismos dispostos pelo Pacto de San José e do interesse da vítima, possa utilizar-se a instância consultiva com o deliberado propósito de transtornar o trâmite de um caso pendente perante a Comissão, 'sem aceitar a jurisdição litigiosa da Corte e assumir a obrigação correspondente, que é o cumprimento da decisão'". Ver Corte Interamericana de Direitos Humanos, *Parecer relativo aos outros tratados objeto da competência consultiva da Corte (Art. 64 da Convenção Americana de Direitos Humanos)*, Parecer Consultivo n. 1/82, de 24 de setembro de 1982, Série A, n. 1, parágrafo 24.

alegando que, como casos baseados na interpretação solicitada estavam já sendo processados na Comissão Interamericana de Direitos Humanos, haveria o risco de privação da participação destas pretensas vítimas no procedimento perante a Corte, já que *"os indivíduos são representados no processo contencioso perante a Corte pela Comissão, cujos interesses podem ser de outra ordem no processo consultivo"*[139].

Fica claro que a Corte Interamericana de Direitos Humanos deseja impedir o desvirtuamento do processo consultivo, sempre tendo em vista evitar a dilapidação da posição da vítima.

Portanto, é inadmissível toda solicitação de consulta que conduza ao desvirtuamento da jurisdição contenciosa, de maneira a diminuir os direitos das vítimas de violações de direitos humanos.

6.3.2 As opiniões consultivas e o Brasil

A Corte Interamericana de Direitos Humanos emite pareceres consultivos (ou opiniões consultivas) de duas espécies: 1) os pareceres interpretativos de tratados de direitos humanos do sistema interamericano e 2) os pareceres sobre a compatibilidade entre leis ou projetos de lei internos (segundo a decisão da Corte no Parecer Consultivo n. 12/91) e a Convenção Americana de Direitos Humanos.

Os pareceres interpretativos de normas americanas de direitos humanos *compõem* o *controle de interpretação* das citadas normas, demonstrando a orientação *em abstrato* da Corte para os operadores internos do Direito.

Já os pareceres sobre a compatibilidade de leis ou projetos de leis internos com a Convenção formam o *controle de convencionalidade de matriz internacional em abstrato* estipulado pelo Pacto de San José. Ambos os controles prescindem de litígio ou de vítimas, mas, em contrapartida, os pareceres são considerados não vinculantes.

Entretanto, é inegável a influência dos pareceres na interpretação do chamado *"direito convencional dos direitos humanos"* no sistema americano. Assim, paulatinamente, a Corte de San José tem fornecido preciosos elementos para a caracterização do conteúdo de diversos artigos da Convenção Americana de Direitos Humanos[140].

---

139 Ver Corte Interamericana de Direitos Humanos, *Parecer Consultivo sobre a compatibilidade de um projeto de lei com o artigo 8.2 da Convenção*, Parecer n. 12/91 de 6 de dezembro de 1991, Série A, n. 12, parágrafo 28.

140 De fato, como coloca RESCIA, *"a função consultiva da Corte tem o mérito de ter-se convertido em uma espécie de jurisprudência emergente, ao estabelecer princípios jurídicos que têm contribuído para desenvolver o Direito Internacional dos Direitos Humanos nas Américas"*. Ver RESCIA, Victor Manuel Rodrigues. *La ejecución de sentencias de la Corte interamericana de derechos humanos*, San José: Editorial Investigaciones Jurídicas, 1997. p. 65.

Cite-se, a título exemplificativo, o Parecer Consultivo relativo às restrições sobre a pena de morte (artigos 4(2) e 4(4) da Convenção)[141], o Parecer Consultivo em relação ao efeito das reservas sobre a entrada em vigor da Convenção (artigos 74 e 75)[142], o Parecer Consultivo sobre a filiação obrigatória de jornalistas (artigos 13 e 29)[143], o Parecer Consultivo sobre a expressão "leis" do artigo 30 da Convenção[144], o Parecer Consultivo sobre a exigibilidade do direito de retificação ou resposta (artigos 14.1, 1.1 e 2)[145], o Parecer Consultivo sobre atribuições da Comissão Interamericana de Direitos Humanos (arts. 41, 42, 44, 46, 47, 50 e 51)[146], o Parecer Consultivo sobre a responsabilidade internacional pela edição e aplicação de leis violadoras da Convenção (artigo 1º e 2º)[147] e o Parecer Consultivo sobre os relatórios da Comissão Interamericana de Direitos Humanos (artigo 51)[148].

Em julho de 2011, em uma iniciativa inédita, os quatro países-membros do Mercosul (Mercado Comum do Sul), Argentina, Brasil, Paraguai e Uruguai, apresentaram em conjunto um pedido de opinião consultiva (pois o Mercosul não possui legitimidade para tanto) sobre os direitos de crianças e adolescentes migrantes. A solicitação foi feita em 7 de julho de 2011 e, em 19 de agosto de

---

[141] Corte Interamericana de Direitos Humanos, *Parecer Consultivo relativo às restrições sobre a pena de morte (art. 4(2) e 4(4))*, Parecer Consultivo n. 03/83 de 8 de setembro de 1983, Série A, n. 3.

[142] Corte Interamericana de Direitos Humanos, *Parecer Consultivo sobre o efeito das reservas sobre a entrada em vigor da Convenção Americana de Direitos Humanos (Artigos 74 e 75)*, Parecer 2/82 de 24 de setembro de 1982, Série A, n. 2.

[143] Corte Interamericana de Direitos Humanos, *Parecer Consultivo sobre a filiação obrigatória de jornalistas (artigos 13 e 29 da Convenção Americana de Direitos Humanos)*, Parecer n. 5/85 de 13 de novembro de 1985, Série A, n. 5.

[144] Corte Interamericana de Direitos Humanos, *Parecer Consultivo sobre a expressão "leis" do artigo 30 da Convenção Americana de Direitos Humanos*, Parecer n. 06/86 de 9 de maio de 1986, Série A, n. 6.

[145] Corte Interamericana de Direitos Humanos, *Parecer Consultivo sobre a exigibilidade do direito de retificação ou resposta (arts. 14.1, 1.1 e 2)*, Parecer n. 7/86 de 29 de agosto de 1986, Série A, n. 7, 1986.

[146] Corte Interamericana de Direitos Humanos, *Parecer Consultivo sobre certas atribuições da Comissão Interamericana de Direitos Humanos (arts. 41, 42, 44, 46, 47, 50 e 51)*, Parecer n. 13/94 de 16 de julho de 1994, Série A, n. 13.

[147] Corte Interamericana de Direitos Humanos, *Parecer Consultivo sobre a responsabilidade internacional pela edição e aplicação de leis violadoras da Convenção Americana de Direitos Humanos (arts. 1º e 2º)*, Parecer n. 14/94 de 9 de dezembro de 1994, Série C, n. 14.

[148] Corte Interamericana de Direitos Humanos, *Parecer sobre os relatórios da Comissão Interamericana de Direitos Humanos (art. 51)*, Parecer n. 15/97 de 14 de novembro de 1997, Série A, n. 15.

2014, a Corte Interamericana de Direitos Humanos emitiu a Opinião Consultiva n. 21. Os países solicitantes indagaram à Corte IDH quais seriam as obrigações dos Estados em situações internas envolvendo crianças migrantes ou seus pais, tendo como base a Convenção Americana de Direitos Humanos, a Declaração Americana dos Direitos e Deveres do Homem e a Convenção Interamericana para Prevenir e Punir a Tortura.

Após uma longa análise de fontes do Direito Internacional dos Direitos Humanos, dos direitos das crianças e dos migrantes, a Corte IDH entendeu que os Estados devem priorizar os direitos das crianças (por criança, deve-se entender "toda pessoa que não tenha completado 18 anos de idade, salvo que tenha alcançado a maioridade antes em conformidade com a lei"), levando em consideração (i) o seu desenvolvimento integral, (ii) a sua proteção e (iii) o seu melhor interesse.

Nessa linha, as crianças têm direito de acesso à justiça e devido processo legal nas situações particulares que envolvem os migrantes, que consistem em: (i) o direito de ser notificado da abertura e de todo o ocorrido em processo migratório; (ii) o direito a que os processos migratórios sejam conduzidos por um funcionário ou juiz especializado; (iii) o direito da criança a ser ouvida e a participar nas diferentes etapas processuais; (iv) o direito a ser assistido gratuitamente por um tradutor e/ou intérprete; (v) o direito ao acesso efetivo à comunicação e assistência consular; (vi) o direito a ser assistido por um representante legal e a comunicar-se livremente com este representante; (vii) o direito a um tutor no caso de criança desacompanhada ou separada; (viii) o direito a que a decisão adotada avalie o interesse superior da criança e seja devidamente fundamentada; (ix) o direito a recorrer da decisão perante um juiz ou tribunal superior com efeitos suspensivos; e (x) o direito a prazo razoável de duração do processo.

Quanto à privação de liberdade das crianças migrantes, a Corte apontou que tal medida só pode ser imposta em casos extremos, cabendo aos Estados implementarem *garantias de proteção* às crianças que estiverem nessa situação.

Por fim, a Corte IDH explicitou o princípio do *non refoulement* – válido para todo e qualquer estrangeiro, não somente para os refugiados –, ou seja, a proibição de os Estados transferirem (qualquer que seja a nomenclatura – rechaço, expulsão, deportação etc.,) uma criança a um outro Estado quando sua vida, segurança ou liberdade estejam em risco de violação por causa de (i) perseguição ou ameaça de perseguição, (ii) violência generalizada ou (iii) violações massivas aos direitos humanos, entre outros, assim como para um Estado onde (iv) corra o risco de ser submetida a tortura ou outros tratamentos cruéis, desumanos ou degradantes.

Em 2016, a Corte IDH prolatou opinião consultiva n. 22 (solicitada pelo Panamá) a respeito de serem ou não as pessoas jurídicas titulares de direitos à luz da Convenção Americana de Direitos Humanos, o que poderia, caso positiva a resposta da Corte, possibilitar o direito de petição por parte de pessoa jurídica à Comissão IDH. Inicialmente, a Corte utilizou a Convenção interamericana sobre personalidade e capacidade de pessoas jurídicas no Direito Internacional Privado, que define pessoa jurídica como sendo "toda entidade que tenha existência e responsabilidade próprias, distintas das dos seus membros ou fundadores e que seja qualificada como pessoa jurídica segundo a lei do lugar de sua constituição" (art. 1º)[149].

A Corte interpretou o art. 1.2 da Convenção ("Para efeitos desta Convenção, pessoa é todo ser humano") para concluir que as pessoas jurídicas não são titulares de direitos convencionais, não podendo ser consideradas possíveis vítimas nos processos contenciosos do sistema interamericano. A Corte aduziu que o Direito Internacional dos Direitos Humanos desenvolveu-se para assegurar proteção às pessoas físicas e somente reconhecem, por dispositivos expressos e excepcionais, direitos a pessoas jurídicas a (i) Convenção Europeia de Direitos Humanos e (ii) a Convenção das Nações Unidas pela Eliminação de Toda Forma de Discriminação Racial. Mesmo diante da tradição constitucional de vários países da região (inclusive o Brasil) de reconhecer a titularidade de direitos essenciais por pessoas jurídicas, a Corte entendeu que a ausência de disposição expressa da Convenção a impedia de reconhecer tal titularidade às pessoas jurídicas.

Não obstante essa exclusão da titularidade de direitos humanos por parte de pessoas jurídicas, a Corte reiterou o entendimento de que as comunidades indígenas são titulares de direitos protegidos pelo sistema interamericano, podendo ser vítimas, aplicando-se o mesmo aos povos tribais. No mesmo sentido, o Comitê de Direitos Sociais, Econômicos e Culturais do PIDESC (Pacto Internacional de Direitos Sociais, Econômicos e Culturais) já havia reconhecido que a expressão "toda pessoa" refere-se tanto ao sujeito individual quanto ao sujeito coletivo, o que implica no reconhecimento de direitos por parte de indivíduos associados com outros, dentro de comunidades ou grupos (Comentário Geral n. 21). Nessa linha, a Corte concluiu que, de acordo com o Protocolo de San Salvador, os sindicatos, as federações e confederações de trabalhadores são titulares de direitos, o que os permite atuar no sistema interamericano na defesa desses direitos. A Corte determinou, ainda, que em alguns casos, quando o indivíduo exerce seus direitos por intermédio de pessoa jurídica (como membro ou controlador da pessoa jurídica), pode provocar o sistema para fazer valer

---

[149] Já ratificada e incorporada internamente no Brasil pelo Decreto n. 2.427/1997. Ver mais sobre pessoa jurídica no Direito Internacional Privado, no comentário ao artigo 11 da Lei de Introdução às Normas do Direito Brasileiro, em CARVALHO RAMOS, André de; GRAMSTRUP, Erik G. *Comentários à Lei de Introdução às Normas do Direito Brasileiro*. São Paulo: Saraiva, 2016.

seus direitos humanos. Nesse caso, basta que a pessoa jurídica tenha esgotado previamente os recursos internos, desde que o tema controvertido pelo indivíduo no sistema interamericano tenha estado contido no debate interno.

Em 2017, a Corte emitiu a Opinião consultiva n. 23 sobre as obrigações de proteção do meio ambiente no marco da proteção internacional de direitos humanos, solicitada pela Colômbia (envolvida em disputas de delimitação territorial marítima na Corte Internacional de Justiça). O Estado solicitou que fosse esclarecido o alcance da obrigação de respeito e garantia do direito à vida e do direito à integridade pessoal da Convenção Americana de Direitos Humanos em relação ao dever de respeitar normas de direito internacional ambiental, que buscam impedir danos ambientais (que por sua vez afetam o direito à vida e o direito à integridade pessoal), em especial o dever de estabelecer estudos de impacto ambiental na Região do Grande Caribe. O objetivo da Colômbia foi questionar, indiretamente, a conduta de Estados caribenhos que estariam, com suas obras de infraestrutura, afetando o ambiente marinho da região.

A Corte IDH, inicialmente, não limitou seu parecer consultivo aos danos ambientais marinhos, como queria a Colômbia. Pela importância do direito ao meio ambiente equilibrado, a Corte considerou que tal direito interessa a todos os habitantes da região. Além disso, tal direito pode ser diretamente apreciado pela Corte IDH, naquilo que já foi comentado acima que é a "defesa direta dos direitos sociais" (art. 26 da Convenção Americana de Direitos Humanos). Assim, a Corte reconheceu a existência de uma relação inegável entre a proteção do meio ambiente e a realização dos direitos humanos, Reforça-se a indivisibilidade e a interdependência existente entre os direitos civis e políticos e os direitos sociais, econômicos e culturais. Também foi enfatizada a dimensão coletiva do direito ao meio ambiente, que se constitui em um interesse universal, tanto das gerações presentes quanto das futuras. Mas, também foi lembrada a dimensão individual do direito ao meio ambiente, na medida que sua ofensa gera impacto ao direito à saúde, direito à integridade pessoal, direito à vida, entre outros. Finalmente, a Corte, com base nessas considerações, enfatizou a importância da defesa dos direitos dos povos indígenas, do direito à informação e do direito de acesso à justiça no contexto da proteção ao meio ambiente.

Também em 2017, a Corte prolatou a Opinião consultiva n. 24. sobre a identidade de gênero, igualdade e não discriminação a uniões homoafetivas, que foi solicitada pela Costa Rica. Para o Estado solicitante, a identidade de gênero é uma categoria protegida pelos arts. 1 e 24 da Convenção Americana de Direitos Humanos, bem como pelos arts. 11.2 e 18, que devem ser, então, interpretados pela Corte para que se saiba se o Estado tem o dever de reconhecer e facilitar a mudança de nome das pessoas, de acordo com a respectiva identidade de gênero. Ainda, a Costa Rica indagou se, caso positiva a resposta à primeira consulta, viola a Convenção caso seja prevista a mudança de nome somente por meio de um processo judicial, sem que haja um procedimento administrativo. Finalmente, a Costa Rica perguntou se a proibição de discriminação por orientação sexual (arts. 1 e 24 da Convenção, bem como 11.2) exige que o Estado reconheça todos os direitos patrimoniais que derivam de um vínculo entre pessoas do mesmo sexo. Se positiva a resposta, a Costa Rica indaga se é necessária a existência de um instituto jurídico que regule os vínculos entre pessoas do mesmo sexo, para que o Estado reconheça tais direitos patrimoniais (questão sobre a autoaplicabilidade dessa proibição de discriminação por orientação sexual).

Para a Corte, é possível que uma pessoa seja discriminada a partir da percepção social a respeito de sua relação com um grupo social, independentemente da realidade ou ainda com a autoidentificação da pessoa. Essa "discriminação por percepção" tem o efeito de impedir ou prejudicar o gozo de direitos humanos. Por isso, a proteção da identidade deve abarcar a identidade social, sendo a expressão de gênero uma categoria protegida pela Convenção Americana de Direitos Humanos. A Corte reconheceu que a identidade de gênero compõe o "direito à identidade", que é protegido pelo art. 13 da Convenção (liberdade de expressão). Além disso, tal direito é um instrumento para o exercício de outros, como direito à personalidade, ao nome, à nacionalidade, entre outros. Assim, o direito de decidir autonomamente sobre a identidade de gênero encontra-se protegido pela Convenção, em especial nos artigos referentes à liberdade (art. 7º), privacidade (art. 11.2), personalidade (art. 3º) e ao direito ao nome (art. 18). Quanto à modificação da identidade de gênero, a Corte exigiu que os Estados, embora com certa margem de escolha dos meios, devem realizar a adequação integral da identidade de gênero autopercebida com base unicamente no consentimento livre e informado do solicitante (afastando, expressamente, a certificação médica ou intervenções cirúrgicas e hormonais). Por fim, a Corte enfatizou que todos os direitos (e não só os patrimoniais) dos casais heterossexuais devem ser também reconhecidos às uniões homoafetivas. No que tange ao casamento, a Corte realçou que proibir o matrimônio de pessoas do mesmo sexo é ofensa à Convenção, inexistindo razão convencionalmente adequada e proporcional para tanto.

Em 2018, a Corte IDH emitiu a opinião consultiva n. 25 de 2018, sobre o instituto do asilo e seu reconhecimento como direito humano. O Equador solicitou tal opinião consultiva à Corte IDH sobre o "alcance e fim do direito de asilo à luz do Direito Internacional dos Direitos Humanos, do Direito Interamericano e do Direito Internacional". Na petição inicial de solicitação, o Estado reconheceu o direito de buscar asilo como um direito humano amplamente sedimentado no âmbito da comunidade internacional e indaga, em suma, (i) quais são os limites de atuação de um Estado que concedeu asilo em relação ao indivíduo solicitante, bem como os (ii) limites de atuação de um Estado em relação a um indivíduo asilado na Embaixada de outro Estado em seu território. Essa solicitação de opinião consultiva por parte do Equador é fruto, obviamente, da controvérsia que envolve o fundador do site *Wikileaks*, Julian Assange, asilado na Embaixada do Equador em Londres desde 2012. Em 2019, o Equador retirou o asilo diplomático e entregou Assange ao Reino Unido.

Na opinião consultiva, a Corte adotou a terminologia de "asilo em sentido estrito" como equivalente a asilo político, bem como "asilo sob o estatuto de refugiado" para designar o refúgio (quer pela sua definição estrita – pela Convenção de Genebra de 1951 –, quer pela definição ampla oriunda da Declaração de Cartagena de 1984).

No tocante ao asilo político, a Corte identificou as suas duas formas tradicionais: o asilo territorial e o asilo diplomático. Somente o asilo territorial está regulado pela Convenção Americana de Direitos Humanos (art. 22.7) e pelo artigo XXVII da Declaração Americana de Direitos e Deveres do Homem. Já o asilo diplomático, pelos seus vínculos com as prerrogativas estatais referentes à diplomacia, deve ser regido por tratados específicos, costumes internacionais ou mesmo suas próprias leis internas.

Contudo, em qualquer hipótese (mesmo no asilo diplomático), o Estado de acolhida está obrigado a não devolver o solicitante a um território no qual este possa sofrer o risco de perseguição odiosa. Assim, o princípio da proibição do rechaço ("proibição do *non refoulement*") é exigível por qualquer estrangeiro, inclusive quando este busque asilo diplomático. Para tanto, a Corte assinalou que o Estado da acolhida deve adotar todos os meios necessários para proteger o estrangeiro recebido em sua missão diplomática toda vez que a sua devolução ao Estado territorial possa ameaçar sua vida, liberdade, integridade ou segurança, de modo direto ou indireto (o Estado territorial possa extraditar ou entregar de qualquer forma o indivíduo a um Estado terceiro no qual haja tais riscos). Esse dever de proteção ao solicitante de asilo, para a Corte, é obrigação *erga omnes* e vincula internacionalmente os Estados.

Por outro lado, nos últimos anos, a Corte IDH recusou-se a emitir opinião consultiva em duas ocasiões, ambas relacionadas aos casos de julgamentos políticos (processos de impedimento ou *impeachment*) que têm se repetido em várias democracias da América Latina, atingindo mandatários eleitos ou ainda ameaçando juízes ou procuradores com cassações de mandatos. Em ambas as ocasiões, foram solicitadas as opiniões consultivas com base no temor da utilização indevida do processo de *impeachment* como forma de acesso ou manutenção do poder.

Em 2016 o Secretário-Geral da OEA apresentou pedido de opinião consultiva sobre quais critérios, dentro da separação de poderes, deveriam limitar os juízos políticos no julgamento de um político eleito, referindo-se especificamente ao caso do *impeachment* da então presidente Dilma Rousseff (Brasil). A Corte não conheceu do pedido ("não deu trâmite"), pois considerou que a opinião consultiva: (i) não deve referir-se a um caso contencioso (específico) ou servir para obter pronunciamento prematuro sobre tema que poderia ser submetido à Corte através de um caso contencioso; (ii) não pode ser utilizada como mecanismo para obter pronunciamento indireto sobre um assunto em litígio ou em controvérsia interna; (iii) não deve ser utilizada como instrumento de debate público interno; (iv) não deve abarcar, exclusivamente, temas sobre os quais a Corte já tenha se pronunciado em sua jurisprudência; e (v) não deve procurar a solução de questões de fato, apenas o sentido, o propósito ou a razão das normas internas de direitos humanos, de forma que os Estados membros e os órgãos da OEA cumpram de maneira cabal e efetiva suas obrigações internacionais. A Corte entendeu, no caso, que poderia constituir um pronunciamento prematuro sobre a questão, que poderia ser-lhe submetida em eventual caso contencioso, bem como que poderia pronunciar-se sobre assunto que não foi resolvido no plano interno. Utilizou-se, assim, a antiga "Doutrina Carelia", adotada pela Corte Permanente de Justiça Internacional, pela qual não se pode utilizar a jurisdição consultiva como alternativa camuflada à jurisdição contenciosa de um tribunal internacional[150].

Em 2017, a Comissão pediu opinião consultiva à Corte sobre a mesma temática (convencionalidade dos juízos políticos), mas com o cuidado de não se referir a um caso concreto, como havia feito o Secretário-Geral da OEA anteriormente. A dúvida da Comissão referia-se ao alcance do princípio da legalidade, do direito ao acesso à justiça e ao devido processo legal em casos de impedimentos (*impeachment*) e juízos políticos. Seria possível um controle judicial desses procedimentos, que tradicionalmente seriam da alçada exclusiva da política e os julgadores sequer tem que motivar seus votos (a favor ou contra a cassação do mandato)?

Contudo, em 2018, a Corte recusou-se novamente a emitir opinião consultiva por entender que há grande diversidade de procedimentos de juízos políticos e de *impeachment* na região, impedindo um pronunciamento em abstrato e sendo mais adequada sua provocação na via contenciosa para dirimir qualquer controvérsia.

Em 2020, a Corte emitiu a Opinião consultiva n. 26 sobre as obrigações em matéria de direitos humanos de um Estado que denunciou a Convenção Americana sobre Direitos Humanos e que tenta retirar-se da OEA (em 9-11-2020). Apesar de obviamente ter relação com as ameaças da Venezuela de

---

150 Conferir sobre o tema, Corte Permanente de Justiça Internacional, *Parecer Consultivo sobre a Carelia Oriental*, PCIJ, Série B, n. 5, 1923, p. 27. Em sentido contrário, defendendo uma interpretação generosa e a favor da jurisdição consultiva, conferir o voto concorrente do Juiz Cançado Trindade na Opinião Consultiva n. 15/97 da Corte Interamericana de Direitos Humanos. Ver: Corte Interamericana de Direitos Humanos, *Parecer sobre os relatórios da Comissão Interamericana de Direitos Humanos (art. 51)*, Parecer n. 15/97, de 14 de novembro de 1997, Série A, n. 15, voto concorrente do Juiz Antônio Augusto Cançado Trindade.

denunciar a Carta da OEA (retirando-se dessa organização), mereceu conhecimento por se tratar de situação abstrata o suficiente para um indispensável posicionamento da Corte. Na sua opinião, a Corte decidiu: (i) que a denúncia deve ser realizada de acordo com o disposto no tratado, o que, no caso da CADH, exige 5 anos decorridos da ratificação e 1 ano de aviso prévio (a denúncia só entra em vigor 1 ano após ter sido comunicada à Secretaria-Geral da OEA – depositária do tratado); (ii) como a denúncia reduz a proteção aos direitos humanos e pode impedir o acesso a um tribunal internacional, esta deveria ser submetida a um debate *interno* "plural e transparente". A Corte indicou que deveria ser utilizado o "paralelismo das formas", pelo qual o mesmo formato interno utilizado para a ratificação seja utilizado para a denúncia, ou seja, nos Estados nos quais a ratificação exige a aprovação prévia do Congresso, a denúncia deveria exigir tal aprovação parlamentar (parágrafo 64); (iii) a Corte reiterou que a denúncia da CADH não gera efeitos retroativos. (iv) caso o Estado não tenha denunciado outros tratados interamericanos, deve cumpri-los; (v) as normas costumeiras internacionais e as normas de *jus cogens* continuam válidas; (vi) caso o Estado que não é parte da CADH denuncie também a Carta da OEA, deve cumprir o aviso prévio de 2 anos após a comunicação da denúncia à Secretaria Geral; finalmente, a Corte IDH determinou que há uma garantia coletiva de direitos humanos resultante da Carta da OEA. Por isso, os demais Estados ainda membros da OEA devem: (1) criticar toda denúncia da CADH e da Carta da OEA que não esteja de acordo com o princípio democrático no Estado denunciante; (2) zelar para que o Estado denunciante cumpra suas obrigações de direitos humanos perante a OEA e a CADH até a entrada em vigor da denúncia (3) cooperar para obter a investigação e punição dos autores de violação de direitos humanos; (4) outorgar proteção internacional a refugiados e outros indivíduos merecedores de acolhida; e (5) realizar esforços diplomáticos para que o Estado denunciante *volte* a se comprometer perante a Carta da OEA e a CADH.

Em 2021, a Corte emitiu a Opinião Consultiva n. 27 sobre a Liberdade Sindical com Perspectiva de Gênero (5-5-2021), requerida pela Comissão Interamericana de Direitos Humanos e a Relatoria Especial Sobre Direitos Econômicos Sociais e Culturais. A Opinião Consultiva abordou diversos pontos essenciais referentes ao direito ao trabalho, tais como: 1) liberdade sindical. A liberdade sindical deve ser assegurada aos trabalhadores públicos e privados, incluindo aqueles que trabalham em empresas estatais; 2) negociações coletivas. O direito à negociação coletiva é um componente essencial da liberdade sindical, que abarca os meios necessários para que os trabalhadores possam defender e promover seus interesses; 3) greve. O direito à greve é um *direito* dos trabalhadores e de suas organizações, sendo meio legítimo de defesa de seus interesses econômicos, sociais e profissionais. A lei deve proteger o exercício do direito à greve para todos os trabalhadores, não impondo condições que impossibilitem, na prática, uma greve lícita; 4) reconheceu a Corte que os membros das Forças Armadas e da Polícia, os servidores públicos que exercem funções de autoridade em nome do Estado, bem como os de serviços públicos essenciais, podem ser sujeitos a restrições especiais no gozo da liberdade sindical, do direito a negociações coletivas e do direito de greve; 5) a Corte IDH entendeu que erodir direitos previstos em lei (o "negociado" prevalecendo sobre o "legislado", diminuindo direitos) viola o direito internacional dos direitos humanos, impondo um retrocesso social (parágrafo 148). Os acordos coletivos podem somente *ampliar* a proteção dos direitos trabalhistas; 6) a Corte IDH reconheceu o direito das mulheres de estarem livres de todas as formas de discriminação e violência no exercício da liberdade sindical, negociação coletiva e direito à greve; 7) para a Corte IDH, a regulamentação do trabalho no contexto das novas tecnologias deve ser realizada de acordo com os critérios de universalidade e inalienabilidade dos direitos trabalhistas, garantindo o *direito ao trabalho decente e digno*.

Ainda em 2021, a Corte emitiu a Opinião consultiva n. 28 sobre a figura da reeleição presidencial indefinida no contexto do sistema interamericano de direitos humanos (em 7-6-2021), solicitada pela Colômbia em 2019 que buscava esclarecer dúvidas sobre a possibilidade de reeleição indefinida de presidentes diante do sistema interamericano de direitos humanos. Na Opinião Consultiva, a Corte reconheceu que a proibição da reeleição indefinida é uma restrição ao direito a ser eleito, mas que os Estados podem impô-las, desde que sejam (i) previstas em lei; (ii) não visem finalidades legítimas e sejam proporcionais, cumprindo os elementos do critério da proporcionalidade: idoneidade, necessidade e proporcionalidade em sentido estrito. Ademais, não há direito à reeleição indefinida (como direito autônomo). Além de considerar tal restrição *compatível* com a CADH, a Corte avançou e considerou que a proibição à reeleição indefinida *deve* ser estabelecida, pois a reeleição indefinida, apesar de comprimir o direito de ser eleito do político e o direito de votar do eleitor, vulnera a rotatividade do poder e o pluralismo político, ferindo gravemente a ordem democrática pela perpetuação de determinada pessoa no poder. Assim, apesar da liberdade de conformação do sistema político por parte dos Estados (Caso Castañeda Gutman vs. México), tal liberdade não é absoluta e o sistema escolhido nacionalmente deve ser compatível com a CADH.

Essas interpretações têm o condão de firmar o que é o *Direito* na esfera interamericana de proteção aos direitos humanos sem os vieses unilaterais dos Estados.

Nesse ponto, cabe assinalar que, em relação à força vinculante de opiniões e decisões da Corte Interamericana de Direitos Humanos, a Corte Suprema argentina já decidiu favoravelmente à utilização, como razão de decidir em caso judicial interno, da posição adotada pela Corte Interamericana de Direitos Humanos, a fim de evitar a responsabilidade internacional do Estado argentino.

Assim, aceita-se a interpretação dada à Convenção Americana de Direitos Humanos pela Corte mesmo em Pareceres Consultivos[151].

Trata-se, então, de *coisa julgada interpretada*. O Brasil deve *cumprir* com o conteúdo de tais opiniões consultivas, de modo a *evitar* a futura responsabilidade internacional do Estado brasileiro por violação da Convenção Americana de Direitos Humanos[152]. Isso pois o Estado brasileiro, signatário da Convenção, teria sérias dificuldades em justificar a manutenção de determinada interpretação de direito protegido ou mesmo de determinada lei, quando a Corte já tenha se manifestado em contrário no âmbito consultivo.

7 O futuro do mecanismo interamericano: entre um "Protocolo n. 11" interamericano e o "espírito de Brighton"?

O sistema interamericano de direitos humanos, tal qual seu congênere europeu, passa também por um momento de transição, no qual são discutidas diversas opções de reforma. Do ponto de vista das organizações não governamentais e da doutrina crítica, o sistema sofre de uma "crise de efetividade". A Comissão Interamericana de Direitos Humanos conta com aproximadamente 20 advogados, equipe reduzida para análise de aproximadamente duas mil petições por ano. A partir dessas petições são produzidas algumas dezenas de informes, que são publicados no Relatório Anual. As ações propostas pela Comissão perante a Corte Interamericana de Direitos Humanos são raras e, desde a entrada em funcionamento da Corte em 1978 até os dias de hoje, os casos contenciosos são aproximadamente 400 (ver acima).

Como exemplo, trago os números de 2020: a Comissão recebeu 2.448 novos casos, publicou 246 informes de admissibilidade, 44 informes de inadmissibilidade, aprovou 67 informes de mérito. Ao final de 2020, eram 3.989 petições não abertas a trâmite perante o órgão. Ainda, das 1.170 solicitações de medidas cautelares, outorgou 58 medidas, alcançou 25 soluções amistosas, arquivou outras 148 petições e enviou 23 casos à Corte Interamericana de Direitos Humanos[153].

---

[151] Ver, neste sentido, artigo de POSSE, Hortensia D. T. Gutierrez. "Influencia de la actividad de la Comisión Interamericana y de la Corte Interamericana de derechos humanos en la evolución de la jurisprudencia y del derecho positivo argentino", *in Hector Gros Espiell Amicorum Liber*, Bruxelles: Bruylant, 1997, p. 483-515.

[152] Esta utilização de pareceres da Corte já é comum na Suprema Corte da Costa Rica. Ver Sala Constitucional de la Corte Suprema de Justicia, Acción de inconstitucionalidad n. 421-S-90, 1995. Cf. RESCIA, Victor Manuel Rodrigues. *La ejecución de sentencias de la Corte interamericana de derechos humanos*, San José: Editorial Investigaciones Jurídicas, 1997, p. 60.

[153] Disponível em: <https://www.oas.org/es/cidh/multimedia/estadisticas/estadisticas.html>. Acesso em: 1º jun. 2022.

Segundo dados da própria Comissão IDH em seu Relatório Anual de 2020, existem cerca 3.212 casos pendentes de análise inicial perante o órgão, em fase de admissibilidade e mérito[154]. Obviamente, a Comissão – financiada de modo insuficiente pela OEA e com poucos recursos – não consegue nem sequer analisar parte desse movimento, gerando frustração e sentimento de "filtro excessivo" a favor dos Estados. Fácil constatar que, mesmo se, hipoteticamente, a Comissão deixasse de receber novos casos, demoraria, ainda assim, *anos* para que todas as petições acumuladas fossem apreciadas, de acordo com o atual ritmo de análise.

A lentidão do processamento dos casos desde a data da petição da vítima de violação de direitos humanos na Comissão até uma sentença definitiva da Corte Interamericana também chama a atenção. Há casos nos quais a Comissão tarda mais de uma década para se convencer sobre a existência ou não de violação de direitos humanos e, então, decidir propor uma ação de responsabilidade internacional contra o Estado pretensamente infrator na Corte Interamericana de Direitos Humanos, que, por seu turno, também gasta anos para sentenciar o caso[155]. O *Caso Gomes Lund* contra o Brasil é retrato acabado dessa lentidão: da petição inicial até o Primeiro Informe (o chamado "Relatório 50"), a Comissão demorou inacreditáveis 13 anos (1995-2008)[156].

Os custos de tal processamento também são altos. CERNA relata que a Comissão gasta dezenas de milhares de dólares para cada julgamento[157]. Por outro lado, o financiamento orçamentário da OEA não cresce e a Comissão depende de auxílio externo para sustentar suas atividades.

Poucos casos, alto custo e pequena estrutura com dificuldade de financiamento para analisar cada petição de violação de direitos humanos, em um cenário marcado pela negação de vigência de direitos fundamentais em todos os países contratantes da Convenção Americana de Direitos Humanos. Qual seria a saída?

CANÇADO TRINDADE foi um dos maiores defensores de radical reforma da Convenção Americana de Direitos Humanos para possibilitar o *acesso direto* do indivíduo à Corte, como ocorreu no seu congênere europeu, após a

---

154 Disponível em: <https://www.oas.org/es/cidh/multimedia/estadisticas/estadisticas.html>. Acesso em: 1º jun. 2022.

155 Ver CERNA, Christina M., "The inter-american system for the protection of human rights", *in* 95 *American Society of International Law Proceedings* (2001), p. 75-79, em especial p. 77.

156 Ver abaixo mais detalhes sobre o Caso *Gomes Lund,* no capítulo da execução das deliberações internacionais de direitos humanos.

157 Ver CERNA, Christina M., "The inter-american system for the protection of human rights", *in* 95 *American Society of International Law Proceedings* (2001), p. 75-79, em especial p. 77.

celebração do Protocolo n. 09 e, em especial, do Protocolo n. 11, que extinguiu a Comissão Europeia de Direitos Humanos e dotou o indivíduo do pleno *jus standi* perante a Corte Europeia de Direitos Humanos[158].

Claro que o risco do congestionamento e caos na tramitação é imenso. Os investimentos na nova Corte IDH deverão aumentar, permitindo que sua estrutura suporte o aumento de casos. Porém, só assim o sistema interamericano cumprirá sua finalidade: ser uma alternativa contramajoritária aos vulneráveis em cada Estado da região.

Por outro lado, essa *alternativa contramajoritária* desagrada vários Estados da região, que não escondem mais o desejo de vincular a conduta da Comissão tão somente à ruptura da democracia, permitindo, em contrapartida, que os Estados democráticos da região não sofram mais o crivo da Comissão. Repetem-se, com as naturais diferenças do estágio de consolidação da democracia, algumas manifestações contra a ingerência internacional dos direitos humanos vistas acima na análise do sistema europeu de direitos humanos.

Ameaça-se instalar o "espírito de Brighton" nos Estados (ver a análise do sistema europeu de direitos humanos): há clara insatisfação com a intervenção da Comissão e da Corte IDH em temas sensíveis às democracias da região.

Não há – ainda – a busca explícita de formalização de uma "margem de apreciação nacional" de sotaque latino (um "Protocolo" n. 15 interamericano), mas o sentido das críticas é o mesmo: os Estados (em especial, Venezuela, Bolívia, Equador, Nicarágua e, em menor grau, Brasil) queixam-se, como se viu no "Caso Belo Monte" ou na denúncia da Convenção Americana de Direitos Humanos pela Venezuela, de uma internacionalização dos direitos humanos que despreza as opções majoritárias locais. Novamente, surge a "encruzilhada" do processo internacional de direitos humanos: qual é o papel de um tribunal internacional de direitos humanos diante de Estados democráticos? Abordarei esse dilema no capítulo final deste livro.

---

[158] Conferir em CANÇADO TRINDADE, Antônio Augusto. *O Direito Internacional em um mundo em transformação*, Rio de Janeiro: Renovar, 2002, em especial p. 686. Ver também CANÇADO TRINDADE, Antônio Augusto. "El sistema interamericano de protección de los derechos humanos (1948-1995): evolución, estado actual y perspectivas", *in* BARDONNET, Daniel e CANÇADO TRINDADE, Antônio Augusto (orgs.). *Derecho Internacional y Derechos Humanos/Droit International et Droits de l'Homme*, La Haye/ San José de Costa Rica: IIDH/ Académie de Droit International de La Haye, 1996, p. 47-95; CANÇADO TRINDADE, Antônio Augusto. "The consolidation of the procedural capacity of individuals in the evolution of the international protection of human rights: present state and perspectives at the turn of the century", *in* 30 *Columbia Human Rights Law Review* (1998), n. 1, p. 1-27.

TÍTULO V | MECANISMO AFRICANO DE APURAÇÃO DE VIOLAÇÃO DE DIREITOS HUMANOS E DOS POVOS

1 Origem histórica

A defesa dos direitos humanos é tema recorrente na história da África no pós 1ª Guerra Mundial, tendo sido usado na fundamentação da busca da autodeterminação dos povos africanos e no combate ao colonialismo europeu.

O primeiro Congresso Pan-Africano realizado em 1919 no bojo da Conferência de Paz de Versailles, reunindo líderes de diversas partes da África, exigiu a abolição do trabalho forçado, castigos corporais e direito à manutenção do idioma e cultura local. Nos congressos seguintes, houve a incorporação da defesa dos direitos civis e políticos pelo movimento pan-africano, além da luta pela emancipação do jugo colonial. Finalmente, em 1958, na Conferência de todos os povos africanos (All African People's Conference), que reuniu líderes de toda a África em Gana, foi adotada resolução que vinculou a independência ao respeito a direitos humanos, até para demonstrar a diferença entre os novos governos e os colonialistas do passado[1].

Nesse sentido, a Carta da Organização da Unidade Africana (OUA, extinta e substituída pela União Africana em 2002), assinada em 1963 em Addis Abeba (Etiópia) por 32 Estados africanos independentes possuía, já em seu preâmbulo, a menção ao respeito e aderência à Carta das Nações Unidas e à Declaração Universal dos Direitos Humanos[2]. No seu artigo II, "e", constou que um dos objetivos da nova organização era "promover a cooperação internacional, observando-se a Carta da ONU e a Declaração Universal dos Direitos Humanos". Assim, os países africanos, ao menos inicialmente, anuíram com a *universalização* dos direitos humanos.

Contudo, a partir da consolidação da independência, o discurso de respeito aos direitos humanos internacionais foi atenuado, mantendo-se aceso nas discussões sobre direitos econômicos (e uma nova ordem internacional) e na luta contra os regimes racistas da Rodésia (atual Zimbabwe) e África do Sul.

---

1 KILLANDER, Magnus. "African Human Rights Law in Theory and Practice", *in* JOSEPH, Sarah e Mcbeth, Adam (eds.). *Research Handbook on International Human Rights Law*, Cheltenham, UK: Edward Elgar, 2010, p. 388-413, em especial p. 391.

2 No original do preâmbulo da Carta da OUA: "Persuaded that the Charter of the United Nations and the Universal Declaration of Human Rights, to the Principles of which we reaffirm our adherence, provide a solid foundation for peaceful and positive cooperation among States".

Em 1981 foi elaborada a *Carta Africana dos Direitos Humanos e dos Povos*, conhecida como Carta de Banjul, por ter sido aprovada pela Conferência Ministerial da Organização da Unidade Africana (OUA) realizada em Banjul, Gâmbia, em janeiro de 1981, entrando em vigor em 21 de outubro de 1986[3].

A inspiração, de acordo com OUGUERGOUZ e KILLANDER, teria sido um composto de tratados e declarações de direitos humanos anteriores, como a Declaração Universal dos Direitos Humanos, a Declaração Americana de Direitos e Deveres do Homem e os dois Pactos onusianos de 1966 (Pacto Internacional de Direitos Civis e Políticos e o Pacto Internacional de Direitos Sociais, Econômicos e Culturais)[4].

Contudo, apesar de tais inspirações, a Carta de Banjul buscou um caminho próprio, mesclando os valores universais aos valores regionais, estabelecendo, em seu preâmbulo, que "as virtudes das suas tradições históricas e os valores da civilização africana" devem "inspirar e caracterizar as suas reflexões sobre a concepção dos direitos humanos e dos povos".

Além disso, a Carta foi o primeiro tratado de direitos humanos a elencar, de uma só vez, os direitos civis e políticos unidos aos direitos sociais, econômicos e culturais, vencendo a tradicional dicotomia da guerra fria. Inovou, ainda, ao mencionar expressamente o direito ao meio ambiente como direito fundamental (artigo 24). Outro ponto de destaque da Carta foi a afirmação de direitos dos povos (desenvolvimento, livre disposição sobre seus recursos naturais, autodeterminação) e ainda a previsão de deveres dos indivíduos para com a família e comunidade, inclusive a comunidade internacional[5].

---

3 OUGUERGOUZ, Fatsah. *The African Charter on Human and Peoples' Rights: A Comprehensive Agenda for Human Rights*, Martinus Nijhoff: The Hague, 2003. HEYNS, Christof e KILLANDER, Magnus. "The African Regional Human Rights System", *in* GOMEZ ISA, Felipe e FEYER, Koen de (eds). *International Protection of Human Rights: Achievements and Challenges*, Bilbao: University of Deusto, 2006, p. 509-543. KILLANDER, Magnus. "African Human Rights Law in Theory and Practice", *in* JOSEPH Sarah e Mcbeth, Adam (eds.). *Research Handbook on International Human Rights Law*, Cheltenham, UK: Edward Elgar, 2010, p. 388-413. No Brasil, ver PIOVESAN, Flávia. *Direitos Humanos e Justiça Internacional*, São Paulo: Saraiva, 2011.

4 OUGUERGOUZ, Fatsah. *The African Charter on Human and Peoples' Rights: A Comprehensive Agenda for Human Rights*. Martinus Nijhoff: The Hague, 2003, em especial p. 19-48; KILLANDER, Magnus. "African Human Rights Law in Theory and Practice," *in* JOSEPH Sarah e Mcbeth, Adam (eds.). *Research Handbook on International Human Rights Law*, Cheltenham, UK: Edward Elgar, 2010, p. 388-413. OUGUERGOUZ foi juiz da Corte Africana dos Direitos Humanos e dos Povos entre 2006 e 2016.

5 "Artigo 27 – 1. Todo indivíduo possui deveres com sua família e sociedade, com o Estado e outras comunidades legalmente reconhecidas, e com a comunidade internacional. 2. Os direitos e as liberdades de cada indivíduo exercem-se com respeito aos direitos de outros, à segurança coletiva, à moral e ao interesse comum."

A organização da Carta contempla três partes, com 68 artigos ao todo: a Parte I elenca os direitos protegidos; a Parte II estabelece o regramento da Comissão Africana dos Direitos Humanos e dos Povos; finalmente, a Parte III estabelece as disposições gerais, referentes à entrada em vigor, ratificação e emendas. Dos 55 Estados africanos, não ratificaram a Carta de Banjul o Sudão do Sul e o Marrocos, sendo que este último país nem sequer é membro da UA em represália à aceitação, como membro da organização, da República Árabe do Saara (território que o Marrocos ocupa)[6].

2 A Comissão Africana de Direitos Humanos e dos Povos

O único órgão criado pela Carta da Banjul foi a *Comissão Africana dos Direitos Humanos e dos Povos*, composta por onze membros escolhidos entre personalidades africanas (nacionais dos Estados contratantes) que gozem da mais alta consideração, integridade e imparcialidade, e que possuam conhecimento em matéria dos direitos humanos e dos povos. A escolha é feita pelos governos em votação secreta pela Conferência dos Chefes de Estado e de Governo (partes na Carta), a partir de uma lista de pessoas apresentadas pelos Estados-partes (cada Estado por apresentar até dois nomes). A Comissão não pode ter mais de um membro nacional por Estado e o mandato é de seis anos, renovável, tendo sua sede em Banjul, Gâmbia.

Apesar dessa indicação e escolha pelos Estados, os membros da Comissão exercem funções a título pessoal, com independência ao menos formal. Críticos apontam incremento da independência da Comissão, superando a tradição dos primeiros anos de indicação de políticos e embaixadores para seus quadros[7]. A Comissão possui competências *promocionais* e *protetivas* na área dos direitos humanos e dos povos.

A promoção dos direitos humanos e dos povos é feita em especial por meio de estudos e pesquisas sobre problemas africanos na temática, capacitando os órgãos nacionais de direitos humanos. Também incumbe à Comissão buscar elaborar, para subsidiar a adoção de textos normativos pelos Estados africanos, princípios e regras referentes ao gozo dos direitos humanos e dos povos. Cabe ainda à Comissão dar pareceres ou fazer recomendações aos governos sobre a promoção de direitos humanos e cooperar com as outras instituições africanas ou internacionais especializadas na temática. Em 2007, a Comissão emitiu uma

---

6 Ver lista dos países que ratificaram e suas respectivas datas em: <http://www.achpr.org/instruments/achpr/ratification/>. Acesso em: 11 maio 2022.

7 KILLANDER, Magnus. "African Human Rights Law in Theory and Practice", *in* JOSEPH Sarah e Mcbeth, Adam (eds.). *Research Handbook on International Human Rights Law*, Cheltenham, UK: Edward Elgar, 2010, p. 388-413.

opinião consultiva sobre a "Declaração das Nações Unidas sobre Povos Indígenas"[8].

Além disso, a Comissão pode elaborar opiniões interpretativas sobre disposição da Carta, quando provocada por um Estado-parte, instituição da Organização da Unidade Africana (hoje União Africana) ou de uma organização africana reconhecida.

Ao estilo dos procedimentos extraconvencionais do Conselho de Direitos Humanos da ONU (ver acima), a Comissão Africana instituiu relatores especiais e grupos de trabalho para avaliar situações temáticas específicas, como, por exemplo, sistema prisional, direitos das mulheres, liberdade de expressão, situação dos defensores de direitos humanos, refugiados, migrantes, pessoas da terceira idade, direitos sociais em sentido amplo, pena de morte e tortura. Os estudos desses relatores e grupos podem ensejar a elaboração de recomendações pela Comissão[9].

Para assegurar a proteção dos direitos humanos e dos povos, a Comissão tem o poder de analisar *petições individuais* de vítimas de violação de direitos humanos, bem como *demandas interestatais*.

As demandas interestatais são iniciadas por provocação de um Estado-parte que alega que outro Estado-parte violou disposições da Carta. Há uma negociação bilateral ou por qualquer outro processo pacífico que, se não resultar no fim do litígio, autoriza que qualquer desses Estados tem o direito de submeter a referida questão à Comissão. A Comissão realiza, então, a instrução do caso e depois de fracassada uma solução amistosa elabora seu relatório sobre a pretensa violação de direitos humanos, contendo as recomendações cabíveis. Esse relatório é enviado aos Estados envolvidos e comunicado à Conferência dos Chefes de Estado e de Governo.

As demandas individuais devem conter a identidade do seu autor (pode solicitar à Comissão sigilo), sendo aceitas comunicações de organizações não governamentais, bem como indicar os fatos e os meios de prova. A Carta menciona que a petição deve ser interposta em prazo razoável, a partir do esgotamento dos recursos internos e não ter sido resolvido por outro órgão internacional (coisa julgada internacional, artigo 56.7 da Carta). Ao final, após instrução e tentativa de solução amistosa, a Comissão elabora *recomendação*, cujo conteúdo

---

[8] Advisory opinion of the African Commission on Human and Peoples' Rights on the United Nations Declaration on the Rights of Indigenous Peoples. Disponível em: <http://www.achpr.org/files/special-mechanisms/indigenous-populations/un_advisory_opinion_idp_eng.pdf>. Acesso em: 11 abr. 2022.

[9] Ver mais no *site* oficial da Comissão em: <www.achpr.org>. Acesso em: 11 abr. 2022.

atinge a reparação do direito envolvido, e encaminha ao Estado envolvido e à Conferência dos Chefes de Estado e de Governo[10].

É possível ainda que as petições individuais retratem a existência de um quadro de violações graves ou maciças dos direitos humanos e dos povos, devendo a Comissão provocar a Conferência dos Chefes de Estado e de Governo para que interfira.

Por fim, cabe à Comissão analisar *relatórios estatais bianuais* (artigo 62), sobre a situação de direitos protegidos.

A Comissão possui problemas de financiamento, reunindo-se duas vezes por ano em sessões de 15 dias, com a participação da sociedade civil organizada. Além da falta de estrutura e atuação limitada a poucos casos, a Comissão ainda fica debilitada pela ausência de mecanismos que assegurem o cumprimento de suas recomendações pelos Estados infratores.

Parte da doutrina chega a mencionar a "futilidade" de se recorrer à Comissão, caso não haja supervisão mais robusta do cumprimento de suas conclusões[11]. Assim, o mecanismo *quase judicial* da Carta da Banjul ressente-se da falta de força vinculante.

3 A Corte Africana de Direitos Humanos e dos Povos

3.1 A criação da Corte e a nova União Africana: nova roupa, velho personagem?

O Protocolo de 1998, elaborado em Ouagadougou (Burkina Fasso), à Carta Africana dos Direitos do Homem e dos Povos previu a criação de uma Corte Africana dos Direitos do Homem e dos Povos. O referido protocolo só entrou em vigor em 2004, após a 15ª ratificação. Atualmente, 33 dos 55 Estados africanos membros da UA (Marrocos retornou a ser membro da UA em 2017) ratificaram o Protocolo e somente 7[12] reconheceram o direito de ação de indivíduos (ver a seguir) perante a Corte[13].

---

10 Ver a lista das deliberações da Comissão nas demandas individuais em: <http://www.achpr.org/communications/>. Acesso em: 1º jun. 2022.

11 KILLANDER, Magnus. "African Human Rights Law in Theory and Practice", *in* JOSEPH, Sarah e Mcbeth, Adam (eds.). *Research Handbook on International Human Rights Law*, Cheltenham, UK: Edward Elgar, 2010, p. 388-413.

12 Eram 11, mas 4 retiraram tal declaração, a saber: Tanzânia, Ruanda, Costa do Marfim e Benim – Tunísia assinou a declaração em 2017 e até o momento não fez o depósito. Dados disponíveis em: <https://www.african-court.org/wpafc/wp-content/uploads/2022/04/7-LIST-OF-COUNTRIES-WHICH-HAVE-SIGNED-RATIFIED-ACCEDED-Avril-2022.pdf>. Acesso em: 25 maio 2022.

13 Até 2022, ratificaram o Protocolo os seguintes Estados (33): África do Sul, Argélia, Benin, Burkina Faso, Burundi, Camarões, Chade, Costa do Marfim, Comores, Congo, Gabão, Gâmbia,

A Corte é composta por 11 juízes, nacionais dos Estados da União Africana (UA, substituta da Organização da Unidade Africana), que são eleitos por votação secreta pela Assembleia da UA entre juristas de notória reputação moral e experiência reconhecida na área jurídica e, em especial, no tema dos direitos humanos e dos povos. Cada Estado pode indicar até três nomes, sendo que, no caso de preferir indicar a lista tríplice, esta será composta por no máximo dois nomes de sua nacionalidade. O mandato é de seis anos, renovável apenas uma vez. A sede da Corte, instalada em 2007, é em *Arusha* (Tanzânia), que sedia também o Tribunal Penal Internacional para o Crime de Genocídio em Ruanda. A Corte, como a sua congênere americana, trabalha em sessões periódicas por ano (4 ordinárias), podendo ser convocada extraordinariamente.

A adoção do Protocolo foi marcada pelas ambiguidades da antiga Organização da Unidade Africana (transformada em União Africana), que oscilava entre o desejo de um novo patamar de desenvolvimento social e as velhas estruturas ditatoriais e excludentes que marcam a vida no continente.

Em 1998, ano da adoção do Protocolo, pretendia-se reforçar a proteção de direitos humanos com a adoção da via *judicial*. Como já observei acima, o mecanismo quase judicial da Comissão Africana é fragilizado pela natureza de mera recomendação de suas deliberações, sem nenhum mecanismo que assegure o cumprimento de suas conclusões.

A criação de uma Corte com o poder de ditar sentenças vinculantes lançaria a proteção de direitos humanos no continente para um patamar superior.

Também demonstraria um compromisso institucional dos Estados com o *universalismo*, uma vez que o "ilusionismo dos direitos humanos", pelo qual os Estados adotam tratados *internacionais* de direitos humanos mas os interpretam *nacionalmente*, seria abandonado em definitivo.

A ratificação do Protocolo foi lenta e somente em 2004 entrou em vigor, já sob os auspícios da *União Africana*, criada em 2002 para substituir a vetusta Organização da Unidade Africana.

A criação da *União Africana* foi anunciada já em 1999, na Sexta Conferência dos Chefes de Estado e de Governo da OUA, um ano após a elaboração do Protocolo de criação da Corte Africana. Sua criação efetiva deu-se em 2002, na Conferência de Durban, tendo a nova organização mantido a sede em *Adis Abeba* (Etiópia). Entre seus objetivos principais constam a promoção dos princípios democráticos, participação popular e *proteção dos direitos humanos e dos povos de*

Gana, Guiné Bissau, Quênia, Líbia, Lesoto, Madagascar, Mali, Malawi, Moçambique, Mauritânia, Ilhas Maurício, Nigéria, Níger, República Democrática do Congo, Ruanda, Saara, Senegal, Tanzânia, Togo, Tunísia e Uganda. Disponível em: <https://au.int/en/treaties/protocol-african-charter-human-and-peoples-rights-establishment-african-court-human-and>. Acesso em: 19 maio 2022.

acordo com a Carta Africana de Direitos Humanos e dos Povos e outros instrumentos relevantes de direitos humanos (artigo 3º, "g" e "h", do seu Ato Institutivo)[14].

A escolha do nome possui simbolismo: trata-se de aprofundar os vínculos entre os Estados africanos, tal como ocorreu na *União Europeia*, preparando um novo ciclo de paz e prosperidade. Na temática dos direitos humanos, a União Africana, então, tal qual sua congênere União Europeia[15], comprometeu-se a zelar pelo respeito aos direitos humanos internacionais.

Apesar de jovem, a UA lembra menos a União Europeia e mais a Organização dos Estados Americanos (OEA) do passado: busca a promoção de direitos humanos, mas conviveu com ditaduras por largo período[16].

Essas ditaduras só agora desmoronam, como a de Mubarak no Egito (no poder de 1981 a 2011), Kadafi em 2011 e Salem (Iêmen, em 2012), mostrando que o caminho rumo à promoção e proteção de direitos humanos é difícil.

Espera-se que, com a Corte Africana, mais um passo seja dado na irreversível implementação dos direitos humanos universais.

3.2 A jurisdição contenciosa e o direito de ação condicionado do indivíduo

A Corte Africana de Direitos Humanos e dos Povos (Corte ADHP), instalada em 2006, tem jurisdição sobre os casos contenciosos envolvendo a interpretação e aplicação da Carta Africana de Direitos Humanos e dos Povos, bem como os demais instrumentos de direitos humanos ratificados pelo Estado-réu.

Podem propor ações perante a Corte os seguintes entes: a Comissão Africana de Direitos Humanos e dos Povos, o Estado-parte que acionou a Comissão ou foi demandado perante a Comissão, o Estado da nacionalidade da vítima de violação de direitos humanos, uma Organização internacional intergovernamental africana e, a depender do critério da Corte e da adesão facultativa dos Estados-partes, o indivíduo ou organização não governamental.

Esse último caso criou uma legitimidade ativa *condicionada* do indivíduo: além de exigir uma declaração específica do Estado-parte (artigo 34.6 do Protocolo), cabe à Corte, ao seu talante (artigo 5.3), conhecer ou não a petição[17].

---

14 Disponível no *site* oficial da União Africana: <http://www.au.int/en/>. Acesso em: 1º mar. 2011.

15 Sobre os direitos humanos na União Europeia, ver CARVALHO RAMOS, André de. *Direitos Humanos na Integração Econômica*, Rio de Janeiro: Renovar, 2008.

16 No seio da OEA, houve mudanças desse quadro no final do século XX, com sucessivas quedas de regimes ditatoriais e implantação de democracias. Como exceção, há a manutenção até hoje do regime autoritário no poder em Cuba.

17 Conferir uma visão crítica sobre o Protocolo em MUTUA Makau wa. "The African Human Rights Court: A Two Legged Stool?", *in* 21 Human Rights Quarterly (1999), p. 342-363.

Até o momento (2022), 7 Estados reconheceram a possibilidade da Corte conhecer demandas individuais (Burkina Faso, Malawi, Mali, Gana, Gambia, Niger e Guiné Bissau – Tunísia não fez ainda o depósito[18]).

Há ainda requisitos de admissibilidade, com exigência de demanda por escrito e que aponte os fatos e provas em linguagem não ofensiva, além do prévio esgotamento dos recursos internos, interposição da demanda em prazo razoável após o esgotamento, inexistência de coisa julgada internacional.

Chamam a atenção as dificuldades para que o indivíduo ou organização não governamental tenham acesso à Corte: além da declaração específica do Estado, há a discricionariedade da própria Corte em aceitar ou não a demanda individual. Possivelmente, a Comissão Africana será a parte autora mais significativa nos próximos anos, dada a pouca disposição de Estados ou de organizações intergovernamentais (compostas por Estados) de processarem outros Estados por violação de direitos humanos. As decisões da Corte são vinculantes e a Corte pode determinar as medidas adequadas para a pronta reparação às vítimas de violação dos direitos protegidos.

Como a Carta Africana é ampla e conta com direitos sociais, econômicos e culturais, há a expectativa de grande contribuição da Corte no tema da *judicialização dos direitos sociais* em sentido amplo[19].

Há ainda certa delonga no acionamento da Corte. Somente em 2009 foi realizado o primeiro julgamento, que justamente envolveu uma demanda individual. O Sr. Michelot Yogogombaye, *nacional do Chade com residência na Suíça*, entrou com ação contra o Senegal, alegando violação de direitos humanos pelo julgamento naquele país do ex-ditador do Chade Hissein Habré em ofensa ao princípio da irretroatividade da lei penal. A Corte iniciou os procedimentos, notificando o Senegal a apresentar defesa em 60 dias. O Estado defendeu-se pugnando, preliminarmente, pela inadmissibilidade da ação por não ter feito a declaração prevista no artigo 34.6, no que foi acatado pela Corte, que decidiu pela sua própria falta de jurisdição para apreciar o mérito[20].

---

18 Dados disponíveis em <https://www.african-court.org/wpafc/wp-content/uploads/2022/04/7-LIST-OF-COUNTRIES-WHICH-HAVE-SIGNED-RATIFIED-ACCEDED--Avril-2022.pdf>. Acesso em: 25 maio 2022.

19 Ver capítulo próprio sobre os mecanismos de apuração de violação dos direitos sociais em sentido amplo.

20 Corte Africana de Direitos Humanos e dos Povos, *In the Matter of Michelot Yogogombaye v The Republic of Senegal*, Caso n. 001/2008, julgamento de 15 de dezembro de 2009. Disponível em: <http://www.african-court.org/fileadmin/documents/Court/Latest_Judgments/English/JUDGMENT._MICHELOT_YOGOGOMBAYE_VS._REPUBLIC_OF_SENEGAL_1_.pdf>.

Em maio de 2022, o site da Corte mostra 118 casos contenciosos finalizados[21] e 15 pareceres consultivos emitidos[22]..

3.3 A jurisdição consultiva

A Corte ADHP possui o poder de emitir *opiniões consultivas* a pedido de um Estado-Membro da União Africana (UA), ou de seus órgãos ou ainda a pedido de qualquer organização intergovernamental africana reconhecida pela UA. O objeto da opinião pode ser referente a qualquer matéria jurídica relativa à Carta Africana de Direitos Humanos e dos Povos ou ainda outro relevante instrumento de direitos humanos aplicável aos Estados-membros. A única ressalva é que o pedido de opinião consultiva não pode recair em matéria sob apreciação da Comissão (que, obviamente, pode redundar em uma ação perante o mecanismo contencioso).

4 Perspectivas: uma Corte desconhecida e já em transformação

No segundo semestre de 2010, no seu discurso de abertura da 18ª sessão de trabalhos da Corte ADHP, seu Presidente, *Jean Mutsinzi*, apontou, em tom de lamento, que após quatro anos desde a posse dos primeiros 11 juízes, a Corte ainda era uma desconhecida no continente africano. Também apontou as carências materiais da Corte, financiada precariamente pela União Africana e dependente de ajuda externa para custear seus programas[23].

Ao invés de reforçar os mecanismos de efetivo funcionamento da Corte, com a ampliação da legitimidade ativa e dotação orçamentária adequada, a União Africana decidiu, em 2006, pela fusão entre o Tribunal de Justiça da União Africana (mencionado no ato constitutivo da União Africana e prevista pelo Protocolo de Maputo de 2003) e a Corte ADHP, formando a Corte Africana de Justiça e Direitos Humanos. O Protocolo de criação da Corte Africana de Justiça e Direitos Humanos foi elaborado em 2008, na Assembleia da UA em Sharm El-Sheikh (Egito).

---

21 Disponível em: <https://www.african-court.org/cpmt/finalised#>. Acesso em: 25 maio 2022.

22 Disponível em: <https://www.african-court.org/cpmt/advisory-finalised>. Acesso em: 25 maio 2022.

23 *In verbis*: "The Court has just celebrated its fourth anniversary but it must be admitted that it remains largely unknown in the African continent (...)The trend of the African Union which provides the budget of the Court is to reduce it from year to year, to the extent that the ordinary budget of the Court is used basically for administrative activities while Programmes are funded by contributions from external partners". Discurso do Presidente Jean Mutsinzi, em 20 de setembro de 2010, na sede da Corte em Arusha (Tanzânia). Disponível em: <http://www.african-court.org/fileadmin/media/Opening_speech_by_Judge_Jean_Mutsinzi__President_of_the_Court.pdf>. Acesso em: 11 mar. 2022.

Estão previstas duas Seções, uma para matéria de direitos humanos e outra para assuntos em geral, com a nova Corte contando com 16 juízes ao todo e mantendo sua sede em *Arusha*. O direito de ação do indivíduo continua a depender de uma declaração específica do Estado (artigo 8º do Protocolo)[24].

Atualmente (maio de 2022), apenas oito países ratificaram o Protocolo de Fusão (Angola, Burkina Fasso, Mali, Benim, Congo, Gâmbia, Líbia e Libéria), longe do número mínimo de 15 ratificações para sua entrada em vigor[25].

5 O mecanismo africano de revisão pelos pares

Na Conferência de Durban que consolidou o nascimento da União Africana, foram também estabelecidas as linhas do "Mecanismo Africano de Revisão pelos Pares" (MARP – *African Peer Review Mechanism*), que, em 2003, foi consolidado na adoção de um memorando de entendimento no seio da UA.

O MARP é um mecanismo voluntário, aberto a qualquer membro da UA e que, até 2022, já havia obtido a adesão de 37 Estados[26]. Em apertada síntese, o mecanismo prevê a análise da atuação do Estado em quatro grandes áreas: democracia e governança política, governança econômica e gestão, gestão empresarial e desenvolvimento socioeconômico.

O Estado e a sociedade civil contribuem com informes e relatos. Uma comissão de especialistas apresenta suas conclusões e observações, enviando para a Conferência dos Chefes de Estado e de Governo do Mecanismo, que, então, construirão em comum acordo com o Estado avaliado, os passos para a melhoria da situação. Tal como seu congênere onusiano (RPU, já analisado), há, como pressuposto de um mecanismo de revisão pelos pares, uma grande confiança na adoção voluntária de medidas para proteger os direitos humanos. Não há previsão de sanções ou outra medida impositiva.

---

24 Protocolo de fusão disponível em: <https://au.int/en/treaties/protocol-statute-african--court-justice-and-human-rights>. Acesso em: 11 mar. 2022.

25 Ver o *status* de ratificações em: <https://au.int/sites/default/files/treaties/36396-sl-PROTOCOL%20ON%20THE%20STATUTE%20OF%20THE%20AFRICAN%20COURT%20OF%20JUSTICE%20AND%20HUMAN%20RIGHTS.pdf>. Acesso em: 30 maio 2022.

26 Argélia, Angola, Benin, Burkina Faso, Chade, Camarões, República do Congo, Djibuti, Egito, Etiópia, Gabão, Gana, Gâmbia, Quênia, Lesoto, Libéria, Malawi, Mali, Mauritânia, Ilhas Maurício, Moçambique, Níger, Nigéria, Ruanda, São Tomé e Príncipe, Senegal, Serra Leoa, África do Sul, Sudão, Tanzânia, Togo, Tunísia, Uganda, Zâmbia, Guiné Equatorial, Costa do Marfim e Namíbia. Disponível em: <https://www.aprm-au.org/aprm-member-states/>. Acesso em: 30 maio 2022.

TÍTULO VI | A APURAÇÃO DA RESPONSABILIDADE INDIVIDUAL PELAS VIOLAÇÕES DE DIREITOS HUMANOS

1 A relação entre a responsabilidade internacional do indivíduo e a responsabilidade internacional do Estado

Somente *Estados* podem ser *réus* perante os órgãos judiciais ou quase judiciais de apuração de violação de direitos humanos analisados nos capítulos anteriores (sistema onusiano, europeu, interamericano e africano). Não são, então, *tribunais criminais* que julgariam indivíduos autores das violações de direitos humanos. Julga-se o Estado, por sua conduta comissiva ou omissiva, que teria proporcionado a violação de direitos protegidos.

Contudo, o Direito Internacional dos Direitos Humanos possui uma faceta punitiva, que ordena aos Estados que *tipifiquem* e *punam* criminalmente os autores de violações de direitos humanos. Assim, o Estado pode responder internacionalmente por sua omissão em responsabilizar penalmente o indivíduo.

De fato, há vários exemplos que afetaram o Brasil em passado recente. O relator especial da ONU contra a Tortura *Nigel Rodley* recomendou ao Brasil que combatesse a impunidade dos torturadores agentes policiais e sugeriu diversos aperfeiçoamentos no sistema de investigação e persecução penal brasileiro[1]. A relatora especial da ONU contra execuções extrajudiciais, sumárias ou arbitrárias, Asma Jahangir, reforçou tal recomendação no seu relatório[2]. Ainda no plano do direito internacional dos direitos humanos, a Corte Interamericana de Direitos Humanos condenou a edição de leis de anistia aos autores de violação de direitos humanos[3]. A Convenção Interamericana pela Eliminação de toda forma de discriminação contra a mulher (Convenção de Belém do Pará) estabeleceu o dever dos Estados de criminalizar a violência doméstica contra a mulher.

Assim, vários tratados internacionais de direitos humanos possuem dispositivos que *exigem dos Estados* a criminalização de determinadas condutas ofensivas aos direitos neles mencionados. Além disso, não é de hoje que as instâncias

---

[1] Ver o Relatório da visita ao Brasil, realizada em agosto e setembro de 2000, em E/CN.4/2001/66/Add.2, documento de 30-3-2001, que se encontra no *site* www.ohchr.org/english/, acesso em: 12 abr. 2022.

[2] Ver o Relatório da visita ao Brasil, realizada em setembro e outubro de 2003, em E/CN.4/2004/7/Add.3, documento de 28-1-2004, que se encontra no *site* www.ohchr.org/english/, acesso em: 12 jun. 2006.

[3] Ver o caso *Gomes Lund* contra o Brasil, que será estudado em capítulo sobre a execução interna das deliberações internacionais.

judiciais e quase judiciais de defesa de direitos humanos extraem, pela via hermenêutica, dos textos internacionais um *dever de investigar e punir criminalmente* aqueles que violaram os direitos humanos. Obviamente, este dever exige também que o Estado tipifique penalmente a conduta impugnada para que possa investigar e punir (decorrência lógica). Nasce um novo paradigma da relação entre o direito penal e a proteção dos direitos humanos, de ênfase na proteção da vítima e na punição dos algozes.

Com isso, o Direito Internacional dos Direitos Humanos exige dos Estados demandados a plena e vigorosa *punição criminal dos indivíduos autores dos delitos*, o que serviria de garantia de não repetição de tais condutas[4].

Nasce uma *responsabilidade internacional do indivíduo derivada do Direito Internacional*, cujas origens remontam ao final da Primeira Guerra Mundial, o que será visto a seguir.

O Estado que não cumprir com esse seu dever, responderá internacionalmente. Por isso, como veremos em capítulo próprio, o Brasil foi condenado *duramente* no final de 2010, perante a Corte IDH, por ter permitido que a sua lei da anistia fosse interpretada para abranger os crimes praticados pelos agentes da repressão durante o regime militar.

2 Responsabilidade individual derivada do Direito Internacional

No Direito Internacional clássico, a consolidação do Estado como epicentro das relações internacionais após a Paz de Vestfália (1648) teve, como consequência, a restrição da responsabilidade internacional à figura do próprio Estado. Assim, as condutas dos indivíduos (mesmo que fossem agentes públicos) geravam apenas a responsabilidade do Estado.

Esse panorama começou a mudar, após a 1ª Guerra Mundial, com a fracassada tentativa dos vencedores da 1ª Guerra Mundial de julgar o Kaiser Guilherme II por crimes cometidos enquanto Chefe de Estado. A Holanda jamais extraditou o Kaiser, que lá obtivera asilo após a Guerra, frustrando o disposto no artigo 227 do Tratado de Versalhes de 1919. Esse artigo previa a criação de um "tribunal especial", no qual existiriam todas as garantias essenciais para a defesa. Seria composto por cinco juízes (indicados pelos Estados Unidos, Reino Unido, França, Itália e Japão), que julgariam ofensas à *moralidade internacional*

---

4 As ideias contidas neste título do presente livro foram parcialmente expostas em artigo do Autor, agora revistas e atualizadas. Ver CARVALHO RAMOS, André de. "Mandados de criminalização no Direito Internacional dos Direitos Humanos: novos paradigmas da proteção das vítimas de violações de Direitos Humanos". *Revista Brasileira de Ciências Criminais*, v. 62, 2006, p. 9-55. Sobre a jurisprudência punitiva da Corte Interamericana de Direitos Humanos, conferir LIMA, Raquel da Cruz. *O Direito Penal dos Direitos Humanos*. Belo Horizonte: CEI, 2018.

e à inviolabilidade dos tratados. Ficou clara a influência da "Cláusula Martens" (homenagem ao diplomata russo Fiodor Martens), que era a previsão no Preâmbulo da II Convenção de Haia de 1899 sobre as leis e os costumes referentes à guerra terrestre, que estabelecia a proibição geral – mesmo que não expressa – de condutas na guerra que ofendessem os "princípios do direito internacional, usos e costumes das nações civilizadas, leis da humanidade e as exigências da consciência pública"[5]. A pena seria determinada pelo próprio Tribunal. Até então o julgamento dos indivíduos era de atribuição exclusiva dos Estados. A responsabilidade *internacional* do indivíduo despontava.

No período entre guerras, houve mais uma tentativa de investigar, perseguir em juízo e punir indivíduos em tribunais internacionais. A Sociedade das Nações patrocinou um projeto de convenção sobre a prevenção e repressão do terrorismo, que contemplava a criação de um Tribunal Penal Internacional, porém com apenas uma ratificação o tratado nunca entrou em vigor. Esse projeto foi feito em reação ao terrorismo após os assassinatos do Ministro das Relações Exteriores da França, Louis Barthou, e do Rei da Iugoslávia, Alexandre I, em Marseille, por terroristas croatas em 1934.

Com os episódios bárbaros dos regimes totalitários na 2ª Guerra Mundial houve mobilização dos membros da recém-criada Organização das Nações Unidas, em torno dos ideais de proteção dos direitos humanos. Tais episódios motivaram também a criação do Tribunal Militar Internacional de Nuremberg, que reforçou o desejo de combater a impunidade dos autores de tais condutas odiosas e gerou o chamado "Direito de Nuremberg", que consiste em um conjunto de resoluções da Assembleia Geral da ONU e de tratados internacionais voltados para a punição dos autores de crimes contra a humanidade[6]. Entre tais resoluções devem ser citadas as Resoluções n. 3 e 95 da Assembleia Geral da ONU de 1946, nas quais se reconheceu como princípios de direito internacional aqueles afirmados durante o processo de Nuremberg. Em 1950, a Comissão de Direito Internacional enumerou os

---

5   *In verbis*: "Until a more complete code of the laws of war is issued, the High Contracting Parties think it right to declare that in cases not included in the Regulations adopted by them, populations and belligerents remain under the protection and empire of the principles of international law, as they result from the usages established between civilized nations, from the laws of humanity and the requirements of the public conscience". Conferir em *ICEHURST, Rupert*. "*The Martens Clause and the Laws of Armed Conflict*". International Review of the Red Cross, n. 125, 1997, p. 125-134.

6   Analisaremos a seguir, em capítulo próprio, o processo de criação do Tribunal Internacional Militar de Nuremberg. Ver sobre o Direito de Nuremberg em ASCENSIO, Hervé; DECAUX, Emmanuel e PELLET, Alain (orgs.). *Droit international pénal*, Paris: Centre de Droit International de l'Université Paris X: Éditions Pédone, 2000, p. 635 e s.

seguintes sete "princípios de direito internacional" reconhecidos nos julgamentos do Tribunal de Nuremberg:

1º) todo aquele que comete ato que consiste em crime internacional é passível de punição;

2º) lei nacional que não considera o ato crime é irrelevante;

3º) as imunidades do Chefe de Estado e das autoridades públicas são irrelevantes para o direito internacional;

4º) a obediência às ordens superiores não são eximentes;

5º) todos os acusados têm direito ao devido processo legal;

6º) são crimes internacionais os julgados em Nuremberg;

7º) conluio para cometer tais atos é crime[7].

Os Estados, então, reconheceram expressamente a possibilidade de afastar a tradicional imunidade dos agentes públicos para puni-los com severidade pelos crimes bárbaros e odiosos cometidos.

Além disso, a Resolução n. 3.074 (XXVIII) de 3 de dezembro de 1973, da Assembleia Geral da ONU, estabeleceu regras internacionais de cooperação na detenção, extradição e punição dos acusados de crimes de guerra e crimes contra a humanidade e determinou a persecução criminal no país da detenção do acusado ou sua extradição para países cujas leis permitam a punição (*aut dedere aut judiciare*[8]). O direito internacional previu também a proibição da concessão de asilo a acusados de cometimentos de crimes contra a humanidade[9], bem como a impossibilidade de caracterização desses crimes como crimes políticos para fins de concessão da extradição[10].

A Declaração e Programa de Ação da Conferência Mundial de Viena (1993) implantou, em definitivo, o dever dos Estados de punir criminalmente os autores de graves violações de direitos humanos para que seja consolidado o Estado de

---

7 Publicado no *Yearbook of the International Law Commission*, v. II, 1950, p. 374-378. Disponível em: <http://legal.un.org/ilc/texts/instruments/english/draft_articles/7_1_1950.pdf>. Acesso em: 4 abr. 2022.

8 O princípio do *aut dedere aut judicare* ("extraditar ou julgar") remonta a Grotius e tem como objetivo assegurar punição aos infratores destas normas internacionais de conduta, onde quer que eles se encontrem. Não estariam seguros, na expressão inglesa, *anywhere in the world*. Ver mais em CARVALHO RAMOS, André de Carvalho. O Caso Pinochet: passado, presente e futuro da persecução criminal internacional. *Revista Brasileira de Ciências Criminais*, São Paulo: Revista dos Tribunais, v. 25, 1999, p. 106-114.

9 Ver o § 7º da Resolução 3.074 (XXVIII) e também o art. 1º, § 2º da Declaração sobre Asilo Territorial da Assembleia Geral da ONU, adotada em 14-12-1967 (Resolução 2.312 (XXII)).

10 Ver, por exemplo, o art. VII da Convenção sobre Genocídio e art. XI da Convenção sobre o *Apartheid*.

Direito, tendo sido estabelecido que os "Estados devem ab-rogar leis conducentes à impunidade de pessoas responsáveis por graves violações de direitos humanos, como a tortura, e punir criminalmente essas violações, proporcionando, assim, uma base sólida para o Estado de Direito"[11].

Cabe ainda lembrar que a Convenção sobre a imprescritibilidade dos crimes contra a humanidade (1973) estipulou a inaplicabilidade das "regras técnicas de extinção de punibilidade", as chamadas *statutory limitations*, o que acarreta a imprescritibilidade desses crimes, no que foi acompanhada pelo Estatuto de Roma, que criou o Tribunal Penal Internacional[12]. A convenção sobre a imprescritibilidade dos crimes contra a humanidade (ainda não ratificada pelo Brasil) espelha o costume internacional já existente. Por isso, apesar da ausência da ratificação brasileira, os crimes contra a humanidade são imprescritíveis no Brasil em virtude do costume internacional existente.

Assim, ficou consagrada uma nova forma de relacionamento entre a proteção dos direitos humanos e o direito penal, com foco, em especial, no revigorado desejo do direito internacional dos direitos humanos pela repressão penal aos violadores de direitos humanos.

3 Fundamentos da punição penal para proteger os direitos humanos: efeito dissuasório e trato igualitário

A vontade de punir do direito internacional dos direitos humanos é reflexo de um novo paradigma dos objetivos e dos limites do direito penal em um Estado de Direito. Esse novo paradigma envolve uma profunda discussão sobre quais são os deveres de proteção do Estado e quais bens jurídicos devem ser protegidos pelo direito penal.

O principal marco teórico para esse paradigma é a teoria da dupla dimensão dos direitos humanos, que afirma que os direitos protegidos possuem uma dimensão subjetiva e uma dimensão objetiva. A dimensão subjetiva consiste na dotação de direitos subjetivos aos beneficiários da proteção; já a dimensão objetiva é aquela que impõe deveres de proteção ao Estado[13]. Esse dever de proteção dos direitos humanos exige que o Estado os protejam de forma ativa

---

11 Item 60. Ver o texto completo da Declaração e Programa de Ação de Viena em VILHENA, Oscar V. *Direitos humanos* – normativa internacional, São Paulo: Max Limonad, 2001, p. 177-215.

12 Art. 29: Imprescritibilidade. Os crimes da competência do Tribunal não prescrevem.

13 Sobre a dimensão objetiva, ver CARVALHO RAMOS, André de. *Teoria Geral dos Direitos Humanos na Ordem Internacional*, 6. ed., São Paulo: Saraiva, 2016. VIEIRA DE ANDRADE, José Carlos. *Os direitos fundamentais na Constituição portuguesa de 1976*, Coimbra: Almedina, 1983. Ver também MENDES, Gilmar Ferreira; COELHO, Inocêncio Mártires e BRANCO, Paulo Gustavo Gonet. *Hermenêutica constitucional e direitos fundamentais*, Brasília: Brasília Jurídica, 2000, em especial p. 152 e s.

contra lesões perpetradas quer por agentes do Poder Público, quer por particulares[14]. Assim, a dimensão objetiva dos direitos humanos acarreta a constatação de que os direitos humanos não devem ser entendidos apenas como um conjunto de posições jurídicas conferidas a seus titulares, mas também como um conjunto de regras impositivas de comportamentos voltadas à proteção e satisfação daqueles direitos subjetivos conferidos aos indivíduos.

A dimensão objetiva faz com que direitos humanos sejam regras de *imposição de deveres*, em geral ao Estado, de implementação e desenvolvimento dos direitos individuais. Esses deveres geram a criação de procedimentos e também de entes ou organizações capazes de assegurar, na prática, os direitos humanos. À dimensão subjetiva dos direitos humanos, adicionou-se essa dimensão objetiva, que recebeu tal denominação pela sua característica organizacional e procedimental, desvinculada das pretensões individuais[15].

Todavia, cabe a indagação, essencial para o tema em estudo: quais são os motivos pelos quais a proteção de direitos humanos *não pode* abrir mão da punição dos violadores de direitos humanos, ou seja, por que a proteção jurídico-penal dos direitos fundamentais é essencial e não pode ser substituída por outra qualquer?

Esta pergunta deve ser feita em dois momentos de invocação do direito penal pelo direito internacional dos direitos humanos. O primeiro momento é aquele no qual se pugna pela *criminalização* de determinada conduta violatória de direitos humanos. O segundo momento é justamente o da aplicação da lei penal já existente: por que os movimentos de direitos humanos apoiam e incentivam o Ministério Público *contra o investigado ou acusado*, exigindo punição?

Quanto ao primeiro momento (o da criminalização), observa-se que a tipificação penal é tida como essencial para que se realize o efeito dissuasório ou preventivo contra a conduta atacada.

Essa é a visão dos utilitaristas, que acreditam que o medo de uma punição penal faz com que se evite a repetição por parte do autor da conduta (prevenção específica) e ainda se evite sua multiplicação por parte dos demais membros da

---

14 SARMENTO, Daniel. "A dimensão objetiva dos direitos fundamentais: fragmentos de uma teoria", *in* MELLO, Celso D. de Albuquerque e TORRES, Ricardo Lobo (coords.). *Arquivos de direitos humanos n. 4*, Rio de Janeiro: Renovar, 2002, p. 63-102.

15 Para Willis Santiago Guerra Filho, "A dimensão objetiva é aquela onde os direitos fundamentais se mostram como princípios conformadores do modo como o Estado que os consagra deve organizar-se e atuar". Ver GUERRA FILHO, Willis Santiago. Direitos fundamentais, processo e princípio da proporcionalidade, *Dos direitos humanos aos direitos fundamentais*, Porto Alegre: Livraria do Advogado, 1997, p. 13. Ver também HÄBERLE, Peter. *La libertà fondamentali nello stato costituzionale*. Trad. Alessandro Fusillo e Romolo W. Rossi, Roma: La Nuova Italia Scientifica, 1996, p. 115 e 116.

coletividade (prevenção geral). HIRSCH sustenta, nessa linha, que "the risk of unpleasant consequences is a very strong motivational factor for most people in most situations"[16]. Assim, diversos autores especializados no direito internacional dos direitos humanos, como ROTH-ARRIAZA, veem a impunidade como forte estímulo para a repetição das condutas[17].

Para o grande especialista brasileiro no campo da proteção internacional dos direitos humanos, CANÇADO TRINDADE, "o dever dos Estados de investigação e punição dos responsáveis por violações de direitos humanos encontra-se relacionado com o dever de prover reparações devidas às vítimas de tais violações. É ademais, dotado de caráter preventivo, combatendo a impunidade para evitar a repetição dos atos violatórios dos direitos humanos"[18].

Ou seja, é reproduzida a crença no efeito de prevenção (geral e específica) das penas criminais. Esse dever de prevenção consiste, para a Corte Interamericana de Direitos Humanos, no conjunto de todos os meios de natureza legal, política, administrativa e cultural que promova a proteção de direitos humanos e assegura que todas as violações sejam consideradas e tratadas como atos ilícitos, os quais, como tais, acarretam punição dos responsáveis e na obrigação de indenizar as vítimas[19].

Em sentido contrário, há aqueles, como DIMOULIS, que criticam o "castigar em nome dos direitos humanos". Para o citado autor, "consideramos que a opção de responder à violência sistematicamente exercida contra os direitos humanos com a violência inerente às sanções penais é totalmente equivocada (...). A sanção penal, além de prejudicar as camadas sociais desfavorecidas, alimenta o círculo vicioso da violência social, tornando-se um instrumento de dominação que não pode nem deseja tutelar efetivamente os bens jurídicos da maioria da população"[20].

---

[16] HIRSCH, Andrew von. *Past or future crimes*, New Brunswick/New Jersey: Rutgers University Press, 1987, p. 6.

[17] ROTH-ARRIAZA, Naomi (ed.). *Impunity and human rights in international law and practice*, Oxford: Oxford University Press, 1995. Ver também BASSIOUNI, M. Cherif. Combating Impunity for International Crimes, *in* 71 *University of Colorado Law Review*, Boulder: University of Colorado, 2000, p. 409 e s.

[18] Grifos meus. Ver em CANÇADO TRINDADE, Antônio Augusto. *Tratado de direito internacional de direitos humanos*, Porto Alegre: Sérgio Antonio Fabris, 1999, p. 407.

[19] Corte Interamericana de Direitos Humanos, Caso Velásquez Rodríguez. *Sentença de Mérito de 29.07.1988, Série C, n. 4, parágrafo 175*. Mais comentários sobre esse caso em CARVALHO RAMOS, André de. *Direitos humanos em juízo*, São Paulo: Max Limonad, 2001, p. 118-145.

[20] DIMOULIS, Dimitri. O art. 5º, § 4º, da CF/88: dois retrocessos políticos e um fracasso normativo, *in* TAVARES, André Ramos; LENZA, Pedro; ALARCÓN, Pietro de Jesús Lora (orgs.). *Reforma do judiciário*: analisada e comentada, São Paulo: Método, 2005, p. 107-119, em especial p. 112.

De fato, é inegável o uso em várias situações do direito penal como forma de controle social e combate ao "inimigo", em especial na era da expansão do direito penal, de cunho meramente simbólico. Mas o que se discute na proteção jurídico-penal dos direitos humanos é justamente o contrário: para que os direitos humanos sejam emancipatórios e universais é necessário que os autores das violações sejam punidos para que seus exemplos não se propaguem ou para que não repitam a conduta em futuras ocasiões.

Não é vingança ou retribuição, mas sim o desejo de implementação dos direitos humanos como vetor de tolerância e respeito, uma vez que a tutela penal dos direitos humanos aplica-se diretamente no cotidiano de pessoas vulneráveis a inúmeros abusos e violações.

Vide os casos de abuso de autoridade, tortura, execução sumária, desaparecimentos forçados, violência de gênero, discriminação e violência racial, entre outros, que, pela gravidade, não poderiam ter a tutela penal substituída por outra. O Tribunal Constitucional Federal (TCF) da Alemanha adotou tal entendimento no chamado segundo caso sobre o aborto, de 1993. O TCF reiterou sua aderência ao dever estatal de proteção dos direitos fundamentais por meio da tutela penal e seu apego à tese da proibição da insuficiência. Para o TCF, "por ser a proteção da vida humana de sua morte uma tarefa elementar do Estado, a proibição de insuficiência também não permite que simplesmente se desista do uso do meio direito penal e do efeito de proteção que dele parte"[21].

Assim, na esteira de ser o direito penal um instrumento de *ultima ratio* invocado para proteger os bens jurídicos essenciais, justifica-se o uso da sanção penal para proteger os direitos fundamentais.

Em relação ao segundo momento (o da aplicação da lei penal) há aqueles que afirmam que o combate à impunidade dos violadores de direitos humanos relaciona-se com a eficiência do Estado e o respeito à universalidade da aplicação da lei. A universalidade e a objetividade do ordenamento jurídico exigem que o Estado aplique a lei para todos, impedindo que alguns escapem da punição[22].

---

21 BVerfge 88, 203, decisão de 28.05.1993, *in* MARTINS, Leonardo (org.). *Cinquenta anos de jurisprudência do Tribunal Constitucional Federal alemão*, Montevidéu: Konrad Adenauer Stiftung, 2005, p. 282.

22 Para José Reinaldo de Lima Lopes: "os traços da punição na sociedade democrática seriam sua universalidade e sua objetividade, significando que se estenderia de maneira geral a qualquer um que se encontrasse sob aquele sistema jurídico" (LOPES, José Reinaldo de Lima. Direitos humanos e tratamento igualitário: questões de impunidade, dignidade e liberdade. *Revista Brasileira de Ciências Sociais*, São Paulo: Associação Nacional de Pós-Graduação e Pesquisa em Ciências Sociais, v. 15, n. 42, fev. 2000, p. 77-100, em especial p. 80).

Por isso a defesa do fim da impunidade dos autores de violações de direitos humanos, como nos casos emblemáticos do Carandiru, Eldorado dos Carajás, Febem de São Paulo (entre outros), transcende o desejo de se impedir repetições da conduta violadora e vincula-se à exigência de tratamento isonômico e respeito ao estado de direito.

Há uma característica democrática da tutela penal, fraturada pela impunidade seletiva dos autores de violações de direitos humanos. Nesse sentido, sustenta LIMA LOPES que "quando os movimentos de defesa dos direitos humanos insistem na punição dos violadores de direitos fundamentais da pessoa humana estão reafirmando o poder do Estado em fazer valer universalmente a lei. Isto quer dizer garantir direitos e não privilégios, pois a rigor a lei beneficia a todos".

O citado autor ainda faz menção a uma espécie de "efeito carona" perverso da impunidade: ela aumenta o chamado "fardo da convivência", ou seja, faz com que a vida em sociedade se aproxime da lei da selva, uma vez que o exemplo da impunidade contamina e inspira novos comportamentos deletérios[23].

Na mesma linha, defende KAI AMBOS que "a contemplação passiva por parte do Estado" das graves violações de direitos humanos representa a fratura do direito e incentivo à justiça pelas próprias mãos[24].

Do ponto de vista do tratamento isonômico, a impunidade dos violadores de direitos humanos é nefasta, pois o afastamento da tutela penal só ocorre para os privilegiados, com acesso a algum filtro da impunidade. Com isso, cria-se um Estado dúbio, no qual a tutela penal ora é ativada, quando os autores são dos grupos marginalizados, ora é impedida, quando os autores são agentes públicos graduados ou membros da elite econômico-social do país[25].

---

23 Cabe citar o libelo de Lima Lopes: "a defesa dos direitos humanos depende em medida importante da redução dos níveis de impunidade. Do ponto de vista da filosofia do direito, a impunidade não se sustenta nem se justifica; do ponto de vista das condições da vida política de cidadãos livres tampouco, pois seu resultado é perverso" (LOPES, José Reinaldo de Lima. "Direitos humanos e tratamento igualitário: questões de impunidade, dignidade e liberdade", cit., p. 77-100, em especial p. 85).

24 AMBOS, Kai. *Direito penal. Fins da pena, concurso de pessoas, antijuridicidade e outros aspectos.* Trad. e comentários de Pablo Rodrigo Alflen da Silva. Porto Alegre: Sergio Antonio Fabris Editor, 2006, p. 23.

25 É de interesse recordar que Sarlet indaga: "Quais alternativas eficazes o direito penal pode ofertar? Um minimalismo extremado (...) é a única alternativa? E seria proporcional, ao desconsiderar a necessidade social?". Conferir em SARLET, Ingo Wolfgang. "Constituição e proporcionalidade: o Direito Penal e os Direitos Fundamentais entre proibição de excesso e de insuficiência", *in Revista da Ajuris*, ano XXXII, v. 98, junho de 2005, Porto Alegre, Ed. Associação dos Juízes do Rio Grande do Sul, p. 105-149, em especial p. 147.

4 O Direito Penal Internacional e o Direito Internacional Penal: os crimes de *jus cogens*

A responsabilidade individual no campo internacional gerou duas espécies de normas: as referentes ao Direito Penal Internacional e as referentes ao Direito Internacional Penal.

Por Direito Penal Internacional entendo o conjunto de normas internacionais (em geral, tratados) que regula penalmente condutas nocivas de impacto transfronteiriço, apelando para a cooperação jurídica internacional em matéria penal.

Já o Direito Internacional Penal consiste no conjunto de normas internacionais (consuetudinárias e convencionais) que regula penalmente condutas que afetam valores essenciais para a comunidade internacional, mesmo sem nenhum impacto transfronteiriço (genocídio em uma região interna ao Estado, por exemplo). Por isso, é possível denominar tais crimes de *crimes internacionais em sentido estrito* ou ainda *crimes de "jus cogens"*, uma vez que regulam crimes que afetam os valores essenciais (*jus cogens*) e que interessam não a um Estado ou grupo de Estados, mas a toda a coletividade internacional. São crimes internacionais em sentido estrito o genocídio, os crimes de guerra, os crimes contra a humanidade e o crime de agressão (ver o capítulo sobre os crimes sujeitos ao Tribunal Penal Internacional).

Por sua vez, o Direito Penal Internacional atesta a internacionalização da produção de normas penais, com a regulação de diversos *crimes transnacionais ou transfronteiriços,* como a comercialização de escravos e tráfico de seres humanos (diversos tratados desde o final do século XIX até o século XX), tráfico de drogas (diversos tratados, desde 1912 até Tráfico de drogas mais recentes, no final do século XX), produção de moedas falsas, terrorismo (combatendo o apoderamento ilícito de aeronaves em 1970 e outros ao longo das décadas), pirataria, entre outros. O tratamento normativo não é uniforme no Direito Penal Internacional: há tratados que tipificam o crime, com as elementares; há outros que estabelecem o dever dos Estados em tipificar; ou ainda o dever de exercer jurisdição ou extraditar, e finalmente aqueles que pressupõem a tipificação e estabelecem mecanismo de cooperação jurídica internacional.

Já o Direito Internacional Penal optou pela tipificação das condutas nos próprios tratados com a previsão expressa de julgamento em tribunais internacionais, na ausência de vontade ou impossibilidade de julgamento pelo Estado.

No futuro, há evidente indiferenciação. Cada vez mais os crimes transfronteiriços, como tráfico de armas e lavagem de ativos, abalam valores essenciais da comunidade internacional, podendo no futuro existir tipos penais próprios e tribunais para julgar esses criminosos, na inação dos Estados.

Para este livro, a importância da responsabilidade internacional do indivíduo é justamente aquela tratada pelo Direito Internacional Penal na defesa do valor essencial da comunidade internacional, que é a *promoção de direitos humanos*. Por isso, abordaremos *os* crimes internacionais em sentido estrito, que exigem do Estado o cumprimento do dever de julgar ou extraditar e, caso não realizado, pode gerar o julgamento perante um tribunal internacional.

5 A implementação indireta do Direito Internacional Penal: o princípio da jurisdição universal

Pela regra internacional da *jurisdição universal*, o Estado é autorizado a regular e sancionar condutas realizadas *fora de seu território*, para cumprir seu dever de cooperação internacional e combate à impunidade ou ainda para *proteger* valores essenciais da comunidade internacional como um todo. Assim sendo, há dois tipos distintos de aplicação extraterritorial da lei nacional com base na regra da jurisdição universal.

O primeiro tipo é a jurisdição universal comum (ou grociana), pela qual o Direito Internacional permite que um Estado possa regular e sancionar uma conduta realizada fora de seu território, pois, de outro modo, esta restaria impune, prejudicando os esforços de outro Estado. Essa hipótese de aplicação extraterritorial da jurisdição normativa é longeva no Direito Internacional, em especial no que tange a *leis penais*. GRÓCIO, em sua obra *Do Direito da Guerra e da Paz*, sustentou que os piratas eram "inimigos do gênero humano", implicando que todo Estado possuía o dever de entregar ou punir (*aut dedere aut punire*[26]). Consolidou-se, então, um costume internacional de combate à pirataria marítima por qualquer Estado, não importando a nacionalidade do pirata, a nacionalidade da vítima ou eventualmente sua área de atuação. Deveriam ser punidos onde fossem aprisionados.

Esse primeiro passo da aplicação extraterritorial com base na jurisdição universal não gerou polêmica ou atrito entre os Estados uma vez que era justificado como economia de recursos. Essa forma de jurisdição universal é ainda hoje muito comum em tratados multilaterais penais como a Convenção Única sobre Entorpecentes (1961)[27], a Convenção sobre Substâncias Psicotrópicas (1971)[28], na qual o Estado da captura do indivíduo se compromete a puni-lo, no caso da impossibilidade de extradição (por exemplo, pela proibição de extradição do nacional) ou, ainda, a Convenção das Nações Unidas contra o Crime

---

26 GROTIUS, Hugo. *O Direito da Guerra e da Paz* (tradução de Ciro Mioranza), edição brasileira, Florianópolis: Ed. Unijuí, 2004, em especial Livro II, capítulo XXI, § III.
27 Ver o artigo 36.2, "a".
28 Vide o artigo 22. 2, "a".

Organizado Transnacional (2000), que dispôs, em seu artigo 16, item 10, que "Um Estado-parte em cujo território se encontre o presumível autor da infração, se não extraditar esta pessoa a título de uma infração à qual se aplica o presente Artigo pelo único motivo de se tratar de um seu cidadão, deverá, a pedido do Estado-parte requerente da extradição, submeter o caso, sem demora excessiva, às suas autoridades competentes para efeitos de procedimento judicial". Essa cláusula é também muito comum em tratados de extradição, como se vê no Tratado de Extradição do Mercosul (1998)[29], que estabelece, em seu artigo 11, que "o Estado-parte que denegar a extradição deverá promover o julgamento do indivíduo, mantendo o outro Estado-parte informado do andamento do processo, devendo ainda remeter, finalizado o juízo, cópia da sentença".

Complementando esses tratados internacionais, há a previsão do art. 7º do Código Penal que dispõe que "Ficam sujeitos à lei brasileira, embora cometidos no estrangeiro: (...) II – os crimes: a) que, por tratado ou convenção, o Brasil se obrigou a reprimir". Na mesma linha, o Supremo Tribunal Federal possui diversos precedentes que pugnam pela aplicação da lei brasileira a condutas ilícitas ocorridas no exterior – cujos autores não estão sujeitos à extradição – para cumprir o ideal grociano de "aut dedere aut judicare", revelando, aos olhos do STF, "o compromisso ético-jurídico que o Brasil deve assumir na repressão a atos de criminalidade comum"[30].

O segundo tipo de jurisdição universal é denominado *jurisdição universal especial ou qualificada*. Lentamente, a regra da jurisdição universal irradiou-se e contaminou novos campos do Direito Internacional, regendo em especial o combate aos crimes contra a humanidade, crimes de guerra e genocídio (crimes de *jus cogens*).

A diferença entre a jurisdição universal *qualificada* da jurisdição universal *comum* (ou grociana) é evidente. Na jurisdição universal comum os Estados buscam cooperar para impedir a impunidade e a criação de paraísos seguros da criminalidade comum (*safe heavens*).

Na nova etapa da jurisdição universal trata-se de impedir que indivíduos, em geral agentes públicos e agindo de acordo com a lei local, possam violar normas internacionais essenciais[31]. Esses novos crimes internacionais se distanciam em muito da persecução criminal internacional grociana. De fato, esses crimes

---

29   A internalização do referido tratado deu-se pelo Decreto n. 4.975 de 30 de janeiro de 2004.
30   Brasil, Supremo Tribunal Federal, HC 83.113-DF, Relator Min. Celso de Mello, julgamento de 26-6-2003, *DJU* de 29-8-2003.
31   Ver mais em CARVALHO RAMOS, André de Carvalho. O Caso Pinochet: passado, presente e futuro da persecução criminal internacional. *Revista Brasileira de Ciências Criminais*, São Paulo: Revista dos Tribunais, v. 25, 1999, p. 106-114.

graves são, muitas vezes, (i) cometidos por agentes públicos, (ii) com o apoio material das forças de um Estado e (iii) agindo de acordo com a lei local.

A existência desses novos crimes internacionais consolidou dois tipos de uso do permissivo da jurisdição universal especial ou qualificada, a saber: a *jurisdição universal qualificada condicional ou imperfeita e a jurisdição universal qualificada absoluta ou perfeita*.

Na *jurisdição universal qualificada condicional* (ou imperfeita) a lei nacional exige que o acusado esteja em custódia do Estado para o início da persecução (*judex deprehensionis*). Assim, a presença física do acusado no território do Estado é um vínculo indispensável para o exercício desse tipo de jurisdição universal qualificada, revelando a intenção da lei nacional de impedir que seus juízes e promotores sejam "xerifes mundiais" e iniciem procedimentos contra qualquer pessoa que, em qualquer lugar no mundo, tenha cometido crimes contra os valores essenciais da comunidade. Ao menos se exige que essa pessoa tenha ingressado no território do Estado em questão.

Já o segundo tipo é denominado *jurisdição universal qualificada absoluta* (ou perfeita), que permite a aplicação extraterritorial da lei nacional penal, mesmo que o perpetrador da conduta bárbara nem sequer esteja em seu território (por isso também é denominada jurisdição universal *in absentia*). Assim, uma lei nacional de jurisdição universal absoluta possibilita o início da persecução criminal com o consequente pedido de prisão do indivíduo, mesmo que este jamais tenha tido algum contato com o Estado do processo. Caso o Estado processante esteja vinculado à Organização Internacional de Polícia Criminal (Interpol), o juiz ou promotor encarregado da investigação de casos de jurisdição universal absoluta pode enviar o nome do investigado ou acusado ao sistema de "difusão vermelha" (*red notice*) da Interpol, o que desencadeia uma solicitação de prisão para posterior extradição a todos os Estados membros daquela organização (mais de uma centena). Assim, um Estado pode pedir a prisão de um agente público de alto escalão de outro, por condutas pretensamente odiosas (de acordo com seu critério), e enviar esse pedido à Interpol para a difusão vermelha, da mesma maneira que faz com criminosos comuns no seu dia a dia.

Resta saber quais são as normas internacionais que fundamentam essas duas espécies de jurisdição internacional qualificada.

No caso da *jurisdição universal condicionada ou imperfeita*, há uma série de tratados internacionais, inclusive ratificados pelo Brasil, que permite o uso da lei nacional para reger condutas que violaram valores essenciais da comunidade internacional.

Quanto à *jurisdição universal qualificada absoluta*, vê-se que, na ausência de tratados específicos, vários Estados adotaram-na, tendo, como fundamento, a existência de um costume internacional na matéria. Esse costume internacional de jurisdição universal absoluta (ou seja, mesmo na ausência da presença do violador no território do Estado em questão) teria se desenvolvido a partir dos chamados "Princípios de Nuremberg", com forte apoio dos Estados. Contudo, a persecução é *tema distinto*. De fato, o costume internacional cristalizado no pós-Nuremberg admite a tipificação especial – com regime jurídico próprio, como, por exemplo, o dever de julgar ou extraditar, a imprescritibilidade dos crimes e ausência de qualquer imunidade desses violadores –, mas não legitima a jurisdição universal *in absentia*.

É necessário separar, então, o regime *material* especial dos crimes de *jus cogens* (crimes contra a humanidade e assemelhados) do regime *processual* que trata da hipótese de aplicação extraterritorial da lei local. Pelo contrário, os Estados, como a Espanha e a Bélgica, que adotaram leis locais de jurisdição universal *in absentia* foram duramente criticados e, inclusive, a Bélgica foi processada pelo Congo perante a Corte Internacional de Justiça, no chamado *Caso do Mandado de Prisão de 11 de abril de 2000*. Nesse caso, a Corte Internacional de Justiça decidiu, por maioria (com voto inclusive do então Juiz Francisco Rezek), que não havia um costume internacional que amparasse a lei belga de jurisdição universal *in absentia*[32]. Demonstrando a aceitação da posição da Corte tanto a Bélgica quanto a Espanha alteraram suas leis internas para reduzir o alcance da jurisdição universal para a espécie de jurisdição universal condicionada ou imperfeita vista acima.

No caso brasileiro, as normas internacionais de jurisdição universal qualificada estão, inicialmente, baseadas em tratados internacionais específicos, sempre condicionando seu exercício à entrada do violador dos valores comuns no território brasileiro (jurisdição universal imperfeita ou condicionada), tais como as quatro Convenções de Genebra de 1949 e seus Protocolos Adicionais de 1977 (todos ratificados pelo Brasil), a Convenção para a Repressão ao Apoderamento Ilícito de Aeronaves (1970), a Convenção das Nações Unidas contra toda forma de Tortura e Tratamento Degradante e Desumano (1984), entre outras. Esses tratados devem ser interpretados em conjunto com o já citado art. 7º do Código Penal, inciso II, "a", que fixa a jurisdição brasileira com base em "tratado ou convenção, o Brasil se obrigou a reprimir".

Por fim, observamos que o Brasil não adotou leis de jurisdição universal absoluta.

6 A implementação direta do Direito Internacional Penal: a era dos tribunais internacionais penais e o marco de Nuremberg

A implementação direta do Direito Internacional Penal é feita pelos tribunais internacionais penais, cuja origem remonta ao artigo 227 do Tratado de

---

[32] Corte Internacional de Justiça, *Caso Congo vs. Bélgica*, 2002. Ver também Corte Internacional de Justiça, *Caso Bélgica vs. Senegal*, 2012.

Versailles, visto acima, que previa um "tribunal especial" com juízes das potências vencedoras para julgar o Kaiser Guilherme da Alemanha vencida. Após, a Sociedade das Nações patrocinou a elaboração de Convenção contra o Terrorismo que também previa a criação de um tribunal internacional, mas que nunca entrou em vigor.

Em 1945, finalmente um tribunal internacional penal foi criado. Pelo Acordo celebrado em Londres em 8 de agosto de 1945 foi estabelecido o Tribunal Internacional Militar, tendo como partes originais o Reino Unido, Estados Unidos, União Soviética e França, bem como 19 Estados aderentes. Seu anexo 2 continha o Estatuto do Tribunal Internacional Militar (TIM), que possuía sede em Berlim, realizando os julgamentos em Nuremberg (por isso, passou para a história como "Tribunal de Nuremberg).

Cada Estado celebrante indicou um nome para compor o juízo (sem possibilidade para a defesa arguir impedimento ou suspeição), bem como uma parte acusadora (cada Estado celebrante indicou um nome) e defesa. No julgamento principal e que deu notoriedade ao Tribunal, os acusados foram 24 personalidades do regime nazista, bem como organizações criminosas: S.S, Gestapo, Partido Nazista, Estado-Maior das Forças Armadas e S.A (único caso de tribunal internacional que julgou pessoas jurídicas). O libelo acusatório contou com quatro crimes: "conspiracy" (figura do direito anglo-saxão, sem correspondência exata no direito brasileiro, mas que, por aproximação, se enquadraria na figura da reunião de agentes voltada para a prática de crime); crimes contra a paz (punição da guerra de agressão e conquista); crimes contra as leis e os costumes da guerra e, finalmente, crimes contra a humanidade, desde conexos com os demais (*war nexum*). Após três meses, com dezenas de oitivas e amplo material documental, as sentenças foram prolatadas entre 30 de setembro e 1º de outubro de 1946, com várias condenações à morte (enforcamento).

O fundamento da jurisdição do TIM, apesar das controvérsias, é fundado no direito internacional consuetudinário de punição àqueles que cometeram crimes contra os valores da comunidade internacional. Discute-se, obviamente, a falta de tipificação clara de determinadas condutas e ainda a natureza *ex post facto* do tribunal.

Em 1947, a Comissão de Direito Internacional da ONU foi incumbida de codificar os princípios utilizados em Nuremberg, para consolidar o avanço do Direito Internacional Penal. Em 1950, a Comissão aprovou os seguintes sete princípios, também chamados de "princípios de Nuremberg": 1º: Todo aquele que comete ato que consiste em crime internacional é passível de punição; 2º: lei nacional que não considera o ato crime é irrelevante; 3º: as imunidades locais são irrelevantes; 4º: a obediência às ordens superiores não são eximentes; 5º:

todos os acusados têm direito ao devido processo legal; 6º: são crimes internacionais os julgados em Nuremberg; 7º: conluio para cometer tais atos é crime[33].

Por sua vez, o Tribunal Militar Internacional para o Extremo Oriente, com sede em Tóquio, foi criado em 1946 por ato unilateral dos Estados Unidos, potência ocupante, por intermédio do Chefe da Ocupação, General MacArthur, que editou sua Carta e regras de funcionamento. MacArthur nomeou 11 juízes, nacionais dos Aliados e os componentes da Promotoria. Coube ainda à potência ocupante determinar a lista de acusados e a imunidade ao Imperador Hirohito e sua família. Julgou componentes do núcleo militar e civil do governo japonês por crimes contra a paz, crimes de guerra e crimes contra a humanidade, sendo exigida conexão com os crimes contra a paz. Determinou sete penas de morte, por enforcamento, realizadas em 1948, bem como diversas penas de caráter perpétuo. No bojo da guerra fria, houve concessão de liberdade condicional aos presos a partir de 1952, por ordem do Presidente Truman (Estados Unidos). Em contrapartida, o último preso do julgamento de Nuremberg, Rudolf Hess, condenado a prisão perpétua em 1946, morreu na prisão de Spandau em 1987.

A mesma guerra fria impediu que novos tribunais internacionais fossem estabelecidos: a Convenção pela Prevenção e Repressão ao Crime de Genocídio (1948) previu a instalação de um tribunal internacional para julgar esse crime (artigo VII), sem maior repercussão. No seio das Nações Unidas, o projeto pelo estabelecimento de um código de crimes internacionais e de um tribunal internacional penal na Comissão de Direito Internacional não conseguia o consenso dos Estados.

Foi necessário esperar o fim da Guerra Fria para que o desenvolvimento da parte processual do Direito Internacional Penal progredisse, acompanhando o célere desenvolvimento da parte material desse novo ramo do Direito Internacional, que havia avançado com a consolidação, no direito consuetudinário, dos princípios de Nuremberg de combate aos crimes contra a humanidade e ainda com os diversos deveres convencionais dos Estados de combate aos crimes de guerra e ao genocídio.

O marco dessa nova etapa foi o estabelecimento dos tribunais internacionais penais *ad hoc* pelo Conselho de Segurança, respectivamente para julgar os indivíduos responsáveis pelos crimes contra o Direito Humanitário na ex-Iugoslávia (Tribunal Penal Internacional para a ex-Iugoslávia) e os responsáveis pelo crime de genocídio em Ruanda (Tribunal Penal Internacional de Ruanda)[34].

---

33 Ver os sete princípios em: <http://untreaty.un.org/ilc/texts/instruments/english/draft%20articles/7_1_1950.pdf>. Acesso em: 1º mar. 2022.

34 Ver capítulo específico sobre o Conselho de Segurança e os tribunais "ad hoc".

Esses tribunais são importantes porque codificaram os elementos de crimes internacionais (como genocídio, crime contra a humanidade e crimes de guerra) associados ao devido processo legal, com direitos da defesa. Também adotaram o *princípio da primazia* da jurisdição internacional em detrimento da jurisdição nacional, dado o momento de desconfiança contra as instituições locais (da ex-Iugoslávia[35] e de Ruanda[36]). Assim, ficou determinado que cada um desses tribunais teria *primazia* sobre as jurisdições nacionais, podendo, em qualquer fase do processo, exigir oficialmente às jurisdições nacionais que abdicassem de exercer jurisdição em favor da Corte internacional.

Com os dois tribunais *ad hoc,* aceleraram-se os esforços das Nações Unidas para a constituição de um Tribunal Internacional Penal permanente, para julgar os indivíduos acusados de cometer crimes de *jus cogens* posteriores à data de instalação do tribunal (evitando-se o estigma do tribunal "ad hoc" e as críticas aos "tribunais de exceção"), sob o pálio do devido processo legal, como veremos abaixo.

Em 2010, o Conselho de Segurança criou o *Mecanismo Residual de Tribunais Internacionais Penais* para receber os casos remanescentes do Tribunal *ad hoc* para Ruanda (TPIR) e para a antiga Iugoslávia (TPII)[37], após o fechamento desses dois tribunais. O TPII foi fechado em 31 de dezembro de 2017[38] e o TPIR em 31 de dezembro de 2015[39].

Entre as funções atribuídas ao mecanismo, estão a localização e prisão de fugitivos com a persecução criminal e julgamento, continuidade da proteção às testemunhas, supervisão da execução das sentenças e gestão dos arquivos, entre outras.

O Mecanismo atua em duas frentes: uma em Arusha (Tanzânia) e a outra na Haia (Holanda). Há três órgãos principais: a Presidência, a Procuradoria e a Secretaria. Para cada frente, há um juízo de instrução específico, mas a câmara de apelação é comum. São 25 juízes designados para atuar nas duas frentes, podem trabalhar em sistema remoto e ainda ser transferidos de uma frente para

---

35 Artigo 9º do Estatuto do TPI da ex-Iugoslávia.

36 Artigo 8º do Estatuto do TPI de Ruanda.

37 Resolução n. 1.966 (2010) do Conselho de Segurança.

38 O TPI da ex-Iugoslávia indiciou 161 indivíduos, sendo 90 sentenciados e 19 absolvidos. Houve ainda 37 extinções de processos e retiradas de indiciamentos. Treze indivíduos tiveram seus julgamentos transferidos para os Estados da região. Seu último julgamento foi a condenação de Ratko Mladic, de 72 anos, à prisão perpétua pelos crimes de genocídio, de guerra e contra a humanidade. Mais dados sobre as atividades do TPII em: <http://www.icty.org/node/9590>. Acesso em: 4 out. 2021.

39 O TPI de Ruanda realizou julgamentos de 93 acusados, emitindo 62 condenações. Ver relatório em: <http://unictr.irmct.org/en/tribunal>. Acesso em: 4 out. 2021.

outra. Os juízes são eleitos pela Assembleia Geral das Nações Unidas para um mandato de quatro anos, com direito à recondução. Atualmente (2022), o Presidente do Mecanismo é o Carmel Agius (Malta) e o Procurador é o belga Serge Brammertz.

7 O Tribunal Internacional Penal

7.1 A Conferência de Roma de 1998 e a entrada em vigor do Estatuto do TPI

Após anos de negociação no seio das Nações Unidas, em 1998, durante Conferência Intergovernamental em Roma (Itália), foi adotado o texto do Estatuto do Tribunal Penal Internacional (TPI). Esse marco no Direito Internacional dos Direitos Humanos ocorreu justamente no ano da comemoração do 50º aniversário da Declaração Universal dos Direitos Humanos (1948-1998).

O texto do Estatuto foi adotado em Roma por 120 votos a favor, 7 votos contrários (Estados Unidos, China, Índia, Líbia, Iêmen, Israel e Catar) e 21 abstenções. Havia expectativa pessimista sobre a entrada em vigor do tratado, pois não cabia reservas (artigo 120, impedindo exclusões ou modificações de dispositivos mais polêmicos) e exigiu-se o número mínimo de *60* ratificações para tanto (artigo 126). Em 2002, contudo, o número foi atingido e, em 2022, 123 Estados são partes do Tribunal Penal Internacional. Destes, 33 são Estados africanos, 19 são Estados da Ásia-Pacífico, 18 são da Europa Oriental, 28 são da América Latina e Caribe, e 25 são da Europa Ocidental e outros Estados[40].

Até hoje, notam-se ausências expressivas, como as da China, Estados Unidos, Israel, Irã e Rússia. Os Estados Unidos, aliás, têm um relacionamento recente conturbado com o Tribunal. Em 1995, a gestão do então Presidente Clinton deu mostras de apoio à criação do TPI. Já na Conferência de Roma de 1998, os Estados Unidos decidiram votar contra a adoção do texto, assinando-o somente em 2000. Em 2002, a gestão Bush retirou essa assinatura, desobrigando-se do dever de se abster da prática de atos que frustrariam o objeto e a finalidade do tratado, segundo o artigo 18 da Convenção de Viena sobre Direito dos Tratados, de 1969.

A fase de maior tensão entre os Estados Unidos e o TPI ocorreu em 2020, quando o Presidente Trump assinou a Ordem Executiva n. 13.928 (de 11 de junho de 2020 – denominada "Blocking Property of Certain Persons Associated With the International Criminal Court"), declarando que o exercício de jurisdição do TPI sobre agentes norte-americanos (ver abaixo como isso é possível)

---

[40] Disponível em: <https://asp.icc-cpi.int/states-parties>. Acesso em: 30 maio 2022.

é considerado uma ameaça incomum e extraordinária à segurança nacional e à política externa dos Estados Unidos. Foi declarada emergência nacional para lidar com tal "ameaça". Consequentemente, os Estados Unidos estabeleceram uma série de sanções (bloqueando ativos pessoais, proibindo doações etc.). A própria Procuradora do TPI da época (Fatou Bensouda) foi inserida na "lista suja", ou seja, caso possuísse bens pessoais nos EUA ou em bancos americanos (ou sujeitos à regulação americana), estariam congelados. Até sua entrada nos EUA foi proibida[41]. Em 2021, o Presidente Biden revogou tal ordem e retirou o nome da Procuradora Bensouda da lista[42].

Na mesma toada, Israel, que inicialmente foi contra a adoção do texto na Conferência de Roma de 1998, acabou assinando o tratado em 2000. Em 2002, houve a retirada de assinatura, surgindo receio de que a hipótese de *crime de guerra* referente à "transferência, direta ou indireta, por uma potência ocupante de parte da sua população civil para o território que ocupa" (artigo 8º.2, "b", VIII) pudesse ocasionar punição a líderes israelenses devido à política de assentamentos (colônias) em territórios ocupados *palestinos*.

Veremos, abaixo, as principais características dessa nova fase da responsabilidade internacional penal do indivíduo.

7.2 As características gerais do TPI: composição e órgãos

O Estatuto de Roma contém 128 artigos, com normas materiais e processuais penais referentes aos crimes de *jus cogens* que lhe compete julgar, que são o genocídio, os crimes contra a humanidade, os crimes de guerra e o crime de agressão (cujo tipo penal só foi acordado em 2010, na Conferência de Kampala, Uganda).

É composto por um preâmbulo e treze capítulos, que englobam as regras referentes aos crimes, à investigação e processo, à cooperação e execução da pena, bem como ao financiamento das atividades.

O preâmbulo do Estatuto de Roma realça o vínculo entre o direito penal e a proteção de direitos humanos por meio do combate à impunidade e, consequentemente, pela obtenção do efeito de prevenção de novas violações. Com efeito, no preâmbulo, estabeleceu-se que é dever de cada Estado exercer a respectiva jurisdição penal sobre os responsáveis por crimes internacionais, pois crimes de tal gravidade constituem uma ameaça à paz, à segurança e ao

---

41 Disponível em: <https://www.federalregister.gov/documents/2020/06/15/2020-12953/blocking-property-of-certain-persons-associated-with-the-international-criminal-court>. Acesso em: 25 maio 2022.

42 Disponível em: <https://home.treasury.gov/policy-issues/financial-sanctions/recent-actions/20210405_33>. Acesso em: 25 maio 2022.

bem-estar da humanidade. Logo, tais "crimes de maior gravidade, que afetam a comunidade internacional no seu conjunto, não devem ficar impunes e que a sua repressão deve ser efetivamente assegurada através da adoção de medidas em nível nacional e do reforço da cooperação internacional", uma vez que é imperioso "pôr fim à impunidade dos autores desses crimes e a contribuir assim para a prevenção de tais crimes"[43].

O Tribunal tem personalidade jurídica internacional, com sede em *Haia* (Holanda), possuindo igualmente capacidade jurídica necessária ao desempenho das suas funções e cumprimento dos seus objetivos. É um tribunal independente da ONU (diferente dos tribunais "ad hoc" da ex-Iugoslávia e Ruanda, criados pelo Conselho de Segurança), mas que, em face de seus objetivos, possui uma relação de cooperação com esta organização, enviando relatos anuais à Assembleia Geral e ainda sendo obediente a determinadas ordens do Conselho de Segurança quanto ao início de um caso e suspensão de trâmite (vide abaixo).

O Tribunal é composto de quatro órgãos, a saber: Presidência, Divisão Judicial, Procuradoria (Ministério Público) e Secretariado (*Registry*).

São 18 juízes que compõem o tribunal, eleitos pelos Estados-partes para um mandato de 9 anos (não podem ser reeleitos). A escolha deve recair sobre pessoas de elevada idoneidade moral, imparcialidade e integridade, que reúnam os requisitos para o exercício das mais altas funções judiciais nos seus respectivos países. No caso do Brasil, serão exigidos dos candidatos os requisitos para a nomeação ao posto de Ministro do Supremo Tribunal Federal, ou seja: notório saber jurídico, reputação ilibada e com mais de 35 anos e menos de 70 anos (após a EC 122/2022). Além disso, o Estatuto prevê que os juízes devem ser eleitos de modo a preencher, isonomicamente, duas categorias: a primeira categoria ("lista A") é composta por pessoas com experiência em Direito Penal e Processo Penal; a segunda categoria ("lista B") é composta por pessoas com competência em matérias relevantes de Direito Internacional, tais como o direito internacional humanitário e os direitos humanos.

Na seleção dos juízes, os Estados-partes devem ponderar a necessidade de assegurar que a composição do Tribunal inclua representação dos principais sistemas jurídicos do mundo, uma representação geográfica equitativa e uma representação justa de juízes do sexo feminino e do sexo masculino. No caso brasileiro, o Brasil indicou, à época, Sylvia Steiner, ex-Procuradora da República (Ministério Público Federal) e ex-Desembargadora Federal (Tribunal Regional Federal da 3ª Região), eleita para a primeira composição do TPI. Em 2014, o Brasil apresentou a candidatura do Professor de Direito Internacional Leonardo

---

43 Ver mais sobre o combate à impunidade no Direito Internacional em ROBERTSON, Geoffrey. Ending impunity: how international criminal law can put tyrants on trial, in 38 *Cornell International Law Journal*, Ithaca, New York: Cornell Law School, (2005), p. 649 e s.

Nemer Caldeira Brandt (UFMG), que, contudo, não foi escolhido pela Assembleia dos Estados-Partes. Em 2020, o Brasil apresentou a candidatura da Des. Federal Mônica Sifuentes (TRF da 1ª Região) para exercer mandato entre 2021--2030, também não eleita.Os juízes são divididos em três grandes Seções: o Juízo de Instrução (*Pre-Trial Chamber*), o Juízo de Julgamento em 1ª Instância (*Trial Chamber*) e ainda o Juízo de Apelação (*Appeal Chamber*).

O Ministério Público do TPI é capitaneado pelo Procurador, que atua com independência funcional, como órgão autônomo do Tribunal. Cabe ao Procurador receber comunicações e qualquer outro tipo de informação, devidamente fundamentada, sobre crimes da competência do Tribunal, a fim de os examinar e investigar e de exercer a ação penal junto ao Tribunal. É eleito pela Assembleia dos Estados-partes para mandato de nove anos, não renovável. O primeiro Procurador eleito foi o argentino Luiz Moreno Ocampo, escolhido em 2003. Após Ocampo, foi escolhidacomo Procuradora do Tribunal Penal Internacional Fatou Bensouda, natural de Gâmbia. Seu mandato venceu em 15 de junho de 2021. Atualmente, o Procurador do TPI é Karim A. A. Khan (Reino Unido).

Com o estabelecimento do TPI não há mais o regime jurídico manco dos crimes de *jus cogens:* eram crimes *internacionais* que dependiam da seletividade e desejos de persecução *nacionais*. Não se depende mais exclusivamente dos Estados, pois, como veremos, o Procurador do TPI foi dotado do poder de iniciar processos, sob determinadas condições, *ex officio*.

Por outro lado, o Estatuto não admite reservas, porém fez concessões. De acordo com o artigo 124, é possível suspender a aplicação do artigo 8º (punição aos crimes de guerra) por sete anos[44]. Essa exceção à competência do TPI quanto aos crimes de guerra foi aproveitada pela França e Colômbia. A França retirou sua declaração em 2008. Já a declaração colombiana perdeu o sentido, pois o Estatuto a vincula há mais de sete anos.

O Estatuto ainda permite aos Estados contratantes *não colaborar* para a entrega de um estrangeiro ao TPI, caso tenha firmado acordos de imunidade (artigo 98). Justamente por isso que os Estados Unidos, que possuem tropas espalhadas pelo mundo (várias delas estacionadas em países partes do TPI) se esforçam em ratificar esse tipo de acordo para proteger seu pessoal de acusações de crimes de *jus cogens*. O Brasil recusou-se a celebrar esse tipo de acordo com

---

44   *In verbis*: "Artigo 124 – Disposição Transitória – Não obstante o disposto nos parágrafos 1º e 2º do artigo 12, um Estado que se torne Parte no presente Estatuto, poderá declarar que, durante um período de sete anos a contar da data da entrada em vigor do Estatuto no seu território, não aceitará a competência do Tribunal relativamente à categoria de crimes referidos no artigo 8º, quando haja indícios de que um crime tenha sido praticado por nacionais seus ou no seu território. A declaração formulada ao abrigo deste artigo poderá ser retirada a qualquer momento. O disposto neste artigo será reexaminado na Conferência de Revisão a convocar em conformidade com o parágrafo 1º do artigo 123".

os EUA, mostrando firmeza no respeito ao papel do TPI no combate à impunidade dos violadores bárbaros de direitos humanos.

Finalmente, o Estatuto admitiu que nenhum inquérito ou procedimento-crime poderá ter início ou prosseguir os seus termos por um período de doze meses a contar da data em que o Conselho de Segurança assim o tiver solicitado em resolução aprovada nos termos do disposto no Capítulo VII da Carta das Nações Unidas. O pedido poderá ser renovado pelo Conselho de Segurança nas mesmas condições. Assim, caso haja vontade política do Conselho de Segurança, as investigações ou mesmo processos sobre crimes de *jus cogens* podem ser suspensos por 12 meses, renovados indefinidamente.

7.3 Os limites à jurisdição do TPI

O Estatuto de Roma possui claramente a ambição de universalidade, buscando ser o grande *tribunal internacional penal* da humanidade. Porém, há vários limites ao exercício de sua jurisdição.

Em primeiro lugar, observo que a jurisdição *ratione materiae* (de acordo com a matéria) restringe-se aos crimes de *jus cogens,* cuja gravidade ofende os valores de toda a comunidade internacional. Porém, há a possibilidade dos Estados emendarem o Estatuto e ampliarem o rol desses crimes (hoje restritos às quatro espécies vistas acima), permitindo que o TPI seja instrumento do incremento do número de crimes internacionais em sentido estrito.

No âmbito espacial, a jurisdição do TPI só pode ser exercida quando o crime de *jus cogens* sujeito à jurisdição do Tribunal for cometido (i) no território de um Estado-parte[45], ou (ii) por um nacional do Estado-parte, ou (iii) por meio de declaração específica do Estado não contratante e, finalmente, por (iv) por decisão do Conselho de Segurança da ONU.

Assim, em geral, a vontade do Estado foi respeitada. Só há uma clara exceção: pode o Conselho de Segurança adotar resolução vinculante adjudicando o caso ao Tribunal Penal Internacional. Foi o Caso de Darfur, visto acima, o primeiro no qual o Conselho de Segurança determinou o início das investigações, mesmo sem a ratificação, pelo Sudão, do Estatuto do TPI.

Em 2011, houve mais uma resolução vinculante do CS, agora em relação aos crimes contra a humanidade realizados pelo Ditador Kadafi para abafar revolta popular contra sua longeva tirania (1969-2011)[46].

---

45 Nos espaços globais comuns (exemplo: alto mar), se o crime tiver sido cometido a bordo de um navio ou de uma aeronave, será competente o TPI se for o Estado de matrícula do navio ou aeronave um dos Estados-partes.

46 Conselho de Segurança, Resolução n. 1970 (2011), de 26 de fevereiro de 2011. Em seguida, o Conselho de Segurança aprovou a Resolução n. 1973, de 2011, pela qual autoriza o

No âmbito temporal, a jurisdição do TPI só pode ser invocada para os crimes cometidos após a entrada em vigor do Estatuto, ou seja, após 1º de julho de 2002, exorcizando os velhos fantasmas dos tribunais *ad hoc* e *ex post facto* no plano internacional.

7.4 O princípio da complementaridade

O preâmbulo do Estatuto de Roma dispõe que "é dever de cada Estado exercer a respectiva jurisdição penal sobre os responsáveis por crimes internacionais".

Logo, estabeleceu-se mais um exemplo da *subsidiariedade da jurisdição internacional*, tal qual ocorre com os tribunais internacionais de direitos humanos. O princípio que espelha essa subsidiariedade é o princípio da complementaridade. Por esse princípio, o TPI não exercerá sua jurisdição caso o Estado com jurisdição já houver iniciado ou terminado investigação ou processo penal, salvo se este não tiver "capacidade" ou "vontade" de realizar justiça. Nesse ponto, o próprio Estado-parte pode solicitar a intervenção do TPI ou ainda o próprio TPI pode iniciar as investigações e persecuções criminais. Assim, a jurisdição internacional penal é *complementar* à jurisdição nacional e só poderá ser acionada se o Estado não possuir vontade ou capacidade para realizar justiça e impedir a impunidade.

Além disso, o caso é também inadmissível se a pessoa em causa já tiver sido julgada pela conduta a que se refere a denúncia, salvo se o julgamento for um simulacro para obter a impunidade e, finalmente, se o caso não for suficientemente grave para justificar a ulterior intervenção do Tribunal.

A fim de determinar se há ou não *vontade* ou *capacidade* de um Estado em agir em determinado caso, o Tribunal, tendo em consideração as garantias de um processo equitativo reconhecidas pelo Direito Internacional, deve verificar a existência de uma ou mais das seguintes circunstâncias: a) intenção evidente do Estado de usar o processo nacional para subtrair a pessoa em causa à sua responsabilidade criminal por crimes da competência do Tribunal, gerando impunidade; b) delonga injustificada no processo; c) condução tendenciosa e parcial, ou seja, incompatível com a intenção de fazer justiça; d) eventual colapso total ou substancial da respectiva administração da justiça, que, assim, não está em condições de realizar ou concluir o processo.

---

uso da força na Líbia de acordo com o Capítulo VII da Carta das Nações Unidas (10 votos a zero, cinco abstenções: Brasil, Alemanha, China, Índia e Rússia). O regime de Kadafi ruiu e o ditador foi assassinado pelos opositores em outubro de 2011. Seu herdeiro político e filho Saif al-Islam tem contra si mandato de prisão expedido pelo TPI, por crimes de guerra. Até o fechamento da edição (maio de 2022), ele continua na Líbia, onde foi anistiado (2017) após ter sido condenado à morte à revelia.

O artigo 20, § 3º, do Estatuto chega ao ponto de esclarecer que o TPI *não julgará* de novo o criminoso, salvo se o processo criminal nacional tiver sido feito para obtenção da impunidade. Quem decide se o julgamento nacional, mesmo que chancelado pela Suprema Corte local, foi um simulacro para a obtenção da impunidade? O próprio TPI.

Assim, o princípio da complementaridade é complexo, pois, a um primeiro olhar, evita conflito com as jurisdições locais ao remeter a jurisdição do TPI a um papel secundário, "complementar", bem distante do princípio da primazia assumido pelos tribunais "ad hoc" penais para a ex-Iugoslávia e Ruanda.

Porém, em um olhar mais atento, cabe ao próprio TPI definir se a jurisdição nacional agiu a contento, podendo inclusive desconsiderar a coisa julgada local que, na sua visão, serviu para camuflar a impunidade, o que implica manter, sempre nas mãos internacionais, o poder de instaurar ou não os processos contra esses criminosos no TPI.

7.5 Crimes internacionais e o dever de perseguir e punir

7.5.1 Genocídio

O genocídio não foi julgado pelo Tribunal Internacional Militar reunido em Nuremberg em virtude da indecisão dos Aliados em considerá-lo já tipificado pelo costume internacional, o que poderia refletir indiretamente no genocídio armênio (1914-1915) contestado pela Turquia, que, após o fim do Império Otomano no pós-1ª Guerra Mundial era laica e ocidentalizada.

Se o extermínio de um povo ou grupo não era novidade na história sangrenta da humanidade, o uso do termo foi cunhado por LEMKIM em livro de 1944 ao se referir às técnicas nazistas de ocupação de território na Europa, tendo se inspirado nas partículas *genos* (raça, tribo) e *cídio* (assassinato)[47].

Por isso, o preâmbulo da Convenção pela Prevenção e Repressão ao Crime de Genocídio (1948) faz menção a ser o genocídio um crime de Direito Internacional ("international law crime"), reforçando seu pertencimento ao gênero.

O artigo 6º do Estatuto de Roma define o genocídio como sendo o ato ou atos cometidos com a intenção de destruir, no todo ou em parte, um grupo nacional, étnico, racial ou religioso (*dolus specialis*). Para LAFER, o combate ao

---

[47] LEMKIN, Raphael. *Axis Rule in Occupied Europe: Laws of Occupation – Analysis of Government – Proposals for Redress*. Washington: Carnegie Endowment for International Peace, 1944, em especial p. 79-95 ("Capítulo IX – Genocide").

genocídio tutela a diversidade humana, que é um "ingrediente constitutivo da condição humana"[48].

O objeto tutelado é a própria existência do grupo, que é constituído pelos "quatro vínculos". Em primeiro lugar, o vínculo da nacionalidade, que forma o grupo composto por pessoas que se reconhecem como membros de uma nação, mesmo que na luta pela independência (caso dos palestinos e curdos). O segundo vínculo é o étnico, que forma o grupo que compartilha uma identidade histórica e cultural. O terceiro vínculo é o "racial", que aponta para grupo formado pela percepção social de traços fenotípicos distintivos. Esse vínculo poderia ser tido como superado, em um primeiro momento, pela inexistência da distinção biológica entre humanos, mas que continua a ser utilizado com propósitos políticos e sociais de discriminação e destruição – como se viu no HC 82.424-RS no Supremo Tribunal Federal[49]. Para LAFER, "se o racismo não pode ser justificado por fundamentos biológicos, no entanto, persiste como fenômeno social. É este fenômeno social, e não a 'raça', o destinatário jurídico da repressão prevista no artigo 5º, XLII, da Constituição de 1988"[50]. Finalmente, o quarto vínculo é o religioso, que agrega os indivíduos unidos pela mesma fé espiritual. Fica evidente a falta de menção da destruição de grupo político e ainda de grupo social (por exemplo, grupo determinado por sua orientação sexual), que podem ser tipificados na categoria de crimes contra a humanidade.

Esses atos de destruição podem ser homicídios; atentados graves à integridade física ou mental dos membros do grupo; sujeição intencional do grupo a condições de vida voltadas a provocar a sua destruição física, total ou parcial; imposição de medidas destinadas a impedir nascimentos no seio do grupo e transferência forçada das crianças do grupo para outro grupo. A lista dos atos é meramente enumerativa.

No Brasil, o combate ao genocídio deu-se pela ratificação da Convenção de 1948 e ainda pela edição da Lei n. 2.889 de 1956. O bem jurídico tutelado é transindividual – a existência do grupo – e as penas variam de acordo com o ato da prática do genocídio[51]. Em 2006, o Supremo Tribunal Federal reconheceu que a competência para julgar o crime de genocídio é federal, do juiz monocrático, salvo se os atos de destruição forem crimes dolosos contra a vida. Como

---

48 LAFER, Celso. *A reconstrução dos direitos humanos: um diálogo com o pensamento de Hannah Arendt*, São Paulo: Companhia das Letras, 1988, p. 184.

49 HC 82.424-RS, Relator para o Acórdão Min. Maurício Corrêa.

50 Ver LAFER, Celso. *A internacionalização dos direitos humanos*. São Paulo: Manole, 2005, em especial p. 54-55.

51 Ver mais em DIAS, José Procópio da Silva de Souza. "Crime de Genocídio", *in* JUNQUEIRA, Gustavo Octaviano Diniz (org.). *Legislação Penal Especial*, v. 2. São Paulo: Premier Maxima, 2008, p. 453 e s.

O STF entende que há concurso formal entre o crime de genocídio e os atos também tipificados de sua realização (homicídio, lesão corporal etc.), no caso da prática de crime doloso contra a vida para praticar genocídio, o julgamento cabe a Tribunal de Júri federal[52].

No plano internacional, o marco contemporâneo foi a condenação por genocídio e outros crimes de *jus cogens* de *Jean-Paul Akayesu* a prisão perpétua em 1998 pelo Tribunal Internacional Penal para o Genocídio de Ruanda.

7.5.2 Crimes contra a humanidade

Os crimes contra a humanidade foram introduzidos no Direito Internacional pelo Tribunal Internacional Militar criado pelo Estatuto de Londres de 1945 (conhecido como Tribunal de Nuremberg).

Foi o artigo 6º, "c", do Estatuto que definiu serem "crimes contra a humanidade" o assassinato, o extermínio, a escravização, a deportação e outros atos inumanos cometidos contra a população civil *antes* da guerra ou *durante a mesma*, bem como a perseguição de natureza política, racial ou religiosa em execução daqueles crimes que sejam de competência do Tribunal ou em *conexão* com os mesmos, constituam ou não uma violação do direito interno do país do cometimento do crime[53]. Para Aragão, foram criados dois tipos de crimes contra a humanidade: o crime contra a humanidade do tipo homicídio (*murder type*, como homicídio, extermínio etc.) e o crime contra a humanidade do tipo perseguição (*persecution type*)[54].

Corroborando que se trata de uma inovação, LAFER sustenta que a concepção de crime contra a humanidade em Nuremberg procurava "identificar algo novo, que não tinha precedente específico no passado"[55].

Por isso a cautela dos redatores do Estatuto em exigir um vínculo com a situação de guerra: foi feita a menção a "antes" e "durante" a guerra e ainda à "conexão" com os crimes julgados pelo Tribunal (crimes contra a paz e crimes

---

52 Supremo Tribunal Federal, Recurso Extraordinário n. 351.487-3, Relator Cezar Peluso, julgamento em 3 de agosto de 2006.

53 *In verbis*: "Crimes Against Humanity: namely, murder, extermination, enslavement, deportation, and other inhumane acts committed against any civilian population, before or during the war; or persecutions on political, racial or religious grounds in execution of or in connection with any crime within the jurisdiction of the Tribunal, whether or not in violation of the domestic law of the country where perpetrated".

54 ARAGÃO, Eugênio José Guilherme de. "Crimes contra a humanidade: sistema internacional de repressão", *in Revista do Tribunal Superior do Trabalho*, Brasília, v. 75, n. 1, jan./mar. 2009, p. 82-93.

55 LAFER, Celso. *A reconstrução dos direitos humanos: um diálogo com o pensamento de Hannah Arendt*, São Paulo: Companhia das Letras, 1988, p. 168.

de guerra). Logo, os abusos bárbaros nazistas anteriores a 1939 (ano do início da guerra) não foram apreciados em Nuremberg. Esses crimes seriam, na visão dos redatores do Estatuto de Londres, uma extensão dos crimes de guerra[56].

Com a consolidação do conceito de crime contra a humanidade, esse vínculo (conhecido pela expressão em inglês "war nexus") com a situação de guerra foi afastado, como se viu no Caso Tadic, no qual a Câmara de Apelação do Tribunal Penal para a ex-Iugoslávia reconheceu que o direito internacional consuetudinário penal, após 1946, retirou do conceito de crime contra a humanidade a exigência de vínculo com a situação de guerra[57]. Assim, após Nuremberg, a prática dos Estados reconheceu a existência de crimes contra a humanidade em casos de ditaduras militares e assemelhadas[58].

O Estatuto de Roma confirmou essa autonomia do "crime contra a humanidade" em seu artigo 7º, que define ser o crime contra a humanidade um determinado ato de violação grave de direitos humanos, realizado em um quadro de ataque generalizado ou sistemático contra a população civil, havendo conhecimento desse ataque[59]. Busca-se, então, punir aqueles que, em regimes ditatoriais ou totalitários, usam a máquina do Estado ou de uma organização privada para promover violações graves de direitos humanos em uma situação de banalização de ataques a população civil. Para um crime ser elevado à categoria de crime contra a humanidade, expõe Aragão que é necessária uma certa dimensão e uma certa organização[60].

São vários os atos odiosos que foram mencionados como exemplo de crime contra a humanidade no Estatuto de Roma. Os primeiros são referentes à

---

56 ARAGÃO, Eugênio José Guilherme de. "Crimes contra a humanidade: sistema internacional de repressão", *in Revista do Tribunal Superior do Trabalho*, Brasília, v. 75, n. 1, jan./mar. 2009, p. 82-93.

57 O Sr. Duško Tadi foi sentenciado a 20 anos de prisão em 26 de janeiro de 2000. *In verbis*: "79. That no nexus is required in customary international law between crimes against humanity and crimes against peace or war crimes is strongly evidenced by subsequent case law". Disponível em: <http://www.icty.org/case/tadic/4>. Acesso em: 1º mar. 2011.

58 Ver mais em WEICHERT, Marlon Alberto e FÁVERO, Eugênia Augusta Gonzaga. "A responsabilidade por crimes contra a humanidade cometidos durante a ditadura militar", *in* SOUZA NETO, Cláudio Pereira; SARMENTO, Daniel; BINENBOJM, Gustavo (coord.). *Vinte Anos da Constituição Federal de 1988*, Rio de Janeiro: Lumen Juris, 2009, p. 511-568.

59 *In verbis*: "Para os efeitos do presente Estatuto, entende-se por 'crime contra a humanidade', qualquer um dos atos seguintes, quando cometido no quadro de um ataque, generalizado ou sistemático, contra qualquer população civil, havendo conhecimento desse ataque".

60 Além disso, critica o autor a redação "sofrível" do tipo penal. ARAGÃO, Eugênio José Guilherme de. "Crimes contra a humanidade: sistema internacional de repressão", *in Revista do Tribunal Superior do Trabalho*, Brasília, v. 75, n. 1, jan./mar. 2009, p. 82-93.

violação do direito à vida, por meio do homicídio e do extermínio, que implica na sujeição intencional a condições de vida voltadas à destruição de pessoas.

A escravidão, deportação ou transferência forçada de população, prisão ou outra forma de privação da liberdade física grave, em violação das normas fundamentais de direito internacional; tortura; crimes sexuais e agressão sexual, escravatura sexual, prostituição forçada, gravidez forçada, esterilização forçada ou qualquer outra forma de violência no campo sexual de gravidade comparável; perseguição de um grupo ou coletividade por motivos políticos, raciais, nacionais, étnicos, culturais, religiosos ou de gênero, ou em função de outros critérios universalmente reconhecidos como inaceitáveis no direito internacional (é o caso da perseguição aos homossexuais); desaparecimento forçado de pessoas e crime de *apartheid* e, por fim, uma cláusula aberta que permite que seja um "crime contra a humanidade" quaisquer atos desumanos de caráter semelhante, que causem intencionalmente grande sofrimento, ou afetem gravemente a integridade física ou a saúde física ou mental.

Assim, fica evidente que os crimes contra a humanidade abarcam inclusive os regimes racistas e outras discriminações, pois o crime de *apartheid* consiste na realização de atos de opressão e domínio sistemático de um grupo racial sobre um ou outros grupos nacionais e com a intenção de manter esse regime.

Nessas condutas, fica revelada a face de proteção de direitos humanos dos crimes de *jus cogens:* busca-se, pelo efeito dissuasório e preventivo usar a ferramenta criminal para promover uma sociedade livre, justa e igualitária.

7.5.3 Crimes de Guerra

Os crimes de guerra são compostos pelas violações graves do Direito Internacional Humanitário, que compreende os tratados e os costumes sobre os meios ou as condutas na guerra. Nessa linha, o artigo 8º do Estatuto de Roma apontou ser crime de guerra uma violação grave das Convenções de Genebra, de 12 de agosto de 1949, bem como outras violações graves das leis e costumes aplicáveis em conflitos armados internacionais no âmbito do direito internacional. A lista de atos é meramente exemplificativa, seguindo a lógica anterior aplicada no crime de genocídio e nos crimes contra a humanidade. Em síntese, o Direito Internacional Humanitário proíbe os meios ou instrumentos de guerra que não sejam estritamente necessários para superar o oponente, bem como veda a conduta que não seja proporcional e dirigida ao combatente adversário.

Analisaremos o crime de agressão (último tipo criminal sujeito à jurisdição do TPI) abaixo, no tópico referente à Conferência de Revisão de Kampala em 2010.

7.6 O trâmite

Dentro dos limites da jurisdição do Tribunal (limites materiais, espaciais e temporais), o início da investigação pode ocorrer por: 1) iniciativa (*motu proprio*) do Procurador (atualmente, Karim A. A. Khan, do Reino Unido), 2) remessa de um Estado-parte ou por declaração específica de Estado não parte e, finalmente, 3) decisão do Conselho de Segurança (que atingirá inclusive os crimes ocorridos em Estados não contratantes).

A remessa da informação pelo Estado (parte ou não parte) não vincula o Procurador, que pode entender tal remessa indevida. Caso entenda *procedente* essa notícia do Estado (parte ou não parte) e ainda nos casos de investigação aberta *motu proprio*, o Procurador deverá notificar todos os Estados-partes e os Estados que, de acordo com a informação disponível, teriam jurisdição sobre esses crimes.

Essa notificação pode ser feita confidencialmente, e sempre que necessário para proteger pessoas, impedir a destruição de provas ou a fuga, poderá ser limitada. No prazo de um mês após a recepção da referida notificação, qualquer Estado poderá informar o Tribunal de que está procedendo, ou já procedeu, a um inquérito sobre nacionais seus ou outras pessoas sob sua jurisdição. A pedido desse Estado, o Procurador transferirá o inquérito sobre essas pessoas, a menos que, a pedido do Procurador, o TPI (por meio de sua *Pre-Trial Chamber*, ou Juízo de Instrução) decida autorizar o inquérito. A transferência do inquérito poderá ser reexaminada pelo Procurador seis meses após a data em que tiver sido decidida ou, a todo momento, quando tenha ocorrido uma alteração significativa de circunstâncias, decorrente da falta de vontade ou da incapacidade efetiva do Estado de levar a cabo o inquérito. O Estado interessado ou o Procurador poderão interpor recurso para o *Appeal Chamber* ou Juízo de Recursos da decisão proferida pelo Juízo de Instrução.

No caso da abertura de investigação *ex officio*, o Procurador deve inicialmente pedir autorização ao Juízo de Instrução. Se, após examinar o pedido e a documentação que o acompanha, o Juízo de Instrução considerar que há fundamento suficiente para abrir um Inquérito e que o caso parece caber na jurisdição do Tribunal, autorizará a abertura do inquérito, sem prejuízo das decisões que o Tribunal vier a tomar posteriormente em matéria de competência e de admissibilidade. Se, depois da análise preliminar o Procurador concluir que a informação apresentada não constitui fundamento suficiente para um inquérito, o Procurador informará quem a tiver apresentado de tal entendimento. Tal não impede que o Procurador examine, à luz de novos fatos ou provas, qualquer outra informação que lhe venha a ser comunicada sobre o mesmo caso.

Já no caso da investigação ser determinada por resolução do Conselho de Segurança (por exemplo, nos casos de Darfur e agora da Líbia), o Procurador é obrigado a iniciar as investigações.

As regras de direito processual constam das Partes V e VI do Estatuto e determinam o modo de investigação e processamento dos acusados perante a Corte. Os direitos das pessoas investigadas foram mencionados no artigo 55 do Estatuto, bem como o conteúdo e limites da atividade de investigação do promotor. Ainda em relação a atividade pré-processual, o Estatuto do Tribunal estipula as regras relativas à detenção processual (provisória) e os direitos do preso.

Quanto ao processamento propriamente dito do feito criminal, o Estatuto do Tribunal dispõe sobre o juiz natural, os direitos do acusado no processo, afirmando em especial a sua presunção de inocência (artigo 66) e também sobre a coleta de provas, com dispositivos específicos para a oitiva de testemunhas e das vítimas (artigo 68).

As regras relativas ao direito ao duplo grau de jurisdição encontram-se mencionadas na parte VII do Estatuto, determinando-se as regras de processamento da apelação e da revisão criminal.

Em linhas gerais, a sentença é recorrível, fundada em vício processual, erro de fato, erro de direito, ou qualquer outro motivo suscetível de afetar a equidade ou a regularidade do processo ou da sentença (esse só em benefício do condenado). O Procurador ou o condenado poderão, em conformidade com o Regulamento Processual, interpor recurso da pena invocando a desproporcionalidade da pena.

Outro dispositivo digno de nota é aquele que possibilita a criação de um Fundo de Reparação em benefício das vítimas. De acordo com o artigo 79 do Estatuto, a Corte pode determinar que os valores e os bens recebidos a título de multa sejam transferidos a tal Fundo para posterior reparação às vítimas.

7.7 Os casos em trâmite, tamanho e o custo da Justiça Internacional

O Tribunal Penal Internacional atualmente conta com 123 Estados partes e possui aproximadamente 900 funcionários, com um orçamento anual estimado em mais de *158 milhões de euros* (2022[61]).

Atualmente (2022) há investigação aberta em 17 situações: Burundi, Uganda, República do Congo, República Centro-Africana (duas situações, a última em setembro de 2014), Darfur (Sudão), Quênia, Líbia, Mali, Costa do Marfim, Geórgia, Afeganistão e Bangladesh/Myanmar, Palestina, Filipinas, Venezuela e Ucrânia.

---

[61] Disponível em: <https://asp.icc-cpi.int/sites/default/files/iccdocs/asp_docs/ASP20/ICC-ASP-20-10-ENG.pdf>. Acesso em: 25 maio 2022.

Dessas investigações, 6 foram remetidas pelos Estados (Uganda, Congo, Mali, República Centro-Africana – 2, Venezuela e Palestina), 2 pelo Conselho de Segurança (Darfur e Líbia) e 8 foram iniciados *ex officio* pelo Procurador (Ucrânia, Burundi, Georgia, Quênia, Costa do Marfim, Bangladesh/Myanmar, Afeganistão e Filipinas).

Atualmente, são 31 casos (referentes às oito situações vistas acima), com diversas ordens de prisão, todas de países africanos (surgindo a crítica do "viés africano" do Tribunal).[62].

O primeiro julgamento ocorreu em 2012, com a condenação de Thomas Lubanga Dyilo (situação da República Democrática do Congo), por crime de guerra (alistamento forçado de crianças – "child soldier"), a 14 anos de prisão. O segundo julgamento ocorreu em 2014, com a condenação de Germain Katanga a 12 anos de prisão por cumplicidade na prática de crimes de guerra e crimes contra a humanidade no massacre da vila de Bogoro, na República Democrática do Congo.

Em 2016, houve a terceira condenação, de Jean-Pierre Bemba Gombo (*Procurador v. Jean-Pierre Bemba Gombo*), condenado por dois crimes contra a humanidade (homicídio e estupro) e três crimes de guerra (homicídio, estupro e pilhagem) no contexto do conflito armado não internacional da República Centro-Africana entre 2002 e 2003, quando estava no comando do "Movimento de Libertação do Congo". Foi condenado em 21 de junho de 2016 a 18 anos de prisão. Não obstante, em 2018 a Câmara de Apelação absolveu o acusado de todos os crimes.

Em 20 de outubro de 2016, houve nova condenação no contexto do "Caso Bemba Gombo", agora no caso *Procurador v. Jean-Pierre Bemba Gombo, Aimé Kilolo Musamba, Jean-Jacques Mangenda Kabongo, Fidèle Babala Wandu e Narcisse Arido*. O TPI condenou os cinco acusados por crimes contra a administração da justiça no curso do "Caso Bemba Gombo", quando agiram para corromper 14 testemunhas de defesa a apresentar falsos testemunhos no TPI.

O mesmo ocorre no atual julgamento do caso Gicheru, baseado também em ofensas à administração da justiça pela corrupção de testemunhas no anterior caso Ruto e Sang (situação do Quênia), que foi rejeitado pela Corte (*no-case to answer*) pela fragilidade dos elementos de prova apresentados pela Procuradoria. O terceiro caso relacionado à situação do Quênia, caso Kenyatta, foi retirado pela Procuradoria com base na insuficiência das provas coletadas.

Em 27 de setembro de 2016, o TPI condenou Ahmad Al Faqi Al Mahdi (que havia se declarado culpado) por crime de guerra consistente na sua participação nos ataques a prédios históricos e religiosos em Timbuktu (Mali)

---

62 Disponível em: <https://www.icc-cpi.int/Pages/cases.aspx>. Acesso em: 30 maio 2022.

durante o conflito armado não internacional naquele país em 2012. Al Mahdi teria concordado e incentivado a destruição de nove mausoléus do século XIV, tendo sido condenado a nove anos de prisão. Foram levadas em consideração circunstâncias atenuantes, em especial a confissão, cooperação do acusado com a Procuradoria, reconhecido remorso e sua relutância inicial em cometer os crimes. Foi a primeira vez que o TPI condenou indivíduo por crime de guerra na espécie "ataque a bens protegidos" (art. 8º.2, "e", iv. "Atacar intencionalmente edifícios consagrados ao culto religioso, à educação, às artes, às ciências ou à beneficência, monumentos históricos, hospitais e lugares onde se agrupem doentes e feridos, sempre que não se trate de objetivos militares"). Em setembro de 2016, o Gabinete da Procuradora do TPI divulgou sua política de "seleção e priorização" dos casos a serem eventualmente investigados e processados. Chamou a atenção, na linha do julgamento "Mahdi" visto acima, a inclusão, como critério de gravidade, o impacto da conduta criminosa sobre o meio ambiente[63].

Em março de 2021, a Câmara de Apelação confirmou a condenação de *Bosco Ntaganda* (situação do Congo) a 30 anos de prisão por sua atuação na ala militar da União de Congoleses Patriotas, envolvida em um conflito armado de natureza não internacional com opositores em Ituri.

Em maio de 2021, foi promulgada a sentença de condenação de Dominic Ongwen a 25 anos de prisão por 61 violações de crimes de guerra e crimes contra a humanidade na situação de Uganda. O acusado, membro do grupo *Lord's Resistance Army*, foi condenado pelos ataques contra a população civil de diversos campos de refugiados, bem como pela conscrição de crianças-soldados e por crimes sexuais e de gênero, incluindo a inédita condenação por casamento forçado, escravidão sexual e gravidez forçada. Em maio de 2022, sua condenação foi confirmada em sede de apelação[64].

Em 2022, a Procuradoria abriu investigação *ex officio* sobre a situação da Ucrânia, logo após a invasão russa. A Ucrânia não é parte do Estatuto de Roma, mas fez duas declarações específicas adjudicando possíveis crimes cometidos no território da Ucrânia entre novembro de 2013 e fevereiro de 2014, bem como (segunda declaração) reconhecendo a jurisdição do TPI para crimes ocorridos no território ucraniano depois de 2014. Em 28-2-2022, o Procurador abriu investigação sobre a situação ucraniana. E, entre março e abril, 41 Estados

---

63 É crime de guerra de natureza ambiental, previsto no art. 8.2, "e", iv: "(...) Lançar intencionalmente um ataque, sabendo que o mesmo causará (...) prejuízos extensos, duradouros e graves no meio ambiente que se revelem claramente excessivos em relação à vantagem militar global concreta e direta que se previa".

64 Disponível em: <https://www.icc-cpi.int/cases?f%5B0%5D=state_of_%3A132>. Acesso em: 31 maio 2022.

Partes solicitaram ao Procurador que investigue os crimes lá ocorridos após a invasão russa de fevereiro de 2022[65].

7.8 Penas e ordens de prisão processual

O Tribunal pode impor à pessoa condenada pena de prisão por um número determinado de anos, até o limite máximo de 30 anos; ou ainda a pena de prisão perpétua, se o elevado grau de ilicitude do fato e as condições pessoais do condenado o justificarem. Além da pena de prisão, o Tribunal poderá aplicar *multa* e ainda a perda de produtos, bens e haveres provenientes, direta ou indiretamente, do crime, sem prejuízo dos direitos de terceiros que tenham agido de boa-fé.

As penas podem passar por revisão a favor do sentenciado após 2/3 do seu cumprimento. Nas penas de caráter perpétuo, poderá existir revisão após 25 anos de cumprimento.

Também pode o Tribunal impor medidas de detenção preventiva, solicitando que os Estados cumpram o pedido de *entrega* (*surrender*). Para efetivar suas ordens de prisão, o TPI conta com 12 celas nas instalações holandesas de Scheveningen.

7.9 A cooperação internacional vertical e o caso Bashir no STF

Quanto à cooperação jurídica internacional, o artigo 86 determina que os Estados-partes deverão cooperar plenamente com o Tribunal no inquérito e no procedimento contra crimes da competência deste.

Os atos de cooperação com o Tribunal Penal Internacional consistem em atos de instrução processual, de captura e entrega de indivíduos (*surrender*) e mesmo de execução da pena porventura fixada pelo Tribunal.

Quanto aos atos de instrução, dispõe o artigo 93 do Estatuto de Roma que os Estados contratantes obrigam-se a cooperar com o Tribunal na obtenção de documentos, oitiva de testemunhas, facilitar o comparecimento voluntário de peritos e testemunhas perante o Tribunal, realizar perícias diversas, inclusive a exumação, proteger testemunhas e preservar provas. Há ainda a menção a medidas cautelares, tais como o arresto de bens e produtos frutos do crime.

Além disso, o Tribunal poderá convidar qualquer Estado que não seja parte no presente Estatuto a prestar auxílio com base num convênio *ad hoc*, num acordo celebrado com esse Estado ou por qualquer outro modo apropriado.

---

65 Dados disponíveis em https://www.icc-cpi.int/ukraine. Acesso em 25-5-2022.

Não há qualquer imunidade que possa ser oposta pelos Estados. A exceção à cooperação está prevista no artigo 98, que desonera os Estados-partes de cooperarem, caso possuam um acordo específico de imunidade com Estado terceiro que os impeça de colaborar com o Tribunal em relação a determinadas pessoas (por exemplo, diplomatas, militares desse Estado terceiro, o que é muito usado pelos Estados Unidos para proteger suas tropas espalhadas pelo mundo).

As medidas de cooperação devem ser implementadas pelo Estado com base no seu Direito interno. No caso do Brasil, algumas delas incumbem ao Poder Executivo (como, v.g., a tarefa de proteger testemunhas e preservar provas ou indicar peritos e realizar as perícias), outras incumbem somente ao Poder Judiciário (como a autorização para o arresto de bens e produtos oriundos da prática criminosa e a prisão para a entrega – *surrender*).

No Supremo Tribunal Federal há interessante caso envolvendo a cooperação jurídica do Brasil com o TPI, que denomino *cooperação internacional vertical* para distinguir dos demais casos cooperacionais (extradição, assistência jurídica etc.) com Estados. É o caso do pedido de *entrega (surrender)* com a consequente ordem de prisão em desfavor do Ditador do Sudão, Al-Bashir, que foi remetida ao Brasil pelo Tribunal.

Depois da Constituição de 1988, a prisão de um indivíduo no Brasil só poderá ser feita em flagrante delito ou por ordem de autoridade *judicial* competente. Consequentemente, as autoridades policiais sob o comando do Poder Executivo não poderiam *sponte sua* prender o Ditador caso ele ingressasse no Brasil.

Para obter uma ordem *judicial*, o Poder Executivo utilizou, *analogicamente*, a previsão de competência do STF para apreciar e deferir os pedidos de *extradição* e remeteu a ordem internacional a esta Corte Suprema, como se fosse uma ação extradicional qualquer. O Ministro Celso de Mello, então, fez amplo estudo sobre o TPI e sobre eventuais incompatibilidades com a ordem constitucional brasileira, postergando uma decisão sobre o caso para o futuro, após a manifestação da Procuradoria-Geral da República. Em 2013, o Procurador-Geral da República manifestou-se pela incompetência do Supremo Tribunal Federal para processar e julgar o pedido de cooperação internacional, ante a enumeração taxativa do art. 102, I, da Constituição Federal. No mérito, o PGR opinou pela procedência do pedido, haja vista a constitucionalidade do Estatuto de Roma e sua plena recepção pelo ordenamento jurídico brasileiro, sendo citado, entre outros dispositivos, o art. 7º do Ato das Disposições Constitucionais Transitórias (que trata do apoio à criação de um tribunal de direitos humanos).

Ocorre que é discutível a própria competência constitucional do STF para apreciar esse tipo de ordem do TPI. Desde 2000, quando publicamos o primeiro estudo sobre o Tribunal Internacional Penal e a Constituição brasileira, defendemos que a entrega é um ato de cooperação vertical com o TPI, e, consequentemente, não é um pedido de extradição. Logo, não cabe invocar a competência do STF, pois as previsões do art. 102 da Constituição Federal referentes às competências originárias do Supremo Tribunal Federal são *numerus clausus* e não podem ser ampliadas, a não ser por reforma constitucional[66].

A competência para o conhecimento do pedido cooperacional do TPI é, com a devida vênia, da *Justiça Federal*. De fato, a própria Constituição estabelece que compete aos juízes federais processar e julgar as causas fundadas em tratado ou contrato da União com Estado estrangeiro ou organismo internacional, o que vem justamente a ser o caso[67]. O Supremo Tribunal Federal, portanto, não tem *competência constitucional* para aprovar a execução interna de qualquer das decisões do Tribunal Penal Internacional. Com isso, quando a decisão do Tribunal Penal Internacional exigir a intervenção do Poder Judiciário (como ocorre no caso da ordem de prisão para posterior entrega), o juiz das liberdades, que pode ser provocado em todos os casos, é o juiz federal de 1ª grau. Caberá ao Ministério Público Federal a provocação, quando necessário, do juízo das liberdades para que seja implementada a ordem internacional, sem que seja apreciado o mérito da causa. Essa atribuição do *parquet* está em sintonia com o art. 127 e seguintes da Constituição Federal, que justamente dotou esta instituição de uma ampla missão, em especial a de zelar pelo respeito aos direitos humanos, o que por certo se coaduna com a tarefa de fazer ver cumprida decisão de órgão internacional criado para a proteção de direitos humanos, como é o caso do Tribunal Penal Internacional[68].

Em 2020, a Ministra Rosa Weber decidiu que: 1) a CF/88 estabeleceu as hipóteses da competência constitucional do STF, que não abrangem a *entrega* (*surrender*), mas somente a *extradição* (*vide* a diferença acima); 2) que o tratado firmado pelo Brasil (Estatuto de Roma) exige cooperação com o TPI; 3) cabe aos juízes federais de 1ª instância decidir sobre a *entrega*, à luz do art. 109, III, da CF/88 ("Art. 109. Aos juízes federais compete processar e julgar: (...) III – as causas fundadas em tratado ou contrato da União com Estado estrangeiro ou organismo internacional"); e 4) com a prisão de Bashir em seu país de origem, o próprio pedido do TPI ao Brasil perdeu o objeto. Assim, foi determinado o arquivamento do caso (STF, Pet. 4.625, decisão monocrática da Ministra Rosa Weber, de 20-6-2020).

---

[66] CARVALHO RAMOS, "O Estatuto do Tribunal Penal Internacional e a Constituição Brasileira", *in* CHOUKR, Fauzi Hassam e AMBOS, Kai (org.). *Tribunal Penal Internacional*, São Paulo: Revista dos Tribunais, 2000, p. 284.

[67] "Art. 109. Aos juízes federais compete processar e julgar:... III – as causas fundadas em tratado ou contrato da União com Estado estrangeiro ou organismo internacional;...".

[68] CARVALHO RAMOS, O Estatuto do Tribunal Penal Internacional e a Constituição Brasileira. In: CHOUKR, Fauzi Hassam e AMBOS, Kai (org.). *Tribunal Penal Internacional*, São Paulo: Revista dos Tribunais, 2000, p. 284.

7.10 A revisão proposta em 2010 e o crime de agressão

Em junho de 2010, foi realizada em Kampala, Uganda, a primeira Conferência de Revisão do Estatuto de Roma do Tribunal Penal Internacional. A Conferência ocorreu em virtude do disposto no artigo 123, parágrafo 1º, do Estatuto de Roma, que previu, sete anos após a entrada em vigor do Estatuto, uma Conferência de Revisão para examinar qualquer alteração ao Estatuto. A revisão deveria incidir especialmente, mas não exclusivamente, sobre a lista de crimes que figura no artigo 5º.

Coube à Conferência, além da revisão do Estatuto, fazer ainda um balanço das atividades nesse período da vida do TPI.

A principal contribuição da revisão de Kampala foi a definição normativa do "crime de agressão", que havia sido colocado em suspenso pela redação originária do parágrafo 2º do artigo 5º, que dispunha que "O Tribunal poderá exercer a sua competência em relação ao crime de agressão desde que, nos termos dos artigos 121 e 123, seja aprovada uma disposição em que se defina o crime e se enunciem as condições em que o Tribunal terá competência relativamente a este crime. Tal disposição deve ser compatível com as disposições pertinentes da Carta das Nações Unidas". Assim, a dificuldade na época foi conseguir o consenso em um momento em que a guerra não autorizada pelo Conselho de Segurança era (ou é) ainda uma opção de determinadas potências, como se viu na intervenção da OTAN (Organização do Tratado do Atlântico Norte – aliança militar capitaneada pelos Estados Unidos e seus aliados europeus) no Kosovo em 1999, o que poderia levar a acusações de prática de crime a líderes de alguns países.

Na Conferência de Revisão foi aprovada a Resolução n. 6, de 11 de junho de 2010[69], que definiu o crime de agressão como sendo "o planejamento, início ou execução, por uma pessoa em posição de efetivo controle ou direção da ação política ou militar de um Estado, de um ato de agressão que, por suas características, gravidade e escala, constitua uma violação manifesta da Carta das Nações Unidas"[70]. Essa definição foi adotada por consenso, seguindo a linha da Resolução n. 3.314 da Assembleia Geral da ONU de 1974.

---

69 Resolução RC/Res.6 adotada no 13ª Reunião Plenária (plenary meeting) em 11 de junho de 2010 por consenso. Disponível em: <http://www.icc-cpi.int/iccdocs/asp_docs/Resolutions/RC-Res.6-ENG.pdf>. Acesso em: 11 mar. 2011.

70 *In verbis*: "For the purpose of this Statute, 'crime of aggression' means the planning, preparation, initiation or execution, by a person in a position effectively to exercise control over or to direct the political or military action of a State, of an act of aggression which, by its character, gravity and scale, constitutes a manifest violation of the Charter of the United Nations".

A entrada em vigor dessa alteração foi lenta. O crime de agressão se tornou plenamente ativo no Estatuto em 2017, por decisão consensual dos Estados-partes durante a 16ª sessão da sua Assembleia Geral. Adicionalmente, o TPI só pode adjudicar esses casos em relação a crimes de agressão ocorridos um ano *após* a ratificação da emenda por trinta Estados-partes, o que ocorreu em 17 de julho de 2018.

A mecânica da ação criminal contra os líderes agressores levará em conta ainda a missão do Conselho de Segurança (CS) na preservação da paz. O Procurador deverá acionar o CS, que pode inclusive concordar com a existência de um cenário de agressão (essa conclusão política não vinculará o Tribunal no julgamento de cada indivíduo acusado). Caso o Conselho não determine a existência de agressão em 6 meses, o Procurador poderá conduzir as investigações com autorização do Juízo de Instrução (*Pre-Trial Chamber*) do TPI. Claro que o CS pode usar seu poder geral de suspender o processo, invocando o já existente artigo 16 (que permite suspensão dos procedimentos do TPI por 12 meses, renováveis, por decisão do CS).

Por outro lado, qualquer Estado-parte poderá recusar a jurisdição relativa ao crime de agressão, mas isso terá um custo político evidente. Até maio de 2022, 43 Estados-partes haviam ratificado a emenda referente ao crime de agressão[71].

8 O Tribunal Penal Internacional é um tribunal de direitos humanos?

O Estatuto é verdadeira convenção internacional, criador de uma nova organização internacional, o Tribunal Penal Internacional com sede em Haia, de acordo com seu artigo 3º, possuindo regras de direito material e direito processual, sem contar as regras de organização da Corte e do Ministério Público.

Entre as regras de direito material, cite-se toda a parte III do Estatuto, que estabelece os princípios gerais de Direito Penal a serem obedecidos pela nova organização internacional (o Tribunal) criada. O princípio da legalidade estrita no Direito Penal, o princípio da responsabilidade penal subjetiva, a exigência de dolo, a fixação das circunstâncias de exclusão da punibilidade, entre outras, são alguns exemplos de regras de direito material penal existentes no Estatuto.

Além disso, o Estatuto de Roma enumera os crimes de *jus cogens* (genocídio, crimes contra a humanidade, crimes de guerra e o crime de agressão), bem

---

[71] Disponível em: <https://treaties.un.org/Pages/ViewDetails.aspx?src=TREATY&mtdsg_no=XVIII-10-b&chapter=18&clang=_en>. Acesso em: 1º jun. 2022.

como crimes contra a sua própria administração de justiça (falso testemunho, corrupção ativa e outros, que constam do artigo 70).

As regras constantes do Estatuto de Roma demonstram a preocupação da comunidade internacional em evitar que a impunidade dos agentes responsáveis pelas condutas tipificadas possam servir de estímulo a novas violações. Ademais, tais regras demonstram também a preocupação da comunidade internacional do *due process of law*, que possibilita uma adequada investigação, processamento e condenação dos responsáveis pelas atos odiosos descritos como crimes no próprio Estatuto.

Assim, não podemos reduzir o Estatuto a um conjunto de regras instituidoras de uma Corte internacional permanente. Pelo contrário, desde o seu Preâmbulo, o Estatuto faz menção a uma missão de proteção às vítimas de graves atrocidades, que têm o direito a exigir justiça. Como estabelece o Preâmbulo, os Estados reconhecem que neste século milhões de crianças, mulheres e homens têm sido vítimas de atrocidades inimagináveis que chocam profundamente a consciência da humanidade[72]. E mais, reconhecem os Estados que o combate à impunidade contribui à prevenção dessas atrocidades, no clássico efeito preventivo da repressão penal.

Os crimes elencados no Estatuto de Roma protegem bens jurídicos considerados, por seu turno, direitos humanos mencionados em diversos textos internacionais. É o caso do genocídio (direito à vida), dos crimes contra a humanidade (direitos humanos diversos, tais como o direito à vida, à integridade física e outros), crimes de guerra (o mesmo do anterior) e mesmo o chamado crime de agressão, que viola o direito à autodeterminação dos povos.

Logo, o intérprete não pode deixar de reconhecer que esse Estatuto insere-se no conjunto de tratados internacionais protetivos de direitos humanos.

9   O TPI e o Brasil

9.1   As preocupações sobre a constitucionalidade do Estatuto de Roma e o art. 5º, § 4º, introduzido pela Emenda Constitucional n. 45/2004

O Brasil, apesar de ter votado a favor da aprovação do texto do Estatuto do Tribunal Penal Internacional na Conferência de Roma de 1998, manifestou, por meio de declaração de voto, sua preocupação com o fato da Constituição

---

[72] No texto original em inglês do Preâmbulo, "Mindful that during this century millions of children, women and men have been victims of unimaginable atrocities that deeply shock the conscience of humanity".

brasileira proibir a extradição de nacionais[73] e também proibir penas de caráter perpétuo, que foram aceitas pelo Estatuto[74].

Logo, constato a preocupação da diplomacia brasileira sobre possível incompatibilidade entre os deveres atribuídos ao Brasil pelo Estatuto de Roma e pela Constituição brasileira.

Apesar dessa preocupação, o Brasil assinou o Estatuto de Roma em 7 de dezembro de 2000. O Congresso Nacional, à luz do art. 49, I, da Constituição, aprovou o texto do futuro tratado pelo Decreto Legislativo n. 112, de 6 de junho de 2002, vindo o Brasil a depositar o ato de ratificação em 20 de junho de 2002. O ato final do ciclo de incorporação interna deu-se com o Decreto n. 4.388 de 25 de setembro de 2002.

Para suprir eventuais lacunas do ordenamento jurídico nacional e levando em consideração o artigo 88 do Estatuto de Roma[75], o Presidente da República encaminhou ao Congresso Nacional, por meio da Mensagem n 700, de 17 de setembro de 2008, projeto de lei que recebeu o n. 4.038/2008[76], que *"dispõe sobre o crime de genocídio, define os crimes contra a humanidade, os crimes de guerra e o crimes contra a administração da justiça do Tribunal Penal Internacional, institui normas processuais específicas, dispõe sobre a cooperação com o Tribunal Penal Internacional, e dá outras providências"*.

Além de tipificar vários crimes na linha do estabelecido pelo Estatuto de Roma, o projeto também busca cumprir os deveres impostos ao Brasil em relação aos *atos de cooperação* com o Tribunal Penal Internacional. Esses atos de cooperação foram divididos por este autor em três espécies: os atos de entrega de pessoas à jurisdição do Tribunal, os atos instrutórios diversos e, por último, os atos de execução das penas.

Em 2004, em um claro movimento de abafar as críticas referentes a eventuais inconstitucionalidades do Estatuto de Roma, a Emenda Constitucional n. 45/2004 introduziu o novo parágrafo quarto do art. 5º, que dispõe que: "O Brasil se submete à jurisdição de Tribunal Penal Internacional a cuja criação tenha manifestado adesão". Apesar da evidente nobre intenção do Poder Constituinte Derivado, cabe lembrar que os críticos apontavam que o Estatuto de

---

[73] De acordo com o art. 5º, LI, *"nenhum brasileiro será extraditado, salvo o naturalizado, em caso de crime comum, praticado antes da naturalização, ou de comprovado envolvimento em tráfico ilícito de entorpecentes e drogas afins, na forma da lei"*.

[74] De acordo com o art. 5º, XLVII, *"não haverá penas... b) de caráter perpétuo;"*.

[75] *In verbis*: "Artigo 88 – Procedimentos Previstos no Direito Interno. Os Estados Partes deverão assegurar-se de que o seu direito interno prevê procedimentos que permitam responder a todas as formas de cooperação especificadas neste Capítulo".

[76] Trâmite legislativo disponível em: <http://www.camara.gov.br/internet/sileg/Prop_Detalhe.asp?id=410747>. Acesso em: 18 abr. 2022.

Roma pretensamente ofenderia cláusulas pétreas da Constituição, em especial no que tange à extradição de brasileiro nato, prisão de caráter perpétuo e ainda ofensa a coisa julgada absolutória no campo criminal. Obviamente, a reforma de 2004 não possui o poder para superar tais críticas, caso o núcleo pétreo realmente tivesse sido violado. Cabe, então, analisar a compatibilidade entre essas cláusulas pétreas e o Estatuto de Roma, como veremos abaixo.

9.2 A entrega de brasileiro nato e a pena de caráter perpétuo

O Estatuto de Roma expressamente prevê o dever do Estado de entrega (*surrender*) das pessoas acusadas cujo julgamento foi considerado admissível pela Corte. Logo, surge a dúvida: esta entrega deve seguir o mesmo procedimento e as mesmas restrições do tradicional instituto da extradição?

De fato, a resposta a esta dúvida é crucial. A extradição, instituto tradicional na cooperação judicial internacional, possui limites bem assentados em nossa Constituição, na lei interna e na jurisprudência do Supremo Tribunal Federal. Assim, equiparar a entrega (*surrender*) à extradição pode acarretar a impossibilidade de o Brasil cumprir seus deveres de cooperação com o Tribunal Penal Internacional.

E cabe aqui um alerta. A delegação brasileira em Roma, como já apontado acima, ressaltou que a Constituição brasileira proíbe a extradição de nacionais. Entretanto, essa não é a única limitação existente no procedimento de extradição. Pelo contrário, a Constituição e a lei aplicável brasileira (Lei n. 13.445/2017) estabelecem outros requisitos que merecem ser estudados aqui para demonstrar a necessidade de uma completa desvinculação do *surrender* (entrega) da *extradição*.

Sucintamente, dado o escopo desse livro, define-se extradição como o ato pelo qual um Estado entrega um indivíduo acusado ou já condenado por um delito à Justiça de outro Estado, competente para julgá-lo e puni-lo[77]. A Constituição brasileira[78] determina que é o Supremo Tribunal Federal o órgão competente para decidir sobre o deferimento da extradição solicitada por um Estado

---

[77] ACCIOLY, Hildebrando; NASCIMENTO E SILVA, Geraldo Eulálio e CASELLA, Paulo Borba. *Manual de Direito Internacional Público*, 18. ed., São Paulo: Saraiva, 2010, p. 519 e seguintes. No mesmo diapasão, afirma Shaw que *"the practice of extradition enables one state to hand over to another suspected or convicted criminals who have fled abroad"*. SHAW, Malcom N. *International Law*, 3. ed., Cambrigde: Grotius Publications, 1991, p. 422. Em relação à nova doutrina brasileira da extradição, cite-se o recente e indispensável livro de ABADE, Denise Neves. *Direitos Fundamentais na Cooperação Jurídica Internacional*. São Paulo: Saraiva, 2013.

[78] *Vide* Art. 102. *"Compete ao Supremo Tribunal Federal, precipuamente, a guarda da Constituição, cabendo-lhe: I – processar e julgar, originariamente:...g) a extradição solicitada por Estado estrangeiro;"*.

estrangeiro. Além dos tratados bilaterais eventualmente firmados pelo Brasil, o processo de extradição é regido pela Lei n. 6.815/80[79], com as alterações levadas a cabo por leis posteriores.

O procedimento de extradição pode ser definido como sendo um *juízo de delibação*, no qual o Supremo Tribunal Federal analisa os requisitos formais do pedido de extradição, que vêm a ser as exigências mínimas existentes na lei brasileira, sem entrar no mérito do processo legal estrangeiro, nem da culpabilidade ou não do extraditando.

O primeiro momento do procedimento de extradição é administrativo e consiste no recebimento pelo Ministério das Relações Exteriores do pedido diplomático do Estado estrangeiro. Após, a solicitação é enviada ao Ministério da Justiça, que elabora o *Aviso Ministerial de solicitação de medida de extradição* ao Supremo Tribunal Federal. Esse aviso é distribuído a um Ministro-Relator, momento de início da fase judicial do procedimento. Essa fase judicial compreende a defesa do extraditando e o consequente julgamento pelo órgão plenário de nossa Corte máxima.

Em face da cognição restrita do Supremo Tribunal Federal no procedimento de extradição, a defesa do extraditando resume-se à identidade da pessoa reclamada, à existência de vícios formais nos documentos apresentados ou à ilegalidade da própria extradição, em face dos limites existentes na Constituição, na Lei n. 13.445/2017 ou nos tratados porventura firmados[80].

Assim, diante do citado juízo de delibação, percebe-se que o Brasil é francamente favorável à cooperação internacional penal através do instituto da extradição. Preenchidos requisitos mínimos, o acusado ou condenado será sim remetido ao Estado requerente. Resta analisar, entretanto, se esses requisitos mínimos que impediriam o deferimento do pedido de extradição poderiam ser aplicados à entrega (*surrender*).

O primeiro requisito relaciona-se com a nacionalidade. De fato, ressalte-se que o extraditando não pode ser brasileiro nato nem naturalizado, salvo este último em caso de crime comum, praticado antes da naturalização, ou de

---

79 A Lei de Migração revogou expressamente a Lei n. 6.815/80 (o antigo "Estatuto do Estrangeiro").

80 As alegações envolvendo o mérito da demanda processado perante o juízo estrangeiro (inocência do condenado etc.) não são apreciadas pelo Supremo Tribunal Federal. Como exemplo, cite-se a tese da negativa da autoria, considerada como irrelevante pelo Excelso Pretório. Extradição n. 661, Extraditando F. Nizzola vs. República da Itália. Min. Relator Octávio Galloti, publicado no *DJU* de 14-11-1996. Ver mais sob enfoque crítico e inédito na doutrina brasileira, a análise do juízo de delibação na extradição de Denise Neves Abade. ABADE, Denise Neves. *Direitos Fundamentais na Cooperação Jurídica Internacional*. São Paulo: Saraiva, 2013.

comprovado envolvimento em tráfico ilícito de entorpecentes e drogas afins, na forma da lei[81].

Em relação à extradição de brasileiros, a interpretação pela compatibilidade entre um diploma internacional de direitos humanos (que é o caso do Estatuto de Roma, como vimos) e a Constituição leva à diferenciação entre a extradição e o ato de entrega (*surrender*).

De fato, o artigo 102 do Estatuto expressamente diferencia a extradição do ato de entrega. A extradição é termo reservado ao ato de cooperação judicial entre *Estados soberanos*. Já o *surrender* é utilizado no caso específico de cumprimento de ordem de organização internacional de proteção de direitos humanos, como é o caso do Tribunal Penal Internacional.

Logo, não haveria óbice constitucional ao cumprimento de ordem de detenção e entrega de acusado brasileiro ao Tribunal, já que a Constituição brasileira só proíbe a extradição de nacionais (salvo as duas exceções acima expostas, ambas referentes aos brasileiros naturalizados). Como o brasileiro não estaria sendo remetido a outro Estado, mas sim a uma organização internacional (o Tribunal Penal Internacional) que representa a comunidade dos Estados, não haveria impedimento algum.

Pelo contrário, a Constituição brasileira expressamente apoia a criação de tribunais internacionais de direitos humanos, *como se vê no art. 7º do Ato das Disposições Constitucionais Transitórias*.

De fato, este artigo dispõe que o Brasil deve favorecer a criação de um Tribunal internacional de direitos humanos[82]. Logo, a interpretação que se tem deste dispositivo é que não podemos utilizar a própria Constituição para obstruir o funcionamento do Tribunal Penal Internacional, tribunal este criado justamente para combater graves violações de direitos humanos.

O segundo requisito vem a ser a identidade de infrações. De fato, o Brasil só admite a extradição, de acordo com a Lei n. 13.445/2017, quando o fato motivador do pedido seja qualificado como crime no Estado estrangeiro e também no Brasil[83], com exceção do crime político e de opinião, insuscetíveis de extradição, segundo a Constituição brasileira[84].

---

81 Vide art. 5º, inciso LI – "*nenhum brasileiro será extraditado, salvo o naturalizado, em caso de crime comum, praticado antes da naturalização, ou de comprovado envolvimento em tráfico ilícito de entorpecentes e drogas afins, na forma da lei;*".

82 Art. 7º do Ato das Disposições Constitucionais Transitórias: "*O Brasil propugnará pela formação de um tribunal internacional dos direitos humanos*".

83 Art. 82. Não se concederá a extradição quando: (...) II – o fato que motivar o pedido não for considerado crime no Brasil ou no Estado requerente.

84 Vide art. 5º, inciso LII – *não será concedida extradição de estrangeiro por crime político ou de opinião*.

Como decorrência desse requisito, é exigido que a pretensão punitiva não tenha sido extinta, v.g., pela prescrição ou outra causa extintiva da punibilidade, de acordo com a lei penal brasileira ou mesmo a do Estado requerente.

Neste ponto, não restam dúvidas que os crimes de competência do Tribunal Penal Internacional (genocídio, crimes contra a humanidade, crimes de guerra e crime de agressão) são elencados no Código Penal brasileiro ou em leis extravagantes.

Mesmos tipos penais internacionais sofisticados como o *"deslocamento forçado de população"* (conduta considerada crime contra a humanidade) podem ser relacionados com tipos penais caseiros como constrangimento ilegal e outros. O mesmo pode ser dito da conduta de *"gravidez forçada"* (crime contra a humanidade) que pode ser relacionada com o estupro e outros.

Esta relação entre os tipos penais internacionais e os seus correspondentes da legislação doméstica brasileira não é nova no Direito brasileiro. Cite-se a Lei n. 2.889, de 1956, que define e pune o crime de *genocídio* (crime de competência do Tribunal Penal Internacional). De acordo com o art. 1º desta lei, as condutas tidas como elementares ao crime de genocídio são punidas de acordo com as penas dos *crimes comuns correspondentes,* havendo até a menção aos artigos do próprio Código Penal (como o homicídio, aborto provocado etc.).

Se há a identidade exigida no tocante aos crimes, há clara dissonância entre o ordenamento brasileiro e o Estatuto do Tribunal Penal Internacional no que diz respeito a prescrição, enquanto causa de extinção de punibilidade.

De acordo com o Estatuto de Roma, os crimes sujeitos a sua jurisdição são *imprescritíveis.* Ocorre que, no Brasil, a prescrição, atinge a maioria das figuras delitivas, de acordo com o art. 109 do Código Penal. A Constituição, por seu turno, dispõe que a *prática do racismo* constitui crime imprescritível, e ainda constitui crime imprescritível a ação de grupos armados, civis ou militares, contra a ordem constitucional e o Estado democrático[85].

Logo, novamente é necessário diferenciar a extradição da *entrega (surrender).* Somente com essa diferenciação é que se pode afastar a alegação da prescrição como obstáculo à entrega de acusado de prática daqueles crimes internacionais, que em virtude das chamadas causas extintivas de punibilidade brasileiras, tornariam impunes os citados crimes.

Assim, para a extradição o crime poderia ser considerado prescrito. Mas, para a entrega, não. Essa diferenciação encontra-se consagrada no princípio n. II da Resolução n. 95 da Assembleia Geral da Organização das Nações Unidas relativa aos crimes de guerra, crimes contra a paz e crimes contra a humanidade, que expressamente estipula que *"o fato da lei interna não estipular pena para um*

---

[85] Ver art. 5º, incisos XLII e XLIV.

ato consistente em crime de Direito Internacional não exime o criminoso de sua responsabilidade perante o Direito Internacional". Essa resolução compõe os chamados "Princípios de Nuremberg", de alcance consuetudinário que obviamente vincula o Brasil.

Quanto às penas, a Lei n. 13.445/2017 impõe, como condição para o deferimento do pedido de extradição, que o Estado requerente assuma o compromisso de comutar a pena de morte ou corporal em pena privativa de liberdade, bem como exige que seja comutada a pena de prisão perpétua em pena privativa de liberdade não superior a trinta anos[86].

No caso da *entrega*, essa exigência não poderia ser imposta por dois motivos: em primeiro lugar, porque há hipótese de revisão da pena, após vinte e cinco anos de cumprimento. Em segundo lugar, fica claro que a vedação da extradição foi construção do STF para impedir que a cooperação entre Estados pudesse se realizar fora de determinados padrões de respeito a direitos humanos (no caso, pena excessiva). Mas o TPI é justamente um tribunal que visa proteger os direitos humanos pela punição daqueles que violaram valores essenciais da comunidade internacional.

Como vimos acima, os direitos humanos – na visão dos Tribunais Internacionais como a Corte Europeia e a Corte Interamericana de Direitos Humanos – exigem a atuação penal para concretizar o direito à justiça e verdade, bem como para assegurar a não repetição das condutas. Logo, não há sentido em aplicar a construção jurisprudencial de restrição à pena de caráter perpétuo na extradição à entrega, que é utilizada para a cooperação com um tribunal (TPI) de natureza vinculada à proteção de direitos humanos.

9.3 A coisa julgada *pro reo* e as imunidades locais

Caso o acusado pelo Tribunal Penal Internacional esteja sendo processado no Brasil ou mesmo tendo sido já julgado, com sentença transitada em julgado, cessa a competência do citado Tribunal, em face do artigo 20 do Estatuto de Roma, aplicando-se o princípio da *complementaridade*. Com efeito, é necessário

---

86 Com o Pacote Anticrime (Lei n. 13.964/2019), o prazo máximo de cumprimento da pena privativa de liberdade no Brasil foi ampliado para 40 anos. A Lei de Migração (parte referente à extradição) não foi alterada. Entendo que não caberia alteração *in pejus*, pois o indivíduo tem o direito ao "devido processo legal extradicional" e a Lei de Migração fala em comutação em pena privativa de liberdade não superior a 30 anos. Contudo, a Primeira Turma do Supremo Tribunal Federal (STF) definiu que, para fins de extradição, o Estado estrangeiro deve se comprometer a comutar a pena imposta em pena privativa de liberdade não superior a 30 anos nos casos de crimes cometidos até 24-12-2019, quando foi sancionado o Pacote Anticrime. Após essa data, a comutação deve ter seu prazo ampliado para 40 anos também. Ver Extradição n. 1.652, rel. Min. Rosa Weber, j. 19-10-2021.

lembrar que a jurisdição do Tribunal Penal Internacional é *subsidiária* à jurisdição dos Estados. Deve o Tribunal manter sua jurisdição, entretanto, quando o julgamento local tiver sido realizado para a obtenção de impunidade dos autores dos crimes contra os direitos humanos, ou mesmo quando a investigação e o processamento destes acusados estiver sendo feita com delongas inaceitáveis.

Nesse caso, há conflito positivo entre a jurisdição do Tribunal Penal Internacional e a jurisdição local. Com base no Estatuto de Roma, é o próprio Tribunal Penal Internacional que julga tal conflito, podendo o Estado apresentar suas razões perante o Tribunal.

O Tribunal Penal Internacional, então, decidirá pela admissibilidade do caso, ouvindo o Estado interessado e o Ministério Público do Tribunal. Caso decida pela prevalência da jurisdição do Tribunal, deve o Estado efetuar a entrega do acusado, mesmo que já exista coisa julgada absolutória local. Nesse caso, não haveria impedimento constitucional e legal brasileiro para a entrega do citado acusado?

Cumpre assinalar que o princípio do *non bis in idem* tem base constitucional[87], podendo mesmo o acusado, quando processado no Brasil pela segunda vez em relação ao mesmo fato, utilizar o recurso da *exceção de coisa julgada*, de acordo com o art. 95,V, do Código de Processo Penal.

Já o Direito Internacional não admite que, com base em leis locais e em processos locais muitas vezes utilizados para dar um *bill de imunidade* aos acusados de atrocidades, haja a arguição da coisa julgada. Ao Direito Internacional interessa a efetividade da punição: caso haja a utilização espúria do processo local (para fins de obtenção de uma espécie de salvo-conduto) ou caso haja delonga injustificada (que redunde no mesmo tipo de salvo-conduto), é competente a jurisdição internacional para acusar, processar e julgar o citado acusado. Repete-se aqui o que já foi utilizado no tocante às regras de prescrição. Em face destes crimes internacionais, os Estados têm o dever de julgar ou entregar ao Tribunal Penal Internacional[88]. Caso apenas *simulem* um julgamento, obviamente tal dever não foi cumprido a contento, podendo o Tribunal Penal Internacional ordenar a entrega do acusado para novo julgamento, desta vez sério e perante o Direito Internacional.

No limite, não há desobediência ao princípio tradicional do Direito Penal do *non bis in idem*. De fato, a qualidade de coisa julgada da sentença penal local foi obtida para a obtenção da impunidade, em típico caso de simulação com

---

[87] Ver art. 5º, inciso XXXVI – *a lei não prejudicará o direito adquirido, o ato jurídico perfeito e a coisa julgada;*

[88] Ver a Resolução 95 da Assembleia Geral da ONU, já citada.

fraude à lei. Esse vício insanável torna inoperante o seu efeito de imutabilidade do comando legal e permite o processo internacional.

Por fim, não há identidade dos elementos da ação, entre a causa nacional e a causa internacional. De fato, o pedido e a causa de pedir, no plano internacional, são amparados em normas internacionais, o que não ocorre com a causa doméstica.

Além disso, cumpre observar que a lei suprema brasileira, a Constituição Federal, *não é hostil* a tribunais internacionais e em consequência disto não repele a possível implementação interna de sentenças ou decisões internacionais. De fato, o art. 7º do Ato das Disposições Constitucionais Transitórias estabelece o oposto, isto é, que o Brasil deve favorecer a criação de um Tribunal internacional de direitos humanos[89]. Além disso, o art. 4º do corpo permanente da Constituição estabelece que a prevalência dos direitos humanos é princípio diretivo do Brasil em suas relações internacionais. O § 4º do art. 5º (citado acima), incluído pela Reforma de 2004, apenas enfatiza essa visão generosa da Constituição em relação aos tribunais internacionais.

Por fim, não são aplicáveis os dispositivos internos que tratam das imunidades materiais e formais de determinadas autoridades públicas. A Constituição, que estabeleceu tais imunidades, não pode ser interpretada em tiras. Devemos, então, conciliar a existência de tais imunidades com a aceitação da jurisdição internacional penal, o que pode ser feito pela simples separação: as imunidades constitucionais são aplicadas *nacionalmente tão somente*. Por isso, é compatível com a Constituição a negação das imunidades pelo Estatuto de Roma[90].

10 A quarta geração de tribunais penais internacionais

No final dos anos 90, o Direito Internacional Penal assistiu à criação de uma "quarta geração" de tribunais internacionais criminais (os tribunais de Nuremberg e de Tóquio são os primeiros, precursores, os já mencionados Tribunais *ad hoc* para Ruanda e Iugoslávia compõem a *segunda* geração, pois criados por uma Organização Internacional – ONU, e o Tribunal Penal Internacional, pois

---

[89] Art. 7º do Ato das Disposições Constitucionais Transitórias: *"O Brasil propugnará pela formação de um tribunal internacional dos direitos humanos".*

[90] Ver mais sobre a incorporação do Estatuto de Roma em ARAGÃO, Eugênio José Guilherme de. *A Incorporação ao Direito Interno de Instrumentos Jurídicos de Direito Internacional Humanitário e Direito Internacional dos Direitos Humanos, in Revista CEJ*, n. 11, p. 27-30, Brasília, CJF, 2000. PIOVESAN, Flávia. *Princípio da Complementariedade e Soberania, in Revista CEJ*, n. 11, p. 71-74, Brasília, CJF, 2000. REZEK, Francisco. *Princípio da Complementariedade e Soberania, in Revista CEJ*, n. 11, p. 66-69, Brasília, CJF, 2000. RODAS, João Grandino. *Entrega de Nacionais ao Tribunal Penal Internacional. Revista CEJ*, n. 11, p. 32-35, Brasília, CJF, 2000. SABÓIA, Gilberto Vergne. *A Criação do Tribunal Penal Internacional. Revista CEJ*, n. 11, p. 6-13, Brasília, CJF, 2000.

permanente e *ex ante*, a *terceira*), que são denominados tribunais *internacionalizados* ou híbridos.

Esses tribunais híbridos têm como característica a interação entre as forças locais e os recursos materiais e humanos internacionais. A criação é fruto de intensa negociação entre os governos atuais (interessados em se distanciar do passado de crimes) e a ONU, contando os tribunais híbridos com juízes locais e internacionais. Atualmente, estão em funcionamento os Tribunais para Serra Leoa (Residual), Líbano e Camboja.

O *Tribunal Especial para a Serra Leoa* foi estabelecido a pedido do governo do país, com base na Resolução n. 1315 do Conselho de Segurança, de 14 de agosto de 2000, sendo instalado em 2002. Sua sede é Freetown (capital de Serra Leoa) e conta com o apoio logístico do TPI. Há juízes nacionais e internacionais, e os acusados são julgados pela prática de crimes de *jus cogens* (crimes contra a humanidade e crimes de guerra) e ainda por crimes comuns pelo direito local. O principal acusado é o ex-ditador Charles Taylor da Libéria, que se envolveu fortemente na guerra civil da Serra Leoa[91]. A promotoria realizou onze acusações contra Taylor, dentre elas crimes contra a humanidade e crimes de guerra perpetrados durante o conflito na Serra Leoa no qual, segundo a acusação, o réu teve participação decisiva. O processo contra Taylor foi longo, tendo sido o acusado preso em 2006. Entre 2008 e 2009, noventa e quatro testemunhas de acusação foram ouvidas e provas foram produzidas responsabilizando Taylor pelos crimes tipificados pelo estatuto do tribunal. Entre 2009 e 2010 coube à defesa apresentar provas e testemunhas da inocência do réu. Dentre inúmeras alegações como a eventual "compra" de testemunhas pela acusação e de que as provas eram meramente circunstanciais e que foram extemporâneas e produzidas fora do limite geográfico, a defesa também alegou que o julgamento era "seletivo" e eivado de interesses políticos[92]. Somente em 2012 a sentença foi proferida, condenando Taylor a 50 anos de prisão pela prática de todos os crimes imputados. Tanto a defesa quanto a acusação apelaram da decisão. A Câmara de Apelação manteve a sentença condenatória na íntegra[93]. Em 2012, o Tribunal completou o seu mandato e iniciou sua transição para um mecanismo

---

[91] Charle Taylor inspirou um dos personagens do filme norte-americano *Lord of War* (2005, "Senhor das Armas" no Brasil). Sobre o tribunal, ver em: <http://www.sc-sl.org/HOME/tabid/53/Default.aspx>. Acesso em: 11 mar. 2022.

[92] *Vide "The Special Court for Sierra Leone – Prosecutor vs. Charles Ghankay Taylor"; Defense final Trial Brief*, p. 10 e 16. Disponível em: <http://www.rscsl.org/>. Acesso em: 22 abr. 2022.

[93] Para informações e fatos do julgamento ver: <http://www.charlestaylortrial.org/trial-background/>. Ver também: <http://www.rscsl.org/Taylor.html>. Acesso em: 30 maio 2022. O texto sobre o tribunal híbrido de Serra Leoa é baseado no artigo "Os Tribunais Híbridos e a Justiça Penal Internacional: o caso do Tribunal Especial de Serra Leoa", de André de Carvalho Ramos e Helisane Mahlke.

residual (Tribunal Especial Residual para Serra Leoa), que possui como principais funções a proteção de testemunhas, assistência às autoridades locais nas investigações e supervisão das sentenças. Esse Tribunal Especial Residual para Serra Leoa foi criado por um acordo entre a ONU e o Governo de Serra Leoa para supervisionar as obrigações de prestação continuada do Tribunal Especial para Serra Leoa após seu fechamento em 2013[94]. A criação do *Tribunal Especial para o Líbano* partiu do pedido de ajuda feito pelo governo do Líbano, em 13 de dezembro de 2005, às Nações Unidas para estabelecer um tribunal com natureza internacional para julgar os responsáveis pelo assassinato, em 14 de fevereiro de 2005, do Primeiro Ministro Rafiq Hariri, entre outros mortos e feridos. A Resolução do Conselho de Segurança n. 1664 (2006) e Resolução n. 1757 (2007) de 30 de maio de 2007 estabeleceram o Estatuto do Tribunal Especial para o Líbano (sede em Haia, Holanda). O Tribunal é híbrido, pois tem natureza internacional, com composição mista (juízes nacionais e internacionais), mas aplica o direito criminal libanês[95]. Em 2022, o processo principal do Tribunal contra quatro acusados do assassinato do Primeiro Ministro Hariri foi julgado, tendo a a Câmara de Julgamento condenado, por unanimidade, *Salim Jamil Ayyash* culpado. Já os senhores Hassan Habib Merhi, Hussein Hassan Oneissi e Assad Hassan Sabra foram considerados inocentes de todas as acusações contra eles. Em 11 de dezembro de 2020, o Sr. Ayyash foi sentenciado a cinco condenações simultâneas de prisão perpétua. O caso encontra-se em apelação (2022)[96].

Já as *Câmaras Extraordinárias nos Tribunais do Camboja* (*Extraordinary Chambers in the Courts of Cambodia*) consistem em órgãos judiciais híbridos, com juízes nacionais do Camboja e internacionais, que possuem jurisdição para julgar os líderes graduados da chamada República Democrática do Campuchea, pelos crimes de *jus cogens* (usando a normativa internacional sobre genocídio, crimes de guerra e crimes contra a humanidade e Código Penal de 1956) cometidos pela Ditadura do *Khmer Rouge* de Pol Pot (falecido em 1998) entre 1975 e 1979. Calcula-se que aproximadamente 3 milhões de pessoas morreram nesse período. As negociações entre o Camboja e a ONU foram longas e somente em 2003 o acordo para a instalação das Câmaras com financiamento internacional foi firmado. A sede é Phnom Penh, no próprio Camboja[97]. O direito aplicável

---

94 Disponível em: <http://www.rscsl.org/>. Acesso em: 31 maio 2022.
95 Ver em: <http://www.stl-tsl.org/section/AbouttheSTL>. Acesso em: 11 mar. 2022.
96 Disponível em: <https://www.stl-tsl.org/en/the-cases>. Acesso em: 31 maio 2022.
97 As violações graves e sistemáticas de direitos humanos do regime do *Khmer Rouge* foram retratadas no filme britânico *Killing Fields* (1984, no Brasil: "Os gritos do silêncio"). Ver mais no *site* oficial em: <http://www.eccc.gov.kh/english/about_eccc.aspx>. Acesso em: 11 mar. 2022.

engloba o Código Penal do Camboja, crime de genocídio (previsto na Convenção pela Prevenção e Repressão ao Crime de Genocídio), crimes contra a humanidade, crimes de guerra (Convenções de Genebra de 1949), crimes de guerra contra bens culturais (Convenção da Haia de proteção da propriedade cultural em caso de conflito armado) e crimes referentes à violação da Convenção de Viena sobre Relações Diplomáticas. O primeiro condenado foi *Kaing Guek Eav*, em 2010, por crimes de guerra e crimes contra a humanidade, a uma pena de 35 anos (depois reduzida a 30 anos, para compensar prisão ilegal feita antes por militares locais). Em 2014, houve a condenação de *Nuon Chea* e *Khieu Samphan* a prisão perpétua, por crimes contra a humanidade[98].

Cabe ainda lembrar que, de 2000 a 2006 funcionou um tribunal híbrido para o Timor Leste (*Special Panels of the Dili District Court*, também chamado *East Timor Tribunal*), criado em 2000 pela Administração das Nações Unidas para o Timor Leste, para julgar os casos de crimes graves que ocorreram no Timor em 1999, contando com juízes internacionais, inclusive do Brasil. Esses painéis especiais julgaram várias dezenas de criminosos[99].

Ademais, entre 2005 e 2006, funcionou um Tribunal Especial para o julgamento de crimes de guerra, genocídio e crimes contra a humanidade cometidos no Iraque, entre 1968 e 2003, especialmente Saddam Hussein e membros do Ba'ath, sentenciando, no caso Dujail, o ditador iraquiano e mais três réus à morte e três outros réus a 15 anos de prisão, e, no caso Al-Anfal, três réus foram condenados à morte e dois réus foram condenados a várias sentenças de prisão perpétua[100].

Por sua vez, foi instalada *Câmara Especial para Crimes de Guerra* criada pelo Gabinete do Alto Comissariado instituído pela ONU para restaurar a paz na Bósnia-Herzegovina[101]. A Câmara Especial foi vinculada ao Tribunal Superior nacional e recebeu os casos remanescentes do Tribunal para a antiga Iugoslávia. Ao final de 2017, já haviam sido julgados 311 casos e condenadas 1344 pessoas[102].

---

98 Conferir em: <http://www.eccc.gov.kh/en/about-eccc/introduction>. Acesso em: 18 maio 2022.

99 Ver mais em: <http://socrates.berkeley.edu/~warcrime/ET.htm#SeriousCrimesUnit>.

100 NEWTON, Michael A. The Iraqi High Criminal Court: controversy and contributions. Disponível em: <https://www.icrc.org/eng/assets/files/other/irrc_862_newton.pdf>.

101 Os conflitos na região da antiga República da Iugoslávia só cessaram em 1995 com os *acordos de Dayton*, que estabeleceram o *Office of High Representative* para conduzir a implementação do processo de paz e reconstrução, auxiliado por forças da OTAN e da União Europeia. Para mais informações, consultar: *International Criminal Tribunal for Former Yugoslavia*: <http://www.icty.org/sections/AbouttheICTY>; *United Nations Interrigional Crime and Justice Research Institute*: <http://wcjp.unicri.it/proceedings>.

102 Disponível em: <http://www.sudbih.gov.ba/stranica/102/pregled>.

Adicionalmente, foi criado o *Tribunal Especial (Câmaras Extraordinárias Africanas)* para julgar o ex-líder do Chad, Hissène Habré, estabelecido graças a acordo firmado entre a União Africana e o Senegal (onde se encontra Habré). As acusações referem-se a fatos ocorridos de 1982 até 1990, período em que Habré tomou o poder no Chad por meio de um golpe e iniciou o massacre de oponentes (há suspeita de 40 mil assassinatos). O acordo acontece após a manifestação da Corte Internacional de Justiça sobre o caso *Bélgica vs. Senegal*, que decidiu que o Senegal deveria julgar ou extraditar o ex-ditador do Chad[103]. Após mais de 22 anos de liberdade no Senegal, Habré (considerado o "Pinochet da África") foi preso em junho de 2013. Em 2015, 25 anos depois da sua fuga para o Senegal, o julgamento do ditador iniciou-se. A sentença foi proferida em 30 de maio de 2016 e confirmada, em sede de apelação, em 27 de abril de 2017, condenando-o a prisão perpétua pela prática de tortura, crimes de guerra e crimes contra a humanidade.

Em 2017, foram criadas as *Câmaras Especiais para o Kosovo* para julgar crimes contra a humanidade, crimes de guerra e outros crimes relacionados ao tratamento inumano de pessoas e ao tráfico ilícito de órgãos no Kosovo, praticados pelo Exército de Libertação do Kosovo entre 1998 e 2000, contra minorias étnicas e oponentes políticos, relatados no Relatório do Conselho da Europa de 7 de janeiro de 2011[104].

---

103 O caso foi levado à Corte internacional de Justiça e julgado em 2012. A Corte decidiu que *"the Republic of Senegal, by failing to submit the case of Mr. Hissène Habré to its competent authorities for the purpose of prosecution, has breached its obligation under Article 7, paragraph 1, of the United Nations Convention against Torture and Other Cruel, Inhuman or Degrading Treatment or Punishment of 10 December 1984"*. E por unanimidade determinou que *"the Republic of Senegal must, without further delay, submit the case of Mr. Hissène Habré to its competent authorities for the purpose of prosecution, if it does not extradite him"*. Vide: Belgium vs. Senegal – Questions Related to the obligation to prosecute and extradite. Disponível em: <http://www.icj-cij.org/docket/files/144/17064.pdf>.

104 Informações disponíveis em: <https://www.scp-ks.org/en/specialist-chambers-fully-judicially-operational>. Acesso em: 18 abr. 2022.

TÍTULO **VII** OS MECANISMOS DE APURAÇÃO DA VIOLAÇÃO DE DIREITOS SOCIAIS, ECONÔMICOS E CULTURAIS

1 Introdução

A incorporação crescente de novos direitos à categoria de direitos humanos influencia o estudo dos mecanismos internacionais de apuração de violação de direitos protegidos. Esses mecanismos asseguram a indivisibilidade dos direitos humanos, reconhecida e propalada na Conferência de Viena de 1993 (conferência mundial de Direitos Humanos da ONU)[1].

Desse modo, como enfatizado na citada Conferência de Viena, *a comunidade internacional deve tratar os direitos humanos com a mesma ênfase e de modo igual*. Logo, se os direitos humanos são indivisíveis, é possível a apuração da responsabilidade internacional do Estado por violação de todas as suas espécies.

Nesse ponto é que a responsabilização do Estado por violação de direitos sociais em sentido amplo *encontra-se em descompasso* com a consagração da indivisibilidade dos direitos humanos. Os mecanismos políticos ou judiciários (quase judicial ou judicial) de apuração da violação de direitos civis e políticos – os direitos humanos de primeira geração – estão assentados em diversos diplomas internacionais, contando até com procedimentos judiciais coletivos como o europeu e o interamericano.

Já os direitos humanos tidos como sociais em sentido amplo, consagrados no Pacto Internacional de Direitos Econômicos, Sociais e Culturais entre outros, não possuem o mesmo tratamento no que tange aos mecanismos de apuração de violações cometidas pelo Estado. A Corte africana seria uma exceção digna de nota, mas a ausência de casos apenas confirma a desigualdade de tratamento com os direitos civis e políticos. Há, assim, clara *seletividade*

---

1 De acordo com o parágrafo 5º da Declaração de Viena: *"Todos os direitos humanos são universais, indivisíveis, interdependentes e inter-relacionados"*. Segundo CANÇADO TRINDADE, "A construção da moderna 'cidadania' se insere assim no universo dos direitos humanos, e se associa de modo adequado ao contexto mais amplo das relações entre os direitos humanos, a democracia e o desenvolvimento, com atenção especial ao atendimento das necessidades básicas da população (a começar pela superação da pobreza extrema) e à construção de uma nova cultura de observância dos direitos humanos". Continua Trindade assinalando que "é significativo que se tenha conclamado à erradicação da pobreza extrema e da exclusão social como 'alta prioridade' para a comunidade internacional. Todos experimentamos a indivisibilidade dos direitos humanos no quotidiano de nossas vidas". Ver *in* CANÇADO TRINDADE, Antônio Augusto, "Memória da Conferência Mundial de Direitos Humanos (Viena, 1993)", 80 *Revista Brasileira de Estudos Políticos*, (1995), p. 222.

no desenvolvimento de mecanismos de averiguação do respeito pelo Estado dos direitos humanos internacionalmente protegidos: para os direitos civis e políticos, implementa-se a responsabilização internacional do Estado violador; para os direitos sociais, não.

É tal situação desigual que será analisada aqui.

2   Os principais diplomas normativos: o Pacto Internacional sobre Direitos Econômicos, Sociais e Culturais e o Protocolo de San Salvador

As resoluções das Nações Unidas e a última Conferência Mundial de Viena sobre Direitos Humanos (1993) ressaltaram a unidade e indivisibilidade dos direitos fundamentais reconhecidos, como mencionado. Entretanto, dada a natureza recente dos direitos sociais, resta saber *quais são as obrigações dos Estados e qual é o alcance de sua responsabilidade internacional*.

O artigo 23 do Pacto Internacional das Nações Unidas sobre Direitos Econômicos, Sociais e Culturais estipula que *"Os Estados-partes do presente pacto concordam em que as medidas de ordem internacional destinadas a tornar efetivos os direitos reconhecidos no referido Pacto incluem, sobretudo, a conclusão de convenções, a adoção de recomendações, a prestação de assistência técnica e a organização técnica e a organização, em conjunto com os governos interessados, e no intuito de efetuar consultas e realizar estudos, de reuniões regionais e de reuniões técnicas"*.

A responsabilidade do Estado contratante deste Pacto, que é o mais importante por ser fruto do sistema da Organização das Nações Unidas e contar com a pretensão de ser universal, *reduz-se à mera produção de relatórios* a serem encaminhados ao Comitê instituído pelo próprio Pacto, contendo as principais realizações e o *"progresso realizado com o objetivo de assegurar a observância dos direitos reconhecidos no Pacto"*[2].

Os relatórios serão encaminhados ao Conselho Econômico e Social da ONU para fins de estudo e de recomendação de ordem geral. É claro que a recomendação geral evita a responsabilização de *um Estado específico* por violação destes direitos. Desse modo, cumpriu-se a vontade dos Estados, que temiam ser condenados ou sofrer os efeitos de uma recomendação específica. De fato, os Estados sempre alegaram a impossibilidade *de serem obrigados juridicamente* (no contexto de uma responsabilização internacional) a agir no campo social *sem terem condições econômicas* para tanto. Não seria possível a

---

2   Vide artigo 16, *in fine*.

materialização do mínimo de dignidade humana em termos sociais *somente com leis sem o substrato econômico favorável*[3].

Essas disposições amenas com os deveres dos Estados-partes e com sua futura responsabilidade internacional refletem a dita *progressividade* e *adstrição à realidade* dos direitos sociais e econômicos enquanto obrigações primárias, que seriam cumpridas *de acordo com o máximo de recursos estatais disponíveis e de maneira progressiva*[4].

No contexto interamericano, a situação é similar à do plano universal. De fato, aceitando a dualidade de instrumentos existentes no sistema da ONU, foi elaborado o Protocolo Adicional à Convenção Americana de Direitos Humanos em matéria de Direitos Econômicos, Sociais e Culturais (o chamado Protocolo de San Salvador) em 1988. Tal protocolo, já em vigor, reconhece a importância dos direitos econômicos e sociais para o exercício dos direitos civis e políticos, assumindo o princípio da indivisibilidade dos direitos humanos[5].

No artigo 1º do Protocolo encontra-se a *obrigação internacional geral* dos Estados em face dos direitos sociais, econômicos e culturais, que é o compromisso de adotar as medidas adequadas para efetivá-los, levando em consideração *os recursos disponíveis* e a *progressividade*, no mesmo diapasão do Pacto Internacional de Direitos Econômicos, Sociais e Culturais.

Como mecanismo de responsabilidade internacional, estabeleceu-se o *dever de apresentação de relatórios periódicos*, a serem apreciados pelo atual Conselho Interamericano para o Desenvolvimento Integral, oriundo da fusão do Conselho Interamericano Econômico e Social e do Conselho Interamericano de Educação, Ciência e Cultura. Sem prejuízo dessa análise, pode a Comissão Interamericana de Direitos Humanos elaborar relatório sobre a situação dos chamados direitos sociais e econômicos, com posterior encaminhamento à Assembleia Geral da OEA, para decisão política.

A única menção a um sistema de controle e responsabilidade internacional mais rígido é a do artigo 19.6, que estabelece uma ação de responsabilidade

---

3 Citem-se Robertson e Merrils, que salientam que "se alguém é incapaz de encontrar um emprego, uma ordem de uma Corte de Justiça não alterará a situação" (trad. do Autor). Ver in ROBERTSON, A.H. e MERRILLS, J.G., *Human Rigts in Europe*, Manchester, Manchester United Press, 1993, p. 349. Entretanto, tais assertivas mascaram a existência de leis que *justamente mantêm as desigualdades*, em um estágio da economia no qual as normas de regulação orientam a atividade econômica e social.

4 Vide o artigo 2º, item 1, do citado Pacto, que estabelece: *"Cada Estado-parte do presente Pacto compromete-se a adotar medidas, tanto por esforço próprio como pela assistência e cooperação internacionais, principalmente nos planos econômicos e técnicos, até o máximo de seus recursos disponíveis, que visem assegurar, progressivamente, por todos os meios apropriados, o pleno exercício dos direitos reconhecidos no presente Pacto, incluindo, em particular, a adoção de medidas legislativas"*.

5 O Brasil aderiu ao Protocolo de San Salvador em 1996.

internacional do Estado por violação do direito à livre associação sindical e o direito à liberdade sindical (direitos mencionados no artigo 8º, alínea *a*, do Protocolo) e por violação ao direito à educação fundamental, nos termos do artigo 13 do Protocolo.

Para tais direitos, admite-se o uso do sistema da Convenção Americana de Direitos Humanos, *inclusive através do sistema de petições individuais e uso da solução judicial*. Apesar de serem poucos os direitos protegidos por sistema igual ao sistema que protege os direitos civis e políticos, *demonstrada está a possibilidade de uma maior efetividade aos direitos sociais e econômicos, com a responsabilização do Estado por violação aos mesmos*.

Outro importante diploma normativo internacional sobre o tema, a Carta Social Europeia[6], que entrou em vigor em 1965 no âmbito do Conselho da Europa[7], não se diferencia do que foi exposto. O dever dos Estados europeus signatários é o de *enviar relatórios* a uma Comissão de Especialistas independentes, que avalia os relatórios em conjunto com um Comitê governamental, encaminhando com recomendações ao Comitê de Ministros do Conselho da Europa. Esse último Comitê pode recomendar condutas aos Estados, exigindo-se maioria de dois terços para tanto. A Assembleia Parlamentar do Conselho da Europa é associada a este mecanismo, organizando com base nas conclusões do Comitê de especialistas independentes debates periódicos sobre a política social dos Estados signatários da convenção.

Contudo, vislumbram-se progressos. O Protocolo Adicional de Reclamações Coletivas foi adotado pelo Comitê de Ministros do Conselho da Europa em 1995 e entrou em vigor em 1998. O protocolo prevê que reclamações coletivas por descumprimento dos direitos sociais podem ser propostas por organizações internacionais de empregadores e trabalhadores, por outras organizações não governamentais com *status* de consultores do Conselho da Europa e por organizações sindicais nacionais.

Desse modo, estipulou-se um *procedimento específico de apuração de direitos sociais*, que se inicia com o registro da reclamação coletiva no Comitê de Especialistas Independentes. Os requisitos de admissibilidade são os seguintes: a reclamação deve adotar a forma escrita, ter como objeto direito protegido pela Carta e ainda indicar em qual medida o Estado-parte não estaria aplicando o dito direito.

---

6 A Carta Europeia menciona dezenove direitos sociais fundamentais, relacionados em três categorias básicas, a saber, proteção do trabalho (direito ao trabalho, proteção no trabalho, direito sindical), proteção social geral e proteção particular fora do ambiente do trabalho (direito das crianças, mães, deficientes, idosos e migrantes).

7 Revisada em 1996. A Carta Social Europeia Revisada reúne em um só instrumento os direitos garantidos pela Carta original e pelo Protocolo adicional de 1988, bem como os novos direitos aprovados na revisão.

Admitida a reclamação, inicia-se um procedimento caracterizado pelo contraditório e pela ampla defesa do Estado dito ofensor e ouvindo-se também como assistentes outras entidades sociais e mesmo outras partes contratantes da Carta Social. Após, o Comitê de Especialistas elabora relatório conclusivo sobre o fato do Estado ofensor assegurar ou não, de maneira satisfatória, o direito previsto na Carta Social.

Cabe, então, *ao Comitê de Ministros elaborar recomendação de constatação do direito violado ao Estado, devendo este cumprir tal recomendação*, escolhendo os meios adequados segundo sua legislação, similar ao que ocorre com a Convenção Europeia de Direitos Humanos.

Pode o mesmo Comitê de Ministros recusar o relatório do Comitê de Especialistas e elaborar resolução em contrário. O quórum de deliberação, segundo o Protocolo, é de dois terços[8]. A supervisão do cumprimento da decisão do Comitê de Ministros é feita de modo similar ao da Convenção Europeia de Direitos Humanos, com o envio de relatório por parte do Estado-parte contendo as medidas adotadas para realizar o direito violado[9].

3 O desenvolvimento progressivo e a imediata responsabilidade internacional do Estado

O desenvolvimento da responsabilidade internacional do Estado, estabelecida nos textos convencionais sobre os direitos sociais em sentido amplo, é o menor já obtido para os chamados direitos civis e políticos.

De fato, é imenso o caminho a ser percorrido, mesmo em sistemas coletivos de proteção de direitos humanos como o europeu, para que os mecanismos de apuração de violações de direitos sociais sejam *equivalentes* aos relativos aos direitos civis e políticos.

A importância menor dada aos direitos sociais é *evidente*. Basta dizer que, atualmente, enquanto é necessário que todo candidato a membro do Conselho da Europa preencha o requisito da aceitação da Convenção europeia de Direitos Humanos, nada é exigido em relação à aceitação da Carta Social Europeia, como bem assinalou LEUPRECHT[10].

---

8   Artigo 9º do Protocolo.
9   Artigo 10 do Protocolo.
10 Ver *in* LEUPRECHT, Peter. "General Course on human rights in the new Europe", *Collected Courses of the Academy of European Law*, 1994, v. V, Book 2, Netherlands: Kluwer Law International, 1997, p. 186. Até final de 2010, 4 Estados ainda não ratificaram a Carta: Liechtenstein, Mônaco, San Marino e Suíça. Dados disponíveis em: <http://www.coe.int/t/dghl/monitoring/socialcharter/Presentation/FAQ_en.asp#3._Who_monitors_compliance_with_the_Charter>. Acesso em: 10 jan. 2011.

Os direitos sociais em sentido amplo, que constam de tratados internacionais, são, em geral, *excluídos dos mecanismos existentes para direitos civis e políticos*. O princípio que rege o adimplemento destas obrigações sociais é o princípio do *desenvolvimento progressivo*, pelo qual o Estado deve orientar suas políticas públicas, na medida dos recursos disponíveis, para obter a efetividade destes direitos.

A postergação da efetivação de direitos sociais em sentido amplo, é tida, então, *como consequência de uma disponibilidade limitada, porém temporária, de recursos*. A lógica da postergação é sempre acompanhada da lembrança do caráter temporário das restrições a implementação destes direitos sociais, acenando-se com uma acumulação futura de recursos aptos a suprir as carências materiais da população.

Ora, essa *promessa de concretização futura* de direitos protegidos *não é aceita* nos chamados direitos civis e políticos. Como exemplo, cite-se o direito do detento a um tratamento digno, que exige prestações positivas do Estado para seu efetivo cumprimento. Entretanto, não é admitido que se condicione (e que se postergue) *o desfrute do direito a um tratamento prisional digno*, até o dia em que o Estado possua os recursos necessários para a manutenção de uma administração penitenciária na qual sejam respeitados os direitos do preso[11].

Esse exemplo evidencia a incoerência da tese da *progressividade dos direitos sociais*, já que *a falta de recursos não serve para justificar a inação estatal em garantir certos direitos civis e políticos*. Para BOLIVAR, esta incoerência é um produto da chamada Guerra Fria, refletindo o anseio pela caracterização dos direitos sociais em sentido amplo como meras *orientações programáticas*, que, se descumpridas, não ensejariam a responsabilidade internacional do Estado[12].

Portanto, o princípio do desenvolvimento progressivo no âmbito de direitos sociais *deve ser aplicado com parcimônia e restrições*, já que, em países como o nosso, o desenvolvimento é associado com políticas de concentração de renda, o que torna cada vez mais *distante* (e não mais próximo, como seria natural) a concretização dos chamados direitos sociais[13].

---

11   Ver NIKKEN, Pedro. *En defensa de la persona humana,* Caracas: Editorial Jurídica Venezuelana, 1988, p. 87-88.

12   Ver BOLIVAR, Ligia."Derechos Económicos, sociales y culturales: derribar mitos, enfrentar retos, tender puentes – una visión desde la (in)experiencia de América Latina", *in Estudios Básicos de Derechos Humanos* – V, São José: IIDH, 1996, p. 103.

13   Como salienta PAULO SÉRGIO PINHEIRO, o *"fator causal determinante em relação ao grau de graves violações de direitos humanos é a distribuição de recursos menos do que o próprio nível da renda econômica".* PINHEIRO, Paulo Sérgio Pinheiro. "O controle da violência do Estado e a incorporação das normas internacionais de direitos humanos: o caso brasileiro", *in* CANÇADO TRINDADE, Antônio Augusto (org.). *A incorporação das normas internacionais de proteção dos direitos humanos no Direito Brasileiro,* Brasília/São José: IIDH, 1996, p. 302.

A utilização dos mecanismos internacionais de apuração de violação de direitos humanos é *necessária* para que seja alcançado o desenvolvimento já verificado pelos chamados direitos civis e políticos. Essa necessidade existe *tanto para concretizar* tais direitos, em geral promessas não cumpridas do agente estatal interno, *quanto para evitar a armadilha* daqueles que combatem a existência de direitos sociais, apontando a ausência de processos de responsabilidade internacional do Estado por violação de direitos sociais como mais uma *prova* da natureza de *exortações morais* destes direitos sociais.

4 As perspectivas

4.1 A indivisibilidade dos direitos humanos e os mecanismos de apuração de violação de direitos sociais

O estágio atual dos mecanismos de apuração de violações de direitos sociais indica que a própria menção a essas obrigações e a existência de um sistema de relatórios de comprovação do cumprimento da obrigação internacional de garantia a esses direitos, *auxilia* o fortalecimento desses direitos no âmbito interno de cada Estado.

Por sua vez, a Conferência Mundial de Viena de Direitos Humanos de 1993 recomendou a aplicação de um sistema de indicadores para medir o progresso alcançado na realização dos direitos previsto no Pacto Internacional dos Direitos Econômicos, Sociais e Culturais[14]. Ainda a Conferência de Viena indicou a necessidade da edição de um Protocolo Facultativo ao Pacto Internacional de Direitos Econômicos, Sociais e Culturais, que introduziria um sistema de petição individual similar ao já estabelecido no Pacto Internacional de Direitos Civis e Políticos[15]. Esse Protocolo foi finalmente elaborado em 2008 e posto à disposição dos Estados para assinatura e ratificação[16].

Desse modo, o desenvolvimento progressivo dos chamados direitos sociais e a escassez de recursos não podem mais escusar os Estados de serem responsabilizados pela não implementação de condições materiais mínimas para as suas populações.

---

14 Parte II, parágrafo 98, da Declaração e Programa de Ação de Viena.
15 Parte II, parágrafos 75 e 77, da Declaração e Programa de Ação de Viena.
16 Em dezembro de 2008, foi aprovado pela Assembleia Geral da ONU e posto à disposição dos Estados o Protocolo Facultativo que trata da petição individual. O Protocolo entrou em vigor após a 10ª ratificação, em 5 de maio de 2013. Atualmente, conta com 26 Estados. Dados disponíveis em: <https://treaties.un.org/Pages/ViewDetails.aspx?src=TREATY&mtdsg_no=IV-3-a&chapter=4&clang=_en>. Acesso em: 1º jun. 2022.

Esta responsabilização tem como importante corolário a identificação do conteúdo mínimo e dos princípios diretivos de cada direito protegido, bem como o desenvolvimento de indicadores qualitativos e quantitativos aptos a mensurar o cumprimento ou não das obrigações internacionais assumidas pelo Estado.

Não aceitamos, por outro lado, que os órgãos internacionais de direitos humanos possam impedir a escolha de determinada ação de política econômica, o que é uma opção ideológica exclusiva de cada governo, em geral vitorioso em pleito popular. Entretanto, observamos que cabe ao órgão internacional condenar, ao menos, as ações econômicas governamentais que não sejam voltadas para a implementação dos direitos sociais.

Nesse sentido, então, afirmamos que os mecanismos internacionais de apuração de violação de direitos econômicos, sociais e culturais podem servir, indiretamente, como questionamento das políticas de ajuste estrutural patrocinadas por conhecidas instituições financeiras internacionais. Preserva-se a livre-escolha dos governos na condução de suas políticas econômicas e sociais, mas, simultaneamente, são analisadas tais políticas face à imperiosa necessidade de desenvolvimento econômico e social de cada Estado[17].

A responsabilização do Estado pelas instâncias de direitos humanos pode servir, então, de contraponto internacional à implementação destes planos de ajuste econômico, que fragiliza ainda mais a situação das camadas pobres de uma população.

Esta é a preocupação externada pelo Relator Especial de Direitos Econômicos, Sociais e Culturais da Comissão de Direitos Humanos das Nações Unidas, DANILO TUK, que afirmou que *"A relativa diminuição da soberania nacional e do controle interno sobre os processos e os recursos econômicos locais, bem como o crescimento correspondente do nível de influência direta dos organismos financeiros internacionais sobre as decisões políticas nacionais são...aspectos do processo de ajuste, que, sem dúvida, afeta os direitos econômicos, sociais e culturais"*[18].

Nesse mesmo diapasão, a Conferência Mundial de Viena sobre Direitos Humanos solicitou às organizações regionais e às instituições internacionais de

---

[17] Como aponta BOLIVAR, "Aunque es válido que los organismos de derechos humanos no favorezan acciones económicas concretas, pues ello afectaría su imparcialidad e independencia, es igualmente válido oponerse a medidas económicas que son francamente violatorias de derechos humanos". Ver *in* BOLIVAR, Ligia."Derechos Económicos, sociales y culturales: derribar mitos, enfrentar retos, tender puentes – una visión desde la (in)experiencia de América Latina", *in Estudios Básicos de Derechos Humanos* – V, São José: IIDH, 1996, p. 127.

[18] Ver *in* TUK, Danilo. "Realización de los derechos económicos, sociales y culturales." *Informe del Relator Especial*, Conselho Econômico e Social, Nova York: ONU, 1992, parágrafos 41-42.

financiamento e desenvolvimento que avaliassem o impacto de suas políticas e programas sobre o exercício dos direitos humanos[19].

Logo, o desenvolvimento da responsabilidade internacional do Estado por violação de direitos sociais em sentido amplo *pode acarretar no controle das ações de organismos financeiros internacionais, cada vez mais influentes na tomada de decisões econômicas internas.*

Nesse sentido, digna de nota é a criação, pelo Banco Mundial, de um *Independent Inspection Panel* para análise de queixas contra as ações do Banco, possibilitando o questionamento destas diante da proteção internacional de direitos humanos[20]. A recusa na imediata responsabilização internacional pela omissão na implementação dos chamados direitos sociais não pode mais ser embasada na falta de recursos materiais por parte do Estado. Esta justificativa não é válida, sendo decorrente da perspectiva *ex parte principis* dos direitos humanos, que enfatiza a governabilidade em detrimento da exigência ética de respeito à dignidade da pessoa humana.

Pela perspectiva *ex parte populis,* pelo contrário, os direitos humanos são indivisíveis, *porque complementares.* Os direitos sociais, então, asseguram as condições para o exercício dos direitos civis e políticos[21]. Com isso, a responsabilidade internacional do Estado por violação de direitos sociais deve expor as omissões e fraquezas deste mesmo Estado[22] e obrigá-lo a executar as políticas públicas necessárias à correta implementação daqueles direitos[23].

---

19 Parte II, parágrafo 2, da Declaração e Programa de Ação de Viena.

20 Cite-se, ainda, que este órgão do Banco Mundial recebeu, no final do ano de 1998, um pedido de avaliação do Programa Piloto de Reforma Agrária e redução de pobreza, financiado com recursos do Banco Mundial no Brasil (Empréstimo n. 4147/Br). Este pedido foi requerido por várias organizações não governamentais, entre elas o Fórum Nacional Pela Reforma Agrária e Pela Justiça No Campo, Cáritas Brasileira, CIMI – Conselho Indigenista Missionário, CNASI – Confederação Nacional das Associações dos Servidores do INCRA, CONTAG – Confederação Nacional dos Trabalhadores na Agricultura, CPT – Comissão Pastoral da Terra, MST – Movimento dos Trabalhadores Rurais Sem Terra), entre outras, e ainda 853 indivíduos. Os requerentes afirmam que o projeto financiado não está atingindo seus objetivos, mas, sim, está impossibilitando que seus potenciais beneficiados paguem suas dívidas, levando ainda ao aumento do preço da terra agriculturável no Brasil. Tais fatos, se comprovados, representam uma violação das próprias políticas do Banco Mundial, que afirma só conceder financiamentos em prol do desenvolvimento e da implementação dos direitos sociais em sentido amplo.

21 Ver sobre o tema LAFER, Celso. *Ensaios Liberais,* São Paulo: Ed. Siciliano, 1991, p. 33-46.

22 Como assinala FARIA, analisando a situação brasileira e latino-americana, o enfraquecimento do Estado nacional nesta fase atual do capitalismo "dificulta o reconhecimento dos direitos mínimos de amplos contingentes...cujo denominador comum é a miséria". Ver FARIA, José Eduardo. "Os direitos humanos e o dilema latino-americano às vésperas do século XXI", *in Novos Estudos – Cebrap,* n. 38, 1994, p. 68.

23 Nesse sentido, registre-se o apelo de Cançado Trindade, que afirma: "Indivisíveis são todos os direitos humanos, tomados em conjunto, como indivisível é o próprio ser humano,

4.2 A interpretação ampliativa e o conteúdo social dos direitos civis e políticos: o caso do direito à vida

Essa situação de separação entre direitos de abstenção (os chamados direitos civis e políticos) e os direitos prestacionais (os chamados direitos sociais, econômicos e culturais) foi consagrada na classificação proposta de KAREL VASAK sobre as chamadas três gerações, que analisei em obra própria[24].

Em apertada síntese, a teoria das três gerações pugna pela classificação dos direitos de acordo com o dístico da Revolução Francesa (liberdade, igualdade e fraternidade). Os direitos de primeira geração seriam os diretos de liberdade, tais como a vida, integridade física, liberdade de expressão, informação, entre outros, que exigem deveres de abstenção por parte do Estado (as chamadas prestações negativas); já os direitos de segunda geração seriam direitos sociais (como saúde, educação, moradia etc.) que exigem prestações positivas por parte do Estado. Finalmente, a terceira geração seria composta por direitos de solidariedade, que exigem deveres do Estado e da coletividade, como é o caso do direito do meio ambiente[25].

Entre as diversas críticas possíveis, realço que essa classificação peca pelo reducionismo, ao classificar em categorias estanques direitos que são multifacetados. Assim, um direito classificado como "civil e político" possui facetas prestacionais que convergem para os direitos sociais em sentido amplo. Por exemplo, os direitos políticos exigem evidente investimento e políticas públicas para sua implementação (no Brasil, o orçamento da Justiça Eleitoral, com urnas eletrônicas e transmissão *on-line* é gigantesco). Ou ainda o direito à integridade pessoal exige que o Estado realize políticas públicas robustas para que possua um sistema prisional digno.

Essa percepção crítica foi incorporada à jurisprudência internacional oriunda dos mecanismos de apuração de violação de direitos humanos tradicionais.

---

titular desses direitos. Em época, como a presente, em que os Estados, autocomplacentes, tendem a descuidar da prevalência dos direitos econômicos, sociais e culturais, importa se afirmem e contraiam novos compromissos nessa área, em benefício dos seres humanos". Ver *in* CANÇADO TRINDADE, Antônio Augusto. *A proteção internacional dos direitos humanos e o Brasil*, Brasília: Ed. Fundação Universidade de Brasília, 1998, p. 120.

24 CARVALHO RAMOS, André de. *Teoria Geral dos Direitos Humanos na Ordem Internacional*, 7. ed., São Paulo: Saraiva, 2019.

25 VASAK, K. (ed.). *The international dimension of human rights*, v. I e II, Paris: Unesco, 1982. VASAK, K. "Le droit international des droits de l'homme", 140 *Recueil des Cours de l'Académie de Droit International de La Haye* (1974), p. 333-415. URIBE VARGAS, Diego, "La troisième génération des droits de l'homme", 184 *Recueil des Cours de l'Académie de Droit International de La Haye* (1984), p. 355-376.

Tanto o sistema universal quanto o regional (europeu e interamericano, em especial) possuem exemplos de *interpretação ampliativa* dos direitos civis e políticos, com o intuito de extrair *direitos sociais* ou ainda *deveres de prestação e realização de políticas públicas*.

No caso do sistema interamericano, a Corte IDH há muito não mais classifica o direito à vida tão somente como um direito que exige do Estado deveres de abstenção. Como já visto, reconhece-se hoje que os direitos humanos possuem *dupla dimensão*, que consiste em uma dimensão *subjetiva* (dotação de direitos subjetivos aos beneficiários da proteção) e *objetiva*, que é aquela que impõe deveres de proteção ao Estado[26]. A dimensão objetiva dos direitos humanos exige que o Estado realize prestações positivas de modo a assegurar *o direito à vida digna*.

Assim, o direito à vida (artigo 4º da Convenção Americana de Direitos Humanos) contempla diferentes facetas, que vão desde o direito de nascer, de permanecer vivo e de defender a própria vida e, com discussões cada vez mais agudas em virtude do avanço da medicina, sobre o ato de obstar o nascimento do feto, decidir sobre embriões congelados e ainda optar sobre a própria morte[27]. Tais discussões envolvem aborto, pesquisas científicas, suicídio assistido e eutanásia, suscitando a necessidade de dividir a proteção à vida em dois planos: a dimensão vertical e a dimensão horizontal.

A dimensão vertical envolve a proteção da vida nas diferentes fases do desenvolvimento humano (da fecundação à morte). Algumas definições sobre o direito à vida refletem esta dimensão, pois este direito consistiria no "direito à não interrupção dos processos vitais do titular mediante intervenção de terceiros e, principalmente, das autoridades estatais"[28]. Há ainda a sua dimensão horizontal, que engloba a qualidade da vida gozada e suas facetas sociais, o que nos leva a discussões sobre a vida digna e mínimo existencial. Essa dimensão horizontal leva o direito à vida a abarcar a tutela à *saúde, educação, moradia, trabalho*, prestações de *seguridade social* e até mesmo *meio ambiente* equilibrado.

Nesse sentido, a Corte IDH determinou que o direito à vida compreende não somente o direito de todo ser humano de não ser privado da vida arbitrariamente, mas também o direito a que não sejam geradas situações que impeçam

---

[26] Sobre a dimensão objetiva, ver CARVALHO RAMOS, André de. *Teoria Geral dos Direitos Humanos na Ordem Internacional*, 6. ed., São Paulo: Saraiva, 2016.

[27] Ver, entre outros, DWORKIN, Ronald. *O domínio da vida. Aborto, eutanásia e liberdades individuais*, São Paulo: Martins Fontes, 2003.

[28] DIMITRI, Dimoulis. "Vida (Direito à)", *in* DIMOULIS, Dimitri; TAVARES, André Ramos; BERCOVICI, Gilberto; SILVA, Guilherme Amorin Campos; FRANCISCO, José Carlos; ANJOS FILHO, Robério Nunes; ROTHENBURG, Walter Claudius (orgs.). *Dicionário Brasileiro de Direito Constitucional*, 1. ed., São Paulo: Saraiva, 2007, v. 1, p. 397-399.

ou dificultem o acesso à uma existência digna²⁹. Fica consagrado, então, o novo conteúdo da proteção do direito à vida, sob a forma de prestações positivas do Estado *vinculadas às condições de vida*. O paradigma deste giro copernicano na proteção do direito à vida foi adotado no Caso *Niños de la Calle* (*Villagrán Morales y otros*) da Corte Interamericana de Direitos Humanos, que estabeleceu que cabe ao Estado, na promoção da vida, garantir *"el acceso a las condiciones que garanticen una existencia digna"*³⁰.

Nesse caso, ficou consagrado que o direito à vida não possui somente uma faceta dita de "defesa", mas abarca também o dever de oferecer condições de vida digna. Assim, nasce, como realça o juiz TRINDADE em seu voto, o *direito à vida com dignidade*, que é, ao mesmo tempo, direito civil e político, mas também direito econômico e social. A Corte, então, não ficou restrita ao conceito de vida resumido à mera existência de vida física, mas exigiu respeito à dignidade humana.

Essa visão abrangente do direito à vida é coerente com a chamada indivisibilidade dos direitos humanos, reconhecida na Declaração e Programa de Ação de Viena (1993), que prega que todos os direitos humanos devem ter a mesma proteção jurídica, uma vez que são essenciais para uma vida digna.

Ultimamente, a proteção à vida desdobra-se para abarcar os chamados riscos ambientais, que afetam o direito à vida digna, consagrando o *direito à vida sustentável*. Utilizando o mesmo raciocínio aplicado na exigência de uma vida em condições dignas, fica claro que a vida do ser humano exige o respeito a um meio ambiente protegido e equilibrado. Viver em um mundo poluído, desequilibrado, abrevia a vida humana e ainda põe em risco o planeta e o futuro da espécie. Com isso, houve a lenta aceitação da proteção ambiental como parte integrante do direito à vida, até porque vários dos tratados internacionais de direitos humanos foram redigidos antes do reconhecimento do direito ao meio ambiente sadio e sustentável, o que exigiu que os intérpretes buscassem apoio à proteção do meio ambiente em direitos tradicionalmente protegidos.

Os melhores exemplos de *proteção à vida sustentável* encontram-se na jurisprudência da Corte Europeia de Direitos Humanos, que analisou a vinculação entre o direito à vida e os riscos ambientais no Caso *Oneryldiz v. Turquia*³¹. Nesse

---

29 No plano interamericano, ver os seguintes julgados da Corte Interamericana de Direitos Humanos: *Caso de los "Niños de la Calle"* (*Villagrán Morales y otros*), § 144, *Caso "Instituto de Reeducación del Menor"*, § 156; *Caso de los Hermanos Gómez Paquiyauri*, § 128; *Caso Myrna Mack Chang*, § 152.

30 Corte Interamericana de Direitos Humanos, Caso Villagrán Morales y Otros, sentença de mérito de 19-11-1999, série C, n. 63.

31 Caso *Oneryldiz v. Turquia*, julgamento em 18 de junho de 2002. Ver mais sobre este caso em REY MARTINEZ, Fernando. "La protección jurídica de la vida: un derecho en

caso, nove membros de uma família morreram após um deslizamento de terras fruto das chuvas, erosão do solo e ocupação irregular de encostas. A Corte Europeia decidiu que o Estado havia violado seus deveres de proteção à vida, uma vez que não havia realizado obras ambientais preventivas nem alertado dos riscos de deslizamentos ou retirado os moradores irregulares.

A dimensão horizontal do direito à vida atrai para a competência dos mecanismos de direitos civis e políticos uma competência não planejada pelos Estados sobre direitos sociais. Assim, os órgãos judiciais e quase judiciais de direitos humanos não esperaram os Estados reformarem amplamente os mecanismos internacionais: incluíram, fundados no dever geral de assegurar os direitos multifacetados, os direitos sociais.

4.3 O giro copernicano da Corte Interamericana de Direitos Humanos: a proteção direta dos direitos sociais na Convenção Americana de Direitos Humanos

O art. 26 da Convenção Americana de Direitos Humanos estabelece o dever dos Estados de apenas zelar pelo *desenvolvimento progressivo* de tais direitos[32]. Por sua vez, o Protocolo de San Salvador sobre direitos sociais, econômicos e culturais e o Pacto Internacional sobre Direitos Econômicos, Sociais e Culturais (PIDESC) preveem também o desenvolvimento progressivo da disponibilidade de tais direitos, a depender da existência de recursos econômicos por parte do Estado. Nesse sentido, o art. 1º do Protocolo de San Salvador estabelece a obrigação internacional geral dos Estados em face dos direitos sociais, econômicos e culturais, que vem a ser o compromisso de adotar as medidas adequadas para efetivá-los, levando em consideração os recursos disponíveis e a progressividade, no mesmo diapasão do Pacto Internacional sobre Direitos Econômicos, Sociais e Culturais (art. 2.1[33]).

---

transformación y expansión", *in* GARCÍA ROCA, Javier e SANTOLAYA, Pablo (coords.). *La Europa de los Derechos. El Convenio Europeo de Derechos Humanos*, Madrid: Centro de Estudios Políticos y Constitucionales, 2005, p. 67-95.

[32] "Artigo 26 – Desenvolvimento progressivo. Os Estados-partes comprometem-se a adotar as providências, tanto no âmbito interno, como mediante cooperação internacional, especialmente econômica e técnica, a fim de conseguir progressivamente a plena efetividade dos direitos que decorrem das normas econômicas, sociais e sobre educação, ciência e cultura, constantes da Carta da Organização dos Estados Americanos, reformada pelo Protocolo de Buenos Aires, na medida dos recursos disponíveis, por via legislativa ou por outros meios apropriados".

[33] Artigo 2º, item 1: "Cada Estado Parte do presente Pacto compromete-se a adotar medidas, tanto por esforço próprio como pela assistência e cooperação internacionais, principalmente nos planos econômicos e técnicos, até o máximo de seus recursos disponíveis, que visem assegurar, progressivamente, por todos os meios apropriados, o pleno exercício dos direitos reconhecidos no presente Pacto, incluindo, em particular, a adoção de medidas legislativas".

Contudo, em face da (i) indivisibilidade e (ii) interdependência de todos os direitos, que são indispensáveis para a vida digna do ser humano, desenvolveu-se, na jurisprudência internacional dos direitos humanos, dois modos de justiciabilidade dos direitos sociais: (i) o modo indireto e, mais recentemente, (ii) o modo direto.

O modo indireto consiste na proteção dos direitos sociais como facetas dos direitos civis e políticos. A divisão entre "direitos civis e políticos" e "direitos sociais" é eliminada, como visto acima: há facetas dos direitos civis e políticos que afetam direitos sociais, e a violação dos direitos sociais é feita *por derivação* da justiciabilidade de um direito civil e político. Por exemplo, a violação ao direito à saúde é apreciada por um órgão internacional em virtude de ofender o direito à integridade física; o direito à identidade cultural dos povos indígenas seria apreciado como subproduto da proteção do direito à vida, entre outras possíveis derivações.

Já pelo modo direto, a violação a direito social, econômico, cultural ou ambiental é reconhecida enquanto tal, de forma autônoma (por exemplo, violação ao direito à saúde, à educação ou ao trabalho). Trata-se de forma tradicionalmente reservada aos direitos civis e políticos, uma vez que os tratados que contêm direitos sociais em sentido amplo adotaram – como visto – somente o dever dos Estados em desenvolver progressivamente tais direitos.

No plano doméstico, a justiciabilidade dos direitos sociais possui já diversos precedentes, como se vê no uso de ações judiciais para a implementação de diversos direitos sociais, como o direito à saúde, educação, entre outros[34].

O modo indireto é o mais usualmente encontrado na jurisprudência internacional de direitos humanos. No plano interamericano, a redação do art. 26 da Convenção Americana de Direitos Humanos (CADH) restringiu a atuação da Corte Interamericana na proteção de direitos sociais. Além disso, o Protocolo de San Salvador (PSS) impôs uma limitação *rationae materiae* no seu art. 19.6, que prevê a jurisdição da Corte somente sobre casos de violação do direito à educação fundamental e determinados direitos sindicais (arts. 8º e 13 do PSS). Por isso, em face da dificuldade de reconhecimento de uma violação direta às normas jurídicas delimitadoras dos DESCAs (em especial o art. 26 da CADH e os direitos do Protocolo de San Salvador), o modo indireto foi amplamente utilizado pela Corte IDH.

Nesse sentido, a Corte IDH reconheceu, em seus julgados, diferentes dimensões das violações derivadas de direitos civis e políticos, consagrando, simultaneamente, a indivisibilidade e a interdependência dos direitos humanos. Há duas críticas ao uso do modo indireto: (i) seu uso gera baixa visibilidade e

---

34 *Vide* o item 2.5.2, sobre os direitos sociais, visto acima.

reconhecimento dos DESCAs enquanto direitos com força vinculante; bem como (ii) exige que violações a direitos difusos ou coletivos sejam traduzidas como violações de direitos individuais.

O *modo direto* de proteção de direitos humanos foi consagrado pela Corte IDH somente em 2017, no *Caso Lagos del Campo vs. Peru*[35]. Foi declarado, de ofício (sem pedido das vítimas ou da Comissão Interamericana de Direitos Humanos), a violação ao art. 26 da CADH. Foi a primeira vez que a Corte declarou violado pelo Estado o art. 26 da CADH, mantendo essa linha em julgados subsequentes, a saber: *Caso dos Trabalhadores Despedidos da Empresa Petroperú*[36] (2017), *Caso Poblete Vilches vs. Chile* (2018)[37] e *Caso San Miguel Sosa vs. Venezuela*[38] (2018).

A justiciabilidade direta dos direitos sociais implica no reconhecimento de direitos subjetivos oponíveis aos Estados (tais como os direitos civis e políticos), afastando-se a tese de que tais direitos representariam somente normas programáticas aos Estados.

Com a justiciabilidade direta, os direitos econômicos, sociais, culturais e ambientais (DESCAs) reafirmam-se como direitos humanos, com o mesmo *status* e hierarquia que os direitos civis e políticos. Com isso, os Estados devem tanto evitar medidas regressivas (*vide* a proibição do retrocesso) quanto devem adotar medidas imediatas de respeito e garantia.

---

[35] Corte IDH. Caso *Lagos del Campo vs. Peru*. Exceções Preliminares, Mérito, Reparações e Custas. Sentença de 31 de agosto de 2017. Série C n. 340.

[36] Corte IDH. *Caso Trabalhadores Despedidos de Petroperú y otros vs. Peru*. Exceções Preliminares, Mérito, Reparações e Custas. Sentença de 23 de novembro de 2017. Série C n. 344.

[37] Corte IDH. *Caso Poblete Vilches e outros vs. Chile*. Mérito, Reparações e Custas. Sentença de 8 de março de 2018. Série C n. 349.

[38] Corte IDH. *Caso San Miguel Sosa e outras vs. Venezuela*. Mérito, Reparações e Custas. Sentença de 8 de fevereiro de 2018. Série C n. 348.

TÍTULO VIII OS MECANISMOS COLETIVOS E O INDIVÍDUO NO DIREITO INTERNACIONAL

1 A subjetividade jurídica controvertida e evolução rumo à aceitação da personalidade jurídica internacional do indivíduo

A participação do indivíduo como agente ativo em procedimentos internacionais de direitos humanos é verdadeiro marco para a comunidade internacional, já que, anteriormente, o Direito Internacional Geral não oferecia aos indivíduos possibilidades de agir em nome próprio na esfera internacional. Com efeito, como esclarece a extensa doutrina sobre o tema, a formação do Direito Internacional – fruto da vontade dos Estados – acarretou a exclusão do indivíduo como agente direto do sistema internacional[1].

Como precursores dessa participação mais ativa do indivíduo no plano internacional, cite-se, no século XX, a Corte Internacional de Presas, proposta pela 2ª Conferência de Haia em 1907, a Corte Centro-Americana de Justiça (1907-1917)[2], a Liga das Nações e o sistema de petições para a proteção de minorias (tratados especiais em regiões sob a égide da Liga) e para a proteção de populações sob o regime do mandato[3].

Quanto aos direitos sociais, cite-se o original sistema da OIT, que permite petições de indivíduos através de suas representações (de trabalhadores e

---

[1] Para detalhes sobre a lenta aceitação da legitimidade ativa do indivíduo perante certas instâncias de Direito Internacional, ver VASAK, Karl. "Le droit internationale des droits de l'homme", 140 *Recueil des Cours de l'Académie de Droit International de La Haye* (1974), p. 333-415; PARRY, Clive. "Some considerations upon the protection of individuals in international law", 90 *Recueil des Cours de l'Académie de Droit International de La Haye* (1956); PARTSCH, Karl J., "Individuals in international law", *in* BENHARDT, Rudolf (org.). *Encyclopedia of Public International Law* – v. 8, Amsterdam/New York: North Holland Publishing Co, 1985, p. 316-321. ARANGIO-RUIZ, G. "L'individuo e il diritto internazionale, 54 *Rivista di Diritto Internazionale* (1954), p. 561-608. SPERDUTI, G. "L'individu et le droit international", 90 *Recueil des Cours de l'Académie de Droit International de La Haye* (1956), p. 727-849.

[2] A Convenção de Washington de 20 de dezembro de 1907, concluída entre as Repúblicas da Costa Rica, Guatemala, Honduras, Nicarágua e El Salvador, criou a Corte centro-americana no qual os indivíduos possuíam o *locus standi*. O requisito de acesso era o necessário esgotamento dos recursos internos, o que acarretou a rejeição de todas as quatro ações de indivíduos durante a curta duração do Tribunal (1907-1918).

[3] Apesar do primeiro sistema internacional contemporâneo a adotar essa participação do indivíduo ser do século passado, a saber o sistema de navegação do Reno, que foi organizado pelos Estados da Renânia em 1816. Ver *in* CANÇADO TRINDADE, Antônio Augusto. "Exhaustion of local remedies in international law experiments granting procedurals status to individuals in the first half of the twentieht century", *in* 24 *Netherlands International Law Review* (1977), p. 373-375.

empregadores), bem como reclamações interestatais[4]. Após a 2ª Guerra Mundial, mencione-se a existência do regime da tutela e seu sistema de petições dos indivíduos habitantes desses territórios sob tal regime.

Essas experiências possuíam como característica principal *a sua limitação a categorias de indivíduos*, tais como os trabalhadores, os habitantes de territórios sob mandato ou tutela[5].

No século XX, firmou-se a progressiva aceitação da capacidade processual do indivíduo, quando expressamente conferida pelos Estados, componentes naturais da comunidade internacional[6].

Foi o que decidiu a Corte Permanente de Justiça Internacional, no caso da *Jurisdição dos Tribunais de Dantzig*, ficando patente a aceitação jurisprudencial da inclusão do indivíduo como titular direto de direitos na seara internacional. Nesse Parecer Consultivo opinou-se que os tratados podem outorgar direitos a indivíduos diretamente, direitos estes exigíveis perante tribunais internos. Segundo CANÇADO TRINDADE, a Corte superou a visão tradicional do Direito Internacional, na qual somente os Estados podiam exercer direitos no âmbito internacional[7].

A partir do fortalecimento dessa proteção específica, a extensão para um regime de defesa genérico de direitos humanos foi um passo, *que foi dado logo após os horrores constatados no pós-Segunda Guerra Mundial*. Com efeito, a generalização da proteção dos direitos humanos foi decisiva na ampliação da legitimidade ativa do indivíduo no âmbito internacional.

Atualmente, então, o Direito Internacional dos Direitos Humanos expõe as maiores possibilidades de intervenção direta do indivíduo na esfera internacional. De fato, *as pessoas ganham o direito de se dirigir a organismos internacionais quase judiciais, pautando suas ações, ou ainda o direito de se dirigir diretamente às Cortes internacionais*.

A caracterização do indivíduo como sujeito do Direito Internacional exige duas condições. Primeiramente, deve-se observar se o indivíduo possui direitos

---

4 VALTICOS, Nicolas. "Un sytème de contrôle international: la mise en oeuvre des conventions internationales du travail", 123 *Recueil des Cours de Droit International de l'Académie de La Haye*, (1968), p. 311-407.

5 Com a exceção da frustrada tentativa da Corte Centro-americana de Justiça, já mencionada.

6 Como ensina CANÇADO TRINDADE, "A capacidade processual internacional dos indivíduos contou, assim, com reconhecimento em experiências de direito internacional antes mesmo da adoção, em um intervalo de poucos meses em 1948, das Declarações Universal e Americana de Diretos Humanos, ponto de partida do processo de generalização da proteção internacional dos direitos humanos". Ver *in* CANÇADO TRINDADE, Antônio Augusto. *Tratado de Direito Internacional dos Direitos Humanos*, Porto Alegre: Sérgio Antonio Fabris Editor, 1997, p. 35.

7 CANÇADO TRINDADE, Antônio Augusto. "Los derechos no susceptibles de suspensión en la jurisprudencia de la Corte Internacional de Justicia", *in Estudios Básicos de Derechos Humanos – VI*, São José: IIDH, 1996, p. 22.

ou deveres regulados diretamente pelo Direito Internacional. Além disso, deve ser verificado se o indivíduo possui capacidade processual para agir em juízo, tanto enquanto autor ou mesmo réu, caso viole deveres internacionais[8].

Atualmente, as condições são plenamente preenchidas no sistema regional europeu de defesa de direitos humanos, *já que claramente o indivíduo possui direitos* e, em segundo lugar, o indivíduo possui *acesso direito à Corte Europeia*. Desse modo, o direito de ação individual consagrou um sistema no qual a personalidade jurídica do indivíduo no campo internacional *não mais gera polêmicas*, focalizando a atenção para os limites desta ação individual e o alcance da responsabilidade internacional do Estado por violação de direitos humanos.

Quanto aos deveres, também há exemplos marcantes no Direito Internacional Penal, que admite que um indivíduo, mesmo que seja um herói local e tenha agido de acordo com as normas nacionais, seja considerado *criminoso internacional* e, consequentemente, punido com severidade (até prisão perpétua) por um tribunal internacional.

Porém, o reconhecimento da personalidade jurídica internacional do indivíduo não é um dado uniforme no Direito Internacional. De fato, malgrado todo o desenvolvimento do Direito Internacional nessa seara, o reconhecimento da personalidade jurídica do indivíduo é limitada e precária. Limitada, pois, com a exceção da Corte Europeia de Direitos Humanos e, para alguns Estados somente, na Corte Africana de Direitos Humanos e dos Povos, os indivíduos não têm acesso direto às Cortes, mas sim a organismos internacionais quase judiciais, *que podem nem levar o litígio ao conhecimento dos Tribunais*.

Precária, já que a capacidade de agir dos indivíduos é considerada, de regra, um item de *adesão facultativa* nos diversos Tratados internacionais de direitos humanos. Além disso, o próprio Estado pode eliminar tal capacidade de agir dos indivíduos através de *revogação expressa* ou através da não renovação de uma adesão temporária ao instituto da ação individual[9].

Contudo, *essas restrições tendem a ser superadas*. Com efeito, até o momento, os Estados têm aceitado constantes evoluções dos mecanismos coletivos de julgamento internacional do Estado por violação de direitos humanos. As evoluções aceitas visam aumentar a proteção de direitos humanos já existente. Logo, tendo em vista que o agir do indivíduo perante o Direito Internacional dos Direitos Humanos favorece uma maior proteção desses direitos, não há por que negar a personalidade jurídica internacional do indivíduo.

---

8 Ver sobre o tema NORGAARD, Carl Aage. "The Protection of Human Rights in Europe", *Collected Courses of the Academy of European Law*, v. II, Book 2, 1993, p. 38 e s.

9 Ver, por exemplo, art. 65 da Convenção Europeia de Direitos Humanos e o art. 78 da Convenção Americana de Direitos Humanos.

2 Os direitos previstos ao indivíduo no combate à violação de direitos humanos

Cabe agora analisar as diversas modalidades de exercício de direito do indivíduo de ser ouvido e obter a reparação no plano internacional em face de determinada violação de direitos humanos.

A primeira dessas modalidades é *o direito de comunicação*, que tem como consequência uma resposta, mas que não necessariamente redunda na abertura de um procedimento de apuração de violação de direitos humanos individual[10]. A Declaração Universal de Direitos do Homem estipula em seu artigo 24 que todo homem tem direito de apresentar petições e obter respostas a estas demandas. As comunicações no Direito Internacional dos Direitos Humanos são encontradas em procedimentos extraconvencionais da ONU, como vimos, baseados, por exemplo, na Resolução n. 1.503. Essas comunicações autorizaram a Comissão de Direitos Humanos da ONU, hoje Conselho de Direitos Humanos, a iniciar um procedimento que visa a apuração de violações de direitos humanos imputadas ao Estado.

A segunda modalidade da capacidade de agir do indivíduo nessa seara do julgamento internacional do Estado por violação de direitos humanos é o *direito de petição*. Este direito consiste na reclamação de um indivíduo vítima de violação que exige e recebe uma resposta definida através de um procedimento preestabelecido.

Enquanto a comunicação apenas leva ao conhecimento de órgãos internacionais fatos considerados como gravosos aos direitos humanos protegidos, o *direito de petição* permite ao indivíduo lesado *exigir* uma ação de organismos internacionais contra o Estado ofensor. O direito de petição, então, leva o indivíduo perante órgãos internacionais, que por sua vez, podem processar os Estados, tais como a Comissão Interamericana de Direitos Humanos ou a Comissão Africana de Direitos Humanos e dos Povos.

Finalmente, o máximo da intervenção do indivíduo na busca do julgamento internacional do Estado é o *direito de ação* perante Cortes judiciais. No plano internacional, podemos citar apenas o Protocolos n. 11, que alterou a Convenção Europeia de Direitos Humanos e o Protocolo de 1998 à Carta Africana dos Direitos Humanos e dos Povos, que criou a Corte Africana. No plano europeu, todo Estado do Conselho da Europa reconhece o direito de ação individual. No plano africano, é necessária uma declaração específica, que ainda poucos Estados fizeram.

Consideramos essa evolução extremamente bem-vinda, pois assinala a consecução do ideal do Direito Internacional dos Direitos Humanos, que é a primazia do indivíduo em detrimento do Estado. Nada melhor do que dotar o indivíduo, sem intermediários, de capacidade processual ativa para combater a violação de direitos humanos sofrida.

---

10 Ver a esse respeito FEINBERG, N. "La pétition en droit international", *in Recueil des Cours de l'Académie de Droit International de La Haye* (1932), p. 625-644.

PARTE IV A COEXISTÊNCIA ENTRE OS DIVERSOS
MECANISMOS DE APURAÇÃO DE
VIOLAÇÕES DE DIREITOS HUMANOS

1 Conflito entre decisões de mecanismos coletivos de apuração de violação de direitos humanos

1.1 A coordenação e a litispendência entre os procedimentos

O desenvolvimento da proteção dos direitos humanos fez nascer a necessidade da coexistência entre os diversos procedimentos de responsabilização do Estado por violação de direitos humanos na esfera internacional.

Com efeito, a internacionalização dos direitos humanos foi pautada pela diversidade de diplomas normativos internacionais no âmbito universal e regional, que criaram normas primárias com objeto semelhante ou idêntico. Assim, direitos declarados no Pacto Internacional de Direitos Civis e Políticos da ONU *também o foram* na Convenção Europeia de Direitos Humanos e na Convenção Americana de Direitos Humanos. A este acúmulo de normas primárias, seguiu-se também a *proliferação* de vários mecanismos de julgamento do Estado por violação de direitos humanos.

Logo, em face da multiplicidade de procedimentos internacionais de apuração da responsabilidade internacional do Estado, judiciais ou extrajudiciais, oriundos de base convencional ou extraconvencional, *é necessária a coordenação desses mecanismos, para evitarmos decisões contraditórias e perda de tempo e recursos*.

A Conferência de Viena adotou tal posição, recomendando maior coordenação no sistema das Nações Unidas na área dos direitos humanos[1]. Com efeito, a coordenação no âmbito internacional tem sido discutida nos últimos anos, diante da necessidade de se evitar interpretações divergentes e duplicação desnecessária de procedimentos, que enfraqueceria e abalaria a confiança no sistema internacional de direitos humanos como um todo.

No caso dos sistemas de relatórios, o Alto Comissariado para os Direitos Humanos da ONU, criado após a Conferência Mundial de Viena em 1993, tem como meta a padronização da sistemática de cada relatório, visando auxiliar os Estados na elaboração dos mesmos e obter, com maior facilidade, a consulta recíproca aos mesmos por diversos Comitês de direitos humanos instituídos pelos tratados. Mesmo o sistema de *fact findings*, que é a investigação propriamente dita, necessita de coordenação para se evitar a duplicidade de exigências

---

[1] De acordo com o item 4 da Declaração de Viena, *"Os órgãos e agências especializados relacionados com os direitos humanos devem, portanto, reforçar a coordenação de suas atividades com base na aplicação coerente e objetiva dos instrumentos internacionais de direitos humanos".*

de informações e a criação de estruturas onerosas de determinação de violação de direitos humanos[2].

Para *coordenar* a implementação dos diversos tratados de direitos humanos e garantir a responsabilização do Estado violador, cite-se, como marco, o Parecer Consultivo da Corte Interamericana de Direitos Humanos relativo aos outros tratados objeto da competência consultiva da Corte[3]. Nessa opinião, de 1982, a Corte assinalou ser competente *para emitir pareceres consultivos sobre todo tratado de direitos humanos aplicável aos Estados americanos.* Esse posicionamento embasou--se em vários argumentos. O primeiro é a linguagem do artigo 64 (que trata da competência da Corte em emitir pareceres consultivos) da Convenção Americana de Direitos Humanos, que possibilita à Corte emitir pareceres sobre todo tratado de direitos humanos aplicável na região americana, além da própria Convenção Americana de Direitos Humanos. Ainda com base nos termos do artigo 64, *a Corte americana decidiu que os diversos tratados internacionais não necessariamente seriam tratados entre Estados americanos, mas sim qualquer tratado que fosse adotado que protegesse as pessoas da região americana*[4].

Com isso, a Corte Interamericana deu um decisivo passo para a *integração da interpretação dos diversos tratados de direitos humanos no âmbito interamericano*. Esta integração evita a separação rígida entre os sistemas coletivos de responsabilidade internacional do Estado por violação de direitos humanos, enfatizando a unidade da natureza do ser humano e o caráter universal dos direitos e garantias[5].

Por outro lado, no caso de sistemas de análise de petições individuais, foram sendo inseridas cláusulas em tratados internacionais para evitar a *litispendência* de reclamações individuais.

---

[2] Assim, a questão da coordenação dos mecanismos de proteção de direitos humanos deve ser examinada sob diversos prismas, dependendo do conteúdo de cada etapa dos procedimentos de responsabilidade internacional do Estado. Ver estudo sobre o tema *in* CANÇADO TRINDADE, Antônio Augusto. "Co-existence and Co-ordination of mechanisms of international protection of human rights (at global and regional levels)", 202 *Recueil des Cours de l'Académie de Droit International de La Haye* (1987), p. 9-445.

[3] Ver Corte Interamericana de Direitos Humanos, *Parecer relativo aos outros tratados objeto da competência consultiva da Corte (Art. 64 da Convenção Americana de Direitos Humanos)*, Parecer Consultivo n. 1/82 de 24 de setembro de 1982, Série A, n. 1.

[4] Ver Corte Interamericana de Direitos Humanos, *Parecer relativo aos outros tratados objeto da competência consultiva da Corte (Art. 64 da Convenção Americana de Direitos Humanos)*, Parecer Consultivo n. 1/82 de 24 de setembro de 1982, Série A, n. 1, parágrafo 38, p. 18.

[5] Para a Corte Interamericana de Direitos Humanos "*A unidade da natureza do ser humano e o caráter universal dos direitos e liberdades que merecem garantia, estão na base de todo o regime de proteção internacional*" (trad. do Autor). Ver Corte Interamericana de Direitos Humanos, *Parecer relativo aos outros tratados objeto da competência consultiva da Corte (Art. 64 da Convenção Americana de Direitos Humanos)*, Parecer Consultivo n. 1/82 de 24 de setembro de 1982, Série A, n. 1, parágrafo 40, p. 19.

A preocupação de se evitar a violação da coisa julgada internacional ainda não se fez presente no âmbito dos procedimentos da ONU, em especial perante o Comitê de Direitos Humanos, *que não estipula, como requisito de admissibilidade de uma petição, a inexistência de coisa julgada*. O artigo 5º do Protocolo Facultativo ao Pacto Internacional de Direitos Civis e Políticos exige somente, para ser a demanda considerada admissível, que a questão não esteja *em curso* para exame, perante outra instância internacional.

Assim, teoricamente, é possível que um caso concreto *já analisado* (ou seja, não estando mais em curso) perante a Corte Europeia de Direitos Humanos seja novamente analisado pelo Comitê de Direitos Humanos da ONU, possibilitando-se o nascimento de decisões contraditórias. Ou ainda, uma decisão da Corte Interamericana de Direitos Humanos pode ser apreciada por órgão de convenção setorial da ONU[6].

Com isso, o esgotamento de um mecanismo não exaure o direito da vítima de utilizar-se de outro mecanismo que garanta seus direitos violados. Defendendo tal ponto de vista, CANÇADO TRINDADE reitera que, *caso a reparação não seja obtida perante um procedimento*, não se pode impedir que a vítima acione outro mecanismo[7].

Logo, é possível a contradição entre deliberações internacionais prolatadas nos diversos procedimentos de responsabilidade internacional do Estado por violação de direitos humanos.

1.2 O princípio da primazia da norma mais favorável na era da ponderação de direitos

A doutrina em geral aponta que a *régle d'or* de interpretação das normas de proteção internacional dos direitos humanos é a primazia da norma mais favorável ao indivíduo. Essa busca da *maior proteção possível* consta explicitamente dos tratados, na medida em que nos mesmos é mencionada a impossibilidade de interpretação do próprio tratado que exclua ou revogue proteção normativa maior já alcançada[8].

---

6 Contudo, quanto a isso, os Estados europeus contratantes da Convenção Europeia de Direitos Humanos reagiram e, de regra, impõem reserva na adesão ao Protocolo Facultativo do Pacto Internacional de Direitos Civis e Políticos para evitar a dupla apreciação.

7 Ver CANÇADO TRINDADE, Antônio Augusto. "Co-existence and co-ordination of mechanism of international protection of human rights – at global and regional levels", *in* 202 *Recueil des Cours de l'Académie de Droit International de La Haye* (1987), p. 409.

8 Como expõe CANÇADO TRINDADE, "no domínio da proteção dos direitos humanos, interagem o direito internacional e o direito interno movidos pelas mesmas necessidades de proteção, prevalecendo as normas que melhor protejam o ser humano. A primazia é da pessoa humana". Ver CANÇADO TRINDADE, Antônio Augusto. "A evolução da proteção dos direitos

A impossibilidade de se invocar uma norma internacional para reduzir direitos já garantidos em outros tratados ou mesmo na legislação interna *é cláusula tradicional insculpida nos tratados internacionais de direitos humanos*. É comum a inclusão dessa cláusula de salvaguarda em tratados de direitos humanos, *nos quais firma-se que as disposições da referida convenção não podem ser utilizadas como justificativa para a diminuição ou eliminação de maior proteção oferecida por outro tratado*.

Essa cláusula é encontrada no art. 5.2 do Pacto das Nações Unidas sobre direitos civis e políticos, no art. 5º do Pacto Internacional de Direitos Econômicos, Sociais e Culturais, no art. 60 da Convenção Europeia de Direitos Humanos e no art. 29, b, da Convenção Americana de Direitos Humanos.

Portanto, a coordenação das decisões oriundas de todos esses procedimentos deve ser feita seguindo o princípio, já estabelecido expressamente em diversos tratados de direitos humanos, *da primazia da norma mais favorável ao indivíduo*. A Corte Interamericana de Direitos Humanos reconheceu tal cláusula no parecer consultivo relativa ao ingresso compulsório em uma Associação de Jornalistas. Nesse parecer, solicitado pela Costa Rica, estabeleceu-se que "*consequentemente, se a uma mesma situação são aplicáveis a Convenção Americana e outro tratado internacional, deve prevalecer a norma mais favorável à pessoa humana*"[9].

A escolha do dispositivo mais favorável às vítimas tem relação direta com a questão da coexistência de procedimentos distintos de responsabilidade internacional do Estado por violação de direitos humanos, pois, assim, aceita-se a evolução interpretativa e os avanços na esfera de proteção de direitos. Com base no princípio da *máxima proteção*, a decisão desfavorável *não possui o condão de impedir novas interpretações*, que aumentem a esfera do juridicamente protegido.

Desse modo, quando há duplicidade de procedimentos e com consequente duplicidade de decisões de responsabilidade internacional do Estado, urge *a opção pela decisão mais favorável. Adapta-se para fins das normas secundárias o princípio da primazia da norma primária mais favorável*, como visto acima.

Isto posto, resta saber *qual é a decisão efetivamente mais favorável* e saber *para quem* a decisão deve ser favorável, no momento em que há ofensa a direitos humanos opondo dois particulares, ou mesmo quando o interesse da sociedade se contrapõe a interesses individuais. Em outras palavras, *qual deve ser a saída quando dois indivíduos em litígio apelam cada qual para a proteção oriunda de dois tratados internacionais diversos?*

---

humanos e o papel do Brasil", *in A proteção dos direitos humanos nos planos nacional e internacional: perspectivas brasileiras*. Brasília: Instituto Interamericano de Derechos Humanos, 1992, p. 34.

9 Corte Interamericana de Direitos Humanos, *Parecer Consultivo sobre a filiação obrigatória de jornalistas (artigos 13 e 29 da Convenção Americana de Direitos Humanos)*, Parecer n. 5/85, de 13 de novembro de 1985, Série A, n. 5, parágrafo 52, p. 31.

Como exemplo, cite-se a proteção da vida privada e o direito à informação, já que o artigo 17 do Pacto Internacional de Direitos Civis e Políticos amplia a proteção da vida privada para atingir a proteção da honra e da reputação, em face do artigo 8º da Convenção Europeia de Direitos Humanos. Entretanto, reduz a esfera da liberdade de expressão de outrem.

Desse modo, apesar da simplicidade extremamente atraente deste método de solução de conflito aparente entre normas secundárias de proteção de direitos humanos, seu uso é inútil, na era atual de expansão e inter-relações de direitos. Não devemos considerar, contudo, tal conflito aparente como *insuperável*. A ponderação dos valores e a certeza da relatividade dos direitos fundamentais diante da necessária coexistência entre os mesmos devem servir de guia para o intérprete no momento da estipulação dos limites da proteção estabelecida pelos direitos em concreto.

Assim, para o caso de duas decisões conflitantes que envolvam direitos em conflito aparente, solucionados pela ponderação de valores do juiz internacional, resta apenas a oposição da cláusula da *coisa julgada internacional*, que beneficiará a primeira decisão prolatada em detrimento da posterior.

Essa regra de decisão não está ainda expressa em nenhum tratado internacional ou texto normativo internacional, *mas é implícita à aceitação pelos Estados* de diversos procedimentos de responsabilidade internacional do Estado por violação de direitos humanos, *já que não se pode concluir que os Estados tenham desejado criar uma situação de conflito sem solução*.

Por outro lado, caso não seja adotada tal regra e considerando ser impossível concluir que esse conflito não tem solução, a outra alternativa possível seria a da hierarquização dos procedimentos de responsabilização do Estado. Teríamos de considerar uma decisão de certo procedimento, por exemplo um procedimento judicial como o interamericano ou europeu, de grau superior aos demais, com sua prevalência em face, por exemplo, de decisão de um órgão quase judicial, como o Comitê de Direitos Humanos. Essa segunda solução possível tem contra si o simples fato de não ser prevista em nenhum tratado e também não ser possível considerá-la como implícita ao sistema internacional de direitos humanos.

2 O conflito entre a decisão unilateral e coletiva de violações de direitos humanos

2.1 Os mecanismos coletivos levam à exclusão dos mecanismos unilaterais?

Até o momento, foram analisadas duas grandes espécies de mecanismos existentes hoje na comunidade internacional para o julgamento internacional do Estado por violação de direitos humanos: a espécie unilateral e a espécie coletiva ou institucional.

As diferenças são claras: no mecanismo unilateral prevalece o princípio do *judex in causa sua*, o que é substituído, nos mecanismos coletivos, por procedimentos onde a *imparcialidade* e o *devido processo legal* imperam no processo internacional contra o Estado por violação de direitos humanos.

Nesse século XXI, é nítida a tendência de fortalecimento dos mecanismos coletivos em detrimento do mecanismo unilateral, o que é demonstrado através do aumento do número de países que aderem a mecanismos regionais, como o europeu, o interamericano e o africano, e também através da aceitação pelos Estados de procedimentos extraconvencionais com atribuições cada vez maiores.

Para SALCEDO, o futuro próximo é *"a progressiva aceitação pelos Estados de mecanismos jurisdicionais de proteção dos direitos humanos como os já existentes nos sistemas europeu e americano, até chegar o dia da instalação de uma Corte Universal de Direitos Humanos com jurisdição obrigatória"*[10].

Entretanto, até que os mecanismos coletivos consigam a aceitação de todos os Estados, *resta saber se tais mecanismos são excludentes*, ou seja, se a aceitação por um Estado de um mecanismo coletivo de julgamento da responsabilidade internacional deveria excluir a possibilidade de utilização do mecanismo unilateral visto acima. Para tanto, urge a análise da questão do regime autossuficiente.

2.2 Os mecanismos coletivos de apuração de violação de direitos humanos representam regimes autossuficientes?

Os regimes autossuficientes (*self-contained régime*) de Direito Internacional são caracterizados por possuírem um conjunto de regras de conduta e também regras de procedimento, que formam um *subsistema jurídico particular*, a ser aplicado com *exclusividade* na resolução de eventuais litígios entre as partes contratantes[11].

A teoria do *self-contained régime* foi consagrada pela decisão da Corte Internacional de Justiça no caso do pessoal diplomático e consular dos Estados Unidos

---

10 Ver CARRILLO SALCEDO, Juan Antonio. *Soberanía de los Estados y Derechos Humanos en Derecho Internacional Contemporáneo*, Madrid: Tecnos, 1995, p. 136.

11 Reconheceu Riphagen, ex-relator do projeto de convenção sobre a responsabilidade internacional do Estado da Comissão de Direito Internacional, a existência de certos *"self--contained régimes"* no tocante à responsabilidade internacional. Ver *in* RIPHAGEN, Willem. "Third Report on State Responsibility", *Yearbook of the International Law Commission* – 1982, v. I, parágrafo 16. Em relação ao tema, ver, entre outros, o estudo de SIMMA, Bruno. "Self--contained régimes", XVI *Netherlands Yearbook of International Law* (1985), p. 112-136.

em Teerã, na qual foi estipulado que as regras relativas ao tratamento do pessoal diplomático *compunham um sistema autossuficiente*, contendo os privilégios diplomáticos e também os meios para conter abusos destes privilégios[12].

Todavia, *a pergunta inserida acima como título deste capítulo é capciosa e contém dois significados*. De fato, ser ou não a responsabilidade internacional do Estado por violação de direitos humanos um regime autossuficiente possui *dois significados distintos*.

O primeiro é a possibilidade ou não do uso, *como fonte subsidiária*, das normas específicas de responsabilidade internacional do Estado contidas no Direito costumeiro e bem retratadas no projeto de codificação da responsabilidade internacional em processamento perante a Comissão de Direito Internacional. Este é o primeiro significado da pergunta.

O segundo significado, tão explosivo quanto o primeiro, é a possibilidade do uso, de modo subsidiário, dos *mecanismos unilaterais de julgamento internacional do Estado*, quando *fracassam* os mecanismos coletivos.

Quanto ao primeiro significado do conceito de regime autossuficiente, observamos que, apesar do intenso desenvolvimento nas últimas décadas, as normas específicas de responsabilidade internacional existentes nos tratados internacionais de proteção de direitos humanos *são relativamente poucas e insuficientes*.

Com efeito, os tratados de direitos humanos estabelecem mecanismos de supervisão e controle, *sem explicitar as regras de responsabilidade internacional do Estado delimitadoras das consequências advindas da violação do direito protegido*. Sendo essas normas específicas relativas à responsabilidade internacional do Estado poucas e lacunosas, pode ser *dificultada* a responsabilização de um Estado.

Mesmo os sistemas regionais interamericano e europeu, apesar de estabelecerem Tribunais específicos de direitos humanos, não fogem a este cenário mencionado, com *poucas regras de responsabilização internacional* do Estado inseridas em seus tratados institutivos.

De acordo com ASDRÚBAL AGUIAR, ex-Juiz da Corte Interamericana de Direitos Humanos, "*As normas específicas sobre responsabilidade contidas em tais instrumentos são lacônicas. Não detalham as ações ou omissões, que, eventualmente, devam reputar-se como contrárias ao dever dos Estados-partes de respeitar e garantir em suas jurisdições os direitos da pessoa humana. Não especificam, ademais, os requisitos pelos quais seria admissível a atribuição ou a exclusão, ou, eventualmente, a exoneração da responsabilidade do Estado; e, somente de modo genérico e superficial definem o*

---

[12] Ver Corte Internacional de Justiça, *United States Diplomatic and Consular Staff in Tehran (Judgement)*, ICJ Reports (1980), p. 38.

conteúdo e os alcances desta, em outras palavras, as consequências geradas pela violação das obrigações estabelecidas"[13].

Resta saber se os Estados, ao assumirem as obrigações de direitos humanos, propositalmente preferiram que estes tratados fossem autossuficientes (*self-contained*), o que significa que todas as situações de violações a suas normas só poderiam ser tratadas de acordo com as próprias normas constantes nos mesmos[14].

Essa posição nos levaria a concluir pela existência de uma *soft responsibility* ou responsabilidade mitigada, que seria formada pelas normas esparsas relativas à responsabilidade internacional do Estado nos mecanismos existentes em tratados de direitos humanos[15].

A responsabilidade mitigada enfraquece a proteção internacional dos direitos humanos, pois pressupõe que violações de direitos humanos não sejam combatidas como as demais violações de normas internacionais. *Deste modo, as normas protetivas de direitos humanos não seriam normas de Direito Internacional ou, pelo menos, seriam normas de segunda categoria.* Os próprios tratados de direitos humanos teriam a natureza de *soft law* ou norma jurídica em formação, em virtude da ausência de mecanismos de responsabilização dos Estados infratores[16].

Todavia, a natureza de *soft law* dos tratados de direitos humanos e a existência de uma responsabilidade internacional mitigada não corresponde aos objetivos de proteção ao ser humano instituídos pelos próprios tratados. Além disso, não há nenhuma prova da recusa dos Estados em se socorrerem de normas gerais de Direito Internacional *no caso de lacuna ou insuficiência das normas previstas* nos tratados de direitos humanos[17].

---

13 AGUIAR, Asdrúbal. *Derechos y responsabilidad internacional del Estado,* Caracas: Monte Ávila Editores Latinoamericanos, 1997, p. 174 (trad. do Autor).

14 Em seu primeiro caso contencioso, a Corte Permanente de Justiça Internacional já utilizou o temo "self-contained". De fato, no caso Wimbledon, a Corte considerou que os dispositivos do Tratado de Versailles relativos ao regime jurídico do Canal de Kiel pertenciam a um regime autossuficiente. Nos termos da decisão: *"Os dispositivos relativos ao Canal de Kiel são, portanto, auto-contidos".* Ver *in* Corte Permanente de Justiça Internacional, *Caso S.S. Wimbledon,* P. C.I.J Series A, n. 1, (1923), p. 23-24.

15 SIMMA, Bruno. "International Human Rights and General International Law: a comparative analysis", *in Collected Courses of the Academy of European Law,* v. IV, Book 2, Netherlands: Kluwer Law International, 1995, p. 233.

16 Simma, por seu turno, define *soft law* ou direito em formação como aquelas normas que ainda não alcançaram o estatuto de normas jurídicas internacionais, oriundas das fontes reconhecidas pelo artigo 38 do Estatuto da Corte Internacional de Justiça. SIMMA, Bruno. "International Human Rights and General International Law: a comparative analysis", *in Collected Courses of the Academy of European Law,* v. IV, Book 2, Netherlands: Kluwer Law International, 1995, p. 233.

17 SIMMA, Bruno. "International Human Rights and General International Law: a comparative analysis" *in Collected Courses of the Academy of European Law,* v. IV, Book 2, Netherlands: Kluwer Law International, 1995, p. 208.

Pelo contrário, os órgãos criados por tratados de direitos humanos, tal como o Comitê de Direitos Humanos ou mesmo a Corte Interamericana de Direitos Humanos, *têm se utilizado constantemente dos conceitos da teoria geral da responsabilidade internacional do Estado, tais como esgotamento de recursos internos, imputação, obrigação de reparação e outros.*

Logo, devem ser utilizadas as normas constantes nos tratados de direitos humanos para se obter a completa reparação dos danos causados. Quando estas normas não são suficientes, *deve-se apelar* para a teoria geral da responsabilidade internacional do Estado.

Quanto ao segundo significado de ser ou não a responsabilidade internacional do Estado um regime autossuficiente, observamos que teóricos soviéticos, como KARTASHKIN, sustentaram que a aplicação de convenções relativas aos direitos humanos era de exclusiva competência doméstica e o *controle de sua aplicação,* por outro lado, *só poderia ser realizado pelos mecanismos previstos nas próprias convenções citadas*[18].

Como os procedimentos de controle e responsabilização destas convenções encontram-se em cláusulas de adesão facultativa ou protocolos de ratificação também facultativa (aos quais a antiga União Soviética nunca havia aderido), *ficava sem efeito* qualquer ingerência externa no tocante à promoção e proteção dos direitos humanos.

Entretanto, esse *anseio de neutralização* da proteção internacional dos direitos humanos foi superado pelo desenvolvimento acelerado de procedimentos mesmo extraconvencionais de responsabilização internacional do Estado por violação de direitos humanos. Como exemplo, citem-se os procedimentos extraconvencionais da ONU baseados em disposições genéricas da Carta das Nações Unidas ou as atribuições de proteção de direitos humanos dadas à Comissão Interamericana de Direitos Humanos no âmbito da OEA, antes mesmo da Convenção Americana de Direitos Humanos.

Logo, não cabe mais brandir pela impossibilidade de controle internacional sobre direitos humanos, somente pela não ratificação pelo Estado de protocolo facultativo ou similar que tenha instituído um órgão internacional de supervisão.

O caráter de regime autossuficiente dos tratados internacionais de direitos humanos no tocante aos mecanismos de supervisão neles inseridos implica em reconhecer a prioridade destes mecanismos em relação aos mecanismos unilaterais existentes no regime geral da responsabilidade internacional do Estado.

---

18 Ver KARTASHKIN, V. "Les pays socialistes et les droits de l'homme", *in Les dimensions internationales des droits de l'homme,* Paris: Unesco, 1978, p. 680-701.

PARTE V | O IMPACTO NA VIDA COTIDIANA: IMPLEMENTANDO AS DECISÕES INTERNACIONAIS

TÍTULO I A FORÇA VINCULANTE DAS DELIBERAÇÕES DE ÓRGÃOS INTERNACIONAIS QUE CONSTATAM VIOLAÇÕES DE DIREITOS HUMANOS

1 Introdução

Os efeitos práticos das deliberações dos diversos órgãos internacionais de supervisão e proteção de direitos humanos foram objeto de análise da Conferência Mundial de Viena de 1993 sobre direitos humanos. Nessa Conferência ficou clara a preocupação da comunidade internacional com a implementação das deliberações internacionais relativas aos direitos humanos[1].

Essa preocupação implica necessariamente na discussão da força vinculante de eventuais constatações de violação de direitos humanos por parte dos órgãos internacionais.

A força vinculante das decisões internacionais relativas à responsabilidade internacional do Estado deve ser estudada em face de *dois planos*.

O primeiro é o da *obrigatoriedade*. Esse plano é deveras importante, tendo em vista o crescente uso de instrumentos extraconvencionais para a responsabilização internacional do Estado, baseados em normas genéricas de garantia de direitos humanos ou mesmo baseados em normas costumeiras de Direito Internacional.

Essa base normativa *genérica ou passível de questionamento* acarreta discussão sobre o caráter obrigatório de determinadas decisões internacionais relativas a casos de violação de direitos humanos, tais como as extraídas dos procedimentos extraconvencionais universais da Organização das Nações Unidas, como visto.

Superada a questão da obrigatoriedade, resta a análise do plano da executoriedade destas decisões internacionais.

De fato, mesmo quando não há discussão no plano da obrigatoriedade, como ocorre no caso de instrumentos convencionais específicos que criam mecanismos judiciais de garantia de direitos humanos[2], resta a problemática da *correta execução* nacional de uma decisão obrigatória internacional.

A obrigação internacional de cumprimento de decisão relativa à proteção de direitos humanos é, em última análise, uma obrigação de resultado, cabendo

---

1 Vide, por exemplo, as recomendações da parte *"Métodos de implementação e controle"* (itens 83 e seguintes) do Programa de Ação de Viena.
2 Por exemplo, a Convenção Americana de Direitos Humanos e a Convenção Europeia de Direitos Humanos.

ao Estado infrator a escolha dos meios para o seu cumprimento. Com isso, analisaremos o *modus operandi* desta execução interna e os mecanismos postos à disposição da vítima para a obtenção da reparação devida.

2 O plano da obrigatoriedade

2.1 A classificação das deliberações internacionais

Em relação à obrigatoriedade do acatamento das deliberações internacionais de proteção de direitos humanos, cabe, em primeiro lugar, diferenciar as principais espécies de deliberações internacionais resultantes dos processos de responsabilidade internacional do Estado e suas características.

Essa diferenciação é fruto da existência, nos dias de hoje, de uma complexa teia de processos de apuração internacional das violações de direitos humanos na esfera das Nações Unidas e na esfera regional, que, no caso brasileiro, equivale à da Organização dos Estados Americanos.

Tal teia com seus procedimentos próprios foi abordada nos capítulos anteriores, interessando neste momento uma breve classificação dos *produtos jurídicos* advindos desses procedimentos. A classificação é análoga à classificação dos procedimentos de supervisão internacional de direitos humanos protegidos (supervisão, controle e tutela), exposta acima.

Sendo assim, é possível classificar os produtos nascidos dos procedimentos de responsabilidade internacional do Estado por violação de direitos humanos em *recomendação, decisões quase judiciais e decisão judicial*. Essa classificação tem o objetivo de clarificar a obrigatoriedade e a consequente executoriedade das deliberações internacionais *lato sensu* em face dos Estados[3].

2.2 A recomendação

2.2.1 Os tipos de recomendação

A recomendação é uma opinião não vinculante de órgão internacional de direitos humanos, fruto da existência de obrigação internacional de

---

[3] É claro que a tentativa de englobar todos os produtos gerados pelo intrincado trabalho de diversos órgãos internacionais, tanto do plano regional quanto universal, em apenas três categorias pode ser questionada. Por outro lado, conforme ensinamento de Gordillo, inexistem classificações erradas, mas sim as úteis ou inúteis, sendo que a acima apontada tem o desejo de ser útil e auxiliar o estudioso. Ver *in* GORDILLO, Augustín. *Princípios Gerais de Direito Público*. Trad. de Marco Aurélio Grecco, São Paulo: Revista dos Tribunais, 1977.

monitoramento e supervisão dos direitos protegidos (o chamado "droit de régard"). Essas instâncias, enquanto atuantes no monitoramento, podem observar e sugerir apenas.

Quatro grupos (tipos) de recomendação existem atualmente. O *primeiro* é fruto das atividades de análise de relatórios governamentais por parte de órgãos internacionais de supervisão estabelecidos por tratados. De fato, no plano convencional universal, é tradicional a *obrigação de envio de relatórios* dos próprios Estados-partes no tratado.

O *segundo* grupo de recomendação origina-se de procedimentos extraconvencionais, que, a partir do estudo de determinada situação ou tema, levam recomendações a um Estado. No seio da Organização das Nações Unidas, por exemplo, existem inúmeros grupos temáticos que sugerem determinadas condutas dos Estados. A própria ação do Alto Comissariado das Nações Unidas para os Direitos Humanos possui forte aspecto promocional e de estímulo a ações espontâneas dos próprios Estados.

O terceiro grupo contempla as recomendações elaboradas e, depois, aceitas, pelo Estado avaliado no mecanismo extraconvencional global da *revisão periódica universal* (RPU). Tal recomendação é a mais débil de todas, pois exige a anuência prévia do Estado avaliado para que possa ter seu cumprimento monitorado no ciclo seguinte da RPU. Mesmo assim, é um importante desenvolvimento da *vigilância internacional* dos direitos humanos, pois, caso aceita, gera o posterior dever do Estado de expor as realizações feitas para seu cumprimento. A maior fraqueza desse tipo de recomendação é que, em geral, sua redação é feita pelos Estados avaliadores de modo repleto de generalidades e sem maior precisão ("melhorar o sistema prisional", "diminuir a pobreza", "combater a desigualdade", etc.), tornando fácil seu cumprimento pelo Estado avaliado.

O *quarto* grupo é fruto do desenvolvimento dos procedimentos extraconvencionais já mencionados, constituindo-se em recomendações relativas a casos individuais, como as exaradas pelo Grupo Temático da Detenção Arbitrária. De fato, como já foi mencionado, desenvolveu-se no seio da Organização das Nações Unidas um tipo de recomendação extraída de procedimentos extraconvencionais que analisam petições individuais e emitem deliberações sobre a violação específica aos direitos humanos de determinada pessoa. É o caso do Grupo temático da Organização das Nações Unidas sobre a detenção arbitrária, que analisa o direito à liberdade e ao devido processo legal.

2.2.2 Os efeitos diretos e indiretos das recomendações. A possibilidade de formação de costume internacional

Em relação ao primeiro tipo de recomendação (oriunda da análise dos relatórios enviados a órgãos de supervisão estabelecidos por tratados), os próprios tratados institutivos estabelecem um procedimento diferenciado e facultativo para a análise de petições individuais. Logo, *há alternativa viável* ao indivíduo que busca a responsabilização internacional do Estado por violação de direitos humanos.

Quanto ao segundo e terceiro tipo de recomendação, cumpre assinalar que a base normativa é genérica e a composição dos órgãos é intergovernamental, o que ocasiona os perigos da seletividade e do *double standard*, já ventilados. Com efeito, sempre é bom lembrar as críticas atacando as opções políticas dos Estados participantes da antiga Comissão de Direitos Humanos (órgão intergovernamental, hoje Conselho de Direitos Humanos) e a possibilidade de seletividade para o início dos procedimentos.

É marcante a posição de alguns, que defendem o *caráter não vinculante* das recomendações do *terceiro grupo*, com base na sua origem extraconvencional. Para SALCEDO, por exemplo, as decisões oriundas dos mecanismos extraconvencionais não são vinculantes[4]. Para MARKS, por seu turno, o poder de embaraço ou a mobilização da vergonha é a grande contribuição dos mecanismos extraconvencionais da ONU[5].

Afirma-se que os Estados só concordam com tais mecanismos se os resultados não forem obrigatórios, devendo tais conclusões *convencer os Estados* e pressioná-los pelo *poder de embaraço* e pelo *peso da opinião pública*. Assim, essas deliberações compõem o chamado *power of embarras*, que por definição é uma pressão política, já que lhe faltaria a chamada força vinculante. Busca-se, então, a chamada *"mobilisation de la honte"*, para que o Estado violador, *sponte propria*, repare integralmente a ofensa aos direitos humanos protegidos.

Tais fatores seriam já verdadeiras sanções eficazes para compelir os Estados a adotarem todas as conclusões relativas a violação de direitos humanos. PASTOR RIDRUEJO, antigo relator de um Grupo de análise geográfica em procedimento extraconvencional (El Salvador), salienta que, em seu relatório, procurou estabelecer a responsabilidade genérica dos órgãos estatais ou de grupos paramilitares, exprimindo uma convicção ou certeza moral. Assim, no campo jurídico da responsabilidade internacional do Estado, as conclusões destes procedimentos não teriam repercussão[6].

---

4 Ver CARRILLO SALCEDO, Juan Antonio. *Soberanía de los Estados y Derechos Humanos en Derecho Internacional Contemporáneo*, Madrid: Tecnos, 1995, p. 84.

5 MARKS, Stephen P. "Human Rights – Activities of Universal Organisations", *in* BENHARDT, Rudolf (org.) *Encyclopedia of Public International Law* – v. 8, Amsterdam; New York: North Holland Publishing Co, 1985, p. 284.

6 PASTOR RIDRUEJO, José Antonio. "Les procédures publiques spéciales de la Commission des Droits de l'Homme des Nations Unies", 228 *Recueil des Cours de l'Académie de Droit International de La Haye* (1991), p. 245.

Logo, ao constatar a violação de direitos humanos, as deliberações de mecanismos extraconvencionais não permitem que se retire as consequências jurídicas de uma constatação de responsabilidade internacional. *A responsabilidade nascida destes procedimentos seria somente de ordem política, sem sanção de Direito Internacional ou busca de reparação.* Por essa razão, não existiria nenhuma disposição convencional dispondo sobre a vinculação ou sobre a força obrigatória dos relatórios e das resoluções em análise. A sanção porventura existente seria a *sanção moral*, da opinião pública mundial[7].

Em resumo, a natureza jurídica dessas deliberações dos mecanismos extraconvencionais seria a de *mero conselho ou exortação*, para estes autores[8]. A ausência de obrigatoriedade destas recomendações faz nascer o sentimento de ajuridicidade destas deliberações internacionais. É comum encontrar-se na doutrina escritos sobre o papel *"moral"* das recomendações oriundas destes mecanismos de monitoramento e promoção.

Resta saber se a prática atual dos Estados não criou um *costume internacional* de cumprimento dessas deliberações. Tal obrigatoriedade costumeira seria particularmente observada nas deliberações oriundas dos mecanismos extraconvencionais no seio da Organização das Nações Unidas, em especial nas deliberações do Grupo sobre Detenção Arbitrária e no Grupo contra a Tortura, ambos da Comissão de Direitos Humanos. Como exemplo, cite-se a comunicação, como *medida urgente de proteção*, enviada pelo Relator especial, por exemplo, do grupo de execução sumária, para que se suspenda a execução de determinada pessoa. Essa comunicação teria força vinculante, fruto do próprio conteúdo do mandato destinado a tais grupos[9].

---

7 Enfaticamente sustenta PASTOR RIDRUEJO que "Trata-se de uma responsabilidade com caráter político, ensejando, assim, a grave sanção da constatação pública em nível internacional da violação dos direitos do homem, mais excluindo-se toda ideia de reparação". Ora, então, o uso do termo "responsabilidade" não tem relação com o conceito de responsabilidade internacional do Estado, que acarreta o dever de reparação por parte do Estado infrator. Ver PASTOR RIDRUEJO, José Antonio. "Les procédures publiques spéciales de la Commission des Droits de l'Homme des Nations Unies", 228 *Recueil des Cours de l'Académie de Droit International de La Haye* (1991), p. 257.

8 Como salienta Lindgren Alves, "Em todos esses mecanismos, inclusive quando a Comissão de Direitos Humanos decide estabelecer relator especial para acompanhar a situação de um país determinado, a atuação internacional não ultrapassa os níveis de observação e de recomendações. Resguarda-se, assim, a soberania nacional, cabendo ao discernimento dos Governos as decisões de responder às indagações, acolher as recomendações e cooperar com os relatores". Ver LINDGREN ALVES, J. A. *Os direitos humanos como tema global,* São Paulo: Perspectiva, 1994, p. 38.

9 Ver PASTOR RIDRUEJO, José Antonio. "Les procédures publiques spéciales de la Commission des Droits de l'Homme des Nations Unies", 228 *Recueil des Cours de l'Académie de Droit International La Haye* (1991), p. 247-248.

A visão predominante indica que o pedido de soltura, por exemplo, por parte do relator especial a um determinado Estado é verdadeira ação de "bons ofícios" e a decisão de soltura do Governo local não é obrigatória[10]. Não haveria força vinculante em relação a estes pedidos, que seriam atendidos com base em considerações políticas[11]. De fato, alguns autores, como SIMMA e D'AMATO, assinalam a ausência de comprovação de um real costume internacional, já que os casos de não cumprimento das deliberações internacionais destes órgãos apontam para a *falta do consenso* entre os Estados sobre a força vinculante destas deliberações.

Nesse sentido, houve mudança da própria denominação da deliberação internacional do Grupo de Trabalho sobre a Detenção Arbitrária. Abandonou-se o termo *"decisão"* em prol do termo *"opinião"*, optando-se por enfatizar o caráter opinativo da deliberação e não vinculante. Assim, consolidou-se, *de modo indubitável*, a posição de não reconhecer qualquer força vinculante nestas deliberações, agora meras opiniões[12].

Por outro lado, é lícito afirmar que, apesar da falta de força vinculante dos mecanismos extraconvencionais, há um importante *efeito jurídico indireto*, que é o uso destas recomendações como prova para outro procedimento de julgamento internacional do Estado, que acarreta a submissão do Estado à recomendação porventura ignorada.

Conforme citado anteriormente, é possível a edição de resoluções do Conselho de Segurança, fundadas no Capítulo VII da Carta da Organização das Nações Unidas, originadas de pedidos do Conselho de Direitos Humanos, que, após verificar a reiteração das violações de direitos protegidos sem qualquer ação do Estado violador, pode pedir à Assembleia Geral que acione o Conselho de Segurança. O Conselho de Segurança, assim, caso seja clarificada a relação de sua atribuição baseada no Capítulo VII da Carta da ONU com a proteção dos direitos humanos, é um mecanismo extraconvencional, que é vinculante e pode tornar vinculante os demais mecanismos extraconvencionais.

VAN BOVEN enfatiza um outro efeito indireto diverso, que é o uso político das conclusões e das recomendações extraídas do trabalho dos procedimentos

---

10 Assinala Salcedo que as ações urgentes deliberadas pelos procedimentos extraconvencionais da ONU são um inegável progresso, mas não devem ser caracterizadas como um *recurso de amparo internacional, "pois não é possível esquecer que a finalidade da ação é antes de tudo humanitária"* (trad. do Autor). Ver CARRILLO SALCEDO, Juan Antonio. *Soberanía de los Estados y Derechos Humanos en Derecho Internacional Contemporáneo*, Madrid: Tecnos, 1995, p. 91.

11 PASTOR RIDRUEJO, José Antonio. "Les procédures publiques spéciales de la Commission des Droits de l'Homme des Nations Unies", 228 *Recueil des Cours de l'Académie de Droit International de La Haye*, (1991), p. 247.

12 Ver "Report of the Working Group on Arbitrary Detention, de 19 de dezembro de 1997, Doc. E/CN.4/1998/44, publicação da Organização das Nações Unidas.

extraconvencionais no âmbito da ONU. Estas deliberações são, então, utilizadas para embasar pronunciamentos políticos de diversos de Estados e de outros organismos internacionais[13].

No mesmo sentido, LINDGREN ALVES afirma que a *"relevância moral"* das deliberações da ONU no campo dos direitos humanos *legitima* a ação de demais entes da comunidade internacional. Assim, segundo o autor, *"as recomendações, exortações e condenações dos comitês e outros mecanismos de controle confirmam ou retiram legitimidade às postulações, denúncias de violações normalmente veiculadas pelos meios de comunicação, ONGs e outros atores importantes nesse campo"*[14].

Logo, é forçoso concluir que os mecanismos quase judiciais e judiciais, que contam com órgãos imparciais e técnicos de análise de pretensas violações de direitos humanos, são as *melhores alternativas* de proteção aos direitos humanos[15].

2.3 As decisões quase judiciais e judiciais

Os mecanismos quase judiciais são aqueles previstos *na fase de controle* da observância de direitos humanos, na qual analisam-se petições individuais e interestatais que se insurgem contra violações de direitos humanos e pleiteiam reparação.

O órgão de análise não é uma Corte internacional estabelecida para julgar casos de violação de direitos humanos protegidos, mas sim uma instância internacional não judicial. Como exemplo, cite-se o Comitê de Direitos Humanos, com a capacidade de processar petições individuais e interestatais sobre violações dos direitos humanos protegidos no Pacto Internacional de Direitos Civis e Políticos e a Comissão Interamericana de Direitos Humanos, com a mesma atribuição em face da Carta da OEA e da Convenção Americana de Direitos Humanos.

---

13 Ver *in* BOVEN, Theo van. "General Course on Human Rights", *Collected Courses of the Academy of European Law*, v. IV, Book 2, Netherlands: Kluwer Law International, 1995, p. 65.

14 Além disso, o autor critica os "maximalistas" de direitos humanos. Para ele, "a construção de cada elemento do sistema...tende...a decepcionar os maximalistas, que, no compreensível afã de encontrar soluções imediatas para as violações testemunhadas, desconsideram, ou desconhecem, a natureza das relações internacionais..." (LINDGREN ALVES, José Augusto. "O sistema de proteção das Nações Unidas aos direitos humanos e as dificuldades brasileiras", *in* CANÇADO TRINDADE, Antônio Augusto (org.). *A incorporação das normas internacionais de proteção dos direitos humanos no Direito Brasileiro*, Brasília/São José: IIDH, 1996, p. 238).

15 Por outro lado, cumpre assinalar que Pastor Ridruejo afirma que a Comissão de Direitos Humanos, graças à politização, peca mais pela omissão do que pela ação. PASTOR RIDRUEJO, José Antonio. "Les procédures publiques spéciales de la Commission des Droits de l'Homme des Nations Unies", 228 *Recueil des Cours de l'Académie de Droit International de La Haye* (1991), p. 260.

O *caráter não judicial* das instâncias internacionais de averiguação das pretensas violações e a *ausência de disposições expressas* nos tratados sobre a obrigatoriedade dos mesmos *acarretam dúvidas* sobre a força vinculante destas deliberações.

Percebe-se a existência de duas correntes. De um lado, os defensores do caráter não vinculante dessas deliberações enfatizam a *ausência de disposição expressa* nos tratados internacionais. Apontam, também, o estágio atual do Direito Internacional dos Direitos Humanos, que exigiria a *cooperação* dos Estados para o cumprimento de suas normas. Essa cooperação seria mais *facilmente obtida através da ausência de coerção* e da prevalência do convencimento.

É significativa a postura de vários Estados em explicitar relutância em reconhecer mesmo as deliberações dos órgãos convencionais baseados em tratados (*treaty bodies*) como decisões vinculantes. Essa postura traduz-se em enfatizar, por exemplo, a natureza puramente voluntária ou *ex gratia* do pagamento de indenizações à vítima de violações de direitos humanos.

Mesmo os próprios advogados da proteção internacional de direitos humanos reconhecem pouca ou nenhuma força jurídica vinculante às decisões de instâncias internacionais quase judiciais. HÉLIO BICUDO, por exemplo, afirma que uma deliberação condenatória da Comissão Interamericana de Direitos Humanos em caso envolvendo o Brasil equivale a uma censura moral ao Estado brasileiro[16].

A segunda corrente, por seu turno, indica que a interpretação sistemática e finalística dos tratados de direitos humanos *deve ser feita em prol do aumento da carga protetiva*, já que os mesmos foram celebrados justamente para proteger o indivíduo e não para dar vantagens materiais aos contratantes.

Além disso, o poder de apreciar as petições pelos Comitês foi conferido, em geral, graças à adesão à cláusula facultativa. Logo, o Estado pode aderir ao tratado sem concordar com tais cláusulas, *ficando imune ao sistema de petições*. Mas se expressamente aceita tal sistema seria ilógico considerar as deliberações finais dos mesmos como meros conselhos ou recomendações.

Para dirimir qualquer dúvida, foi apresentada, na Conferência Mundial de Viena de 1993, sugestão de inserção de um parágrafo ao artigo 5º do Protocolo

---

16 Segundo o autor, "Ainda recentemente, em 1996, a Comissão Interamericana de Direitos Humanos apontou a impunidade de policiais militares que participaram da chamada chacina do 42º Distrito. O relatório a respeito, elaborado pela Comissão Interamericana de Direitos Humanos, depois de sua visita em 1995 ao Brasil, já está em mãos do Itamaraty, em caráter sigiloso, para a manifestação a respeito do nosso Governo. Caso não se dê resposta ou não seja ela satisfatória, será dada publicidade ao relatório, com suas recomendações a respeito, o que irá equivaler a uma censura moral de qualificações internacionais". Ver BICUDO, Hélio. *Direitos Humanos e sua proteção*, São Paulo: FTD, 1997, p. 40.

Facultativo do Pacto Internacional de Direitos Civis e Políticos, pelo qual os Estados contratantes comprometer-se-iam a implementar as decisões do Comitê de Direitos Humanos[17].

De fato, é *insensato* negociar novos Protocolos facultativos (como o Protocolo Facultativo ao Pacto Internacional de Direitos Econômicos, Sociais e Culturais) e novos procedimentos de controle quase judiciais, caso se continue a negar ou duvidar do caráter vinculante das decisões prolatadas por esses mesmos órgãos. Essa proposta não foi aprovada pelos Estados, o que demonstra o acerto da opção por acordos regionais com a criação de Cortes como o caminho mais curto para assegurar a obrigatoriedade das deliberações internacionais geradas de processos de responsabilidade internacional do Estado por violação de direitos humanos.

No mais, a situação das decisões em petições de vítimas de violação de direitos humanos no *mecanismo global* (sistema convencional contencioso quase judicial, visto em capítulo próprio) é preocupante. O caso contra o Brasil perante o Comitê pela Eliminação de Toda Forma de Discriminação contra a Mulher (Caso Alyne Pimentel) terminou com uma "recomendação" do Comitê ao Brasil, em um caso de flagrante violação dos direitos da vítima. Em 2022, mais de 10 anos depois da deliberação, as recomendações do Caso Alyne ainda não tinham sido totalmente cumpridas[18].

No chamado "Caso Lula" visto acima, foi visto o reconhecimento da força vinculante das medidas provisórias (ou cautelares) do Comitê de Direitos Humanos no exame das comunicações individuais. Assim, ao menos as medidas provisórias são de cumprimento obrigatório pelos Estados.

Já no sistema interamericano, a Comissão IDH edita o primeiro relatório e aguarda o cumprimento dele pelo Estado em um prazo de três meses. Caso não haja cumprimento do relatório, a Comissão, se o caso não for submetido à Corte Interamericana de Direitos Humanos, deve elaborar seu segundo relatório, com suas deliberações finais sobre o caso concreto. Consagrou-se, com base na evolução da jurisprudência da Corte IDH, o caráter obrigatório do 2º Informe da Comissão, que só será adotado se o caso concreto não for submetido à apreciação a Corte Interamericana de Direitos Humanos (Corte IDH). É claro que, se o caso for submetido à Corte, é a sentença desta última que deve ser vinculante, na medida em que pode até contrariar o entendimento da Comissão.

---

17 Ver SCHMIDT, Markus G. "Treaty-based human rights complaints procedures in the UN- remedy or mirage for victims of humans rights violations?", *in Human Rigths/Droits de l'homme*, Alto Comissariado de Direitos Humanos da Organização das Nações Unidas, n. 2, 1998, p. 13-18.

18 Caso Alyne da Silva Pimentel, disponível em: <http://www.escr-net.org/sites/default/files/CEDAW-C-49-D-17-2008.pdf>. Acesso em: 9 abr. 2022.

Na ausência dessa apreciação por parte da Corte IDH (de regra, pela recusa do Estado em reconhecer a jurisdição da mesma), resta o relatório da Comissão, que, enquanto órgão de promoção de direitos humanos, está perfeitamente legitimado pela Convenção Americana de Direitos Humanos em exigir determinada conduta por parte dos Estados, já que estes, ao aderir à Convenção aceitam a competência da própria Comissão em processar petições individuais.

No tocante à terceira categoria de deliberações internacionais sobre o tema, *as decisões judiciais*, previstas na Convenção Americana e na Convenção Europeia, há dispositivos expressos que estabelecem a competência do Tribunal e a força vinculante de suas decisões, quer cautelares quer definitivas.

Cabe, pois, concluir que o caráter meramente moral ou desprovido de força vinculante é cada vez mais raro nas deliberações internacionais oriundas dos processos de averiguação do cumprimento, pelos Estados, de seu dever de assegurar os direitos humanos protegidos. A força jurídica vinculante das decisões internacionais substitui o *power of embarras*.

3 A executoriedade das decisões e a regra da quarta instância

As instâncias internacionais de proteção de direitos humanos somente analisam a responsabilidade internacional do Estado, sem determinar qual autoridade nacional deve ser responsável pela reparação nem os instrumentos da mesma reparação.

A decisão internacional constitui *obrigação internacional de resultado*, ficando o Estado livre para escolher os meios internos para fazer cumprir o conteúdo da decisão judicial internacional. Cabe a cada Estado a escolha dos meios de implementar a deliberação internacional. Caso não a implemente, descumpre-se *obrigação internacional secundária de cumprimento*, em boa-fé, *das decisões internacionais de responsabilidade* internacional do Estado[19].

Notamos, então, que o Estado em si é condenado a reparar a violação ao direito protegido, sendo irrelevante ter sido o agente causador da conduta um determinado órgão ou mesmo autoridade, cabendo ao próprio Direito interno a busca de soluções jurídicas para o melhor adimplemento do conteúdo da deliberação internacional. Assim, *inexiste uma substituição do Estado infrator* na execução interna das deliberações internacionais.

Por isso, não é aplicável a objeção feita por Estados de que determinado Tribunal internacional (a Corte IDH, por exemplo), ao considerar que uma

---

19 Ver RUIZ MIGUEL, Carlos. *La ejecución de las sentencias del Tribunal Europeo de Derechos Humanos*, Madrid: Tecnos, 1997, p. 29.

decisão judicial nacional foi ofensiva a determinado direito, acabaria se transformando em uma "quarta instância", ou seja, um tribunal de revisão das decisões domésticas.

A regra da proibição de agir como uma "quarta instância" é ocasionalmente discutida no sistema interamericano de direitos humanos, especialmente nos casos nos quais as sentenças nacionais são consideradas ofensivas a direitos humanos. Na hipótese de apreciação do caso pela Corte IDH, podem ser exigidas reparações que afetam sobremaneira a jurisdição nacional (como, por exemplo, soltura de um preso, eliminação do registro de "maus antecedentes" etc.). Contudo, mesmo quando a Corte IDH exige que um preso – cuja condenação transitou em julgado – seja libertado (Caso *Loayza Tamayo vs. Peru*[20]), não cabe a ela rescindir o julgamento doméstico ou revisá-lo. Cabe ao Estado nacional a escolha dos meios para cumprir a sentença internacional, o que pode, é claro, passar pela rescisão do julgamento doméstico ou outro método escolhido.

É nesse sentido que se entende que um órgão internacional não possui o poder de revisar uma sentença judicial interna, derrogar uma lei ou mesmo revogar um ato administrativo: *é o próprio Estado que, utilizando sua própria legislação, fará a completa reparação e cumprirá, por seus mecanismos, com a decisão internacional.* Com isso, permite-se a adequação da decisão internacional com a legislação interna, a critério do próprio Estado.

Não há ainda, como existe no plano interno, a chamada *execução forçada* através da substituição do Estado por um terceiro agente capaz de executar a sentença internacional. No caso de inexecução, considera-se que o Estado violou uma nova obrigação internacional, a saber, a obrigação de cumprir de boa-fé a decisão internacional anterior. Tal descumprimento ensejará uma nova responsabilidade internacional do Estado.

Para a vítima, essa nova responsabilização internacional do Estado por descumprimento de obrigação secundária não serve de consolo. Roga-se, então, ao interessado que continue a confiar no adimplemento futuro da obrigação internacional por parte do Estado, que já terá neste ponto violado a nova obrigação internacional de cumprir em boa-fé as sentenças e decisões internacionais.

Para remediar tal situação surgem alternativas. Cite-se, no sistema europeu de proteção de direitos humanos, a possibilidade do pagamento de uma indenização pecuniária, para o caso do inadimplemento do Estado no cumprimento da decisão judicial. De fato, o artigo 41 da Convenção Europeia de Direitos Humanos estipula que, caso o Estado infrator não repare o dano, deve a Corte

---

[20] Corte Interamericana de Direitos Humanos, Caso *Loayza Tamayo, Reparações*, sentença de 27 de novembro de 1998, Série C, n. 42.

impor uma *"satisfação equitativa"*, a qual será paga pelo próprio Estado, de acordo com suas normas.

Já no sistema interamericano, nada há de similar com o artigo 41 da Convenção Europeia de Direitos Humanos, o que aponta para a necessidade do completo adimplemento da decisão de responsabilização, pois não há previsão de pagamento de uma indenização compensatória como alternativa.

Na falta de dispositivo expresso nos tratados resta a análise doutrinária e jurisprudencial. Para a doutrina europeia, a falta de executividade de uma sentença internacional vem do papel de um Tribunal internacional e de sua função. Como afirma GIARDINA, a solução do Direito Internacional tradicional é dado pela máxima, *"a sentença internacional é juridicamente obrigatória, mas não é autoexecutável"*[21]. Essa máxima traduz um respeito à soberania do Estado, que fica livre para encontrar a solução jurídica interna mais apropriada para implementar a decisão internacional.

Logo, a não execução de um julgamento internacional determinaria, simplesmente, o nascimento de uma nova obrigação internacional secundária do Estado inadimplente, que seria a execução em boa-fé do julgamento citado. Por isso, as soluções concretas para execuções de julgados internacionais *ainda dependem* dos institutos nacionais que incorporam o Direito Internacional para sua aplicação interna[22].

A função dos tribunais internacionais, então, é de firmar a responsabilidade internacional do Estado sem necessidade de determinar a autoridade local que gerou a dita responsabilização, já que o Estado é uno em sua faceta externa. Consequência deste papel e função é que a decisão internacional carece de executividade, já que não reforma decisão interna nem responsabiliza agentes internos, apenando-os[23].

Entretanto, com o desenvolvimento da prática internacional de responsabilidade internacional do Estado por violação de direitos humanos, observa-se uma tendência de supervisão internacional da execução de suas decisões. É aberta a porta para uma dupla condenação do Estado: por violação de direitos

---

[21] GIARDINA, Andrea. "La mise en oeuvre au niveau national des arrêts et des décisions internationaux", 165 *Recueil des Cours de l'Académie de Droit International de La Haye* (1979), p. 247.

[22] Conferir em DRZEMCZEWSKI, Andrew Z., *European Human Rights Convention in domestic law. A comparative study*, 2. ed., Oxford: Clarendon Press, 1996; RUIZ MIGUEL, Carlos. *La ejecución de las sentencias del Tribunal Europeo de Derechos Humanos*, Madrid: Tecnos, 1997; GIARDINA, Andrea. "La mise en oeuvre au niveau national des arrêts et des décisions internationaux", 165 *Recueil des Cours de l'Académie de Droit International de La Haye* (1979), p. 242-352.

[23] Ver JIMÉNEZ DE ARÉCHAGA, Eduardo. "La Convención Interamericana de Derechos Humanos como Derecho Interno", 7 *Revista del Instituto Interamericano de Direitos Humanos* (1988), p. 38.

humanos protegidos e pelo não cumprimento em boa-fé da decisão internacional. É o que acontece no sistema interamericano, no qual a Corte Interamericana de Direitos Humanos averigua o cumprimento dos termos dispositivos de suas sentenças antes de determinar o arquivamento do feito[24].

Essa dupla condenação pode acarretar a imposição de sanções coletivas capazes de obrigar o Estado infrator a finalmente cumprir as deliberações internacionais. Como já vimos, há a possibilidade do recurso às sanções coletivas no plano universal, através da ação do Conselho de Segurança, no plano regional europeu, através do Comitê de Ministros do Conselho da Europa, e mesmo no plano interamericano, através de uma deliberação da Assembleia Geral da OEA.

4 O Brasil e os mecanismos coletivos: a impossibilidade da interpretação nacional dos tratados internacionais

O Brasil era, de regra, lacônico quanto aos motivos da não aceitação das cláusulas de reconhecimento da jurisdição internacional de direitos humanos. Na mensagem presidencial que acompanhou o texto do Pacto Internacional de Direitos Civis e Políticos para aprovação legislativa, por exemplo, foi ressaltado o entendimento jurídico do Poder Executivo de então de que *"o recurso individual a instâncias internacionais constitui prática inovadora, cuja compatibilidade com o ordenamento jurídico brasileiro deveria ser cuidadosamente analisada, de modo que a eventual adesão ao Protocolo Facultativo poderia ser deixada para etapa ulterior"*[25].

Já na mensagem n. 621, que acompanhou o texto da Convenção Americana de Direitos Humanos para aprovação legislativa, o mesmo entendimento do Poder Executivo foi mencionado de forma singela, ao explicitar, no tocante à adesão brasileira às cláusulas facultativas de jurisdição da Corte na Convenção, que *não* seria *"recomendável, na presente etapa, a adesão do Brasil"*[26].

---

24 Ver Corte Interamericana de Direitos Humanos, Caso *Velásquez Rodríguez – Reparações,* sentença de 21 de julho de 1989, Série C, n. 7, parágrafo 59, p. 30.

25 Mensagem n. 620, do então Presidente José Sarney, de 28 de novembro de 1985. Ver o texto na íntegra *in* CANÇADO TRINDADE, Antônio Augusto. *A proteção internacional dos direitos humanos. Fundamentos e instrumentos básicos,* São Paulo: Saraiva, 1991, p. 573 e s.

26 Mensagem n. 621. Ver o texto na íntegra *in* CANÇADO TRINDADE, Antônio Augusto. *A proteção internacional dos direitos humanos. Fundamentos e instrumentos básicos,* São Paulo: Saraiva, 1991, p. 573 e seguintes. Por seu turno, para Rezek, o motivo da não adesão do Brasil à jurisdição obrigatória de Cortes internacionais é, com base no exemplo da Corte Internacional de Justiça, o nosso *"velho gosto pelos meios diplomáticos de solução de conflitos internacionais, e pela arbitragem quando inevitável".* Ver in REZEK, José Francisco. *Direito Internacional Público – Curso Elementar,* 5. ed., São Paulo: Saraiva, 1995, p. 365.

Quase impossível de não ver contradição. Aceitamos obrigações imensas na área dos direitos humanos, porém, não aceitamos a supervisão internacional do *cumprimento* dessas obrigações?

A coerência deve ser mantida: do mesmo modo que se aceita a internacionalização das normas de direitos humanos, consequentemente deve ser aceita a jurisdição obrigatória dos mecanismos para julgar os Estados infratores, mero corolário de termos aceitos à internacionalização dos direitos humanos.

Essa é uma das razões elencadas na Exposição de Motivos que acompanha o pedido presidencial de aprovação pelo Congresso da aceitação brasileira da jurisdição obrigatória da Corte Interamericana de Direitos Humanos, já que, como mencionado no texto original, *"não faria sentido aceitar o conteúdo do Pacto e não aceitar os mecanismos para garantir os direitos consagrados no mesmo"*[27].

Por sua vez, a existência desses tribunais internacionais é de extrema valia para eliminarmos o que já chamei de "truque de ilusionista" dos Estados no plano internacional[28]: eles assumem obrigações internacionais, as descumprem com desfaçatez, mas alegam que as estão cumprindo, de acordo com *sua própria interpretação*.

O *judex in causa sua* típico do Direito Internacional – o Estado é o produtor, destinatário e intérprete de suas normas – contribuía para isso. Porém, com o reconhecimento da jurisdição de tantos órgãos internacionais, o Brasil demonstrou para a comunidade internacional que não mais deseja ser "ilusionista", o que nos fortalece e nos diferencia de outros países.

No campo dos direitos humanos era fácil o "ilusionismo" e talvez isso tenha distorcido a aplicação dos tratados dessa matéria no Brasil.

Por exemplo, era possível um determinado Tribunal Superior brasileiro invocar as garantias processuais penais à luz da Convenção Americana de Direitos Humanos (artigos 8º e 25) sem sequer citar um precedente de interpretação da Corte Interamericana de Direitos Humanos, criando uma "Convenção Americana de Direitos Humanos Paralela", ou ainda uma verdadeira "Convenção Americana de Direitos Humanos Brasileira".

Isso era tão absurdo quanto imaginarmos a interpretação e aplicação por anos a fio da Constituição brasileira *sem* menção a qualquer precedente do Supremo Tribunal Federal. Ao fim e ao cabo, teríamos uma "Constituição do

---

27 Ver Exposição de Motivos n. 361/DHS-MRE-SHUM OEA, de 4 de setembro de 1998, subscrita pelo Ministro de Estado interino das Relações Exteriores Sebastião do Rego Barros, fls. 03.

28 CARVALHO RAMOS, André de. "Responsabilidade Internacional do Estado por Violação de Direitos Humanos" in *Revista CEJ*, Brasília, n. 29, p. 53-63, abr./jun. 2005.

B", totalmente diferente daquela aplicada diuturnamente pelo nosso Supremo Tribunal Federal.

Por isso, sempre defendi que não é suficiente ratificar e incorporar tratados de direitos humanos ou ainda defender seu estatuto normativo especial (supralegal ou mesmo constitucional[29]).

Com efeito, após a adesão brasileira a mecanismos internacionais de averiguação de respeito a normas de direitos humanos, cabe agora compatibilizar a jurisprudência do STF sobre os diversos direitos protegidos com a posição hermenêutica dos citados órgãos internacionais.

Pior, a continuar nesse caminho de ausência de diálogo, a internacionalização dos direitos humanos para o STF parece ser restrita aos textos dos tratados: a *interpretação* deles deve continuar a ser *nacional*.

Esse caminho "nacionalista" nega a universalidade dos direitos humanos e transforma os tratados e a Declaração Universal dos Direitos Humanos em peças de retórica, pois permite que cada país interprete o que é "tortura", "intimidade", "devido processo legal" e outros comandos abertos dos textos de direitos humanos, gerando riscos de abuso e relativismo puro e simples.

No caso brasileiro, esse caminho nacionalista é, além disso, um "beco sem saída", pois o Brasil já reconheceu a jurisdição da Corte Interamericana de Direitos Humanos e outros órgãos com poder de editar decisões vinculantes ao Estado.

Em 2022, a situação brasileira é a seguinte: 1) em 1998, o Estado brasileiro reconheceu a jurisdição obrigatória e vinculante da Corte Interamericana de Direitos Humanos, órgão da *Convenção Americana de Direitos Humanos*; 2) em 2002 o Brasil aderiu ao *Protocolo Facultativo à Convenção para a Eliminação de Todas as Formas de Discriminação contra a Mulher*, conferindo, então, poder ao seu Comitê para receber petições de vítimas de violações de direitos protegidos nesta Convenção[30]; 3) além disso, o Brasil também reconheceu a competência do Comitê para a Eliminação de Toda a Forma de Discriminação Racial para receber e analisar denúncias de vítimas de violação de direitos protegidos pela *Convenção sobre a Eliminação de Todas as Formas de Discriminação Racial*, por ato internacional depositado junto à Secretariado-Geral da ONU em 17 de junho de 2002[31]; 4) o Brasil fez a declaração facultativa e reconheceu a competência do Comitê

---

29 Ver sobre o estatuto interno dos tratados de direitos humanos no Brasil em CARVALHO RAMOS, André de. *Teoria Geral dos Direitos Humanos na Ordem Internacional*, 7. ed., São Paulo: Saraiva, 2019.

30 Decreto n. 4.316, de 30 de julho de 2002.

31 Apenas em 12 de junho de 2003 (quase um ano depois) houve a internalização do referido ato, por meio da edição de Decreto n. 4.738/2003.

contra a Tortura para receber petições de vítimas; 5) também o Brasil adotou o Protocolo Facultativo à Convenção contra a Tortura e Outros Tratamentos ou Penas Cruéis, Desumanos ou Degradantes, que estabelece a competência, para fins preventivos, do Subcomitê de Prevenção da Tortura e outros Tratamentos ou Penas Cruéis, Desumanos ou Degradantes do Comitê contra a Tortura[32]; 6) o Brasil reconheceu a competência do Comitê dos Direitos das Pessoas com Deficiência para receber petições de vítimas de violações desses direitos[33]; 7) em 2002, o Brasil ratificou o *Estatuto de Roma*, o que implica o reconhecimento da jurisdição, sem reservas (porque o tratado não as admitia), do Tribunal Penal Internacional, que julga, em síntese, crimes graves contra os direitos humanos (crimes de guerra, genocídio, crimes contra a humanidade e, após definição dos Estados, crime de agressão); 8) Em 2009, o Brasil deu um passo adiante, após o Congresso ter aprovado a adesão brasileira ao Primeiro Protocolo Facultativo ao Pacto Internacional de Direitos Civis e Políticos[34], houve sua ratificação em 25 de setembro de 2009[35], permitindo a propositura de petições de vítimas de violações de direitos protegidos no citado Pacto ao Comitê de Direitos Humanos; 9) Em 2017, o Brasil ratificou o Protocolo Facultativo da Convenção dos Direitos da Criança sobre o procedimento de comunicações, permitindo a petição individual das vítimas de violações da Convenção e dos Protocolos Facultativos ao Comitê para os Direitos da Criança.

Assim, o Brasil deu um passo importante rumo à concretização do universalismo, aceitando a interpretação *internacional* dos direitos humanos. No plano nacional, há juízes e tribunais que interpretam cotidianamente esses tratados de direitos humanos. No plano internacional, há órgãos internacionais que podem ser acionados, justamente no caso de a *interpretação nacional* desses tratados ser *incompatível* com o entendimento internacional.

Há a necessidade de compatibilização da interpretação nacional com a interpretação internacional dos direitos humanos. Uma primeira alternativa é o estímulo ao *diálogo* entre os Tribunais nacionais e os órgãos internacionais, pelo qual

---

32 Decreto n. 6.085, de 19 de abril de 2007.
33 Decreto n. 6.949, de 25 de agosto de 2009.
34 Decreto Legislativo n. 311, publicado no DSF de 17 de junho de 2009. Aprova o texto do Protocolo Facultativo ao Pacto Internacional sobre Direitos Civis e Políticos, adotado em Nova Iorque, em 16 de dezembro de 1966, e do Segundo Protocolo Facultativo ao Pacto Internacional sobre Direitos Civis e Políticos com vistas à Abolição da Pena de Morte, adotado e proclamado pela Resolução n. 44/128, de 15 de dezembro de 1989, com a reserva expressa no seu art. 2º. Não houve a edição do Decreto de promulgação até o momento do fechamento desta edição (1º de junho de 2022).
35 Ver o quadro das ratificações do Protocolo em: <https://treaties.un.org/pages/viewdetails.aspx?src=treaty&mtdsg_no=iv-5&chapter=4&lang=en>. Acesso em: 18 abr. 2022.

os argumentos e ponderações sejam conhecidos e possam influenciar reciprocamente a tomada das decisões pelos órgãos nacionais e internacionais.

No plano internacional, os órgãos internacionais podem levar em consideração os argumentos domésticos e as ponderações entre direitos e conflitos realizados pelos Estados sujeitos à jurisdição internacional. Por exemplo, a Corte Interamericana de Direitos Humanos, no caso *Atala Riffo* (2012), fez expressa menção a decisões mexicanas e colombianas sobre a matéria em debate[36]. Claro que o papel dos tribunais internacionais de direitos humanos de garantia de direitos e sua *essência contramajoritária* exigem que os órgãos internacionais não aceitem, passivamente, as deliberações majoritárias nacionais, para incrementar a proteção dos direitos dos vulneráveis.

No plano interno, esse "Diálogo das Cortes" deve ser realizado para impedir violações de direitos humanos oriundas de interpretações nacionais equivocadas dos tratados. Para evitar que o "Diálogo das Cortes" seja mera peça de retórica judicial, há que se levar em consideração os seguintes parâmetros na análise de uma decisão judicial nacional, para que se determine a existência de um "Diálogo" efetivo:

1) a menção à existência de dispositivos internacionais convencionais ou extraconvencionais de direitos humanos vinculantes ao Brasil sobre o tema;

2) a menção à existência de caso internacional contra o Brasil sobre o objeto da lide e as consequências disso reconhecidas pelo Tribunal;

3) a menção à existência de jurisprudência anterior sobre o objeto da lide de órgãos internacionais de direitos humanos aptos a emitir decisões vinculantes ao Brasil;

4) o peso dado aos dispositivos de direitos humanos e à jurisprudência internacional.

Contudo, não é possível obrigar os juízes nacionais ao "Diálogo das Cortes", pois isso desnaturaria a independência funcional e o Estado Democrático de Direito.

Assim, no caso de o diálogo inexistir ou ser insuficiente, deve ser aplicada a *teoria do duplo controle ou crivo de direitos humanos*, que reconhece a atuação em separado do controle de constitucionalidade (STF e juízos nacionais) e do controle de convencionalidade internacional (órgãos de direitos humanos do plano internacional), como veremos na análise do Caso Gomes Lund (abaixo, item 6.2).

Nessa linha, cabe citar CELSO LAFER para quem os direitos humanos "podem ser considerados um 'adquirido axiológico' de alcance universal. Esse 'universal',

---

[36] Corte Interamericana de Direitos Humanos, Caso *Atala Riffo vs. Chile*. Sentença de 24 de fevereiro de 2012.

dadas as rupturas e descontinuidades que caracterizam o processo histórico, é fugidio. Indica o melhor caminho e aponta que o seu descumprimento leva, para recorrer à metáfora de Bobbio sobre o papel da razão, a becos sem saída"[37].

Evitar esses "becos sem saída" oriundos do sacrifício do caráter universal dos direitos humanos é o dever de todos os que têm a missão de interpretar os direitos humanos no Brasil.

Resta agora analisar as regras de execução no Brasil dessas decisões internacionais de direitos humanos.

---

37 LAFER, Celso. *Comércio, Desarmamento, Direitos Humanos. Reflexões sobre uma experiência diplomática*, São Paulo: Paz e Terra, 1999, p. 200.

TÍTULO II | AS REGRAS DE EXECUÇÃO DE SENTENÇAS DA CORTE INTERAMERICANA NO ORDENAMENTO BRASILEIRO

1 O dever de cumprimento

Nesse ponto do estudo, analisamos o impacto das decisões judiciais internacionais no ordenamento jurídico interno brasileiro, usando como ponto de referência natural as decisões da Corte Interamericana de Direitos Humanos, em virtude do reconhecimento brasileiro de sua jurisdição.

De início, observo que a prática reiterada dos Estados e das Cortes Internacionais é considerar a norma interna um "mero fato", que expressa a vontade do Estado. Ou seja, não se reconhece sequer o caráter jurídico das mesmas normas, uma vez que o Direito Internacional possui suas próprias fontes normativas e o Estado (sujeito primário do Direito Internacional, por possuir, além da personalidade jurídica, também capacidade legislativa) é considerado *uno* perante a comunidade internacional[1].

O direito interno só será utilizado se a norma internacional lhe fizer remissão. Conforme ensina GUIDO SOARES, *"os tribunais internacionais e os árbitros, somente aplicarão normas dos sistemas jurídicos nacionais à medida que elas sejam integrantes do sistema normativo internacional, em virtude da operação das fontes do direito internacional"*[2].

Logo, para o Direito Internacional, os atos internos (leis, atos administrativos e mesmo decisões judiciais) são expressões da vontade de um Estado, que devem ser compatíveis com seus engajamentos internacionais anteriores, sob pena de ser o Estado responsabilizado internacionalmente. Consequentemente, um Estado não poderá justificar o descumprimento de uma obrigação internacional em virtude de mandamento interno, podendo ser coagido (com base na contemporânea teoria da responsabilidade internacional do Estado[3]) a reparar

---

[1] Nesse sentido, cite-se a histórica decisão da Corte Permanente de Justiça Internacional que estabeleceu que *"From the standpoint of International Law and of the Court which is its organ, municipal laws are merely facts which express the will and constitute the activities of States, in the same manner as do legal decisions or administrative measures"*. Corte Permanente de Justiça Internacional. *"Certain German interests in Polish Upper Silesia* (Merits)*"*, julgamento de 25 de maio de 1926, P. C.I.J., Serie A, n. 7, p. 19.

[2] SOARES, Guido Fernando Silva. *Curso de Direito Internacional Público – volume I*, São Paulo: Ed. Atlas, 2002, em especial p. 203.

[3] Sobre responsabilidade internacional, ver CARVALHO RAMOS, André de. *Responsabilidade Internacional por Violação de Direitos Humanos*, São Paulo: Renovar, 2004.

os danos causados[4]. Assim, mesmo a norma constitucional de um Estado é vista não como "norma suprema", mas como mero fato, que, caso venha a violar norma jurídica internacional, acarretará a responsabilização internacional do Estado infrator.

A consequência de tal posicionamento para o atual estudo é que o Estado brasileiro não pode justificar o descumprimento de uma obrigação internacional de direitos humanos, alegando a existência de norma constitucional ou mesmo utilizando em sua defesa a teoria da "separação dos poderes" e o respeito à posição reiterada do Supremo Tribunal Federal.

Para o Direito Internacional essas justificativas são inócuas. As decisões judiciais internas, as normas constitucionais e todas as demais normas e atos internos são apreendidos pelo juiz internacional como meros fatos praticados pelo Estado, não importando qual foi o órgão interno realizador do mesmo (Supremo Tribunal Federal, membro do Poder Executivo, como um delegado da Polícia Federal, ou mesmo o Poder Constituinte Originário)[5].

Assim, caso, por exemplo, o Brasil venha a descumprir o comando de uma sentença definitiva da Corte Interamericana de Direitos Humanos em virtude de decisão de nosso Supremo Tribunal Federal, o Estado brasileiro será responsabilizado internacionalmente pela violação da obrigação de cumprir em boa-fé seus compromissos internos (no caso, o compromisso estabelecido no artigo 68.1[6] da Convenção Americana de Direitos Humanos de cumprir as sentenças da Corte).

---

[4] No mesmo sentido, conferir o caso Lotus, Corte Permanente de Justiça Internacional, *P.C.I.J., Serie A*, n. 10 e anteriormente, o caso Wimbledon, no qual a Corte estabeleceu que "it is a generally accepted principle of international law that in the relations between Powers who are contracting Parties to a treaty, the provisions of municipal law cannot prevail over those of the treaty". Corte Permanente de Justiça Internacional, *S.S. Wimbledon, P. C.I.J, Serie A*, n. 1, p. 29-30.

[5] Em relação à jurisprudência da Corte Interamericana, cite-se o Caso Cesti Hurtado (Comissão vs. Peru). O Estado-réu (Peru) alegou que o processo movido pela Comissão *"desestabilizaria instituições constitucionalmente vigentes como o foro privativo militar e o foro comum"*, o que chocar-se-ia com a Carta da OEA (Organização dos Estados Americanos). Aduziu ainda o Estado que um organismo integrado por pessoas estranhas à sociedade peruana *não poderia questionar o ordenamento jurídico interno*, reestruturado a partir de 1992. A Corte, laconicamente, limitou-se a afirmar que tais argumentos não eram compatíveis com as obrigações internacionais contraídas pelo Peru, mostrando que as normas internas são fatos, que se ofensivos às obrigações internacionais, ensejam pronta reparação dos danos causados. Ver mais comentários sobre o caso "Cesti Hurtado" *in* CARVALHO RAMOS, André de. *Direitos Humanos em Juízo. Comentários aos casos contenciosos e consultivos da Corte Interamericana de Direitos Humanos*, São Paulo: Ed. Max Limonad, 2001, p. 307 e s.

[6] "Artigo 68 – 1. Os Estados-partes na Convenção comprometem-se a cumprir a decisão da Corte em todo caso em que forem partes."

2 A desnecessidade de homologação da sentença internacional perante o Superior Tribunal de Justiça

Em primeiro lugar, nasce para o estudioso do tema a dúvida de saber se a sentença internacional equipara-se à sentença estrangeira, sendo sujeita ao processo homologatório perante o Superior Tribunal de Justiça, antes de ser cumprida pelo Estado brasileiro. A homologação de sentença estrangeira é agora, após a Emenda Constitucional n. 45/2004, prevista no art. 105, I, *i*, da Constituição e reservada ao Superior Tribunal de Justiça (STJ), sendo um mecanismo de cooperação judicial entre Estados[7]. É feita a ponderação da soberania estatal e a necessidade de se assegurar o acesso à justiça, evitando-se delongas e repetição de processos internos e estrangeiros.

Tal ponderação é realizada no STJ, que, em juízo de delibação, analisa se a dita sentença ofende ou não a *ordem pública* brasileira. A homologação, assim, consiste em um processo que fornece eficácia à sentença emanada de órgão público competente segundo as leis do Estado que a proferiu. Esse processo homologatório, de natureza constitutiva, é caracterizado por uma contenciosidade limitada, já que objetiva apenas a verificação de determinados requisitos fixados pelo ordenamento jurídico brasileiro. Com isso, o Estado brasileiro reconhece sentenças oriundas de Estados estrangeiros, fornecendo a condição de eficácia para a produção de todos os efeitos jurídicos inerentes a esses atos.

De acordo com a antiga jurisprudência do Supremo Tribunal Federal (até a Emenda Constitucional n. 45, tal competência era sua), a homologação de sentença estrangeira é ato de recepção de decisão emanada de outro *Estado*[8]. Com isso, a Constituição atribui ao STJ a competência para, em instância de mera delibação, homologar a sentença *estrangeira*. Visto isso, demonstrado está que o instituto da homologação de sentença é reservado às sentenças oriundas de *Estado estrangeiro*. Só que essa não é a natureza jurídica da sentença judicial internacional, em especial a da sentença da Corte Interamericana de Direitos Humanos. Pelo contrário, sendo a Corte Interamericana de Direitos Humanos um órgão internacional, *sua sentença tem a natureza jurídica de decisão de uma organização internacional*.

A decisão de uma organização internacional não encontra identidade em uma sentença judicial oriunda de um Estado estrangeiro. Logo, não é necessário nem autorizado, pelo nosso ordenamento, a homologação da citada sentença internacional pelo Superior Tribunal de Justiça, sob pena de violarmos a própria Constituição brasileira que estabelece os limites da competência do STJ.

---

[7] GRECO FILHO, Vicente. *Homologação de Sentença Estrangeira*, São Paulo: Saraiva, 1978, p. 12.

[8] De fato, estabeleceu o Excelso Pretório que "A homologação de sentença estrangeira, enquanto ato formal de recepção, pelo direito positivo brasileiro, de decisão emanada de Estado estrangeiro – apoia-se, dentro do sistema de controle limitado instituído pelo ordenamento jurídico nacional, em juízo meramente delibatório". Petição Judicial, *DJU* de 10-10-1997, Relator Min. Celso de Mello.

Consequentemente, a homologação de sentença estrangeira prevista no art. 105, I, *i*, da Constituição não se aplica às sentenças da Corte Interamericana de Direitos Humanos.

3 A natureza constitucional das sentenças da Corte Interamericana de Direitos Humanos

O Direito Internacional dos Direitos Humanos desenvolveu-se em ritmo acelerado no Brasil desde a redemocratização até os dias hoje. Dois avanços merecem destaque. Em primeiro lugar, houve intenso esforço da sociedade civil em convencer os agentes públicos da necessidade de ratificação de vários tratados internacionais de direitos humanos.

Em segundo lugar, houve lenta mudança no entendimento do Supremo Tribunal Federal sobre o estatuto normativo interno desses mesmos tratados, que hoje possuem estatuto supralegal ou constitucional (para aqueles aprovados de acordo com o rito especial do art. 5º, § 3º⁹).

Apesar desses avanços, há pouca discussão sobre a consequência natural da internacionalização dos direitos humanos: a adoção dos parâmetros internacionais de *interpretação* desses direitos. Se a *interpretação judicial* brasileira for contrária à interpretação desses órgãos internacionais, o Brasil responderá por isso e, pior, para o jurisdicionado existirá a sensação de que o tratado de direitos humanos foi distorcido e só foi usado como "retórica judicial" para fins de propaganda externa. Há exceções, como, por exemplo, o voto do Min. Gilmar Mendes, que citou longamente a Opinião Consultiva n. 5 da Corte Interamericana de Direitos Humanos, no chamado caso do "diploma de jornalista" (RE 511.961). Essas exceções constituem o que denominei de "Diálogo das Cortes"[10] e sinalizaram uma esperança e um caminho adequado rumo à maturidade na análise do Direito Internacional dos Direitos Humanos no Brasil.

O reconhecimento da interpretação internacional dos tratados ratificados pelo Brasil é consequência óbvia dos vários comandos constitucionais que tratam de "tratados de direitos humanos", como os parágrafos 2º e 3º do art. 5º. De que adiantaria a Constituição pregar o respeito a tratados *internacionais* de direitos humanos se o Brasil continuasse a interpretar os direitos humanos neles contidos *nacionalmente*? Nem preciso dizer que se todos os países que pregam o respeito à Declaração Universal dos Direitos Humanos ou aos tratados de direitos humanos

---

9   CARVALHO RAMOS, André de. *Teoria Geral dos Direitos Humanos na Ordem Internacional*, 6. ed., São Paulo: Saraiva, 2016.

10   Ver mais sobre essas exceções em CARVALHO RAMOS, André de. "O Diálogo das Cortes: O Supremo Tribunal Federal e a Corte Interamericana de Direitos Humanos", *in* AMARAL JUNIOR, Alberto do e JUBILUT, Liliana Lyra (Orgs.). *O STF e o Direito Internacional dos Direitos Humanos*, 1. ed., São Paulo: Quartier Latin, 2009, p. 805-850.

pudessem interpretar livremente seus comandos, então não existiria padrão universal de direitos, abrindo-se as portas para o relativismo.

Essa "consequência natural" da aceitação de tratados de direitos humanos pelos diversos Estados foi detectada pela Suprema Corte de Justiça da Argentina no emblemático julgamento de 2005 sobre as leis de "punto final" e "obediencia debida", que assim se pronunciou: *"De nada serviría la referencia a los tratados hecha por la Constitución si su aplicación se viera frustrada o modificada por interpretaciones basadas en uno u otro derecho nacional"*[11].

Além disso, o sistema constitucional brasileiro possui uma particularidade: a existência do art. 7º do Ato das Disposições Constitucionais Transitórias (ADCT), que dispõe expressamente que "O Brasil propugnará pela formação de um tribunal internacional dos direitos humanos".

Ora, que adiantaria a Constituição chegar a mencionar expressamente um tribunal internacional de direitos humanos se fosse autorizado constitucionalmente a qualquer autoridade brasileira ignorar seus comandos ou os precedentes desse mesmo Tribunal?

Por isso, minha conclusão é que, com base nos comandos da Constituição que preveem a obediência a "tratados *internacionais* de direitos humanos" e ainda fundado no comando do art. 7º do ADCT, as decisões da Corte Interamericana de Direitos Humanos, cuja jurisdição o Brasil reconheceu, são vinculantes e possuem *força constitucional*.

4 As duas regras sobre execução das sentenças da Corte

De acordo com o artigo 68 da Convenção Americana de Direitos Humanos existem *duas regras de execução* de sentença prolatada pela Corte de San José.

A primeira regra inserida no artigo 68.1 do Pacto de San José estipula que a execução das sentenças da Corte *depende da normatividade interna*. Assim, cabe a cada Estado escolher a melhor forma, de acordo com seu Direito, de executar os comandos da Corte Interamericana de Direitos Humanos.

A segunda regra firmada no artigo 68.2 da Convenção Americana de Direitos Humanos é *inovação* do sistema interamericano. Consiste na menção da utilização das regras internas de execução de sentenças nacionais contra o Estado para a execução da parte indenizatória da sentença da Corte[12].

---

11 Sentencia de la Suprema Corte de Justicia de la República de Argentina, S. 1767. XXXVIII, Causa n. 17.768, de 14 de junho de 2005, parágrafo 14.

12 "Artigo 68 – 1. Os Estados-partes na Convenção comprometem-se a cumprir a decisão da Corte em todo caso em que forem partes. 2. A parte da sentença que determinar indenização compensatória poderá ser executada no país respectivo pelo processo interno vigente para a execução de sentenças contra o Estado."

A seguir, analisamos, em detalhes, a forma de execução do comando pecuniário e também do comando não pecuniário da Sentença da Corte.

4.1 A execução da indenização pecuniária

Há várias obrigações pecuniárias mencionadas acima a serem pagas aos familiares das vítimas e às organizações não governamentais representantes.

O cumprimento das sentenças da Corte Interamericana de Direitos Humanos é obrigação do Estado brasileiro, o que implica que devem ser cumpridos seus comandos de modo espontâneo pelo Estado, incluindo-se, por certo, o pagamento das indenizações pecuniárias. Desde a data do nosso primeiro estudo sobre a execução interna das decisões da Corte Interamericana de Direitos Humanos houve considerável evolução no tratamento normativo do tema no Brasil[13].

Em primeiro lugar, já há previsão orçamentária para pagamentos eventualmente ordenados pela Corte e que serão realizados pelo Poder Executivo Federal, conforme consta da lei orçamentária pesquisada, no caso a Lei n. 12.214/2010 e que repetiu o que já constava da lei orçamentária anterior. De fato, houve previsão de dotação específica para "pagamento de indenização a vítimas de violação das obrigações contraídas pela União por meio da adesão a tratados internacionais dos direitos humanos", dotação esta a cargo da Secretaria Especial de Direitos Humanos[14].

Logo, ficou superada a burocrática e anacrônica aprovação de lei federal específica para pagamento de indenização a vítimas de violação de direitos humanos, como ocorreu no caso José Pereira, uma vez que, na época, inexistiam as autorizações orçamentárias e financeiras cabíveis[15].

4.2 A execução das demais medidas exigidas pela sentença judicial internacional

4.2.1 As leis de implementação

Em relação aos comandos da sentença da Corte Interamericana de Direitos Humanos extrapecuniários fica o Estado livre para escolher os meios de sua completa execução, como já dito acima.

---

13 Data do depósito de tese de doutorado, em 1999.
14 Ver mais no sistema de acompanhamento orçamentário do Senado Federal (sistema Siga Brasil) em: <https://siga.senado.gov.br/siga/scripts/login/webiHome.jsp>. Acesso em: 6 fev. 2011.
15 Caso citado acima.

O estabelecimento de mecanismos específicos internos para o cumprimento das obrigações internacionais, em especial para o cumprimento de decisões prolatadas por instâncias internacionais de proteção de direitos humanos, é uma preocupação crescente em países latino-americanos.

Isso porque o ordenamento jurídico interno pode não ter mecanismos apropriados para executar uma obrigação extrapecuniária estipulada em sentença internacional. O Brasil, *aparentemente*, não atinou para tal ponto.

Na Exposição de Motivos subscrita pelo Ministro das Relações Exteriores brasileiro, que acompanha a Mensagem n. 1.070, já citada, há claro *equívoco* quanto ao conteúdo da sentença da Corte Interamericana de Direitos Humanos. Expõe a citada Exposição de Motivos que *"As sentenças condenatórias da Corte, apesar de não substituírem as ações penais que tramitam internamente, pois não se trata de um tribunal penal com capacidade de invalidar sentenças dos tribunais domésticos, traduzem-se em obrigação do Estado de pagar indenização pecuniária a vítima"*[16]. Contudo, pode a Corte estipular obrigações de fazer, além do mero pagamento de indenização devido, o que poderá dificultar, porém nunca impedir, o cumprimento das decisões da Corte internamente.

Contudo, as chamadas *"enabling legislations"* ou legislações nacionais de implementação das decisões de instâncias internacionais de proteção de direitos humanos são raras[17]. Dessa forma, a Colômbia[18] e Peru[19] já adotaram dispositivos internos específicos para a execução de decisões internacionais que constatem a violação de direitos humanos. Na Colômbia, a Lei 288/96 estabeleceu os instrumentos para a indenização de prejuízos às vítimas de violações de direitos humanos, após a constatação das violações por instâncias internacionais. Como requisito para que sejam utilizados os trâmites processuais próprios desta lei, é necessário a existência de uma decisão prévia, escrita e expressa do Comitê de Direitos Humanos do Pacto Internacional de Direitos

---

[16] Ver Exposição de Motivos n. 361/DHS-MRE-SHUM OEA, de 4 de setembro de 1998, subscrita pelo Ministro de Estado interino das Relações Exteriores Sebastião do Rego Barros, fls. 02.

[17] Conferir sobre o tema, ALMEIDA DINIZ, Arthur José. "Da necessidade da adequação da legislação interna às diretrizes atuais no domínio dos direitos humanos", *in* CANÇADO TRINDADE, Antônio Augusto (org.). *A incorporação das normas internacionais de proteção dos direitos humanos no Direito Brasileiro*, Brasília/São José: IIDH, 1996, p. 273-279.

[18] Lei n. 288, de 5 de julho de 1996.

[19] Lei n. 23.506/82. É a lei de *habeas corpus e amparo*, que em seu artigo 40 (Título V) estabelece que *"La Corte Suprema de Justicia de la República recepcionará las resoluciones emitidas por el organismo internacional y dispondrá su ejecución y cumplimiento de conformidad con las normas y procedimientos internos vigentes sobre ejecución de sentencias. Los organismos internacionales a que puede recurrir quien se considere lesionado en los derechos que la Constitución reconoce son el Comité de Derechos de las Naciones Unidas, la Comisión Interamericana de Derechos Humanos de la Organización de Estados Americanos y aquellos otros que se constituyan"*.

Civis e Políticos ou da Comissão Interamericana de Direitos Humanos, no qual conste violação de direitos humanos imputável ao Estado colombiano e tenha sido estabelecido o dever de indenizar os prejuízos[20].

Já a Lei n. 23.506/82 (*Habeas Corpus e recurso de amparo*) do Peru, ora revogada, estipulava que a Corte Suprema de Justiça da República recepcionava as resoluções emitidas por organismo internacional e dispunha sobre a execução e cumprimento em conformidade com as normas e procedimentos internos vigentes relativos à execução de sentença.

No caso da Costa Rica, estabeleceu-se já no tratado de sede entre o Governo daquele país e a Corte Interamericana de Direitos Humanos, que as decisões da Corte possuem a mesma força executiva das dos tribunais do país[21]. Ainda em relação às sentenças da Corte Interamericana de Direitos Humanos, a Costa Rica superou a questão de ausência de previsão orçamentária para pagamento de indenização compensatória prevista no artigo 68.2 da Convenção Americana de Direitos Humanos. De fato, o artigo 77.2 da Lei n. 3.667 (*Ley reguladora de la jurisdicción contencioso-administrativo*) estipula que seja incluso uma previsão extraordinária em um prazo de três meses da cientificação da sentença da Corte Interamericana de Direitos Humanos. Dispõe ainda o artigo 78, prioridade para tal previsão orçamentária, pois caso, por qualquer circunstância, não seja incluída a soma necessária na citada previsão, não será aprovada nem processada nenhuma outra previsão orçamentária do órgão obrigado ao pagamento.

Assim, pouco foi o avanço das legislações específicas, no contexto interamericano, de incorporação interna das decisões de responsabilidade internacional do Estado por violação de direitos humanos. Mesmo a lei colombiana 288/96 é restrita às obrigações de dar quantia certa, fixadas na parte indenizatória das decisões internacionais[22].

4.2.2 Os projetos de lei no Brasil

O primeiro projeto de lei sobre a implementação das deliberações internacionais de direitos humanos no Brasil foi o Projeto de lei n. 3.214 de 2000, de

---

20 As instâncias internacionais reconhecidas são mencionadas no artigo 2(1) da Lei. Nos termos desse dispositivo: "*1. Que exista una decisión previa, escrita y expresa del comité de derechos humanos del pacto internacional de derechos civiles y políticos o de la Comisión Interamericana de Derechos Humanos, en la que se concluya respecto de un caso concreto que el Estado colombiano ha incurrido en una violación de derechos humanos y se establezca que deben indemnizarse los correspondientes perjuicios*".

21 Artigo 27 do tratado.

22 Nos termos do artigo 1º da Lei: "*Art. 1º El Gobierno Nacional deberá pagar, previa realización del trámite de que trata la presente ley, las indemnizaciones de perjuicios causados por violaciones de los derechos humanos que se hayan declarado, o llegaren a declararse, en decisiones expresas de los órganos internacionales de derechos humanos que más adelante se señalan*".

autoria do Deputado Federal Marcos Rolim, que tratava especificamente das indenizações e estipulava a possibilidade de ações regressivas contra as pessoas físicas ou jurídicas responsáveis pelos atos que ensejaram a decisão internacional[23]. Esse projeto ficou marcado por não mencionar a implementação das obrigações de fazer e não fazer quase sempre determinadas pelos órgãos internacionais de direitos humanos e foi arquivado. A ausência de menção a todos os tipos de obrigações fixadas por órgãos internacionais era de difícil explicação, pois uma legislação de implementação de decisões internacionais deve enfrentar as questões difíceis na temática, como, por exemplo, de que maneira viabilizar a soltura rápida ordenada pela Corte Interamericana de Direitos Humanos de um preso cuja condenação transitou em julgado, com acórdão condenatório confirmado até no Supremo Tribunal Federal?

A difícil tarefa da lei de implementação é fornecer a baliza jurídica não somente para o pagamento de indenizações, mas especialmente para a execução de obrigações de fazer e não fazer. O conteúdo dessas obrigações de fazer ou não fazer pode ser o mais variado possível. Usando como exemplo a jurisprudência da Corte Interamericana de Direitos Humanos (cuja jurisdição obrigatória o Brasil reconheceu em 1998) vê-se que há casos de soltura imediata de preso, mesmo após sentença transitada em julgado para a defesa e para a acusação (Caso *Tamayo*), livramento condicional de um preso (Caso *Maqueda*), a abertura de um posto escolar e um posto médico (Caso *Aloeboetoe*), não aplicação de leis de anistia (Caso *Barrios Alto*, Caso *Almonacid*), ou a tradicional obrigação de investigar e eventualmente sancionar violadores de direitos humanos (Caso *Velásquez Rodríguez*, Caso *Damião Ximenes*).

Em 2004, foi o tema reinserido na pauta legislativa por meio do Projeto de lei n. 4.667, de autoria do Deputado Federal José Eduardo Martins Cardozo. O Relator indicado deste projeto de lei até 2006 foi o Deputado Federal Orlando Fantazzini, que apresentou substitutivo global, incluindo várias alterações no projeto original. Foi estabelecido o caráter vinculante das decisões e *recomendações* internacionais referentes a direitos humanos. Ademais, no caso das medidas cautelares e provisórias da Corte Interamericana de Direitos Humanos e também da Comissão Interamericana de Direitos Humanos foi fixado o prazo de 24 horas para cumprimento. Na parte indenizatória das decisões, a União teria 60 dias para cumprimento (teriam natureza alimentar) e lhe seria permitido ingressar com ações regressivas contra os responsáveis pelas violações e

---

23 O presente capítulo baseia-se nos estudos feitos pelo Autor e que levaram à edição de "Nota Técnica ao Projeto de Lei 4.667" elaborada pelos Procuradores Regionais da República André de Carvalho Ramos, Denise Neves Abade, Geisa de Assis Rodrigues e Robério Nunes dos Anjos Filho, nomeados para tanto pela Portaria PFDC n. 15/2010, de 3 de agosto de 2010, da Procuradora Federal dos Direitos do Cidadão, Gilda Pereira de Carvalho.

descontar eventualmente os valores das indenizações do repasse das receitas a Estados ou municípios responsáveis.

A inovação marcante no texto do substitutivo Fantazzini foi a criação de um órgão específico para acompanhar a implementação dessas decisões internacionais, o que levantou dúvidas sobre sua constitucionalidade (criação de estrutura administrativa em projeto de lei que não foi encaminhado pelo Poder Executivo). No caso de cumprimento de obrigação de fazer, o órgão de acompanhamento criado notificaria os entes competentes para que apresentassem, no prazo de vinte dias, plano de cumprimento com previsão das ações e identificação das autoridades responsáveis pela sua execução. Quando a decisão ou recomendação envolvesse medida policial, judicial ou do Ministério Público no âmbito do ordenamento jurídico brasileiro, o órgão de acompanhamento notificaria a autoridade competente para que apresentasse, também no prazo de vinte dias, relatório sobre a investigação ou apuração em curso.

Em face desse substitutivo, chamo a atenção para a inusitada força vinculante dada às *recomendações* dos órgãos internacionais de direitos humanos, que, pela própria natureza, não a possuem nem no plano internacional. Basta uma breve leitura das atividades dos chamados *treaty bodies* dos tratados internacionais de direitos humanos ratificados pelo Brasil (por exemplo, Pacto Internacional de Direitos Civis e Políticos, Convenção contra a Tortura, Convenção contra toda forma de discriminação contra a mulher, entre outras) ou ainda os relatórios dos Relatores Especiais da ONU que visitaram o Brasil recentemente para verificar que há recomendações contraditórias ou inusitadas. De fato, houve, no passado próximo, recomendação de implantação do instituto do juiz investigador (juiz de instrução), que pode ser atacada em face do contemporâneo princípio do processo penal acusatório e os novos papéis do Ministério Público. Logo, como dotar tais recomendações de "força vinculante" sem vulgarizar e desmoralizar rapidamente todo o Direito Internacional dos Direitos Humanos[24]?

Melhor seria que a futura lei de implementação restrinja-se a concretizar os comandos das decisões vinculantes ao Brasil, abarcando também os relatórios da Comissão Interamericana, pois ao reconhecer a necessidade de implementar as deliberações da Comissão, a lei de implementação visaria impedir que a Comissão, contrariada, venha a processar o Brasil perante a Corte Interamericana de Direitos Humanos[25].

---

24 CARVALHO RAMOS, André de. "A execução das sentenças da Corte Interamericana de Direitos Humanos no Brasil", *in* CASELLA, Paulo Borba, MEIRELLES, Elisabeth de Almeida e POLIDO, Fabricio B. Pasquot (orgs.). *Direito Internacional, Humanismo e Globalidade – Guido Fernando Silva Soares – Amicorum Discipulorum Liber*, Rio de Janeiro: Renovar, 2008, em especial p. 466-467.

25 CARVALHO RAMOS, André de. "A execução das sentenças da Corte Interamericana de Direitos Humanos no Brasil", *in* CASELLA, Paulo Borba, MEIRELLES, Elisabeth de Almeida e

No trâmite legislativo do Projeto de lei n. 4.667, em 2010 foi aprovado outro substitutivo do Deputado Federal Luiz Couto, que acarretou a *rejeição* do substitutivo Fantazzini. Consequentemente, o projeto retornou, com algumas alterações, às feições de 2004, tendo sido aprovado na Câmara dos Deputados em 30 de julho de 2010, seguindo para apreciação do Senado Federal e passando a ser numerado PLC n. 170 de 2010 (PLC – projeto de lei da Câmara). No Senado, o PLC n. 170 foi relatado pelo Senador Ricardo Ferraço[26] e sofreu duas alterações substanciais: 1) restrição da implementação das decisões internacionais às prestações pecuniárias ou reparação econômica, excluindo as obrigações de fazer. Novamente, houve resistência de fazer cumprir as obrigações de fazer ou não fazer; 2) considerou-se a expressão "efeitos jurídicos imediatos" excessivamente ampla, sendo substituída por "força de título executivo", o que sugere a propositura de ação judicial para o cumprimento. De todo modo, nem mesmo com essas duas alterações (que reforçavam a timidez do projeto vindo da Câmara) o projeto foi aprovado pelo Senado. Em dezembro de 2014, o projeto foi arquivado pelo fim da legislatura (2010-2014).

A mais recente iniciativa foi por meio do projeto de lei do Senado n. 220, de 2016, de autoria do Senador Randolfe Rodrigues, ainda em trâmite na data de fechamento da presente edição deste livro (maio de 2022[27]).

Assim, o tema da edição de uma "lei de implementação" brasileira continua em aberto. Porém, a falta de uma lei não elimina o dever constitucional de cumprimento imediato e com força *erga omnes* (inclusive em relação aos órgãos do Poder Judiciário) de *todas as obrigações internacionais* determinadas pelos órgãos internacionais de direitos humanos cuja competência para editar decisões vinculantes o Brasil já reconheceu.

5 O caso Gomes Lund e a Arguição de Descumprimento de Preceito Fundamental 153

5.1 A construção do problema: a ADPF 153 e o caso Gomes Lund

Em outubro de 2008, o Conselho Federal da Ordem dos Advogados do Brasil (OAB) interpôs Arguição de Descumprimento de Preceito Fundamental

---

POLIDO, Fabricio B.Pasquot (orgs.). *Direito Internacional, Humanismo e Globalidade – Guido Fernando Silva Soares – Amicorum Discipulorum Liber*, Rio de Janeiro: Renovar, 2008, em especial p. 467.

26 BRASIL, Senado Federal. Projeto de Lei do Senado Federal n. 220. Disponível em: <https://www25.senado.leg.br/web/atividade/materias/-/materia/98360>. Acesso em: 12 abr. 2022.

27 Trâmite disponível em: <https://www25.senado.leg.br/web/atividade/materias/-/materia/125951>. Acesso em: 1º jun. 2022.

(ADPF 153) perante o Supremo Tribunal Federal, na qual foi pedido que fosse interpretado o parágrafo único do art. 1º da Lei n. 6.683 de 1979[28] conforme a Constituição de 1988, de modo a declarar, à luz de seus preceitos fundamentais, que a anistia concedida pela citada lei aos crimes políticos ou conexos *não* se estende aos crimes comuns praticados pelos agentes da repressão (civis ou militares) contra opositores políticos, durante o regime militar[29].

Como fundamento, a OAB, tendo entre seus advogados o Professor Titular das Arcadas, FÁBIO KONDER COMPARATO, invocou os preceitos fundamentais constitucionais da isonomia (art. 5º, *caput*), direito à verdade (art. 5º, XXXIII) e os princípios republicano, democrático (art. 1º, parágrafo único) e da dignidade da pessoa humana (art. 1º, III).

Em síntese, a procedência da ação afastaria um dos principais argumentos ao longo dos anos a favor da impunidade dos agentes da repressão durante o regime militar: a de que teriam sido anistiados[30].

Entre os precedentes internos que aplicaram a citada lei da anistia, podemos citar o célebre homicídio do jornalista Vladimir Herzog ocorrido nas dependências do DOI/CODI São Paulo (Destacamento de Operações de Informações do Centro de Operações de Defesa Interna do II Exército brasileiro) em 1975. Em 1992, houve tentativa de persecução penal dos responsáveis pela sua morte (na versão oficial da época, "suicídio"). Naquele ano, o Ministério Público de São Paulo requisitou a abertura de inquérito policial à Polícia Civil paulista para apurar as circunstâncias de seu homicídio, motivado nos novos elementos de prova então surgidos a partir de declarações prestadas por Pedro Antônio Mira Granieri (o "Capitão Ramiro") à Revista *Isto É, Senhor*, edição de 25 de março de 1992 (Inquérito Policial n. 704/92 – 1ª Vara do Júri de São Paulo). Granieri

---

28 Lei n. 6.683, de 28 de agosto de 1979: "Art. 1º É concedida anistia a todos quantos, no período compreendido entre 2 de setembro de 1961 e 15 de agosto de 1979, cometeram crimes políticos ou conexo com estes, crimes eleitorais, aos que tiveram seus direitos políticos suspensos e aos servidores da Administração Direta e Indireta, de fundações vinculadas ao poder público, aos Servidores dos Poderes Legislativo e Judiciário, aos Militares e aos dirigentes e representantes sindicais, punidos com fundamento em Atos Institucionais e Complementares. § 1º *Consideram-se conexos, para efeito deste artigo, os crimes de qualquer natureza relacionados com crimes políticos ou praticados por motivação política*".

29 Ambas as sentenças são longas e ricas em detalhes e considerações. Fiz análise completa do caso *Gomes Lund* e das relações com a ADPF 153, inclusive com parte das considerações aqui expostas em CARVALHO RAMOS, André de. "Crimes da Ditadura Militar: a ADPF n. 153 e a Corte Interamericana de Direitos Humanos", *in* GOMES, Luiz Flávio e MAZZUOLI, Valério de Oliveira (orgs.). *Crimes da ditadura militar: sua análise à luz da jurisprudência interamericana*. São Paulo: Revista dos Tribunais, 2011.

30 A ADPF não elimina, é claro, outros argumentos a favor dos agentes da repressão, em especial: ofensa ao princípio da legalidade estrita penal (por exemplo, crime de tortura não era tipificado na época) e ainda prescrição dos crimes (inclusive dos homicídios).

foi investigador de polícia civil requisitado para atuar no DOI/CODI e figurava como investigado no citado inquérito policial pela prática de homicídio. Entretanto, por força de *Habeas Corpus* impetrado em seu favor, a Quarta Câmara do Tribunal de Justiça de São Paulo determinou o trancamento do Inquérito Policial, por considerar que tais ilícitos criminais teriam sido contemplados pela anistia prevista na Lei n. 6.683/79[31].

Na sessão de julgamento, em 28 de abril de 2010, houve a participação de apenas nove Ministros, pois o Min. Joaquim Barbosa estava licenciado e ainda se declarou suspeito o Min. Dias Toffoli. Inicialmente, foram rejeitadas as preliminares, vencido o Min. Marco Aurélio, que votou pela extinção da ação por falta de interesse de agir.

No mérito, sete Ministros declararam improcedente a arguição (Ministros Eros Grau – Relator, Cármen Lúcia, Ellen Gracie, Marco Aurélio, Cezar Peluso, Celso de Mello e Gilmar Mendes) e dois votaram pela procedência parcial (Ministros Ricardo Lewandowski e Carlos Britto).

Assim, para a maioria formada a *lei da anistia brasileira* (Lei n. 6.683/79) é aplicada aos atos criminosos cometidos pelos agentes da repressão política durante o regime militar, não se restringindo aos atos praticados pelos opositores ao mesmo regime.

De acordo com o voto do Relator, Ministro Eros Grau, caberia ao Poder Legislativo brasileiro a revisão da Lei da Anistia e não ao Supremo Tribunal Federal[32].

Além do tema (lei da anistia) e do impacto sobre os familiares que até hoje esperam por justiça, a ADPF 153 impressiona por um *fato inédito*: pela primeira vez uma ação perante o Supremo Tribunal Federal com efeito vinculante e *erga omnes* (características da ADPF) foi processada simultaneamente a um *processo*

---

31 Tribunal de Justiça de São Paulo, HC 131.798.3/4-01, julgado em 13 de outubro de 1993. O Recurso Especial interposto ao Superior Tribunal de Justiça não foi conhecido por questões processuais. Registre-se que as informações envolvendo o caso Herzog são fruto do trabalho minucioso sobre o tema de Marlon Alberto Weichert e Eugênia Fáveros, ambos Procuradores da República. Ver mais em WEICHERT, Marlon Alberto e FÁVERO, Eugênia Augusta Gonzaga. "A responsabilidade por crimes contra a humanidade cometidos durante a ditadura militar", in SOUZA NETO, Cláudio Pereira; SARMENTO, Daniel; BINENBOJM, Gustavo (coord.). *Vinte Anos da Constituição Federal de 1988*, Rio de Janeiro: Lumen Juris, 2009, p. 511-568. E também: WEICHERT, Marlon Alberto. "Crimes contra a humanidade perpetrados no Brasil. Lei de Anistia e prescrição penal", in Revista Brasileira de Ciências Criminais, ano 16, n. 74, set./out. 2008, p. 188.

32 *In verbis*: "47. Revisão de lei de anistia, se mudanças do tempo e da sociedade a impuserem, haverá – ou não – de ser feita pelo Poder Legislativo, não pelo Poder Judiciário". Passagem de voto do Relator Min. Eros Grau, ADPF n. 153.

internacional com *objeto semelhante* em *curso* perante a Corte Interamericana de Direitos Humanos.

De fato, a Comissão Interamericana de Direitos Humanos, após 13 anos de processamento interno da petição dos familiares das vítimas *processou* o Brasil em 26 de março de 2009 perante a Corte Interamericana de Direitos Humanos (sediada em San José, guardiã da Convenção Americana de Direitos Humanos), invocando, ao seu favor (entre outros argumentos), a copiosa jurisprudência daquela Corte contrária às leis de anistia e favorável ao dever de investigação, persecução e punição penal dos violadores bárbaros de direitos humanos.

Para a Comissão, o Brasil deve responder pela detenção arbitrária, tortura e desaparecimento forçado de 70 pessoas, entre membros do Partido Comunista do Brasil (PC do B) e camponeses da região, como resultado de operações do Exército brasileiro empreendidas entre 1972 e 1975 com o objetivo de erradicar a Guerrilha do Araguaia, no contexto da ditadura militar do Brasil (1964-1985). Dessas 70 pessoas, há oito pessoas indicadas como supostas vítimas desaparecidas pela Comissão Interamericana e pelos representantes, que não foram reconhecidas internamente pelo Estado como desaparecidas. Essas pessoas eram camponeses da região do Araguaia identificados como "Batista", "Gabriel", "Joaquinzão", José de Oliveira, Josias Gonçalves de Souza, Juarez Rodrigues Coelho, Sabino Alves da Silva e "Sandoval".

Ainda segundo a petição inicial da Comissão, o Estado deve ser responsabilizado internacionalmente por não ter realizado uma investigação penal com o objetivo de julgar e sancionar os responsáveis pelo desaparecimento forçado das 70 vítimas e pela execução extrajudicial da Senhora Maria Lucia Petit da Silva, cujos restos mortais foram encontrados e identificados em 14 de maio de 1996. Também a Comissão considerou que os recursos judiciais de natureza civil com vistas a obter informação sobre os fatos *não foram efetivos* para garantir aos familiares das vítimas o acesso à informação sobre a Guerrilha do Araguaia e as medidas legislativas e administrativas adotadas pelo Estado restringiram indevidamente o direito de acesso à informação dos familiares. Por fim, a impunidade dos responsáveis e a falta de acesso à justiça, à verdade e à informação, violaram o direito à integridade psíquica dos familiares dos desaparecidos e da pessoa executada[33].

---

33 Esse esforço pelo reconhecimento da responsabilidade internacional do Brasil pelos crimes ainda não punidos dos agentes da ditadura militar no Brasil foi bem retratado na indispensável obra de SANTOS, Roberto Lima. *Crimes da Ditadura Militar. Responsabilidade Internacional do Estado Brasileiro por Violação aos Direitos Humanos*, Porto Alegre: Núria Fabris Editora, 2010. Sobre a Lei da Anistia e o Direito Internacional dos Direitos Humanos, ver BASTOS, Lucia Elena Arantes Ferreira. *Anistia. O Direito Internacional e o Caso brasileiro*, Curitiba: Juruá, 2009.

Consequentemente, no julgamento da ADPF 153 em 28 de abril de 2010 já havia sido proposta a demanda da Comissão contra o Brasil perante a Corte de San José (Caso *Gomes Lund* e outros), sem julgamento final. Porém, também não houve, por parte dos Ministros, nenhum pedido de adiamento para que pudessem verificar os argumentos da futura sentença da Corte de San José.

Como o objeto da ADPF era totalmente abrangido pelo objeto da ação de responsabilidade internacional por violação de direitos humanos da Comissão, os Ministros assumiram – conscientemente – um risco: adotar uma decisão que meses depois poderia ser contrária à decisão da Corte de San José. Veremos abaixo como conciliar as duas decisões, evitando um "choque das Cortes".

5.2 A regra da proibição de agir como "quarta instância" e o efeito da cláusula temporal no reconhecimento da jurisdição da Corte IDH

Como o processo perante San José ainda estava em curso, tanto que a ADPF 153 foi julgada improcedente por maioria de votos, o Brasil imediatamente peticionou perante a Corte IDH arguindo mais uma exceção preliminar: a existência de uma decisão da mais Alta Corte brasileira levaria à Corte IDH a um papel proibido, de ser uma "quarta instância" judicial, reformando o julgamento local. Para o Estado, caso o julgamento internacional prosseguisse, a Corte IDH se transformaria em uma instância de revisão das decisões judiciais do STF, uma verdadeira "quarta instância".

Só que a jurisdição interamericana de direitos humanos aprecia a conduta do *Estado* brasileiro em face da Convenção Americana de Direitos Humanos. Não há, então, nenhuma pretensão de rescindir julgados nacionais, mas sim em obrigar o Estado a respeitar os direitos humanos[34].

Por isso, o que a Corte fez foi um "controle de convencionalidade", analisando a Lei da Anistia em face da Convenção Americana de Direitos Humanos, não importando a análise feita pelo STF sobre a compatibilidade da Lei da Anistia em face da Constituição brasileira. Por isso, a Corte decidiu que: "(...) no presente caso, não se solicita à Corte Interamericana a realização de um exame da Lei de Anistia com relação à Constituição Nacional do Estado, questão de direito interno que não lhe compete e que foi matéria do pronunciamento judicial na Arguição de Descumprimento n. 153 (*infra,* par. 136), mas que este Tribunal realize um *controle de convencionalidade,* ou seja, a análise da alegada incompatibilidade daquela lei com as obrigações internacionais do Brasil contidas na Convenção Americana. Consequentemente, as alegações referentes a essa exceção são questões relacionadas diretamente com o mérito da

---

[34] Ver abaixo o capítulo de como conciliar as duas decisões.

controvérsia, que podem ser examinadas por este Tribunal à luz da Convenção Americana, sem contrariar a regra da quarta instância. O Tribunal, portanto, desestima esta exceção preliminar"[35].

Além disso, o Brasil havia sustentado a ausência de jurisdição da Corte para os fatos exauridos antes de 10 de dezembro de 1998. De fato, a Corte inicialmente levou em consideração que o Brasil reconheceu a competência contenciosa da Corte Interamericana em 10 de dezembro de 1998 e, em sua declaração, indicou que a Corte só teria competência para os "fatos posteriores" a esse reconhecimento.

Porém, uma alegação similar já havia sido feita no *Caso Blake*, no qual a Guatemala justamente alegou não ter a Corte Interamericana de Direitos Humanos jurisdição para analisar o assassinato do jornalista americano Nicholas Blake, que ocorreu em 1985, uma vez que havia reconhecido a jurisdição da Corte com para *fatos posteriores* a 1987. A Corte Interamericana de Direitos Humanos não aceitou tal defesa preliminar, uma vez que a violação analisada não dizia respeito à violação ao direito à vida do Sr. Blake, ocorrida em 1985, mas sim, a obrigações referentes à investigação e punição penal dos indivíduos. Essas obrigações perduravam no tempo, sendo *posteriores ao reconhecimento* da jurisdição obrigatória da Corte Interamericana de Direitos Humanos[36]. Em outro caso, a Corte Interamericana de Direitos Humanos reiterou este entendimento na decisão adotada no *Caso de La Comunidad Moiwana vs. Suriname*, julgado em 15 de junho de 2005, no qual se apurava a responsabilidade internacional do Suriname por um massacre ocorrido em novembro de 1986. Para a Corte Interamericana de Direitos Humanos, o Suriname deve responder pelos seus atos omissivos *após o reconhecimento da jurisdição da Corte Interamericana de Direitos Humanos,* entre eles, o de não ter investigado e punido os autores do massacre.

No caso brasileiro, em face do ocorrido na chamada "Guerrilha do Araguaia" e nos casos de tortura, homicídios e desaparecimentos forçados, a situação é semelhante. Os fatos e a lei da anistia são da década de 1970, bem antes do reconhecimento brasileiro da jurisdição obrigatória da Corte Interamericana de Direitos Humanos, mas *os corpos continuam desaparecidos e os responsáveis por eventuais violações de direitos humanos continuam impunes,* uma vez que a anistia impediu as possíveis ações penais. Assim, a lógica do *Caso Blake* pode ser perfeitamente aplicada ao Brasil, tornando ineficaz a cláusula temporal inserida no nosso ato internacional de reconhecimento da jurisdição da Corte Interamericana de Direitos Humanos. Saliente-se, por fim, que o *Caso Blake*, que nos traz essa interpretação sobre os limites à jurisdição temporal da Corte, foi

---

35 Passagem da sentença da Corte, grifo nosso.
36 Ver os comentários ao caso em CARVALHO RAMOS, André de. *Direitos humanos em juízo*, São Paulo: Max Limonad, 2001, p. 283-294.

sentenciado em 24 de janeiro de 1998, quase um ano antes do reconhecimento pelo Brasil da jurisdição da Corte Interamericana de Direitos Humanos (1998). Ou seja, o Brasil tinha ciência e sabia desse precedente antes de reconhecer a jurisdição da Corte...

Com isso, a Corte estabeleceu que possui jurisdição para analisar os atos de caráter contínuo ou permanente. No caso *Gomes Lund*, a Corte recordou o caráter contínuo ou permanente do desaparecimento forçado de pessoas e considerou que a própria existência do desaparecimento forçado permite concluir que houve desrespeito – contínuo – aos deveres de prevenir violação do direito à vida e integridade física[37]. Além disso, a Corte decidiu que também poderia analisar os fatos e omissões do Estado, ocorridos depois de 10 de dezembro de 1998, a saber: a falta de investigação, julgamento e sanção das pessoas responsáveis pelos desaparecimentos forçados e execução extrajudicial (da Sra. Petit, cujos restos mortais foram identificados em 1996, antes do reconhecimento da jurisdição da Corte); a falta de efetividade dos recursos judiciais de caráter civil a fim de obter informação sobre os fatos; as restrições ao direito de acesso à informação, e o sofrimento dos familiares.

5.3 A sentença: o Brasil no banco dos réus

Assim, após a fase probatória, com farto conjunto de depoimentos, perícias e documentos, a Corte condenou duramente o Brasil[38]. A sentença foi prolatada em 24 de novembro de 2010, à unanimidade, com voto concordante em separado do Juiz *ad hoc* Roberto Caldas indicado pelo Brasil. Para a Corte, foi provado que, entre os anos 1972 e 1974, na região brasileira do Araguaia, agentes estatais foram responsáveis pelo desaparecimento forçado de 62 pessoas identificadas como vítimas do presente caso. Transcorridos mais de 38 anos, contados do início dos desaparecimentos forçados, somente foram identificados os restos mortais de duas delas[39]. Assim, ficou demonstrado que o Estado continua sem definir o paradeiro das 60 vítimas desaparecidas restantes, na medida em que, *até a data da prolação da sentença em 2010*, não ofereceu uma resposta

---

[37] Seguindo, anos depois a posição do então Juiz Cançado Trindade em seu voto dissidente do Caso Blake, acima citado. Ver os meus comentários ao voto dissidente de Cançado Trindade em CARVALHO RAMOS, André de. *Direitos humanos em juízo*, São Paulo: Max Limonad, 2001, p. 283-294.

[38] Corte Interamericana de Direitos Humanos, Caso Gomes Lund e outros vs. Brasil, Mérito, Sentença de 24 de novembro de 2010. Disponível em: <http://www.corteidhºr.cr/docs/casos/articulos/seriec_219_por.pdf>. Acesso em: 10 fev. 2011.

[39] As duas vítimas de desaparecimento forçado identificadas são Lourival Moura Paulino e Bérgson Gurjão Farias, respectivamente, nos anos 2008 e 2009. A terceira pessoa identificada, em 1996, foi a senhora Maria Lúcia Petit da Silva.

determinante sobre seus destinos. A esse respeito, o Tribunal reiterou que o desaparecimento forçado tem caráter permanente e persiste enquanto não se conheça o paradeiro da vítima ou se encontrem seus restos.

Essa omissão contínua do Brasil – mesmo após a redemocratização e após o reconhecimento da jurisdição da Corte em 1998 – consistiu, para a Corte, em infração ao dever de prevenção de violações dos direitos à integridade pessoal (artigo 5º) e à vida (artigo 4º) da Convenção Americana, ainda que os atos de tortura ou de privação da vida dessas pessoas não possam ser demonstrados no caso concreto. Finalmente, a Corte concluiu que o desaparecimento forçado também implica a vulneração do direito ao reconhecimento da personalidade (artigo 3º) e liberdade pessoal (artigo 7º).

A Corte IDH considerou que as disposições da Lei de Anistia brasileira que impedem a investigação e sanção de graves violações de direitos humanos são incompatíveis com a Convenção Americana, carecem de efeitos jurídicos e não podem seguir representando um obstáculo para a investigação dos fatos referentes ao caso, nem para a identificação e punição dos responsáveis, e tampouco podem ter igual ou semelhante impacto a respeito de outros casos de graves violações de direitos humanos consagrados na Convenção Americana ocorridos no Brasil.

Assim, não somente a investigação sobre os desparecidos na Guerrilha do Araguaia, mas todos os casos de graves violações de direitos pelos agentes da repressão da ditadura devem ser investigados e punidos criminalmente.

Quanto à alegação do Estado brasileiro de que a Lei da Anistia seria um "acordo político", repetindo o argumento que convenceu a maioria dos Ministros do STF na ADPF 153, a Corte observou que são incompatíveis com a Convenção todas as anistias de graves violações de direitos humanos e não somente as denominadas "autoanistias"[40].

---

[40] A passagem é longa, mas creio que de interesse pois diz respeito ao núcleo da tese vencedora no STF: "175. Quanto à alegação das partes a respeito de que se tratou de uma anistia, uma autoanistia ou um 'acordo político', a Corte observa, como se depreende do critério reiterado no presente caso (*supra*, par. 171), que a incompatibilidade em relação à Convenção inclui as anistias de graves violações de direitos humanos e *não se restringe* somente às denominadas 'autoanistias'. Além disso, como foi destacado anteriormente, o Tribunal, mais que ao processo de adoção e à autoridade que emitiu a Lei de Anistia, se atém à sua *ratio legis*: deixar impunes graves violações ao direito internacional cometidas pelo regime militar. A incompatibilidade das leis de anistia com a Convenção Americana nos casos de graves violações de direitos humanos não deriva de uma questão formal, como sua origem, mas sim do aspecto material na medida em que violam direitos consagrados nos artigos 8 e 25, em relação com os artigos 1.1. e 2 da Convenção". Corte Interamericana de Direitos Humanos, Caso Gomes Lund e outros vs. Brasil, Mérito, Sentença de 24 de novembro de 2010, parágrafo 175, grifo meu e nota de rodapé suprimida.

Além da Lei da Anistia, foram discutidos na ação os temas da prescrição e falta de tipificação penal como obstáculos à punição dos agentes da repressão (temas também discutidos na ADPF 153, como vimos acima).

De fato, os representantes expuseram à Corte que a prescrição é um segundo obstáculo legal à investigação dos fatos e à punição dos responsáveis (o primeiro é a Lei da Anistia).

O terceiro obstáculo é a falta de tipificação do crime de desaparecimento forçado no direito brasileiro, sobre o qual indicaram que: a) ao tratar-se de um delito de execução permanente, a proibição penal é aplicável enquanto se mantenha a conduta delituosa; b) a falta de tipificação desse crime no ordenamento jurídico brasileiro implica o descumprimento pelo Estado das disposições do artigo 2º da Convenção e impõe ao Estado a obrigação de aplicar o direito penal de forma compatível com suas obrigações convencionais, de modo a evitar que essas condutas permaneçam impunes, e c) o princípio de legalidade não deve prejudicar o julgamento e a sanção dos atos que, no momento em que são cometidos, já constituíam delitos, segundo os princípios gerais de direito reconhecidos pela comunidade internacional. Um quarto obstáculo legal seria a intervenção da jurisdição militar, uma vez que no direito interno existem antecedentes recentes que abrem a possibilidade para que isso ocorra, em violação das normas interamericanas e internacionais.

A defesa brasileira apelou ao princípio da proporcionalidade, pois enxergou uma colisão de direitos: de um lado, a obrigação do Estado em punir; de outro, o direito dos agentes da repressão à legalidade penal estrita, à prescrição das penas e ao devido processo legal penal. Também alegou que o costume internacional não pode ser fonte criadora do direito penal, posto que não oferece segurança jurídica, como sim o faz uma lei em sentido estrito.

Quanto ao apelo à proporcionalidade, a Corte refutou a posição brasileira, sustentando que o Estado omitiu toda menção aos direitos das vítimas, derivados dos artigos 8º e 25 da Convenção Americana. Para a Corte, o Brasil afirmou erroneamente que a ponderação seria feita entre as obrigações estatais de punir e o princípio de legalidade, mas não incluiu na sua análise os direitos às garantias judiciais e à proteção judicial das vítimas e seus familiares, os quais foram sacrificados da maneira mais intensa no caso. Assim, para a Corte, a proporcionalidade deve levar em conta os direitos das vítimas e seus familiares à verdade e justiça. Como na época dos fatos já existia o costume internacional de imprescritibilidade dos crimes, não haveria ofensa aos direitos dos agentes da repressão política.

Assim sendo, para a Corte, o Direito Internacional e os precedentes dos órgãos dos sistemas universais e regionais de proteção dos direitos humanos dispõem que "são inadmissíveis as disposições de anistia, as disposições de prescrição e o estabelecimento de excludentes de responsabilidade, que pretendam impedir a investigação e punição dos responsáveis por graves violações dos direitos humanos, como a tortura, as execuções sumárias, extrajudiciais ou arbitrárias, e os desaparecimentos forçados, todas elas proibidas, por violar direitos inderrogáveis reconhecidos pelo Direito Internacional dos Direitos Humanos"[41].

Consequentemente, o Brasil é responsável pela violação dos direitos às garantias judiciais e à proteção judicial previstos nos artigos 8.1 e 25.1 (proteção judicial e garantias processuais) da Convenção Americana sobre Direitos Humanos, pela falta de investigação dos fatos do presente caso, bem como pela falta de julgamento e sanção dos responsáveis, em prejuízo dos familiares das pessoas desaparecidas e da pessoa executada.

5.4 A superação da lei da anistia na contramão da ADPF 153: a obrigação de investigar, processar e punir os autores de violações de direitos humanos na época da ditadura

A Corte determinou que o Estado deve conduzir eficazmente a investigação penal dos fatos do caso, a fim de esclarecê-los, determinar as correspondentes responsabilidades penais e aplicar efetivamente as sanções e consequências que a lei disponha.

Essa obrigação deve ser cumprida em um prazo razoável, considerando os seguintes critérios[42]: a) as autoridades brasileiras devem iniciar as investigações, evitando omissões no recolhimento da prova e no seguimento de linhas lógicas de investigação; b) as autoridades devem determinar os autores materiais e intelectuais do desaparecimento forçado das vítimas e da execução extrajudicial da Sra. Petit. Ademais, por se tratar de violações graves de direitos humanos, e considerando a natureza dos fatos e o caráter continuado ou permanente do desaparecimento forçado, o Estado *não poderá aplicar a Lei de Anistia* em benefício dos autores, bem como nenhuma outra disposição análoga, prescrição, irretroatividade da lei penal, coisa julgada, *ne bis in idem* ou qualquer excludente similar de responsabilidade para eximir-se dessa obrigação; c) o Brasil deve garantir que as autoridades competentes realizem, *ex officio*, as investigações correspondentes, e que, para esse efeito, tenham a seu alcance e utilizem todos os recursos logísticos e científicos necessários para recolher e processar as provas e, em particular, estejam facultadas para o acesso à documentação e informação pertinentes, para investigar os fatos denunciados e conduzir, com presteza, as ações e investigações essenciais para esclarecer o que ocorreu à pessoa morta e aos desaparecidos do presente caso; d) o Brasil deve assegurar que as pessoas

---

41 Parágrafo 251 da sentença da Corte.
42 Parágrafo 256 da Sentença da Corte.

que participem da investigação, entre elas os familiares das vítimas, as testemunhas e os operadores de justiça, disponham das devidas garantias de segurança; e) o Brasil deve assegurar a não realização de atos que impliquem obstrução do andamento do processo investigativo.

O Estado deve assegurar o pleno acesso e atuação dos familiares das vítimas em todas as etapas da investigação e do julgamento dos responsáveis, de acordo com a lei interna e as normas da Convenção Americana. Além disso, os resultados dos respectivos processos deverão ser publicamente divulgados, para que a sociedade brasileira conheça os fatos e seus perpetradores.

Finalmente, o Estado deve garantir que as ações penais contra os responsáveis, que sejam ou tenham sido funcionários militares, sejam examinadas na jurisdição *ordinária*, e não no foro militar.

6 Como solucionar o conflito aparente entre a decisão do STF e a decisão da Corte de San José?

6.1 A visão negacionista e a inconstitucionalidade da denúncia da Convenção Americana de Direitos Humanos

Antes de analisarmos a saída teórica para a resolução do conflito aparente entre a decisão do STF e a da Corte de San José, cabe indagar sobre as consequências de se *negar* a aplicação da parte da sentença interamericana que venha a colidir com o teor do julgamento da ADPF 153.

A base de tal *posicionamento negacionista* é óbvia: o STF consideraria *inconstitucional* ou faria uma *interpretação conforme a Constituição* restritiva do artigo 68.1 da Convenção Americana de Direitos Humanos[43], que trata da força vinculante das deliberações da Corte de San José.

Qual seria a consequência para o Estado brasileiro?

O Brasil não poderia mais, em boa-fé, comprometer-se em cumprir as deliberações da Corte Interamericana. Só poderia cumprir aquelas decisões que não se chocassem com a interpretação *nacionalista* do STF. Perderia o sentido a garantia *internacional* dos direitos humanos e os futuros casos perante a Corte de San José seriam mero simulacro.

Com isso, ficaria claro que o Brasil não mais teria condições de manter o reconhecimento da jurisdição da Corte Interamericana de Direitos Humanos,

---

[43] "Artigo 68. 1. Os Estados-partes na Convenção comprometem-se a cumprir a decisão da Corte em todo caso em que forem partes."

pois só poderia acatar a força vinculante de seus comandos caso a visão nacional do STF sobre direitos protegidos fosse respeitada. Ou seja, a sentença da Corte seria supérflua, se repetisse o STF; inócua, se o contrariasse.

Só que não é possível denúncia (ato unilateral que explicita o desejo do Estado de não mais cumprir parte ou totalidade de tratado internacional) restrita ao ato brasileiro de 1998 que reconheceu a jurisdição da Corte Interamericana de Direitos Humanos. Conforme já descrevi em livro anterior – salvo engano de modo inédito no Brasil –, já houve uma tentativa peruana (fracassada) de denunciar somente o ato de reconhecimento da jurisdição obrigatória da Corte.

O reconhecimento da jurisdição da Corte foi considerado "cláusula pétrea" do sistema interamericano. Assim, a Corte considerou inadmissível a pretendida denúncia peruana, que não gerou qualquer efeito, continuando a apreciar os chamados casos do Tribunal Constitucional e Ivcher Bronstein, ambos contra o Peru[44].

Expus que "inexiste qualquer disposição da Convenção que autorize os Estados a repudiar sua anterior declaração de aceitação da jurisdição contenciosa da Corte (...). Além disso, para a Corte, a interpretação da Convenção no sentido contrário (ou seja, permitindo a denúncia do reconhecimento da jurisdição da Corte) viola claramente o seu artigo 29, que estabelece que nenhuma disposição da Convenção pode ser interpretada para permitir a supressão ou restrição da proteção de direitos humanos já obtida pelo indivíduo. Assim, há verdadeira proibição do retrocesso no campo da proteção interamericana dos direitos humanos"[45].

Deste modo, a Corte Interamericana de Direitos Humanos decidiu que o ato do Estado que reconhece sua jurisdição obrigatória aprimora o sistema protetivo da Convenção: eventual denúncia isolada desse ato seria *retrocesso*, proibido pelo artigo 29 da própria Convenção Americana de Direitos Humanos. Essa decisão da Corte fez com que o ato de denúncia do reconhecimento da jurisdição da Corte pelo Peru de Fujimori restasse inválido. Após a queda do ditador, o Peru manteve o reconhecimento.

Restaria, então, ao Brasil seguir o caminho de Trinidad e Tobago, denunciando a Convenção Americana de Direitos Humanos. A denúncia seria aceita

---

44 A Corte prolatou duas sentenças sobre a sua jurisdição nos casos de Ivcher Bronstein e do Tribunal Constitucional em 24 de setembro de 1999. Ver Caso Ivcher Bronstein vs. Peru. Competência. Sentença de 24 de setembro de 1999. Série C, n. 54; Caso do Tribunal Constitucional vs. Peru. Competência. Sentença de 24 de setembro de 1999. Série C, n. 55.

45 Ver CARVALHO RAMOS, André de. *Direitos Humanos em Juízo. Comentários aos casos contenciosos e consultivos da Corte Interamericana de Direitos Humanos,* São Paulo: Max Limonad, 2001, em especial p. 339-340.

pela Corte IDH, pois está prevista no artigo 78 da Convenção[46]. O Brasil, contudo, responderia por todas as sentenças de casos propostos por violações ocorridas até 1 ano após a data da denúncia (o chamado período de pré-aviso).

Contudo, do ponto de vista do Direito brasileiro, entendemos que a denúncia da Convenção seria, por sua vez, inconstitucional. De fato, a Convenção tem a natureza de norma materialmente constitucional. Logo, seria aplicável a proibição de retrocesso cuja essência é prevista no art. 60, § 4º, IV da própria Constituição: não se admite sequer emenda constitucional que tenda a abolir os direitos e garantias individuais.

Assim, o efeito *cliquet* ou proibição do retrocesso impediria que a denúncia brasileira (consequência natural da postura *negacionista*) pudesse ser feita sem que fosse gerado verdadeiro trauma na coerência da interpretação dos direitos humanos no Brasil.

Se a denúncia da Convenção Americana é impossível do ponto de vista do Brasil, ficou demonstrada a inviabilidade de se negar o comando da sentença da Corte. Resta o estudo da possibilidade de conciliação entre a sentença do Caso Gomes Lund e a decisão do STF na ADPF 153.

6.2 A teoria do duplo controle: o controle de constitucionalidade e o controle de convencionalidade

O regime jurídico da Arguição de Descumprimento de Preceito Fundamental (ADPF) impressiona. Apesar do laconismo da Constituição (breve menção no § 1º do art. 102), a Lei n. 9.892, de 1999, inseriu a ADPF no regime do controle abstrato de constitucionalidade.

Assim, dispõe o art. 10, § 3º, da lei que a decisão terá *eficácia contra todos* e *efeito vinculante* relativamente aos demais órgãos do Poder Público. Ademais, dispõe o art. 12 que a decisão que julgar procedente ou improcedente o pedido em arguição de descumprimento de preceito fundamental é irrecorrível, não podendo ser objeto de ação rescisória. Finalmente, o art. 13 prevê que caberá reclamação contra o descumprimento da decisão proferida pelo Supremo Tribunal Federal, que é poderoso instrumento para fazer valer, na prática, o citado efeito vinculante.

---

[46] "Artigo 78. 1. Os Estados-partes poderão denunciar esta Convenção depois de expirado o prazo de cinco anos, a partir da data em vigor da mesma e mediante aviso prévio de um ano, notificando o Secretário Geral da Organização, o qual deve informar as outras partes. 2. Tal denúncia não terá o efeito de desligar o Estado-parte interessado das obrigações contidas nesta Convenção, no que diz respeito a qualquer ato que, podendo constituir violação dessas obrigações, houver sido cometido por ele anteriormente à data na qual a denúncia produzir efeito."

Com base nesses dispositivos, é lícita a seguinte pergunta referente à ADPF 153: como seria possível a execução da parte central da condenação brasileira no caso *Gomes Lund*, que é justamente a obrigação de investigar, perseguir em juízo e punir criminalmente os agentes da ditadura militar que violaram barbaramente os direitos humanos naquele período?

Antes de responder, parto da seguinte premissa: não há conflito insolúvel entre as decisões do STF e da Corte de San José, uma vez que ambos os tribunais têm a grave incumbência de proteger os direitos humanos. Eventuais conflitos são apenas conflitos aparentes, fruto do pluralismo normativo que assola o mundo de hoje[47], aptos a serem solucionados pela via hermenêutica.

Para resolver esses conflitos aparentes, há dois instrumentos. O primeiro deles é preventivo e consiste no apelo ao "Diálogo das Cortes" e à fertilização cruzada entre os tribunais (visto acima).

Com isso, antevejo, no futuro, o uso pelo STF das posições dos diversos órgãos internacionais de direitos humanos aos quais o Brasil já se submeteu[48].

Claro que não é possível obrigar os juízos nacionais ao "diálogo das Cortes", pois isso desnaturaria a independência funcional e o Estado Democrático de Direito.

Assim, no caso do diálogo inexistir ou ser insuficiente, adoto a *teoria do duplo controle ou crivo de direitos humanos*, que reconhece a atuação em separado do controle de constitucionalidade (STF e juízos nacionais) e do controle de convencionalidade (Corte de San José e outros órgãos de direitos humanos do plano internacional). Os direitos humanos, então, no Brasil possuem uma dupla garantia: o controle de constitucionalidade nacional e o controle de convencionalidade internacional. Qualquer ato ou norma deve ser aprovado pelos dois controles, para que sejam respeitados os direitos no Brasil.

Esse duplo controle parte da constatação de uma verdadeira separação de atuações, na qual inexistiria conflito real entre as decisões porque cada Tribunal age em esferas distintas e com fundamentos diversos.

Para explicar essa separação de atuações, cabe lembrar que a própria Constituição brasileira mencionou expressamente tanto o Supremo Tribunal Federal (art. 102, entre outros) quanto os tratados internacionais de direitos humanos (art. 5º, §§ 2º e 3º) e um tribunal internacional de direitos humanos (art. 7º do ADCT).

---

[47] DELMAS-MARTY, Mireille. *Le pluralisme ordonné*, Paris: Seuil, 2004.

[48] CARVALHO RAMOS, André de. "O Diálogo das Cortes: O Supremo Tribunal Federal e a Corte Interamericana de Direitos Humanos", *in* AMARAL JUNIOR, Alberto do e JUBILUT, Liliana Lyra (orgs.). *O STF e o Direito Internacional dos Direitos Humanos*, 1. ed., São Paulo: Quartier Latin, 2009, p. 805-850.

Para compatibilizar esses dispositivos, é necessário separar as respectivas áreas de atuação, conforme o marco teórico que defendi, em 2002, em palestra dada no Seminário *"Constituição em Crise ou Constituição Desafiada?"*, realizado em Belo Horizonte[49].

De um lado, o STF, que é o guardião da Constituição e exerce o controle de *constitucionalidade*. Por exemplo, na ADPF 153 (controle abstrato de constitucionalidade), a maioria dos votos decidiu que a anistia aos agentes da ditadura militar é a interpretação adequada da Lei da Anistia e esse formato amplo de anistia é que foi recepcionado pela nova ordem constitucional.

De outro lado, a Corte de San José é guardiã da Convenção Americana de Direitos Humanos e dos tratados de direitos humanos que possam ser conexos. Exerce, então, o controle de *convencionalidade*. Para a Corte Interamericana, a Lei da Anistia não é passível de ser invocada pelos agentes da ditadura. Mais: sequer as alegações de prescrição, *bis in idem* e irretroatividade da lei penal *gravior* merecem acolhida.

Com base nessa separação, vê-se que é possível dirimir o conflito aparente entre uma decisão do STF e da Corte de San José.

Assim, ao mesmo tempo em que se respeita o crivo de constitucionalidade do STF, deve ser incorporado o crivo de convencionalidade da Corte Interamericana de Direitos Humanos. Todo ato interno (não importa a natureza ou origem) deve obediência aos dois crivos. Caso não supere um deles (por violar direitos humanos), deve o Estado envidar todos os esforços para cessar a conduta ilícita e reparar os danos causados.

No caso da ADPF 153, houve o controle de constitucionalidade. No caso Gomes Lund, houve o controle de convencionalidade. A anistia aos agentes da ditadura, para subsistir, deveria ter sobrevivido intacta aos dois controles, mas só passou (com votos contrários, diga-se) por um, o controle de constitucionalidade. Foi destroçada no controle de convencionalidade.

Por sua vez, as teses defensivas de prescrição, legalidade penal estrita etc., também deveriam ter obtido a anuência dos dois controles.

Como tais teses defensivas não convenceram o controle de *convencionalidade* e dada a aceitação constitucional da internacionalização dos direitos humanos, não podem ser aplicadas internamente.

Não cabe, então, alegar coisa julgada ou efeito vinculante para obstar inquéritos policiais ou ação penal que estejam a aplicar a sentença *interamericana*, pois não houve rescisão ou declaração de nulidade da decisão da ADPF 153,

---

[49] Posteriormente publicada em coletânea. Ver CARVALHO RAMOS, André de. "A Expansão do Direito Internacional e a Constituição Brasileira: Novos Desafios", *in* SAMPAIO, José Adércio Leite (org.). *Crise e Desafios da Constituição*, Belo Horizonte: Del Rey, 2004, p. 291-320.

que continua a produzir efeitos no que tange aos seus fundamentos de direito interno. Só que as autoridades envolvidas devem cumprir agora a sentença internacional, com base no art. 7º do ADCT, bem como os demais artigos que tratam de *tratados internacionais de direitos humanos*.

Essa teoria do duplo controle permite a convivência entre as ordens normativas justapostas na defesa de direitos humanos.

Em 2014, a teoria do duplo controle foi expressamente invocada em parecer do Procurador-Geral da República (PGR) na Arguição de Descumprimento de Preceito Fundamental n. 320: "Em segundo lugar, porque, como observou ANDRÉ DE CARVALHO RAMOS, não existe conflito entre a decisão do Supremo Tribunal Federal na ADPF 153 e a da Corte Interamericana no caso GOMES LUND. O que há é exercício do sistema de duplo controle, adotado em nosso país como decorrência da Constituição da República e da integração à Convenção Americana sobre Direitos Humanos: o controle de constitucionalidade nacional e o controle de convencionalidade internacional. 'Qualquer ato ou norma deve ser aprovado pelos dois controles, para que sejam respeitados os direitos no Brasil'"[50].

Não se desafia o STF, mas sim ficam esclarecidos os campos de atuação: para a Alta Corte nacional há a palavra final sobre o ordenamento nacional; para a Corte Interamericana de Direitos Humanos resta a palavra final sobre a Convenção Americana de Direitos Humanos, costume internacional e tratados conexos, que incidem também sobre o Brasil.

A partir da teoria do duplo controle, agora deveremos nos acostumar a exigir que todo ato interno se conforme não só ao teor da jurisprudência do STF, mas também ao teor da jurisprudência interamericana (cujo conteúdo deve ser estudado inclusive nas Faculdades de Direito).

7. A Unidade de Monitoramento e Fiscalização (UMF) do CNJ

Na ausência de uma "lei de implementação", o Conselho Nacional de Justiça (CNJ) deu um importante passo em 2021, ao crir um mecanismo nacional de implementação das decisões da Corte IDH no seu âmbito. O Conselho Nacional de Justiça é órgão instituído pela Emenda Constitucional n. 45/2004, voltado à fiscalização da atividade judicial e promoção de políticas judiciárias voltadas à otimização da administração da justiça.

---

50 Ver Parecer do PGR na ADPF n. 320, de 28 de agosto de 2014. Disponível em: <http://noticias.pgr.mpf.mp.br/noticias/noticias-do-site/copy_of_pdfs/ADPF%20000320.pdf/>. Acesso em: 18 set. 2014.

A Unidade de Monitoramento e Fiscalização das deliberações da Corte IDH[51] (UMF) teve o seu mandato estabelecido a partir da Resolução 364/2021 do CNJ, que inclui as atividades promocionais, além do monitoramento e da articulação com os atores locais, para o cumprimento das sentenças e medidas provisórias do tribunal, assim como a incorporação das diretrizes interpretativas convencionais oriundas opiniões consultivas.

Em 2022, a unidade se organizou em um eixo promocional, com a adoção de um programa denominado "Pacto do Judiciário pelos Direitos Humanos" voltado ao fomento de uma *cultura de controle de convencionalidade* na magistratura brasileira. As ações do programa incluem a proposta de inclusão da disciplina de direitos humanos nos editais de concurso de ingresso, concurso de sentenças, cursos de capacitação organizados pela Escola Nacional de Magistratura e cursos oferecidos pelas escolas locais, além da realização de eventos.

De outro lado, há o eixo de monitoramento, voltado à sistematização de informações, relatórios publicados no sítio do órgão e propostas que possam impactar no cumprimento das sentenças interamericanas. Seguindo a linha de desenvolvimento de ferramentas tecnológicas que possam facilitar a fiscalização dos sobre direitos humanos, a UMF divulgou a primeira versão do painel de monitoramento[52]. Por fim, seguindo o padrão de outros setores do CNJ, a resolução matriz exige, para fins de prestação de contas e transparência, a publicação de relatório anual[53].

A criação da UFM consiste em marco histórico na busca de um mecanismo nacional de implementação das deliberações internacionais, que deveria estimular especialmente o Conselho Nacional do Ministério Público (CNMP) a criar a sua, a qual seria vital na implementação das diversas obrigações impostas pela Corte IDH contra o Brasil de investigar e processar criminalmente os violadores de direitos humanos.

---

51 Unidade de Monitoramento e Fiscalização das Deliberações da Corte IDH/CNJ. Disponível em: <https://www.cnj.jus.br/poder-judiciario/relacoes-internacionais/monitoramento-e-fiscalizacao-das-decisoes-da-corte-idh/>.

52 Painel Infográfico do CNJ sobre os casos interamericanos em relação ao Brasil. Disponível em: <https://www.cnj.jus.br/poder-judiciario/relacoes-internacionais/monitoramento-e-fiscalizacao-das-decisoes-da-corte-idh/paineis-umf-cnj/>.

53 Agradeço à Isabel Penido de Campos Machado pelas informações da UMF.

TÍTULO III | A IMPLEMENTAÇÃO DA DECISÃO INTERNACIONAL PELOS DIFERENTES ÓRGÃOS INTERNOS

1 Introdução

Diante de uma pretensa violação de norma internacional de proteção de direitos humanos, a instância internacional judicial ou quase judicial analisa diversos tipos de atos e normas internas, oriundos do Poder Executivo, Legislativo e Judiciário.

Para o Direito Internacional, é indiferente a espécie de ato interno ensejador da responsabilidade internacional do Estado, já que os atos administrativos, legislativos e judiciais são considerados como meros *fatos* na análise da responsabilidade internacional do Estado.

Apoiados nesse entendimento, os órgãos internacionais de proteção de direitos humanos raramente abordam a questão dos mecanismos de implementação interna de suas decisões, considerando tal questão de exclusivo interesse doutrinário.

Entretanto, a natureza e a origem do ato pode ser relevante no momento da implementação da deliberação internacional que responsabilizou o Estado por uma violação de direitos humanos protegidos, já que pode exigir *considerável esforço* por parte do Estado violador, até mesmo a necessidade de edição de lei interna específica de execução de decisões internacionais[1].

No caso brasileiro, a implementação dessas decisões é amplamente favorecida pelos dispositivos da Constituição vigente. Com efeito, cumpre observar que a Lei Suprema brasileira, a Constituição Federal, não é hostil a tribunais internacionais e em consequência disto *não repele a responsabilização internacional do Estado brasileiro por violação de seus compromissos internacionais*.

Como vimos, o art. 7º do Ato das Disposições Constitucionais Transitórias estabelece o oposto, isto é, que o Brasil deve favorecer a criação de um Tribunal

---

[1] Segundo CANÇADO TRINDADE, "O cumprimento das obrigações internacionais de proteção requer o concurso dos órgãos internos dos Estados, e estes são chamados a aplicar as normas internacionais". A consequência disso, para o mestre de Brasília, é que "o direito internacional e o direito interno interagem e se auxiliam mutuamente no processo de expansão e fortalecimento do direito de proteção do ser humano". Ver CANÇADO TRINDADE, Antônio Augusto. "A incorporação das normas internacionais de proteção dos direitos humanos no Direito Brasileiro", *in* CANÇADO TRINDADE, Antônio Augusto (org.). *A incorporação das normas internacionais de proteção dos direitos humanos no Direito Brasileiro*, Brasília/São José: IIDH, 1996, p. 235.

internacional de direitos humanos². Além disso, o art. 4º do corpo permanente da Constituição estabelece que a prevalência dos direitos humanos é princípio diretivo do Brasil em suas relações internacionais. Finalmente, dispõe o art. 5º, § 2º, que os direitos e garantias expressos na Constituição não excluem outros decorrentes dos tratados internacionais em que o Brasil seja parte.

Assim, verificamos a completa compatibilidade entre a nossa Constituição e as instâncias internacionais de proteção de direitos humanos. Com base neste enfoque constitucional favorável, cumpre analisar dois óbices à implementação interna de decisões internacionais ventiladas com frequência.

O primeiro deles consiste na afirmação de que a supremacia de nosso Supremo Tribunal Federal impossibilita a implementação de decisão judicial internacional de responsabilização do Estado por violação de direitos humanos. Esta crítica não pode prosperar.

De fato, sem considerar a literalidade do art. 7º das Disposições Transitórias de nossa Constituição, que expressamente faz menção a um tribunal internacional de direitos humanos, cumpre observar que *descabe* afirmar que, com o reconhecimento brasileiro de uma determinada jurisdição internacional, haveria uma *subordinação automática* de nosso Supremo Tribunal Federal ao órgão judicial internacional.

Pelo contrário, não há *sombra* de subordinação de um órgão judicial nacional a outro internacional, mesmo quando o ato tido como violador de direitos humanos é uma decisão judicial interna. A decisão brasileira, por exemplo, *é atacada não como ato judicial, sujeito a impugnação e revisão, mas sim, como mero fato*, que será examinado à luz dos tratados internacionais para posterior responsabilização do Estado brasileiro. Não estaremos criando um Tribunal *superior* ao Supremo Tribunal Federal.

O segundo óbice refere-se ao dogma da soberania do Estado brasileiro, levantado como empecilho a implementações daquelas decisões internacionais. Novamente, buscamos amparo na própria Constituição brasileira, que nos diversos dispositivos já mencionados, faz menção aos tratados de direitos humanos e às instâncias internacionais de proteção por eles engendradas.

Desse modo, qualquer condenação internacional que vise a reparação de violação de direitos humanos está em consonância com o Estado Democrático brasileiro e com as instituições nacionais, já que a defesa de direitos fundamentais transpira por todos os poros da Constituição atual³.

---

2 Art. 7º do Ato das Disposições Constitucionais Transitórias: "O Brasil propugnará pela formação de um tribunal internacional dos direitos humanos".

3 A Constituição brasileira de 1988, a partir de seu preâmbulo, assegura o respeito e supremacia dos direitos humanos. De fato, a nossa Constituição fundou um "Estado Democrático,

Logo, deve-se sempre buscar superar eventuais obstáculos internos para a correta e rápida implementação do conteúdo do *decisum* internacional.

Como consequência, é necessário que se analise os diferentes tipos de atos ensejadores da responsabilidade internacional do Estado e as soluções possíveis de nosso ordenamento para a total implementação das decisões internacionais que venham a condenar o Brasil por tais atos.

A implementação interna da decisão internacional, superando todo óbice de direito interno, é o fecho final do ciclo da responsabilidade internacional do Estado por violação de direitos humanos.

Imaginar que o nosso estudo termina na prolação da decisão internacional é deixar sem amparo doutrinário a vítima brasileira, que necessitará de meios para tornar realidade o disposto no texto da decisão internacional.

Assim, analisaremos os desafios de Direito interno brasileiro, diante de atos de diferentes Poderes da República e em casos específicos (o Estado Federal, a questão da norma constitucional e ainda o ato do Ministério Público). Tendo em vista que o sistema universal de supervisão e controle são sistemas imperfeitos, na medida em que se discute a força vinculante convencional dos mesmos (somente reconhecendo-se, no limite, a força normativa costumeira), estudaremos o tema com ênfase na sua faceta mais problemática, que é a do conflito entre os atos nacionais e a decisão do juiz internacional, de interesse para o estudo devido ao reconhecimento brasileiro da jurisdição obrigatória da Corte Interamericana de Direitos Humanos.

2 A implementação pelo Poder Executivo

As decisões internacionais vinculantes devem ser apropriadas pelo Poder Executivo e aqui implementadas. Na ausência de execução interna destas decisões urge o apelo ao Poder Judiciário, o que poderá ser feito pela própria vítima ou mesmo pelo Ministério Público, já que a defesa de direitos fundamentais é interesse indisponível, apto a ser defendido pela ação do *parquet* brasileiro[4].

---

destinado a assegurar o exercício dos direitos sociais e individuais...". No sentido de combate a violações de direitos humanos, a Constituição consagrou o Ministério Público como instituição independente do Poder Executivo e também do Poder Judiciário, com a incumbência de zelar pela observância dos direitos humanos, de acordo com os artigos 127 e seguintes do texto constitucional.

4 Sobre o tema, conferir RIBEIRO COSTA, Álvaro Augusto. "Dificuldades internas para a aplicação das normas internacionais de proteção aos direitos humanos no Brasil", *in* CANÇADO TRINDADE, Antônio Augusto (org.). *A incorporação das normas internacionais de proteção dos direitos humanos no Direito Brasileiro*, Brasília/São José: IIDH, 1996, p. 175-190.

A implementação pelo Poder Executivo pode ser realizada através de edição de atos administrativos, propositura de projetos de lei, pagamento de reparações em pecúnia e outros. Cabe lembrar que, no caso brasileiro, a previsão constitucional da competência presidencial de edição de medidas provisórias pode servir para auxiliar a correta implementação da decisão internacional, tendo em vista ser a proteção de direitos humanos tema de urgência e relevância, apto a justificar a edição daquela excepcional espécie normativa.

No caso *Gomes Lund*, por exemplo, incumbe ao Poder Executivo federal boa parte das obrigações de fazer impostas na sentença pela Corte IDH. Em primeiro lugar, recai sobre os ombros do Ministério da Justiça e do seu Departamento de Polícia Federal o dever de investigar os desaparecimentos forçados e outros atos de violação de direitos humanos realizados pelos agentes da repressão política. Assim, urge a instauração dos respectivos inquéritos policiais federais, que, obviamente, merecem tratamento diferenciado pela complexidade e urgência que o caso requer, com destinação de recursos humanos e materiais de monta. Logo, é obrigação do Poder Executivo federal a formação de força-tarefa, com delegados e especialistas para apurar os fatos, supervisionados pelo Ministério Público Federal (destinatário final dos inquéritos da Polícia – ver abaixo). Outro ponto essencial a cargo do Poder Executivo é a plena entrega dos arquivos e documentos sobre as atividades do aparelho de repressão da ditadura militar na Guerrilha do Araguaia, localizando-se os restos mortais dos desaparecidos e reconstituindo os fatos envolvendo cada uma das vítimas, rompendo o véu da incerteza e obscuridade que ainda mancha a história do Brasil. Também incumbe ao Poder Executivo disponibilizar o tratamento médico adequado aos familiares das vítimas, zelando para que se dê o cumprimento dessa parte da sentença da Corte. As outras espécies de satisfação (publicação da sentença, livro eletrônico, ato público) também devem ser realizadas pelo Governo Federal.

3 A implementação pelo Poder Legislativo

Os tratados de direitos humanos impõem aos Estados o dever genérico de adaptar sua legislação interna aos dispositivos internacionais. De fato, a responsabilização internacional do Estado por ato do legislador ocorre quando o Estado falha nesta tarefa de impor o disposto no tratado internacional, mesmo quando em choque com os comandos legais internos.

Como exemplo de implementação de decisão internacional através de ato do Poder Legislativo, devemos citar a jurisprudência da Corte Europeia de Direitos Humanos, que, após diversas condenações de Estados por ato legislativo, vem se debruçando sobre as dificuldades internas de implementação destas decisões. De fato, no conhecido caso *Marckx*, a Bélgica foi responsabilizada por ato legislativo violatório da Convenção Europeia de Direitos Humanos[5]. Anos depois, no caso *Vermeire*, a Corte Europeia de Direitos Humanos decidiu que a Bélgica continuava violando a Convenção, ao não proceder a modificação em sua legislação, após o caso *Marckx*. Assim, a Corte decidiu que o Estado não pode continuar a violar suas obrigações internacionais, enquanto espera alterações legislativas internas[6]. No parágrafo 24 da decisão, a Corte resume a defesa do Estado belga, que aponta para a impossibilidade de interferir na elaboração das leis, tarefa exclusiva do Poder Legislativo. A Corte não aceitou tais escusas, já que, como vimos, para fins de Direito Internacional, o Estado é uno e responde por atos ou omissões legislativas[7].

Os exemplos sucedem-se na jurisprudência europeia de direitos humanos. No caso *X e Y versus Holanda* foi adotada uma nova legislação holandesa, que modificou o Código Penal, permitindo a um portador de deficiência mental de representar criminalmente (através de seu representante legal) seu ofensor sexual. No também conhecido caso *Dudgeon* foi aprovada modificação legislativa na Irlanda do Norte, como fruto da decisão da Corte.

Esses exemplos poderiam ser em maior número, se não fosse a previsão de prestação pecuniária do Estado infrator na impossibilidade do cumprimento de uma decisão da Corte, graças ao permissivo existente no artigo 41 da Convenção Europeia de Direitos Humanos. Porém, como vimos, a satisfação equitativa "pura" perde espaço na jurisprudência da Corte ano após ano[8].

No caso americano, como não há a previsão da "satisfação equitativa", há vários precedentes de obrigação de implementar reformas legislativas. No caso *Tamayo*, a Corte Interamericana de Direitos Humanos decidiu que eram incompatíveis com a Convenção Americana de Direitos Humanos os decretos-leis peruanos tipificadores dos crimes de traição e terrorismo, por ofensa ao artigo 8 (4) da Convenção, que impede que o acusado, absolvido por sentença transitada em julgado, seja submetido a novo processo pelos mesmos fatos. Nesse

---

[5] No caso *Marckx*, foi reconhecido que a perda de direitos de sucessão em razão da natureza ilegítima da filiação é discriminatória e ofende o artigo 14 da Convenção Europeia de Direitos Humanos. Ver *in* Corte Europeia de Direitos Humanos, *Caso Marckx*, Julgamento de 13 de junho de 1979, Série A, n. 31, em especial o parágrafo 59.

[6] Corte Europeia de Direitos Humanos, *Vermeire versus Belgique*, Julgamento de 29 de novembro de 1991, Série A, n. 241, p. 9, parágrafo 26. Neste sentido, ver *in* SUDRE, Fréderic. *Droit International et européen des droits de l'homme*, 2. ed., Paris: Presses Universitaires de France, 1995, p. 371.

[7] Corte Europeia de Direitos Humanos, *Caso Vermeire*, Julgamento de 29 de novembro de 1991, Série A, n. 241, parágrafo 24.

[8] No caso interamericano, o permissivo do artigo 41 da Convenção Europeia de Direitos Humanos, como vimos, inexiste. O Estado deve implementar a modificação legislativa e não pode a Corte IDH substituir tal obrigação secundária por uma satisfação equitativa.

caso a Corte estipulou como forma de reparação o dever do Peru de tomar todas as medidas internas necessárias para que os Decretos-leis n. 25.475 (delito de terrorismo) e 25.659 (delito de traição) se submetessem aos comandos da Convenção Americana de Direitos Humanos, em especial ao disposto no artigo 8(4). Ou seja, a Corte, a partir de um caso concreto, estipulou medidas genéricas de reforma legislativa interna[9]. E mais, a Corte estipulou o curto prazo de seis meses para que esta forma de reparação fosse efetivada. Esse exíguo prazo é mais um motivo para a análise aprofundada das formas de implementação interna de decisões internacionais relativas aos atos legislativos[10].

Assim, nesses casos, para fazer cessar a violação da obrigação internacional, cabe ao Estado *adequar seu direito interno* à normatividade internacional. A adequação pode ser feita através da revogação pura e simples da lei violadora ou através da interpretação conforme o texto convencional, admitindo-se a permanência do diploma normativo interno impugnado, desde que *interpretado de modo conforme* a normas internacionais de direitos humanos.

Essa última alternativa é que entendemos ser a mais viável, ao se considerar a extrema lentidão do processo legislativo em alguns países, em especial no Brasil. Cabe, então, ao Poder Judiciário fornecer a interpretação da lei conforme a decisão de responsabilização internacional do Estado por violação de direitos humanos.

No caso brasileiro, constatada a violação da norma internacional pela lei interna, a vítima em potencial pode exigir o adimplemento da decisão internacional em face do juiz interno e evitar, assim, de sofrer os efeitos da norma legal impugnada. Nesse diapasão, cumpre assinalar que pode ser utilizada processualmente a ação civil pública, regida pela Lei n. 7.347/85, que visa a proteção de interesses difusos, coletivos e individuais homogêneos, de regra, retratados no termo genérico "direito humanos" pela normatividade internacional.

Advertimos que a lei brasileira não será revogada pela decisão internacional. O cumprimento pelo Poder Judiciário da decisão internacional apenas suspende os efeitos da citada lei. A revogação da lei dependerá, é claro, da manifestação do Congresso e da edição de lei posterior, o que, é claro, não impede a imediata ação do Ministério Público e da vítima para a exigência do cumprimento da decisão internacional.

---

9 Ver *in* Corte Interamericana de Direitos Humanos, Caso *Loayza Tamayo, Reparações*, sentença de 27 de novembro de 1998, Série C, n. 42, item 6 do dispositivo da sentença.

10 Ver *in* Corte Interamericana de Direitos Humanos, Caso *Loayza Tamayo, Reparações*, sentença de 27 de novembro de 1998, Série C, n. 42, item 8 do dispositivo da sentença, adotado por unanimidade.

Além disso, tendo em vista a aceitação pela Corte Interamericana de Direitos Humanos da visão ampliativa de controle em abstrato da convencionalidade de lei ou ato normativo interno, esta deverá ser implementada internamente. De fato, é decerto restritivo ao espírito protetivo de direitos humanos não permitir o controle abstrato, já que o mesmo pode ser útil para evitar lesões em potencial. Caso aceito esse posicionamento, já ventilado na Corte Interamericana de Direitos Humanos, então, a execução dessa decisão internacional em abstrato (ou seja, sem que haja uma vítima identificada) caberá a entes legitimados para a defesa da sociedade pela ordem jurídica interna.

No caso brasileiro, vê-se que tal papel é reservado ao Ministério Público, instituição independente dos três Poderes, ao qual incumbe, pela literalidade do art. 127 da Constituição de 1988, a defesa da sociedade. Esse papel é reforçado pela legitimidade do Ministério Público na propositura de ações diretas de constitucionalidade e de inconstitucionalidade, que visam o controle em abstrato da constitucionalidade de leis e atos normativos. Ora, quando a lei for considerada, em abstrato, incompatível com a Convenção Americana de Direitos Humanos, é certo que é também incompatível com a Constituição brasileira, o que permite, em tese, a propositura de ações diretas de inconstitucionalidade, de acordo com o art. 103 da Constituição.

4 A implementação pelo Poder Judiciário

Na medida em que exerce importante função do poder do Estado, cabe também ao Poder Judiciário a implementação das decisões internacionais que responsabilizarem o Brasil por violação de direitos humanos.

A necessidade de implementação por via judicial ocorre quando os outros órgãos do Estado não cumprem *sponte propria* as decisões internacionais.

Tal hipótese já foi examinada: na medida em que há omissão na implementação de decisão internacional relativa a ato do Poder Executivo ou do Poder Legislativo, é possível no caso brasileiro o recurso ao *Poder Judiciário* quer através de ação da própria vítima, quer através de ação do Ministério Público.

Há, entretanto, uma espécie de ato estatal, que, se violatório de direitos humanos, pode suscitar dúvidas sobre sua correta implementação. É o caso da decisão judicial transitada em julgado, que tenha sido considerada uma *violação dos direitos humanos internacionalmente protegidos*. Assim, devemos aproveitar essa parte do estudo para explicitar o modo de superar quaisquer dúvidas sobre essa questão.

Como todo ato estatal, a decisão judicial transitada em julgado é passível de ser analisada pelos órgãos internacionais quanto a sua *compatibilidade* com os dispositivos do Direito Internacional dos Direitos Humanos. Caso a decisão judicial local seja considerada violatória dos direitos humanos protegidos, *deve haver o imediato cumprimento da decisão internacional*, reparando o dano causado.

A decisão judicial local, todavia, diferencia-se dos demais atos internos pela possibilidade de invocação da chamada *exceção de coisa julgada*, visando dar imutabilidade aos comandos da decisão atacada.

Todavia, é necessário que se assinale, de maneira clara, que, para o Direito Internacional, há a constatação da responsabilidade internacional do Estado por violação de direitos humanos por qualquer fato imputável ao Estado, quer judicial ou não, *devendo o Estado implementar a reparação* porventura acordada.

Logo, o órgão internacional que constata a responsabilidade internacional do Estado *não possui o caráter de um tribunal de apelação ou cassação, contra o qual pode ser oposta a exceção da coisa julgada*[11]. Por isso, a defesa brasileira nesses processos internacionais *não* pode repousar nesse tipo de argumento. Aliás, como vimos, a Corte IDH indeferiu o pedido brasileiro de extinção do processo interamericano em virtude da decisão final do STF na ADPF 153.

Essas Cortes Internacionais são criações de tratados internacionais, como a Corte Interamericana de Direitos Humanos e a Corte Europeia de Direitos Humanos, ou podem ser órgãos de organizações internacionais (como a Corte Internacional de Justiça é órgão da ONU) e mesmo organização internacional *tout court*, como é o caso do Tribunal Internacional Penal, criado pelo Estatuto de Roma, que possui personalidade jurídica de Direito Internacional.

Essa natureza jurídica de Direito Internacional redunda *na ausência de hierarquia entre o tribunal local e o órgão internacional*. Logo, quando esses órgãos analisam a responsabilidade internacional do Estado *não são sujeitos às limitações de um tribunal local* (que deve respeitar a coisa julgada local), mas somente às limitações impostas pelo Direito Internacional[12].

A separação entre a esfera judicial local e a esfera internacional é essencial, justamente para evitar que eventuais *exceções processuais de Direito Interno* sejam utilizadas para tolher o exercício da jurisdição internacional.

---

11 Segundo a Corte Interamericana de Direitos Humanos, ao rejeitar a exceção da Guatemala, "Esta Corte considera que a demanda apresentada pela Comissão Interamericana não pretende a revisão da sentença da Corte Suprema da Guatemala, mas que solicita que se declare que o Estado violou vários preceitos da Convenção Americana pela morte das citadas pessoas, que atribui a membros da polícia desse Estado e que portanto engaja a responsabilidade deste". Ver Corte Interamericana de Direitos Humanos, Caso *Villagrán Morales e outros – Exceções Preliminares*, sentença de 11 de setembro de 1997, parágrafo 18.

12 Como exemplo, há a possibilidade de alegação da exceção da coisa julgada internacional, quando o caso concreto de violação de direitos humanos já tenha sido apreciado em outra instância internacional, como já visto.

Além disso, uma *análise mais acurada* do instituto da coisa julgada, que fundamenta a pretensa imutabilidade das decisões internas, demonstra a impossibilidade de utilizarmos tal instituto em sede internacional, *já que seria necessária a identidade de partes, pedido e causa de pedir* (os chamados elementos da ação), o que não ocorre entre a causa local e a causa internacional.

Com efeito, na jurisdição internacional as partes e o conteúdo da controvérsia são, por definição, *distintos* dos da jurisdição interna. Na jurisdição interna, analisa-se se determinado indivíduo violou lei interna, por exemplo, cometendo certo delito. Para a jurisdição internacional, discute-se, por outro lado, a pretensa violação do Estado diante de suas obrigações internacionais, tendo o Direito Internacional como nova causa de pedir, podendo gerar decisão internacional oposta à decisão judicial interna.

A posição exposta acima é aceita pelas instâncias internacionais encarregadas de averiguar a responsabilidade internacional do Estado por violação de direitos humanos. Com efeito, para a Corte Interamericana de Direitos Humanos, *as instâncias internacionais não reformam a decisão interna, mas sim condenam o Estado infrator a reparar o dano causado*. Ora, como exposto, diante da implementação da decisão internacional, não cabe alegar coisa julgada, graças à separação do Direito interno e do Direito Internacional.

Não é o órgão internacional (por exemplo, a Corte Interamericana de Direitos Humanos) um órgão de revisão ou cassação, superior aos Tribunais internos. Assim, deve-se implementar a decisão internacional *tout court*, sem que se alegue eventual imutabilidade da decisão local.

A jurisprudência da Corte Europeia de Direitos Humanos reconhece a necessidade de implementação da decisão internacional, mesmo quando o ato local impugnado é decisão judicial. No caso do jornal *Sunday Times*, a Corte Europeia de Direitos Humanos apreciou e considerou violatória à Convenção Europeia de Direitos Humanos decisão da *House of Lords*. Outra decisão de destaque foi proferida no caso *Open Door and Dublin Well Woman*, no qual a Corte decidiu ser violatória ao direito à informação, protegido na Convenção Europeia de Direitos Humanos, uma decisão da Suprema Corte Constitucional irlandesa[13]. No âmbito criminal, no caso *Grigoriades*, a Corte Europeia de Direitos Humanos considerou contrária ao artigo 10 da Convenção Europeia de Direitos Humanos a condenação

---

13 A Suprema Corte irlandesa considerou que a própria Constituição da Irlanda, em seu artigo 40.3.3, ao proibir o aborto, veda, por conseguinte, a atividade de aconselhamento às gestantes do modo de proceder aborto legal no exterior. A Corte Europeia, por seu turno, considerou que tal vedação é desproporcional, já que a proibição da Constituição irlandesa ao aborto não deve acarretar a proibição da informação do aborto legal em outros países. Ver Corte Europeia de Direitos Humanos, Caso *Open Door and Dublin Well Woman versus Irlanda*, julgamento de 29 de outubro de 1992, Série A, n. 246, parágrafo 80.

de militar pelo crime de injúria contra as Forças Armadas[14]. No mesmo diapasão está a jurisprudência da Corte Interamericana de Direitos Humanos. No caso *Loazya Tamayo*, a Corte Interamericana considerou violatória da Convenção Americana de Direitos Humanos decisão judicial de tribunal militar, obrigando o Estado peruano a anular as decisões judiciais e libertar a condenada.

Na Europa, a preocupação de implementar decisões internacionais em choque com decisões judiciais internas tem suscitado o estudo do *uso de instrumentos similares à ação rescisória*. Com efeito, a ação rescisória possibilitaria a revisão de decisões judiciais internas conflitantes com decisões em sede de responsabilidade internacional do Estado por violação de direitos humanos[15].

RUIZ MIGUEL, em face do conflito entre as decisões judiciais internacionais e internas, sugere a adoção de um recurso de nulidade da sentença interna ou a ampliação dos fundamentos de rescisão da mesma[16].

Com a inclusão da existência de decisão internacional (por exemplo, sentença da Corte Interamericana de Direitos Humanos) como *nova* hipótese de cabimento da ação rescisória, superar-se-ia a possível impossibilidade de fazer cumprir decisão internacional em face do princípio interno do respeito à coisa julgada. Entretanto, apesar de ser possível tal via, consideramos *não ser necessária* a modificação legislativa dos dispositivos que regem a ação rescisória, ou, no caso penal, a revisão criminal.

Isso porque não cabe alegar *coisa julgada* como justificativa para a não implementação de decisão internacional, já que a decisão internacional é simplesmente a constatação da responsabilidade internacional do Estado por violação de direitos humanos, devendo o Estado, por mandamento constitucional e legal interno, implementar a citada sentença.

Assim, em face do ordenamento jurídico brasileiro, as eventuais sentenças da Corte Interamericana de Direitos Humanos prescindem da rescisão ou mesmo declaração de nulidade de sentença judicial interna. No plano estritamente formal, a sentença internacional não rescinde nem reforma ato judicial interno, já que inexiste, como apontado, hierarquia funcional entre os tribunais internos e internacionais. A sentença da Corte IDH, como vimos no *Caso Gomes Lund* acima, deve ser cumprida, como decorrência dos comandos constitucionais do art. 5º, §§ 2º e 3º e 7º, do ADCT.

---

14 Corte Europeia de Direitos Humanos, Caso *Grigoriades versus Grécia*, Julgamento de 25 de novembro de 1997, Reports 1997-VII, parágrafo 80.

15 Ver as propostas de alteração do "recurso de revisión" na Espanha *in* RESCIA, Victor Manuel Rodrigues. *La ejecución de sentencias de la Corte interamericana de derechos humanos*, San José: Editorial Investigaciones Jurídicas, 1997, p. 46.

16 RUIZ MIGUEL, Carlos. *La ejecución de las sentencias del Tribunal Europeo de Derechos Humanos*, Madrid: Tecnos, 1997, p. 158.

No caso, é possível a implementação do comando da sentença internacional *pelo próprio Poder Executivo*, pois o comando judicial interno não conflita com a decisão internacional (teoria do duplo controle vista acima). No caso de prisão indevida, caberia ao próprio Poder Executivo-Administrador Penitenciário o cumprimento da decisão internacional, por meio da soltura imediata do preso. No caso da inércia do Poder Executivo, bastaria a *provocação do Poder Judiciário pela vítima ou pelo Ministério Público*, por intermédio de ação cabível, tendo como fundamento a decisão internacional, para exigir seu imediato cumprimento.

Com isso, cabe aos Tribunais locais a tomada de consciência da necessidade da implementação das decisões oriundas dos julgamentos internacionais contra o Estado brasileiro (em virtude de violações de direitos humanos).

É claro que, para aqueles acostumados com as fórmulas de cumprimento de ordens judiciais internas (requisição de força policial, crime de desobediência etc.), a Corte de San José seria impotente, caso o STF, por exemplo, determine o descumprimento da sentença internacional.

O poder de um Tribunal Internacional é de outro quilate. Em primeiro lugar, pode provocar o início de um lento processo de estabelecimento de sanções internacionais de direitos humanos[17]. Mas, em especial, pode manter o Brasil – e o STF – no rol daqueles que desrespeitam os direitos humanos internacionais.

No caso *Gomes Lund*, por exemplo, o Estado Brasileiro deve apresentar à Corte Interamericana de Direitos Humanos, dentro do prazo de um ano da data da notificação da sentença condenatória (14 de dezembro de 2010), um relatório completo das medidas tomadas para o integral cumprimento dessa decisão. Caso o STF impeça o cumprimento de parte substancial da sentença (pela via da reclamação, do *habeas corpus* etc.), o Brasil será novamente responsabilizado, em um círculo vicioso sem fim[18].

Devemos pensar que, no limite, o Poder Judiciário nacional também depende de legitimidade social. A erosão dessa legitimidade pela pecha de desrespeito a direitos humanos é um cenário extremamente grave para qualquer julgador, e, em especial, para a mais Alta Corte do Brasil.

Esperamos que esse cenário terrível para os Tribunais de um país de democracia jovem não se concretize e o Brasil cumpra os comandos das sentenças internacionais de direitos humanos.

---

17 CARVALHO RAMOS, André de. *Responsabilidade Internacional por Violação de Direitos Humanos*, Rio de Janeiro: Renovar, 2004, em especial a Parte III da obra sobre sanções coletivas e unilaterais de direitos humanos, p. 313-408.

18 CARVALHO RAMOS, André de. "O Brasil no banco dos réus: dez anos do reconhecimento da jurisdição obrigatória da corte interamericana de direitos humanos". *Boletim IBCCRIM*, v. 16, p. 11-12, 2008.

5 O papel do Ministério Público e da Defensoria Pública

O Ministério Público brasileiro é *essencial* na tarefa de implementar internamente as decisões internacionais de responsabilização do Estado por violação de direitos humanos. Como vimos, no caso de *inércia* dos outros Poderes, caberá ao Ministério Público a missão de utilizar seus poderes judiciais e extrajudiciais (sendo o mais notório seu poder de requisição), para obter a implementação negada.

Para tanto, citamos como instrumentos para tal implementação a já mencionada Ação Civil Pública, a Ação Penal Pública, a Ação de Improbidade, as ações do controle abstrato de constitucionalidade, o incidente de deslocamento de competência (por intermédio do Chefe do Ministério Público Federal, o Procurador-Geral da República) e outras visando o correto cumprimento do comando internacional.

Por outro lado, quando a decisão internacional relacionar-se com atribuição destinada exclusivamente ao Ministério Público pela Constituição, o *mesmo raciocínio* deve ser empregado. Por exemplo, caso a Corte Interamericana de Direitos Humanos tenha considerado ser violadora da Convenção a decisão de *não* propositura de Ação Penal Pública (por violação do dever de combater a impunidade dos violadores de direitos humanos), caberá a revisão administrativa interna do arquivamento com base no *decisum* internacional, que, como vimos, tem natureza *constitucional* (de acordo com o art. 7º do ADCT), de modo a possibilitar a propositura da Ação Penal.

Já a Defensoria Pública possui também papel de destaque na implementação das deliberações internacionais de direitos humanos. Além de poder atuar na tutela coletiva de direitos (propondo ações civis públicas), deve ser ressaltado seu papel na garantia do direito à assistência jurídica dos vulneráveis, exigindo sua atuação na representação das vítimas beneficiadas pela decisão internacional.

E, ainda, como o direito à assistência jurídica integral pode ter sido em si ofendido, a deliberação internacional pode exigir um agir diferenciado da própria Defensoria Pública, aperfeiçoando sua atuação. Tal situação ocorreu no *Caso Ruano Torres vs. El Salvador (*sentença de 5-10-2015), o qual tratou de negligência na defesa efetiva ofertada pela Defensoria Pública, bem como da garantia do devido processo legal durante o trâmite do processo criminal no qual o Sr. Ruano Torres era acusado de delito de sequestro, existindo sérias dúvidas quanto a ser o autor do crime. Diante dos fatos do caso, a Corte determinou que houve ausência de defesa técnica materialmente efetiva que incorporasse as garantias mínimas legais previstas no art. 8.2. da CADH. Como reparação, determinou que a Defensoria Pública de El Salvador coloque uma *placa* em sua unidade para lembrar a importância de garantir a defesa técnica efetiva e estimular a consciência institucional.

TÍTULO IV | AS PERSPECTIVAS: AS ENCRUZILHADAS DO PROCESSO INTERNACIONAL DE DIREITOS HUMANOS

1 O papel de um Tribunal Internacional de Direitos Humanos: entre a prevenção e a reparação

A faceta contramajoritária da jurisdição internacional dos direitos humanos é fator de estímulo para o crescimento do número de demandas no plano internacional. Afinal, os vulneráveis percebem que, mesmo em Estados democráticos, seus anseios podem nunca ser aceitos, em especial em temas que envolvem vícios históricos dos sistemas de representação popular, que impedem alterações do direito interno, *entrincheirando* determinados grupos em posições que impedem alterações drásticas contrárias aos seus interesses.

Nessas situações, o acesso a instâncias internacionais de direitos humanos é a única alternativa para escancarar a violação de direitos que podem até estar invisíveis para a grande parte da população, como é o caso, por exemplo, das agruras do sistema prisional brasileiro.

Ocorre que as jurisdições internacionais de direitos humanos têm diante de si o desafio de processar, com qualidade e celeridade, um número cada vez maior de demandas. A realidade do sistema europeu, como vimos, dispensa maiores comentários. No sistema interamericano, a lentidão da Comissão em acionar a Corte só faz aumentar os anseios por um "Protocolo 11" no sistema da Convenção Americana de Direitos Humanos.

Nesse contexto, qual será o futuro papel de um Tribunal Internacional de Direitos Humanos?

De um lado, temos o papel *preventivo*, pelo qual as demandas apreciadas são selecionadas justamente pelo seu impacto estrutural, que levará a reformas internas, impedindo novas violações. De outro lado, temos o papel de *reparação*, no qual os juízes internacionais fixam obrigações de reparação bem determinadas, zelando pelo universalismo concreto dos direitos humanos.

A difícil questão é balancear o peso dado a esses papéis. Uma Corte Internacional que seleciona em demasia buscando "casos estruturais" pode desestimular os peticionantes, gerando descrédito no sistema inteiro. Uma Corte com facilidade de acesso pode ser esmagada pelos números, gerando congestionamento judicial, incapacidade de dar uma resposta em prazo razoável e consequente perda de prestígio.

Esses dilemas ainda são mais graves pois estão inseridos em um contexto no qual o financiamento das atividades depende dos Estados, cada vez mais temerosos com as decisões contramajoritárias.

2 A busca da interpretação (final?) dos direitos humanos

2.1 O árbitro final: os choques judiciais

Outro ponto importante no futuro da jurisdição internacional dos direitos humanos é o aumento dos choques judiciais com instâncias nacionais e supranacionais (os Tribunais do Direito da Integração Econômica).

Em obra anterior, em capítulo denominado "Unificação ou Caos Criativo" defendi a ideia de que, no atual momento, é inútil a busca de um *primus inter pares*, pois a única saída que respeita o universalismo é a "opção internacionalista", de difícil aceitação pelos demais órgãos judiciais envolvidos (internos ou supranacionais).

No que tange aos direitos humanos, a existência de incoerências e contradições entre decisões, em um primeiro momento, pode ser, em um segundo momento, um catalisador para a evolução hermenêutica (*progress through catastrophe*[1]). Para CHARNEY, a pluralidade de tribunais é uma *força e não fraqueza*, que permite o avanço do Direito Internacional[2].

KUMM sustenta que não faz sentido, em um marco normativo plural, buscar um "árbitro final" qualquer. Assim, o eventual aprimoramento da interpretação normativa compensa incoerências pontuais entre a jurisprudência dos órgãos judiciais em situação de conflito[3]. No mesmo diapasão, CARLIER critica os defensores de uma hierarquização monista entre as jurisdições concorrentes no tocante à proteção de direitos humanos. Para o autor canadense é possível contemplar, na proteção de direitos humanos, tanto o pluralismo normativo (diversidade na redação e enumeração de direitos espalhados nos inúmeros tratados) quanto o pluralismo processual, o que auxilia no incremento da proteção oferecida ao indivíduo[4].

Por outro lado, há benefícios advindos da existência de uma pluralidade de tribunais internacionais, pois a comparação recíproca e o diálogo interinstitucional

---

[1] Expressão de Shany utilizada em CARVALHO RAMOS, André de. *Direitos Humanos na Integração Econômica*, Rio de Janeiro: Renovar, 2008, p. 458.

[2] CHARNEY, Jonathan. "The impact on the international legal system of the growth of international courts and tribunals", *in* 31 *New York University Journal of International Law and Politics* (1999), p. 697-708, em especial p. 700.

[3] KUMM, Mattias. "Who is the final arbiter of constitutionality in Europe? Three conceptions of the relationship between the German Federal Constitutional Court and the European Court of Justice", 36 *Common Market Law Review* (1999), p. 351-386, em especial p. 385.

[4] CARLIER, Jean-Yves. "La garantie des droits fondamentaux en Europe: pour le respect des compétences concurrentes de Luxembourg et de Strasbourg". 13.1 *Revue québécoise de droit international* (2000), p. 37-61, em especial p. 61.

gerado promovem a emergência de interpretações jurídicas extraídas de profunda reflexão. DUPUY sustenta, nesse sentido, que o estabelecimento de novas jurisdições internacionais gera *refinamento* na interpretação normativa[5].

Tal processo, que denomino *"fertilização cruzada"*[6], é de suma importância para o Direito Internacional dos Direitos Humanos, que lida com normas de redação genérica, contendo valores muitas vezes conflitantes. Logo, as decisões anteriores sobre o alcance e sentido de determinado direito servem de importante orientação para a formação da jurisprudência de outro tribunal.

Por isso, denominei o estágio atual das ordens jurídicas justapostas de direitos humanos estágio do "Diálogo entre as Cortes": com esse diálogo e uso interconectado de fundamentos, a proteção de direitos humanos pode avançar[7].

Além disso, o problema da falta de coordenação e harmonização entre as decisões judiciais só será enfrentado, no longo prazo, pelos Estados, caso exista um número crescente de conflitos. Apenas ilações doutrinárias sobre o impacto negativo de possíveis conflitos sobre a coerência interna do sistema normativo internacional possivelmente não induzirão os Estados a rever toda a complexa arquitetura fragmentada de direitos humanos hoje existente[8].

No plano supranacional, há um exemplo concreto de solução desses choques, com a iminente adesão da União Europeia à Convenção Europeia de Direitos Humanos (graças ao Tratado de Lisboa – entrou em vigor em 2009 – e ao Protocolo n. 14, que entrou em vigor em 2010).

2.2 Da primazia da norma mais favorável ao(s) controle(s) de convencionalidade

A existência de um rol de direitos humanos não mais representa hoje novidade nos ordenamentos nacionais ou no ordenamento internacional. A consolidação dos Estados democráticos em várias partes do globo e ainda a

---

[5] DUPUY, Pierre-Marie. "The danger of fragmentation or unification of the international legal system and the International Court of Justice", *in* 31 *New York University Journal of International Law and Politics* (1999), p. 791-807, em especial p. 795.

[6] Com base nos estudos de Shany, Jacobs e outros. Ver SHANY, Yuval. *The competing jurisdictions of International Courts and Tribunals*. Oxford: Oxford University Press, 2003, p. 109. Ver também JACOBS, Francis G. "Judicial Dialogues and Cross-Fertilization of Legal Systems: the European Court of Justice", *in* 38 *Texas International Law Journal* (2003), p. 547-566.

[7] CARVALHO RAMOS, André de. "O Diálogo das Cortes: O Supremo Tribunal Federal e a Corte Interamericana de Direitos Humanos", *in* AMARAL JUNIOR, Alberto do e JUBILUT, Liliana Lyra (orgs.). *O STF e o Direito Internacional dos Direitos Humanos*, São Paulo: Quartier Latin, 2009, p. 805-850.

[8] CARVALHO RAMOS, André de. *Direitos Humanos na Integração Econômica*, Rio de Janeiro: Renovar, 2008, p. 460.

internacionalização dos direitos humanos levaram à consagração desses direitos, tanto nas Constituições nacionais quanto nas normas internacionais (tratados e costume internacional).

Essa consagração normativa, contudo, não eliminou dissensos e contradições na temática dos direitos humanos. Se, de um lado, perdeu força o antigo embate entre o ordenamento nacional que não reconhecia direitos (por exemplo, em Estados ditatoriais) e o ordenamento internacional de direitos humanos, por outro lado, resta o conflito entre as diferentes interpretações do alcance e sentido de cada direito. Esse "conflito de interpretações" é hoje o ponto de maior polêmica nos Estados democráticos no que tange à relação entre as ordens nacional e internacional de direitos humanos. Há uma tendência dos Estados democráticos de reação à interpretação internacionalista que defina os direitos humanos de modo diferente do que é feito internamente pelos Tribunais Superiores e Cortes Constitucionais locais.

Além disso, soluções tradicionais de contorno do conflito, como a do uso da interpretação mais favorável ao indivíduo (fruto do princípio da primazia da norma mais favorável ao indivíduo) ou a adoção de um genérico "princípio *pro homine*", mostram-se insuficientes na sociedade globalizada contemporânea, na qual há choques de direitos de titularidades distintas, resultando apenas em prevalências opacas ou camufladas. Com efeito, a interpretação *pro homine* sofreu *desgaste* profundo pelo reconhecimento da existência da interdependência e colisão aparente entre os direitos, o que faz ser impossível a adoção desse critério no ambiente do século XXI, no qual *há vários direitos* (de titulares distintos) *em colisão*. Como adotar a interpretação *pro homine* em causas envolvendo direitos em colisão? Qual indivíduo deve ser privilegiado e qual indivíduo deve ter seu direito comprimido?

Na mesma linha do critério *pro homine*, há o uso do *princípio da prevalência ou primazia da norma mais favorável ao indivíduo,* que defende a *escolha*, no caso de conflito de normas (quer nacionais ou internacionais) daquela que seja mais *benéfica* ao indivíduo. Por esse critério, não importa a origem (pode ser uma norma internacional ou nacional), mas sim o resultado: o benefício ao indivíduo. Assim, seria novamente cumprido o ideal *pro homine* das normas de direitos humanos.

Ocorre que, como visto acima, a abertura e expansão dos direitos humanos faz com que haja *vários direitos* (de titulares distintos) *em colisão*. Como escolher a "norma mais favorável ao indivíduo" em causas envolvendo direitos de titulares – indivíduos – distintos? Novamente, o critério da primazia da norma mais favorável nada esclarece, devendo o intérprete buscar apoio nos métodos de solução de conflitos de direitos. Neste ponto, cumpre anotar a posição de SARLET, que defende, nesses casos de colisão e na ausência de possibilidade de concordância prática entre as normas, a *prevalência da norma que mais promova a dignidade da pessoa humana*[9]. Todavia, o recurso à dignidade humana também não auxilia na superação dos conflitos interpretativos entre a ordem internacional e a ordem nacional, dada a indefinição do que seria a maior promoção da dignidade humana em um caso de colisão de direitos.

Proponho um giro copernicano nas discussões sobre os choques entre as normas (e interpretações) locais e internacionais de direitos, que envolve: 1) o abandono da primazia da norma mais favorável ao indivíduo; e 2) a adoção do controle de convencionalidade como o *palco contemporâneo da constatação das diferenças* entre a interpretação internacionalista e a interpretação nacionalista dos direitos.

Reitero aqui a minha definição de controle de convencionalidade, que consiste *na análise da compatibilidade dos atos internos* (comissivos ou omissivos) *em face das normas internacionais* (tratados, costumes internacionais, princípios gerais de direito, atos unilaterais, resoluções vinculantes de organizações internacionais)[10].

Analisa-se uma norma ou decisão local (que já fez a sua ponderação entre os direitos em colisão) de acordo com os parâmetros interpretativos internacionalistas.

Com o controle de convencionalidade, não há mais como contornar as diferenças de interpretação e as disparidades na solução das colisões de direitos. Em um determinado caso, o Tribunal Constitucional local faz prevalecer o direito à intimidade e, em seguida, o órgão internacional de direitos humanos determina que tal ponderação foi equivocada e faz prevalecer o direito difuso à informação. Ou vice-versa.

Há duas subcategorias: 1) o controle de convencionalidade de matriz internacional, também denominado controle de convencionalidade autêntico ou definitivo; e 2) o controle de convencionalidade de matriz nacional, também denominado *provisório* ou *preliminar*.

O controle de convencionalidade de matriz internacional é, em geral, atribuído a órgãos internacionais compostos por julgadores independentes, criados por tratados internacionais, para evitar que os próprios Estados sejam, ao mesmo tempo, *fiscais e fiscalizados*, criando a indesejável figura do *judex in causa sua*. Na seara dos direitos humanos, exercitam o controle de convencionalidade internacional os tribunais internacionais de direitos humanos (Cortes Europeia, Interamericana e Africana), os comitês onusianos, entre outros.

---

9 SARLET, Ingo W. Direitos fundamentais, reforma do Judiciário e tratados internacionais de direitos humanos. In: CLEVE, Clèmerson Merlin; SARLET, Ingo W.; PAGLIARINI, Alexandre Coutinho (orgs.). *Direitos Humanos e Democracia*. Rio de Janeiro: Forense, 2007, p. 331-360.

10 Para mais detalhes sobre o controle de convencionalidade, ver CARVALHO RAMOS, André de. *Teoria Geral dos Direitos Humanos na Ordem Internacional*. 6. ed., São Paulo: Saraiva, 2016.

Há ainda o controle de convencionalidade de matriz nacional, que vem a ser o exame de compatibilidade do ordenamento interno diante das normas internacionais incorporadas, realizado pelos *próprios juízes internos*.

No Brasil, o controle de convencionalidade nacional na seara dos direitos humanos consiste na análise da compatibilidade entre as leis (e atos normativos) e os tratados internacionais de direitos humanos, realizada pelos juízes e tribunais brasileiros, no julgamento de casos concretos, nos quais se deve deixar de aplicar os atos normativos que violem o referido tratado.

É óbvio que *nem sempre os resultados do controle de convencionalidade internacional coincidirão com os do controle nacional*. Por exemplo, um Tribunal interno pode afirmar que determinada norma legal brasileira é compatível com um tratado de direitos humanos; em seguida, um órgão internacional de direitos humanos, ao analisar a mesma situação, pode chegar à conclusão de que a referida lei *viola* o tratado.

É claro que o *controle nacional é importante*, ainda mais se a hierarquia interna dos tratados for equivalente à norma constitucional ou quiçá supraconstitucional. Para o plano internacional, esse controle nacional deverá seguir a interpretação ofertada pelo controle de convencionalidade internacional para que possamos chegar à conclusão de que os tratados de direitos humanos foram efetivamente cumpridos.

Essa é a encruzilhada dos processos internacionais de direitos humanos envolvendo o choque entre a "interpretação nacional" e "interpretação internacional" dos direitos humanos: de quem é o monopólio da última palavra?

A opção pela interpretação nacional, mesmo que tenha um ônus argumentativo maior no sentido de elencar razões para não seguir a interpretação internacionalista, asfixia o universalismo dos direitos humanos em pleno século XXI. O Brasil tenderá à denúncia dos tratados de direitos humanos já celebrados.

A interpretação internacionalista consagra o universalismo dos direitos humanos e cumpre a previsão constitucional de adoção de tratados internacionais de direitos humanos.

Para evitar, contudo, choques insolucionáveis entre a visão doméstica e a visão internacional sobre os direitos humanos, defendo o uso da *teoria do duplo controle*, já estudada acima. Pela teoria do duplo controle, evita-se a "guerra judicial" e permite-se o cumprimento interno de decisões internacionais de direitos humanos contramajoritárias.

Por fim, a adoção da teoria do duplo controle e o respeito ao controle de convencionalidade de matriz internacional não significam que há violação da soberania brasileira ou ainda que o órgão internacional de direitos humanos teria o "monopólio da última palavra". É sempre possível que os argumentos domésticos influenciem a tomada de decisão internacional. Não há rigidez ou "última palavra" na temática dos direitos humanos: há constante evolução da interpretação, que é próxima a um processo, sempre em movimento e sob influência de diversos fatores, inclusive por parte de decisões judiciais nacionais.

3 O terceiro ausente: o indivíduo autor de violações de direitos humanos nos processos internacionais não penais

A última encruzilhada do processo internacional de direitos humanos é, talvez, a mais opaca e diz respeito ao papel a ser desempenhado pelos indivíduos autores de violações de direitos humanos nos mecanismos internacionais não penais de proteção de direitos humanos.

Como visto acima, os órgãos judiciais e quase judiciais de direitos humanos não penais monitoram a atuação dos *Estados*, que assumem deveres de garantia e respeito de direitos humanos e por isso são demandados internacionalmente. Consequentemente, só o Estado pode ser réu nesses processos internacionais. Em contrapartida, existe a responsabilização internacional penal do indivíduo perante a jurisdição dos Tribunais Penais Internacionais hoje existentes. Nesse último caso, o autor das violações é processado, porém tem direito à ampla defesa e contraditório.

Já na jurisdição internacional de direitos humanos não penal, o autor imediato ou direto das violações de direitos humanos é um indivíduo, mas o Estado transforma-se em réu no plano internacional porque descumpriu seus deveres de prevenção ou repressão das violações de direitos humanos. Graças a esse mecanismo, um ato de particular ofendendo direitos de outro indivíduo é alçado à análise dos mecanismos internacionais de apuração de violação de direitos humanos realizados por *Estados*.

Assim, o Estado é chamado a defender – ou não, pode existir o reconhecimento do pedido – um ato que pode ter decisiva repercussão na esfera jurídica de um terceiro.

Esse terceiro, o autor da violação de direitos humanos impugnada perante o mecanismo internacional, é o *terceiro ausente*, pois não tem legitimidade passiva para assistir o Estado-réu na sua defesa ou para exercer o contraditório.

A situação torna-se aguda quando as instâncias internacionais não penais determinam garantias de não repetição específicas que englobam o dever do Estado de investigar, perseguir em juízo e punir os perpetradores, exigindo a superação de teses defensivas como as referentes à anistia, prescrição, irretroatividade da *lex gravior* e ausência de tipificação por lei formal.

Esse exemplo torna evidente a encruzilhada: cada vez mais os violadores de direitos humanos têm suas possíveis teses de defesa debatidas perante órgãos internacionais, nos quais somente a vítima e o Estado têm legitimidade de atuação plena. Até mesmo a participação desses violadores como *amici curiae* é problemática, pois esse instituto não serve para camuflar a participação de terceiro diretamente atingido pela sentença a ser prolatada, sem contar que o *amicus* não possui obviamente os poderes de uma parte processual.

Após a prolação da sentença internacional que tenha repelido essas teses defensivas (por exemplo, refutando o uso da lei da anistia), esses violadores não poderão mais repetir tais argumentos no plano interno, pois o Estado deve cumprir a sentença internacional e, para tanto, não poderá admitir alegações de anistia, prescrição, e outras teses *pro reo*.

Em casos que envolvem autores de violações de direitos humanos sem repercussão penal isso também ocorre. No caso *Görgülü* anteriormente estudado[11], a Corte EDH determinou à Alemanha que permitisse a visita do pai natural ao seu filho, agora adotado. Só que os pais adotivos não foram citados como litisconsortes passivos necessários da Alemanha, porque, naturalmente, somente Estados têm legitimidade passiva perante a Corte EDH.

A origem do "terceiro ausente" é a dimensão objetiva dos direitos humanos, que impõe deveres de promoção de direitos aos Estados, impedindo que fiquem inertes em face das condutas ofensivas aos direitos humanos. Ao mesmo tempo, há ainda a tendência – obsoleta e ideológica – de considerar a proteção de direitos humanos como um antagonismo entre um indivíduo contra um Estado, olvidando que, em geral, há antagonismos entre indivíduos em uma colisão de direitos. No *Caso Gomes Lund*, a defesa brasileira insinuou que a Corte IDH estaria privilegiando um dever do Estado (de investigar e punir) contra os direitos dos indivíduos que cometeram os crimes brutais da ditadura. A resposta da Corte foi óbvia: a defesa brasileira havia esquecido dos direitos das vítimas e de seus familiares, em especial o direito à verdade e à justiça[12].

Assim, chegamos a mais uma encruzilhada: na medida em que a dimensão objetiva e a força expansiva dos direitos humanos impelem os Tribunais Internacionais a apreciar casos nos quais há impactos evidentes sobre terceiros, é necessário que se esclareça qual deve ser o papel desses terceiros nesses processos internacionais. Entendo que há dois tipos distintos de influência sobre os terceiros: a influência direta e a indireta.

---

11 Ver o item 3.4.2 intitulado "Um giro copernicano: a Doutrina Sejdovic e Görgülü e o possível fim da 'satisfação equitativa' pura?" no Título III.

12 *In verbis*: "Nesse sentido, o Tribunal observa que, em sua aplicação do princípio de ponderação, o Estado omitiu toda menção aos direitos das vítimas, derivados dos artigos 8 e 25 da Convenção Americana. Com efeito, essa ponderação se faz entre as obrigações estatais de respeitar e garantir e o princípio de legalidade, mas não se incluem na análise os direitos às garantias judiciais e à proteção judicial das vítimas e seus familiares, os quais foram sacrificados da maneira mais intensa no presente caso", *in* Caso Gomes Lund e outros contra o Brasil, sentença de 24 de novembro de 2010, parágrafo 178.

Se o caso internacional analisa a situação em geral, sem tecer considerações específicas, como é o *Caso Gomes Lund,* entendo que o impacto sobre terceiro é indireto, similar ao impacto sobre terceiros, fruto de uma decisão do controle abstrato de constitucionalidade no Brasil. Nesse caso, a Corte IDH efetivamente amputou as teses defensivas dos criminosos da ditadura militar no Brasil, porém agiu de modo geral e abstrato, gerando o mesmo impacto indireto que teria uma declaração de inconstitucionalidade ou não recepção de determinada lei.

Um segundo tipo de influência é a influência direta sobre terceiros especificados, como é o caso *Görgülü,* no qual a Corte EDH atinge diretamente os direitos de terceiros identificados, sem contraditório ou ampla defesa. Nesse caso, a Corte deve ter a sensibilidade de ampliar a sujeição passiva e permitir a participação desses terceiros como intervenientes plenos no processo internacional.

CONSIDERAÇÕES FINAIS

Este livro pretendeu, modestamente, servir de auxílio para expor os mecanismos unilateral e coletivos de aferição da responsabilidade internacional do Estado por violação de direitos humanos, por meio da análise das minúcias dos sistemas da ONU, europeu e interamericano, sem contar a análise dos casos de apuração unilateral de violação de direitos humanos.

Espero ter auxiliado a *realçar* a superioridade dos mecanismos coletivos de julgamento da responsabilidade estatal, *bem como* a evidenciar *a importância* do acesso da vítima às instâncias internacionais (esclarecendo os meandros dos principais mecanismos coletivos) e ainda a *embasar juridicamente* a implementação interna de eventuais condenações internacionais ao Brasil.

O cenário geral da proteção internacional dos direitos humanos aponta para uma situação preocupante: na seara das normas primárias, uma *generosidade normativa* sem igual, que implantou uma hierarquia de normas internacionais e remodelou o conceito de consenso internacional em relação às chamadas normas imperativas de Direito Internacional. Por outro lado, este avanço normativo *não foi acompanhado* por um desenvolvimento dos mecanismos *coletivos* de aferição da responsabilidade internacional do Estado.

Logo, o *regime atual é manco*, o que enfraquece a proteção do indivíduo, pois fornece argumentos aos opositores da própria internacionalização dos direitos humanos, que vislumbram nessa ausência de consolidação de mecanismos coletivos *a confirmação de seus temores* de ser a temática de direitos humanos mero *pretexto* para a ingerência dos Estados mais fortes nos mais fracos.

Há um desafio, então, aos defensores da proteção internacional dos direitos humanos. Demonstrar que esse regime manco não terá vida longa no Direito Internacional, *evitando* assim fortalecer teses antigas de defesa da soberania nacional e combate à "ingerência" externa.

Assim, procuramos demonstrar a superioridade dos mecanismos coletivos na proteção de direitos humanos e como o Direito Internacional tende a banir os atos unilaterais.

Mas, principalmente, afirmamos que os mecanismos coletivos existentes hoje tendem a servir de refúgio aos Estados temerosos das ações unilaterais de outros Estados mais poderosos. Ao mesmo tempo, são isolados os Estados mais poderosos (como os Estados Unidos), que pregam a internacionalização dos direitos humanos, ao mesmo tempo que se *recusam* a aderir a qualquer mecanismo coletivo de aferição de sua responsabilidade internacional por violação de direitos humanos.

Esse isolamento é traduzido no próprio questionamento da aferição unilateral, já que o Estado supostamente infrator pode obter aval de suas ações perante um mecanismo coletivo neutro e imparcial. A adesão brasileira aos mecanismos coletivos de apuração de violação de direitos humanos é, então, vantajosa ao Estado e, é claro, ao indivíduo.

Assim, urge que o Brasil, sem maior delonga, adote com clareza instrumentos para implementar as mais diversas obrigações de dar, fazer e não fazer impostas pelas deliberações internacionais de direitos humanos, consolidando interpretação (nossa teoria dos dois controles) que supere os eventuais conflitos entre esses mecanismos e o Supremo Tribunal Federal.

Concluímos, então, que, com o desenvolvimento dos mecanismos *coletivos* de aferição de eventual violação de direitos humanos, ganha o indivíduo, por ter acesso a mecanismos internacionais de proteção, ganha todo e qualquer Estado, por rebater os mecanismos unilaterais, ganha o indivíduo que tem acesso a uma interpretação *contramajoritária* e ganha a sociedade internacional como um todo, por ser a proteção dos direitos humanos essencial rumo ao estabelecimento de uma sociedade humana justa, igualitária e em paz.

REFERÊNCIAS

I LIVROS, PARTICIPAÇÃO EM LIVROS E MONOGRAFIAS

ABADE, Denise Neves. *Direitos Fundamentais na Cooperação Jurídica Internacional*. São Paulo: Saraiva, 2013.

ACCIOLY, Hildebrando; NASCIMENTO E SILVA, Geraldo Eulálio e CASELLA, Paulo Borba. *Manual de Direito Internacional Público*. 20. ed. São Paulo: Saraiva, 2012.

AGO, Roberto. "Obligations *erga omnes* and the international community". In: WEILER, J., CASSESE, A. e SPINEDI, M. (eds.). *International Crimes of States – A Critical Analysis of the ILC's draft article 19 on State Responsibility*. Berlin: Walter de Gruyter, 1989, p. 237-239.

AGUIAR, Asdrúbal. *Derechos y responsabilidad internacional del Estado*. Caracas: Monte Ávila Editores Latinoamericanos, 1997.

ALMEIDA DINIZ, Arthur José. "Da necessidade da adequação da legislação interna às diretrizes atuais no domínio dos direitos humanos". In: CANÇADO TRINDADE, Antônio Augusto (org.). *A incorporação das normas internacionais de proteção dos direitos humanos no Direito Brasileiro*. Brasília/São José: IIDH, 1996, p. 273-279.

AMBOS, Kai. *Direito penal. Fins da pena, concurso de pessoas, antijuridicidade e outros aspectos*. Trad. e comentários de Pablo Rodrigo Alflen da Silva. Porto Alegre: Sergio Antonio Fabris Editor, 2006.

ASCENSIO Hervé; DECAUX, Emmanuel e PELLET, Alain (orgs.). *Droit international pénal*. Paris: Centre de Droit International de l'Université Paris X: Éditions Pédone, 2000.

BAEHR, Peter R. "The Security Council and Human Rights". In: LAWSON, Rick e BLOIS, Matthijs de (eds). *The Dynamics of the Protection of Human Rights in Europe – Essays in Honour of Henry G. Schermers*, v. III. London/Boston/Dordrecht: Martinus Nijhoff Publishers, 1994, p. 15-33.

BAILEY, Sidney. "The Security Council". In: ALSTON, Philip (ed.), *The United States and human rights*. New York: Oxford University Press, 1992.

BAPTISTA, Eduardo Correia. *Ius Cogens em Direito Internacional*. Lisboa: Lex, 1997.

BARDONNET, Daniel e CANÇADO TRINDADE, Antônio Augusto (orgs.). *Derecho Internacional y Derechos Humanos/Droit International et Droits de l'Homme*. La Haye/ San José de Costa Rica: IIDH/Académie de Droit International de La Haye, 1996.

BARRETO, Irineu Cabral. "Article 48". In: PETTITI, L.E., DECAUX, E., IMBERT, Pierre-Henri (orgs.). *La Convention Européenne des droits de l'homme, commentaire article par article*. Paris: Economica, 1995.

BASTOS, Lucia Elena Arantes Ferreira. *Anistia. O Direito Internacional e o Caso brasileiro*. Curitiba: Juruá, 2009.

BELLI, Benoni. *A politização dos direitos humanos*. São Paulo: Perspectiva, 2009.

BENHARDT, Rudolf (org.). *Encyclopedia of Public International Law*. v. 8, Amsterdam/New York: North Holland Publishing Co., 1985.

BICUDO, Hélio. *Direitos Humanos e sua proteção*. São Paulo: FTD, 1997.

BOBBIO, Norberto. "Presente y futuro de los derechos del hombre". In: *El problema de la guerra y las vías de la paz*. Barcelona: Edisa, 1982.

_____. *A Era dos direitos*. Rio de Janeiro: Campus, 1992.

BOLIVAR, Ligia. "Derechos Económicos, sociales y culturales: derribar mitos, enfrentar retos, tender puentes – una visión desde la (in)experiencia de América Latina". In: *Estudios Básicos de Derechos Humanos – V*, São José: IIDH, 1996, p. 85-136.

BOVEN, Theo van. "Facing urgent human rights cases: legal and diplomatic action". In: LAWSON, Rick e BLOIS, Matthijs de (eds.). *The Dynamics of the Protection of Human Rights in Europe – Essays in Honour of Henry G. Schermers*, v. III, London/Boston/Dordrecht: Martinus Nijhoff Publishers, 1994, p. 61-78.

BRAGA, Fernando Urioste. *Naturaleza jurídica de la protección internacional de los Derechos Humanos*. Montevideo: Fundación de Cultura Universitaria, 1992.

BROOMHALL, B. *International Justice and the International Criminal Court: between sovereignty and the rule of law*. Oxford: Oxford University Press, 2003, p. 163-184.

CALDEIRA BRANT, Leonardo Nemer. *A Corte Internacional de Justiça e a Construção do Direito Internacional*. 1. ed., Belo Horizonte: CEDIN, 2005.

CANÇADO TRINDADE, Antônio Augusto. "El sistema interamericano de protección de los derechos humanos (1948-1995): evolución, estado actual y perspectivas". In: BARDONNET, Daniel e CANÇADO TRINDADE, Antônio Augusto (orgs.). *Derecho Internacional y Derechos Humanos/Droit International et Droits de l'Homme*. La Haye/San José de Costa Rica: IIDH/Académie de Droit International de La Haye, 1996, p. 47-95.

_____. "A evolução da proteção dos direitos humanos e o papel do Brasil". In: *A proteção dos direitos humanos nos planos nacional e internacional: perspectivas brasileiras*. Brasília: Instituto Interamericano de Derechos Humanos, 1992.

_____. "A incorporação das normas internacionais de proteção dos direitos humanos no Direito Brasileiro". In: CANÇADO TRINDADE, Antônio Augusto (org.). *A incorporação das normas internacionais de proteção dos direitos humanos no Direito Brasileiro*. Brasília/São José: IIDH, 1996.

_____. "Apresentação". In: LINDGREN ALVES, J. A. *Os direitos humanos como tema global*. São Paulo: Perspectiva, 1994.

_____. "Los derechos no susceptibles de suspensión en la jurisprudencia de la Corte Internacional de Justicia". In: *Estudios Básicos de Derechos Humanos – VI*, São José: IIDH, 1996.

_____. *A proteção internacional dos direitos humanos. Fundamentos e instrumentos básicos*. São Paulo: Saraiva, 1991.

_____. *A proteção internacional dos direitos humanos e o Brasil*. Brasília: Ed. Fundação Universidade de Brasília, 1998.

_____. *O Direito Internacional em um mundo em transformação*. Rio de Janeiro: Renovar, 2002.

_____. *O esgotamento dos recursos internos*. 2. ed. Brasília: Ed. UnB, 1997.

_____. *Tratado de Direito Internacional dos Direitos Humanos*. Porto Alegre: Sérgio Antonio Fabris, 1997, v. I; v. II; v. III, 1999 e 2003.

CANOTILHO, J.J. Gomes. *Direito Constitucional*. Coimbra: Almedina, 1993.

CARRILLO SALCEDO, Juan Antonio. "Human Rights Universal Declaration". In: BENHARDT, Rudolf (org.). *Encyclopedia of Public International Law*. v. 8, Amsterdam/New York: North Holland Publishing Co, 1985, p. 303-307.

_____. *El derecho internacional en un mundo en cambio*. Madrid: Tecnos, 1985.

_____. *Soberanía de los Estados y Derechos Humanos en Derecho Internacional Contemporáneo*. Madrid: Tecnos, 1995.

CARVALHO RAMOS, André de. "A Expansão do Direito Internacional e a Constituição Brasileira: Novos Desafios". In: SAMPAIO, José Adércio Leite. (org.). *Crise e Desafios da Constituição*. Belo Horizonte: Del Rey, 2004, p. 291-320.

_____. *Curso de direito internacional privado*. São Paulo: Saraiva, 2018.

_____. "Crimes da Ditadura Militar: a ADPF n. 153 e a Corte Interamericana de Direitos Humanos". In: GOMES, Luiz Flávio e MAZZUOLI, Valério de Oliveira (orgs.). *Crimes da ditadura militar: sua análise à luz da jurisprudência interamericana*. São Paulo: Revista dos Tribunais, 2011.

_____. "Defesa do Regime Democrático e a Dissolução de Partidos Políticos". In: CLÈVE, Clèmerson Merlin; SARLET, Ingo Wolfgang; PAGLIARINI, Alexandre Coutinho (org.). *Direitos Humanos e Democracia*. Rio de Janeiro: Forense, 2007, p. 157-167.

_____. "O Diálogo das Cortes: o Supremo Tribunal Federal e a Corte Interamericana de Direitos Humanos". In: AMARAL JÚNIOR, Alberto do e JUBILUT, Liliana Lyra (orgs.). *O STF e o Direito Internacional dos Direitos Humanos*. 1. ed. São Paulo: Quartier Latin, 2009, p. 805-850.

_____. "O Estatuto do Tribunal Penal Internacional e a Constituição Brasileira". In: CHOUKR, Fauzi Hassam e AMBOS, Kai (org.). *Tribunal Penal Internacional*. São Paulo: Revista dos Tribunais, 2000.

_____. *Direitos Humanos em Juízo. Comentários aos Casos Contenciosos e Consultivos da Corte Interamericana de Direitos Humanos.* São Paulo: Max Limonad, 2001.

_____. *Direitos Humanos na Integração Econômica.* Rio de Janeiro: Renovar, 2008.

_____. *Responsabilidade Internacional por Violação de Direitos Humanos.* Rio de Janeiro: Renovar, 2004.

_____. *Teoria Geral dos Direitos Humanos na Ordem Internacional.* 7. ed. São Paulo: Saraiva, 2019.

_____. *Pluralidade das Ordens Jurídicas.* Curitiba: Juruá, 2012.

_____. *Curso de Direitos Humanos.* 9. ed. São Paulo: Saraiva, 2022.

CASELLA, Paulo Borba. *Fundamentos do direito internacional pós-moderno.* São Paulo: Quartier Latin, 2008.

CASSESE, Antonio. "Remarks on the present legal regulation of crimes of State". In: *Études en l'honneur de Roberto Ago.* v. III, Milano: Giuffrè, 1987, p. 49-64.

_____. "La communauté internationale et le genocide". In: *Le Droit International au Service de la paix, de la justice et du développement. Mélanges Michel Virally.* Paris: Éditions A. Pédone, 1991, p. 183-194.

_____. *International law in a divided world.* Cambridge: Clarendon Press, 1979.

_____. *Los derechos humanos en el mundo contemporáneo.* Trad. Atilio Melacrino e Bianca Madariaga. Barcelona: Ariel, 1993.

COHEN-JONATHAN, Gérard. *La Convention Européenne des Droits de l'Homme.* Paris: Economica, 1989.

_____. "Responsabilité pour atteinte aux droits de l'homme". Société Française pour le Droit International (org.). Colloque du Mans, *La Responsabilité dans le Système International.* Paris: Éditions A. Pédone, 1991, p. 101-119.

COMBACAU, Jean e SUR, Serge. *Droit International Public.* 2. ed. Paris: Montchrestien, 1995.

COMPARATO, Fábio Konder. *A afirmação histórica dos direitos humanos.* 7. ed. São Paulo: Saraiva, 2010.

CONDORELLI, Luigi. "Des Lendemains qui Chantent pour la Justice Internationale?". In: *Le Droit International au Service de la Paix, de la Justice et du Développement. Mélanges Michel Virally.* Paris: Éditions A. Pédone, 1991.

CRAWFORD, James. *The international law Comission's Articles on State Responsibility.* Cambridge: Cambridge University Press, 2002.

DELMAS-MARTY, Mireille. *Le pluralisme ordonné.* Paris: Seuil, 2004.

DIAS, José Procópio da Silva de Souza. "Crime de Genocídio". In: JUNQUEIRA, Gustavo Octaviano Diniz (org.). *Legislação Penal Especial.* v. 2. São Paulo: Premier Maxima, 2008.

DIEZ de VELASCO, Manuel. *Instituciones de Derecho Internacional Público*. 11. ed. Madrid: Tecnos, 1997.

DIMITRI, Dimoulis. "Vida (Direito à)". In: DIMOULIS, Dimitri; TAVARES, André Ramos; BERCOVICI, Gilberto; SILVA, Guilherme Amorin Campos; FRANCISCO, José Carlos; ANJOS FILHO, Robério Nunes; ROTHENBURG, Walter Claudius (orgs.). *Dicionário Brasileiro de Direito Constitucional*. 1. ed. São Paulo: Saraiva, 2007. v. 1, p. 397-399.

_____. O art. 5º, § 4º, da CF/88: dois retrocessos políticos e um fracasso normativo. In: TAVARES, André Ramos; LENZA, Pedro; ALARCÓN, Pietro de Jesús Lora (orgs.). *Reforma do judiciário:* analisada e comentada. São Paulo: Método, 2005, p. 107-119.

DINSTEIM, Yoram. *International Law at a time of perplexity*. Dordrecht: Kluwer Academic Publishers, 1989.

DRZEMCZEWSKI, Andrew Z. *European Human Rights Convention in domestic law. A comparative study*. 2. ed., Oxford: Clarendon Press, 1996.

DUNSHEE DE ABRANCHES, C. A. *Proteção internacional dos Direitos Humanos*. Rio de Janeiro: Livraria Freitas Bastos, 1964.

DURAN, Carlos Villan. *Curso de Derecho Internacional de los Derechos Humanos*. Estrasburgo: Institut International des Droits de l'Homme, 1997.

DWORKIN, Ronald. *O domínio da vida. Aborto, eutanásia e liberdades individuais*. São Paulo: Martins Fontes, 2003.

FARER, Tom. J. "Inter-american Commission on Human Rights". In: BERNHARDT, Rudolf (org.) *Encyclopedia of Public International Law* – v. 8. Amsterdam/New York: North Holland Publishing Co., 1985, p. 321-324.

FÁVERO, Eugênia Augusta Gonzaga; WEICHERT, Marlon Alberto. "A responsabilidade por crimes contra a humanidade cometidos durante a ditadura militar". In: SOUZA NETO, Cláudio Pereira; SARMENTO, Daniel; BINENBOJM, Gustavo (coord.). *Vinte Anos da Constituição Federal de 1988*. Rio de Janeiro: Lumen Juris, 2009, p. 511-568.

FRIEDRICH, Tatyana Scheila. *As normas imperativas de Direito Internacional Público – Jus Cogens*. Belo Horizonte: Ed. Fórum, 2004.

FROWEIN, J. *"Jus Cogens"*. In: BERNHARDT, R. (ed.). *Enclyclopedia of Public International Law*. v. 7. Amsterdam/New York: North Holland Publishing Co., 1984, p. 327-330.

FROWEIN, Jochen A. "European Convention of Human Rights". In: BERNHARDT, Rudolf (org.). *Encyclopedia of Public International Law* – v. 8. Amsterdam/New York: North Holland Publishing Co., 1985, p. 185-192.

GAJA, G. "Obligations *erga omnes*. International crimes and *jus cogens*: a tentative analysis of three related concepts". In: WEILER, J., CASSESE, A. and

SPINEDI, M. (eds.). *International Crimes of States – A Critical Analysis of the ILC's draft article 19 on State Responsibility*. Berlin: Walter de Gruyter, 1989, p. 151-160.

GANSHOF VAN DER MEERSCH, W.J. "European Court of Human Rights". In: BENHARDT, Rudolf (org.). *Encyclopedia of Public International Law* – v. 8. Amsterdam/New York: North Holland Publishing Co., 1985, p. 193-207.

GARCIA, Márcio Pereira Pinto. "A Corte Internacional de Justiça". In: ORDEM DOS ADVOGADOS DO BRASIL (ed.). *Advogado: Desafios e Perspectivas no Contexto das relações internacionais*. Brasília: Conselho Federal da OAB, 1997. p. 89-105

GARCÍA ROCA, Javier; FERNÁNDEZ SÁNCHEZ, Pablo A. (orgs.). *Integración europea a través de derechos fundamentales: de un sistema binario a otro integrado*. Madrid: Centro de Estudios Políticos y Constitucionales, 2009.

_____; SANTOLAYA, Pablo (coords.). *La Europa de los Derechos. El Convenio Europeo de Derechos Humanos*. Madrid: Centro de Estudios Políticos y Constitucionales, 2005.

GIORGIANNI, Michele. *La Obligación*. Barcelona: Bosch, 1958.

GORDILLO, Augustín. *Princípios Gerais de Direito Público*. Trad. Marco Aurélio Grecco. São Paulo: Revista dos Tribunais, 1977.

GOUNELLE, M. "Quelques remarques sur la notion de 'crime international' et sur l'évolution de la responsabilité internationale de l'état". In: *Le droit international: unité et diversité, Mélanges Paul Reuter*. Paris: Pédone, 1981, p. 315-326.

GOWLLAND-DEBBAS, Vera. *Collective Responses to illegal acts in international law, United Nations action in the question of Southern Rhodesia*. Dordrecht: Martinus Nijhoff, 1990.

GRECO FILHO, Vicente. *Homologação de Sentença Estrangeira*. São Paulo: Saraiva, 1978.

GROS ESPIEL, Hector. "Self-determination and *jus cogens*". In: CASSESE, A. (ed.). *UN Law and Fundamental Rights – two topics in International Law*. Alphen aan den Rijn: Sijthoff, 1979, p. 167-173.

GUERRA FILHO, Willis Santiago. Direitos fundamentais, processo e princípio da proporcionalidade. *Dos direitos humanos aos direitos fundamentais*. Porto Alegre: Livraria do Advogado, 1997.

GUILLAUME, Gilbert. *Les grandes crises internationales et le droit*. Paris: Editions du Seuil, 1994.

HÄBERLE, Peter. *La libertà fondamentali nello stato costituzionale*. Trad. Alessandro Fusillo e Romolo W. Rossi. Roma: La Nuova Italia Scientifica, 1996.

HATTENHAUER, Hans. *Conceptos Fundamentales del Derecho Civil*. Barcelona: Ariel, 1987.

HENKIN, Louis. *How nations behave*. New York: Colombia University Press, 1979.

HENKIN, Louis et al. *International Law – Cases and Materials*. 3. ed. St. Paul: West Publishing Co., 1993.

HERZ, Mônica. "Carta da OEA (1948)". In: MAGNOLI, Demétrio. *A história da paz*. São Paulo: Contexto, 2008, p. 331-353.

HEYNS, Christof e KILLANDER, Magnus. "The African Regional Human Rights System". In: GÓMEZ ISA, Felipe e FEYER, Koen de (eds.). *International Protection of Human Rights: Achievements and Challenges*. Bilbao: University of Deusto, 2006, p. 509-543.

HIRSCH, Andrew von. *Past or future crimes*. New Brunswick/New Jersey: Rutgers University Press, 1987.

HOOGH, André de. *Obligations Erga Omnes and International Crimes*. The Hague/London/Boston: Kluwer Law International, 1996.

HUCK, Hermes Marcelo. *Da guerra justa à guerra econômica*. São Paulo: Saraiva, 1997.

KARTASHKIN, V. "Les pays socialistes et les droits de l'homme". In: *Les dimensions internationales des droits de l'homme*. Paris: Unesco, 1978, p. 680-701.

KELSEN, Hans. *The law of the United Nations*. Londres: Stevens, 1950.

KILLANDER, Magnus. "African Human Rights Law in Theory and Practice". In: JOSEPH, Sarah e Mcbeth, Adam (eds.). *Research Handbook on International Human Rights Law*. Cheltenham, UK: Edward Elgar, 2010, p. 388-413.

KRUGER, Hans C.; NORGAARD, Carl A. "Article 28". In: PETTITI, L.E., DECAUX, E., IMBERT, Pierre-Henri (orgs.). *La convention européenne des droits de l'homme*. Paris: Economica, 1995, p. 661-679.

LAFER, Celso. "Declaração Universal dos Direitos Humanos". In: MAGNOLI, Demétrio. *A história da paz*. São Paulo: Contexto, 2008, p. 297-329.

_____. "Prefácio". In: LINDGREN ALVES, J. A. *Os direitos humanos como tema global*. São Paulo: Perspectiva, 1994.

_____. *A internacionalização dos direitos humanos*. São Paulo: Manole, 2005.

_____. *A reconstrução dos direitos humanos: um diálogo com o pensamento de Hannah Arendt*. São Paulo: Companhia das Letras, 1988.

_____. *Comércio, Desarmamento, Direitos Humanos. Reflexões sobre uma experiência diplomática*. São Paulo: Paz e Terra, 1999.

_____. *Ensaios Liberais*. São Paulo: Siciliano, 1991.

_____; FONSECA JUNIOR, Gelson. "Questões para a diplomacia no contexto internacional das polaridades indefinida". In: FONSECA JR., Gelson e CASTRO, Sérgio Henrique Nabuco (orgs.). *Temas de política externa brasileira II*. v. I. Brasília: Fundação Alexandre de Gusmão/Ed. Paz e Terra, 1994, p. 49-77.

LAUTERPACHT, Hersch. *International Law and Human Rights*. London: Stevens, 1950.

_____. *The development of International Law by the International Court*, London: Stevens, 1958.

LEMKIN, Raphael. *Axis Rule in Occupied Europe: Laws of Occupation – Analysis of Government – Proposals for Redress*. Washington: Carnegie Endowment for International Peace, 1944.

LEWANDOWSKI, Enrique Ricardo. *Proteção internacional dos direitos humanos na ordem interna e internacional*. Rio de Janeiro: Forense, 1984.

LIMA, Raquel da Cruz. *O Direito Penal dos Direitos Humanos*. Belo Horizonte: CEI, 2018.

LINDGREN ALVES, José Augusto. *Os direitos humanos como tema global*. São Paulo: Perspectiva, 1994.

_____. "O sistema de proteção das Nações Unidas aos direitos humanos e as dificuldades brasileiras". In: CANÇADO TRINDADE, Antônio Augusto (org.). *A incorporação das normas internacionais de proteção dos direitos humanos no Direito Brasileiro*. Brasília/São José: IIDH, 1996, p. 237-247.

_____. *Relações internacionais e temas sociais* – A década das conferências. Brasília: IBRI, 2001.

LUMIA, Giuseppe. *Principios de Teoría e Ideología del Derecho*. Madrid: Ed. Debate, 1993.

MAGNOLI, Demétrio. *A história da paz*. São Paulo: Contexto, 2008.

MARKS, Stephen P. "Human Rights – Activities of Universal Organisations". In: BERNHARDT, Rudolf (org.). *Encyclopedia of Public International Law* – v. 8. Amsterdam/New York: North Holland Publishing Co., 1985, p. 274-284.

MARTINS, Leonardo (org.). *Cinquenta anos de jurisprudência do Tribunal Constitucional Federal alemão*. Montevidéu: Konrad Adenauer Stiftung, 2005.

MAZZUOLI, Valerio de Oliveira. *Curso de Direito Internacional Público*. 5. ed. rev., atual. e ampl. São Paulo: Revista dos Tribunais, 2011.

MENDES, Gilmar Ferreira; COELHO, Inocêncio Mártires e BRANCO, Paulo Gustavo Gonet. *Hermenêutica constitucional e direitos fundamentais*. Brasília: Brasília Jurídica, 2000.

MERON, Theodor. *Human Rights and humanitarian norms as customary law*. Oxford: Oxford University Press, 1989.

MIRANDA, Jorge. *Manual de Direito Constitucional*. 2. ed., Coimbra: Coimbra, 1993. v. IV.

MOHR, M. "The ILC's distinction between 'international crimes' and international delicts' and its implications". In: SIMMA, Bruno e SPINEDI, M. (eds.), *United States Codification of State Responsibility*. New York: Oceana Publications, 1987, p. 115-141.

NGUYEN, Quoc Dinh; DAILLER, Patrick; PELLET, Alain. *Droit International Public*. 5. ed. Paris: LGDJ, 1994.

NIKKEN, Pedro. *En defensa de la persona humana*. Caracas: Editorial Jurídica Venezuelana, 1988.

NORGAARD, Carl Aage. "European Commission of Human Rights". In: BERNHARDT, Rudolf (org.). *Encyclopedia of Public International Law* – v. 8. Amsterdam/New York: North Holland Publishing Co., 1985, p. 178-184.

OESTREICH, Gerhard e SOMMERMANN, Karl-Peter. *Pasado y Presente de los Derechos Humanos.* Trad. Emilio Mikunda. Madrid: Tecnos, 1990.

ORDEM DOS ADVOGADOS DO BRASIL (edit), *Advogado: Desafios e Perspectivas no Contexto das relações internacionais.* Brasília: Conselho Federal da OAB, 1997, p. 89-105.

OUGUERGOUZ, Fatsah. *The African Charter on Human and Peoples' Rights: A Comprehensive Agenda for Human Rights.* Martinus Nijhoff: The Hague, 2003.

PARTSCH, Karl J. "Individuals in international law". In: BERNHARDT, Rudolf (org.). *Encyclopedia of Public International Law* – v. 8, Amsterdam/New York: North Holland Publishing Co., 1985, p. 316-321.

PASTOR RIDRUEJO, José Antonio. "La Convención Europea de los Derechos del Hombre y el 'jus cogens' internacional". In: *Estudios de Derecho Internacional. Homenaje al Profesor Miaja de la Muela.* Madrid: Tecnos, 1979, p. 581-590.

PELLET, Alain; COT, J.P. *La Charte des Nations Unies.* Paris: Economica, 1985.

PINHEIRO, Paulo Sérgio. "O controle da violência do Estado e a incorporação das normas internacionais de direitos humanos: o caso brasileiro" In: CANÇADO TRINDADE, Antônio Augusto (org.). *A incorporação das normas internacionais de proteção dos direitos humanos no Direito Brasileiro.* Brasília/São José: IIDH, 1996.

PIOVESAN, Flávia. *Direitos Humanos e Justiça Internacional.* 2. ed. ampl. São Paulo: Saraiva, 2011.

POSSE, Hortensia D. T. Gutierrez. "Influencia de la actividad de la Comisión Interamericana y de la Corte Interamericana de derechos humanos en la evolución de la jurisprudencia y del derecho positivo argentino". In: *Hector Gros Espiell Amicorum Liber.* Bruxelles: Bruylant, 1997, p. 483-515.

QUERALT JIMÉNEZ, Argelia. *El Tribunal de Estrasburgo: una jurisdicción internacional para la protección de los derechos fundamentales.* Barcelona: Tirant lo Blanch, 2003.

REMIRO-BROTONS, Antonio. *Derecho Internacional Público. Principios Fundamentales.* Madrid: Tecnos, 1982.

RESCIA, Victor Manuel Rodrigues. *La ejecución de sentencias de la Corte interamericana de derechos humanos.* San José: Editorial Investigaciones Jurídicas, 1997.

REUTER, Paul. *Droit International Public.* 6. ed. Paris: PUF, 1983.

REY MARTINEZ, Fernando. "La protección jurídica de la vida: un derecho en transformación y expansión". In: GARCÍA ROCA, Javier e SANTOLAYA, Pablo (coords.). *La Europa de los Derechos. El Convenio Europeo de Derechos Humanos.* Madrid: Centro de Estudios Políticos y Constitucionales, 2005, p. 67-95.

REZEK, Francisco. *Direito Internacional Público – Curso Elementar.* 5. ed., São Paulo: Saraiva, 1995.

RIBEIRO COSTA, Álvaro Augusto. "Dificuldades internas para a aplicação das normas internacionais de proteção aos direitos humanos no Brasil". In: CANÇADO TRINDADE, Antônio Augusto (org.). *A incorporação das normas internacionais de proteção dos direitos humanos no Direito Brasileiro.* Brasília/São José: IIDH, 1996. p. 175-190.

RIGAUX, François. "Le crime d'État. Réflexions sur l'article 19 du projet d'articles sur la responsabilité des états". In: *Le droit international a l'heure de sa codification, Études en honneur de Roberto Ago.* v. III. Milano: Giuffrè, 1987, p. 301-325.

RIGHTER, Rosemary. *The United Nations and World Order. Utopia Lost.* New York: Twentieth Century Fund Press, 1995.

ROBERTSON, A.H. e MERRILLS, J.G. *Human Rigts in Europe.* Manchester: Manchester United Press, 1993.

ROTH-ARRIAZA, Naomi (ed.). *Impunity and human rights in international law and practice.* Oxford: Oxford University Press, 1995.

RUIZ MIGUEL, Carlos. *La ejecución de las sentencias del Tribunal Europeo de Derechos Humanos.* Madrid: Tecnos, 1997.

SAHOVIC, M. "Le concept du crime international de l'état et le developpement du droit international". In: *Le droit international a l'heure de sa codification, Etudes en honneur de Roberto Ago.* v. III, Milano: Giuffrè, 1987, p. 363-369.

SALIBA, Aziz Tuffi. *Conselho de Segurança da ONU – Sanções e Limites Jurídicos.* Curitiba: Juruá, 2008.

SALVIOLI, Fabián Omar. "Los desafíos del sistema interamericano de protección de los derechos humanos". In: CRUZ, Rodolfo C. (ed.). *Estudios de Derechos Humanos*, t. 5. San José: Ed. Inst. Interamericano de Derechos Humanos, 1996, p. 227-265.

SANTOS, Roberto Lima. *Crimes da Ditadura Militar. Responsabilidade Internacional do Estado Brasileiro por Violação aos Direitos Humanos.* Porto Alegre: Núria Fabris Editora, 2010.

SARMENTO, Daniel. "A dimensão objetiva dos direitos fundamentais: fragmentos de uma teoria". In: MELLO, Celso D. de Albuquerque e TORRES, Ricardo Lobo (coords.). *Arquivos de direitos humanos n. 4.* Rio de Janeiro: Renovar, 2002, p. 63-102.

SAULLE, M. "*Jus Cogens* and human rights". In: *Études en l'honneur de Roberto Ago*, v. II, Milano: Giuffrè, 1987, p. 385-396.

SCHACHTER, Oscar. *International law in theory and practice.* Dordrecht: Martinus Nijhoff Publishers, 1991.

SCHMIDT, Markus G. "Treaty-based human rights complaints procedures in the UN- remedy or mirage for victims of humans rights violations?". In: *Human Rigths/Droits de l'homme*. Alto Comissariado de Direitos Humanos da Organização das Nações Unidas, n. 2, 1998, p. 13-18.

SCHWEBEL, Stephen M. "Human Rights in the World Court". In: PATHAK, R.S. e DHOKALIA, R.P. (eds.). *Essays in Memory of Judge Nagendra Singht*. Dordrecht: Martin Nijhoff Publishers, 1992, p. 269-290.

SCIOTTI, Claudia. *La concurrence des traités relatifs aux droits de l'homme devant le juge national*. Bruxelles: Bruylant, 1997.

SHANY, Yuval. *The competing jurisdictions of International Courts and Tribunals*. Oxford: Oxford University Press, 2003.

SHAW, Malcom N. *International Law*. 3. ed. Cambrigde: Grotius Publications, 1991.

SIMMA, Bruno (ed.). *The Charter of the United Nations, a commentary*. Oxford: Oxford University Press, 1994.

_____. "Bilateralism and community interest in the law of State Responsibility". In: DINSTEIM, Yoram. *International Law at a time of perplexity*. Dordrecht: Kluwer Academic Publishers, 1989, p. 821-844.

_____. e SPINEDI, M. (eds.). *United States Codification of State Responsibility*. New York: Oceana Publications, 1987.

SOARES, Guido Fernando Silva. *Curso de Direito Internacional Público – volume I*. São Paulo: Ed. Atlas.

SOUZA, Artur de Brito Gueiros. *As novas tendências do Direito Extradicional*. Rio de Janeiro: Renovar, 1998.

SOUZA NETO, Cláudio Pereira; SARMENTO, Daniel; BINENBOJM, Gustavo (coord.). *Vinte Anos da Constituição Federal de 1988*. Rio de Janeiro: Lumen Juris, 2009.

STEINER, Henry J.; ALSTON, Philip. *International Human Rights in context*. Oxford: Clarendon Press, 1996.

SUDRE, Fréderic. *Droit International et européen des droits de l'homme*. 2. ed. Paris: Presses Universitaires de France, 1995.

TANZI, Attila. "Is damage a distinct condition for the existence of an internationally wrongful act?". In: SIMMA, Bruno e SPINEDI, Marina (eds.). *United Nations Codifications of State Responsibility*. New York/London/Rome: Oceana Publications Inc., 1987.

TRUYOL Y SERRA, Antonio. *Los Derechos Humanos*. Madrid: Tecnos, 1994.

VASAK, Karel (ed.). *The international dimension of human rights*. v. I e II. Paris: Unesco, 1982.

_____. *La Commission Interaméricaine des droits de l'homme,* Paris: Pédone, 1968.

VIEIRA DE ANDRADE, José Carlos. *Os direitos fundamentais na Constituição portuguesa de 1976.* Coimbra: Almedina, 1983.

VILHENA, Oscar Vieira. *Direitos humanos:* normativa internacional. São Paulo: Max Limonad, 2001.

VISSCHER, Charles de. *Théories et réalités en Droit International Public.* 2. ed. Paris: Pédone, 1953.

WEILER, J., CASSESE, A. and SPINEDI, M. (eds.). *International Crimes of States – A Critical Analysis of the ILC's draft article 19 on State Responsibility.* Berlin: Walter de Gruyter, 1989.

WHITE, N. D. *The United Nations and the maintenance of international peace and security.* Manchester: University Press, 1990.

WILDHABER, Luzius. "Pilot Judgments in Cases of Structural or Systemic Problems on the National Level". In: WOLFRUM, Rudiger e DEUTSCH, Ulrike (eds.). *The European Court of Human Rights Overwhelmed by Applications: Problems and Possible Solutions.* Berlin: Springer Verlag, 2009, p. 69-75.

ZANGHI, Claudio. "Evolución e innovación en los efectos de las sentencias del Tribunal Europeo de los Derechos Humanos". In: ROCA, Javier García e FERNÁNDEZ SÁNCHEZ, Pablo A. (orgs.). *Integración europea a través de derechos fundamentales: de un sistema binario a otro integrado.* Madrid: Centro de Estudios Políticos y Constitucionales, 2009, p. 199-228.

II ARTIGOS

ACOSTA ESTÉVEZ, José B. "Normas de *ius cogens*, efecto *erga omnes*, crimen internacional y la teoría de los círculos concéntricos". *Anuario de Derecho Internacional* n. 11, 1995, p. 3-22.

AKANDE, Dapo. "The International Court of Justice and the Security Council: is there room for judicial control of decisions of the political organs of the United Nations?". 46 *International and Comparative Law Quarterly* (1997), p. 309-343.

ALSTON, Philip. "Reconceiving the UN Human Rights Regime: Challenges Confronting the New UN Human Rights Council". *Melbourne Journal of International Law*, v. 7, Issue 1 (2006), p. 185-224.

_____. "The Security Council and human rights: lessons to be learned from the Iraq-Kuwait crisis and its aftermath". 12 *Australian Yearbook of International Law* (1992), p. 107-176.

AMARAL SANTOS, Aricê Moacyr. "Em que medida os direitos humanos podem legitimar uma ordem jurídica?". 1 *Revista da Faculdade de Direito das Faculdades Metropolitanas Unidas*, (1986), p. 277-285.

ANNACKER, Claudia. "The legal régime of erga omnes obligations in International Law". 46 *Austrian Journal of Public and International Law* (1994), p. 131-165.

ARAGÃO, Eugênio José Guilherme de. "A Declaração Universal dos Direitos Humanos: Mera declaração de propósitos ou norma vinculante de direito internacional?", mimeo em poder do Autor.

_____. "A Incorporação ao Direito Interno de Instrumentos Jurídicos de Direito Internacional Humanitário e Direito Internacional dos Direitos Humanos". *Revista CEJ*, n. 11, p. 27-30, Brasília: CJF, 2000.

_____. "Crimes contra a humanidade: sistema internacional de repressão". *Revista do Tribunal Superior do Trabalho*, Brasília, v. 75, n. 1, jan./mar. 2009, p. 82-93.

ARANGIO-RUIZ, G. "L'individuo e il diritto internazionale. 54 *Rivista di Diritto Internazionale* (1954), p. 561-608.

BARTHOLOMEUSZ, Lance. "The *amicus curiae* before International Courts and Tribunals". *Non-State Actors and International Law*, n. 5, 2005, p. 209-286.

BASSIOUNI, M. Cherif. Combating Impunity for International Crimes. 71 *University of Colorado Law Review*. Boulder: University of Colorado (2000).

BIRKHÄUSER, Noah. "Sanctions of the Security Council Against Individuals – Some Human Rights Problems". European Society of International Law (ESIL) Research Forum on International Law: Contemporary Issues, Graduate Institute of International Studies (HEI), Conference, 2005. Disponível em: <http://www.statewatch.org/terrorlists/docs/Birkhauser.PDF>. Acesso em: 11 fev. 2011.

BOVEN, Theo C. van. "The Security Council: the new frontier". 48 *International Court of Justice Review* (1992).

_____. "General Course on Human Rights". *Collected Courses of the Academy of European Law*. v. IV, Book 2, Netherlands: Kluwer Law International, 1995, p. 1-90.

BUYSE, Antoine. "Lost and Regained?. Restitution as a Remedy for Human Rights Violations in the Context of International Law". *Zeitschrift fur ausländisches öffentliches Recht und Völkerrecht*, v. 1 (2008), p. 129-153.

CANÇADO TRINDADE, Antônio Augusto. "The consolidation of the procedural capacity of individuals in the evolution of the internacional protection of human rights: present state and perspectives at the turn of the century". 30 *Columbia Human Rights Law Review* (1998), n. 1, p. 1-27.

_____. "Co-existence and Co-ordination of mechanisms of international protection of human rights (at global and regional levels)". 202 *Recueil des Cours de l'Académie de Droit International de La Haye* (1987), p. 9-445.

_____. "Exhaustion of local remedies in international law experiments granting procedurals status to individuals in the first half of the twentieht century". 24 *Netherlands International Law Review* (1977), p. 373-375.

_____. "International Law for Humankind: Towards a New Jus Gentium – General Course on Public International Law". 316 *Recueil des Cours de l'Académie de Droit International de La Haye*, (2005).

_____. "Memória da Conferência Mundial de Direitos Humanos (Viena, 1993)". 80 *Revista Brasileira de Estudos Políticos*, 1995.

CARLIER, Jean-Yves. "La garantie des droits fondamentaux en Europe: pour le respect des compétences concurrentes de Luxembourg et de Strasbourg". 13.1 *Revue québécoise de droit international* (2000), p. 37-61.

CARVALHO RAMOS, André de. O Caso Pinochet: passado, presente e futuro da persecução criminal internacional. *Revista Brasileira de Ciências Criminais*, v. 25, São Paulo: Revista dos Tribunais, 1999.

_____. "Análise Crítica dos casos brasileiros Damião Ximenes Lopes e Gilson Nogueira de Carvalho na Corte Interamericana de Direitos Humanos". In: BRAND, Leonardo Nemer Caldeia (org.). *II Anuário Brasileiro de Direito Internacional*, 2007, p. 10-31.

_____. "Mandados de criminalização no Direito Internacional dos Direitos Humanos: novos paradigmas da proteção das vítimas de violações de Direitos Humanos". *Revista Brasileira de Ciências Criminais*, v. 62, 2006, p. 9-55.

_____. "O Brasil no banco dos réus: dez anos do reconhecimento da jurisdição obrigatória da corte interamericana de direitos humanos". *Boletim IBCCRIM*, v. 16, 2008, p. 11-12.

_____. "Responsabilidade Internacional do Estado por Violação de Direitos Humanos". *Revista CEJ* (Brasília), Brasília, n. 29, abr./jun. 2005, p. 53-63.

CASSIN, René. "La Déclaration universelle et la mise en oeuvre des droits de l'homme". 79 *Recueil des Cours de l'Académie de Droit International de La Haye* (1951), p. 237-367.

CAVARÉ, Louis. "Les sanctions dans la cadre de l'ONU". 110 *Recueil des Cours de l'Académie de Droit International de La Haye* (1963), p. 191-291.

CEBADA ROMERO, Alicia. "Los conceptos de obligación *erga omnes, ius cogens* y violación grave a luz del nuevo proyecto de la CDI sobre responsabilidad de los Estados por hechos ilícitos". In: *Revista Electrónica de Estudios Internacionales*, n. 4/2002. Disponível em: <http://www.reei.org/reei4/Cebada.PDF>. Acesso em: 10 fev. 2011.

CERNA, Christina M. "The inter-american system for the protection of human rights", 95 *American Society of International Law Proceedings* (2001), p. 75-79.

CHARLESWORTH, H. e CHINKIN, C. "The Gender of *Jus Cogens*". 15 *Human Rights Quarterly* (1993), p. 63-76.

CHARNEY, Jonathan. "The impact n the international legal system of the growth of international courts and tribunals". 31 *New York University Journal of International Law and Politics* (1999), p. 697-708.

CHARPENTIER, Jean. "Le contrôle par les organisations internationales de l'exécution des obligations des États". 153 *Recueil des Cours de l'Académie de Droit International de La Haye* (1983), p. 151-242.

DJIK, Pieter van. "Normative force and effectiveness of International norms". 30 *German Yearbook of International Law* (1987), p. 9-51.

DRZEMCZEWSKI, Andrew. "A Major Overhaul of the European Human Rights Convention Control Mechanism: Protocol n. 11". *Collected Courses of the Academy of European Law*, v. VI, Book 2, Netherlands: Kluwer Law International, 1997, p. 121-244.

DUPUY, Pierre-Marie. "The danger of fragmentation or unification of the international legal system and the International Court of Justice". 31 *New York University Journal of International Law and Politics* (1999), p. 791-807.

FARIA, José Eduardo. "Os direitos humanos e o dilema latino-americano às vésperas do século XXI". *Novos Estudos – Cebrap*, n. 38, 1994.

FEINBERG, N. "La pétition en droit international". *Recueil des Cours de l'Académie de Droit International de La Haye* (1932), p. 625-644.

FIX-ZAMUDIO, Hector. "El derecho internacional de los derechos humanos en las Constituciones Latinoamericanas y en la Corte Interamericana de Derechos Humanos". 25 *Boletin Mexicano de Derecho Comparado* (1992), p. 749-784.

FLYNN, E.J. "The Security Council's Counter-Terrorism Committee and Human Rights". *Human Rights Law Review*, n. 2, 2007, p. 371-384.

GAJA, G. "Réflexions sur le rôle du Conseil de Sécurité dans le nouvel ordre mondial". 97 *Revue Générale de Droit International Public* (1993), p. 297-320.

GIARDINA, Andrea. "La mise en oeuvre au niveau national des arrêts et des décisions internationaux". 165 *Recueil des Cours de l'Académie de Droit International de La Haye* (1979), p. 242-352.

GILBERT, G. "The criminal responsibility of States". 39 *The International and Comparative Law Quarterly* (1990), p. 345-369.

GILL, T. D. "Limitations on UN enforcement powers". XXVI *Netherlands Yearbook of International Law* (1995), p. 33-138.

GOMES ROBLEDO, Alonso. "Le *jus cogens* international: sa genèse, sa nature, ses fonctions". 172 *Recueil des Cours de l'Académie de Droit international de La Haye* (1981), p. 9-217.

GOWLLAND-DEBBAS, Vera. "Security Council enforcement action and issues of state responsibility". 43 *International and Comparative Law Quarterly* (1994), p. 55-98.

GROS ESPIELL, Hector. "La Convention américaine et la convention européenne des droits de l'homme – analyse comparative". 218 *Recueil des Cours de l'Académie de Droit International de La Haye* (1989), p. 167-411.

GUTIÉRREZ ESPADA, C. "La Corte Penal Internacional y las Naciones Unidas. La discutida posición del Consejo de Seguridad". *Anuario de Derecho Internacional*, v. XVIII, 2002, p. 3-63.

HOOGH, André de. "The Relationship between *Jus Cogens*, Obligations *Erga Omnes* and International Crimes: Peremptory Norms in Perspective". 42 *Austrian Journal of Public and International Law* (1991), p. 183-214.

ICEHURST, Rupert. "The Martens Clause and the Laws of Armed Conflict". *International Review of the Red Cross*, n. 125, 1997, p. 125-134.

JACOBS, Francis G. "Judicial Dialogues and Cross-Fertilization of Legal Systems: the European Court of Justice". 38 *Texas International Law Journal* (2003), p. 547-566.

JIMÉNEZ DE ARÉCHAGA, Eduardo. "La Convención Interamericana de Derechos Humanos como Derecho Interno". 7 *Revista del Instituto Interamericano de Direitos Humanos* (1988).

KNOWLES, Julian B. "The Lockerbie judgments: a short analysis". 36 *Case Western Reserve Journal of International Law* (2004), n. 2-3, p. 473-485.

KUMM, Mattias. "Who is the final arbiter of constitutionality in Europe? Three conceptions of the relationship between the German Federal Constitutional Court and the European Court of Justice". 36 *Common Market Law Review* (1999), p. 351-386.

LE BOUTHILLIER, Yves e ROUGET, Didier. "La procédure de rapports périodiques en application des traités relatifs aux droits de la personne: l'après Conference de Vienne". *Annuaire Canadien de Droit International* (1994), p. 173-217.

LEUPRECHT, Peter. "General Course on human rights in the new Europe". *Collected Courses of the Academy of European Law*, 1994, v. V, Book 2, Netherlands: Kluwer Law International, 1997.

LEVIN, Ayelet. "The reporting cycle to the United Nations Human Rights Treaty Bodies: creating a dialogue between the state and civil society – the Israeli case study", *in George Washington International Law Review*, v. 48, 2016, p. 315-376.

LILLICH, Richard B. "Damages for Gross Violations of International Human Rights Awarded by US Courts". 15 *Human Rights Quartely* (1993), p. 209-299.

LLORET, Jaume Ferrer. "Responsabilidad International por violación grave y masiva de los derechos humanos: práctica española". XLVII *Revista Española de Derecho Internacional* (1995), p. 71-100.

LOPES, José Reinaldo de Lima. Direitos humanos e tratamento igualitário: questões de impunidade, dignidade e liberdade. *Revista Brasileira de Ciências Sociais*, São Paulo: Associação Nacional de Pós-Graduação e Pesquisa em Ciências Sociais, v. 15, n. 42, fev. 2000, p. 77-100.

MATSCHER, Franz. "Quarante ans d'activités de la Cour européenne des droits de l'homme". 270 *Recueil des Cours de l'Academie de Droit International de La Haye*, (1997), p. 237-398.

MERON, Theodor. "On a hierarchy of international human rights". 80 *American Journal of International Law* (1986), p. 1-23.

MILANOVID, Marko. "The Human Rights Committee's Views in Sayadi v. Belgium: A Missed Opportunity". *Goettingen Journal of International Law*, n. 1, mar. 2009, p. 519-538.

MUTUA, Makau wa. "The African Human Rights Court: A Two Legged Stool?". 21 *Human Rights Quarterly* (1999), p. 342-363.

NORGAARD, Carl Aage. "The Protection of Human Rights in Europe". In: *Collected Courses of the Academy of European Law*, v. II, Book- 2, Netherlands: Kluwer Law International, 1993, p. 21-97.

NOWAK, M. "Country-oriented human rights protection by the UN Commission on Human Rights and its Sub-Commission". XXII *Netherlands Yearbook of International Law* (1991), p. 39-90.

PALMISANO, G. "Les causes d'aggravation de la responsabilité des états et la distinction entre 'crimes' et 'delits' internationaux". 98 *Revue Générale de Droit International Public* (1994), p. 629-673.

PARRY, Clive. "Some considerations upon the protection of individuals in international law". 90 *Recueil des Cours de l'Académie de Droit International de La Haye* (1956), p. 657-723.

PASTOR RIDRUEJO, José Antonio. "Les procédures publiques spéciales de la Commission des Droits de l'Homme des Nations Unies". 228 *Recueil des Cours de l'Académie de Droit International de La Haye* (1991), p. 183-271.

PIOVESAN, Flávia. "Princípio da Complementariedade e Soberania". *Revista CEJ*, n. 11, Brasília: CJF, 2000, p. 71-74.

QUIGLEY, J. "The International Law Commission'Crime-Delict distinction: a toothless tiger?". 66 *Revue de droit international, de sciences diplomatiques et politiques* (1988), p. 117-161.

RAMCHARAM, B. G. "The Security Council and humanitarian emergencies". 9 *Netherlands Quartely of Human Rights* (1991), p. 19-35.

REISMAN, W. "Sovereignty and human rights in contemporary international law". 84 *American Journal of International Law* (1990), p. 866-876.

REUTER, Paul. "Principes de droit international public". 103 *Recueil des Cours de l'Académie de Droit International de La Haye"* (1961), p. 425-655.

REZEK, Francisco. "Princípio da Complementariedade e Soberania". *Revista CEJ*, n. 11, p. 66-69, Brasília: CJF, 2000.

RIPHAGEN, Willem. "Third Report on State Responsibility". *Yearbook of the International Law Commission* (1982), v. I.

ROBERTSON, Geoffrey. Ending impunity: how international criminal law can put tyrants on trial. 38 *Cornell International Law Journal*, Ithaca, New York: Cornell Law School, 2005.

RODAS, João Grandino. "Entrega de Nacionais ao Tribunal Penal Internacional". *Revista CEJ*, n. 11, Brasília: CJF, 2000, p. 32-35.

_____. "*Jus Cogens* em Direito Internacional". *Revista da Faculdade de Direito da Universidade de São Paulo*, São Paulo, Universidade de São Paulo, v. LXIX, fasc. II, 1974, p. 125-136.

ROSAND, Eric. "Security Council Resolution 1373, the Counter-Terrorism Committee, and the Fight Against Terrorism". 97 *American Journal of International Law* (2003), p. 333-341.

ROTHENBURG, Walter Claudius. "Direitos Fundamentais e suas características". *Caderno de Direito Constitucional e Ciência Política*, n. 29, out./dez. 1999.

SABÓIA, Gilberto Vergne. "A Criação do Tribunal Penal Internacional". *Revista CEJ*, n. 11, Brasília: CJF, 2000, p. 6-13.

_____. "Um improvável consenso: A conferência Mundial de Direitos Humanos e o Brasil". 2 *Política Externa* (1994), p. 7-8.

SARLET, Ingo Wolfgang. "Constituição e proporcionalidade: o Direito Penal e os Direitos Fundamentais entre proibição de excesso e de insuficiência". *Revista da Ajuris*, ano XXXII, v. 98, junho de 2005, Porto Alegre: Ed. Associação dos Juízes do Rio Grande do Sul, p. 105-149.

SCHMIDT, Markus G. "What happened to the 'Spirit of Vienna'?". 64 *Nordic Journal of International Law* (1995), p. 591-617.

SEPULVEDA, Cesar. "The Inter-American Commission on Human Rights of the Organization of American States". 28 *German Yearbook of International Law* (1985), p. 65-87.

SIMMA, Bruno. "International Human Rights and General International Law: a comparative analysis". *Collected Courses of the Academy of European Law*, v. IV, Book 2, Netherlands: Kluwer Law International, 1995.

_____. "Self-contained régimes". XVI *Netherlands Yearbook of International Law* (1985), p. 112-136.

SPERDUTI, G. "L'individu et le droit international". 90 *Recueil des Cours de l'Académie de Droit International de La Haye* (1956), p. 727-849.

URIBE VARGAS, Diego. "La troisième génération des droits de l'homme". 184 *Recueil des Cours de l'Académie de Droit International de La Haye* (1984), p. 355-376.

VALTICOS, Nicolas. "Un système de contrôle international: la mise en oeuvre des conventions internationales du travail". 123 *Recueil des Cours de l'Académie de Droit International de La Haye*, (1968), p. 311-407.

VASAK, Karel. "Le droit international des droits de l'homme". 140 *Recueil des Cours de l'Académie de Droit International de La Haye* (1974), p. 333-415.

VIERDAG, E.W. "Some remarks about special features of human rights treaties". XXV *Netherlands Yearbook of International Law* (1994), p. 119-142.

VIRALLY, Michel. "Panorama du Droit International Contemporain". 183 *Recueil des Cours de l'Académie de Droit International de La Haye*, (1983), p. 9-382.

WEICHERT, Marlon Alberto. "Crimes contra a humanidade perpetrados no Brasil. Lei de Anistia e prescrição penal". *Revista Brasileira de Ciências Criminais*, ano 16, n. 74, set./out. 2008, p. 170-229.

WITENBERG, J. C. "La recevabilité des réclamations devant les juridictions internationales". 41 *Recueil des Cours de l'Académie de Droit International de La Haye* (1932), p. 5-136.

III OUTRAS PUBLICAÇÕES

CASA CIVIL DA PRESIDÊNCIA DA REPÚBLICA. SUBCHEFIA PARA ASSUNTOS JURÍDICOS. Nota SAJ n. 219/03-DCF. Parecer da Advogada da União Denise Caldas Figueira. Disponível em: <http://www.planalto.gov.br/ccivil_03/revista/Rev_77//pareceres/Denise.pdf>. Acesso em: 6 dez. 2006.

CASA CIVIL DA PRESIDÊNCIA DA REPÚBLICA. SUBCHEFIA PARA ASSUNTOS JURÍDICOS. Nota SAJ n. 1.715/05 – RF. Parecer de Rogério Favreto de 28 de junho de 2005.

COMISSÃO DE DIREITO INTERNACIONAL. *Annuaire de la Commission de Droit International* – 1957, v. II, parte I.

COMISSÃO DE DIREITO INTERNACIONAL. *Yearbook of the International Law Commission* – 1976 – Report of the Commission to the General Assembly, v. II, State Responsibility, New York: United Nations, 1977.

COMISSÃO DE RELAÇÕES EXTERIORES DA CÂMARA DOS DEPUTADOS. Mensagem Presidencial n. 1.070 de 8 de setembro de 1998.

COMITÊ CONTRA A TORTURA DAS NAÇÕES UNIDAS. Doc. CAT/C/XVI/CRP. 1/ Anexo 6 de 8 de maio de 1996.

CONECTAS DIREITOS HUMANOS. "Direitos Humanos: o Brasil na ONU – 2009/2010 – Anuário". Brasil: Conectas, 2010.

CONSELHO DE DIREITOS HUMANOS. Relatório do Grupo de Trabalho sobre o Brasil na Revisão Periódica Universal no documento do Conselho de Direitos Humanos A/HRC/8/27, de 22 de maio de 2008. Disponível em: <http://www2.ohchr.org/english/bodies/hrcouncil/8session/reports.htm>. Acesso em: 15 nov. 2010.

DIRETÓRIO EXECUTIVO DO COMITÊ CONTRA O TERRORISMO (CTED). "Thematic discussion of the Counter-Terrorism Committee on the human rights aspects of counter-terrorism in the context of resolution 1373 (2001)". Disponível em: <http://www.un.org/en/sc/ctc/docs/2010/2010_10_07_thematic--humanrights.pdf>.

Motivos n. 361/DHS-MRE-SHUM OEA, subscrito pelo Ministro de Estado interino das Relações Exteriores Sebastião do Rego Barros, 4 set. 1998.

MUTSINZI, Jean (Presidente). Discurso em 20 de setembro de 2010, em Arusha (Tanzânia). Disponível em: <http://www.african-<court.org/fileadmin/media/ Opening_speech_by_Judge_Jean_Mutsinzi__President_of_the_Court.pdf>. Acesso em: 11 mar. 2011.

NAÇÕES UNIDAS. Informe do Comitê de Direitos Humanos, 50ª Sessão, Doc. A/50/40.

NAÇÕES UNIDAS. "Report of the Working Group on Arbitrary Detention". Doc. E/CN.4/1998/44, 19 dez. 1997.

NAÇÕES UNIDAS. "Statement by the Presidence of the Security Council made on behalf of the members of the Security Council", 3046th Meeting, 31 jan. 1992.

ORGANIZAÇÃO DOS ESTADOS AMERICANOS. *Informe Anual de la Comisión Interamericana de Derechos Humanos – 1973*.

ORGANIZAÇÃO DOS ESTADOS AMERICANOS. *Informe Anual de la Comisión Interamericana de Derechos Humanos – 1984-1985*.

SCHEININ, Martin. "Informe del Relator Especial sobre la promoción y protección de los derechos humanos y las libertades fundamentales en la lucha contra el terrorismo: Diez esferas de mejores prácticas en la lucha contra el terrorismo". *Alto Comissariado da ONU para os Direitos Humanos*, 2010. Disponível em: <http://www2.ohchr.org/english/bodies/hrcouncil/docs/16session/A. HRC.16.51_sp. pdf>. Acesso em: 11 fev. 2011.

TUK, Danilo. "Realización de los derechos económicos, sociales y culturales". *Informe del Relator Especial*. Conselho Econômico e Social, Nova York: ONU, 1992.

IV SITES

a) Mecanismo Universal

Alto Comissariado da ONU para os Direitos Humanos:

http://www.ohchr.org/EN/Pages/WelcomePage.aspx

Conselho de Direitos Humanos:

http://www2.ohchr.org/english/bodies/hrcouncil/

b) Mecanismo Europeu

Corte:

http://www.echr.coe.int/echr/Homepage_EN

c) Mecanismo Interamericano

Comissão:

http://www.cidh.org/comissao.htm

Corte:

http://www.corteidhºr.cr/

d) Mecanismo Africano

Comissão:

http://www.achpr.org/

Corte:

http://www.african-court.org/en/court/mandate/general-information/

e) Informações úteis na *Internet*:

Centro pela Justiça e o Direito Internacional (CEJIL, importante organização não governamental com forte atuação na apresentação de casos perante o Sistema Interamericano de Direitos Humanos). Sítio: http://www.cejil.org/main.cfm?switch=p

Gabinete de Documentação e Direito Comparado de Portugal (contém guia de apresentação de comunicações aos órgãos das Nações Unidas). Sítio: http://www.gddc.pt/direitos-humanos/queixa-violacao-dh/queixa-onu.html

Guia de apresentação de Comunicações à Comissão Interamericana de Direitos Humanos. Sítio: https://www.cidh.oas.org/cidh_apps/manual_pdf/MANUAL2002_P.pdf

ANEXO 1 | TRATADOS DE DIREITOS HUMANOS PROMULGADOS NO BRASIL

1) Até 1988

Tratado	Data de assinatura ou adesão pelo Brasil	Promulgação Decreto n.	Promulgação Data
Convenções sobre feridos e enfermos nos exércitos em campanha e sobre os prisioneiros de guerra, firmadas em Genebra, a 27 de julho de 1929 (1929)	27/07/1929	22.435	07/02/1933
Convenções sobre direitos e deveres dos Estados e sobre Asilo político, assinadas em Montevideo a 26 de dezembro de 1933, por ocasião da Sétima Conferência Internacional Americana (1993)	26/12/1933	1.570	13/04/1937
Carta das Nações Unidas (1945)	26/06/1945	19.841	22/10/1945
Convenção Interamericana sobre a Concessão dos Direitos Políticos à Mulher (1948)	02/05/1948	28.011	19/04/1950
Convenção para a Prevenção e Repressão do Crime de Genocídio (1948)	11/12/1948	30.822	06/05/1952
Convenção Interamericana sobre a Concessão dos Direitos Civis à Mulher (1948)	02/05/1948	31.643	23/10/1952
Convenção sobre o Instituto Indigenista Interamericano (1940)	24/02/1940	36.098	19/08/1954
Acordo relativo a Concessão de Título de Viagem para Refugiados sob Jurisdição do Comitê Intergovernamental de Refugiados (1946)	15/10/1946	38.018	07/10/1955
Convenção para a Melhoria da Sorte dos Feridos e Enfermos dos Exércitos em Campanha (1949)	12/08/1949	42.121	21/08/1957
Convenção para a Melhoria da Sorte dos Feridos, Enfermos e Náufragos das Forças Armadas do Mar (1949)	12/08/1949	42.121	21/08/1957
Convenção Relativa ao Tratamento dos Prisioneiros de Guerra (1949)	12/08/1949	42.121	21/08/1957
Convenção relativa à Proteção dos Civis em Tempo de Guerra (1949)	12/08/1949	42.121	21/08/1957
Convenção sobre Asilo Diplomático (1954)	28/03/1954	42.628	13/11/1957
Convenção relativa ao Estatuto dos Refugiados (1951)	15/07/1952	50.215	28/01/1961

Convenção sobre os Direitos Políticos da Mulher (1953)	21/05/1953	52.476	12/09/1963
Convenção sobre Asilo Territorial (1954)	28/03/1954	55.929	14/04/1965
Convenção Suplementar sobre a Abolição da Escravatura, do Tráfico de Escravos e das Instituições e Práticas Análogas à Escravatura (1956)	07/09/1956	58.563	01/06/1966
Convenção relativa à Escravatura, assinada em Genebra a 25 de setembro de 1926 e emendada pelo Protocolo aberto à assinatura ou à aceitação na Sede das Nações Unidas (1953)	25/09/1926	58.563	01/06/1966
Convenção Internacional sobre Eliminação de Todas as Formas de Discriminação Racial (1965)	07/03/1966	65.810	08/12/1969
Protocolo Adicional à Convenção relativa ao Estatuto dos Refugiados (1967)	07/04/1972	70.946	07/08/1972

2) Após 1988

Tratado	Data de assinatura ou adesão pelo Brasil	Promulgação	
		Decreto n.	Data
Convenção Interamericana para Prevenir e Punir a Tortura (1985)	09/12/1985	98.386	09/12/1989
Convenção sobre os Direitos da Criança (1990)	26/01/1990	99.710	21/11/1990
Convenção Contra a Tortura e outros Tratamentos ou Penas Cruéis, Desumanos ou Degradantes (1984)	23/09/1985	40	15/02/1991
Pacto Internacional sobre Direitos Civis e Políticos (1966)	24/01/1992	592	06/07/1992
Pacto Internacional de Direitos Econômicos, Sociais e Culturais (1966)	24/01/1992	591	06/07/1992
Convenção Americana sobre Direitos Humanos (Pacto de São José da Costa Rica) (1969)	09/07/1992	678	06/11/1992
Protocolo Adicional às Convenções de Genebra de 12 de Agosto de 1949, adotado pela Conferência Diplomática sobre a Reafirmação e o Desenvolvimento do Direito Internacional Humanitário Aplicável aos Conflitos Armados. (Protocolo I) (1977)	10/06/1977	849	25/06/1993
Protocolo Adicional às Convenções de Genebra de 12 de Agosto de 1949, adotado pela Conferência Diplomática sobre a Reafirmação do Desenvolvimento do Direito Internacional Humanitário Aplicado aos Conflitos Armados. (Protocolo II) (1977)	10/06/1977	849	25/06/1993

Convenção Interamericana sobre a Restituição Internacional de Menores, adotada em Montevidéu (1989)	15/07/1989	1.212	03/08/1994
Convenção Interamericana sobre a Corrupção (1996)	29/03/1996	4.410	07/10/2002
Convenção Interamericana para Prevenir, Punir e Erradicar a Violência contra a Mulher (Convenção de Belém do Pará) (1994)	09/06/1994	1.973	01/08/1996
Convenção Interamericana sobre Tráfico Internacional de Menores (1994)	18/03/1994	2.740	20/08/1998
Protocolo à Convenção Americana sobre Direitos Humanos relativo à Abolição da Pena de Morte (1990)	07/06/1994	2.754	27/08/1998
Acordo Constitutivo do Fundo para o Desenvolvimento dos Povos Indígenas da América Latina e do Caribe (1992)	24/07/1992	3.108	30/06/1999
Protocolo Adicional à Convenção Americana sobre Direitos Humanos em Matéria de Direitos Econômicos, Sociais e Culturais (Protocolo da São Salvador) (1988)	17/11/1988	3.321	30/12/1999
Convenção sobre os Aspectos Civis do Sequestro Internacional de Crianças (1980)	25/10/1980	3.413	14/04/2000
Convenção Internacional Contra a Tomada de Reféns, concluída em Nova York, em 18 de dezembro de 1979, com a reserva prevista no parágrafo 2º do art. 16 (1979)	18/12/1979	3.517	20/06/2000
Convenção Interamericana para a Eliminação de Todas as Formas de Discriminação contra as Pessoas Portadoras de Deficiência (1999)	08/06/1999	3.956	08/10/2001
Convenção sobre o Estatuto dos Apátridas (1954)	28/09/1954	4.246	22/05/2002
Protocolo Facultativo à Convenção para a Eliminação de Todas as Formas de Discriminação contra as Mulheres (1999)	13/03/2001	4.316	30/07/2002
Convenção sobre a Eliminação de Todas as Formas de Discriminação contra as Mulheres (1979)	31/03/1981	4.377	13/09/2002
Estatuto de Roma do Tribunal Penal Internacional (1998)	07/02/2000	4.388	25/09/2002
Protocolo Facultativo à Convenção sobre os Direitos da Criança relativo ao envolvimento de Crianças em Conflitos Armados (2000)	06/09/2000	5.006	08/03/2004
Protocolo Facultativo à Convenção sobre os Direitos da Criança referente à venda de Crianças, à Prostituição Infantil e à Pornografia Infantil (2000)	25/05/2000	5.007	08/03/2004

Convenção para a Proteção de Todas as Pessoas contra os Desaparecimentos Forçados	06/02/2007	8.767	11/05/2016
Protocolo Adicional à Convenção das Nações Unidas contra o Crime Organizado Transnacional, relativo ao Combate ao Tráfico de Migrantes por Via Terrestre, Marítima e Aérea (2000)	15/11/2000	5.016	12/03/2004
Protocolo Adicional à Convenção das Nações Unidas contra o Crime Organizado Transnacional, relativo à Prevenção, Repressão e Punição do Tráfico de Pessoas, em Especial Mulheres e Crianças (2000)	15/11/2000	5.017	12/03/2004
Convenção das Nações Unidas contra a Corrupção (2003)	09/12/2003	5.687	31/01/2006
Protocolo Facultativo à Convenção contra a Tortura e outros Tratamentos ou Penas Cruéis, Desumanos ou Degradantes (2002)	13/10/2003	6.085	19/04/2007
Convenção sobre a Proteção e Promoção da Diversidade das Expressões Culturais (2005)	20/10/2005	6.177	01/08/2007
Convenção Internacional sobre os Direitos das Pessoas com Deficiência e seu Protocolo Facultativo (2007)	30/03/2007	6.949	25/08/2009
Segundo Protocolo Facultativo ao Pacto Internacional de Direitos Civis e Políticos para Abolição da Pena de Morte	25/09/2009		
Protocolo de Assunção sobre Compromisso com a Promoção e a Proteção dos Direitos Humanos do Mercosul (2005)	20/06/2005	7.225	01/07/2010

3) Aprovados de acordo com o rito especial do artigo 5º, § 3º (equivalente à emenda constitucional)

(i) Convenção Internacional sobre os Direitos das Pessoas com Deficiência e (ii) seu Protocolo Facultativo (2007)	30/03/2007	6.949	25/08/2009
(iii) Tratado de Marraqueche para facilitar o acesso às obras publicadas às pessoas cegas, com deficiência visual ou com outras dificuldades para ter acesso ao texto impresso	11/12/2015	9.522	08/10/2018
(iv) Convenção Interamericana contra o Racismo, a Discriminação Racial e Formas Correlatas de Intolerância	28/05/2021	10.932	10/02/2022

4) Reconhecimento de competência de órgãos de defesa de direitos humanos (inclusive o TPI)

Tratado	Data de assinatura ou adesão pelo Brasil	Promulgação Decreto n.	Data
Declaração de Reconhecimento da Competência Obrigatória da Corte Interamericana de Direitos Humanos, sob reserva de reciprocidade, em consonância com o art. 62 da Convenção Americana sobre Direitos Humanos (Pacto de São José), de 22 de novembro de 1969	10/12/1998	4.463	08/11/2002
Protocolo Facultativo à Convenção para a Eliminação de Todas as Formas de Discriminação contra as Mulheres (1999), que confere ao seu Comitê a possibilidade de receber petições de vítimas	13/03/2001	4.316	30/07/2002
Declaração Facultativa à Convenção Internacional sobre Eliminação de Todas as Formas de Discriminação Racial, reconhecendo a competência do Comitê Internacional para a Eliminação da Discriminação Racial para receber e analisar denúncias de violação dos direitos humanos cobertos na mencionada Convenção	17/06/2002	4.738	12/06/2003
Estatuto de Roma, que reconhece jurisdição, sem reservas, do Tribunal Penal Internacional	07/02/2000	4.388	25/09/2002
Protocolo Facultativo à Convenção contra a Tortura e Outros Tratamentos ou Penas Cruéis, Desumanos ou Degradantes, que estabelece a competência, para fins preventivos, do Subcomitê de Prevenção da Tortura e outros Tratamentos ou Penas Cruéis, Desumanos ou Degradantes do Comitê contra a Tortura	13/10/2003	6.085	19/04/2007
Declaração prevista no artigo 22 da Convenção das Nações Unidas contra a Tortura e outros Tratamentos ou Penas Cruéis, Desumanos ou Degradantes, reconhecendo a competência do Comitê contra a Tortura para receber e analisar denúncias de violações dos dispositivos da Convenção	27/06/2006	Decreto Legislativo n. 57	18/04/2006
Convenção Internacional sobre os Direitos das Pessoas com Deficiência e seu Protocolo Facultativo, que reconhece a competência do Comitê dos Direitos das Pessoas com Deficiência para receber petições de vítimas de violações desses direitos	30/03/2007	6.949	25/08/2009

Protocolo Facultativo ao Pacto Internacional de Direitos Civis e Políticos	25/09/2009		
Protocolo Facultativo à Convenção sobre os Direitos das Crianças, relativo aos Procedimentos de Comunicação	29/09/2017		

FONTES:

- Atos Multilaterais em Vigor para o Brasil no Âmbito dos Direitos Humanos. Ministério das Relações Exteriores. Disponível em: <http://www2.mre.gov.br/dai/dhumanos.htm>. Consulta em: 1º dez. 2010.
- Direitos Humanos: Documentos Internacionais. Brasília: Presidência da República, Secretaria Especial de Direitos Humanos, 2006.
- Legislação. Subchefia para Assuntos Jurídicos. Casa Civil da Presidência da República. Disponível em: <http://www4.planalto.gov.br/legislacao/legislacao-1/decretos1#content>. Consulta em: 2 dez. 2010.
- Legislação de Direito Internacional. Obra coletiva de autoria da Editora Saraiva com a colaboração de Antonio Luiz de Toledo Pinto, Márcia Cristina Vaz dos Santos Windt e Livia Céspedes. 3. ed. São Paulo: Saraiva, 2010.

    Obs.: Agradeço à brilhante acadêmica das Arcadas, *Maria Olívia Pessoni Junqueira*, pelo inestimável auxílio na pesquisa sobre os tratados internacionais ratificados pelo Brasil.

ANEXO 2 | O BRASIL NO BANCO DOS RÉUS[1]

Resumo das principais ações de apuração de violação de Direitos Humanos perante a Corte Interamericana de Direitos Humanos em que o Brasil figurou como Estado Réu

A) Demandas apresentadas pela comissão à Corte interamericana de Direitos Humanos – Casos em que a Comissão IDH apresentou demanda por violações a Direitos Humanos no Brasil – Fonte: <http://www.cidh.org/demandasESP.htm>

Ano	Caso	Data
2004	Damião Ximenes Lopes Caso 12.237	1º de outubro de 2004
2005	Gilson Nogueira de Carvalho Caso 12.058	13 de janeiro de 2005
2007	Arley José Escher e outros Caso 12.353	20 de dezembro de 2007
2007	Sétimo Garibaldi Caso 12.478	24 de dezembro de 2007
2009	Julia Gomes Lund e outros (Guerrilha do Araguaia) Caso 11.552	26 de março de 2009
2015	Trabalhadores da Fazenda Brasil Verde Caso 12.066	6 de março de 2015
2015	Cosme Rosa Genoveva, Evandro de Oliveira e outros (Favela Nova Brasília) Caso 11.566	19 de maio de 2015
2016	Caso do Povo indígena Xucuru e seus membros Caso 12.728	16 de março de 2016
2016	Caso Herzog e outros Caso 12.879	22 de abril de 2016

---

1 Agradeço pela atualização do material nesta edição à Mestranda Júlia da Cunha Cruz.

B) Casos contenciosos na Corte Interamericana de Direitos Humanos

Caso	Data da representação à Comissão, da propositura da ação e da sentença	Resultado da ação	Ente ou órgão violador	Importância do caso
1) Caso Ximenes Lopes *versus* Brasil	A Comissão recebeu a petição em 22 de novembro de 1999 e apresentou o caso (n. 12.237) à Corte em 1º de outubro de 2004. Foram proferidas sentenças em 30 de novembro de 2005 e 4 de julho de 2006.	Na sentença de mérito, ficou reconhecida a violação do direito à vida e à integridade pessoal, bem como das garantias judiciais, e, consequentemente, foram fixadas diversas obrigações de reparação.	Poder Judiciário e Poder Executivo.	A sentença expõe as mazelas do Brasil. Um cidadão, portador de doença mental, com as mãos amarradas, foi morto em Casa de Repouso situada em Guararapes (Ceará), em situação de extrema vulnerabilidade. Somente sete anos depois (2006) é que uma sentença restaurou, em parte, a justiça, concedendo *indenizações* (danos materiais e morais) e exigindo punições criminais dos autores do homicídio. Do Judiciário local, não houve resultados, com os processos na área cível e criminal se arrastando no primeiro grau. Para aqueles que confiavam no Direito Internacional dos Direitos Humanos, a sentença é motivo de aplauso, conferindo à família da vítima aquilo que o Judiciário brasileiro não foi capaz de oferecer em tempo razoável.
2) Caso Nogueira de Carvalho e outro *versus* Brasil	A Comissão recebeu denúncia em 11 de dezembro de 1997 e apresentou o caso (n. 12.058) à Corte em 13 de janeiro de 2005. Sentença de 28 de novembro de 2006.	O caso referiu-se a homicídio de advogado defensor de direitos humanos no Estado do Rio Grande do Norte por membros de esquadrão da morte. O Brasil foi acusado pela Comissão por não ter investigado e punido, a contento, os responsáveis pela morte do Sr. Gilson. Entretanto, a Corte considerou a ação da Comissão *improcedente*, uma vez que, para a Corte, a obrigação de investigar, perseguir criminalmente e punir os responsáveis pelas violações de direitos humanos é uma obrigação de *meio*		O Brasil demonstrou que agiu com diligência, sendo a demanda considerada improcedente.

Caso	Data da representação à Comissão, da propositura da ação e da sentença	Resultado da ação	Ente ou órgão violador	Importância do caso
		e não de resultado. Malgrado, então, os resultados pífios (apenas um dos pretensos responsáveis foi processado e absolvido pelo Júri popular), a Corte considerou que o Brasil esforçou-se para cumprir suas obrigações internacionais de garantia de direitos humanos.		
3) Caso Escher e outros *versus* Brasil	A Comissão recebeu petição em 26 de dezembro de 2000 e apresentou o caso (n. 12.353) à Corte em 20 de dezembro de 2007. Foram proferidas sentenças em 6 de julho de 2006 e 20 de novembro de 2009.	A Corte condenou o Brasil pela violação do direito à privacidade e o direito à honra e à reputação gerado pela interceptação, gravação e divulgação das conversas telefônicas de vários indivíduos de modo totalmente indevido de acordo com a própria lei brasileira – houve pedido direto da Polícia Militar à Juíza de Direito, sem notificação ao Ministério Público. Ademais, a Corte considerou que o Brasil violou o direito à liberdade de associação reconhecido no artigo 16 da Convenção Americana, uma vez que as interceptações telefônicas ilegais tinham como propósito embaraçar o funcionamento de associações legítimas relacionadas a movimentos sociais.	Poder Judiciário e Poder Executivo. As condutas de policiais militares e da Juíza de Direito da Vara de Loanda (Paraná) e de outros agentes públicos foram duramente questionadas.	A Corte traçou importantes parâmetros para o tratamento do direito à privacidade e à honra, tendo-se em vista a utilização cada vez mais frequente das interceptações telefônicas para a investigação de condutas.
4) Caso Garibaldi *versus* Brasil	A Comissão recebeu petição sobre o caso em 6 de maio de 2003 e apresentou o caso (n. 12.478) à Corte em 24 de dezembro de 2007. A sentença foi proferida em 23 de setembro de 2009.	O Brasil foi condenado por ter descumprido, graças a falhas gritantes do inquérito policial, sua obrigação de investigar e punir as violações de direitos humanos. A Corte concluiu que o lapso de mais de cinco anos que demorou o procedimento interno – apenas na fase de investigação dos fatos – ultrapassou excessivamente o chamado "prazo razoável" para que um Estado realize as diligências de investigação	Poder Judiciário e Poder Executivo.	Em meio à enorme crise da Justiça instaurada no Brasil, a Corte determinou ao Estado brasileiro que agisse de forma eficiente e em tempo razoável, ao contrário do que se verifica na enorme maioria dos casos em trâmite no país, conferindo às vítimas uma resposta não alcançada no Judiciário brasileiro.

Caso	Data da representação à Comissão, da propositura da ação e da sentença	Resultado da ação	Ente ou órgão violador	Importância do caso
		criminal, constituindo uma denegação de justiça criminal em prejuízo dos familiares de Sétimo Garibaldi. Assim, declarou haver violação aos direitos às garantias judiciais e à proteção judicial.		
5) Caso Gomes Lund e outros *versus* Brasil (Guerrilha do Araguaia)	A Comissão recebeu a representação em 7 de agosto de 1995 e apresentou o caso (n. 11.552) à Corte em 26 de março de 2009. A sentença foi proferida em 24 de novembro de 2010.	A Corte declarou a Lei de Anistia incompatível com a Convenção. Além disso, declarou o Estado responsável pela violação dos direitos ao reconhecimento da personalidade jurídica, à vida, à integridade física e à liberdade pessoal (pelo desaparecimento forçado), às garantias judiciais e de proteção judicial (pela falta de investigação dos fatos e do julgamento e sanção dos responsáveis, em prejuízo dos familiares das pessoas desaparecidas, e pela delonga no processamento dos acusados). Também o declarou responsável pela violação ao direito de pensamento e de expressão, ao direito de buscar e receber informação e ao direito à verdade. Por tudo isso, a Corte determinou que o Estado realizasse uma série de medidas para reparação dos danos causados, dentre elas promover todos os esforços para determinar o paradeiro das pessoas desaparecidas.	Poder Legislativo (Lei da Anistia incompatível com a Convenção), Poder Executivo (responsável pela violação forçada) e Poder Judiciário (julgamento em prejuízo dos familiares das pessoas desaparecidas e em prazo excessivo).	O julgamento da Corte representou importante contribuição no tratamento do caso de desaparecimento forçado de pessoas em período de regime militar em benefício dos familiares dos desaparecidos. Fica bastante evidente, nesse caso, o aspecto contramajoritário presente do Direito Internacional dos Direitos Humanos, no que tange à posição da Corte sobre as leis de anistia. Além disso, após o Brasil ter defendido a tese do arquivamento da demanda em virtude do julgamento da ADPF n. 153, a Corte esclareceu como o Direito Internacional vê o Direito Interno.

Caso	Data da representação à Comissão, da propositura da ação e da sentença	Resultado da ação	Ente ou órgão violador	Importância do caso
6) Trabalhadores da Fazenda Brasil Verde	A Comissão recebeu a representação em 12 de novembro de 1998 e apresentou o caso (n. 12.066) à Corte em 04 de março de 2015. A sentença foi proferida em 20 de outubro de 2016.	O Brasil foi condenado	Poder Judiciário e Poder Executivo.	É o primeiro caso na jurisprudência da Corte sobre a escravidão contemporânea, servindo de paradigma para a definição dos elementos fundamentais do conceito e reconhecimento da natureza *jus cogens* da proibição à escravidão, implicando em obrigações *erga omnes*.
7) Cosme Rosa Genoveva, Evandro de Oliveira e outros (Favela Nova Brasília)	A Comissão recebeu a representação em 1995 e apresentou o caso (n. 11.566) à Corte em 19 de maio de 2015. A sentença foi proferida em 16 de fevereiro de 2017.	O Brasil foi condenado por omissão na fiscalização e investigação dos casos de tortura, violência sexual e morte, inclusive de menores, por agentes da Polícia Civil do estado do Rio de Janeiro, na Favela Nova Brasília, em 1994 e 1995. Como reparação, a Corte determinou que o Brasil realize investigações para identificar, processar e punir os responsáveis, afastando-se eventual prescrição, bem como providenciar tratamento psicológico e psiquiátrico às vítimas e realizar medidas direcionadas a diminuir a letalidade e a violência policial no Brasil.	Poder Judiciário e Poder Executivo.	O caso é importante para alterar o cenário de violência policial camuflada pela elaboração dos chamados "autos de resistência à prisão", gerando impunidade e repetição do ciclo de violência.
8) Caso do Povo indígena Xucuru e seus membros	A Comissão recebeu a representação em 16 de outubro de 2002 e apresentou o caso (n. 12.728) à Corte em 16 de março de 2016. A sentença foi proferida em 05 de fevereiro de 2018.	O Brasil foi condenado por não garantir um procedimento administrativo em prazo razoável para demarcação e titulação das terras Xucuru, não cumprir com o dever de adotar medidas para a desintrusão integral de terceiros em prazo razoável e, tampouco garantir remédio judicial efetivo para resolver o conflito demarcatório.	Poder Judiciário e poder executivo.	Primeiro precedente em matéria indígena envolvendo o Brasil, que estipula a obediência aos parâmetros fixados pela jurisprudência da Corte aos procedimentos de demarcação de terras no Brasil.

Caso	Data da representação à Comissão, da propositura da ação e da sentença	Resultado da ação	Ente ou órgão violador	Importância do caso
9) Caso Herzog e outros	A Comissão recebeu a representação em 10 de julho de 2009 e apresentou o caso (n. 12.879) à Corte em 22 de abril de 2016. A sentença foi proferida em 15 de março de 2018.	Responsabilidade	Poder Legislativo, Judiciário e poder executivo	
10) Empregados da Fábrica de Fogos de Santo Antônio de Jesus e outros	A Comissão recebeu a representação em 03 de dezembro de 2001 e apresentou o caso à Corte em 19 de setembro de 2018. A sentença foi proferida em 15 de julho de 2020.	A Corte condenou o Brasil pela violação de seu dever de assegurar o direito ao trabalho, em condições de trabalho adequadas (segurança, saúde e higiene) e justas (sem superexploração de mulheres e crianças em trabalho perigoso), um ambiente de pobreza estrutural (sem outros empregos disponíveis). O Estado foi também condenado pela falha na punição e reparação dos danos: quase 22 anos após a explosão, as ações penais ainda não transitaram em julgado (houve prescrição em relação a um dos principais responsáveis), tendo também sido insuficientes as reparações cíveis e trabalhistas (sentença de 15-7-2020).	Poder Executivo e Poder Legislativo.	Trata-se do primeiro caso no qual o Brasil foi condenado por violação ao art. 26 (proteção direta dos direitos sociais) da CADH, por diversas ofensas ao direito ao trabalho, entre outras.

Caso	Data da representação à Comissão, da propositura da ação e da sentença	Resultado da ação	Ente ou órgão violador	Importância do caso
11) Márcia Barbosa de Souza e outros	A Comissão recebeu a representação em 28 de março de 2000 e apresentou o caso à Corte em 11 de julho de 2019. A sentença foi proferida em 07 de setembro de 2021.	Para a Corte IDH, o Estado violou o direito de acesso à justiça de modo célere ao permitir a existência da imunidade parlamentar tal qual era regulada à época, na qual exigia-se licença da respectiva Casa Legislativa, que poderia procrastinar e não fundamentar inclusive o motivo pelo qual não dava a autorização devida. Também considerou-se que o Estado falhou na investigação de outros envolvidos no feminicídio, mostrando falta de perspectiva de gênero na investigação criminal. Finalmente, o Estado violou a Convenção ao permitir que houvesse o uso de estereótipos negativos de gênero no julgamento, ao ser provado que o advogado de defesa no Tribunal do Júri solicitou a incorporação de 150 páginas de artigos de jornais que se referiam à prostituição, overdose e suposto suicídio para vinculá-los à vítima, afetando sua imagem. Trata-se de caso emblemático que dialoga com a "Lei Mari Ferrer" (Lei n. 14.245/2021), que expressamente proíbe a utilização, no processo penal, de (i) linguagem, de (ii) informações ou de (iii) material que ofendam a dignidade da vítima ou testemunhas.	Poder Judiciário (uso de estereótipos de gênero no julgamento; delonga); Poder Executivo e Ministério Público (falhas na investigação); Poder Legislativo (imunidade parlamentar).	Trata-se de caso emblemático que dialoga com a "Lei Mari Ferrer" (Lei n. 14.245/2021), que expressamente proíbe a utilização, no processo penal, de (i) linguagem, de (ii) informações ou de (iii) material que ofendam a dignidade da vítima ou testemunhas.

Caso	Data da representação à Comissão, da propositura da ação e da sentença	Resultado da ação	Ente ou órgão violador	Importância do caso
12) Sales Pimenta	A Comissão remeteu o caso, em 4-12-2020, à Corte IDH (ainda em trâmite) relativo à responsabilidade internacional do Estado brasileiro pela situação de impunidade dos atos referentes à morte de Gabriel Sales Pimenta, defensor dos direitos dos trabalhadores rurais, ocorrida em 1982 no Estado do Pará.	Trata-se de homicídio realizado em contexto de violência praticado contra os defensores da reforma agrária no Brasil. Gabriel Sales Pimenta era advogado do Sindicato dos Trabalhadores Rurais de Marabá e nessa condição recebeu diversas ameaças. Apesar de ter a proteção do Estado em pelo menos três ocasiões, acabou sendo morto enquanto caminhava em Marabá (a proteção policial vinda de Belém chegou no dia seguinte à morte). Houve prescrição do homicídio em 2006, tendo a Comissão averiguado que as autoridades não protegeram testemunhas ameaçadas e não evitaram a fuga do acusado. Houve ofensa à liberdade de associação a defesa dos direitos dos trabalhadores e trabalhadoras rurais, uma vez que a retaliação ao trabalho do advogado foi a motivação do assassinato da vítima.	Em trâmite.	A morte de Gabriel Sales Pimenta ocorreu antes da própria ratificação brasileira da Convenção Americana de Direitos Humanos, o que levou a Comissão a submeter somente os fatos que começaram ou continuaram ocorrendo após a data da ratificação e após a data do reconhecimento brasileiro da jurisdição contenciosa obrigatória da Corte IDH em 10-12-1998, relacionados à falta de devida diligência na investigação e aos fatores que os causaram uma denegação de justiça em relação aos fatos do caso.
13) Tavares Pereira	A Comissão remeteu, o caso em 6-2-2021 à Corte IDH caso (ainda em trâmite).	O caso é relativo à morte de Antonio Tavares Pereira e às lesões sofridas por outras 185 pessoas trabalhadoras integrantes do Movimento dos Trabalhadores Rurais Sem-Terra (MST) em virtude da atuação de agentes da Polícia Militar do Estado do Paraná, durante a repressão de uma marcha pela reforma agrária realizada em 2-5-2000.		O caso soma-se ao "Caso Escher" e ao "Caso Garibaldi", todos relacionados à conduta das autoridades públicas paranaenses no contexto de luta pela reforma agrária no Estado do Paraná (os chamados "casos paranaenses").

Caso	Data da representação à Comissão, da propositura da ação e da sentença	Resultado da ação	Ente ou órgão violador	Importância do caso
14) Caso José Airton Honorato e outros ("Caso da Castelinho");	A Comissão remeteu o caso em 28-5-2021 à Corte IDH caso (ainda em trâmite).	Trata-se caso referente a mortes de 12 pessoas (José Airton Honorato e outros) atribuídas a policiais militares em operação policial contra ônibus no qual estavam os mortos, na Rodovia conhecida como "Castelinho" (por isso o nome do caso) no ano de 2002, e pela situação de impunidade ainda existente. Além da preparação da operação policial (com infiltração de preso em facção criminosa, entre outros aspectos), a Comissão acusou que a Polícia Militar possuía no local aproximadamente cem policiais e, sem a presença de testemunhas, promoveu um tiroteio – justificado contra ato de resistência do grupo no ônibus. Foram realizados mais de 700 disparos, sendo ferido um policial (lesões leves) e morreram as doze vítimas do presente caso.	Em trâmite	Trata-se de mais um caso relativo à violência policial imputado ao Brasil.
15) Caso Neusa dos Asntos Nascimento e Gisele Ana Ferreira	A Comissão remeteu o caso em 6-2-2021 à Corte IDH caso (ainda em trâmite).	Trata-se de caso de discriminação racial (e impunidade) ocorrida em ambiente laboral em prejuízo de duas mulheres negras.	Em trâmite.	Trata-se de caso envolvendo discriminação racial e impunidade (crime de racismo).

Caso	Data da representação à Comissão, da propositura da ação e da sentença	Resultado da ação	Ente ou órgão violador	Importância do caso
16) Caso Manuel da Silva e outros	A Comissão remeteu, o caso em 26-11-2021 à Corte IDH caso (ainda em trâmite).	Trata-se de caso envolvendo a impunidade pelo homicídio do trabalhador rural e integrante do Movimento Sem-Terra no Brasil, senhor Manuel Luiz da Silva, ocorrido em 19-5-1997.	Em trâmite.	Trata-se de mais um caso de violência no campo resultante em impunidade.
17) Caso Comunidades Quilombolas de Alcântara	A Comissão remeteu, o caso em 5-2-2022 à Corte IDH caso (ainda em trâmite).	Trata-se da violação da propriedade coletiva de 152 comunidades quilombolas, em face da falta da emissão de títulos de propriedade das suas terras, bem como devido à instalação de uma base aeroespacial sem a devida consulta e consentimento prévio.	Em trâmite.	Trata-se de caso envolvendo o direito de propriedade coletivo dos quilombolas.
18) Chacina de Acari (Caso das Mães de Acari)	A Comissão remeteu, o caso em 22-4-2022 à Corte IDH caso (ainda em trâmite).	Trata-se do desaparecimento forçado de dez pessoas, algumas delas vítimas de violência sexual, e a falta de diligência na investigação e punição do assassinato de Edméa da Silva Euzébio e Sheila da Conceição. Para a Comissão IDH, há vínculo emtre o homicídio de Edméa da Silva Euzébio e Sheila Conceição e o desaparecimento das vítimas e seu trabalho no movimento "Mães de Acari", um movimento de mães de pessoas vítimas de violência institucional.	Em trâmite.	Trata-se de caso envolvendo participação de "milícias" e agentes policiais do Estado no Rio de Janeiro e no município de Magé.

C) Quadro Resumo das Medidas Provisórias da Corte Interamericana de Direitos Humanos em que o Brasil figurou no polo passivo

Caso	Data da submissão do pedido de medidas provisórias à Corte e data das resoluções da Corte	Entidades solicitantes da medida provisória e ente ou órgão violador	Resultado da ação	Importância do caso
Caso da Penitenciária de Urso Branco, Rondônia	O caso foi submetido à Corte em 6 de junho de 2002. Houve 7 Resoluções da Corte (18 de junho e 29 de agosto de 2002, 22 de abril e 7 de julho de 2004, 21 de setembro de 2005, 2 de maio de 2008 e 25 de novembro de 2009), além de Resolução da Presidenta da Corte (de 17 de agosto de 2009), determinando a realização de audiência pública e do Presidente da Corte (de 28 de julho de 2011), também determinando a realização de uma audiência pública. Em 25 de agosto de 2011, a Corte decidiu pela suspensão da medida, arquivando o caso.	A Comissão Interamericana de Direitos Humanos submeteu o pedido de medidas provisórias à Corte, em favor dos internos da Casa de Detenção José Mário Alves ("Penitenciária Urso Branco"), localizada em Porto Velho, Rondônia, para evitar que continuassem ocorrendo episódios de morte. Solicitavam-se, assim, medidas urgentes do Estado para controlar a situação existente à época e para melhorar as precárias condições de vida dos internos.	Diversas foram as Resoluções emitidas pela Corte determinando ao Estado a tomada de medidas para controle da grave situação existente na penitenciária. Em 24 de agosto de 2011, os representantes do Estado brasileiro, da Unidade Federativa de Rondônia e os representantes dos beneficiários assinaram o "Pacto para Melhoria do Sistema Prisional do Estado de Rondônia e Levantamento das Medidas Provisórias Outorgadas pela Corte Interamericana de Direitos Humanos" em 24 de agosto de 2011, determinando os principais problemas do estabelecimento prisional e ações para melhoria da situação. O caso foi encerrado após a assinatura do Pacto.	O Juiz Cançado Trindade, em mais uma oportunidade, ressalta a alteração de objeto das medidas provisórias: para além de salvaguarda da eficácia da função jurisdicional, salvaguardam os próprios direitos fundamentais da pessoa humana, ou seja, têm um caráter tutelar, além de cautelar. Esse aspecto é também ressaltado em manifestações do Juiz em outras oportunidades. O mencionado Juiz ressalta a eficácia dos Direitos Humanos nas relações entre particulares, como já havia suscitado quando proferido do voto na Opinião Consultiva n. 18/2003, o que se mostra particularmente importante nesse caso, porquanto as violações de Direitos Humanos não decorrem apenas de ações ou omissões dos agentes estatais, mas também das relações entre os internos das penitenciárias. A assinatura do "Pacto para Melhoria do Sistema Prisional do Es-

503

Caso	Data da submissão do pedido de medidas provisórias à Corte e data das resoluções da Corte	Entidades solicitantes da medida provisória e ente ou órgão violador	Resultado da ação	Importância do caso
				tado de Rondônia e Levanta menção das Medidas Provisórias Outorgadas pela Corte Interamericana de Direitos Humanos" foi algo inédito no Brasil, sendo criado um instrumento de cobrança de implementação das obrigações internacionais assumidas pelo Brasil internacionalmente.
Caso das crianças e adolescentes privados de liberdade no "Complexo do Tatuapé" da FEBEM, São Paulo	O caso foi submetido à Corte em 8 de outubro de 2005. A primeira resolução foi emitida em 17 de novembro de 2005. Outras 4 foram emitidas (Resoluções de 30 de novembro de 2005, 4 de julho de 2006 e 3 de julho de 2007), sendo a última de 25 de novembro de 2008, na qual foi resolvido o levantamento das medidas provisórias anteriormente ordenadas.	A demanda foi apresentada pela Comissão Interamericana de Direitos Humanos, contra a situação verificada no Complexo do Tatuapé, com recorrentes episódios de violência e precárias condições de vida das crianças e adolescentes internos.	A Corte determinou que o Estado adotasse, imediatamente, todas as medidas necessárias para a proteção da vida e da integridade pessoal de todas as crianças e adolescentes residentes no Complexo do Tatuapé. Com o decorrer do tempo, algumas medidas foram concretizadas pelo Estado e informadas à Corte. Mas, diante da permanência dos problemas, houve reiteração da Resolução em outras oportunidades, com determinação de que fossem tomadas também outras providências. Em 25 de novembro de 2008, a Corte resolveu levantar as medidas provisórias ordenadas, tendo-se em vista a desativação do Complexo do Tatuapé.	Importante ressaltar, nesse caso, a preocupação externada pelo Juiz Cançado Trindade em voto concorrente sobre a ineficácia do Sistema Interamericano de Direitos Humanos. Um primeiro ponto diz respeito ao fato de a Comissão não ter requerido medidas provisórias a tempo de evitar mais mortes, a despeito de estarem vigentes as medidas cautelares. Segundo o juiz, foram os representantes dos beneficiários das medidas de proteção que, atuando como verdadeiros sujeitos do Direito Internacional dos Direitos Humanos, solicitaram as medidas provisórias à Corte para que se desse ensejo à solução dos graves problemas existentes no Complexo do Tatuapé. Assim, critica-se o posicionamento da Comissão no uso

Caso	Data da submissão do pedido de medidas provisórias à Corte e data das resoluções da Corte	Entidades solicitantes da medida provisória e ente ou órgão violador	Resultado da ação	Importância do caso
				protelado de medidas cautelares, sem que se leve o caso à Corte. Outra crítica diz respeito à escassez de recursos materiais e humanos para tratamento de questões tão complexas de Direitos Humanos disponibilizados aos órgãos do Sistema Interamericano, o que dificulta seu trabalho.
Caso das pessoas privadas de liberdade na Penitenciária "Dr. Sebastião Martins Silveira", São Paulo	O caso foi apresentado à Comissão, para imposição de medidas cautelares, em 11 e 14 de julho de 2006, pelas Organizações não governamentais Fundação Interamericana de Defesa dos Direitos Humanos (FidDh), Justiça Global, Movimento Nacional de Direitos Humanos (MNDH) – São Paulo, Pastoral Carcerária, Ação dos Cristãos para Abolição da Tortura (ACAT Brasil) e Grupo Tortura Nunca Mais – São Paulo. Em seguida, o caso foi apresentado pela Comissão à Corte em 25 de julho de 2006. Houve duas Resoluções dos Presidentes da Corte (de 28 de julho de 2006 e 10 de junho de 2008) e duas da própria Corte (de 30 de setembro de 2006 e de 25 de novembro de 2008).	A demanda foi apresentada pela Comissão Interamericana de Direitos Humanos e dizia respeito à situação de risco grave e imediato à vida e à integridade das pessoas privadas de liberdade na Penitenciária "Dr. Sebastião Martins Silveira", localizada em Araraquara, São Paulo.	A Corte ordenou medidas em Resoluções de 28 de julho de 2006 e 30 de setembro de 2006, para proteção das pessoas privadas de liberdade na Penitenciária "Dr. Sebastião Martins Silveira", em Araraquara, São Paulo. Em 25 de novembro de 2008, ordenou o levantamento das medidas provisórias anteriormente ordenadas, tendo-se em vista a cessação dos fatos que motivaram o pedido de medidas provisórias.	O caso representa importante precedente, ainda que em sede de medida provisória, quanto à garantia de direitos das pessoas privadas de liberdade sob a custódia do Estado, especialmente para o Brasil, diante das precárias condições existentes em diversas instituições prisionais do país. As medidas determinadas pela Corte surtiram efeito. Nesse caso, o Juiz Cançado Trindade ressalta a alteração de posicionamento da Comissão, anteriormente criticada no voto concorrente proferido no Caso das crianças e adolescentes privados de liberdade no "Complexo do Tatuapé" da FEBEM, relativamen te à adoção de anos e anos de medidas cautelares ("desprovidas de base

Caso	Data da submissão do pedido de medidas provisórias à Corte e data das resoluções da Corte	Entidades solicitantes da medida provisória e ente ou órgão violador	Resultado da ação	Importância do caso
				convencional") ineficazes da Comissão. Esta solicitou medidas provisórias tão logo evidenciada a gravidade da situação, evitando que novas vítimas surgissem, como ocorrera no mencionado caso. Nesse sentido, o Juiz apresentou o argumento de que não haveria base normativa para se exigir o esgotamento prévio de medidas cautelares para que se pudesse recorrer à Corte, solicitando medidas provisórias de proteção.
Caso Gomes Lund e outros (Guerrilha do Araguaia), Pará	As medidas provisórias foram solicitadas em 26 de junho de 2009. A resolução da Corte foi emitida em 15 de julho de 2009.	Solicitaram as medidas provisórias, como representantes das supostas vítimas, o Centro pela Justiça e o Direito Internacional, o Grupo Tortura Nunca Mais e a Comissão de Familiares dos Mortos e Desaparecidos Políticos. O órgão violador foi o Poder Executivo. (Ministério da Defesa, mediante execução da Portaria 567/MD de 29 de abril de 2009 e das atividades do Grupo de Trabalho nela previsto).	A Corte resolveu não acolher o pedido de medidas provisórias apresentado pelos representantes das supostas vítimas, tendo em vista as modificações realizadas pelo Estado na Portaria 567/MD de 29 de abril de 2009.	A despeito de não ter acolhido o pedido dos representantes das vítimas, a Corte acabou por reafirmar a necessidade de o Estado investigar os crimes que tenham sido cometidos em período militar e confirmou o direito dos familiares das pessoas desaparecidas nessas circunstâncias.

Caso	Data da submissão do pedido de medidas provisórias à Corte e data das resoluções da Corte	Entidades solicitantes da medida provisória e ente ou órgão violador	Resultado da ação	Importância do caso
Unidade de Internação Socioeducativa, Espírito Santo	O caso foi submetido à Corte em 30 de dezembro de 2010. Houve 8 Resoluções da Corte (25 de fevereiro de 2011, 1º de setembro de 2011, 26 de abril de 2012, 20 de novembro de 2012, 21 de agosto de 2013, 29 de janeiro de 2014, 23 de junho de 2015 e 15 de novembro de 2017) e uma Resolução do Presidente da Corte (de 26 de julho de 2011), que determinou a realização de uma audiência pública. Além disso, há duas resoluções coletivas envolvendo o Complexo do Curado, Complexo de Pedrinhas, Instituto Penal Plácido de Sá Carvalho e Unidade Socioeducativa do Espírito Santo, na qual o tribunal convoca audiência pública de supervisão (2017 e 2021)	A demanda foi apresentada pela Comissão Interamericana com o objetivo de proteger a vida e a integridade pessoal das crianças e adolescentes privados de liberdade e de outras pessoas que se encontrem na Unidade de Internação Socioeducativa, na cidade de Cariacica, no Espírito Santo.	A Corte determinou que o Estado brasileiro adote medidas para proteger a vida e a integridade pessoal dos adolescentes, bem como de qualquer pessoa que se encontre no estabelecimento.	Assim como o caso "FEBEM", o presente caso é de salutar importância para a construção de precedentes no que diz respeito à proteção dos direitos humanos de crianças e adolescentes privados de liberdade no Brasil. A Corte ressalta que, apesar de o Estado ter total responsabilidade sobre a garantia de direitos de todas as pessoas sob sua custódia, a proteção de direitos deve ser ainda maior quando se refere a crianças e adolescentes, mencionando padrões mínimos que o cumprimento da medida socioeducativa deve observar. Também ressalta a importância de o Estado ter o controle dos estabelecimentos prisionais, impedindo que isso seja feito pelos próprios internos.

Caso	Data da submissão do pedido de medidas provisórias à Corte e data das resoluções da Corte	Entidades solicitantes da medida provisória e ente ou órgão violador	Resultado da ação	Importância do caso
Complexo Penitenciário de Curado, Pernambuco	O caso foi submetido à Corte em 31 de março de 2014. Até o momento, foram emitidas seis resoluções específicas da Corte (de 22 de maio de 2014, 7 de outubro de 2015, 18 de novembro de 2015, 23 de novembro de 2016 e 15 de novembro de 2017 e 28 de novembro de 2018). Além disso, há duas resoluções coletivas envolvendo o Complexo do Curado, Complexo de Pedrinhas, Instituto Penal Plácido de Sá Carvalho e Unidade Socioeducativa do Espírito Santo, na qual o tribunal convoca audiência pública de supervisão (2017 e 2021).	A demanda foi apresentada pela Comissão Interamericana com o objetivo de proteger a vida e a integridade pessoal dos internos do Complexo Penitenciário de Curado (anteriormente chamado de Presídio Professor Aníbal Bruno, que foi dividido em três unidades independentes e atualmente a união das três unidades é chamada de "complexo").	A Corte determinou que o Estado adote todas as medidas para proteger a vida e a integridade pessoal das pessoas privadas de liberdade, dos policiais penais, funcionários e visitantes, bem como das defensoras de direitos humanos Wilma Melo e Guacira Rodrigues. Na última resolução, determinou que o diagnóstico técnico e o Plano de Contingência apresentado pelo Estado fosse implementado. Determinou também a adoção das medidas necessárias ao controle da superlotação, por meio da aplicação da súmula vinculante n. 56 do STF e da aplicação da compensação penal (computo em dobro do tempo de pena cumprida em situação degradante).	Mais um caso sobre violência carcerária, utilização de tortura como meio de coação, presença de armas dentro do presídio e más condições das unidades penitenciárias no Brasil.

Caso	Data da submissão do pedido de medidas provisórias à Corte e data das resoluções da Corte	Entidades solicitantes da medida provisória e ente ou órgão violador	Resultado da ação	Importância do caso
Complexo Penitenciário de São Luís do Maranhão (Antiga Pedrinhas)	O caso foi submetido à Corte em 23 de setembro de 2014. Até o momento, foram emitidas quatro resoluções da Corte (de 14 de novembro de 2014, 13 de fevereiro de 2017 e 14 de março de 2018, 14 de outubro de 2019). Além disso, há duas resoluções coletivas envolvendo o Complexo do Curado, Complexo de Pedrinhas, Instituto Penal Plácido de Sá Carvalho e Unidade Socioeducativa do Espírito Santo, na qual o tribunal convoca audiência pública de supervisão (2017 e 2021)	A demanda foi apresentada pela Comissão Interamericana com o objetivo de proteger a vida e a integridade pessoal das pessoas privadas de liberdade no "Complexo Penitenciário de Pedrinhas", bem como de qualquer pessoa que se encontre nesse estabelecimento, localizado na cidade de São Luís, Estado do Maranhão, Brasil.	A Corte determinou que o Estado adote todas as medidas que sejam necessárias para proteger eficazmente a vida e a integridade pessoal de todos os detentos e de quaisquer pessoas que se encontrem no estabelecimento. Especificamente, a Corte solicitou a apresentação de um plano de contingência, a adoção de fluxos de atendimento médico para demandas de saúde, além de fluxos específicos para pacientes com transtornos mentais.	Outro caso sobre violência carcerária, no qual há relatos de tortura, presença de armas dentro do presídio, assassinatos, militarização da penitenciária e más condições das unidades penitenciárias no Brasil.

Caso	Data da submissão do pedido de medidas provisórias à Corte e data das resoluções da Corte	Entidades solicitantes da medida provisória e ente ou órgão violador	Resultado da ação	Importância do caso
Instituto Penal Plácido de Sá Carvalho	O caso foi submetido à Corte em 23 de janeiro de 2013. Até o momento, foram emitidas 3 resoluções da Corte (13 de fevereiro de 2017, 31 de agosto de 2017 e 22 de novembro de 2018). Além disso, há duas resoluções coletivas envolvendo o Complexo do Curado, Complexo de Pedrinhas, Instituto Penal Plácido de Sá Carvalho e Unidade Socioeducativa do Espírito Santo, na qual o tribunal convoca audiência pública de supervisão (2017 e 2021).	A demanda foi apresentada pela Comissão Interamericana com o objetivo de preservar a vida e a integridade pessoa das pessoas privadas de liberdade no Instituto Penal Plácido de Sá Carvalho (IPPSC), no Complexo Penitenciário de Gericinó, no Rio de Janeiro.	A Corte determinou que o Estado adote todas as medidas que sejam necessárias para proteger eficazmente a vida e a integridade pessoal de todas as pessoas privadas de liberdade de quaisquer pessoas que se encontrem no estabelecimento. Na última resolução, determinou a elaboração de um Plano de Contingência, baseado no diagnostico elaborado com base nos problemas estruturais do estabelecimento. Também foi determinada a adoção das medidas necessárias ao controle da superlotação, por meio da aplicação da Súmula Vinculante n. 56 do STF e da aplicação da compensação penal (cômputo em dobro do tempo de pena cumprida em situação degradante).	O caso versa sobre a letalidade prisional por causas não violentas, relacionadas à superlotação e na crise sanitária decorrente das más condições carcerárias.

Caso	Data da submissão do pedido de medidas provisórias à Corte e data das resoluções da Corte	Entidades solicitantes da medida provisória e ente ou órgão violador	Resultado da ação	Importância do caso
Caso Tavares Pereira e outros vs. Brasil	Resolução de 24 de junho de 2021.	O pedido incidental foi apresentado pelas entidades peticionárias (Terra de Direitos e Justiça Global) para manter a integridade de um bem cultural (monumento em homenagem à vítima Antônio Tavares Pereira (defensor de direitos humanos do Movimento dos Trabalhadores Sem-Terra), na rodovia BR 277, km 108, do município Campo Largo – PR. A demanda principal que apura a responsabilidade internacional está pendente de julgamento de mérito na Corte IDH.	A Corte determinou que o Estado adotasse medidas imediatas para preservar o bem cultural ameaçado, garantindo a sua manutenção no local em que está edificado. Além disso, solicitou que o Estado apresentasse informações sobre as providências adotadas. De forma específica, no ponto resolutivo 7, solicitou diretamente ao Ministério Público do Estado do Paraná, como fonte independente de informação (Regulamento da Corte, artigo 27.8), que o Centro de Apoio Operacional da Promotoria de Moradia, Urbanismo e Meio Ambiente do MPPR apresentasse um relatório sobre o andamento de medidas judiciais adotadas na esfera doméstica para proteção do patrimônio cultural, bem como procedimento administrativo de tombamento.	Trata-se da primeira medida provisória da Corte IDH adotada em relação ao Brasil que não se refere à privação de liberdade. Além disso, a medida amplia o escopo de incidência em que esse tipo de tutela geralmente é adotado (ameaça à vida, integridade e saúde), incidindo sobre a proteção do patrimônio cultural e da memória de um defensor de direitos humanos que foi assassinado em 2000.

Caso	Data da submissão do pedido de medidas provisórias à Corte e data das resoluções da Corte	Entidades solicitantes da medida provisória e ente ou órgão violador	Resultado da ação	Importância do caso
Caso Favela Nova Brasília vs. Brasil	As medidas provisórias foram solicitadas em 10 de maio de 2021, já na etapa de supervisão de cumprimento de sentença. A Corte indeferiu o pedido em resolução emitida em 21 de junho de 2021.	O pedido foi apresentado pelas entidades peticionárias do caso: CEJIL – Centro para a Justiça e o Direito Internacional e ISER – Instituto de Estudos da Religião. O pedido foi feito em favor de 27 vítimas assassinadas em uma operação policial ocorrida em 06 de maio de 2021, na Favela Jacarezinho no Rio de Janeiro. Os peticionários sustentaram que o descumprimento do ponto resolutivo n. 16 da sentença do caso deu ensejo à repetição das violações em um contexto semelhante.	O pedido foi indeferido, sendo que a Corte determinou que os fatos apresentados seriam analisados no marco da supervisão de cumprimento da sentença.	
Caso dos Povos Indígenas Yanomami, Ye'kwana e Munduruku	Foram solicitadas medidas provisórias em maio de 2022 para proteger os direitos à vida, à integridade pessoal y à saúde dos membros dos Povos Indígenas Yanomami, Ye'Kwana e Munduruku, que estão sob ameaça pela presença de terceiros não autorizados que exploram ilegalmente recursos naturais nos seus territórios.	Em trâmite.	Em trâmite.	Trata-se de caso extremamente relevante, tendo em vista a constante ocupação ilegal de terras das comunidades indígenas por pessoas não indígenas, sem reação eficaz do Estado brasileiro.